西北民族文献与文化研究丛书

才让 主编

敦煌藏文写本《入菩萨行论》研究

索南 著

上海古籍出版社

国家社科基金资助项目
“敦煌藏文写本《入菩萨行论》的整理、翻译与研究”
（13CTQ019）

目　录

绪　论

第一节　佛教论典《入菩萨行论》

以梵文校刊本和藏文传世本为基础，结合敦煌本和汉译本对佛典论著《入菩萨行论》进行简要介绍，将有助于认识本书的相关研究内容，也是本书开篇需要交代的一个问题。《入菩萨行论》大概产生于公元7—8世纪，一般认为是印度论师寂天所造。这部论典主要讲述了如何发菩提心，以及以此心为基础修行舍己利人的菩萨行“六波罗蜜多”修道次第，是藏传佛教界学修菩萨戒的根本经典。藏文译本是该论典最早也是最有影响的译本，其讲修师承延续至今，并成为普及佛教知识的大众读本。

一、作者生平

据藏文传世本题记和藏传佛教史著作、《入菩萨行论》藏译注疏论著等文献，以及19世纪后期发现的《入菩萨行论》梵文原典，《入菩萨行论》作者为印度著名论师寂天。关于寂天的生平，佛教史著作中记载得很少，而且已有材料神话色彩浓厚、是非难辨，所以合理叙述具有一定的困难。在此，笔者依据藏传佛教后弘期早期的佛教史著作、印度学者所著《入菩萨行论》注疏藏译本中出现的有关《入菩萨行论》著者的记载，并对这些材料进行适当的分析与取舍，梳理寂天生平的大致情况。

藏文大藏经《丹珠尔》中存有10部印度学者所著《入菩萨行论》注疏论典藏文译本，其中，唯独在奔布底·赞扎（བི་བྷུ་ཏི་ཙནྡྲ།）的注疏《入菩提行意趣注·殊胜作明》（བྱང་ཆུབ་ཀྱི་སྤྱོད་པ་ལ་འཇུག་པའི་དགོངས་པའི་འགྲེལ་པ་ཁྱད་པར་གསལ་བྱེད་ཅེས་བྱ་བ།）一文中出现有关寂天的大致生平事迹，[1]本书即以该书的记载为主进行叙述。

“（寂天）诞生于印度南部的祥瑞之地那嘎拉（དཔལ་ལྡན་ན་ག་ར།），是当地国

---

〔1〕《入菩提行意趣注·殊胜作明》，中国藏学研究中心藏文《大藏经》对勘局编：《中华大藏经·丹珠尔（对勘本）》第六十二卷，中国藏学出版社，2000年。

王文殊铠甲（འཇམ་དཔལ་གོ་ཆ།）之子”。[1]《布顿佛教史》等著作中将其诞生地称作“域阔桑布”（ཡུལ་འཁོར་བཟང་པོ།），父名称作“善铠”（དགེ་བའི་གོ་ཆ།）。[2]觉囊多罗那它在《印度佛教史》中则将寂天的出生地记作“索索热扎”（སོ་སོ་རཥྚ།），[3]司徒·曲吉穹乃记作“索噢热扎”（སཽ་རཥྚ།）。[4]通过查找梵藏辞典可以看出，梵文转写的“སོ་སོ་རཥྚ”与“སཽ་རཥྚ”为“སཽ་ཁཥྚཿ”的变写体，词意相同，即“域阔桑布”，[5]可以译为“善瑞之地”；而“那嘎拉”却又具有“城市”之意。[6]因此，笔者认为“善瑞之地”或“祥瑞之地那嘎拉”是寂天出生地的美称，前者是一个地区的称谓，而后者则是寂天家族所统治的城市区域的称谓，均属印度西南部地区，为现今的古吉拉特邦。

寂天本名“寂铠”，[7]藏文佛教史著作中用“七个传奇”来概括他的人生经历。这七个传奇以偈颂体总结为“本尊喜住那烂陀，示迹圆满破诤辩，事迹奇异度乞丐，降伏国王外道师”。[8]然而在奔布底·赞扎所著《入菩提行意趣注·殊胜作明》中却未出现类似的描述，其中只记载着与藏文著作中内容相一致的四个经历，而且前后顺序也有所不同。

寂天是被称为文殊铠甲或善铠王的太子，但实际上他的父亲可能是当地的地方首领。藏文史书记载，寂天的父亲去世后，王室准备让寂天继承王位，然而在举行加冕仪式的前天晚上，寂天梦见了文殊菩萨端坐在他翌日将登基的宝座上，讲道：“徒儿啊，这是我的座位，我是你的上师，咱们师徒二人同席一座，是不合世理的。”[9]于是寂天认为自己不适合继承王位，便连夜逃出王

---

〔1〕 中国藏学研究中心藏文《大藏经》对勘局编：《中华大藏经·丹珠尔（对勘本）》第六十二卷，第509页。原文：“སྔོན་ཕྱོགས་སུ་དཔལ་ལྡན་ན་ག་ར་ལ་མིའི་རྒྱལ་པོ་འཇམ་དཔལ་གོ་ཆའི་བུ་རུ་སྐྱེས།”

〔2〕 布顿·仁钦竹：《布顿佛教史》（藏文），中国藏学出版社，1989年，第166页。

〔3〕 让塘寺木刻本（藏文），第83b页。

〔4〕 司徒·曲吉穹乃：《大藏经〈甘珠尔〉总目录》（藏文），四川民族出版社，1989年，第198页。

〔5〕 四川省阿坝藏族羌族自治州藏文编译局编：《梵藏对照词典》（藏文），甘肃民族出版社，1996年，第868页。

〔6〕 同上书，第427页。

〔7〕 布顿·仁钦竹：《布顿佛教史》（藏文），第166页。

〔8〕 同上。此处引用的是蒲文成先生的译文。原文：“ལྷག་པའི་ལྷ་མཉེས་ན་ལེནྡྲར། །བགོད་པ་ཕུན་ཚོགས་རྩོད་པ་བཟློག །ཡ་མཚན་ཅན་དང་སྤྲང་པོ་དང་། །རྒྱལ་པོ་མུ་སྟེགས་ཅན་བདུལ་བའོ། །”

〔9〕 同上。原文：“བུ་གཅིག་འདི་ནི་ང་ཡི་སྟན་ཡིན་ཏེ། ང་ནི་ཁྱོད་ཀྱི་དགེ་བའི་བཤེས་གཉེན་ཡིན། ཁྱོད་དང་ང་གཉིས་བསྟན་གཅིག་ལ་འདུག་པ། འདི་ནི་རྣམ་པ་ཀུན་ཏུ་རིགས་མ་ཡིན། ”

宫，远走他乡。然而，奔布底·赞扎在其注疏中却说寂天是由于受了生母（金刚瑜伽母化变）的指点，对王权生起了厌离心，随即抛弃了王位连夜骑马出宫，去寻找善知识。

对王位和王权不屑一顾的寂天，于是到了班嘎拉（ཧྲི་ག་ལ།）的森林，苦苦寻找母亲指明的上师。在一位姑娘（佛教史著作中称其为度母的化身）的指引下，他得以拜见上师。寂天献出了随身财物，并表明了自己的信心，请求上师授予文殊修法的秘诀。上师答应后，寂天勤修十二年，得到了修法秘诀。

亲证文殊修法后，受师父的指点，寂天来到了摩羯陀（མ་ག་དྷ།）。此时该地正遭受外敌侵扰，他被选入国王的卫队。由于寂天具有超强的本领，深得国王信赖和器重，引起了其他护卫对他的猜忌，他们便借机加害。其中有人知道寂天的佩剑是木制的，于是就向国王揭发此事。国王听信奸臣所言，要求检查所有护卫的佩剑，寂天无奈地亮出了师父所赠予的木剑，不料其发出的光芒使国王的左眼眼珠落地。国王知道寂天具有无比强大的法力，对他表达了歉意，并要求他担任更重要的职位。然而寂天在施法恢复了国王的视力后便又开始了新的征程。

此后他来到了久负盛名的印度佛教学府那烂陀寺，拜胜天（རྒྱལ་བའི་ལྷ།）为师，剃度出家，取法名为“寂天”（该名一半取自他的原名，一半取自上师的法名）。然而，在那烂陀寺众僧看来，寂天并非勤学苦读、探究佛理的学僧，而是整天游手好闲，只管吃、喝、拉、撒、睡的“三行者”。[1]这引起了周围僧人的不满，僧人们借着每年特定的日期需僧人轮流当众背诵经文的惯例，安排寂天诵经，本想让他当众出丑，使其自行离开寺院。谁知寂天是一位贯通三藏、学富五车并得道成就的不同寻常之人，他在无法推辞的境遇下登上法座，出人意料地即兴诵读了《入菩萨行论》这部脍炙人口、汇集大乘佛教思想精髓的不朽之作。此后，他开始了在印度南部山区的隐居修行生活，淡出了人们的视线。

诸多《入菩萨行论》注疏论典都不约而同地记载了，当寂天念诵《入菩萨行论》第九品中的“若时有空二，念前无所缘，尔时无余法，无境而极寂”这一偈颂时，头顶显现了文殊菩萨，寂天随同文殊菩萨升空消失在天际。而他的诵经声却久久萦绕，直到诵完。此类叙述方式在敦煌藏文文献中亦有出

〔1〕 此处“三行”指吃、睡、大小便。

现，法藏敦煌藏文文献P.T.149号写本讲述了《普贤行愿王经》在印度的产生情况及藏族译师将其翻译成藏文之后由藏族高僧韦・贝强修行而得成就的故事。其中记载："阿阇黎贝强正在诵读修持（指《普贤行愿王经》）。当诵读到'愿我临欲命终时'一句时，声音中断了片刻。尔后，当念诵'普能扫除一切障'一句时，显示身体些许腾空。当念及'亲睹如来无量光'一句时，正如两位阿阇黎[1]的梦兆，显示彩虹等成就之兆，舍弃实体血肉之躯。继而诵读着'即得往生极乐土，到彼土已令此愿'等句而逝。"[2]可知，佛教史著作中不乏此类人物故事。

藏文相关著作中记载的寂天的其他"传奇"，内容含糊，次序不明，并且带有更多的神话色彩，在此不再赘述。

关于寂天的著作，据藏文佛教史著作及《入菩萨行论》注疏论典中的记载，除《入菩萨行论》外，[3]还有其他两部主要的著作，分别为《大乘集菩萨学论》[4]（བསླབ་པ་ཀུན་ལས་བཏུས་པ།）和《摄经论》（མདོ་ཀུན་ལས་བཏུས་པ།）。通过查看藏文大藏经可知，寂天还有一部著作为《圣解脱智慧经注疏》（འཕགས་པ་འདའ་ཀ་ཡེ་ཤེས་ཀྱི་མདོའི་དོན་གསལ་བ།）。[5]另外，据布顿的佛经目录，他还著有忏悔仪轨文[6]（ལྟུང་བཤགས་པའི་ཆོ་ག）和一部历算书[7]（ཞི་བ་ལྷའི་རྩིས།），且有藏文译本，但今已不存。

关于以上提及的寂天著作中的《摄经论》，藏族史家认为其藏文译本现今已不存，似是早已失传，[8]但笔者认为寂天没有这么一部著作。现存藏文

---

〔1〕 此处所说为恩兰・嘉却姜和卓捏・益西强曲。

〔2〕 有关内容可参看拙文《敦煌藏文文献P.T.149号〈普贤行愿王经序〉解读》，《中国藏学》2018年第3期。

〔3〕 存于德格版《丹珠尔》La函。

〔4〕 存于德格版《丹珠尔》Khi函。

〔5〕 德格版《丹珠尔》Ji函。

〔6〕 布顿・仁钦竹：《布顿佛教史》（藏文），第240页。原文："སློབ་དཔོན་ཞི་བ་ལྷས་མཛད་པའི་ལྟུང་བཤགས་པའི་ཆོ་ག"

〔7〕 布顿・仁钦竹：《布顿佛教史》（藏文），第253页。原文："ཤཱ་རིའི་བུའི་རྩིས་མཚན་མ་བརྒྱད་པ་དང་། ཞི་བ་ལྷའི་རྩིས་གཉིས་ཉི་མ་རྒྱལ་མཚན་གྱི་འགྱུར།"

〔8〕 图旦・曲吉札巴亦指出："《噶当派教法史》中虽说《摄经论》由格西夏热哇从热振寺取得梵本并由巴蔡・尼玛扎翻译，但现存的《丹珠尔》中却缺失。"图旦・曲吉札巴：《入菩萨行注疏》（藏文），中国藏学出版社，1990年，第654页。原文："མདོ་བཏུས་ནི། དགེ་བཤེས་ཤ་ར་བས་ར་སྒྲེང་ནས་རྒྱ་དཔེ་བླངས་ནས་པ་ཚབ་ཉི་མ་གྲགས་སོགས་ཀྱིས་བསྒྱུར་བར་བཀའ་གདམས་ཆོས་འབྱུང་དུ་བཤད་ནའང་ད་ལྟའི་བསྟན་འགྱུར་ཁྲོད་ན་མི་སྣང་།"

大藏经《丹珠尔》中的《摄经论》,[1]系龙树所著,共五卷,在吐蕃时期就已经译成了藏文。[2]

寂天的经历和见解具有与众不同的特点。“寂天对佛学的贡献表现在对学风的转变上。他的学风有两个特点:第一,守约。一般治学者容易趋向两边,或者简约,或者广博。简约者,知识面不广,广博者又泛滥无归。合理的学风是由博而约,因为这是建立在综合大量材料基础上的概括。寂天即属于这种学风”,“第二,见行相应。历来有两种传承,或偏于见(观点、理论),或偏于行(实践),寂天则是见行相应,虚实并举。他的著作不多,都是实践方面来的;他的理论观点就完全贯穿在他所讲的实践之中,从而使理论观点显得很突出。后来大乘学说如果说有发展的话,就是依着这个路子下去的”。[3]此说客观地评价了寂天的见行以及他对佛学发展所作出的贡献。

总之,寂天是印度佛教史上提倡中观哲学的伟大学者之一,也是一位瑜伽行者,据说他在世一百年。[4]

二、藏译本的产生及修订

赤松德赞朝,佛教在吐蕃得到了传播。其时建造寺院,剃度贵族弟子,并为培养翻译人才组建译场,开始了大规模的佛教经典的翻译事业。

现存吐蕃时期的石碑文献等记载了赤松德赞时期佛教发展的情况。坐落在西藏琼结县城的赤松德赞记功碑[5]之第27—30行如此记载:“(赞普)心生殊胜菩提心,寻得超世间之妙法,惠赐于大众。”[6]敦煌文献P.T.1287号之赤松德赞的传记中亦记载:“复得无上正觉佛陀之教法,奉行之,自首邑直

---

〔1〕 德格版《丹珠尔》ki函。学者吕澂认为,该论典就是寂天所著,参见吕澂《印度佛学源流略讲》,上海人民出版社,2005年,第222—223页。

〔2〕《旁塘目录》中列在诸阿阇梨所造各种论典类首位,记作“《摄经论》,共五卷”。西藏博物馆编:《旁塘目录;声明要领二卷》(藏文),民族出版社,2003年,第44页。

〔3〕 吕澂:《印度佛学源流略讲》,第223页。

〔4〕 松巴堪钦:《松巴佛教史》(藏文),甘肃民族出版社,1992年,第197页。

〔5〕 学术界将此碑又称为“琼结达孜桥碑”。

〔6〕 巴桑旺堆编著:《吐蕃碑文与摩崖石刻考证》(藏文),西藏人民出版社,2011年,第33页。原文:“ཐུགས་ལ་བྱང་ཆུབ་སྤྱོད་པ་རླབས་པོ་ཆེ་མངའ་བས། འཇིག་རྟེན་ལས་འདས་པའི་ཆོས་བཟང་བརྙེས་ནས། ཀུན་ལ་བཀའ་དྲིན་དུ་བྱིན་ནོ།།”

至边鄙四境，并建寺伽兰，树立教法，一切人众入于慈悲。念处、生死之间得以解脱。”[1]

此时，“菩萨”的概念也似乎已深入人心，将赞普的称号与“菩萨”的名号联用，其他赞普则无此名号。四川省甘孜州石渠县的摩崖石刻上记载：“赞普菩萨赤松德赞时期，民富国威，拓疆扩土，并将大部大乘经典得以翻译、厘定。”[2]由此可以肯定，吐蕃赞普赤松德赞时期业已翻译了一批重要的佛教大乘经典及论著。有理由相信，《入菩萨行论》这部讲授“菩提心”及其“菩萨行”的重要大乘经典此时也已受到吐蕃佛教界的关注。当然，关于《入菩萨行论》的初译时间等相关问题还需要在以后的章节中进一步深入探讨。

另外，从《入菩萨行论》的义理阐述方面而言，该经典符合佛教在吐蕃传播初期对全民进行佛教教义和伦理说教的现实需求，因为《入菩萨行论》是以印度著名论师龙树的《中观宝鬘论》为蓝本而创作的，该论典一般被归为佛教伦理说教类文献。[3]那么，《入菩萨行论》也理应可被认为是一部佛教伦理类著作，它在吐蕃时期传播佛教思想的过程中对人们的行为方式、待人礼节、自身修养等产生过一定的社会影响。

吐蕃时期的译经目录《丹噶目录》和《旁塘目录》中都记载“《入菩萨行论》共六百颂计两卷”，[4]而大藏经《丹珠尔》目录如德格版等却记载“共计一千颂分两卷”。[5]前后两种记载不同，产生这一差别的原因，需要从藏文传世本的译经题记中找答案。《入菩萨行论》藏文传世译本题记作：“寂天阿阇梨所作的《入菩萨行》，到此结束。此论首先由印度堪布萨哇嘉·德哇和主校译师僧伽噶哇·贝则从迦湿弥罗（喀什米尔）传本翻译、审订而成。其

〔1〕 王尧、陈践译注：《敦煌本吐蕃历史文书》，民族出版社，1992年，第167页。

〔2〕 巴桑旺堆编著：《吐蕃碑文与摩崖石刻考证》（藏文），第37页。原文：“༄། བཙན་པོ་བྱང་ཆུབ་སེམས་དཔའ་ཁྲི་སྲོང་ལྡེ་བཙན་གྱི་སྐུའི་རིང་ལ་བསོད་ནམས་ཆེ། དབུ་རྨོག་བཙན་ཏེ། ཕྱོགས་བཅུར་མངའ་སྐྱེས་ནས་སྲིད་ཆེད། དར་མ་ཐེག་པ་ཆེན་པོ་མདོ་སྡེ་སྣ་མོ་ཞིག་གདན་ལ་ཕབ་པར་བསྒྱུར་ཏོ་”

〔3〕 龙树的中观论说一般统称为“中观六聚论”，但也有统称为“中观五聚论”，此时就去掉了《中观宝鬘论》，因为该论典是一部以书信形式向当时的一位国王讲述佛教哲理的通俗读物，佛教界也有人认为属于佛教伦理说教类文献，不应归入中观著作。

〔4〕 西藏博物馆编：《旁塘目录；声明要领二卷》（藏文），第44页。

〔5〕 楚成仁钦编著：《德格版〈丹珠尔〉目录》（藏文），西藏人民出版社，1988年，第787页。

后，复由印度堪布达磨师利跋陀罗、主校译师僧伽仁钦桑波、释迦洛追参考中印度传本和注疏翻译修订，而后，复由印度堪布苏玛底格底与主校译师比丘洛丹喜绕重新修正、翻译，并善加审订。”[1]从中不仅可以知道产生以上问题的根源在于吐蕃时期的译本和后期的译本所依据的梵文原典不同，而且还可以知道《入菩萨行论》吐蕃译本和传世本之间的内在联系，即传世本是在吐蕃译本的基础上修订完善的，而非重译本。在佛教后弘期，藏族佛学大师和进藏印度班智达们先后两次对《入菩萨行论》进行了修订和完善。第一次参与修订的人员为藏族著名大译师、佛学家仁钦桑波(ལོ་ཙཱ་བ་བནྡེ་རིན་ཆེན་བཟང་པོ།，958—1055)和翻译家释迦洛追(ཤཱཀྱ་བློ་གྲོས།)、印度的大学者达磨师利跋陀罗(དྷརྨ་ཤྲཱི་བྷ་དྲ།)。他们依据中印度学者所辑版本和著名学者的注疏论典对吐蕃时期初译的《入菩萨行论》进行了修订和完善。此后，在不到一个世纪的时间里，藏族另一位著名译师俄・洛丹喜绕协同印度大学者苏玛底格底(སུ་མ་ཏི་ཀཱིརྟི།)进行了再一次的修订。在此前后，印度学者的几部主要的《入菩萨行论》注疏论典也先后被译成了藏文，《入菩萨行论》的影响日增，并开始出现藏族本土学者的注疏论著。

后弘期对《入菩萨行论》进行两次修订的原因，本人认为主要有三个方面。其一，藏族语言文字本身的发展，使得对吐蕃时期或较后的古文献进行修订成为历史的必然，大译师仁钦桑波等藏族学者顺应这一历史趋势，对绝大多数的古藏文文献进行了一次全面的修订完善，[2]其中即包括吐蕃时期初译的《入菩萨行论》。其二，藏族佛教学者历来很重视中印度学者的佛学成果和学术见识，并以其为正统。[3]传说《入菩萨行论》在流传过程中产生了三种主要的不同版本，随着时间的推移，中印度学者不断对其进行整理、完善，并撰写注疏论典，使中印度流传的《入菩萨行论》版本占据了学术主导地位，并得到了广泛的传播，藏族学者也开始意识到《入菩萨行论》初译

〔1〕 原文：“བྱང་ཆུབ་སེམས་དཔའི་སྤྱོད་པ་ལ་འཇུག་པ་སློབ་དཔོན་ཤཱནྟི་དེ་བས་མཛད་པ་རྫོགས་སོ།། །།རྒྱ་གར་གྱི་མཁན་པོ་སརྦཛྙཱ་དེ་བ་དང་།ཞུ་ཆེན་གྱི་ལོ་ཙཱ་བ་བནྡེ་དཔལ་བརྩེགས་ཀྱིས་ཁ་ཆེའི་དཔེ་ལས་ཞུས་ཏེ་གཏན་ལ་ཕབ་པ་ལས། སླད་ཀྱིས་རྒྱ་གར་གྱི་མཁན་པོ་དྷརྨ་ཤྲཱི་བྷ་དྲ་དང་།ཞུ་ཆེན་གྱི་ལོ་ཙཱ་བ་བནྡེ་རིན་ཆེན་བཟང་པོ་དང་། ཤཱཀྱ་བློ་གྲོས་ཀྱིས་ཡུལ་དབུས་ཀྱི་དཔེ་དང་འགྲེལ་པ་དང་མཐུན་པར་བཅོས་ཤིང་བསྒྱུར་ཏེ་གཏན་ལ་ཕབ་པའོ། །ཡང་དུས་ཕྱིས་རྒྱ་གར་གྱི་མཁན་པོ་སུ་མ་ཏི་ཀཱིརྟི་དང་།ཞུ་ཆེན་གྱི་ལོ་ཙཱ་བ་དགེ་སློང་བློ་ལྡན་ཤེས་རབ་ཀྱིས་དག་པར་བཅོས་ཤིང་བསྒྱུར་ཏེ་ལེགས་པར་གཏན་ལ་ཕབ་པའོ།། །།”

〔2〕 此次文字修订的具体内容，学界尚无统一的看法。

〔3〕《贤者喜宴》等史书中就有在吐蕃时期译经时译文要与中印度所出之词语相吻合的规定等的说明。

本与中印度传本间的差异，产生了修订的主观认识。其三，藏传佛教后弘期进藏传播大乘佛教深广两大法脉于一体，注重讲说因果报业、六道轮回、菩提心、菩提道次第、自他相换与平等等大乘佛教思想精髓的佛学大家阿底峡（ཇོ་བོ་རྗེ་དཔལ་ལྡན་ཨ་ཏི་ཤ，982—1054）非常推崇《入菩萨行论》，撰有《菩提道灯炬》及《入菩萨行论摄义》等重要著作。由于受阿底峡的影响，藏传佛教高僧更加重视《入菩萨行论》，并引进了中印度学者讲授这部经典的讲法师承，而这一传承与藏族传统的师承法脉也有一定的区别，由此，对其进行修订也成为必然。

三、《入菩萨行论》讲修师承概述

（一）《入菩萨行论》的产生及印度的师承情况

《入菩萨行论》是印度大乘佛教的重要论典之一，一般认为是印度佛教史上被称为"两位最殊胜的阿阇梨"之一的寂天所造。佛学界将阿阇梨寂天在世的时间确定为公元7世纪后半期至8世纪上半期。对于印度佛教而言，这个时期正是大乘佛教盛行的后期。寂天菩萨秉承龙树菩萨和月称菩萨的衣钵，发扬大乘佛教舍己利人、自他平等与相换的菩萨行精神，以极富情感和诗意的语言即兴创作了这部琅琅上口、寓意深刻的经典之作。

在藏文佛教史著作中一般认为《入菩萨行论》是寂天即兴创作的论典，是由对所闻法具有不忘本领的班智达们记录整理而流传于世，并认为起初主要有三种不同的版本流行于印度佛学界。[1]

另外，史书中还记载，为了平息《入菩萨行论》版本问题等引起的争论，最后派专人去邀请阿阇梨寂天回那烂陀寺，但是他没有答应。然而他给邀请者传授了《入菩萨行论》等著作的讲修秘诀，并指出《入菩萨行论》为中印度学者所辑为准确，其他两部著作在他僧舍的房梁间，由此平息了这场争论。

《布顿佛教史》中，还记载《入菩萨行论》产生后印度高僧大德对其的注疏论著就达上百部。我们无法确定这样的叙述是否属实，但可以确定的是，其影响非凡，敦煌藏文《入菩萨行论》不同写本的出现，即是其对吐蕃佛教影响的佐证。

---

〔1〕 布顿·仁钦竹：《布顿佛教史》（藏文），第166页。

关于《入菩萨行论》在印度的师承情况，佛经论典中有如下记载：“文殊菩萨无尽慧，埃拉达日金刚勇，大尊菩萨仁钦呗，根本上师色林巴，赐我[1]广行教法者，顶礼六大诸恩师！”[2]由此可以确定寂天（偈颂中称为“无尽慧”）受文殊菩萨旨意创造了这部经典后，此论在印度的主要讲修传承者依次为修行者埃拉达日（ཨི་ལ་ཧྡ་རི།）、金刚勇士（དཔའ་བོའི་རྡོ་རྗེ།）、仁钦呗或称为小古萨勒·慈悲瑜伽行者（རིན་ཆེན་དཔལ་ལམ་ཀུ་ས་ལི་ཆུང་བ་བྱམས་པའི་རྣལ་འབྱོར་པ།）及色林巴（གསེར་གླིང་པ་ཆོས་ཀྱི་གྲགས་པ།），由色林巴传授给了阿底峡。阿底峡大力弘扬《入菩萨行论》的讲修法脉，对印藏佛教产生了深远的影响。

《入菩萨行论》藏文初译本所依据的梵文原典是该论典的迦湿弥罗传本，译者是吐蕃著名译师噶哇·贝则和当时受邀进藏的迦湿弥罗大学者萨哇嘉·德哇，吐蕃时期的《入菩萨行论》讲授师承也应该是源自萨哇嘉·德哇一系，由噶哇·贝则得此师承并传播于吐蕃佛教界，但具体师承情况不详。

此外，藏译《入菩萨行论》注疏本《入菩萨行论解说难语释》中开篇就指出：“阐释《入行》义，此非我所能，然依《集学论》，在此简要述。”[3]由此可以肯定，在早期讲修《入菩萨行论》时，有一种与寂天所著另外一部重要论著《集菩萨学论》的内容相结合而阐释义理的传承法脉。

（二）《入菩萨行论》在藏传佛教中的师承情况

敦煌本《入菩萨行论》各写本的存在，证明了该经典藏文传世本译经题记中所记载的该经初译于吐蕃时期的真实性。由于藏传佛教教义很重视经典的讲修传承历史，尤其是师徒相传的经典法脉，因此，吐蕃时期初译《入菩萨行论》时，证梵义萨哇嘉·德哇和主校译师噶哇·贝则都有传自印度的师承。这一师承法脉是从《入菩萨行论》初译至吐蕃晚期达摩赞普灭法间存在于藏区的，从文献资料可以证实其传承具有一定的影响。[4]

---

〔1〕 即指阿底峡。

〔2〕 荣增·益西坚参：《菩提道次师承传》（藏文），西藏人民出版社，2011年，第227页。

〔3〕 中国藏学研究中心藏文《大藏经》对勘局编：《中华大藏经·丹珠尔（对勘本）》第六十一册，第1686页。

〔4〕 如吐蕃第一位比丘韦·贝央所著《赠予吐蕃赞普和子民的集要书翰》一书中就大量引用了《入菩萨行论》的内容，藏文大藏经《丹珠尔》中存有与敦煌本《入菩萨行论》内容一致的未署名注疏本。

藏传佛教后弘期，藏族著名大译师、佛学家仁钦桑波与翻译家释迦洛随同印度大学者达磨师利跋陀罗重新修订和补译《入菩萨行论》后，又恢复了该经典的师承法脉，并由于阿底峡进藏后积极传播和发扬他所传承的《入菩萨行论》讲修法脉，使得这一时期该经典的影响远远超过了吐蕃时期。

噶当派非常重视该经典的讲修法脉，将其列为必修的“噶当六论”之一，[1]该派《入菩萨行论》的讲修法脉主要源自佛学大师阿底峡和著名的翻译家俄·洛丹喜绕。由于他们的大力提倡和当时噶当派学者对《入菩萨行论》讲修的高度重视，该经典盛极一时，藏传佛教高僧无人不晓。与此同时，译师俄·洛丹喜绕开创了藏族本土学者对《入菩萨行论》作注疏的先河，并对徒众大力宣讲，为该经典的传承注入了新的生命活力。译师俄·洛丹喜绕在桑浦寺的再传弟子恰巴·曲吉森格（1109—1169）和其八大弟子之一的藏·达纳巴·尊追森格分别对《入菩萨行论》进行了注释，[2]使噶当派讲修《入菩萨行论》的教法更加昌盛。

源自噶当派的《入菩萨行论》讲修传承逐渐传播到藏传佛教各教派中，该经典从而成为各教派必修的佛经科目，各教派诸多高僧大德对此专门作了注疏。随后，各教派逐渐形成了各自的《入菩萨行论》讲修传承体系，他们以师徒相传的方式，主要依据本教派或其他教派的一位大德所造注疏本讲授这部经典。正如根桑巴登阐述自己的讲修师承时，指出其师杂·巴竹·晋美却吉旺布（རྫ་དཔལ་སྤྲུལ་ཨོ་རྒྱན་འཇིགས་མེད་ཆོས་ཀྱི་དབང་པོ།, 1808—1889）讲授《入菩萨行论》的方式：“吾师恩德者，视万法不悖，通经典义理，乃成新旧教法之主，由此，讲授此论时，对萨迦派弟子以哲尊·索南泽摩（རྗེ་བཙུན་བསོད་ནམས་རྩེ་མོ།）的注疏本为蓝本讲授；对格鲁派弟子则以嘉曹·达玛仁钦（རྒྱལ་ཚབ་དར་མ་རིན་ཆེན།）的注疏本为蓝本；对噶举派则以巴卧·祖拉陈瓦（དཔའ་བོ་གཙུག་ལག་ཕྲེང་བ།）的注疏本为蓝本；对于宁玛派弟子讲授时，听闻原先对大圆满室利·桑诃（རྫོགས་ཆེན་ཤྲཱི་སེང་ཧ།）以宁玛派本派的观点来讲授，后由于因时空、因人或因某种特殊原因，依据欧曲·陀美（དངུལ་ཆུ་ཐོགས་མེད།, 1285—1369，萨迦派学者）的注疏本

〔1〕“噶当六论”或“噶当六书”为藏传佛教噶当派主修的佛教经论，它们分别为《本生经》《集法句经》《菩萨地》《大乘庄严经论》《入菩萨行论》《集菩萨学论》。

〔2〕廓诺·迅鲁伯：《青史》（藏文），四川民族出版社，1985年，第405—406页。

为蓝本讲授，其讲授方式具有不同的意图。”[1]这不仅体现了被称为“《入菩萨行论》上师”的杂·巴竹讲授《入菩萨行论》这部经典的独特方式，也说明了藏传佛教各教派讲授、传承这部经典的实际情况。

在藏传佛教各教派中不仅盛行讲授《入菩萨行论》，而且对其进行注释也成为一种学术风气，几乎每个教派的知名学者都对其著有注疏。藏族著名目录学家隆多·阿旺洛桑在其《噶当派和格鲁派主要高僧文集目录》中指出印藏学者对《入菩萨行论》及《入菩萨行论发愿文》的注疏共有51种；[2]图旦曲吉扎巴亦指出：“藏族学者所作的注疏包括摄义近六十多部之名单已被列出，本人已见其中尚不包括者，可见数量极多。”[3]但可惜两位学者均未详列具体注疏文献目录。没有师徒相传的传承，佛教徒一般不对佛教论典进行讲授和注疏，由此，我们可知《入菩萨行论》这部经典已成为藏传佛教僧徒的必修课和学习佛学的入门教材之一。

藏族学者依据《入菩萨行论》而作的佛学著作，在藏传佛教文献中也占有重要的地位，这亦成为有效传承和发扬《入菩萨行论》的一种重要途径，如欧曲·陀美所著《佛子行三十七颂》、噶举派帕木竹巴·多吉杰波（1110—1170）所著《入菩萨行》等已成为藏传佛教各教派都非常重视且被广泛讲授的著作。此外，《入菩萨行论》对藏传佛教噶举派之经典著作《菩提道次第论·解脱庄严》、格鲁派之经典著作《菩提道次第广论》的影响更是广泛而深刻。对《菩提道次第广论》的影响，学者已有如此论述：“《入行》在《广论》

---

〔1〕 根桑巴登笔录《入行论详释》（藏文），四川民族出版社，1990年，第158—159页。原文：“དོན་དུ་བདག་གི་བླ་མ་བཀའ་དྲིན་ཅན་ནི། བསྟན་པ་ཐམས་ཅད་འགལ་མེད་དུ་རྟོགས་ཤིང་། གཞུང་ལུགས་ཐམས་ཅད་གདམས་པར་ཤར་བས་གསར་རྙིང་མེད་པའི་བསྟན་པའི་བདག་པོ་ཉིད་དུ་གྱུར་གཤིས་གཞུང་འདི་ཇི་ལྟར་གསུངས་ན། ས་སྐྱ་པ་རྣམས་ལ་རྗེ་བཙུན་བསོད་ནམས་རྩེ་མོའི་འགྲེལ་པ་དང་། དགེ་ལྡན་པ་རྣམས་ལ་དར་ཊཱིཀ་དང་། བཀའ་བརྒྱུད་པ་རྣམས་ལ་དཔའ་བོ་གཙུག་ཕྲེང་སོགས་ཀྱི་འགྲེལ་པ་བཞིན་གསུངས་པ་དང་། རྙིང་མ་བ་རྣམས་ལ་སྤར་རྫོགས་ཆེན་ཤྲཱི་སེང་ཧ་ལ་རྙིང་མ་རང་ལུགས་བཞིན་གསུངས་ཞེས་ཐོས་ཤིང་། ཕྱིས་སུ་ཡུལ་དུས་གང་ཟག་གམ་དགོས་དབང་གིས་དངུལ་ཆུ་ཐོགས་མེད་ཀྱི་འགྲེལ་པ་གཙོར་སྟོན་གྱིས་དགོངས་པ་སྣ་ཚོགས་པར་གསུངས་པ་དང་།”

〔2〕 隆多·阿旺洛桑：《隆多·阿旺洛桑文集》（下册），大昭寺色拉寺藏文古籍整理研究室，2016年，第490页。原文：“སྤྱོད་འཇུག་འགྲེལ་པ་རྒྱ་བོད་གཉིས་ཀའི་བསྡོམས་ན་ལྔ་བཅུ་ང་གཅིག་ཡོད་པས་མཇུག་གི་སྨོན་ལམ་ཊཱིཀྐ་དེའི་གྲངས་སུ་ཡོད།”

〔3〕 图旦·曲吉札巴：《入菩萨行注疏》（藏文），第654页。原文：“བོད་ཀྱི་བླ་མ་རྣམས་ཀྱིས་མཛད་པའི་འགྲེལ་པའང་བསྡུས་དོན་རེ་ཡན་ཆད་བགྲང་བ་དྲུག་ཅུར་ལོང་ཙམ་གྱི་མིང་སྨོས་འདུག་ལ། དེར་མ་སྨོས་པའང་མཐོང་བས་ཤིན་ཏུ་མང་བ་ཡོད་པར་མངོན་ནོ།།”

的各大部分均有引文出现，[1]内容、数量居《广论》引文之首，而且这种从头到尾都有该论引文出现的现象在《广论》中是比较少见的，可见《广论》对《入行》的重视程度非同寻常。”[2]达布拉杰、宗喀巴等藏传佛教各教派宗师高度重视《入菩萨行论》这部经典，并作为“菩提道”修行法脉的重要参考依据之一，且在各自的论著中大量地引用，这对《入菩萨行论》在藏传佛教中的传承起到了进一步的推动作用。

第二节 《入菩萨行论》研究综述

《入菩萨行论》是一部印度大乘佛教盛兴后期流行的中观论著，也是一部脍炙人口的文学作品。这部佛学著作自它诞生起就受到了印度佛教界的高度重视，相传有一百多部该论典的注疏本。目前我们能看到的藏译本共有10部，[3]且各有特色。

吐蕃王朝引进佛教，组织译场，开佛教译经事业之始，印藏佛经翻译者便将《入菩萨行论》译成藏文，敦煌藏文写本《入菩萨行论》是其初译时的原貌。这部佛学名著的藏译本产生后，对吐蕃佛教产生了重要影响，随之其部分注疏论典也被译成了藏文。历代藏族大学者无不重视对这部论著的学习和研究，曾先后两次对照梵文流通本原典对藏译本进行了修订完善。此后，不仅涌现了众多藏族学者对其所作的注疏作品，更重要的是布顿（བུ་སྟོན་རིན་ཆེན་གྲུབ།，1290—1364）大师、觉囊派译师洛追白（བློ་གྲོས་དཔལ།，1300—1354）等一批学者还对照梵文原典对其进行了更深入的研究。

藏族现代人文主义先驱更敦群培于20世纪30年代协同印度学者罗睺罗（Tripitakacharya Rahula Sankrityayana，1893—1963）在藏区进行梵文文献调查时，在纳塘寺发现了闻所未闻的“曲米玛”“央贡玛”（ཆུ་མིག་མ་དང་ཡང་དགོན་

---

〔1〕《入行》指《入菩萨行论》，《广论》指《菩提道次第广论》。

〔2〕牛宏：《试析〈入菩萨行论〉对〈菩提道次第广论〉的影响》，《西藏研究》2006年第3期。

〔3〕分别为《入菩提行难语释》《入菩萨行解说难语释》《入菩萨行善会》《入菩萨行难解决定书》《智慧品难语释》《入菩萨行智慧品和回向品难语释》《入菩萨行摄三十六义》《入菩萨行摄义》《入菩提行意趣注殊胜作明》，以及阿底峡所著《入菩萨行解说》。

མ་ལ་སོགས་པ།）等几种《入菩萨行论》藏文注疏本，[1]更重要的是在萨迦寺的藏书中发现了《入菩萨行论》梵文原典，[2]在俄尔寺（ངོར）藏书中发现了智慧作的《入菩提行难语释》梵文本。[3]在《梵文宝库》一文中，更敦群培对《入菩萨行论》中学界有争议的十余个偈颂内容进行了梵藏对照研究，指出藏文译本的错误之处，并说明原由。[4]相传，更敦群培还将《入菩萨行论》翻译成了英文。

千余年来，《入菩萨行论》一直颇受藏传佛教界之重视，成为僧人必修论典之一，亦为修持修行之指导书。19世纪末英国东方学者荷吉森（也译作何德逊，B. H. Hodgson，1800—1894，于1824—1845年担任英国驻尼泊尔公使）在尼泊尔山区发现《入菩萨行论》梵文原典后引起了世界各地佛学研究者的高度重视，整理、译介、研究等方面的成果不断涌现。

一、国内的研究情况

虽然早在北宋时期就已把《入菩萨行论》译成了汉文，[5]但是相关的研究却比较滞后。近年来，国内的一些学者依据藏文译本和梵文校刊本重译了这部重要的佛学典籍，其研究才开始兴起。目前比较重要的成果有：吕澂先生在《印度佛学源流略讲》（1961年）第六讲《晚期大乘佛学》第三节对《入菩萨行论》作者寂天的著述、学风、思想等进行的简明论述。台湾地区学者释如石在其译注的《入菩萨行论·导论·译注·集要》（1991年）导论部分对寂天的生平、《入菩萨行论》与《集菩萨学论》的关系问题及《入菩萨行论》的内容、特色、影响、注疏等问题所作的研究论述（可认为是目前汉语文化圈中最权威的著作）。黄宝生《梵汉对勘入菩提行论》一书是近年来有关《入菩萨行论》研究的一部重要成果，作者以维迪耶梵文校刊本为基础，参考瓦累·布散（Louis de La Vallee Poussin）的编订本与宋代汉译本进行了对勘，并用通俗的语言重新进行翻译注释。在该书导言部分，还对寂天的著作、《入菩萨行论》的校刊翻译情况及《入菩萨行论》的内容、宋代汉文译本的情况

〔1〕 更敦群培：《更敦群培文集》（藏文）上卷，四川民族出版社，2009年，第26页。
〔2〕 同上。
〔3〕 同上书，第24页。
〔4〕 同上书，第518—520页。
〔5〕 印度迦湿弥罗国僧人天息灾来到我国奉宋太宗赵炅的诏令将该论典译成汉文，译名《菩提行经》。《大正新修大藏经》1662号，第32卷，P543c-562a。

等问题作了简要论述。

国内学术刊物上发表的相关论文主要有：嘎·达哇才仁的《关于〈入菩萨行论〉的几点新认识》(《藏传佛教教义阐释研究文集》第一辑，中国藏学出版社，2012年)，该文以藏传佛教教义的现代阐释为目的，对《入菩萨行论》进行了简要论述，内容包括《入菩萨行论》的作者情况、内容结构，以及《入菩萨行论》的核心思想"自他平等与相换""菩提心"功德的现实意义。居夏·牛麦泽翁的《试析与人民利益攸关的入行论教义》(藏文)(《西藏研究》2010年第3期)，从10个方面阐述了《入菩萨行论》教义对现实社会的积极意义。敖特根的《莫高窟北区出土回鹘蒙古文〈入菩萨行论〉印本残叶》(《兰州学刊》2009年第12期)，对敦煌莫高窟北区第121窟中发现的编号为B121 ：40的文书即回鹘蒙古文《入菩萨行论》残叶进行了对勘研究，并作了年代的推断。牛宏的《试析〈入菩萨行论〉对〈菩提道次第广论〉的影响》(《西藏研究》2006年第3期)，通过对藏传佛教格鲁派创始人宗喀巴大师的经典之作《菩提道次第广论》中引用《入菩萨行论》偈颂的数量统计、所引品章与所在内容的关系问题等的对比，精辟地论述了《入菩萨行论》对《菩提道次第广论》的影响问题。

二、国外的研究情况

自19世纪西方开始研究印度学及佛学以来，佛教梵文原典越来越受到研究者的重视。《入菩萨行论》梵文原典被发现后，[1]关于该经典的整理、译介、研究等方面均取得了不少新成果。

1. 整理校刊方面。1889年，俄国学者米纳耶夫(I. P. Minayeff)出版了《入菩萨行论》梵文校刊本；1894年，印度学者夏斯特利(Sastri Haraprassad)出版了梵文校刊本；比利时佛学家瓦累·布散也在1901—1904年间陆续校订出版了《入菩萨行论》及印度佛学家智作慧(ཤེས་རབ་འབྱུང་གནས་བློ་གྲོས།)的注疏本——《入菩萨行论释难》梵文校勘本；印度学者维迪耶(P. L. Vaidya)也于1960年出版了《入菩萨行论》及智慧作的《入菩萨行论释难》梵文校订本。

2. 译介方面。1907、1920年分别出版了瓦累·布散和芬若(L. Finot)的法译本，1923、1981年分别出版了施密德(Schmidt)和斯坦因凯勒(Steinkellner)的德译本，1921、1958年分别出版了河口慧海和金仓圆照的日译本，1909、

〔1〕 由英国东方学者荷吉森(B. H. Hodgson，1800—1894)发现于尼泊尔。

1971、1990年分别出版了巴奈特（Barnett）和马丁克斯（Matics）、凯特·克罗斯比（Kate Crosby）与安德鲁·斯基尔顿（Andrew Skilton）合译的三种英译本，1987年出版了达摩·迪帕（Dhammadipa）的捷克文译本。另外，在印度国内有高善必（Kosambi）的古吉拉提语译本和马拉提语译本。目前可能还有其他语种的译本。另外，还有一些藏族学者的《入菩萨行论》注释本也被译成了英文。

3. 研究方面。除了各译本前言及说明中有关于作者、内容等的介绍性研究之外，学者阿玛莉亚·普斯丽（Amalia Pezzali）对《入菩萨行论》著者寂天的生平、著作、思想等有综合性的研究论著（1968年）；尼那瓦热（U Nyanawara）的硕士学位论文《寂天的〈入菩萨行论〉》（Santideva's Bodhicaryavatara, California State University, Fullerton, 2004.）是对《入菩萨行论》著者和内容的全面介绍性研究；莱勒（Lele, Amod Janyant）的博士论文《寂天思想中有关伦理的重新评价》（Ethical revaluation in the thought of Santideva, Harvard University, 2007年）对寂天的著书、思想，尤其是伦理的评判思想方面进行了深入分析和研究。日本学者江岛惠教发表了《入菩萨行论》印度十部注释类著作中“智慧品”的大致内容的论文；冢田贯康发表了关于智慧作《入菩萨行论释难》的研究论文；康嘎楚称格桑在《印度佛教思想史》（1999年）中对敦煌藏文《入菩萨行论》的情况作了简短介绍。

在此需要重点介绍的是日本学者斋藤明（Akira SAITO）研究《入菩萨行论》的成果，目前他是敦煌藏文写本《入菩萨行论》研究方面的权威，成果也最为丰硕。除了发表有《寂天的〈入菩萨行论〉》（载于《日本藏学研究协会报告》第32期，1986年，第1—7页）等介绍、研究《入菩萨行论》的论著外，还对敦煌藏文写本《入菩萨行论》进行了研究，其中《中观系资料》（载于山口瑞凤主编的《敦煌胡语文献》，东京：大东出版社，1985年，第311—347页）一文中对P.T.794号《入菩萨行论》残片进行了介绍研究；《〈入菩萨行论〉的诸问题研究——以现行本第九品“智慧品”为中心》（载于《东方学》第87辑）一文对藏文传世本第九品的内容与敦煌本第八品的内容作了比较研究；《敦煌藏文文献中发现的寂天的〈入菩萨行论〉》（载于《西藏的佛教与社会》，东京，1986年，第79—109页）对敦煌藏文《入菩萨行论》写本P.T.794、IOL Tib J 628、IOL Tib J 629、IOL Tib J 630四个卷号进行了介绍和研究。另外，他于1993年出版了《敦煌藏文文献中发现的寂天的〈入菩萨行论〉的研究》一书，该书成为目前研究敦煌藏文《入菩萨行论》的最新的重要成果。该书分两大部分：第一部分为研究介绍部分，包括对敦煌藏文写本中出现的著者署名的考证、敦煌本与藏文传世本的品章偈颂的比较、传世本中存在的问题、《入菩萨行论》的研究现状等内容；第二部分着重对敦煌本第八品“智慧品”的内容与梵文原典进行对比，并将其翻译为日文，随后还附有《入菩萨行论难语释》中的“智慧品”的注疏部分。

此外，相关的论文还有：妮可·马丁内兹·米利斯的《入菩萨行论：被译成多种西方语言的一部佛教论典》(The Bodhicaryavatara：A Buddhist Treatise Translated into Western Languages，载于《较少翻译的语言》，本杰明译丛第58卷，阿姆斯特丹、费城：本杰明出版公司，2005年，第207—224页)、《如何成为一个菩萨》(How to be a Bodhisattva, Jan Willis, *Insight Journal*, Summer, 2008)、《自我与怜悯：列维纳斯与寂天的慈悲伦理研究》(The self and suffering other：Levinas and santideva on the ethics of compassion, William David Edelglass, *Doctor of Philosophy*, Emory University, 2004)等。

综观国内外的研究现状，其重点在于对藏文《大藏经》所收《入菩萨行论》传世本和梵文校刊本的介绍以及翻译，而对敦煌藏文写本的研究却很薄弱。虽然斋藤明等日本学者对此有所关注，但其研究侧重于《入菩萨行论》中的中观思想(尤其是智慧品的研究)等佛教哲学层面。因此，尚待从文献学的角度对敦煌藏文《入菩萨行论》整个写本情况进行全面、系统的研究，进一步挖掘其文献价值。

第三节　本书的立意、思路

《入菩萨行论》是一部重要的大乘佛教经典，它以龙树的《中观宝鬘论》为指导思想，详细阐述了如何发“菩提心”，以及力行“六度”“四摄”“自他平等、相换”等菩萨行的修行过程，对后世佛教产生了重大影响，众多高僧大德以它的内容为终身修行的座右铭。《入菩萨行论》的核心思想——“自他平等、相换”的理论，更是大乘佛教“菩提心”修法的两条法脉之一(另一修心方法为“七支因果”修法)。该经典自从吐蕃时期出现藏译本之后，对藏族社会的文化、伦理等方方面面均产生了重要影响，尤其在藏传佛教后弘期初期阿底峡尊者的大力推介和俄·译师洛丹西绕(རྔོག་ལོ་ཙཱ་བ་བློ་ལྡན་ཤེས་རབ།, 1059—1109)厘定之后，几部印度学者的《入菩萨行论》注疏本先后被译成藏文，对藏传佛教各教派均产生了深远的影响。例如，藏传佛教文献中被称为“菩提道修心类”的文献大多以《入菩萨行论》为理论依据；在噶当派中，《入菩萨行论》是“噶当六论”之一，为必修课目；在萨迦派中，将其列入“十八大经典”之中，受到推崇。藏传佛教各教派形成了各自讲授《入菩萨行论》的传统：在萨迦派中，以哲尊·索南泽摩的注疏为讲义；在格鲁派中，以嘉曹·达玛仁钦的注疏为讲义；在宁玛派中，以嘉色·陀美桑布的注疏为讲义；在噶举派中，以巴卧·祖拉陈瓦的注疏为讲义。《入菩萨行论·智慧品》更成为藏传佛教界探讨佛教中观哲学问题的一个焦点，宗喀巴大师对此也有专门的论著。19世纪末20世纪初围绕宁玛派大学者局米旁对《入菩萨行论·智慧品》的注疏还引发了一场广泛的学术争论，对推动藏传佛教界内部，尤其是格鲁派与宁玛派之间的学术交流产生过重要的作用，促进和深化了藏传佛教界对佛教中观学说的研究。

然而，由于后期学者对吐蕃译本的历次改译和修订，我们无法看到藏译佛典的原始面貌。就《入菩萨行论》而言，历史上藏族学者对初译本进行过两次修订，现在我们能看到的是最后一次厘定的版本。敦煌本的发现无疑改变了这一局面，因此，敦煌本弥足珍贵。在法藏、英藏敦煌文献中共存有四种《入菩萨行论》写本，编号为法藏P.T.228，P.T.794，英藏IOL Tib J 134II，IOL Tib J 628，IOL Tib J 629，IOL Tib J 630。通过这些写本，我们可了解《入菩萨行论》藏文译本之初译面貌，进而可以探讨其流变问题。本书之学术研究价值主要有：

（1）能够较全面、系统地揭示敦煌藏文写本《入菩萨行论》文献在整个藏传佛教中的重要地位和学术价值，为佛教文化是推动民族交融与文化交流的重要纽带提供重要论据。

（2）对敦煌藏文写本《入菩萨行论》与藏文传世本、汉文译本（《菩提行经》）的比较研究，可考察它们的异同和渊源流变关系，进而可以解决该经典的一些学术争议问题，确定梵文原典的版本流传情况，并对我国的汉藏佛教文献的比较研究也将会起到一定的推动作用。

（3）敦煌藏文写本《入菩萨行论》的整理、翻译与研究是一项具有一定开创性意义的研究课题。本书力求在学术资料和理论阐述上都达到较高的水平，为进一步深化吐蕃佛教的全面研究奠定基础，提供条件，推进我国的佛学研究、敦煌学研究和藏学研究。

（4）敦煌藏文佛教文献中，有一批佛教祈愿文类文书，这是该类佛教经典对当时的社会和民众产生影响的重要判断依据之一。敦煌藏文写本IOL

Tib J 134II号《菩提行祈愿文》与IOL Tib J 630号《入菩萨行论·回向品》(是祈愿文的一种)的出现为我们研究这部佛教论著在吐蕃时代的流传情况和社会影响等问题提供了重要信息,对于吐蕃佛教史的研究来说也是弥足珍贵的第一手资料。

(5)藏文大藏经中保存的10部印度学者所著《入菩萨行论》注释论著中,有两部与其他注疏内容不一致,然这两部注疏本的内容与敦煌本的内容如出一辙,敦煌本的出现对研究这两部注疏的翻译时间、著者、版本情况等问题同样具有重要的学术价值。

本书以敦煌藏文《入菩萨行论》写本为研究材料,在法藏、英藏写本叙录的基础上,对写本的外在特征和思想内容进行研究,对各写本间的联系和区别进行比对,进而进行写本缀合,并以IOL Tib J 628号为底本整理出一部完整的敦煌藏文《入菩萨行论》,并将其完整地翻译成汉文,加以注解。

法藏和英藏敦煌藏文文献中发现的《入菩萨行论》六个卷号是本书研究的重点,本书首先介绍这几个卷号的写本。在写本叙录完成后对其中的内在、外在的相关信息进行研究,以推进研究深度。

对同一种文献的不同版本进行对勘是文献学研究的一个重要方面,本课题的研究在这方面具有可资利用的大量资料,也是充实和深化研究内容的一个重要方面。敦煌藏文《入菩萨行论》写本与藏文传世本、汉文北宋译本之间既有联系,又有区别,尤其是在篇幅、分品起讫上存在诸多不同,需要在整理的基础上进行系统的考察。因此,在版本情况研究中,需确定诸译本间的具体联系与区别,进而解决《入菩萨行论》不同版本流传情况等重要学术问题。另外,翻译注释也是一个重要方面,这项工作无疑会为学界提供重要的文献参考资料,并对汉译《菩提行经》的理解和研究也会起到一定的推动作用。

一部文献被译成多种语言文字广泛流传,必然缘于这部文献本身的价值,也与其对现实社会产生的影响有关。敦煌藏文《入菩萨行论》是该论典藏文初译本的原貌,也是世界上最早的《入菩萨行论》译本,吐蕃佛教界引进该论典具有深刻的原因,它对吐蕃社会产生的影响更应该加以考察和研究。

藏语言文字自出现起就处于不断的变化和完善过程之中,敦煌藏文《入菩萨行论》反映的是吐蕃时期的藏语言文字特征,通过对勘可发现藏语言文字之变化情况,对其中的古字词进行训诂学研究对敦煌藏文文献的研究大有裨益。

本书在撰写过程中使用的研究方法主要有：

1. 古文献研究方法

以敦煌藏文写本《入菩萨行论》的全面搜集和整理校录为基础，进行写本形制、规格、字迹、文字符号、页码表述方式、特殊标记、缺叶残损等文献外在特征的研究，并进行翻译解读、对勘、训诂等内容方面的研究。

2. 比较法

敦煌写本中共存六个编号《入菩萨行论》残本、残片，通过对这些文献的比较和对勘，我们发现了它们间的联系，也解决了一些问题。例如，依据经页左侧所标藏文页码、笔迹、品名后出现的花簇图案等特征，确定了法藏P.T.794号残片为英藏编号IOL Tib J 628的结尾部分，二者可以缀合。尤其是通过敦煌写本与藏文传世本、汉文北宋译本间的对勘，并结合史书的记载，确定了此三种译本是依据印度流传的三种主要的《入菩萨行论》不同版本译成藏、汉文的事实。

3. 归纳、演绎法

归纳和演绎方法是哲学研究的基本方法，也是研究敦煌文献的一种基本的方法，由于敦煌古藏文写本一般不标明具体抄写年月，所以对同类或相关文献采用此方法进行研究是必不可少的。本书也是在对所有敦煌藏文《入菩萨行论》类写本一一比对的基础上，作了归纳和演绎。如，对所有写本的书写特征进行归纳，并进行写本缀合。另外，在对写本语言特征等加以归纳的基础上，运用演绎法得出了IOL Tib J 134II号写本与其他写本有着不同的翻译原本的结论。

敦煌藏文《入菩萨行论》写本虽数量不多，但深入研究具有一定的困难，尤其是具体抄写年代的确定等问题。因此，在具体的研究过程中需要综合运用多学科的研究方法。以上只是其中使用的最主要的研究方法。

第一章　敦煌藏文《入菩萨行论》写本叙录及缀合

从目前已刊布的部分敦煌藏文文献及法国、英国国家图书馆所藏敦煌藏文文献目录，我国国家图书馆、甘肃省所藏敦煌藏文文献目录等目录和有关介绍来看，敦煌文献中占绝大多数的是古藏文佛教文献。这部分佛教文献包括经、律、论三藏及以事部、行部为主的密宗经典和各种陀罗尼、修法笔记、高僧传略等。《入菩萨行论》作为印度大乘佛教的一部重要经论，在敦煌佛教文献中应当有所保存。

通过对已刊布的文献及目录的深入调查，笔者发现了四篇已被前辈学者确认的敦煌藏文《入菩萨行论》写本。[1]与此同时，还发现了两篇未被编目者确认的敦煌藏文《入菩萨行论》写本残片、残篇。本章就对这部分目前存世的敦煌藏文《入菩萨行论》写本情况逐一进行介绍，旨在对这部分文献有个大致的了解，进而进行写本间的缀合。

第一节　写本叙录

敦煌藏经洞所发现的藏文文献，其主体部分分别藏于法国国家图书馆等几家中外文献收藏机构，一部分散藏于国内外的一些小的收藏单位，个别被民间人士收藏。在已知的文献收藏单位中，法国国家图书馆和英国国家图书馆的藏品最丰，而且这两家收藏单位所藏藏文文献的目录已先后公布于世，供学界参考和研究。近来，国内所藏藏文文献目录也已陆续公布，但其中并未发现有关《入菩萨行论》的卷号。因此，在此以法国国家图书馆和英国国家图书馆两家收藏单位所藏藏文文献中发现的《入菩萨行论》写本按收藏机构的目录编号分别予以叙录介绍。

---

〔1〕 Akira SAITO, *A Study of Aksayamati's Bodhisattvacaryāvatāra as Found in the Tibetan Manuscripts from Tun-huang*, Miye University, p13, 1993.

一、法国国家图书馆所藏敦煌藏文《入菩萨行论》写本

笔者通过对已刊布的35册《法国国家图书馆藏敦煌藏文文献》及相关目录,[1]在法藏敦煌藏文文献中共发现两个编号的《入菩萨行论》残片。分别叙录如下:

1. P.T.228《入菩萨行论》残片

(本图版从国际敦煌项目网站下载)[2]

该写本为梵夹装,存1叶,计2页,左侧有少量残损,因此暂时难以确定原文所标页码。页面规格:8.3×32 cm,每页书写6行,共计12行,部分行间夹有注释性小字。由于起初编目时没能辨认出其为《入菩萨行论》残片,因此在《法藏敦煌藏文文献解题目录》和已刊布的《法国国家图书馆藏敦煌藏文文献》中只记作佛经。[3]日本著名佛教学者斋藤明(Akira Saito)也未留意。另外,编目整理者颠倒了原文正面和背面的先后顺序,以下录文时予以纠正。录文如下:

正面

1. ཕོ་ནས།། ཇི་ལྟར་རིན་ཆེན་རྙེད་པ་ལྟར། །དེ་བཞིན་ཅི་ཞིག་ལྟར་སྟས་ནས།། བྱང་ཆུབ་སེམས་འདི་བདག་ལ་སྐྱེས། །
འགྲོ་བའི་འཆི་བདག་འཇོམས་བྱེད་པའི།། བདུད་རྩི་མཆོག་ཀྱང་འདི

〔1〕 金雅声、郭恩主编:《法国国家图书馆藏敦煌藏文文献》,上海古籍出版社,2006—2020年。

〔2〕 本书以下所用图片,如无特殊说明,均来源于国际敦煌项目网站,不再一一注明。

〔3〕 见王尧、陈践主编《法藏敦煌藏文文献解题目录》,民族出版社,1999年,第38页;金雅声、郭恩主编:《法国国家图书馆藏敦煌藏文文献》第四册,上海古籍出版社,2007年,第142页。

2. □□□□□□□□ ཟད་གཏེར་ཡང་འདི་ཡིན་ནོ༎ འགྲོ་བའི་ནད་རབ་ཞི་བྱེད་པའི༎ སྨན་གྱི་མཆོག་ཀྱང་འདི་ཡིན་ནོ༎ སྲིད་ལམ་འཁྱམས་ཤིང་ངུབ་པའི། ། འགྲོ་བའི་ངལ་བསོ་ལྗོན་ཤིང་ཡིན། ། འགྲོ་བ་ཐམས་

3. □□□□□□□□ས་ཡིན། ། འགྲོ་བའི་ཉོན་མོངས་གདུང་སེལ་བའ། ། སེམས་ཀྱི་ཟླ་བ་ཤར་པ་ཡིན། ། འགྲོ་བའི་མྱི་ཤེས་རབ་རིབ་དག ། དཔྱིས་འབྱིན་ཉི་མ་ཆེན་པོ་ཡིན། ། དམ་ཆོས་འོ་མ་བསྲུབས

4. □□□□□□□□ཛོན་བ་སྲིད་པའི་ལམ་རྒྱུ་ཞིང་། ། བདེ་བའི་ལོངས་སྤྱོད་སྤྱད་པར་འདོད་པ་ལའ༎ འདི་ནི་བདེ་བའི་མཆོག་ཏུ་ཉེར་གནས་ཏེ༎ སེམས་ཅན་འགྲོན་ཆེན་ཚིམ་པར་བྱེད་པ་ཡིན། ། བདག་གིས་དེ་རིང་

5. □□□□□□□□ ནི༎ རབ་ཏུ་བདེ་ལ་མགྲོན་དུ་བོས་ཟིན་གྱིས༎ ལྷ་དང་ལྷ་མིན་ལས་སྩོགས་དགའ་བར་གྱིས༎ བྱང་ཆུབ་སེམས་དཔའི་སྤྱོད་པ་ལས༎ བྱང་ཆུབ་ཀྱི་སེམས་ཡོངས་སུ་གཟུང་བ་ཞེས་བྱ་བ

6. □□□□□□□□ སྲས་ཀྱིས་དེ་ལྟ་བུར། ། བྱང་ཆུབ་སེམས་རབ་བརྟན་བཟུང་ནས༎ གཡེལ་བ་མྱེད་པར་རྟག་ཏུ་ཡང་༎ བསླབ་ལས་མྱི་འདའ་འབད་པར་བྱའ༎ བབ་ཅོལ་བརྩམས་པ་གང་ཡིན་བ་འམ༎ □□□□□□ □□□

背面

1. □□□□□□□□ ཅས་བྱས་གྱུར་ཀྱང་༎ བྱ་འམ་གཏང་ཞེས་བརྟགས་པའི་རིགས། ཀྱི། སངས་རྒྱས་རྣམས་དང་དེ་འི་སྲས༎ ཤེས་རབ་ཆེན་པོས་གང་བརྟགས་ཤིང་༎ བདག་ཉིད་ཀྱིས་ཀྱང་བརྟག

2. □□□□□□□□ར་དམ་བཅས་ནས༎ ལས་ཀྱིས་བསྒྲུབ་པ་མ་བྱས་ནའ༎ སེམས་ཅན་དེ་དག་ཀུན་བསླུས་ནས༎ བདག་གི་འགྲོ་བ་ཇི་འདྲར་འགྱུར༎ དངོས་པོ་ཕལ་བ་ཆུང་ཟད་ལའ༎

3. □□□□□□□□མྱི་བྱེད་པའ། །དེ་ཡང་ཡི་དགས་འགྱུར་གསུང་ནའ༎ བླ་ན་མྱེད་པའི་བདེ་བ་ལ༎ བསམ་བ་ཐག་པས་མགྲོན་གཉེར་ནས༎འགྲོ་བ་ཐམས་ཅད་བསླུ་བྱས་ནའ༎ བདེ་འགྲོར་

4. □□□□□□□□བཐང་ཡང་༎ དེ་དག་ཐར་པར་མཛད་པ་ནི༎ ལས་ཚུལ་བསམ་གྱིས་མྱི་ཁྱབ་དེ༎ ཐམས་ཅད་མཁྱེན་པ་པོ་ནས་མཁྱེནོ། ། དེ་ནི་བྱང་ཆུབས་སེམས་དཔའ་ལའ༎ ལྟུང་བའི་ནང་ནའ

5. □□□□□□□□ཅན་ཀུན་གྱི་དོན་ལ་དམན། ། གང་གཞན་འགའ་ཞིག་འདི་ཡིནི༎ བསོད་ནམས་བར་ཆད་བགེགས་བྱེད་པའ༎ སེམས་ཅན་དོན་ལ་དམནད་གྱུར་པས༎ དེའི་ངན་འགྲོ་མུ

6. □□□□□□□□ཡང་༎ བཤིག་ན་བདག་ཉིད་ཉམས་འགྱུར་ནའ༎ ནམ་མཁའ་མ་ལུས་མཐའ་ཀླས་པའི༎ ལུས་ཅན་བདེ་བཤིག་སྨོས་ཇི་དགོས༎ དེ་ལྟར་ལྟུང་བ་སྟོབས་ལྡན་དང་༎ བྱང་ཆུབ་སེམས་སྟོབས་ལྡན་པ་དག༎

从内容来看，残片正面第五行结尾处明显出现“《菩萨行》之持菩提心（བྱང་ཆུབ་སེམས་དཔའི་སྤྱོད་པ་ལས༎ བྱང་ཆུབ་ཀྱི་སེམས་ཡོངས་སུ་གཟུང་བ་ཞེས་བྱ་བ）”字样，由此可以确定是《入菩萨行论·持菩提心品》结尾部分和下一品的开头部分。通过与其他敦煌藏文《入菩萨行论》写本和藏文传世本的比较，可知该残片为敦煌藏文《入菩萨行论》写本第二品《持菩提心品》结尾部分和第三品《无我品》开头部分，藏文传世本中则属于第三品《持菩提心品》结尾部分和第四品《不放逸品》开头部分，现行梵文校刊本亦然。

2. P.T.794《入菩萨行论》残片

该写本为梵夹装，存1叶，计2页。经页上下边沿均稍有残损。原文所标正面左侧页码为ka函第二十四叶（ཀ ཙ་བཞི་）。页面规格：11.5 × 43 cm。正面部分书写8行，背面部分7行，藏文楷体书写，字迹清晰，字体小而工整。背面第6行末尾绘有一束花簇状图案。

从内容上看，该残片背面第7行结尾处明确指出是"《入菩萨行论》第九品回向品（བྱང་ཆུབ་སེམས་དཔའི་སྤྱོད་པ་ལ་འཇུག་པ་ལས། །བསྔོ་བ་ཞེས་བྱ་བ་སྟེ་ལེའུ་དགུ་པའོ།།）"。另外，在最后一行还出现了题记，其研究价值不言而喻。然而，让人深感遗憾的是，题记结尾处不仅有残缺，而且剩余部分文字完全脱落，无法辨认。该部分脱落文字似是校经或抄经题记。

二、英国国家图书馆所藏敦煌藏文《入菩萨行论》写本

笔者通过对已出版的《英国国家图书馆藏敦煌西域藏文文献》1—12册[1]和瓦累·布散所编目录、日本东洋文库所编目录的查询，共发现三个编号的《入菩萨行论》残篇、残本，其中IOL Tib J 630号是个完整的单品本，其余两个编号均有不同程度的缺损，IOL Tib J 628号写本几近完整。此外，亦发现与《入菩萨行论》密切相关的IOL Tib J 134II号《菩提行祈愿文》。

〔1〕 金雅声、赵德安、沙木主编：《英国国家图书馆藏敦煌西域藏文文献》，上海古籍出版社，2011—2021年。

1. IOL Tib J 628《入菩萨行论》残本

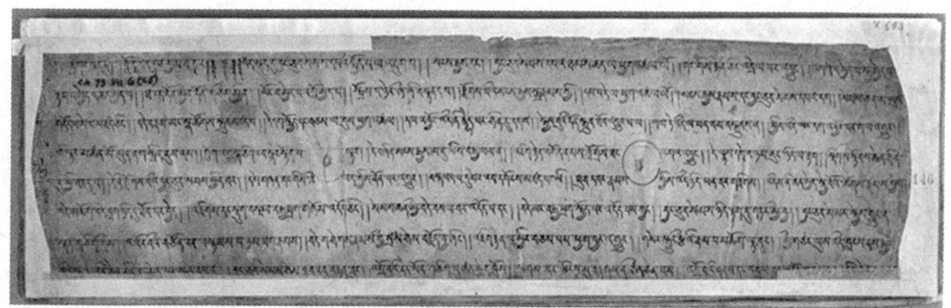

（本图版由英国国家图书馆沙木先生提供）

该写本编在英藏敦煌藏文写本第36卷中，梵夹装，规格：48.3 × 11.5 cm。现存23叶，计46页。正面左侧所标藏文页码为“ཀ། གཅིག”（ka函第一叶）至“ཀ། ཙ་གཉིས།”（ka函第二十二叶），最后一叶叶码不详（应为“ཀ། ཙ་གསུམ།”）。所存最后一页残损严重，缺失经叶左侧约三分之二的部分，编目整理者将此残叶正反面顺序颠倒了，应予以纠正。该写本是目前我们能见到的唯一一本接近完整的敦煌藏文《入菩萨行论》写本。虽然结尾处缺损一两叶，但仍无损认清敦煌藏文写本《入菩萨行论》的全貌，有着极高的学术研究价值。本书于最后一章以此编号写本为底本，整理出一部完整的敦煌藏文写本《入菩萨行论》，因此，此处不予录文。

2. IOL Tib J 629《入菩萨行论》残本

该写本编在英藏敦煌藏文写本第17卷中，首残尾全，共存24叶，计48页，梵夹装，页面规格：41.5 × 9 cm。行间有小字夹注。正面左侧所标藏文页码为“ཀ་གཉིས།”（ka函第二叶）、“ཀ་བཞི”（ka函第四叶）、“ཀ་བདུན”（ka函第七叶）、“ཀ་བཅུ་བཞི།”（ka函第十四叶）、“ཀ་བཅུ་དྲུག།”（ka函第十六叶）、“ཀ་བཅུ་བདུན།”（ka函第十七叶）、“ཀ་བཅོ་བརྒྱད།”（ka函第十八叶）、“ཀ་བཅུ་དགུ།”（ka函第十九叶）、“ཀ་ཉི་ཤུ”（ka函第二十叶）、“ཀ་ཉེར་གཅིག།”（ka函第二十一叶）、“ཀ་ཉེར་གཉིས།”（ka函第二十二叶）、“ཀ་ཉེར་གསུམ།”（ka函第二十三叶）、“ཀ་ཉེར་བཞི།”（ka函第二十四叶）、“ཀ་ཉེར་ལྔ།”（ka函第二十五叶）、“ཀ་ཉེར་དྲུག།”（ka函第二十六叶）、“ཀ་ཉེར་བདུན།”（ka函第二十七叶）、“ཀ་ཉེར་བརྒྱད།”（ka函第二十八叶）、“ཀ་སོ་གཉིས།”（ka函第三十二叶）、“ཀ་སོ་གསུམ།”（ka函第三十三叶）、“ཀ་སོ་བཞི།”（ka函第三十四叶）、“ཀ་སོ་བདུན།”（ka函第三十七叶）、“ཀ་སོ་བརྒྱད།”（ka函第三十八叶）、“ཀ་སོ་དགུ།”（ka函第三十九叶）、“ཀ་བཞི་བཅུ།”（ka函第四十叶）。由此可知，缺失第一叶、三叶、五叶、六叶、八叶、九叶、十叶、十一叶、十二叶、十三叶、十五叶、二十九叶、三十叶、三十一叶、三十五叶、三十六叶，共16叶。所存除第十八叶背面、二十一叶背面、三十二叶背面书写7行，第四十叶背面书写5行外，其余页面都一律书写6行。行间书写之小字，字迹较模糊，但可确定是对正文偈颂体部分重要字、词的注释。

从内容上看，涉及所有品章，但只有第五品忍辱品和第六品精进品（现存梵本与藏文传世本第六、七品的部分内容）完整，其余或多或少残缺。录文如下：

ka函第二叶

正面

1. ༄། །བྱང་ཆུབ་སྨོན་པའི་སེམས་ལས་ནི། །འཁོར་ཚེ་འབྲས་བུ་ཆེ་འབྱུང་ཡང་། །ཇི་ལྟར་འཇུག་པའི་སེམས་བཞིན་དུ། །བསོད་ནམས་རྒྱུན་ཆགས་འབྱུང་བ་མིན། །གང་ནས་བཟུང་སྟེ་སེམས་ཅན་ཁམས། །མཐའ་ཡས་རབ་ཏུ་འགྲོལ་

2. བའི་ཕྱིར། །མི་ལྡོག་པའི་སེམས་ཀྱིས་སུ། །སེམས་དེ་ཡང་དག་བླངས་གྱུརད་པའ། །དེ་ནས་བཟུང་སྟེ་གཉིད་ལོག་གམ། །བག་མེད་གྱུརད་ཀྱང་བསོད་ནམས་ཤུགས། །རྒྱུན་མི་འཆད་པར་དུ་མ་ཞིག །ནམ་མཁའ་མཉམ□□བ་དུ་བྱུང་།

3. འདི་ནི་གཏད་པ་དང་བཅས་པར། །ལག་བཟང་གྱིས་ནི་ཞུས་པ་ལས། །དམན་མོས་སེམས་ཅན་དོན་གྱི་ཕྱིར། །དེ་བཞིན་གཤེགས་པ་ཉིད་ཀྱིས་གསུངས། །སེམས་ཅན་རྣམས་ཀྱི་གླད་ནད་ཙམ། །གསལ་ལོ་སྙམ་དུ་བསམས་ན་ཡང་།

4. ཕན་འདོགས་བསམ་པ་དང་ལྡན་དེ། །བསོད་ནམས་དཔག་མེད་ལྡན་གྱུར་ནའ། །སེམས་ཅན་རེ་རེ་མི་བདེ་བ། །དཔག་དུ་མེད་པ་བརྩལ་འདོད་ཅིང་། །རེ་རེའང་ཡོན་ཏན་དཔག་མེད་དུ། །སྒྲུབ་པར་འདོད་པ་སྨོས་ཅི་དགོས། །ཕའམ་ཡང་ན་མ་ཡང་རུང་།

5. སུ་ལ་འདི་འདྲའི་ཕན་སེམས་ཡོད། །ལྷ་དང་དྲང་སྲོང་རྣམས་ཀྱང་རུང་། །ཚངས་པ་ལ་ཡང་འདི་ཡོད་དམ། །སེམས་ཅན་དེ་དག་ཉིད་ལ་འང་སྔོན། །རང་གི་དོན་དུ་འང་དེ་འདྲའི་སེམས། །སྨི་ལམ་དུ་འང་མ་སྨྲིས་ན། །གཞན་གྱི་དོན་དུ་ག་ལ་སྐྱེ། །

6. གཞན་དག་རང་གི་དོན་དུ་ཡང་། །སྨི་འབྱུང་སེམས་ཅན་དོན་སེམས་གང་། །སེམས་ཅན་རིན་ཆེན་ཁྱད་པར་འདི། །སྔ་ན་སྨེད་པ་རྨད་ཅིག་འབྱུངས། །འགྲོ་བ་ཀུན་དུ་དགའ་བའི་རྒྱུ། །སེམས་ཅན་སྡུག་བསྔལ་རྩིརད་སྨྱུར་པའ། །རིན་ཅེན་སེམས་

背面

1. ཀྱི་བསོད་ནམས་གང་། །དེ་ལ་ཇི་ལྟར་གཞལ་གྱིས་ལང་། །ཕན་པར་བསམས་པ་ཙམ་གྱིས་ཀྱང་། །སངས་རྒྱས་མཆོད་པ་ཁྱད་པར་འཕགས། །སེམས་ཅན་མ་ལུས་ཐམས་ཅད་ཀྱི། །བདེ་དོན་རྩོམ་བ་སྨོས་ཅི་དགོས། །སྡུག་བསྔལ་འདོར་འདོད་

2. སེམས་ཡོད་ཀྱང་། །སྡུག་བསྔལ་ཉིད་ལ་མངོན་པར་རྒྱུག །བདེ་བ་འདོད་པ་གཏི་མུག་པས། །རང་གི་བདེ་བ་དགྲ་ལྟར་འཇོམས། །གང་ཞིག་བདེ་བས་ཕོངས་པ་དང་། །སྡུག་བསྔལ་མང་ལྡན་དེ་དག་ལ། །བདེ་བ་ཀུན་གྱིས་ཚིམ་བ་དང་། །སྡུག་བསྔལ་ཐམས་ཆད་

3. གཅོད་བྱེད་ཅིང་། །གཏི་མུག་ཀྱང་ནི་སེལ་བྱེད་པ། །དེ་དང་དགེ་མཚུངས་ག་ལ་ཡོད། །དེ་འདྲའི་སེམས་ཀྱང་ག་ལ་ཡོད། །བསོད་ནམས་འང་དེ་འདྲའི་ག་ལ་ཡོད། །ཕན་བཏགས་ལན་གློན་གང་ཡིན་བ། །དེ་ཡང་རེ་ཤིག་བསྟགས་འོས་ན་འ། །མ་བཅོལ་ལེགས་

4. པ་བྱེད་པའི། །བྱང་ཆུབ་སེམས་དཔའ་སྨོས་ཅི་དགོས། །འགྲོ་བ་ཉུང་ཟད་ནར་མའི་ཟས་སྦྱོར་བ། །སྐད་ཅིག་ཟས་ཙམ་སྦྱོར་བར་བྱེད་པ་དང་། །རྙས་བཅས་ཉིད་ཕྱེད་འདྲངས་པར་བྱེད་པ་ཡིས། །དགེ་བ་སྨེད་བ་ཡིན་ཞེས་སྐྱེ་བོས་བཀུར། །སེམས་ཅན་གྲངས་མཐའ་

5. ཡས་ལ་དུས་རིང་དུ། །བདེ་བར་གཤེགས་ཀྱི་བདེ་བ་བླ་ན་སྨེད། །ཡིད་ལ་བསམས་བ་མཐའ་དག་རྫོགས་བྱེད་པའ། །རྟག་དུ་སྦྱིན་བ་ལྟ་ཞིག་སྨོས་ཅི་དགོས། །གང་ཞིག་དེ་འདྲའི་རྒྱལ་སྲས་སྦྱིན་བདག་ལ། །གལ་ཏེ་ངན་སེམས་སྐྱེད་པར་བྱེད་ □□ ||□ ན་སེམས་

6. བསྐྱེད་པའི་གྲངས་བཞིན་བསྐལ། །པར་ནི། །དམྱལ་བར་གནས་པར་འགྱུར་ཞེས་ཐུབ་པས་གསུངས། །འོན་ཏེ་གང་ཞིག་ཡིད་རབ་དང་བྱེད་ན་འ། །དེའི་འབྲས་བུ་དེ་བས་ལྷག་པར་འཕེལ། །རྒྱལ་སྲས་རྣམས་ལ་དོ་གལ་ཆེད་པོས་ཀྱང་། །སྡིག་པ་སྨི་

ka函第四叶

正面

1. ༄། །ལ་ཡོད་འོང་བའི། །མི་ཏོག་མན་ད་ར་དང་པད་མ་དང་། །ཨུ་དཔལ་ལ་སྩོགས་དྲི་ཞིམ་ཐམས་ཆད་དང་། །འཕྲེང་བ་སྤེལ་ལེགས་ཡིད་འོང་རྣམས་ཀྱིས་མཆོད། །སྤོས་མཆོག་ཡིད་འཕྲོག་དྲི་དང་ཁྱབ་པའི། །བདུག་པའི་སྤྲིན་ཚོགས་རྣམས་ཀྱང་དེ་ལ་དབུལ། །

2. ཞལ་ཟས་བཟའ་བཏུང་སྣ་ཚོགས་བཅས་པ་ཡི། །ལྷ་བཤོས་རྣམས་ཀྱང་དེ་ལ་དབུལ་བར་བགྱི། །གསེར་གྱི་པད་མར་

ཚར་དུ་དངར་བ་ཡི། །རིན་ཆེན་སྒྲོན་མ་རྣམས་ཀྱང་དབུལ་བར་བགྱི། །ས་གཞི་བསྟར་པ་སྤོས་ཀྱིས་བྱུགས་པ་དེར།
།མེ་ཏོག་ཡོད་འོང་སིལ་མ་དགྲམ་བར་

3. བགྱི། །གཞལ་མེད་ཕོ་བྲང་བསྟོད་དབྱངས་ཡོད་འོང་ལྡན། །མུ་ཏིག་རིན་ཆེན་རྒྱན་འཕྱང་མཛེས་པ་འབབའར། །དཔག་
ཡས་ནམ་ཁའི་རྒྱན་གྱུར་དེ་དག་ཀྱང་། །ཐུགས་རྗེའི་རང་བཞིན་ཅན་ལ་དབུལ་བར་བགྱིའ། །རིན་ཆེན་གདུགས་
མཛེས་གསེར་གྱི་ཡུ་བ་ཅན། །

4. འཁོར་ཡུག་རྒྱན་གྱི་རྣམ་པ་ཡོད་འོང་བརྒྱན། །དབྱིབས་ལེགས་བལྟ་ན་སྡུག་པ་བསྒྲེང་བ་ཡང་། །རྟག་དུ་ཐུབ་པ་
རྣམས་ལ་དབུལ་བར་བགྱི། །དེ་ལས་གཞན་ཡང་མཆོད་པའི་ཚོགས། །རོལ་མོ་དབྱངས་སྙན་ཡོད་འོང་བ། །སེམས་
ཅན་སྡུག་བསྔལ་ཚིམ་བྱེད་པའི། །སྤྲིན་

5. རྣམས་སོ་སོར་གནས་གྱུར་ཅིག །དམ་ཆོས་དཀོན་མཆོག་ཐམས་ཅད་དང་། །མཆོད་རྟེན་རྣམས་དང་སྐུ་གཟུགས་ལ།
།རིན་ཆེན་མེ་ཏོག་ལས་སྩོགས་ཆར། །རྒྱུན་མི་འཆད་པར་འབབ་པར་ཤོག །ཇི་ལྟར་འཇམ་དབྱངས་་ལ་སྩོགས་པའ།
།རྒྱལ་བ་རྣམས་ལ་མཆོད་མཛད་པའ། །

6. དེ་བཞིན་བདག་གིས་དེ་བཞིན་གཤེགས། །མགོན་པོ་སྲས་བཅས་རྣམས་ལ་མཆོད། །ཡོན་ཏན་རྒྱ་མཚོ་ཅན་དག་ལ།
།ཞིང་རྟུལ་ཀུན་གྱི་གྲངས་སྙེད་ཀྱིས། ། ཕྱག་འཚལ་དབྱངས་ཀྱི་ཡན་ལག་ནི། ། རྒྱ་མཚོ་སྙེད་ཀྱི་བསྟོད་པས་བསྟོད།
།དུས་གསུམ་གཤེགས་པའི་སངས་རྒྱས་

背面

1. ཀུན། །ཆོས་དང་ཚོགས་ཀྱི་མཆོག་བཅས་ལ། །བསྟོད་དབྱངས་སྙན་པའི་སྤྲིན་དག་ཀྱང་། ། ངེས་པར་ཀུན་དུ་འབྱུང་
གྱུར་ཅིག། ། བྱང་ཆུབ་སེམས་ཀྱི་གཞི་རྣམས་དང་། །མཆོད་རྟེན་ཀུན་ལ་བདག་ཕྱག་འཚལ། །མཁན་པོ་དེ་བཞིན་
སློབས་དཔོན་དང་། །བརྟུལ་

2. བཞུགས་མཆོག་ལ་ཕྱག་འཚལ་ལོ། །བྱང་ཆུབ་སྙིང་པོར་མཆིས་ཀྱི་བར། །སངས་རྒྱས་རྣམས་ལ་སྐྱབས་སུ་མཆི།
།ཆོས་དང་བྱང་ཙུབ་སེམས་དཔའི། །ཚོགས་ལ་འང་དེ་བཞིན་སྐྱབས་སུ་མཆི། །ཕྱོགས་རྣམས་ཀུན་ན་བཞུགས་པའི།
།རྫོགས་སངས་རྒྱས་དང་བྱང་ཆུབ་

3. སེམས། །ཐུགས་རྗེ་ཆེན་མངའ་རྣམས་ལ། །ཐལ་མོ་སྦྱརད་ཏེ་གསོལ་བ་ནི། །ཐོག་མ་མེད་ལྡན་འཁོར་བ་ན། །ཚེ་རབས་
འདི་འམ་གཞན་དག་ལ། །བདག་གིས་མ་འཚལ་སྡིག་བགྱིས་པ་འཾ། །བགྱིད་དུ་སྩལ་པ་ཉིད་དང་ནི། །གཏི་མུག་

4. འབྲུལ་པས་བདག་ནོན་ཏེ། །རྗེས་སུ་ཡི་རང་གང་བགྱིས་པའ། །ཉོངས་པ་དེ་ནི་མཐོང་བགྱིས་ནས། །བསམ་བ་ཐག་
པས་མགོན་ལ་བཤགས། །བདག་གིས་དཀོན་མཆོག་གསུམ་དང་ནི། །ཕ་མའམ་བླ་མ་འམ་གཞན་དག་ལ། །ཉོན་
མོངས་སྒོ་ནས་ལུས་

5. ངག་དང་ཡིད་ཀྱིས་གནོད་བགྱིས་གང་ལགས་དང་། །ཉེས་པ་དུ་མས་སྐྱོན་ཆགས་པའི། །སྡིག་ཅན་བདག་གིས་སྡིག་
པ་གང་། །ཤིན་དུ་མི་བཟད་བགྱིས་པ་དེ། །ཐམས་ཅད་འདྲེན་པ་རྣམས་ལ་འཆགས། །བདག་ནི་སྡིག་པ་མ་བྱང་བར།
།སྔོན་དུ་འགུམ་བ་འགྱུར་

6. ཊ་མཆིས། །ཇི་ལྟར་འདི་ལས་ངེས་འཐར་པར། །མྱུར་བའི་ཚུལ་གྱིས་བསྐྱབ་དུ་གསོལ། །ཡིད་བརྟན་མི་ཊུང་འཆི་
བདག་འདི། །བྱས་དང་མ་བྱས་མི་སྡོད་པས། །ན་དང་མི་ན་ཀུན་ཀྱིས་ཀྱང་། །གློ་བུར་ཚེ་ལ་ཡིད་མི་བརྟན། ༑།ཐམས་
ཅད་བོར་ཏེ་ཆ་

ka函第七叶

正面

1. ༄། །དབུལ་བ་ལ། །བདག་ནི་སྨི་ཟད་གཏེར་གྱུར་ཏེ། །ཡོ་བྱད་མཁོ་དགུ་སྣ་ཚོགས་སུ། །མདུན་ན་ཉེ་བར་གནས་གྱུར་ཅིག །ལུས་དང་དེ་བཞིན་ལོངས་སྤྱོད་དང་། །དུས་གསུམ་དགེ་བ་ཐམས་ཅད་ཀྱང་། །སེམས་ཅན་ཀུན་ཀྱི་དོན་

2. གྲུབ་ཕྱིར། །ཕངས་པ་མེད་པར་གཏང་བར་བྱའ། །ཐམས་ཅད་བཏང་བས་མྱ་ངན་འདའ། །བདག་བློ་མྱ་ངན་འདས་པ་སྒྲུབ། །ཐམས་ཅད་གཏང་དུ་ཆབས་གཅིག་ལ། །སེམས་ཅན་རྣམས་ལ་གཏང་བ་མཆོག། །

3. བདག་གིས་ལུས་ཅན་ཐམས་ཅད་ལ། །ལུས་འདི་ཇི་བདེར་བྱིན་ཟིན་གྱིས། །རྟག་དུ་གསོད་དང་སྨོན་པ་འམ། །བརྡེག་བསྙོགས་ཇི་དགར་བྱེད་པ་ལ་རག། །བདག་གི་ལུས་ཀྱིས་བརྩེ་བྱེད་དམ། །ཆོ་འདྲི་ག་ཞའི་རྒྱུ་མྱེད་ཀྱང་། །

4. བདག་གི་ལུས་འདི་བྱིན་ཟིན་གྱིས། །འདིའི་ཁ་དས་ཇི་ཞིག་བྱའ། །དེ་ལ་གནོད་པར་མྱི་འགྱུར་བའི། །ལས་གང་ཡིན་བ་འང་བྱེད་དུ་ཆུག །བདག་ལ་དམྱིགས་ནས་ནམ་དུ་ཡང་། །འགའ་ཡང་དོན་མྱེད་མ་གྱུར་ཅིག། །བདག་ལ་དམྱིགསྣ་

5. ནས་གང་དག་གི། །ཁྲོ་འམ་དང་བའི་སེམས་འབྱུང་བའ། །དེ་ཉིད་རྟག་དུ་དེ་དག་གི། །དོན་ཀུན་གྲུབ་པའི་རྒྱུར་གྱུར་ཅིག །གང་དག་བདག་ལ་ཁ་ཟེར་འམ། །གཞན་གང་གནོད་པ་བྱེད་པ་འམ། །དེ་བཞིན་ཕྱར་ཀའ་གཏོང་བ་འང་རུང་། །ཐམས་ཅད་བྱང་ཆུབ་སྐལ་ལྡན་གྱུརད། །བདག་ནི་མགོན་མྱེད་རྣམས་ཀྱི་མགོན། །

6. ལམ་ཞུགས་རྣམས་ཀྱི་དེད་དཔོན་དང་། །རྒལ་འདོད་རྣམས་ཀྱི་གྲུ་དང་ནི། །གཟིངས་དང་ཟམ་པ་ཉིད་དུ་འགྱུརད། །གླིང་དོན་གཉེར་ལ་གླིང་དང་ནི། །གནས་མལ་འདོད་ལ་གནས་མལ་དང་། །བདག་ནི་ལུས་ཅན་བྲན་འདོད་པའ། །

背面

1. ཀུན་གྱི་བྲན་བྲན་དུ་གྱུར་པར་ཤོག། །ཡིད་བཞིན་ནོར་དང་བུམ་པ་བཟང་། །རིག་སྔགས་གྲུབ་དང་སྨན་ཆེན་དང་། །དཔག་བསམསམས་ཀྱི་ནི་ཤིང་དག་དང་། །ལུས་ཅན་རྣམས་ཀྱི་འདོད་གཞོར་གྱུར། །ས་སྩོགས་འབྱུང་བ་ཆེན་པོ་དང་། །

2. ནམ་མཁའ་བཞིན་དུ་རྟག་པར་ཡང་། །སེམས་ཅན་དཔག་དུ་མྱེད་པའི། །རྣམ་མང་ཉེར་འཚོའི་གཞིར་ཡང་ཤོག། །དེ་བཞིན་ནམ་མཁའི་མཐའས་གཏུགས་པའི། །སེམས་ཅན་ཁམས་ལ་རྣམ་ཀུན་དུ། །

3. ཐམས་ཅད་མྱ་ངན་འདའས་བར་དུ། །བདག་ནི་ཉེར་འཚོའི་རྒྱུར་ཡང་ཤོག། །ཇི་ལྟར་སྔོན་གྱི་བདེར་གཤེགས་ཀྱིས། །བྱང་ཆུབ་ཐུགས་ནི་

4. བསྐྱེད་པ་དང་། །བྱང་ཆུབ་སེམས་དཔའི་བསླབ་པ་ལ། །དེ་དག་རིམས་བཞིན་གནས་པ་ལྟར། །དེ་བཞིན་འགྲོ་བའི་ཕན་དོན་དུ། །བྱང་ཆུབ་སེམས་ནི་བསྐྱེད་བགྱི་ཞིང་། །དེ་བཞིན་དུ་ནི་བསླབ་པ་ལ་འང་། །རིམ་པ་བཞིན་དུ་

5. བསླབ་པར་བགྱི། །དེ་ལྟར་བློ་དང་ལྡན་བ་ཡིས། །རབ་དང་བྱང་ཆུབ་སེམས་བཟུང་ནས། །མཇུག་ཀྱང་རྒྱས་པར་བྱ་བའི་ཕྱིར། །སེམས་ནི་འདི་ལྟར་གཟེངས་བསྟོད་དོ། །དེང་དུ་བདག་ཚེ་འབྲས་བུ་ཡོད། །མྱིའི་སྲིད་པ་ལེགས་

6. པར་ཐོབ། །དེ་རིང་སངས་རྒྱས་རིགས་སུ་སྐྱེས། །སངས་རྒྱས་སྲས་སུ་ད་གྱུར་ཏོ། །ད་ནི་བདགིས་ཇི་ནས་ཀྱང་། །རིགས་དང་འཐུན་བའི་ལས་བརྩམས་ཏེ། །སྐྱོན་མྱེད་བཙུན་བའི་རིགས་འདི་ལའ། །རྙོག་པར་མྱི་འགྱུར་

ka 函第十四叶

正面

1. ༄། །ཁྲངས་འདོད་པ་འམ། །གཡོག་འཁོར་དོན་དུ་གཉེར་བ་འམ། །བདག་སེམས་རིམ་མགྲོ་འདོད་གྱུར་ནའ། །དེ་
ཚེ་ཤིང་བཞིན་གནས་པར་བྱའ། །གཞན་དོན་ཡལ་བར་འདོར་བ་དང་། །རང་དོན་གཉེར་བར་འདོད་པ་དག། །

2. སྨྲ་བར་འདོད་པའི་སེམས་བྱུང་ནའ། །དེས་ནི་ཤིང་བཞིན་གནས་པར་བྱའ། །མྱི་བཟོད་ལེ་ལོ་འཇིགས་པ་དང་། །དེ་
བཞིན་སྤྲོ་རྡོལ་མུ་ཅོ་དང་། །རང་གི་ཕྱོགས་ཞེན་སེམས་བྱུང་ནའ། །དེས་ནི་ཤིང་བཞིན་གནས་པར་བྱའ། །དེ་ལྟར་ཀུན་

3. ནས་ཉོན་མོངས་དང་། །དོན་མྱེད་བརྩོམ་པའི་ཡིད་བརྟགས་ནས། །དེ་ཚེ་དཔའ་བོས་གཉེན་པོ་ཡིས། །དེ་ནི་བརྟན་
པོར་གཟུང་བར་བྱའ། །ཤིན་དུ་ངེས་དང་རབ་དད་དང་། །བརྟན་དང་གུས་དང་ཞེ་སར་བཅས། །ངོ་ཚ་ཤེས་དང་
འཇིགས་དང་བཅས། །

4. ཞི་ཞིང་གཞན་དགའ་བྱེད་ལ་བརྩོནད། །ཕན་ཚུན་མྱི་འཐུན་བྱིས་པ་ཡི། །འདོད་པ་རྣམས་ཀྱིས་མྱི་སྐྱོ་ཞིང་། །ཉོན་
མོངས་སྐྱེས་པས་འདི་དག་གི། །སེམས་འདི་བྱུང་སྙམ་བརྩེར་ལྡན་དང་། །ཁ་ན་མ་ཐོ་མྱེད་དངོས་ལའ། །བདག་ཛྲ་

5. སེམས་ཅན་དབང་བྱས་ཤིང་། །སྤྲུལ་པ་བཞིན་དུ་ང་མྱེད་པར། །ཡིད་འདི་རྟག་དུ་གཟུང་བར་བྱའ། །རིང་ཞིག་ལོན་
ནས་དལ་བའི་མཆོག། །ཐོབ་པ་ཡང་དང་ཡང་བསམས་ནས། །སེམས་དེ་ལྟ་བུ་རི་རབ་ལྟར། །རབ་དུ་མྱི་གཡོ་གཟུང་བར་

6. བྱའ། །བྱ་རྒོད་ཤ་ལ་ཆགས་པ་ཡིས། །ཕན་ཚུན་ཀུན་དུ་བཤལ་ཁྲིད་ཀྱང་། །ལུས་ཁྱོད་མྱི་དགར་མྱི་བྱེད་ནའ། །ད་
ལྟར་ཇི་ཕྱིར་ཁ་ད་རེ། །ལུས་འདི་བདག་གིར་གཟུང་བར་བྱས། །ནས། །ཡིད་ཁྱོད་ཛི་ཕྱིར་བསྲུང་བར་བྱེད། །

背面

1. ཁྱོད་དང་འདི་གཉིས་སོ་སོ་ནའ། །དེས་ཀོ་ཁྱོད་ལ་ཅི་གནོད། །སྨོངས་པའི་ཡིད་ཁྱོད་ཅིའི་ཕྱིར། །ཤིང་གཟུགས་གཙང་
མ་བཟུང་མྱི་བྱེད། །མྱི་གཙང་ཚོགས་ཀྱི་འཁྲུལ་འཁོར་འདི། །རུལ་པ་བསྲུང་སྟེ་ཅི་ཞིག་རུང་། །ཐོག་མར་པགས་

2. པའི་རིམ་པ་འདི། །རང་གི་བློ་ཡིས་ཐ་དད་ཕྱེ། །ཤ་ཡང་རུས་པའི་དྲྭ་བ་ལས། །ཤེས་རབ་མཚོན་གྱིས་ཕྱུད་དུ་ཕྱེ། །རུས་
པ་རྣམས་ཀྱང་དབྱེ་བྱས་ནས། །རྐང་གི་རབ་དུ་བལྟ་བྱ་ཞིང་། །འདི་ལ་སྙིང་པོ་ཇི་ཡོད་ཅེས། །བདག་ཡིད་ཀྱིས་

3. ནི་བརྟག་པར་གྱིས། །དེ་ལྟར་འབད་ཆེ་བཙལ་ཀྱང་ནི། །ཁྱོད་ཀྱིས་སྙིང་པོ་མ་མཐོང་ནའ། །ད་དུང་ཇི་ཕྱིར་ཆགས་
ཚུལ་གྱིས། །ཁྱོད་ནི་ལུས་འདི་སྲུང་བར་བྱེད། །ཁྱོད་ཀྱིས་མྱི་གཙང་བཟར་མྱི་རུང་། །ཁྲག་ཀྱང་འཐུང་དུ་མྱི་རུང་ལ། །

4. རྒྱུ་ལྟོ་འང་བཞིབ་དུ་མྱི་རུང་ནའ། །ལུས་ཀྱིས་ཁྱོད་ལ་ཇི་ཞིག་བྱའ། །ཞིས་ན་ཝ་དང་བྱ་རྒོད་ཀྱིས། །ཟས་ཀྱི་དོན་དུ་
འདི་བསྲུང་རིགས། །མྱི་འོ་ཆོག་གི་ལུས་འདི་ནི། །བཀོལ་བར་བྱ་བ་ཉིད་དུ་ཟད། །འདི་ལྟར་ཁྱོད་ཀྱིས་བསྲུངས་

5. ཀྱང་ནི། །འཆི་བདག་བརྩེ་བ་མྱེད་པ་ཡྀ། །ཕྲོགས་ཏེ་བྱ་དང་ཁྱི་བྱིན་ནའ། །དེ་ཚེ་ཁྱོད་ཀྱིས་ཅི་བྱར་ཡོད། །བྲན་གཡོག་
འཁོར་དུ་མྱི་བཏུབ་པ་ཡང་། །གོས་ལས་སྐོགས་པ་མྱི་སྦྱིན་ནའ། །ལུས་འདི་བསྐྱོད་ཀྱང་གཞན་འགྲོ་ན། །

6. ཁྱོད་ཀོ་ཇི་ཞིག་ཤ་ཐང་གསོལ། །འདི་ལ་གླ་རྔན་བྱིན་ནས་ནི། །ད་ནི་རང་གི་དོན་མྱེད་ཀུག །ཕན་པ་མྱེད་པར་འདི་
ལ་ནི། །ཐམས་ཅད་སྦྱིན་པར་མྱི་བྱ་འོ། །འགྲོ་དང་འོང་བའི་རྟེན་ཙམ་དུ་ལུས་ལ་སྙུའི་བློ་ཞོག་སྟེ། །

ka 函第十六叶

正面

1. ༄། །མཆོག། །ཕྲོག་གི་ཕྱིར་ཡང་མྱི་གཏང་ངོ་། །དཔལ་བྱུང་བའི་རྣམ་ཐར་ལས། །བླ་མ་བསྟེན་པའི་ཚུལ་ལྟར་བསླབ།

།འདི་དང་སངས་རྒྱས་བཀའ་སྩལ་གཞན། །མདོ་སྡེ་ལྟགས་ནས་ཤེས་པར་བྱའ། །མདོ་སྡེ་
2. རྣམས་ལ་བསླབ་པ་སྣང་། །དེ་བས་མདོ་སྡེ་ཀླག་པར་བྱའ། །ནམ་མཁའི་སྙིང་པོའི་མདོ་སྡེ་ནི། །ཐོག་མ་ཉིད་དུ་བལྟ་
བར་བྱའ། །འཕགས་པ་ན་ག་རྫུ་ན་ཡིས། །མདོ་སྡེ་རྣམས་ཀུན་ལས་བཏུས་པ་ཡང་། །རབ་དུ་འབད་དེ་
3. བལྟ་དགོས་པས། །དེའི་འོག་དུ་བལྟ་བར་བྱའ། ། གང་ལས་གང་ནི་མ་བཀག་པའ། ། དེ་ཉིད་སྤྱད་པར་བྱ་བ་སྟེ།
།འཇིག་རྟེན་སེམས་ནི་བསྲུང་བའི་ཕྱིར། །བསླབ་པ་མཐོང་ནས་ཡང་དག་སྤྱད། །ལུས་དང་སེམས་ཀྱི་
4. གནས་སྐབས་ལའ། །ཡང་དང་ཡང་དུ་བརྟག་བྱ་བའ། །དེ་ཉིད་ཕོ་ན་མདོར་ན་ནི། །ཤེས་བཞིན་བསྲུང་བའི་མཚན་
ཉིད་དོ། །ལུས་ཀྱིས་འདི་དག་སྤྱད་པར་བྱའ། །ཚིག་ཙམ་བརྗོད་པས་ཅི་ཞིག་འགྲུབ། །སྨན་དཔྱད་ལྟགས་པ་
5. ཙམ་གྱིས་ནི། །ནད་པ་དག་ལ་ཕན་གྱུར་རམ། །བྱང་ཆུབ་སེམས་དཔའི་སྤྱོད་པ་ལ་འཇུག་པ་ལས། །ཤེས་བཞིན་བསྲུང་
བར་བྱ་བ་སྟེ། །ལེ་ཨུ་བཞི་པའོ།།◌ཿ◌ཿ །།བསྐལ་པ་སྟོང་དུ་བསགས་པ་ཡི་སྦྱིན་
6. དང་བདེ་གཤེགས་མཆོད་ལས་སོགས། །ལེགས་སྤྱད་གང་ཡོན་དེ་ཀུན་ཡང་། །ཁོང་ཁྲོ་གཅིག་གིས་འཇོམས་པར་
བྱེད། །ཞེ་སྡང་ལྟ་བུའི་སྡིག་པ་མེད། །བཟོད་པ་ལྟ་བུའི་དཀའ་ཐུབ་མེད། །དེ་བས་

背面

1. བཟོད་པ་ནན་ཏན་དུ། །སྣ་ཚོགས་ཚུལ་གྱིས་བསྒོམ་པར་བྱའ། །ཞེ་སྡང་ཟུག་རྔུའི་སེམས་འཆང་ནའ། །ཡིད་ནི་ཞི་
བའི་ཉམས་མི་སྨྱོང་། །དགའ་དང་བདེ་བ་འང་མི་འཐོབ་ལའ། །གཉིད་མི་འོང་ཞིང་བརྟན་
2. མེད་འགྱུར། །གང་དག་ནོར་དང་བཀུར་སྟི་ཡིད། །དྲིན་ཅན་དེ་ལ་རྟེན་གྱུར་པའ། །དེ་དག་ཀྱང་ནི་སྡང་ལྡན་བའི།
།རྗེ་དཔོན་དེ་ལ་གསོད་པར་རྔོལ། །དེ་ཡིས་མཛའ་བཤེས་སྐྱོ་བར་འགྱུར། །སྦྱིན་བས་བསྡུད་ཀྱང་སྟེན་མི་བྱེད། །
3. མདོར་ན་ཁྲོ་བ་བདེར་གནས་པའ། །དེ་ནི་འགའ་ཡང་ཡོད་མ་ཡིན། །ཁྲོ་བའི་དགྲའ་ཡིས་དེ་ལས་སོགས། །སྡུག་
བསྔལ་དག་ནི་བྱེད་པར་འགྱུར། །གང་ཞིག་བསྒྲིམས་ཏེ་ཁྲོ་འཇོམས་པ། །དེ་ནི་འདི་དང་།གཞན་དུ་བདེ། །
4. མི་འདོད་བྱས་དང་།འདོད་པའི། །གགས་བྱས་པ་ལས་བྱུང་གྱུར་པའ། །ཡིད་མི་བདེ་བའི་ཟས་རྙེད་ནས། །ཞེ་སྡང་
རྙས་ཏེ་བདག་འཇོམས་སོ། །དེ་ལྟས་བདག་གིས་དགྲ་བོ་དེ། །ཟས་ནི་རྣམ་པར་གཞོམ་བར་བྱའ། །འདི་ལྟར་བདག་ལ་
5. གནོད་པ་ལས། །དགྲའ་འདི་ལས་ནི་གཞན་མེད། །ཇི་ལ་བབ་ཀྱང་བདག་གིས་ནི། །དགའ་བའི་ཡིད་ནི་དཀྲུག་མི་
བྱའ། །མི་དགའ་བྱས་ཀྱང་འདོད་མི་འགྲུབ། །དགེ་བ་དག་ནི་ཉམས་པར་འགྱུར། །གལ་ཏེ་བཅོས་སུ་ཡོད་ན་ནི། །
6. དེ་ལ་མི་དགར་ཇི་ཞིག་ཡོད། །འོན་ཏེ་བཅོས་སུ་མེད་ན་ཡང་། །དེ་ལ་མི་དགའ་བྱས་ཇི་ཕན། །བདག་གམ་བདག་གི་
བཤེས་རྣམས་ལ། །སྡུག་བསྔལ་རྙས་དང་ཚིག་རྩུབ་དང་། །མི་སྙན་པའི་སྨྲ་འདོད་འབྱུང་། །དགྲ་ལ་དེ་ལ་
7. བཟློག་པའ་འབྱུང་། །བདེ་བའི་རྒྱུ་ནི་རེས་འགའ་འབྱུང་། །སྡུག་བསྔལ་རྒྱུ་ནི་ཤིན་དུ་མང་། །སྡུག་བསྔལ་མེད་པར་
ངེས་འབྱུང་མེད། །དེ་བས་སེམས་ཁྱོད་བརྟན་བར་གནོས། །དཀའ་བཟློག་དང་པའི་མི་དག་ཀྱང་། །

ka函第十七叶

正面

1. ༄། །ཐར་པའི་དོན་དུ་བསྒྲིག་པ་དང་། །གཅད་སོགས་སྡུག་བསྔལ་དོན་མེད་བཟོད། །བདག་ནི་དེ་ལ་ཅི་ཞིག་སྡར།
།གོམས་ན་སླ་བར་མི་འགྱུར་བའ། །དངོས་དེ་གང་ཡང་ཡོད་མ་ཡིན། །དེ་བས་གནོད་པ་ཆུང་
2. བསྒོམས་ཞིང་། །གནོད་པ་ཆེན་པོ་འང་བཟོད་པར་བྱ། །སྦྲུལ་དང་ཤ་སྦྲང་དག་དང་ནི། །བཀྲེས་སྐོམ་ལ་སོགས་ཚོར་བ

དགཱ། །གཡན་པ་ལ་སྩོགས་བཅས་པའི། །དོན་མེད་སྡུག་བསྔལ་ཛེས་མ་མཐོང་། །

3. ཚ་གྲང་ཆར་དང་རླུང་སྩོགས་དང་། །ནད་དང་བཅིང་དང་བརྡེག་སྩོགས་ལ། །བདག་གིས་བཟེ་རེ་མི་བྱསྟེ། །དེ་ལྟར་བྱས་ན་གནོད་པ་སྐྱེ། །ལ་ལ་བདག་གི་ཁྲག་མཐོང་ནའ། །ཕྱིར་ཞིང་ཕོང་དགར་དགའ་བ་ཡོད། །ལ་ལ་

4. གཞན་གྱི་ཁྲག་མཐོང་ཡང་། །བོག་ཅིང་བརྒྱལ་བར་འགྱུར་བ་ཡོད། །དེ་ནི་སེམས་ཀྱི་དང་བརྟན་དང་། །སྡར་བའི་ཚུལ་ལས་གྱུར་པ་ཡིན། །དེ་བས་གནོད་པ་ཁྱད་བསད་ཅིང་། །སྡུག་བསྔལ་རྣམས་ཀྱིས་མི་

5. ཚུགས་བྱོས། །མཁས་པས་སྡུག་བསྔལ་བྱུང་ཡང་ནི། །སེམས་ཀྱི་རབ་དང་བརྙོག་མི་བྱའ། །ཐབ་མོ་དང་ནི་ཉོན་མོངས་དང་། །གཡུལ་འགྱེད་ཚེ་ན་གནོད་པ་མེད། །སྡུག་བསྔལ་ཐམས་ཅད་ཁྱད་བསད་ནས། །

6. ཞེ་སྡང་ལ་སྩོགས་དགྲ་འཇོམས་པའ། །དེ་དག་རྒྱལ་བྱེད་དཔའ་བོ་སྟེ། །ལྷག་མ་རོ་ལ་གསོད་པའོ། །གཞན་ཡང་སྡུག་བསྔལ་ཡོན་ཏན་ནི། །སྐྱོ་བས་དྲེགས་པ་སེལ་བར་བྱེད། །འཁོར་བ་པ་ལ་སྙིང་རྗེ་སྐྱེ། །

背面

1. སྡིག་ལ་འཛེམ་ཞིང་དགེ་ལ་དགའ། །མཁྲིས་པ་ལ་སྩོགས་སྡུག་བསྔལ་གྱི། །འབྱུང་གནས་ཆེ་ལ་ཡང་འགྲོ་བ་མི་ཁྲོ་བར། །སེམས་ཡོད་རྣམས་ལ་ཇི་སྟེ་ཁྲོ། །དེ་དག་ཀུན་ཀྱང་རྐྱེན་གྱིས་བསྐུལད། །དཔེར་ན་མི་འདོད་བཞིན

2. དུ་ཡང་། །ནད་འདི་འབྱུང་བར་འགྱུར་བ་ལྟར། །དེ་བཞིན་མི་འདོད་བཞིན་དུ་ཡང་། །ནན་གྱིས་ཉོན་མོངས་འབྱུང་བར་འགྱུར། །ཁྲོ་བར་བྱ་ཞེས་མ་བསམས་ཀྱང་། །སྐྱེ་བོ་རྣམས་ནི་ཁྲོ་ན་ཁྲོ། །བསྐྱེད་པར་བྱ་ཞེས་མ་བསམས་ན། །ཁྲོ་བ

3. དེ་བཞིན་སྐྱེ་བར་འགྱུར། །ཉེས་པ་ཅི་སྙེད་ཐམས་ཅད་དང་། །སྡིག་པ་རྣམ་པ་སྣ་ཚོགས་པའ། །དེ་ཀུན་རྐྱེན་གྱི་སྟོབས་ལས་གྱུར། །རང་དབང་ཡོན་པ་མ་ཡིན་ནོ། །རྐྱེན་རྣམས་ཚོགས་པས་དེ་དག་ཀྱང་། །བསྐྱེད་པར་བྱ་ཞེ

4. སེམས་པ་མེད། །དེས་བསྐྱེད་དེ་ཡང་བདག་བསྐྱེད་ཅེས། །སེམས་པ་ཡོད་པ་མ་ཡིན་ནོ། །གཙོ་བོར་བྱ་བ་གང་ཡིན་པའ། །དེ་ལ་བདག་ཅེས་བརྟགས་མོད་ཀྱི། །དེ་ཉིད་བདག་ནི་འདི་འདྲོ་ཞེས་ཆེད་དུ་བསམས་ཤིང་འབྱུང་བ་མེད། །

5. མ་སྐྱེས་པར་ནི་དེ་མེད་ནའ། །དེ་ཚེ་སྐྱེ་བར་འདོད་པ་གང་། །ཡུལ་ལ་རྟག་དུ་གཡེངས་གྱུར་པས། །འགག་པར་འགྱུར་བ་འང་མ་ཡིན་ནོ། །ཇི་སྟེ་འབད་དེ་རྟག་ན་ནི། །མཁའ་བཞིན་བྱེད་པ་མེད་པར་མངོན། །རྐྱེན་རྣམས

6. གཞན་དང་ཕྲད་ན་ཡང་། །འགྱུར་བ་མེད་ལ་ཇི་བྱར་ཡོད། །བྱེད་པའི་ཚེ་ཡང་སྔོན་བཞིན་ནའ། །བྱེད་པ་དེ་ལ་ཇི་ཞིག་བྱས། །དེ་འི་བྱེད་པ་འདི་ཡིན་ཞེས། །འབྲེལ་པར་འགྱུར་བ་འང་གང་ཞིག་ཡོད། །དེ་ལྟར་

ka函第十八叶

正面

1. ༄། །ཐམས་ཅད་གཞན་གྱི་དབང་། །དེ་ཡི་དབང་གིས་དེ་དབང་མེད། །དེ་ལྟར་ཤེས་ན་སྤྲུལ་ལྟ་བུའི། །དངོས་པོ་ཀུན་ལ་ཁྲོ་མི་འགྱུར། །གང་གིས་གང་ཞིག་བཟློག་བྱསྟེ། །བཟློག་པ་འང་རིགས་པ་མིན་ཞེ་ནའ། །དེ་ལ་

2. བརྟེན་ནས་སྡུག་བསྔལ་རྣམས། །རྒྱུན་འཆད་འགྱུར་འདོད་མི་རིགས་མེད། །དེ་བས་དགྲ་འམ་མཛའ་ཡང་རུང་། །མི་རིགས་བྱེད་པ་མཐོང་གྱུར་ནའ། ། །འདི་འདྲའི་རྐྱེན་ལས་གྱུར་དོ་ཞེས། །དེ་ལྟར་སེམསྟེ་བདེ་བར་

3. ནོས། །གལ་ཏེ་རང་དགའས་འགྲུབ་གྱུར་ནའ། །འགའ་ཡང་སྡུག་བསྔལ་མི་འདོད་པས། །ལུས་ཅན་དག་ནི་ཐམས་ཅད་ཀྱང་། །སུ་ལ་འང་སྡུག་བསྔལ་འབྱུང་མི་འགྱུར། །བག་མེད་པས་ནི་བདག་ལ་འང་བདག། །

4. ཚེར་མ་ལ་སྩོགས་གནོད་པ་བྱེད། །བུད་མེད་ལ་སྩོགས་འཐོབ་བྱའི་ཕྱིར། །ཇམ་ཞིང་ཟས་གཅོད་ལས་སྩོགས་བྱེད། །ཁ་

ཅིག་བགེག་ཅིང་གཡང་སར་མཆོང་། །དུག་དང་མི་འཕྲོད་ཟ་བ་དང་། །བསོད་ནམ་མ་ཡིན་སྤྱོད་པའིས། །

5. རང་ལ་གནོད་པ་བྱེད་པ་ལྟ། །གང་ཚེ་ཉོན་མོངས་དབང་གྱུར་པས། །བདག་སྡུག་ཉིད་ཀྱང་གསོད་བྱེད་པའ། །དེ་ཚེ་དེ་དག་གཞན་ལུས་ལའ། །གནོད་མི་བྱེད་པར་ཇི་ལྟར་འགྱུར། །ཉོན་མོངས་སྐྱེས་པས་དེ་ལྟ་བུར། །

6. བདག་གསོད་ལ་སྩོགས་ཞུགས་པ་ལ། །སྙིང་རྗེ་བརྒྱ་ལམ་མ་སྐྱེས་ནའ། །ཁྲོ་བར་འགྱུར་བ་ཇི་ཐ་ཅོག །གལ་ཏེ་གཞན་ལ་འཚེ་བྱེད་པའ། །བྱིས་པ་རྣམས་ཀྱི་རང་བཞིན་ནའ། །དེ་ལ་ཁྲོ་བའི་མི་

背面

1. རིགས་ཏེ། །སྲེག་པའི་རང་བཞིན་མེ་བཀོན་འདྲའ། །འོན་ཏེ་སྐྱོན་འདི་གློ་བུར་ལ། །སེམས་ཅན་རང་བཞིན་དེས་པ་ནའང་། །འོ་ན་འང་ཁྲོ་བའི་མི་རིགས་ཏེ། །མཁའ་ལ་དུད་བཏུལ་བཀོན་པ་བཞིན། །དབྱུག་པ་ལ་སྩོགས་དངོས་བཀོལ་ཏེ། །

2. གལ་ཏེ་འཕེན་པ་ལ་ཁྲོ་ན། །དེ་ཡང་ཞེ་སྡང་གིས་སྐྱད་པས། །ཉིས་ན་ཞེ་སྡང་ལ་ཁྲོ་རིགས། །བདག་གིས་སྔོན་ཅད་སེམས་ཅན་ལ། །འདི་འདྲ་བའི་གནོད་པ་བྱས། །ན། །དེ་བས་སེམས་ཅན་འཚེ་བྱེད་པའ། །བདག་ལ་གནོད་པ་འདི་འབྱུང་

3. རིགས། །དེའི་མཚོན་དང་བདག་གི་ལུས། །གཉིས་ཀའ་སྡུག་བསྔལ་རྒྱུ་ཡིན་ཏེ། །དེས་མཚོན་བདག་གི་ལུས་ཕྱུང་ནའ། །གང་ཞིག་ལ་ནི་ཁྲོ་བར་བྱ། །ཤུ་བ་སྨི་འི་གཟུགས་འདྲ་བ། །རེག་དུ་མི་བཟོད་སྡུག་བསྔལ་ཅན། །སྲེད་འདོངས་བདག

4. གིས་བཟུང་གྱུར་ན། །དེ་ལ་གནོད་པ་སུ་ལ་ཁྲོ། །བྱིས་པ་སྡུག་བསྔལ་མི་འདོད་ཅིང་། །སྡུག་བསྔལ་རྒྱུ་ལ་བརྐམ་བས་ནའ། །རང་གི་ཉེས་པས་གནོད་གྱུར་པའ། །གཞན་ལ་བཀོན་དུ་ཇི་ཞིག་ཡོད། །དཔེར་ན་དམྱལ་བའི་སྲུངས་མ་དང་། །

5. རལ་གྲིའི་ལོ་མའི་ནགས་ཚལ་ལྟར། །རང་གི་ལས་ཀྱིས་འདི་བསྐྱེད་ནའ། །གང་ཞིག་ལ་ནི་ཁྲོ་བར་བྱའ། །བདག་གི་ལས་ཀྱིས་བསྐུལ་བྱས་ནའ། །བདག་ལ་གནོད་བྱེད་རྣམས་བྱུང་སྟེ། །དེ་འིས་སེམས་ཅན་དམྱལ་འདོར་ནའ། །

6. བདག་གིས་དེ་དག་མ་རླག་གམ། །འདི་དག་ལ་ནི་བརྟེན་བཅས་ནས། །བཟོད་པས་བདག་སྡིག་མང་དུ་འབྱུང་། །བདག་ལ་བརྟེན་ནས་དེ་དག་ནི། །ཡུན་རིང་སྡུག་བསྔལ་དམྱལ་བར་འདོང་། །བདག་ནི་དེ་ལ་གནོད་བྱེད་ལའ། །

7. དེ་དག་བདག་ལ་ཕན་འདོགས་ནའ། །ཕྱིན་ཅི་ལོག་དུ་ཇིའི་ཕྱིར། །མ་རུངས་སེམས་ཁྱོད་ཁྲོ་བར་བྱེད། །བདག་གི་བསམ་བའི་ཡོན་ཏན་གྱིས། །དེ་དག་དམྱལ་བར་མ་དོང་ནའ། །དེ་ལ་བདག་གིས་ཇི་ཞིག་བྱས། །

ka函第十九叶

正面

1. ༄། །བདག་ཉིད་བདག་གིས་བསྲུངས་པར་ཟད། །འོན་ཏེ་ལན་དུ་གནོད་བྱས་ནའ། །དེ་དག་བསྲུངས་པར་མ་གྱུར་ལ། །བདག་གི་སྤྱོད་པ་འང་ཉམས་པར་འགྱུར། །དེས་ན་དཀའ་ཐུབ་ཞིག་པར་འགྱུར། །ཡིད་ནི་ལུས་ཅན་མ་ལྦི་བས། །

2. ལུས་ཀྱང་གང་དུ་འང་གཞོམ་མི་ནུས། །ལུས་ལ་མངོན་པར་ཞེན་པས་ནའ། །ལུས་ནི་སྡུག་བསྔལ་བདག་གིས་གནོད། །བརྙས་དང་ཚིག་རྩུབ་སྨྲ་བ་དང་། །མི་སྙན་པའི་ཚིགས་དེ་ཡིས། །ལུས་ལ་གནོད་པར་མི་འགྱུར་ནའ། །

3. སེམས་ཁྱོད་ཅིའི་ཕྱིར་རབ་དུ་ཁྲོ། །གཞན་དག་བདག་ལ་མི་དགའ་བའ། །དེས་ནི་ཚེ་ཚེ་འདི་འི་ཚེ་གཞན་ལ། །བདག་ལ་ཟ་བར་མི་བྱེད་ནའ། །བདག་ནི་ཇི་ཕྱིར་དེ་མི་འདོད། །རྙེད་པའི་བར་ཆད་བྱེད་པའི་ཕྱིར། །གལ་ཏེ་འདི

4. བདག་སྐྱེ་འདོད་ནའ། །བདག་གི་རྙེད་པ་འདིར་འདོར་གྱི། །སྡིག་པ་དག་ནི་བརྟན་བར་གནས། །བདག་ནི་དེང་
ཉིད་ཤེ་ཡང་བླའི། །ཡོག་འཚོ་ཡུན་རིང་གསོན་ཀྱི་ཙུད། །བདག་ལྟ་ཡུན་རིང་གནས་གྱུར་ཀྱང་། །འཆི་
5. བའི་སྡུག་བསྔལ་དེ་ཉིད་ཡིན། །རྨི་ལམ་ལོ་བརྒྱར་བདེ་སྤྱོད་ནའ། །སད་པར་གྱུར་པ་གང་ཡིན་དང་། །གཞན་ཞིག
ཡུད་ཙམ་བདེ་སྤྱོད་ནས། །སད་པར་གྱུར་པ་གང་ཡིན་བའ། །སད་པ་དེ་དག་གཉི་ག་ལ་འང་། །བདེ་བ་དེ་ནི
6. ཕྱིར་འོང་མྱེད། །ཚེ་རིང་ཚེ་ཐུང་གཉིས་ཀ་ཡང་། །འཆི་བའི་དུས་ན་དེ་འདྲར་ཟད། །རྙེད་པ་མང་པོ་ཐོབ་གྱུར་ཏེ།
།ཡུན་རིང་དུས་སུ་བདེ་སྤྱད་ཀྱང་། །ཆོམ་པོས་ཕྲོག་པ་ཙི་བཞིན་དུ། །སྒྲེན་མོ་ལག་བ་སྟོང་པར་འགྲོའ། །

背面

1. གལ་ཏེ་རྙེད་པས་གསོན་གྱུར་ནའ། །སྡིག་ཟད་བསོད་ནམས་བྱ་ཞེ་ནའ། །རྙེད་པ་འི་དོན་དུ་ཁྲོས་གྱུར་ནའ། །བསོད་
ནམས་ཟད་སྡིག་སྐྱེ་འགྱུར་རམ། །གང་གི་དོན་དུ་བདག་གསོན་བའ། །དེ་ཉིད་གལ་ཏེ་ཉམས་གྱུར་ནའ། །
2. སྡིག་པ་འབའ་ཞིག་བྱེད་པའི། །གསོན་བ་དེས་ཀོ་ཙི་ཞིག་བྱའ། །གལ་ཏེ་བརྟན་བ་ཉམས་མྱེད་པས། །མྱི་སྣན་སྨྲ་ལ་
ཁྲོ་ཞེ་ནའ། །སྨོན་ཙད་སྣན་པར་སྨྲ་བ་ལ་འང་། །ཡོད་ཁྲོད་ཇི་སྟེ་ཁྲོ་མྱི་སྐྱེ། །དད་པ་གཞན་ལ་རག་ལས་
3. པས། །དད་པ་མྱེད་ལ་ཁྲོད་བརྩེ་ནའ། །ཉོན་མོངས་སྐྱེ་ལ་རག་ལས་པའི། །མྱི་སྣན་སྨྲ་ལ་ཛེས་མྱི་བཟོད། །སྐུ་གཟུགས་
མཆོད་རྟེན་དམ་ཆོས་ལ། །འཁྲུལ་ཞིང་འཇིག་པར་བྱེད་པ་ལ་འང་། །བདག་གིས་ཞེ་སྡང་མྱི་རིགས་སྟེ། །
4. སངས་རྒྱས་ལས་སྩོགས་གནོད་མྱི་མངའའི། །བླ་མ་གཉེན་ལ་སྩོགས་པ་དང་། །བཤེས་ལ་གནོད་པ་བྱེད་རྣམས་ལ་འང་།
།སྔ་མའི་ཚུལ་དུ་རྐྱེན་དག་ལས། །འགྱུར་བར་མཐོང་ནས་ཁྲོ་བ་བཟློག། །ལུས་ཙན་རྣམས་ལ་སེམས་ཡོད་དང་། །
5. སེམས་མྱེད་གཉི་གས་གནོད་བྱས་ནའ། །སེམ་ཡོད་ཇི་སྟེ་བཀའབར་ཏེ་བསྒོན། །དེ་བས་གནོད་པ་བཟོད་པར་གྱིས།
།ལ་ལས་རྨོངས་པས་ཉེས་པ་བྱེད། །ལ་ལ་རྨོངས་ཏེ་ཁྲོས་གྱུར་ནའ། །དེ་ལ་སྐྱོན་མྱེད་གང་གིས་བྱའ། །གཡོ་དང་
6. བཅས་པ་གང་ཞིག་ཡིན། །གང་གིས་གཞན་དག་གནོད་བྱེད་པའི། །ལས་དེ་སྔོན་ཙད་ཇི་ཕྱིར་བྱས། །ཐམས་ཅད་
ལས་ལ་རག་ལས་ནའ། །བདག་གིས་འདི་ལ་ཇི་སྟེ་བཀོན། །དེ་ལྟར་མཐོང་ནས་ཙི་ནས་ཀྱང་། །ཐམས་ཅད་ཕན་ཚུན་

ka函第二十叶

正面

1. ༄། །བྱམས་སེམས་སུ། །འགྱུར་བར་དེ་ལྟར་བདག་གིས་ནི། །བསོད་ནམས་དག་ལ་བསྒྲིམས་ཏེ་བྱའ། །དཔེར་ན་ཁྱིམ་
ཚིག་གྱུར་པའི་མྱེ། །ཁྱིམ་གཞན་ཞིག་དུ་སོང་ནས་ནི། །རྩྭ་སྩོགས་གང་ལ་མཆེད་བྱེད་པའ། །དེ་ནི་ཕྱུང་སྟེ་དོར་བ་
ཡིན
2. དེ་བཞིན་གང་ལ་སེམས་ཆགས་ནས། །ཞེ་སྡང་མྱེ་ནི་མཆེད་འགྱུར་བའ། །བསོད་ནམས་ཚིག་པར་དོགས་པའིས།
།དེ་ནི་དེའི་མོད་ལ་དོར། །གསད་པའི་མྱི་ཞིག་ལག་བཅད་དེ། །གལ་ཏེ་ཐར་ན་ཛེས་མ་ལེགས། །གལ་ཏེ་མྱི་ཡི་སྡུག་
བསྔལ་
3. གྱིས། །དམྱལ་བ་བྲ་ན་ཙིས་མ་ལེགས། །ད་ལྟའི་སྡུག་བསྔལ་འདི་ཙམ་ལ་འང་། །བདག་གིས་བཟོད་པར་མྱི་ནུས་ནའ།
།དེས་ན་དམྱལ་བའི་སྡུག་བསྔལ་རྒྱུ། །ཁྲོ་བ་ཙི་སྟེ་བཟློག་མྱི་བྱེད། །འདོད་པའི་དོན་དུ་བསྲེག
4. ལས་སྩོགས། །དམྱལ་བར་སྟོང་ཕྲག་སྤྱོང་གྱུར་ཀྱང་། །བདག་གིས་རང་གི་དོན་དང་ནི། །གཞན་གྱི་དོན་ཀྱང་མ་
བྱས་སོ། །འདི་ནི་དེ་ཙམ་གནོད་མྱིན་ལ། །དོན་ཆེན་དག་ཀྱང་འགྲུབ་འགྱུར་བས། །འགྲོ་བའི་གནོད་སེལ་སྡུག

བསྔལ་ལ། །
5. དགའ་བ་འབའ་ཤིག་འདོར་བྱ་རིགས། །གཞན་གྱི་ཡོན་ཏན་ལྡན་བསྟོན་ནས། །གལ་ཏེ་དགའ་བའི་བདེ་ཐོབ་ན།
།ཡིད་ཁྱོད་ཀྱང་ནི་དེ་བསྟོད་ནས། །ཇི་ཕྱིར་དེ་ལྟར་དགའ་མི་བྱེད། །ཁྱོད་ཀྱི་དགའ་བའི་བདེ་བ་འདི། །བདེ་འབྱུང་
ཁ་ན་མ་ཐོ་མེད། །
6. ཡོན་ཏན་ལྡན་བ་རྣམས་ལ་གནང་། །གཞན་སྡུད་པའི་མཆོག་ཀྱང་ཡིན། །གཞན་ཡང་དེ་ལྟར་བདེ་གྱུར་ཞེས། །གལ་
ཏེ་ཁྱོད་བདེ་འདི་མི་འདོད། །སྦྱོང་དང་གླ་རྔན་སྦྱིན་སྩོགས་ཀྱི། །འབྲས་བུ་མཐོང་དང་མ་མཐོང་ཉམས། །རང་གི་
ཡོན་ཏན་བརྗོད་

背面

1. པའི་ཚེ། །གཞན་ལ་བདེ་བའ་ཡང་འདོད་པར་བྱེད། །གཞན་གྱི་ཡོན་ཏན་བརྗོད་པའི་ཚེ། །རང་གི་བདེ་བ་ཡང་མི་
འདོད་བྱེད། །སེམས་ཅན་ཐམས་ཅད་བདེར་འདོད་པ། །བྱང་ཆུབ་ཏུ་ནི་སེམས་བསྐྱེད་ནས། །སེམས་ཅན་
རང་གིས་བདེ་
2. རྙེད་ན། །ད་ཁོ་ཇི་སྟེ་ཁྲོ་བར་བྱེད།། །།བྱང་ཆུབ་སེམས་དཔའི་སྤྱོད་པ་ལ་འཇུག་པ་བམ་པོ་གཉིས་པའ། ། ། ། གལ་
ཏེ་དབྲ་ཞིག་མི་དགའ་ནའང་། །དེ་ལ་ཁྱོད་དགའར་ཅི་ཞིག་ཡོད། །ཁྱོད་ཀྱི་ཡིད་སྨོན་ཙམ་གིས་ནི། །དེ་ལ་གནོད་
3. པའི་རྒྱུར་མི་འགྱུར། །ཁྱོད་ཀྱིས་འདོད་སྡུ་སྡུག་བསྔལ་དེ། །གྲུབ་ན་ནའང་ཁྱོད་དགའར་ཇི་ཞིག་ཡོད། །གལ་ཏེ་
འཚེངས་པར་འགྱུར་ཞེ་ན། །དེ་ལས་ཕུང་བའང་གཞན་ཇི་ཡོད། །ཉོན་མོངས་ཉ་པས་བཏབ་པའི། །མཆིལ་པ་འདི་ནི་
4. མི་བཟད་གཟེར། །དེས་བཟུང་སེམས་དམྱལ་བུམ་པར་ཡང་། །དམྱལ་བའི་སྲུངས་མར་བདག་འཚེད་ངེས། །བསྟོད་
དང་གྲགས་པའི་རིམ་གྲོ་ནི། །བསོད་ནམས་མི་འགྱུར་ཚེར་མི་འགྱུརད། །བདག་སྟོབས་མི་འགྱུར་ནད་མེད་
5. མིན། །ལུས་བདེ་བར་ཡང་མི་འགྱུར་རོ། །བདགི་རང་དོན་ཤེས་གྱུར་ན། །དེ་ལ་རང་དོན་ཇི་ཞིག་ཡོད། །ཡིད་བདེ་བ་
ཞིག་འདོད་ན་ནི། །བརྒྱན་སྩོགས་ཆང་ཡང་བསྟེན་དགོས་སོ། །གྲགས་པའི་དོན་དུ་ནོར་སོགས་ཤིང་། །
6. བདག་ཉིད་ཀྱང་ནི་གསོད་བྱེད་ན། །ཚིག་འབྲུ་རྣམས་ཀྱིས་ཇི་ཞིག་བྱ། །ཤི་ན་དེ་གོ་སུ་ལ་བདེའ། །བྱི་མའི་ཁང་བུ་
རྡིབ་གྱུར་ན། །ངུས་པ་རྣམས་ནི་ག་ཆད་ངུ། །དེ་བཞིན་བསྟོད་དང་གྲགས་ཉམས་ན། །རང་གི་སེམས་ནི་བྱིས་པ་

ka函第二十一叶

正面

1. ༄། །བཞིན། །རེ་ཤིག་སྒྲ་ལ་སེམས་མྱེད་ཕྱིར། །བདག་ལ་བསྟོད་སེམས་ཡོང་མི་སྲིད། །བདག་ལ་གཞན་དགའ་ཞེས་
གྲགས་སླ། །དེ་ནི་དགའ་བའི་རྒྱུ་ཡིན་གྲང་། །གཞན་ནམ་ཡང་ན་བདག་ལ་འང་རུང་། །
2. གཞན་དགའ་བདག་ལ་ཇི་ཞིག་ཕན། །དགའ་བདེ་དེ་ནི་དེ་ཉིད་ཀྱི། །བདགིས་དེ་ལ་ཤས་མི་འཐོབ། །དེ་བདེ་བ་
ཡིས་བདག་བདེ་ན། །ཀུན་ལ་འང་དེ་བཞིན་བྱ་དགོས་ན། །ཇི་ཕྱིར་གཞན་ལ་དགའ་བ་ཡིས། །
3. བདེ་བར་གྱུར་ན་བདག་གྱི་བདེའ། །དེ་བས་བདག་ནི་བསྟོད་དོ་ཞེས། །རང་གི་དགའ་བ་སྐྱེ་འགྱུར་བ། །དེ་ཡང་དེ་
ལྟར་མི་འཐད་པས། །བྱིས་པའི་སྤྱོད་པ་པོ་ནར་ཟད། །བསྟོད་སྩོགས་བདག་ནི་གཡེང་བར་བྱེད། །དེས་ནི་
4. སྐྱོབ་པ་འང་བདེ་འཇིག་པར་བྱེད། །ཡོན་ཏན་ལྡན་དང་ཕྲག་དོག་དང་། །ཕུན་སུམ་ཚོགས་པའང་འཇིག་པར་
བྱེད། །དེ་ལྟས་བདག་གི་ཟྲན་ལ་སྩོགས། །གཞོམ་ཕྱིར་གང་དག་བརྩོན་གནས་པ། །དེ་དག་བདག་ནི་ངན་སོང་དུ།

།སྲུང་བར་བྱ་

5. ཕྱིར་ཞུགས་མྱིན་ནམ། །བདག་ནི་གྲོལ་བ་དོན་གཉེར་ལ། །རྙེད་དང་བཀུར་སྟི་འཆིང་མྱི་དགོས། །གང་དག་བདག་བཅིངས་འགྲོལ་བྱེད་པ། །དེ་ལ་བདག་ནི་ཇི་ལྟར་ཁྲོ། །བདག་ནི་སྡུག་བསྔལ་འཇུག་འདོད་ལ། །སངས་རྒྱས་ཀྱི་

6. ནི་བྱིན་རླབས་བཞིན། །སྒོ་གཏོང་སྒོ་འཕར་ཉིད་གྱུརད་པའ། །དེ་ལ་བདག་ནི་ཇི་ལྟར་ཁྲོ། །འདི་ནི་བསོད་ནམས་བགེགས་བྱེད་ཅེས། །དེ་ལ་འང་ཁྲོ་བ་རིགས་མྱིན་ཏེ། །བཟོད་མཚུངས་དཀའ་ཐུབ་ཡོད་མྱིན་ནའ། །བདག་ནི་དེ་ལ་མྱི་

背面

1. གནས་སམ། །གལ་ཏེ་བདག་ནི་རང་སྐྱོན་གྱིས། །འདི་ལ་བཟོད་མྱི་བྱེད་ན། །བསོད་ནམས་རྒྱུར་ནི་ཉེར་གནས་པའ། །འདི་ལ་བདག་བགེགས་བྱས་པར་ཟད། །གང་ཞིག་གང་མྱེད་མྱི་འབྱུང་ལ། །གང་ཞིག་ཡོད་ན་ཡོད་གྱུརད་པ། །དེ་

2. ཉིད་དེའི་རྒྱུ་ཡིན་ན། །ཇི་ལྟར་དེ་ལ་བགེགས་ཤེས་བྱ། །དུས་སུ་ཕྱིན་པའི་སློང་མོ་བས། །སྦྱིན་པའི་བགེགས་བྱས་ཡོང་མ་ཡིན། །རབ་དུ་འབྱིན་པ་བྱེད་གྱུར་པ། །རབ་འབྱུང་བགེགས་ཤེས་བྱར་མྱི་རུང་། །འཇིག་རྟེན་ན་ནི་སློང་བ་མོད། །

3. གནོད་པར་བྱེད་པ་དཀོན་བ་སྟེ། །འདི་ལྟར་པར་གནོད་མ་བྱས། །ཟླ། །འགའ་ཡང་གནོད་པར་མྱི་བྱེད་དོ། །དེ་བས་ངལ་བས་མ་བསྒྲུབས་པའི། །ཁྱིམ་དུ་གཏེར་ནི་བྱུང་བ་ལྟར། །བྱང་ཆུབ་སྤྱོད་པའི་གྲོགས་གྱུར་

4. པས། །བདགིས་དགྲ་ལ་དགའ་བར་བྱ། །འདི་དང་བདགིས་བསྒྲུབས་པས་ན། །དེ་ཕྱིར་བཟོད་པའི་འབྲས་བུ་འདི། །འདི་ལས་ཐོག་མར་བདར་འོས་ཏེ། །འདི་ལྟར་འདི་ནི་བཟོད་པའི་རྒྱུ། །གལ་ཏེ་བཟོད་སྒྲུབ་བསམ་མྱེད་པས། །དགྲ་འདི་

5. མཆོད་བྱ་མྱིན་ཞེ་ན། །འགྲུབ་པའི་ནི་རྒྱུར་རུང་བ། །དམ་པའི་ཆོས་ཀྱང་ཇི་སྟེ་མཆོད། །གལ་ཏེ་དགྲ་འདི་གནོད་བྱ་བའི། །བསམ་ཡོད་མཆོད་བྱ་མྱིན་ཞེ་ན། །སྨན་པ་བཞིན་དུ་ཕན་བརྩོན་ན། །བདག་གི་བཟོད་པ་འང་ཇི་ལྟར་འགྲུབ། །

6. དེ་བས་རབ་དུ་སྡང་སེམས་ལ། །བརྟེན་ནས་བཟོད་པ་སྐྱེ་བས་ན། །དེ་ཉིད་བཟོད་པའི་རྒྱུ་ཡིན་བས། །དམ་པའི་ཆོས་བཞིན་མཆོད་པར་འོས། །དེ་ཕྱིར་སེམས་ཅན་ཞིང་དང་ནི། །རྒྱལ་བའི་ཞིང་ཞེས་ཐུབ་པས་གསུངས། །འདི་དག་

7. མགུ་བྱས་མང་པོ་ཞིག། །འདི་ལྟར་ཕུན་སུམ་ཕ་རོལ་ཕྱིན། །སེམས་ཅན་རྣམས་དང་།རྒྱལ་བ་ལས། །སངས་རྒྱས་ཆོས་འགྲུབ་འདྲ་བ་ལས། །རྒྱལ་ལ་གུས་བྱ་དེ་བཞིན་དུ། །སེམས་ཅན་ལ་མྱིན་ཅིའི་ཚུལ། །

ka函第二十二叶

正面

1. ༄། །བསམ་པའི་ཡོན་ཏན་རང་གིས་མྱིན། །འབྲས་བུ་ལས་ཡིན་དེས་མཚུངས་པར། །སེམས་ཅན་རྣམས་ལ་ཡང་ཡོན་ཏན་ཡོད། །དེ་ཕྱིར་དེ་དག་མཉམ་བ་ཡིན། །བྱམས་སེམས་ལྡན་ལ་མཆོད་པ་གང་། །

2. དེ་ནི་སེམས་ཅན་ཆེ་བ་ཉིད། །སངས་རྒྱས་དད་པའི་བསོད་ནམས་གང་། །དེ་ཡང་སངས་རྒྱས་ཆེ་བ་ཉིད། །སངས་རྒྱས་ཆོས་འགྲུབ་ཆ་ཡོད་པ། །དེས་ན་དེ་དག་མཉམ་བར་འདོད། །ཡོན་ཏན་རྒྱ་མཚོ་མཐའ་ཡས་པའི། །

3. སངས་རྒྱས་རྣམས་དང་།འགའ་མྱི་མཉམ། །ཡོན་ཏན་མཆོག་ཚོགས་གཅིག་པུའི། །ཡོན་ཏན་ཤས་ཙམ་འགའ་ཞིག་ལ། །སྣང་ན་འང་དེ་ལ་མཆོད་དོན་དུ། །ཁམས་གསུམ་ཕུལ་ཡང་ཆུངས་པར་འགྱུརད། །

4. སངས་རྒྱས་ཆོས་མཆོག་སྐྱེ་བའི་ཤས། །སེམས་ཅན་རྣམས་ལ་ཡང་ཡོད་པས་ན། །འདི་ཙམ་དགེ་ཆ་བསྟུན་ནས། །སེམས་ཅན་མཆོད་བྱ་རིགས་པར་འགྱུར། །གཞན་ཡང་གཡོ་མེད་གཉེན་གྱུར་ཞིང་། །ཕན་པ་

5. དཔག་མེད་མཛད་རྣམས་ལ། །སེམས་ཅན་མགུ་བྱ་མ་གཏོགས་པར། །གཞན་གང་ཞིག་གིས་ལན་ལོན་འགྱུར། །གང་ཕྱིར་སྐུ་གཏོང་མནར་མེད་འཇུག་པ་ལའ། །དེ་ལ་ཕན་བཏགས་ལན་གློན་འགྱུར་བས་ན། །

6. དེ་བས་འདི་དག་གནོད་ཆེན་བྱེད་ན་ཡང་། །ཐམས་ཅད་བཟང་དགུ་ཞིག་དུ་སྤྱད་པར་བྱ། ། རེ་ཤིག་བདག་གི་རྗེར་གྱུརད་ཉིད་ཀྱང་ནི། །གང་ཕྱིར་རང་གི་སྐུ་ལ་ཡང་སྨི་གཟིགས་པྣ། །དེ་ལ་རྨོངས་པ་བདགིས་ཇི་ལྟར་ནའ། །

背面

1. ང་རྒྱལ་བྱ་ཞིང་བྲན་གྱི་དངོས་སུ་བྱ། །གང་དག་བདེ་བས་ཐུབ་རྣམས་དགྱེས་འགྱུར་ཞིང་། །གང་ལ་གནོད་ན་མི་དགྱེས་འབྱུང་འགྱུར་བ། །དེ་དག་དགའ་བས་ཐུབ་དབང་ཀུན་དགྱེས་ཤིང། །དེ་ལ་གནོད་བྱས་ཐུབ་ལ་གནོད། །

2. པ་བྱས། །ཇི་ལྟར་ལུས་ལ་ཀུན་ནས་མེ་འབར་བ། །འདོད་པ་ཀུན་གྱི་ཡིད་བདེར་མི་འགྱུར་བ། །དེ་བཞིན་སེམས་ཅན་གནོད་པ་བྱས་ན་ཡང་། །ཐུགས་རྗེ་ཆེ་རྣམས་དགྱེས་པའི་ཐབས་མེད་དོ། །དེ་བས་བདགི་འགྲོ་བ་གནོད་བྱས་པྣ། །

3. ཐུགས་རྗེ་ཆེ་ཀུན་མི་དགྱེས་གྱུར་པ་གང་། །སྡིག་དེ་དེ་རིང་སོ་སོར་བཤགས་བགྱི་ཡིས། །མི་དགྱེས་གང་ལགས་དེ་ཐུབ་བཟོད་པར་གསོལ། །དེ་བཞིན་གཤེགས་རྣམས་མཉེས་པར་བགྱི་སླདུ། །དེང་ནས་ངེས་བརྟུལ་འཇིག

4. རྟེན་བྲན་དུ་མཆིའ། །འགྲོ་མང་རྡོག་པས་བདགི་སྤྱིར་འཆོག་གམ། །འགུམས་ཀྱང་མི་བསྔོ་འཇིག་རྟེན་མགོན་དགྱེས་མཛོད། །འདི་ཉིད་དེ་བཞིན་གཤེགས་པ་མཉེས་བྱེད་ཡིན། །རང་དོན་སྒྲུབ་པ་འདང་འདི་ཉིད་དོ། །

5. འཇིག་རྟེན་སྡུག་བསྔལ་སེལ་པ་ཡང་འདི་ཉིད་དེ། །དེ་ལྟས་བདགིས་རྟག་དུ་དེ་ཉིད་བྱ། །དཔེར་ན་རྒྱལ་པོའི་མི་འགའ་ཞིག །སྐྱེ་བོ་མང་ལ་གནོད་བྱེད་ཀྱང་། །སྐྱེ་བོ་མིག་རྒྱང་རིང་པོ་དག །ནུས་ཀྱང་ཕྱིར་གནོད་མི་བྱེདེ། །

6. འདི་ལྟར་དེ་གཅིག་མ་ཡིན་གྱི། །རྒྱལ་པོའི་མཐུ་སྟོབས་དེའི་མཐུ། །དེ་བཞིན་གནོད་བྱེད་ཉམ་ཆུང་བ། །འགའ་ཡང་ཁྱད་དུ་གསད་མི་བྱ། །འདི་ལྟར་དམྱལ་བའི་སྲུངས་མ་དང་། །ཐུགས་རྗེ་ཆེ་རྣམས་དེའི་དཔུང་། །

ka函第二十三叶

正面

1. ༄། །དེ་ལྟས་དམངས་ཀྱི་རྒྱལ་གཏུམ་བཞིན། །སེམས་ཅན་རྣམས་ནི་མགུ་བར་བྱ། །རྒྱལ་པོ་ལྷ་ཞིག་ཁྲོས་ན་ཡང་། །སེམས་ཅན་མི་མགུ་བྱས་པ་ཡིས། །མྱོང་བར་འགྱུར་བ་གང་ཡིན་པ། །དམྱལ་བའི་གནོད་པ་དེས་བྱེད

2. དམ། །རྒྱལ་པོ་ལྷ་ཞིག་མགུ་ན་ཡང་། །སེམས་ཅན་མགུ་བར་བྱས་པ་ཡིས། །འཐོབ་པར་འགྱུར་བ་གང་ཡིན་བླ། །སངས་རྒྱས་ཉིད་ཕྱིན་མི་སྲིད་དོ། །སེམས་ཅན་མགུའ་ལས་བྱུང་བ་ཡི། །མ་འོངས་སངས་རྒྱས་འགྲུབའི་ཤོག། །

3. ཚེ་འདི་ཉིད་ལ་དཔལ་ཆེ་དང་། །གྲགས་དང་སྐྱིད་འགྱུར་ཇེས་མ་མཐོང་། །འཁོར་ཙེ་བཟོད་པས་མཛེས་སྟོགས་དང་། །ནད་མེད་པ་དང་གྲགས་པ་དང་། །ཤིན་དུ་ཡུན་རིང་འཚོ་བ་དང་། །འཁོར་ལོས་བསྒྱུར་བའི་བདེ་རྒྱས་འཐོབ། །

4. བྱང་ཆུབ་སེམས་དཔའི་སྤྱོད་པ་ལ་འཇུག་པ་ལས་བཟོད་པ་བསྟན་པ་ཞེས་བྱ་སྟེ་ལེའུ་ལྔ་པའོ།།◌ཿ◌ཿ ། །དེ་ལྟར་བཟོད་པ་བརྩོན་འགྲུས་བརྩམ། །འདི་ལྟར་བརྩོན་ལ་བྱང་ཆུབ་གནས། །རླུང་མེད་གཡོ་བ་མེད་པ་བཞིན། །

5. བསོད་ནམས་བརྩོན་འགྲུས་མེད་མི་འབྱུང་། ། སྙིད་ལུག་སྙོམ་པའི་སྟོབས་བཙམ་སྟེ། །བདག་ཉིད་དབང་དུ་གྱུརད་པ་དང་། །བདག་དང་གཞན་དུ་མཉམ་བ་དང་། ། གཞན་དང་བདག་དུ་བརྗེ་བར་གྱིས། །བདག་གི་བྱང་ཆུབ་ག་ལ་ཟློ། །

6. སྒྲིད་ལུག་པར་ནི་མི་བྱ་སྟེ། །འདི་ལྟར་དེ་བཞིན་གཤེགས་པ་ནི། །བརྡེ་བ་གསུང་བས་བརྡེ་འདི་གསུངས། །སྦྲང་བུ་ཤ་
སྦྲང་བུང་བ་དང་། །དེ་བཞིན་སྲིན་བུར་གང་གྱུརད་པ། །དེས་ཀྱང་བརྩོན་བའི་སྟོབས་བསྐྱེད་ནས། །

背面

1. བྱང་ཆུབ་འཐོབ་དཀའ་བླ་མེད་འཐོབ། །བདག་ལྟ་རིགས་ཀྱིས་མིར་སྐྱེས་ལ། །ཕན་དང་གནོད་པའི་ངོ་ཤེས་པས། །
བྱང་ཆུབ་སྤྱོད་པ་མ་བཏང་ན། །བདགིས་བྱང་ཆུབ་ཅིས་མི་འཐོབ། །འོན་ཏེ་ཀ་ལག་ལྷ་སྨོགས་པླ། །གཏང་
2. དགོས་བདག་ནི་འཛིག་ཤེ་ན། །གཅེས་དང་ཕྱི་གཅེས་མ་དཕྱད་པར། །རྨོངས་པས་བདག་ནི་འཛིགས་པར་ཟད། །
བསྐལ་པ་བྱེ་བ་གྲངས་མེད་དུ། །ལན་གྲངས་དུ་མེར་བཅད་པ་དང་། །དབུག་དང་བསྲེག་དང་གཤེག་འགྱུར་
3. ཀྱི། །བྱང་ཆུབ་འཐོབ་པར་མི་འགྱུར་རོ། །བདག་ནི་བྱང་ཆུབ་སྒྲུབ་པ་འི། །སྡུག་བསྔལ་འདི་ནི་ཚོད་ཡོད་དེ། །ཟུག་རྔུ་
ཁོང་རྣག་གནོད་བསལ་ཕྱིར། །ལུས་ཀྱ་གཏོད་པའི་སྡུག་བསྔལ་བཞིན། །སྨན་པ་ཀུན་ཀྱང་གསོ་དཕྱད་ཀྱི། །
4. མི་བདེའ་བཟློ་ནད་མེད་བྱེད། །དེ་བས་སྡུག་བསྔལ་མང་པོ་དག། །གཞོམ་ཕྱིར་མི་བདེ་ཆུང་བཟོད་བྱ། །གསོ་དཕྱད་
ཕལ་པ་འདི་འདྲ། །སྨན་པ་མཆོག་གིས་མ་མཛད་དེ། །ཆོ་ག་ཤིན་དུ་འཇམ་པོ་ཡིས། །ནད་ཆེན་དཔག་
5. མེད་གསོ་བར་མཛད། །ཚོད་མ་ལ་སྨོགས་སྦྱིན་བ་ལ་འང་། །འདྲེན་པ་ཐོག་མར་སྦྱོར་བར་མཛད། །དེ་ལ་གོམས་ན་
ཕྱི་ནས་ནི། །རིམ་གིས་རང་གི་ཤ་ཡང་གཏོང་། །གང་ཚེ་རང་གི་ལུས་ལ་ནི། །ཚོད་སྨོགས་ལྟ་བུའི་བློ་སྐྱེས་པ། །
6. དེ་ཚེ་ཤ་ལས་སྨོགས་གཏོང་བའ། །དེ་ལ་དཀའ་བ་ཇི་ཞིག་ཡོད། །སྡིག་པ་སྤངས་ཕྱིར་སྡུག་བསྔལ་མེད། །མཁས་པའི་
ཕྱིར་ནི་མི་དགའ་མེད། །འདི་ལྟར་ལོག་པར་རྟོག་པ་དང་། །སྡིག་པས་སེམས་ཧྲ་ལུམ་གནོད། །

ka函第二十四叶

正面

1. ༄། །བསོད་ནམས་ཀྱིས་ནི་ལུས་བདེ་ལ། །མཁས་པ་ཡིས་ནི་སེམས་བདེ་ན། །གཞན་དོན་འཁོར་བར་གནས་ཀྱང་ནི། །
སྙིང་རྗེ་ཅན་དག་ཇི་སྟེ་སྐྱོ། །འདི་ནི་བྱང་ཆུབ་སེམས་ཐོབ་ཀྱིས། །སྔོན་གྱི་སྡིག་པ་ཟད་བྱེད་ཅིང་། །
2. བསོད་ནམས་རྒྱ་མཚོ་སྡུད་བྱེད་ཅིང་། །ཉན་ཐོས་རྣམས་པས་མཆོག་དུ་བཤད། །དེ་བས་སྐྱོ་ངལ་ཀུན་སེལད་པའི། །
བྱང་ཆུབ་སེམས་ཀྱི་རྟ་ཞོན་ནས། །བདེ་ནས་བདེ་བར་འགྲོ་བ་ལ། །སེམས་ཤེས་སུ་ཞིག་སྒྲིད་ལུག་འགྱུར། །
3. སེམས་ཅན་དོན་ནི་འགྲུབ་བྱ་ན། །མོས་བརྟན་དགའ་དང་རིགས་དཔུང་བསྐྱེད། །མོས་པ་སྡུག་བསྔལ་འཇིགས་པ་
དང་། །དེ་ཡི་ཕན་ཡོན་བསམ་བས་བསྐྱེད། ། ཉོན་མོངས་ཕྱོགས་ཀྱི་ཁྲིད་གནས་ནའ། །རྣམ་པ་སྤོང་དུ་སྲན་
4. གསུགས་ཏེ། །ཐྲ་ལས་སྨོགས་པ་སེང་འགེ་བཞིན། །ཉོན་མོངས་ཚོགས་ཀྱིས་མི་ཚུགས་བྱའ། །ཉམ་ང་ཆེ་ཐང་བྱུང་
གྱུར་ཀྱང་། །སྨི་ཡིས་སྨིག་ནི་བསྲུང་བར་བལྟའ། །དེ་བཞིན་གནས་སྐབས་ཐམས་ཅད་དུ། ། རིགས་པ་ལས་ནི་གཞན་
5. མི་སྤྱད། །རྩེད་མོའི་བདེ་འབྲས་འདོད་པ་ལྟར། །འདི་ཡིས་བྱ་བའི་ལས་གང་ཡིན། །ལས་དེ་ལ་ནི་ཞེན་བྱས་ཏེ། །ལས་
དེས་མི་ངོམས་དགའ་བར་བྱའ། །བདེ་བའི་དོན་དུ་ལས་བྱས་ཀྱང་། །བདེར་འགྱུར་མི་འགྱུར་གཏོལ་མེད་ཀྱི། །གང་གི་
6. ལས་ཉིད་བདེར་འགྱུར་བའ། །དེ་ལས་མི་བྱེད་ནམ་ཞིག་བདེ། །སྤུ་གྲི་སོ་ཆགས་སྦྲང་རྩི་ལྟའི། །འདོད་པ་རྣམས་ཀྱིས་
མི་ངོམས་ནའ། །རྣམ་སྨིན་བདེ་ལ་ཞི་བའི། །བསོད་ནམས་ཀྱིས་ལྟ་ཛ་སྟེ་ངོམས། །དེ་ལྟས་ལས་ཚར་

背面

1. ཕྱིན་བྱའི་ཕྱིར། །ཉི་མ་ཕྱེ་དུས་གདུངས་པའི། །གླང་ཆེན་མཚོ་ཕྲད་མཆོར་འཇུག་ལྟར། །ལས་དེ་ལ་ནི་འཇུག་པར་

བྱའ། །རྗེས་སུ་སྨྲེ་བདེར་འགྱུར་བའི་ལས། །རིག་ཐུར་དེ་དེ་མ་ཐག་དུ་གཏང། །དེ་ནི་ཤིན་དུ་རྫོགས་ན་
2. ཡང། །ཕྱི་ཕྱིར་བྱེད་འདོད་སྣང་བར་བྱའ། །འཐབ་རྙིང་དགྲའ་དང་ལྷན་གཅིག་དུ། །གཡུལ་ངོར་རལ་གར་ལྷགས་
པ་བཞིན། །ཉོན་མོངས་མཚོན་ལས་བཟུར་བྱ་ཞིང། །ཉོན་མོངས་དགྲའ་རྣམས་མཛེབས་པར་གདག། །གཡུལ་དུ་
རལ་གྱི་ལྷུང་
3. གྱུར་ནའ། །འཇིགས་པས་མྱུར་དུ་ལེན་པ་ལྟར། །དེ་བཞིན་དྲན་པའི་མཚོན་ཤོར་ནའ། །དམྱལ་བའི་འཇིགས་དྲན་
མྱུར་དུ་བླང། ། ཡུངས་མར་གང་བའི་སྣོད་བསྐུར་ལའ། །རལ་གྱི་ཐོགས་པས་དྲུང་བསྡད་དེ། །བོ་ན་གསད་བསྡིགས་
4. འཇིགས་པ་ལྟར། །བརྟུལ་ཞུགས་ཅན་གྱིས་དེ་བཞིན་བསྒྲིམ། །ཉེས་པ་འབྱུང་བ་རེ་རེ་ཞིང། །བདག་ལ་སྨད་ནས་ཇི་
ནས་ཀྱང། །བདག་ལ་ཕྱིས་འདི་མི་འབྱུང་བའ། །དེ་ལྟར་བྱ་ཞེས་ཡུན་རིང་བསམ། །དགེ་བཤེས་ཕྲད་དང་དགེ་བའི་
5. ལས། །འཐོབ་པར་འདོད་པ་རྒྱུ་འདི་ཡིས། །ཇི་ལྟར་གནས་སྐབས་ཐམས་ཅད་དུ། །དྲན་པ་གོམས་པར་བྱ་སྙམ་ནའ།
།བག་ཡོད་གཏམ་ནི་དྲན་བྱས་ནས། །བདག་ཉིད་ཟོ་བདོག་བདེ་བྱ་ཞིང། །ཇོ་ནས་ལས་བྱུང་སྔོན་རོལ་ནས། །
6. ཤེས་བཞིན་ལ་ཡང་འཇུག་པར་བྱའ། །ཇི་ལྟར་ཁྲག་ལ་རྟེན་བཅས་ནས། །དུག་ནི་ལུས་ལ་ཁྱབ་འགྱུར་བའ། །དེ་
བཞིན་གླགས་ནི་རྙེད་གྱུར་ནའ། །ཉེས་པས་སེམས་ལ་ཁྱབ་པར་འགྱུར། །དེ་བས་པང་དུ་སྦྲུལ་འོངས་ནའ། །

ka函第二十五叶

正面

1. ༄། །ཇི་ལྟར་རིངས་སུ་ལྡང་བ་ལྟར། །དེ་བཞིན་གཉིད་དང་སྙོམ་འོངས་ནའ། །མྱུར་དུ་དེ་དག་བཟློག་པར་བྱའ། །ཅི་
ལྟར་ཤིང་བལ་འགྲོ་བ་དང། །འོང་བ་རླུང་གི་དབང་གྱུར་པའ། །དེ་བཞིན་འབྱོར་པ་མོས་པའི། །དབང་དུ་གྱུར་
2. པས་མྱུར་དུ་འགྲུབ། ། ལག་པ་ལ་སོགས་དབྱེ་བའ། །རྣམ་མང་ཡང།། ཡོངས་སུ་བསྲུང་བྱའི་ལུས་སུ་གཅིག་པ་ལྟར།
།དེ་བཞིན་འགྲོ་བ་སྡུག་བསྔལ་ཐ་དད་ཀྱང།། ཐམས་ཅད་བདག་བཞིན་བདེ་བ་འདོད་ཉམས་གཅིག། །
3. བདག་གི་སྡུག་བསྔལ་མི་བཟད་པའ། ། གཞན་ལ་འགྲོ་བར་མི་འགྱུར་བའ། ། རང་གི་ལུས་ལ་ཆགས་པ་ཡིས། །སྡུག་
བསྔལ་དེ་ཉིད་མི་བཟོད་པའ། ། དེ་བཞན་ཀྱི་སྡུག་བསྔལ་དག། །བདག་ལ་འབབ་པར་མི་འགྱུར་ཡང། །རང་གི་
ཉམས་ལས་
4. དཔག་བྱས་ནས། །དེ་ཡི་སྡུག་བསྔལ་དེ་མི་བཟོད། །བདག་གིས་གཞན་གྱི་སྡུག་བསྔལ་བསལ། །སྡུག་བསྔལ་ཡིན་ཕྱིར་
བདག་སྡུག་བཞིན། །བདག་གིས་གཞན་ལ་ཕན་བ་བྱའ། །སེམས་ཅན་ལུས་ཕྱིར་བདག་ལུས་བཞིན། །གང་ཚེ་བདག་དང་
5. གཞན་གཉི་གའ། །བདེ་བ་འོད་དུ་མཚུངས་པ་ལ། །བདག་དང་ཁྱད་པར་ཇི་ཡོད་ནའ། ། གང་ཕྱིར་བདག་གཅིག་
བདེ་བར་བརྩོན། །གང་ཚེ་བདག་དང་གཞན་གཉི་གའ། །སྡུག་བསྔལ་མི་འདོད་མཚུངས་པ་ལ། །བདག་དང་ཁྱད་
པར་ཅི་ཡོད་ནའ། །
6. གང་ཕྱིར་གཞན་མིན་བདག་སྲུང་བྱེད། །གལ་ཏེ་དེ་ལ་སྡུག་བསྔལ་བས། །བདག་ལ་མི་གནོད་ཕྱིར་མི་སྲུང། །མ་
འོངས་པའི་སྡུག་བསྔལ་ཡང། །གནོད་མི་བྱེད་ན་དེ་ཇིས་བསྲུང། །བདག་གིས་དེ་ནི་མྱོང་སྙམ་པའི། །

背面

1. རྣམ་པར་རྟོག་དེ་ལོག་པ་སྟེ། །འདི་ལྟར་ཤི་བ་འང་གཞན་ཉིད་ལ། །སྐྱེ་བ་ཡང་ནི་གཞན་ཉིད་ཡིན། །གང་ཚེ་གང་
གི་སྡུག་བསྔལ་ཡིན། །དེ་ན་དེ་ཉིད་ཀྱིས་བསྲུང་ནའ། །རྐང་པའི་སྡུག་བསྔལ་ལག་པར་མིན། །ཇི་ཕྱིར་

2. དེས་ནི་དེ་བསྲུང་བྱའ། །རྒྱུད་དང་ཚོགས་ཞེས་བྱ་བ་ནི། །འཕྲེང་བ་ཆུ་རྒྱུན་ནགས་སྟོགས་བཞིན། །དྲན་དང་བློ་ལ་སྙོངས་པ་རྣམས། །འགྲོ་བ་རྣམས་ནི་གཅིག་དུ་སེམས། །ཇི་ལྟར་ལག་པ་ལ་སྟོགས་པ། །ལུས་ཀྱི་ཡན་ལག་

3. ཡིན་འདོད་ལྟར། །དེ་བཞིན་འགྲོ་བའི་ཡན་ལག་དུ། །ཇི་ཕྱིར་ལུས་ཅན་རྣམས་མི་འདོད། །ཇི་ལྟར་བདག་མེད་ལུས་འདི་ལ། ། གོམས་པས་བདག་གི་བློ་འབྱུང་ལའ། ། དེ་བཞིན་སེམས་ཅན་གཞན་ལ་ཡང་། །གོམས་པས་

4. བདག་བློ་ཅིས་མི་སྐྱེ། །དེ་ལྟའི་གཞན་གྱི་དོན། །བྱས་ཀྱང་ངོ་མཚར་བློ་མི་འབྱུང་། །བདག་ཉིད་ཀྱིས་ནི་ཟས་ཟོས་ནས། །ལན་ལ་རེ་བ་མི་འབྱུང་བཞིན། །དེ་བས་ན་ཅི་ལྟར་ཆུང་ངུ་ནའ། །མི་སྙན་ལས་ཀྱང་བདག་སྲུང་བའ། །དེ་བཞིན་འགྲོ་

5. ལ་བསྲུང་སེམས་དང་། །སྙིང་རྗེ་སེམས་ནི་གོམས་པར་བྱ། །དེ་བས་མགོན་པོ་སྤྱན་རས་གཟིགས། ། འགྲོ་ལ་ཐུགས་རྗེ་མངའ་བས། །འཁོར་གྱི་འཇིགས་པ་འང་བསྔལད་པའི་ཕྱིར། །རང་གི་མཚན་ཀྱང་བྱིན་གྱིས་བརླབས། །

6. དཀའ་ལས་ཕྱིར་ཕྱོག་མི་བྱས་ཏེ། །འདི་ལྟར་གོམས་པའི་མཐུ་ཡིས་ནི། །གང་གི་སྒྲོང་ཐོས་འཇིགས་པ་ཡང་། །དེ་ཉིད་མེད་ན་མི་དགའར་འགྱུར། །གང་ཞིག་བདག་དང་གཞན་རྣམས་ནི། །མྱུར་དུ་བསྐྱབ་པར་འདོད་པ་དེས། །

ka 函第二十六叶

正面

1. ༄། །བདག་དང་གཞན་དུ་བརྗེ་བྱ་བའ། །གསང་བའི་དམ་པ་སྤྱད་པར་བྱའ། །བདག་ལུས་གང་ལ་ཆགས་པ་ཡིས། །འཇིགས་གནས་ཆུང་ལ་འང་འཇིགས་སྐྱེ་བའ། །འཇིགས་པ་སྐྱེད་པའི་ལུས་དེ་ལ། །སུ་ཞིག་དགྲ་བཞིན་སྡང་མི་བྱེད།

2. ལུས་དང་བཀྲེས་དང་སྐོམ་སྟོགས་ནད། །གསོ་བའི་ཆོ་ག་བྱེད་འདོད་པས། །བྱ་དང་ཉ་དང་རི་དགས་དག། །གསོད་པར་བྱེད་ཅིང་ལམ་སྒུགས་བྱེད། །གང་གི་ཁེ་དང་རིམ་གྲོའི་ཕྱིར། །ཕ་དང་མ་ཡང་གསོད་བྱེད་ཅིང་། །དཀོན་མཆོག་གསུམ་

3. གྱི་དཀོར་བརྐུས་ནས། །དེས་ན་མནར་མེད་སྲེག་འགྱུར་ནའ། །མཁས་པ་སུ་ཞིག་ལུས་དེ་ལ། །འདོད་ཅིང་བསྲུང་དང་མཆོད་བྱེད་ཀྱི། །འདི་ལ་སུ་ཞིག་དགྲ་བཞིན་དུའ། །ལྟ་བར་མི་བྱེད་ཏྲས་མི་བྱེད། །གལ་ཏེ་བྱིན་ན་ཇི་སྤྱད་ཅེས། །

4. བདག་དོན་སེམས་པ་འདྲེ་འི་ཚུལ། །གལ་ཏེ་སྦྱིན་ན་ཇི་སྤྱོད་ཞེས། །གཞན་དོན་སེམས་པ་ལྷ་འི་ཆོས། །བདག་ཕྱིར་གཞན་ལ་གནོད་བྱས་ནའ། །དམྱལ་ལ་སྟོགས་པར་གདུངས་པར་འགྱུར། །གཞན་ཕྱིར་བདག་ལ་གནོད་བྱས་ནའ། །

5. ཕུན་སུམ་ཚོགས་པ་ཐམས་ཅད་འཐོབ། །བདག་ཉིད་མཐོ་བར་འདོད་པ་དེས། །ངན་འགྲོ་ངན་དང་བླུན་པར་འགྱུར། །དེ་ཉིད་གཞན་ལ་སྤོ་བྱས་ནའ། །བདེ་འགྲོ་རིམ་གྲོ་ཐོབ་པར་འགྱུར། །བདག་གི་དོན་དུ་གཞན་བཀོལ་ནའ། །བྲན་ལ་

6. སྟོགས་པ་མྱོང་བར་འགྱུར། །གཞན་གྱི་དོན་དུ་བདག་སྤྱད་ནའ། །རྗེ་དཔོན་ཉིད་སྟོགས་མྱོང་བར་འགྱུརད། །འཇིག་རྟེན་བདེ་བ་ཇི་སྙེད་པའ། །དེ་ཀུན་གཞན་བདེ་འདོད་ལྷ་བྱུང་། །འཇིག་རྟེན་སྡུག་བསྔལ་ཅི་སྙེད་པའ། །

背面

1. དེ་ཀུན་རང་བདེ་འདོད་ལས་བྱུང་། །མང་དུ་བཤད་ལྟ་ཇི་ཞིག་དགོས། །བྱིས་པ་རང་དོན་བྱེད་པ་དང་། །ཐུབ་པ་གཞན་གྱི་དོན་མཛད་པའ། །འདི་གཉིས་ཀྱི་ནི་ཁྱད་པར་ལྟོས། །བདག་བདེ་གཞན་གྱི་སྡུག་བསྔལ་དག །ཡང་དག་

2. བརྗེ་བ་མ་བྱས་ནའ། །སངས་རྒྱས་ཉིད་དུ་མི་འགྲུབ་ཅིང་། །འཁོར་བ་ན་ཡང་བདེ་བ་མེད། །འཇིག་རྟེན་ཕ་རོལ་ཕར་

ཞོག་གི ། ཚེ་འདི་ཡི་དོན་ཡང་མི་འགྲུབ་སྟེ། །བྲན་གཡོག་ལས་བྱེད་མི་བཏུབ་ལ། །རྗེ་དཔོན་འཚོ་བ་སྟེར་མི་བྱེད། །

3. མཐོང་དང་མ་མཐོང་བདེ་འགྲུབ་པའི། །ཕན་ཚུན་བདེ་སྐྱིད་ཡོངས་པོར་ཞིང་། །གཞན་ལ་ལ་སྡུག་བསྔལ་བྱས་པའི་
རྒྱུས། །སྨོངས་རྣམས་སྡུག་བསྔལ་མི་བཟད་ལྟེ། །འཇིག་རྟེན་དག་ན་འཚེ་བ་གང་ཡོད་དང་། །

4. འཇིགས་དང་སྡུག་བསྔལ་ཇི་སྙེད་ཡོད་གྱུར་པའ། །དེ་ཀུན་བདག་དུ་འཛིན་པ་ལས་གྱུར་ནའ། །འདྲེ་ཆེན་དེས་ཀོ་
བདག་ལ་ཇི་ཞིག་བྱའ། ། དེ་ལྟས་བདག་གནོད་ཞི་བྱ་དང་། །གཞན་གྱི་སྡུག་བསྔལ་ཞི་བྱའི་ཕྱིར། །བདག་

5. ཉིད་གཞན་ལ་གཏང་བྱ་ཞིང་། །གཞན་རྣམས་བདག་བཞིན་གཟུང་བར་བྱའ། །བདག་ནི་གཞན་གྱི་དབང་གྱུར་ཅེས། །
ཡིད་ཁྱོད་ངེས་པར་ཤེས་གྱིས་ལའ། །སེམས་ཅན་ཀུན་དོན་མ་གཏོགས་པར། །ད་ནི་ཁྱོད་ཀྱིས་གཞན་མི་

6. བསམ། །གཞན་དབང་མིག་ལ་སྟོགས་པའིས། །རང་དོན་བསྒྲུབ་པ་རིགས་མ་ཡིན། །དེ་དོན་མིག་ལ་སྟོགས་པའིས།
།དེ་ལ་ལོག་པ་བྱ་མི་རིགས། །ཡིད་ཁྱོད་རང་དོན་བྱེད་འདོད་པས། །བསྐལད་པ་གྲངས་མེད་

ka函第二十七叶

正面

1. ༄། །འདའས་གྱུར་ཀྱང་། །ངལ་བ་ཆེན་པོ་དེ་ལྟ་བུས། །ཁྱོད་ཀྱིས་སྡུག་བསྔལ་འབབའ་ཞིག་བསྒྲུབས། །དེ་ལྟར་ངེས་པ་
གཞན་དག་ནི། །དོན་ལ་རབ་དུ་འཇུག་གྱིས་དང་། །ཐུབ་པའི་བཀའ་ནི་མི་བསླུ་བས། །དེ་ཡི་

2. ཡོན་ཏན་ཕྱིས་མཐོང་འགྱུར། །གལ་ཏེ་ཁྱོད་ཀྱིས་སྔ་དུས་སུ། །ལས་འདི་བྱས་པར་གྱུར་ན་ནི། །སངས་རྒྱས་ཕུན་སུམ་
བདེ་མིན་བའ། །འདོ་འདྲའི་གནས་སྐབས་རེ་མི་འགྱུརད། །དེ་བས་ཇི་ལྟར་གཞན་དག་གི། །ཁུ་བ་ཁྲག་

3. གི་ཐིགས་པ་ལ། །ཁྱོད་ཀྱིས་ངར་འཛིན་བྱས་པ་ལྟར། །དེ་བཞིན་གཞན་ལའང་གོམས་པར་གྱིས། །གཞན་གྱིས་རྟོག་
ཅེས་བྱས་ནས་ནི། །དེ་དང་དེ་ཉིད་ཕྱོགས་བྱས་ནས། །ཁྱོད་ཀྱིས་གཞན་ལ་ཕན་བ་སྒྲུབ། །བདག་སྐྱིད་གཞན་

4. ནི་མི་སྐྱིད་ལ། །བདག་མཐོ་གཞན་ནི་དམའ་བ་དང་། །བདག་ནི་ཕན་བྱེད་གཞན་མིན་ཞེས། །བདག་ལ་ཕྲག་དོག་
ཇེས་སྨི་བྱེད། །བདག་ནི་བདེ་དང་འབྲལ་གྱིས་སྟེ། །གཞན་གྱི་སྡུག་བསྔལ་དག་ལ་སྦྱོར། །རེས་འགའ་འདི་ན་ཅི་བྱེད་
ཅེས། །

5. བདག་གི་སྐྱོན་ལ་བརྟག་པར་གྱིས། །གཞན་གྱི་ཉེས་པ་བྱས་པ་ཡང་། །རང་གི་གཡོན་དུ་སྒྱུར་བྱོས་ལའ། །བདགི་ཉེས་
པ་ཆུང་བྱང་ཀྱང་། །སྐྱེ་བོ་མང་ལ་རབ་དུ་ཞོགས། །གཞན་གྱི་གྲགས་པར་འགྱུར་ཚུལ་དུའ། །རང་གི་གྲགས་

6. པ་བསལ་བར་གྱིས། །བདག་ནི་བྲན་གྱི་ཐ་མ་ལྟར། །དོན་རྣམས་ཀུན་ལས་བཀོལ་བར་གྱིས། །འདི་ནི་སྐྱོན་ཅན་རང་
བཞིན་བས། །གློ་བུར་ཡོན་ཐན་ཆས་མི་བསྟོད། །འདི་ཡི་ཡོན་ཏན་ཇི་ནས་ཀྱང་། །འགའས་ཀྱང་མི་ཤེས་དེ་ལྟར་

背面

1. གྱིས། །མདོར་ན་བདག་གི་དོན་གྱི་ཕྱིར། །ཁྱོད་ཀྱིས་གཞན་ལ་གནོད་བྱས་གང་། །གནོད་དེ་སེམས་ཅན་དོན་གྱི་ཕྱིར།
།བདག་ཉིད་ལ་འབབ་པར་གྱིས། །འདི་ནི་གཉ་དྲག་འགྱུར་ཚུལ་དུ། །ཤེད་བསྐྱེད་པར་ནི་མི་བྱསྟེ། །བག་མ་
སར་པའི་ཚུལ་

2. བཞིན་དུ། །ངོ་ཚ་འཇིགས་དང་བསྡམས་ཏེ་གཞག ། འོན་ཏེ་འདི་ལྟར་བཏམས་ཀྱང་ནི། །སེམས་ཁྱོད་དེ་ལྟར་མི་
བྱེད་ནའ། །ཁྱོད་ལ་ཉེས་པ་ཀུན་རྟེན་པས། །ཁྱོད་ཉིད་ཚར་གཅད་བྱ་བར་ཟད། །ཁྱོད་ཀྱིས་ཁོ་བོ་གར་བཀླག་པའི།
།སྔོན་གྱི་དུས་

3. དུས་དེ་བཞིན་ཡིན་ཏེ། །ཁྱོད་ཀྱི་ཙ་ཡ་ཀུན་བཙོམ་དང་། །གང་དུ་འགྲོ་བ་པོ་བོས་བསྐྱལ། །ད་དུང་བདག་ལ་རང་གི་
དོན། །ཕྱོ་སྨམས་སེམས་པ་ད་འོར་ཅིག། །བདག་གིས་གཞན་ལ་ཁྱོད་བཙོངས་ཀྱིས། །སྐྱོ་བར་མ་སེམས་ཞོ་ཤ་ཕྱུལད། །

4. གལ་ཏེ་བག་མེད་ཕྱུརད་ནས་ཁྱོད། །སེམས་ཅན་རྣམས་ལ་མ་བྱིན་ན། །ཁྱོད་ཀྱིས་པོ་བོ་དམྱལ་བའི། །སྲུངས་མ་
རྣམས་ལ་བྱིན་དུ་ངེས། །དེ་ལྟར་ཁྱོད་ཀྱིས་རེ་ལྟ་ཞིག །པོ་བོ་བྱིན་བས་ཡུན་རིང་སྡུག །ད་ནི་ཁོན་རྣམས་

5. དྲན་བྱསྟེ། །ཁྱོད་ཀྱིས་རང་དོན་སེམས་པ་གཞོམ། །དེ་སྟེ་བདག་ནི་དགའ་འདོད་ན། །རང་ལ་བདག་གིས་དགའར་
མི་བྱའ། །དེ་སྟེ་བདག་ཉིད་སྲུང་འདོད་ན། །གཞན་དག་རྟག་དུ་སྲུང་བར་བྱའ། །བྱང་ཆུབ་སེམས་དཔའི་

6. སྤྱོད་པ་ལ་འཇུག་པ་ལས་བརྩོན་འགྲུས་བསྟན་པ་ཞེས་བྱ་བ་སྟེ་ལེའུ་དྲུག་པའོ།།◦ཿ◦ཿ། །ཞི་གནས་རབ་དུ་ལྡན་པ་
ལྷག་མཐོང་གིས། །ཉོན་མོངས་རྣམ་པར་འཇོམས་པར་ཤེས་བྱས་ནས། །ཐོག་མར་ཞི་

ka函第二十八叶

正面

1. ༄། །གནས་བཙལ་བྱ་དེ་ཡང་ནི། །འཇིག་རྟེན་ཆགས་པ་མེད་ལ་མངོན་དགའས་འགྲུབ། །མི་རྟག་སུ་ཞིག་མི་རྟག་
ལ། །ཡང་དག་ཆགས་པར་བྱེད་པ་ཡོད། །དེས་ནི་ཚེ་རབས་སྟོང་ཕྲག་དུ། །སྡུག་པ་མཐོང་བར་ཡོང་

2. མི་འགྱུར། །མ་མཐོང་ན་ནི་དགའར་མི་འགྱུར། །ཡིད་ཀྱང་མཉམ་འཇོག་མི་འགྱུར་ལ། །མཐོང་ཡང་ངོམས་པར་མི་
འགྱུར་བས། །སྔ་བཞིན་བསྲེག་པས་གདུང་བར་འགྱུར། །སེམས་ཅན་རྣམས་ལ་ཆགས་བྱས་ན། །

3. ཡང་དག་ཉིད་ལ་ཀུན་ནས་སྒྲིབ། །སྐྱོ་བ་པའི་སེམས་ཀྱང་འཇིག་པར་བྱེད། །ཐ་མར་མྱ་ངན་གདུང་བར་འགྱུར། །དེ་
ལ་སེམས་པ་འབབ་ཤིག་གིས། །ཚེ་འདི་དོན་མེད་འདའ་བར་འགྱུར། །རྟག་པ་མེད་པ་འི་མཛའ་བཤེས་ཀྱིས། །

4. གཡུ་འདྲུང་ཆོས་ཀྱང་འཇིག་པར་འགྱུར། །བྱིས་དང་སྐལ་བ་མཉམ་སྤྱོད་ན། །ངེས་པར་ངན་འགྲོར་འགྲོ་འགྱུར་
ཏེ། །སྐལ་མི་མཉམ་པར་ཁྲིད་བྱེད་ན། །བྱིས་པ་བསྟེན་པས་ཇི་ཞིག་བྱའ། །སྐད་གཅིག་གཙོགིས་མཛའ་

5. འགྱུར་ལའ། །ཡུད་ཙམ་གཅིག་གིས་དགྲར་ཡང་འགྱུར། །དགའ་བའི་གནས་ལ་ཁྲོ་བྱེད་པལྔ། །སོ་སོའི་སྐྱེ་བོ་མགུ་
བར་དཀའ། །ཕན་པ་སྨྲས་ན་ཁྲོ་བར་བྱེད། །བདག་ཀྱང་ཕན་ལས་ཟློག་པར་བྱེད། །དེ་དག་ངག་ནི་མ་མཉན་ན། །

6. ཁྲོས་པས་ངན་འགྲོར་འདོང་བར་འགྱུར། ། མཐོ་ལ་ཕྲག་དོག་མཉམ་དང་འགྲན། །དམའ་ལ་ང་རྒྱལ་བསྟོད་ན་
འདྲེག། །མི་སྙན་བརྗོད་ན་ཁོང་ཁྲོསྟེ། །ནམ་ཞིག་བྱིས་ལ་ཕན་སེམས་ཡོད། །བྱིས་དང་འགྲོགས་བྱིས་ན་ལ། །

背面

1. བདག་སྟོད་གཞན་ལ་སྨོད་པ་དང་། །འཁོར་བར་དགའ་བའི་གཏམ་ལྷ་སྟོགས། །མི་དགེ་ཇིས་ཀྱང་ངེས་པར་འབྱུང་།
།དེ་ལྟར་བདག་དང་གཞན་སྟེན་པའ། །དེས་ནི་ཕུང་བར་འགྱུར་བར་ཟད། །དེས་ཀྱང་བདག་དོན་མི་བྱས་ལའ། །

2. བདག་ཀྱང་དེའི་དོན་མི་འགྱུར་བས། །བྱིས་ལས་ཐག་རིང་བྱོལ་བར་བྱའ། །ཕྲད་ནས་དགའ་བ་མགུ་བྱསྟེ། །འདྲིས་
ཆེན་ཉིད་དུ་མི་འགྱུར་བར། །ཐ་མལ་པ་ཙམ་ལེགས་པར་བྱའ། །བུང་བས་མེ་ཏོག་སྦྲང་རྩི་བཞི། །

3. ཆོས་ཀྱི་དོན་ཙམ་བླངས་ནས་ནི། །ཀུན་ལ་སྔོན་ཅད་མ་མཐོང་བཞིན། །འདྲིས་པ་མེད་པར་གནས་པར་བྱའ།
།བདག་ནི་རྙེད་མང་བཀུར་སྟི་བྱས། །བདག་ལ་མང་པོ་དགའ་འོ་ཞེས། །དེ་འདྲའི་སྙེམས་པ་འཆང་འགྱུར་ན། །ཤི་
བའི་འོག་དུ་

4. འཇིགས་པ་སྐྱེ། །བདེ་བས་རྣམ་པར་རྨོངས་པའི་ཡིད། །གང་དང་གང་ལ་ཆགས་གྱུར་པའ། །དེ་དང་དེ་བསྡོངས་སྟོང་

འགྱུར་དུ། །སྡུག་བསྔལ་ཉིད་དུ་གྱུར་ཅིང་ལྡང་། །དེ་བས་མཁས་པས་ཆགས་མི་བྱའ། །ཆགས་པ་ལས་ནི་འཇིགས་པ་
5. སྐྱེ། །འདི་དག་རང་བཞིན་འདོད་འགྱུར་བར། །བརྟན་པར་གྱིས་ཏེ་རབ་དུ་རྟོགས། །རྙེད་པ་དག་ནི་མང་བྱུང་ཞིང་།
།གྲགས་དང་སྙན་པ་བྱུང་གྱུར་ཀྱང་། །རྙེད་དང་གྲགས་པའི་ཚོགས་བཅསྟེ། །གང་དུ་འདོང་བའི་གཏོལ་མེད་དོ།
།བདག་ལ་
6. སྨོད་པ་གཞན་ཡོད་ནའ། །བསྟོད་པས་བདག་དགའར་ཅི་ཞིག་ཡོད། །བདག་ལ་སྟོད་པ་གཞན་ཡོ་ན། །སྨོད་པས་མི་
དགའར་ཅི་ཞིག་ཡོད། །སེམས་ཅན་མོས་པ་སྣ་ཚོགས་པས། །རྒྱལ་བས་ཀྱང་ནི་

ka 函第三十二叶

正面

1. ༄། །རང་གཞན་གསལ་བར་བྱེད་ཅེ་ནའ། །མར་མེ་གསལ་བར་བྱེད་མ་ཡིན། །འདི་ལྟར་མུན་གྱིས་བསྒྲིབས་པ་མེད།
།སྔོན་པོ་དག་ནི་ཤེལ་ལྟ་བུར། ། སྔོན་པོའི་རྒྱུ་ལ་མི་ལྟོས་ཏེ། །སྔོན་པོ་ཉིད་དུ་འདུག་པ་གང་། །རང་ལ་
2. རང་གོ་སྔོན་པོར་བྱེད། །རྐྱེན་གཞན་དག་དང་ལྡན་བའི། །ཤེས་པ་གསལ་བར་བྱེད་ཆེ་ནའ། །གཟུགས་དང་མིག་
སྣན་ལ་སྟོགས་ཀྱང་། །ཤེས་པ་ཉིད་དུ་འདུས་མིན་འམ། །མར་མེ་གསལ་བར་བྱེད་དོ་ཞེས། །ཤེས་པས་ཤེསྟེ
བརྗོད་བྱེད་ན། །
3. བློ་ནི་གསལ་བར་བྱེད་དོ་ཞེས། །གང་གིས་ཤེས་ཏེ་དེ་སྐད་བརྗོད། །གསལ་ལམ་མི་གསལ་ཡང་རུངསྟེ། །སུས་ཀྱང་
ཇི་བཞིན་མ་མཐོང་བས། །མོ་ཤམ་གྱི་ནི་བུ་བཞིན་དུ། །བརྗོད་དུ་ཟིན་ཀྱང་དོན་མེད་དོ། །གལ་ཏེ་རང་རིག་
ཡོད་མིན་ན། །
4. རྣམ་ཤེས་ཇི་ལྟར་དྲན་བར་འགྱུར། །དོན་དྲན་གྱུར་པའི་སྔོ་ཉིད་ནས། །དཔྱད་ཀྱི་དགོས་པར་དེ་དྲན་ནོ། །འདི་ལྟར་
མཐོང་དང་ཐོས་པ་ཀུན། །འདི་ལ་དགག་པར་བྱ་མེད་ཀྱི། །འདིར་ནི་སྡུག་བསྔལ་རྒྱུར་བཅུར་བའ། །དབེན་བ་ཉིད་
དུ་རྟོག་པ་ཟློག། །
5. སྒྱུ་མ་ལྟ་བུར་ཤེས་ན་ཡང་། །གང་ཚེ་སྒྱུ་མའི་བུད་མེད་ལ། །དེ་བྱེད་ཉིད་ཀྱང་ཆགས་སྐྱེ་ནའ། །ཇི་ལྟར་ཉོན་མོངས་
ཟློག་པར་འགྱུར། །དེ་བྱེད་པའི་ཉོན་མོངས་དང་། །ཤེས་བྱ་འི་བག་ཆགས་མ་སྤངས་ཀྱི། །སྟོང་པ་ཉིད་ལ་
6. གོམས་པས་ནི། །དངོས་པོའི་བག་ཆགས་སྤོངས་པར་འགྱུར། །གང་ཚེ་གང་ཞིག་མེད་དོ་ཞེས། །བརྟག་བྱའི་དངོས་
པོ་མི་དམིགས་པ། །དེ་ཚེ་ཅུང་ཟད་མེད་དོ་ཞེས། །རྟོག་པ་ཉིད་ཀྱང་སྤོང་བར་འགྱུར། །གང་ཚེ་དངོས་དང་དངོས་

背面

1. མེད་གཉིས། །བློ་ཡི་མདུན་ན་མི་གནས་པའ། །དེ་ཚེ་རྣམ་པ་གཞན་མེད་པས། །དམིགས་པ་མེད་པས་རབ་དུ་ཞི།
།ཡིད་བཞིན་ནོར་བུ་དཔག་བསམས་ཤིང་། །ཇི་ལྟར་རེ་བ་ཡོངས་སྐོང་བའ། །དེ་བཞིན་སེམས་ཅན་བསོད་ནམས་ཀྱི།
།དབང་གིས་རྒྱལ་
2. བའི་སྐུ་སྣང་ངོ། །ནམ་མཁའ་ལྡིང་གྲགས་པས་ཇི་ལྟ་བུར། །མཆོད་སྡོང་བསྒྲུབས་ནས་འདའས་གྱུར་ན། །དེ་འདས་
ཡུན་རིང་ལོན་ཡང་དེ། །དུག་ལ་སྟོགས་པ་ཞི་བར་བྱེད། །བྱང་ཆུབ་སྤྱོད་པས་ཚུལ་བཞིན་དུ། །རྒྱལ་བའི་མཆོད་སྡོང་
བསྒྲུབྣ་པ་ཡང་། །
3. བྱང་ཆུབ་སེམས་དཔའ་འདས་གྱུར་ཀྱང་། །དོན་རྣམས་ཐམས་ཅད་མཛད་པར་འགྱུར། །ཉོན་མོངས་པ་དང་ཤེས་

བྱའི་སྒྲིབ། །སྨན་པའི་གཉེན་པོ་སྟོང་པ་ཉིད། །མྱུར་དུ་ཐམས་ཅད་མཁྱེན་འདོད་ནའ། །དེ་ནི་ཇི་སྟེ་བསྒོམ་མྱི་བྱའ། །ལམ་འདི་ཉིད་

4. ཀྱིས་འཚང་རྒྱ་ཞེས། །བསྟན་པའི་ལུང་ལས་འབྱུང་བ་ཡང་། །ཡང་དག་མན་ངག་བརྒྱུད་པས་ཤེས། །ཁྱོད་ཀྱི་གཞུང་གིས་ཇི་ལྟར་འགྲུབ། །དེ་ལ་ཡིད་ཆེས་དེ་འགྲུབ་ན། །ཐེག་ཆེན་ལ་ཡང་ཡིད་ཆེས་གྱིས། །གཉི་ག་འདོད་པ

5. བདེན་ན་ནི། །རིག་བྱེད་རྣམས་ཀྱང་བདེན་པར་འགྱུར། །གལ་ཏེ་ཕན་ཚུན་འགལ་ཞེ་ན། །འདུལ་ལ་སྩོགས་པའང་དོར་དགོས་སོ། །སེམས་ཅན་སྨྲི་འཕྲུན་དགའ་བྱའི་ཕྱིར། །གསུངས་པ་དེ་ཅི་མྱི་འདོད་དམ། །

6. དེ་ལྟར་སྟོང་པ་ཉིད་ཕྱོགས་ལ། །སུན་འབྱིན་པ་ནི་འཐད་མ་ཡིན། །དེ་བས་ཐེ་ཚོམ་མྱེད་པར་ནི། །སྟོང་པ་ཉིད་ལ་བསྒོམ་པར་གྱིས། །སྡུག་བསྔལ་བསྐྱེད་དངོས་གང་ཡིན་པའ། །དེ་ལས་འཛིགས་

7. པ་སྐྱེ་གྲང་ནའ། །སྟོང་ཉིད་འཛིགས་པ་ཞི་བྱེད་ནའ། །དེ་ཡིས་འཛིག་སྐྱེ་ཇི་ཞིག་ཡོད། །བདག་ཅེས་བྱ་བ་འགའ་ཡོད་ནའ། །ཇི་འང་རུང་ལས་འཛིགས་གྲང་ནའ། །བདག་ཉིད་ཅུང་ཟད་ཡོད་མྱིན་ནའ། །སུ་ཞིག་ལ་ནི་འཇིགས་

ka 函第三十三叶

正面

1. ༄། །བར་འགྱུར། །སོ་དང་སྐྲ་སེན་བདག་མ་ཡིན། །བདག་ནི་རུས་པ་ཁྲག་མ་ཡིན། །སྣབས་སྨྱིན་བད་ཀན་མ་ཡིན་ཏེ། །ཆུ་སེར་དང་ནི་རྣག་ཀྱང་མྱིན། །བདག་ནི་ཞག་དང་རྔུལ་མྱིན་ཏེ། །བདག་ནི་གློ་མཆིན་དག་ཀྱང་མྱིན། །

2. ནང་གྲོལ་གཞན་ཡང་བདག་མྱིན་ཏེ། །བདག་ནི་ཕྱི་ས་གཅིན་མ་ཡིན། །ཤ་དང་པགས་པ་བདག་མྱིན་ཏེ། །དྲོད་དང་རླུང་ཡང་བདག་མ་ཡིན། །བུ་ག་བདག་མྱིན་རྣམ་ཀུན་དུ། །རྣམ་ཤེས་དྲུག་ནི་བདག་མ་ཡིན། །གལ་ཏེ་ཡིད་ནི་བདག་

3. ཡིན་ནའ། །འགགས་ཡིད་ཇི་ལྟར་ཡོད་པར་འགྱུརད། །འོན་ཏེ་མ་འོངས་སེམས་བདག་ཡིན། །ད་ལྟར་བདག་ནི་མྱེད་པར་འགྱུར། །གལ་ཏེ་བུམ་སེམས་བུམ་ཡིན་ན། །བུམ་པའི་སེམས་སུ་དེ་སྨྲི་འགྱུར། །གལ་ཏེ་བྱུང་སེམས་

4. བདག་ཡིན་ན། །ཞི་གནས་བདག་ནི་མྱེད་པར་འགྱུར། །གལ་ཏེ་བདག་མྱིག་རང་བཞིན་ན། །བདག་གིས་སྒྲ་ནི་ཐོས་སྨྲི་འགྱུར། །དེ་བཞིན་སྣ་ལས་སྩོགས་པ་ཡི། །བཅོ་བརྒྱད་ཁམས་ལ་འང་སྐྱོན་དུ་འགྱུར། །དེ་བཞིན་

5. བདེ་མྱིན་སྡུག་བསྔལ་མྱིན། །འདོད་ཆགས་ཞེ་སྡང་སྩོགས་བདག་མྱིན། །དེ་ལྟར་བདག་དུ་ཙུང་བ་གང་། །དེ་ནི་འགའ་ཡང་ཡོད་མ་ཡིན། །སེམས་འདི་ཉིད་ནི་མ་གཏོགས་པའ། །སེམས་པ་ཡོད་མྱིན་བུམ་པ་བཞིན། །

6. སེམས་པ་མྱེད་པ་ཡང་བདག་མྱིན་ཏེ། །སེམས་པ་མྱེད་ཕྱིར་བུམ་པ་བཞིན། །ལུས་ལ་སྩོགས་པ་གྱུར་ཀྱང་ནི། །གང་ཞིག་འགྱུར་བར་མྱི་འདོད་པའ། །དེ་ལ་འང་ལས་འབྲས་ཡོད་ན་ནི། །མཁའ་ལ་འང་དེ་དག་ཅེས་སྨྲི་འདོད། །

背面

1. ས་བོན་ལ་ནི་ཡོད་པའི་ཆའ། ། འབྲས་བུའི་དུས་ན་སྣང་བ་བཞིན། །དེ་བཞིན་ལུས་སྩོགས་སྨྲི་རྟག་ལའང་། །ཚེ་སྟེ་ལས་དང་འབྲས་སྨྲི་འདོད། །བྱིས་བའི་ལུས་ལ་གཙོང་དང་ནི། །བྱི་བའི་དུག་ནི་ཟིན་གྱུར་པ། །རྐན་ལ་ལྡང་བ

2. དེ་བཞིན་དུ། །ཚེ་སྟེ་ལས་དང་འབྲས་སྨྲི་འདོད། །མངལ་ན་འདུག་པ་འདས་གྱུར་ནའ། །ཁྱེ་ཚོའི་བྱིས་བ་གཞན་སྐྱེར་འགྱུར། །བྱིས་བ་འདས་ན་གཞོ་ནུ་ཉིད། །དེ་འདས་དེ་འོག་དར་ལ་འབབ། །དར་ལ་བབ་ཡལ་རྒན་པོར་འགྱུར། །

3. རྒ་བ་འདས་ན་རོ་ཡང་འབྱུང་། །ལུས་ཞིག་རྟག་ན་དེ་སྙེད་ཀྱི། །གནས་སྐབས་སྨྲི་སྲིད་ནམ་ཀ་བཞིན། །དཔེར་ན་

ཉིན་རེ་གཞན་ཉིད་པས། །གཞོནྣུ་དར་ལ་བབ་འགྱུར་བའ། །དེ་བཞིན་སྐད་ཅིག་གཞན་ཡིན་པས། །བྱིས་པ་གཞོ་ནུ་ཉིད་

4. ངུ་འགྱུར། །གང་ཚེ་ཡུན་རིང་གནས་ནས་ཀྱང་། །ཇི་ལྟར་སྐྱེས་བཞིན་ཡེ་འདུག་ནའ། །དེ་ཚེ་དེ་ལ་ཁྱད་མྱེད་པས། །ནམས་ཀྱང་འཛིགས་པར་འགྱུར་བ་མྱེད། །དེ་ལྟར་སེམས་ཅན་འགའ་མྱེད་དེ། །དངོས་པོ་འདི་དག་སྐད་ཅིག་མ། །

5. གཡོ་བ་མྱེད་པའི་ཆོས་རྣམས་ལས། །གཡོ་བ་མྱེད་པ་འབྱུང་ཞིང་འཛོག། །གལ་ཏེ་སེམས་ཅན་ཡོད་མྱིན་ན། །སུ་ལ་སྙིང་རྗེ་བྱས་ཞེ་ནའ། །དགོས་པའི་དོན་དུ་ཁས་བླངས་ནས། །བདག་ཉིད་དུ་ནི་རབ་བརྟགས་པའི། །ཆོས་ཀྱི་

6. ཁྱད་བར་ལ་དམྱིགས་ནས། །ཤེས་ལྡན་རྣམས་ཀྱི་བརྩེ་འབྱུང་སྟེ། །ཇི་ལྟར་ཁྱིད་ལ་གྲགས་པ་བཞིན། །སེམས་ཅན་རྣམས་ལ་མྱི་འཐད་མྱེད། །ཇི་ལྟར་ཆུ་ཤིང་སྡོང་པོ་དག། །ཆ་ཤས་ཕྱེ་ནས་འགའ་མྱེད་པ། །དེ་བཞིན་

ka 函第三十四叶

正面

1. ༄། །རྣམ་པར་དཔྱད་བཙལ་ནའ། །བདག་ཀྱང་ཡང་དག་ཉིད་མ་ཡིན། །བདག་མྱེད་ན་ནི་སུ་ཞིག་འཛིགས། །སུ་བཅིངས་སུ་ཞིག་གྲོལ་བར་འགྱུར། །འོན་ཀྱང་བདག་དུ་སེམས་ཡོད་པས། །བདག་ནྀ་འདི་ལྟར་དགེ་ལ་བརྩོན། །

2. ལུས་ནྀ་རྐང་པ་བྱིན་པ་མྱིན། །བརླ་དང་རྐེད་པའང་ལུས་མ་ཡིན། །ལུས་ནྀ་ལྟོ་དང་རྒྱབ་མྱིན་ཏེ། །དེ་ནྀ་ནང་གྲོལ་རྣམས་མ་ཡིན། །ལུས་ནྀ་མགོ་དྲ་མགྲིན་མྱིན་ན། །འདྀ་ལ་ལུས་གཞན་གང་ཞིག་ཡིན། །གལ་ཏེ་ལུས་འདྀ་ཐམས་

3. ཅད་ལ། །ཆ་རེ་ཞིག་གིས་གནས་གྱུར་ན། །དེའྀ་ལྷག་མ་མྱི་གནས་པ། །དེ་ནི་བདག་ཉིད་གང་ན་གནས། །ལུས་ནི་ལག་སྙོགས་ཐམས་ཅད་ལ། །བདག་ཉིད་ཀུན་ཀྱིས་གནས་ན་ནྀ། །ལག་སྙོགས་དེ་དག་ཇི་

4. སྙེད་པ། །དེ་སྙེད་ཀྱི་ལུས་སུ་འགྱུར། །ལུས་ནྀ་ལག་སྙོགས་ནང་གནས་ན། །བཀབ་པ་ཇི་ལྟར་སྣང་བར་འགྱུར། །འོན་ཏེ་ལུས་འདྀ་ཕྱི་ན་གནས། །ལག་སྙོགས་སྣང་བར་མྱི་འགྱུར་རོ། །ལག་ལས་

5. སྙོགས་པགས་དགག་སྣང་ན། །ལག་སྙོགས་ལུས་ཅན་ཉིད་མྱི་འགྱུར། །ཆ་ཤས་མྱེད་རྣམས་ཆ་ཆན་གྱི། །ནང་དུ་འང་འཇུག་པར་ཙུང་མ་ཡིན། །གལ་ཏེ་ཕྱི་ནང་ལུས་མྱེད་ན། །ཇི་ལྟར་ལུས་

6. ནི་ལག་སྙོགས་གནས། །ལག་ལསྙོགས་ལས་གཞན་མྱེད་ནའ། །དེ་ནི་ཇི་ལྟར་ཡོད་པ་ཡིན། །དེ་བས་ལུས་མྱེད་གཏི་མུག་པས། །ལག་ལསྙོགས་ལ་ལུས་བློ་འབྱུང་། །དབྱིབས་སུ་བཀོད་

背面

1. པའྀ་ཁྱད་བར་གྱིས། །ཤིང་ལས་སྐྱེས་བུའི་བློ་འབྱུང་བཞིན། །ཇི་སྲིད་རྐྱེན་ནྀ་ཚོགས་གྱུར་པ། །དེ་སྲིད་མྱི་ཡི་ལུས་བློ་འབྱུང་། །དེ་བཞིན་ཇི་སྲིད་ལག་སྙོགས་ཚོགས། །དེ་སྲིད་འདི་ལ་ལུས་སུ་སྣང་། །དེ་བཞིན་

2. སོར་མོའི་ཚོགས་རྣམས་ལས། །རྐང་པ་ཡང་ནི་གང་ཞིག་ཡོད། །དེ་ཡང་ཚིགས་ཀྱི་ཚོགས་ཡིན་ལ། །ཚིགས་ཀྱང་རང་གི་ཆ་ཤས་དབྱེ། །ཆ་ཤས་ཀྱང་ནི་རྡུལ་ཕྱེ་ནས། །དེ་ཡང་དེ་འདྲར་རྣམ་པར་གཞིག། །

3. ཕྱོགས་ཆ་རྣམས་ཀྱང་ཆ་མྱེད་པས། །ནམ་མཁའ་དང་མཚུངས་དེས་རྡུལ་མྱེད། །རྡུལ་རྣམས་མྱེད་པས་བསགས་པ་མྱེད། །དེ་ཕྱིར་གཟུགས་ཀྱི་ཕུང་པོ་མྱེད། །དེ་ལྟར་བརྟགས་ན་རྨྱི་ལམ་བལྟའི། །

4. གཟུགས་ལ་སུ་ཞིག་ཆགས་པར་བྱེད། །དེ་ལྟར་གང་ཚེ་ལུས་མྱེད་པ། །དེ་ཚེ་སྐྱེས་གང་བུད་མྱེད་གང་། །མཐོང་བ་འམ་རེག་པ་གང་ཡང་ཙུང་། །རྨྱི་ལམ་སྒྱུ་མའི་རང་བཞིན་འདྲ། །སེམས་དང་ལྷན་ཅིག་སྐྱེས་པའི་ཕྱིར། །

5. ཚོར་བས་སྐྱོང་བ་མྱེད་པར་འགྱུར། །ཕྱི་ནས་དེ་ནི་སྐྱེས་གྱུར་ནའ། །དྲན་བར་ཟད་ཀྱི་སྐྱོང་མ་ཡིན། །བདག་གིས་བདག་ཉིད་སྐྱོང་མྱིན་ལ། །གཞན་གྱིས་ཀྱང་ནི་སྐྱོང་མྱི་འགྱུརད། །ཚོར་བ་པོ་ཡང་འགའ་མྱེད་དེ།།
6. དེ་བས་ཚོར་བ་ཡང་དག་མྱིན། །དེ་ལྟར་བདག་མྱེད་ཚོགས་འདི་ལ། །སུ་ཞིག་འདི་ཡིས་གནོད་པར་འགྱུར། །དེ་ལྟ་ན་ནི་སུ་ཞིག་ལ། །འཕྲད་པ་འམ་འབྲལ་བ་འདོད་པ་འབྱུང།།ཡོད་ནི་དབང་པོ་ལ་མྱི་གནས། །གཟུགས་

ka 函第三十七叶

正面

1. ༄། །ཚིབ་བ་འདི་ཙེ་བསམས་པ་དང་། །སེམས་དམྱལ་རྣམས་ཀྱིས་ཕྱུག་ན་པད་མ་མཐོང་བར་ཤོག། །གྲོགས་དག་འཛིགས་པ་འོར་ལ་རེངས་པར་ཚུར་ཤེག་ཡུ་བུའི་ཐང་དུ་ནི། །གང་གི་མཐུ་ཡིས་སྡུག་བསྔལ་ཐམས་ཅད་བྲལ་ཞིང་
2. དགའ་བའི་ཤུགས་ཕྱིན་ལ། །འགྲོ་བ་ཀུན་སྐྱོབ་བྱང་ཆུབ་སེམས་དང་འོད་དང་བརྩེ་བ་སྐྱེས་གྱུར་པ། །གཞོ་ནུ་ཟུར་ཕྱུད་ཅན་འབར་འཛིགས་པ་མྱེད་པར་བྱེད་པ་ཅི་ཞིག་ཕྱིན། །ཁྱོད་ཀྱིས་ལྷ་བརྒྱའི་ཅོན་པན་དག་གིས་ཞབས་ཀྱི
3. པད་མ་ལ་མཆོད་ཅིང་། །ཐུགས་རྗེ་བརླན་སྤྱན་དབུ་ལ་མེན་ཏོག་དུ་མའི་ཚོགས་ཀྱི་ཆར་འབབ་པ། །ཁང་བརྩེགས་ཡིད་འོང་ལྷ་མོ་སྟོང་ཕྲག་བསྟོད་དབྱངས་སྒྲོགས་ལྡན་འདི་ལྟོས་ཤེས། །འཇམ་དབྱངས་དེ་འདྲ་མཐོང་ནས
4. ད་ནི་སེམས་དམྱལ་ཀུ་ཅོ་འདོན་པར་ཤོག། །དེ་ལྟར་བདག་གི་དགེ་རྩས་ཀུན་དུ་བཟང་ལ་སྩོགས། །བྱང་ཆུབ་སེམས་དཔའ་སྒྲིབ་མྱེད་སྤྲིན་བདེ་དང་། །བསིལ་ཞིང་དྲི་ཞིམ་དང་ལྡང་ཆར་པ་འབེབས་མཐོང་ནས།།
5. སེམས་ཅན་དམྱལ་བ་དེ་དག་མངོན་པར་དགར་གྱུར་ཅིག། །དུད་འགྲོ་རྣམས་ནི་གཅིག་ལ་གཅིག། །ཟ་བའི་འཛིགས་དང་བྲལ་བར་ཤོག། །སྒྲ་མྱི་སྙན་པའི་མྱི་བཞིན་དུ། །ཡི་དགས་རྣམས་ནི་བདེ་བར
6. གྱུརད། །འཕགས་པ་སྤྱན་རས་གཟིགས་དབང་གི། །ཕྱག་ནས་འབབ་པའི་འོ་རྒྱུན་གྱིས། །ཡི་དགས་རྣམས་ནི་ཚིམ་བྱས་ཤེང་། །ཁྲུས་བྱས་རྟག་དུ་བསིལ་བར་ཤོག། །ལོང་བ་རྣམས་ཀྱིས་གཟུགས

背面

1. མཐོང་ཤོག། །འོན་བས་རྟག་དུ་ཐོས་པར་ཤོག། །ལྷ་མོ་སྒྱུ་འཕྲུལ་བཞིན་དུ་ནི། །སྦྲུམ་མ་འང་གནོད་མྱེད་བཙོ་བར་ཤོག་། །གཅེར་བུ་རྣམས་ཀྱིས་གོས་དག་དང་། བཀྲེས་པ་རྣམས་ཀྱིས་ཟས་དང་ནི།།
2. སྐོམ་པ་རྣམས་ཀྱིས་ཆུ་དག་དང་། བཏུང་བ་ཞིམ་པོ་ཐོབ་པར་ཤོག། །བཀྲེན་པ་རྣམས་ཀྱིས་ནོར་ཐོབ་ཤོག། །མྱ་ངན་ཉམ་ཐག་དགའ་ཐོབ་ཤོག། །ཡིད་ཆད་རྣམས་ཀྱང་ཡིད་སོས་ཤེང་།།
3. བརྟན་བ་ཕུན་སུམ་ཚོགས་པར་ཤོག། །སེམས་ཅན་ནད་པ་ཅི་སྙེད་པ་། མྱུར་དུ་ནད་ལས་ཐར་པར་གྱུར།། འགྲོ་བའི་ནད་ནི་མ་ལུས་པ། །རྟག་དུ་འབྱུང་བ་མྱེད་པར་ཤོག། །སྐྲག་པ་རྣམས་ནི་འཇིགས
4. མྱེད་ཤོག། །བཅིངས་པ་རྣམས་ནི་གྲོལ་བར་གྱུར། །མཐུ་མྱེད་རྣམས་ནི་མཐུར་ལྡན་ཞིང་། ། ཕན་ཚུན་སེམས་ནི་བདེར་གྱུར་ཅིག། །འགྲོན་པ་རྣམས་ནི་ཐམས་ཅད་ལ། །ཕྱོགས་རྣམས་ཐམས་ཅད་བདེ་བར
5. ཤོག། །གང་གི་དོན་དུ་འགྲོ་བྱེད་པ། །དེ་འབད་མྱི་དགོས་གྲུབ་གྱུར་ཅིག། །གྲུ་དང་གྲུ་ཆེན་ཞུགས་པའི་རྣམས། །ཡིད་ལ་བསམས་པ་གྲུབ་གྱུར་ཏེ། །ཆུའི་ངོགས་སུ་བདེར་ཕྱིན་ནས། །གཉེན་དང་ལྷན་ཅིག་དགའ་བར་ཤོག།།
6. མྱ་ངན་ལམ་གོལ་འཁྱམ་པའི་རྣམས་འགྲོན་པ་དག་དང་ཕྲད་གྱུར་ནས། །ཆོམ་རྐུན་སྟག་སྔོགས་འཇིགས་མྱེད་པར། །མྱི་ངལ་བདེ་བླག་འགྲོད་བར་ཤོག། །དགོན་སྔོགས་ལམ་མྱེད་ □□□□

ka函第三十八叶

正面

1. ༄། །བྱིས་པ་ནད་པོ་མགོན་མེད་པ། །གཉིད་ལོག་སྨོས་ཤིང་རབ་སྨོས་རྣམས། །ལྷ་དག་སྲུང་བ་བྱེད་པར་ཤོག། །སྨི་དལ་ཀུན་ལས་ཐར་པ་དང་། །དད་དང་ཤེས་རབ་བརྩེར་ལྡན་ཞིང་། །
2. ཟས་དང་སྤྱོད་པ་ཕུན་ཚོགས་ནས། །རྟག་དུ་ཚེ་རབས་དྲན་གྱུར་ཅིག། །ཐམས་ཅད་ནམ་མཁའི་མཛོད་བཞིན་དུ། །ལོངས་སྤྱོད་ཟད་པ་མེད་པར་ཤོག། །རྩོད་པ་མེད་ཅིང་འཚེ་མེད་པར། །
3. རང་དབང་དུ་ནི་སྤྱོད་པར་ཤོག། །སེམས་ཅན་གཟི་བརྗིད་ཆུ་ངུ་གང་། །དེ་དག་གཟི་བརྗིད་ཆེན་པོར་ཤོག། །དཀའ་ཐུབ་ཅན་གང་གཟུགས་ངན་པ། གཟུགས་བཟང་ཕུན་སུམ་ཚོགས་གྱུར་
4. ཅིག། འཇིག་རྟེན་བུད་མེད་ཇི་སྙེད་པ། །དེ་དག་སྐྱེས་པ་ཉིད་གྱུར་ཅིག། །མ་རབས་རྣམས་ནི་མཐོ་ཐོབ་ཅིང་། ང་རྒྱལ་དག་ནི་བཅོམ་བར་ཤོག། །བདག་གི་བསོད་ནམས་འདི་ཡིས་ནི། །
5. སེམས་ཅན་ཐམས་ཅད་མ་ལུས་པ། །སྡིག་པ་ཐམས་ཅད་སྤངས་ནས་ནི། །རྟག་དུ་དགེ་བ་བྱེད་པར་ཤོག། །བྱང་ཆུབ་སེམས་དང་མི་འབྲལ་ཞིང་། །བྱང་ཆུབ་སྤྱོད་ལ་གཞོལ་བ་དང་། །
6. སངས་རྒྱས་རྣམས་ཀྱིས་ཡོངས་བཟུང་ཞིང་། །བདུད་ཀྱི་ལས་ཀྱང་སྤངས་པར་ཤོག། །སེམས་ཅན་དེ་དག་ཐམས་ཅད་ནི། །ཚེ་ཡང་དཔག་མེད་རིང་བར་ཤོག། །རྟག་དུ་བདེ་བར་འཚོ་

背面

1. འཚོ་འགྱུར་ཞིང་། །འཆི་བའི་སྒྲ་ཡང་གྲག་མ་འགྱུར། །དཔག་བསམས་ཤིང་གི་བསྐྱེད་མོས་ཚལ། །སངས་རྒྱས་དང་ནི་སངས་རྒྱས་སྲས། །ཆོས་སྒྲ་སྒྲོགས་པས་གང་བ་ཡིས། །
2. ཕྱོགས་རྣམས་ཐམས་ཅད་དགའ་བར་ཤོག། །ཐམས་ཅད་དུ་ཡང་ས་གཞི་དག། །གསེག་མ་ལ་སྫོགས་མེད་པ་དང་། །ལག་མཐིལ་མཉམ་བ་བྱེ་དུ་རྡུའི། །རང་བཞིན་འཇམ་པོར་གནས་པར་
3. གྱུརད། །འཁོར་ཀྱི་དཀྱིལ་འཁོར་ཡོད་དགུར་ཡང་། །བྱང་ཆུབ་སེམས་དཔའ་མང་པོ་དག། །རང་གི་ལེགས་པས་ས་སྙིང་དག། །བརྒྱན་པར་མཛད་པྲ་བཞུགས་གྱུར་ཅིག། །ལུས་ཅན་ཀུན་
4. ཀྱིས་བྱ་དང་ནི། །ཤིང་དང་འོད་གཟེར་ཐམས་ཅད་དང་། །ནམ་ཀ་ལས་ཀྱང་ཆོས་ཀྱི་སྒྲ། །རྒྱུན་མི་འཆད་པར་ཐོས་པར་ཤོག། །དེ་དག་རྟག་དུ་སངས་རྒྱས་དང་། །སངས་རྒྱས་སྲས་
5. དང་ཕྲད་གྱུར་ཏེ། མཆོད་པའི་སྤྲིན་ནི་མཐའ་ཡས་པས། །འགྲོ་བའི་བླ་མ་མཆོད་པར་ཤོག། ། ངན་སོང་སྡུག་བསྔལ་མ་མྱོང་ཞིང་། དཀའ་བ་སྤྱད་པ་མེད་པར་ཡང་། །
6. ལྷའི་ལུས་པས་ལྷག་པའི་ལུས་ཀྱིས་ནི། །དེ་དག་སངས་རྒྱས་མྱུར་གྲུབ་གྱུརད། །སེམས་ཅན་ཀུན་ཀྱིས་ལན་མང་དུ། །སངས་རྒྱས་ཐམས་ཅད་མཆོད་བྱེད་ཅིང་། །སངས་རྒྱས་

ka函第三十九叶

正面

1. ༄། །བདེ་བ་བསམ་ཡས་ཀྱིས། །རྟག་དུ་བདེ་དང་ལྡན་གྱུར་ཅིག། །བྱང་ཆུབ་སེམས་པ་རྣམས་ཀྱིས་ནི། །འགྲོ་དོན་ཐུགས་ལ་དགོང་གྲུབ་ཤོག། །དེ་བཞིན་རང་སངས་རྒྱས་རྣམས་དང་། །ཉན་ཐོས་

2. རྣམས་ཀྱང་བདེར་གྱུར་ཅིག། །བདག་ཀྱང་འཇམ་དབྱངས་བཀའ་དྲིན་གྱིས། །ས་རབ་དགའ་བ་ཐོབ་བར་དུ། །རྟག་
དུ་ཚེ་རབས་དྲན་བ་དང་། །རབ་དུ་འབྱུང་བ་ཐོབ་པར་ཤོག། ། བདག་ནི་ཁ་ཟས་ཕྱི་ནས་ཀྱང་། །
3. ཉམས་དང་ལྡན་ཞིང་འཚོ་བར་ཤོག། །ཚེ་རབས་ཀུན་དུ་དབེན་གནས་པའ། །ཕུན་སུམ་ལྡན་བ་ཐོབ་གྱུར་ཅིག་།
གང་ཙེ་ལྟ་བར་འདོད་པ་འམ། །ཅུང་ཟད་དྲི་བར་འདོད་ན་ཡང་། །མགོན་པོ་འཇམ་དབྱངས་དེ་ཉིད་ནི། །
4. བགེགས་མེད་པར་ཡང་མཐོང་བར་ཤོག། །ཕྱོགས་བཅུའི་ནམ་མཁའི་མཐའའས་གཏུགས་པའི། ། སེམས་ཅན་ཀུན་
དོན་བསྒྲུབ་པའི་ཕྱིར། །ཇི་ལྟར་འཇམ་དཔལ་སྤྱོད་མཛད་པ། །བདག་གི་སྤྱོད་པའང་དེ་འདྲར་
5. ཤོག། །སངས་རྒྱས་ཀུན་གྱིས་བསྔགས་པའི། ། བདག་གི་སྨོན་ལམ་ཀུན་གྲུབ་ཤོག། ། དེ་བཞིན་དམིགས་པ་མེད་པར་
ནི། ། དགེ་བ་ཐམས་ཅད་བསྔོ་བར་བྱའ། ། ལྷ་ཡང་དུས་སུ་ཆར་འབེབས་ཤིང་། །
6. ལོ་ཐོག་ཕུན་སུམ་ཚོགས་པར་ཤོག། །རྒྱལ་པོ་ཆོས་བཞིན་བྱེད་གྱུར་ཅིང་། ། འཇིག་རྟེན་དག་ཀྱང་དར་པར་ཤོག ། །
སྨན་རྣམས་མཐུ་དང་ལྡན་བ་དང་། ། གསང་སྔགས་བཟླས་བརྗོད་གྲུབ་པར་ཤོག ། །

背面

1. མཁའ་འགྲོ་སྲིན་པོ་ལས་སྩོགས་པ། ། སྙིང་རྗེའི་སེམས་དང་ལྡན་གྱུར་ཅིག། ། སེམས་ཅན་འགའ་ཡང་སྡུག་མ་འགྱུར།
། སྡིག་པར་མ་འགྱུར་ན་མ་འགྱུར། ། འཇིགས་དང་བརྙས་པར་མི་འགྱུར་
2. ཞིང་། ། འགའ་ཡང་ཡིད་མི་བདེར་མ་འགྱུར། ། གཙུག་ལག་ཁང་རྣམས་གློག་པ་དང་། ། ཁ་ཏོན་གྱིས་རྒྱས་ལེགས་
གནས་ཤོག། ། རྟག་དུ་དགེ་འདུན་འཐུན་བ་དང་། ། དགེ་འདུན་དོན་ཡང་གྲུབ་པར་ཤོག།།
3. བསླབ་པ་འདོད་པའི་དགེ་སློང་རྣམས། ། དབེན་བ་དག་ཀྱང་ཐོབ་པར་ཤོག། ། གཡེང་བ་ཐམས་ཅད་སྤངས་ནས་ནི།
། སེམས་ནི་ལས་རུང་སྒོམ་གྱུར་ཅིག། ། དགེ་སློང་མ་རྣམས་རྙེད་ལྡན་ཞིང་། ། འཐབ་དང་
4. གནོད་པ་སྤངས་པར་ཤོག། ། དེ་བཞིན་རབ་དུ་བྱུང་བ་ཀུན། ། ཚུལ་ཁྲིམས་ཉམས་པ་མེད་གྱུར་ཅིག། ། ཚུལ་ཁྲིམས་
འཆལ་པ་ཡིད་བྱུང་ནས་། རྟག་དུ་སྡིག་པ་ཟད་བྱེད་ཤོག། ། བདེ་འགྲོ་དག་ཀྱང་ཐོབ་གྱུར་ནས། །
5. དེར་ཡང་བརྟུལ་ཞུགས་མི་ཉམས་ཤོག། ། ལུས་ཅན་དག་ནི་ཐམས་ཅད་ཀྱང་། ། ཕྱུག་ན་རིན་ཅེན་ལྟ་བུར་ནི། །
འཁོར་བ་སྲིད་དུ་ཡོ་བྱད་ཀུན། ། མཐའ་ཡས་རྒྱུན་མི་འཆད་པར་ཤོག། ། ཐམས་ཅད་སྡུག
6. བསྔལ་ལས་ཐར་ཞིང་། ། དཀོན་མཆོག་གསུམ་ལ་གཞོལ་བ་དང་། ། ཐམས་ཅད་ཐབས་ལ་མཁས་པ་དང་། ། སངས་
རྒྱས་ཆོས་ཀྱིས་ཕྱུག་པར་ཤོག། ། བྱམས་དང་སྙིང་རྗེ་དགའ་བ་དང་། ། ཉོན་མོངས་

ka函第四十叶

正面

1. ༄། །བཏང་སྙོམས་གནས་པ་དང་། ། སྦྱིན་དང་ཚུལ་ཁྲིམས་བཟོད་བརྩོན་འགྲུས། ། བསམ་གཏན་ཤེས་རབ་བརྒྱན་
པར་ཤོག། ། བདག་ཀྱང་ཡོན་ཏན་དེ་ཀུན་དང་། ། ལྡན་ཞིང་བརྒྱན་པ་རྒྱས་པར་ཤོག། ། ཤེས་
2. པ་ཀུན་ལས་རྣམ་གྲོལ་ཞིང་། ། སེམས་ཅན་ཀུན་ལ་བྱམས་མཆོག་གྱུར། ། སེམས་ཅན་ཀུན་ཡིད་རེ་བ་ཡི། ། དགེ་བ་
ཐམས་ཅད་རྫོགས་བྱེད་ཤོག། ། རྟག་དུ་ལུས་ཅན་ཐམས་ཅད་ཀྱི། ། སྡུག་བསྔལ་ཐམས་
3. ཅད་སེལ་བར་གྱུར། ། འཇིག་རྟེན་ཀུན་ན་སྐྱེ་བོ་དག། ། འཇིགས་པས་ཡིད་བྱུང་ཇི་སྙེད་པའ། ། དེ་ཀུན་བདག་མིང་
ཐོས་པས་ཀྱང་། ། གཏན་དུ་འཇིགས་པ་མེད་པར་ཤོག། ། སྐྱེ་བོ་རབ་དུ་དྱོས་འགྱུགས་ཤིང་། །

4. སྐྱེ་བདེ་བ་དག་བདག་རིག་གམ། །དྲན་ནམ་སྐྱིང་ཙམ་ཐོས་པའིས་། །རྫོགས་པའི་བྱང་ཆུབ་སེམས་པར་ཤོག། །ཚེ་རབས་ཀུན་དུ་སྐྱེ་འབྲལ་བའི། །མངོན་ཤེས་ལྔ་པོ་ཐོབ་པར་ཤོག། །སེམས་ཙན་ཀུན་ལ་

5. ནམ་ཀུན་དུ། །རྟག་དུ་ཕན་དང་བདེ་བྱེད་ཤོག། །འཇིག་རྟེན་ཀུན་ན་སྐྱེ་བོ་དག། །སྡིག་པ་འདོད་པ་གང་དག་ཡིན། །དེ་ཀུན་རྟག་དུ་གནོད་སྐྱེད་པར། །ཅིག་ཙར་བཟློག་པ་བྱེད་གྱུར་ཅིག། །རྟག་དུ་སྲོག

6. ཆགས་ཐམས་ཙད་ཀྱིས། །ས་དང་ཆུ་དང་མེ་དང་རླུང་། །སྨན་དང་དགོན་པའི་ཤིང་བཞིན་དུ། །རང་དགའ་འདོད་དགུར་སྤྱོད་པར་ཤོག། །སེམས་ཙན་ལ་བདག་སྲོག་བཞིན་སྡུག། །བདག་ལ་འང་དེ་དག

背面

1. ཆེས་སྡུག་ཤོག། དེ་འི་སྡིག་བདག་ལ་སྨིན་གྱུར་ལ། །བདག་དགེ་མ་ལུས་དེ་ལ་སྨིན། །ཆོས་གོས་ཙམ་ཞིག་གྲོན་བ་ལ་འང་། །སྟོན་པ་བཞིན་དུ་མཆོད་བྱེད་ཤོག། །བསྟན་པ་རྙེད་དང་བཀུར་སྟི་དང་། །

2. བཙསྟེ་ཡུན་རིང་གནས་གྱུར་ཅིག། །གང་གི་དྲིན་གྱིས་དགེ་བློ་བྱུང་། །འཇམ་པའི་དབྱངས་ལ་ཕྱག་འཚལ་ལོ། །གང་གི་དྲིན་གྱིས་བདག་དར་པའ། །དགེ་བའི་བཤེས་ལ་འང་བདག་ཕྱག་འཚལ། །

3. ། ། །བྱང་ཙུབ་སེམས་དཔའི་སྤྱོད་པ་ལ་འཇུག་པ་ལས། །བསྔོ་བ་ཞེས་བྱ་བ་སྟེ། ། །ལེའུ་དགུ་པའོ། །

4. ༄། །བྱང་ཆུབ་སེམས་དཔའི་སྤྱོད་པ་ལ་འཇུག་པ། །སློབས་དཔོན་བློ་གྲོས་སྐྱི་ཟད་པས་མཛད་པ་རྫོགས་སྷོ། ། ༄། །རྒྱ་གར་གྱི་མཁན་པོ་ས་ར་

5. བད་ཉ་དེ་བ་དང་། ཞུ་ཆེན་གྱི་ལོ་ཙ་པ་བན་འདེ་དཔལ་བརྩེགས་ཀྱིས་བསྒྱུར་ཅིང་ཞུས་ཏེ་གཏན་ལ་ཕབ་པའ། ། །

3. IOL Tib J 630《入菩萨行论》回向品

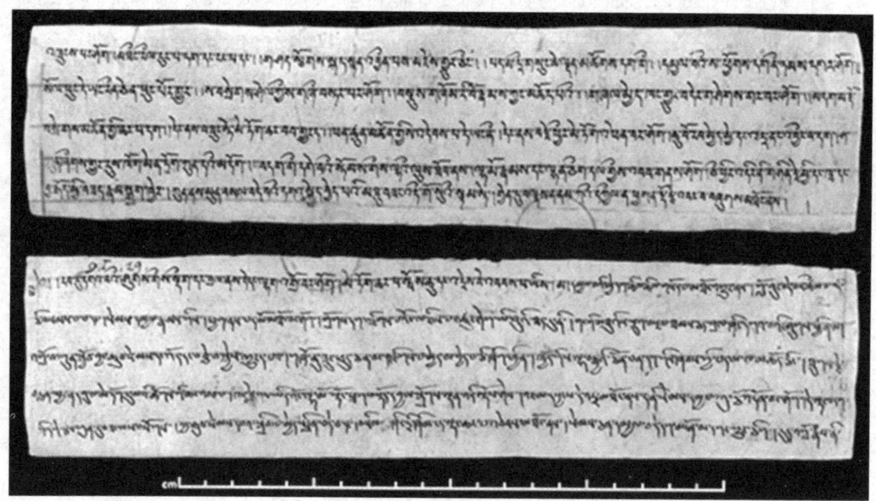

该写本收编在英藏敦煌藏文写本第15卷中，首尾俱全，共存6叶，计11页。规格：31 × 7.2 cm。左侧线框内所标藏文页码为“ཀ”（ka）至“ཆ”（cha），是一部完整的《入菩萨行论》回向品写本。其中第一叶背面、第二叶正面、第三叶正面、第四叶背面、第五叶正面书写5行字，其余均为4行。从字迹来看，前三叶基本上为藏文“吴坚”楷体书写，其余部分为“吴没”草体，可以确定由两个抄经生所写。

写本最后一页“ཆ”（cha）正面第三行结尾处和第四行为《入菩萨行论》回向品结束语“བྱང་ཆུབ་སེམས་དཔའ་སྤྱོད་པ་འཇུག་པ་ལས་ཡོངས་སུ་བསྔོ་བའི་ལེའུ་ཞེས་བྱ་བ་སྟེ། ། །།དགེའོ། རྫོགས་སྷོ།། །། །།”，此结束语亦为以敦煌本为蓝本的藏文初译本《入菩萨行论》只有九品的又一佐证。此外，从页码表述方式和完整性等方面看，《入菩萨行论·回向品》系从原典中摘录成文的单篇文献，将其作为佛教徒日常的祈愿类诵课是显而易见的。藏文《丹珠尔》中所存《入菩萨行愿文》也是《入菩萨行论》回向品，但与此处所述敦煌本在偈颂数、内容等方面有几处不一致。录文如下：

ཀ 正面

1. ༄།། །། བདག་གིས་བྱང་ཆུབ་སྤྱོད་པ་ལ་འཇུག་པ་དམ་པར་བསམས་པའི།། དགེ་བ་གང་དེས་འགྲོ་བ་ཀུན།། བྱང་ཆུབ་སྤྱོད་ལ་འཇུག་པར་ཤོག།། ཕྱོགས་རྣམས་ཀུན་ན་ལུས་དང་སེམས།། སྡུག་བསྔལ་ནད་པ་ཅི་སྙེད་
2. པ།། དེ་དག་བདག་གིས་བསོད་ནམས་ཀྱིས། ། བདེ་དགའ་རྒྱ་མཚོ་ཐོབ་པར་ཤོག།། དེ་དག་སངས་རྒྱས་བདེ་ཐོབ་གི།། བར་དུ་བདེ་བ་ཉམས་མ་འགྱུར།། འགྲོ་བས་ླ་ན་མེད་པའི།། བདེ་བ་རྒྱུན་གྱི་འཆད་ཐོབ་ཤོག།།
3. འཇིག་རྟེན་འཁམས་ན་དམྱལ་བ་དག།། གང་དག་ཅི་སྙེད་ཡོད་པ་རྣམས།། དེ་དག་དུ་ནི་ལུས་ཅན་རྣམས།། བདེ་ཅན་བདེ་དགའས་དགའ་བར་ཤོག།། གྲང་བས་ཉམ་ཐག་དྲོ་ཐོབ་ཤོག།། བྱང་ཆུབ་སེམས་དཔའ་སྤྲིན་
4. ཆེན་ལས།། བྱུང་བའི་ཆུ་བོ་མཚོ་ཡས་གིས།། ཚ་བས་ཉམ་ཐག་བསིལ་བར་ཤོག།། རལ་གི་ལོ་མའི་ནགས་ཚལ་ཡང་།། དེ་ལ་དགའ་ཚལ་སྡུག་གུར་ཤོག།། ཤལ་མ་ལིའི་སྡོང་པོ་དག།། དཔག་བསམ་ཤིང་དུ་

ཀ 背面

1. འགྱུར་བར་ཤོག། མཐིང་རིལ་ངུར་པ་དག་དང་ངང་པ་དང་།། གཤད་སྒོགས་སྐད་སྙན་འབྱིན་པས་མཛེས་གྱུར་ཅིང་།། པད་མ་དྲི་གསུང་ཆེ་ལྡན་མཚོགས་དག་གི།། དམྱལ་བའི་ས་ཕྱོགས་དག་ནི་ཉམས་དགར་ཤོག།།
2. སོལ་ཕུང་དེ་ཡང་རིན་ཅེན་ཕུང་པོར་གྱུར།། ས་བསྲེགས་ཤེལ་གྱི་ས་གཞི་བསྒྲར་པར་ཤོག།། བསྡུས་གཞོམ་རི་བོ་རྣམས་ཀྱང་མཆོད་པ་འི།། གཞལ་མེད་ཁང་གྱུར་བདེར་གཤེགས་གང་བར་ཤོག།། མདག་མ་དྡོ་
3. བསྲེགས་མཚོན་གྱི་ཆར་པ་དག།། དེང་ནས་བཟུང་སྟེ་མེ་ཏོག་ཆར་བབ་གྱུརད།། ཕན་ཚུན་མཚོན་གྱིས་འདེབས་པ་དེ་ཡང་ནི།། དེང་ནས་བརྩེ་ཕྱིར་མེ་ཏོག་འཕེན་བར་ཤོག།། ཆུ་བོ་རབ་མེད་མེ་དང་འདྲ་ནང་འབྱིང་བ་དག། ཤ་
4. ཀུན་ཞིགས་གྱུར་རུས་ཁོག་མེན་ཏོག་ཀུན་དའི་མདོག།། བདག་གི་དགེ་བའི་སྟོམས་གིས་ལྷའི་ལུས་ཐོབ་ནས། ལྷ་མོ་རྣམས་དང་ལྡན་ཅིག་དལ་གྱིས་འབབ་གནས་ཤོག། ཅི་ཕྱིར་འདིར་ནི་གཤིན་རྗེ་མྱི་དང་ཁྭ་དང་
5. བྱ་རྒོད་སྨི་བཟད་རྣམ་སྒྲག་བྱེར།། ཀུན་ནས་མུན་བསལ་བདེ་བའི་དགའ་བསྐྱེད་བྱེད་པའི་མཐུ་བཟང་འདི་གོ་

སུའི་སླམ་སྟེ༎ ཁྱེན་དུ་བལྟས་ན་ནམ་ཀའི་དཀྱིལ་ན་ཕྱག་ན་རྡོ་རྗེ་འབར་བ་བཞུགས་མཐོང་ནས།།

ཁ 正面

1. ༄།།རབ་དུ་དགའ་བའི་ཤུགས་གིས་སྡིག་དང་བྲལ་ནས་དེ་དང་ལྷག་འགྲོ་བར་ཤོག། མེ་ཏོག་ཆར་པ་སྤོས་ཆུ་དང་འདྲེས་པེ་འབབས་པ་ཡིས། མ། དམྱལ་བའི་མྱེ་དག་ཆིལ་ཆིལ་གསོད་པ་མཐོང་འགྱུར་ནས། སློ་བུར་བདེ་བས་ཚིམ་བ་འདི་
2. ཅི་བསམས་བ་པ་དང་། སེམས་དམྱལ་རྣམས་གིས། ཕྱག་ནས་པད་མོ་མཐོང་བར་ཤོག། གྲོགས་དག་འཇིགས་པ་འོར་ལ་རིངས་པར་ཚུར་ཤོག་ཡི་བུའི་ཐད་དུ་ནི། གང་གི་མཐའིས་སྡུག་བསྔལ་ཐམས་ཅད་བྲལ་ཞིང་དགའ་བའི་ཤུགས་ཕྱིན་ལ།
3. འགྲོ་བ་ཀུན་སྐྱོབ་བྱང་ཆུབ་སེམས་དང་འོད་དང་བརྩེ་བ་སྐྱེས་འགྱུརད་པའ། གཞོ་ནུ་ཟུར་ཕུད་ཅན་བར་འཇིགས་པ་མྱེད་བར་བྱེད་པ་ཅི་ཞིག་ཕྱིན། ཁྱོད་གིས་ལྷ་བརྒྱའི་ཅོན་པན་དག་གིས་ཞབས་ཀྱི་པད་མ་ལ་མཆོད་ཅིང་། ཐུགས་རྗེ་
4. བརླན་སྤྱན་དབུ་ལ་མེ་ཏོག་དུ་མའི་ཚོགས་གི་ཆར་འབབ་པ། ཁང་བརྩེགས་ཡིད་འོང་ལྷ་མོ་སྟོང་ཕྲག་བསྟོད་དབྱངས་སྒྲོགས་ལྡན་འདི་སྟོས་ཤེས། འཇམ་དབྱངས་དེ་འདྲ་མཐོང་ནས་ད་ནི་སེམས་དམྱལ་ཀུ་ཅོ་འདོན་བར་ཤོག། དེ་ལྟར་བདག
5. གི་དགེ་རྩས་ཀུན་དུ་བཟང་ལས་བསོགས། བྱང་ཆུབ་སེམས་དཔའ་སྒྲིབ་པ་མྱེད་སྤྲིན་བདེ་བ་དང་། བསིལ་ཞིང་དྲི་ཞིམ་དད་ལྡང་ཆར་པ་འབེབས་མཐོང་ནས། སེམས་ཅན་དམྱལ་བ་དེ་དག་མངོན་བར་དགར་གྱུར་ཅིག། དུད་འགྲོ་རྣམ་ནི་

ཁ 背面

1. གཅིག་ལ་གཅིག་ཟའི་འཇིགས་དང་བྲལ་བར་ཤོག། སྒྲ་མྱི་སྣན་པའི་མྱི་བཞིན་དུ། ཡི་དགས་རྣམས་ནི་བདེ་བར་འགྱུར། འཕགས་པ་སྤྱན་རས་གཟིགས་དབང་གྱི། ཕྱག་ནས་འབབ་པའི་འོད་རྒྱུན་གྱིས། །ཡི་དགས
2. རྣམས་ནི་ཚིམ་བྱས་ཤིང་། །ཁྲུས་བྱས་རྟག་དུ་བསིལ་བར་ཤོག །ལོང་བ་རྣམས་ཀྱིས་གཟུགས་མཐོང་ཤོག། འོན་བས་རྟག་དུ་ཐོས་པར་ཤོག །ལྷ་མོ་སྒྱུ་འཕྲུལ་བཞིན་དུ་ནི་སྦྲུམ་མ་འང་གནོད་མྱེད་བཙའ་བར་ཤོག །གཅེར་བུ
3. རྣམས་ཀྱི་གོས་དག་དང་། བཀྲེས་པ་རྣམས་གི་ཟས་དང་ནི། སྐམ་པ་རྣམས་གི་ཆུ་དག་དང་། བཏུང་བ་ཞིམ་པོ་ཐོབ་པར་ཤོག །དབྲིན་བ་རྣམས་གིས་ནོར་ཐོབ་ཤོག །མྱ་ངན་ཉམ་ཐག་དགའ་ཐོབ་ཤོག །ཡི་ཆད་རྣམས་ཀྱང་ཡི་སོས
4. ཤིང་། བརྟན་བ་ཕུན་སུམ་ཚོགས་པར་ཤོག །སེམས་རྣ་ནད་པ་ཅི་སྙེད་པ། མྱུར་དུ་ནད་ལས་ཐར་བར་གྱུར། འགྲོ་བའི་ནད་ནི་མ་ལུས་པ། རྟག་དུ་འབྱུང་བ་མྱེད་པར་ཤོག། སྐྲག་པ་རྣམས་ནི་འཇིགས་མྱེད་ཤོག། ཅིངས་པ་རྣམས་ནི་གྲོལ་བར་གྱུར།

ག 正面

1. ༄།།མཐུ་མྱེད་རྣམས་ནི་མཐུ་ལྡན་ཞིང་། ཕན་ཚུན་སེམས་ནི་མཉེན་གྱུར་ཅིག །འདྲོན་པ་རྣམས་ནི་ཐམས་ཅད་ལ། ཕྱོགས་རྣམས་ཐམས་ཅད་བདེ་བར་ཤོག། གང་གི་དོན་དུ་འགྲོ་བྱེད་པ། དེ་འབད་མྱི་དགོས་གྲུབ་འགྱུར
2. ། །ཅིག །གྲུ་དང་གྲུ་ཅན་ཞུགས་པའི་རྣམས། ཡིད་ལ་བསམས་པས་གྲུབ་གྱུར་ཏེ། ཆུའི་ངོགསུ་བདེར་ཕྱིན་ནས། །གཉེན་དང་ལྷན་གཅིག་དགའ་བར་ཤོག། མྱི་ངམ་ལམ་གོལ་འཁྱམས་པའི་རྣམས། འདྲོན་པ་རྣས་དང་ཕྲད་

3. འགྱུར་ནས། ཆོམ་རྐུན་སྟག་བསོགས་འཇིགས་པ་མེད་པར་མི་ངལ་བདེ་བླག་འདོང་བར་ཤོག། དགོན་སྟོགས་ལམ་མེད་ཉམ་ང་བར། བྱིས་པ་རྒད་པོ་མགོན་མེད་པ། གཉིད་ལོག་སྨྱོས་ཤིང་རབ་སྨྱོས་རྣམས། ལྷ་དག་སྲུང་བར་བྱེད་པར་ཤོག། མི་དལ་

4. ཀུན་ལས་ཐར་པ་དང་། དད་དང་ཤེས་རབ་བརྩེར་ལྡན་ཞིང་། ཟས་དང་སྤྱོད་པ་ཕུན་ཚོགས་ནས། །རྟག་དུ་ཚེ་རབས་དྲན་གྱུར་ཅིག། ཐམས་ཅད་ནམ་ཀའི་མཛོད་བཞིན་དུ། ལོང་སྤྱོད་ཟད་པ་མེད་པར་ཤོག། རྩོད་པ་མེད་ཅིང་འཚེ་མེད་པར། །རང་དབང་དུ་ནི་

5. སྤྱོད་པར་ཤོག། སེམས་ཅན་གཟི་བརྗིད་ཆུང་ངུ་གང་། །དེ་དག་གཟི་བརྗིད་ཆེད་པོར་ཤོག། དཀའ་ཐུབ་ཅན་གང་གཟུགས་ངན་པའ། གཟུགས་བཟང་ཕུན་སུམ་ཚོགས་གྱུར་ཅིག། འཇིག་རྟེན་བུད་མེད་ཅི་སྙེད་པ། དེ་དག་སྐྱེས་པ་ཉིད་

ག 背面

1. གྱུར་ཅིག། མ་རབས་རྣམས་ནི་མཐོ་ཐོབ་ཅིང་། ང་རྒྱལ་དག་ཀྱང་བཅོམ་བར་ཤོག། བདག་གི་བསོད་ནམས་འདི་ཡིས་ནི། སེམས་ཅན་ཐམས་ཅད་མ་ལུས་པ། སྡིག་པ་ཐམས་ཅད་སྤངས་ནས་ནི། རྟག་ཏུ་

2. དགེ་བ་བྱེད་པར་ཤོག། བྱང་ཆུབ་སེམས་དང་མི་འབྲལ་ཞིང་། །བྱང་ཆུབ་སྤྱོད་ལ་གཞོལ་བ་དང་། སངས་རྒྱས་རྣམས་གིས་ཡོངས་བཟུང་ཤིང་། བདུད་གི་ལས་ཀྱང་སྤངས་པར་ཤོག། སེམས་ཅན་དེ་དག་ཐམས་ཅད་ནི། ཚེ་ཡང་དཔག་མེད་རིང་བར

3. ཤོག། རྟག་དུ་བདེ་བར་ཚེ་འགྱུར་ཞིང་། །འཆི་བའི་སྒྲ་ཡང་གྲག་མ་འགྱུར། དཔག་བསམ་ཤིང་གི་སྐྱེད་མོ་འཚལ། སངས་རྒྱས་དང་ནི་སངས་རྒྱས་སྲས། །ཆོས་སྙན་སྒྲོགས་པས་གང་བ་ཡིས། །ཕྱོགས་རྣམས་ཐམས་ཅད་དགའ་བར་ཤོག། ཐམས་ཅད

4. དུ་ཡང་ས་གཞི་དག། གསེག་མ་ལ་སྟོགས་མེད་པ་དང་། ལག་མཐིལ་མཉམ་བ་བཻ་དུ་རྱ་འི། རང་བཞིན་འཇམ་པོར་གནས་པར་གྱུརད། འཁོར་གི་དཀྱིལ་འཁོར་ཡོད་དགུར་ཡང་། བྱང་ཆུབ་སེམས་དཔའ་མང་པོ་དག།

ང 正面

1. རང་གི་ལེགས་པས་ས་སྟེངས་དག།   བརྒྱན་པར་མཛད་པ་བཞུགས་གྱུར་ཅིག།   ལུས་ཅན་ཀུན་གིས་བྱ་དང་ནི། ཤིང་གི་འོད་ཟེར་ཐམས་ཅད་དང་། །ནམ་ཀ་ལས་ཀྱང་ཆོས་གི་སྒྲ། རྒྱུན་མི་འཆད་པར་ཐོས་པར་ཤོག། དེ་དག་རྟག་ཏུ་སངས་

2. རྒྱས་དང་། །སངས་རྒྱས་སྲས་དང་ཕྲད་གྱུར་ཅིག ། མཆོད་པའི་སྤྲིན་ནི་མཐའ་ཡས་པས། འགྲོ་བའི་བླ་མ་མཆོད་པར་ཤོག།། ངན་སོང་སྡུག་བསྔལ་མི་སྤྱོང་ཞིང་། དཀའ་བ་སྤྱད་པ་མེད་པར་ཡང་། ལྷ་བས་ལྷག་པའི་ལུས་གིས་ནི། དེ་དག་སངས་རྒྱས

3. སྒྱུར་གྲུབ་གྱུརད། སེམས་ཅན་ཀུན་གིས་ལན་མང་དུ། སངས་རྒྱས་ཐམས་ཅད་མཆོད་བྱེད་ཅིང་། སངས་རྒྱས་བདེ་བ་བསམ་ཡས་ཀྱིས། རྟག་དུ་བདེ་དང་ལྡན་གྱུརད་ཅིག། བྱང་ཆུབ་སེམས་པའ་རྣམས་གིས་ནི། འགྲོ་དོན་ཐུགས་ལ་དགོངས

4. གྲུབ་ཤོག། དེ་བཞིན་སངས་རྒྱས་རྣམས་དང་། ཉན་ཐོས་རྣམས་ཀྱང་བདེར་གྱུརད་ཅིག། བདག་ཀྱང་འཇམ་དབྱངས་བཀའ་དྲིན་གིས། ས་རབ་དགའ་བ་ཐོབ་བར་དུ། རྟག་དུ་ཚེ་རབས་དྲན་བ་དང་། རབ་དུ་བྱུང་བ་ཐོབ

པར་ཤོག།།

ང 背面

1. བདག་ནི་ཁ་ཟས་གྱིས་ནས་ཀྱང་། ཉམས་དང་ལྡན་ཞིང་འཚོ་བར་ཤོག། ཚེ་རབས་ཀུན་དུ་དབྱེན་གནས་པ། ཕུན་སུམ་ཚོགས་ལྡན་ཐོབ་གྱུརད་ཅིག། གང་ཚེ་ལྟ་བར་འདོད་པ་འམ། ཅུང་ཟད་དྲི་བར་འདོད་ན་ཡང་། མགོན་པོ་འཇམ་
2. དཔྱངས་དེ་ཉིད་ནི། བགེགས་བྱེད་མྱེད་པ་མཐོང་བར་ཤོག། ཕྱོགས་བཅུ་ནམ་ཀ་མཐའས་གདུགས་པའི། སེམས་ཅན་དོན་ཀུན་བསྒྲུབ་པའི་ཕྱིར། ཅི་ལྟར་འཇམ་དཔལ་སྤྱོད་མཛད་པ། བདག་གི་སྤྱོད་པ་དེ་འདྲར་ཤོག།
3. སངས་རྒྱས་ཀུན་གི་བསྔགས་པའི། བདག་གི་སྨོན་ལམ་ཀུན་གྲུབ་ཤོག། དེ་བཞིན་དམྱིགས་པ་མྱེད་པར་ནི། དགེ་བ་ཐམས་ཅད་བསྔོ་བར་བྱ། ལྷ་ཡང་དུས་སུ་ཆར་འབེབས་ཤིང་།། ལོ་ཏོག་ཕུན་གསུམ་ཚོགས་པར་ཤོག།
4. རྒྱལ་པོ་ཆོས་བཞིན་བྱེད་གྱུརད་ཅིང་། འཇིག་རྟེན་དག་ཀྱང་དར་བར་ཤོག །། སྨན་རྣམས་མཐུ་དང་ལྡན་བ་དང་ །གསང་སྔགས་བཟླས་བརྗོད་གྲུབ་པར་ཤོག །། མཁའ་འགྲོ་སྲིན་པོ་ལས་སྩོགས་པ། །སྙིང་རྗེ་སེམས་དང་ལྡན་གྱུར་ཤིག།
5. སེམས་ཅན་འགའ་ཡང་སྡུག་མ་འགྱུར།།སྡིག་པར་མ་འགྱུར་ན་མ་འགྱུར། འཇིགས་དང་བརྙས་པར་

ཅ 正面

1. མྱི་འགྱུར་ཞིང་།།འགའ་ཡང་མྱི་བདེར་མ་འགྱུར་ཅིག །གཙུག་ལག་ཁང་རྣམས་གློག་པ་དང་། ཁ་ཏོན་གྱིས་རྒྱས་ལེགས་གནས་ཤོག། རྟག་དུ་དགེ་འདུན་མཐུན་བ་དང་། དགེ་འདུན་དོན་ཡང་གྲུབ་པར་ཤོག། བསླབ་པ་འདོད་པའི་
2. དགེ་སློང་རྣམས། དབེན་པ་དག་ཀྱང་ཐོབ་པར་ཤོག། གཡེང་བ་ཐམས་ཅད་སྤངས་ནས་ནི། སེམས་ནི་ལས་རུང་སྒོམ་གྱུར་ཅིག། དགེ་སློང་མ་རྣམས་རྙེད་ལྡན་ཞིང་། འཐབ་དང་གནོད་པ་སྤངས་པར་ཤོག། དེ་བཞིན་རབ་དུ་བྱུང་བ
3. ཀུན། ཚུལ་ཁྲིམས་ཉམས་པ་མྱེད་གྱུར་ཅིང་། ཚུལ་ཁྲིམས་འཆལ་པ་ཡིད་བྱུང་ནས། རྟག་དུ་སྡིག་པ་ཟད་བྱེད་ཤོག །བདེ་འགྲོ་དག་ཀྱང་ཐོབ་གྱུར་ནས། དེར་ཡང་བརྟུལ་ཞུགས་མྱི་ཉམས་ཤོག། ལུས་ཅན་དག་ནི་ཐམས་ཅད་ཀྱང་།
4. ཕྱུག་ན་རིན་ཅེན་ལྷ་བུར་ནི། འཁོར་བ་སྲིད་དུ་ཡོ་བྱེད་ཀུན། མཐའ་ཡས་རྒྱུན་མྱི་འཆད་ཐོབ་ཤོག། ཐམས་ཅད་སྡུག་བསྔལ་ལས་ཐར་ཞིང་། དཀོན་མཆོག་གསུམ་ལ་གཞོལ་བ་དང་། ཐམས་ཅད་ཐབས་ལ་མཁས་པ་དང་།
5. སངས་རྒྱས་ཆོས་གིས་ཕྱུས་པར་ཤོག། བྱམས་དང་སྙིང་རྗེ་དགའ་བ་དང་། ཉོན་མོངས་གཏང་སྙོམས་གནས་པ་དང་། སྦྱིན་དང་ཚུལ་ཁྲིམས་བཟོད་བརྩོན་འགྲུས། བསམ་གཏན་ཤེས་རབ་བརྒྱན་པར་ཤོག།། །།

ཅ 背面

1. བདག་ཀྱང་ཡོན་ཏན་དེ་དག་དང་། ལྡན་ཞིང་བརྒྱན་བ་བྱེད་པར་ཤོག། ཉེས་པ་ཀུན་ལས་རྣམ་གྲོལ་ཞིང་། སེམས་ཅན་ཀུན་ལ་བྱམས་མཆོག་གྱུརད། སེམས་ཅན་ཀུན་ཡིད་རེ་བའི། དགེ་བ་ཐམས་ཅད་རྫོགས་བྱེད
2. ཤོག།།རྟག་དུ་ལུས་ཅན་ཐམས་ཅད་ཀྱི།།སྡུག་བསྔལ་ཐམས་ཅད་སེལ་བར་གྱུར། འཇིག་རྟེན་ཀུན་ན་སྐྱེ་བོ་དག། །འཇིགས་དང་ཡིད་བྱུང་ཅི་སྙེད་པ། །དེ་ཀུན་བདག་མྱིང་ཐོས་པས་ཀྱང་། གཏན་དུ་འཇིག
3. ས་པ་མྱེད་པར་ཤོག། སྐྱེ་བོ་རབ་དུ་མྱོས་ཁྲུགས་ཤིང་། མྱི་བདེ་བ་དག་བདག་རིག་གམ། །དྲན་ནས་མྱིང་ཙམ་ཐོས་པའིས། རྫོགས་པའི་བྱང་ཆུབ་རངས་པར་ཤོག། ཚེ་རབས་ཀུན་དུ་མྱི་འབྲལ་བའི། མངོན་ཤེས་ལྔ་པོ་ཐོབ་པར་

4. ཤོག། སེམས་ཅན་ལ་ནད་ཀུན་དུ་ཡང་། རྟག་དུ་ཕན་དང་བདེ་བྱེད་ཤོག། འཇིག་རྟེན་ཀུན་ན་སྨྲེ་བོ་དག། ཐིག་འཕ་འདོད་པ་གང་དག་ཡིན། དེ་ཀུན་རྟག་དུ་གནོད་མེད་པར། ཅིག་ཅར་བཀྲོག་པ་བྱེད་གྱུརད་ཅིག།

ཆ 正面

1. རྟག་དུ་སྲོག་ཆགས་ཐམས་ཅད་གིས། ས་དང་ཆུ་དང་མེ་དང་རླུང་། སྨན་དང་དགོན་པའི་ཤིང་བཞིན་དུ། རང་དགར་འདོད་དགུར་སྤྱོད་པར་ཤོག། སེམས་ཅན་ལ་བདག་སྲོག་བཞིན་སྡུག། བདག་ལ་འང་དེ་དག་ཆེས་སྡུག་ཤོག།
2. དེ་ཐིག་བདག་ལ་སྨིན་གྱུར་ལ། བདག་དགེ་མ་ལུས་དེ་ལ་སྨིན། ཆོས་གོས་ཙམ་ཞིག་གྲོན་བ་ལ་འང་། སྟོན་པ་བཞིན་དུ་མཆོད་བྱེད་ཤོག། བསྟན་པ་རྙེད་དང་བཀུར་སྟི་དང་། བཅས་ཏེ་ཡུན་རིང་གནས་གྱུར་ཅིག།།
3. གང་གི་དྲིན་གིས་དགེ་བློ་འབྱུང་། འཇམ་བའི་དབྱངས་ལ་ཕྱག་འཚལ་ལོ། གང་གིས་དྲིན་གྱིས་བདག་འདྲར་པའ། དགེ་བའི་བཤེས་ལ་བདག་ཕྱག་འཚལ།། །བྱང་ཆུབ་སེམས་དཔའ་སྤྱོད་པ་ལ་འཇུག་པ་ལས་
4. ཡོངས་སུ་བསྔོ་བའི་ལེའུ་ཞེས་བྱ་བ་སྟེ།།། །དགུ་པའོ། །རྫོགས་སྷོ།། ॥ ॥

从刊布的目录和影印版来看，以“ཆ”（cha）页背面的形式，附赘了与《入菩萨行论》回向品内容无任何关联的一段经文，录文如下：

༄། །ཡང་ཅི་སྙད་དུ། ཕ་དང་མ་ནི་བསད་བྱས་ཤིང་། རྒྱལ་པོ་གཙང་སྦྲ་ཅན་གཉིས་དང་། ཡུལ་འཁོར་འཁོར་དང་བཅས་བཅོམ་ན།

སྐྱོ་ནི་དག་པར་འགྱུར་ཞེས་བྱའ་ཞེས་གསུང་པ་ལྷ་བུ་འོ།། ཡང་ཅི་སྙད་དུ། ཡིད་སྨི་ཆེས་དང་། བྱས་སྨི་བཟོ། སྨི་གང་ཁྲིམ་འཕོགས་

བྱེད་པ་དང་། གོ་སྐབས་བཅོམ་དང་སྐུགས་པ་ཟ། དེ་ནི་སྐྱེས་བུ་མཆོག་ཡིན་ནོ།། སྙིང་པོ་མེད་ལ་སྙིང་པོར་ཤེས། ཕྱིན་ཅི་ལོག་ལ་ཤིན་

དུ་གནས། ཉོན་མོངས་ཀུན་ནས་རབ་སྐོན་མོངས། །བྱང་ཆུབ་དམ་པ་ཐོབ་པར་འགྱུར་ཞེས་གསུངས་པ་ལྷ་བུའོ།། ||

瓦累・布散先生不仅将此文以“ཆ”（cha）叶背面来看待，还对这四段文字做了解读。[1]然而，以笔者之见，此段文字并非“ཆ”（cha）叶背面，而是与IOL Tib J 630号《入菩萨行论》写本规格完全一致的另一佛教文献的一片散叶，应该另外编号，以另一文献对待。因为：一、从内容到文字书写特征，均可看出其是不同的抄经生所写的不同经文；二、其并非IOL Tib J 630号中的

〔1〕 Louis de La Vallèe Poussin, *Catelogue of the Tibetan Manuscripts from Tun-Huang in the India office Library with an Appendix on the Chinese Manuscripts by kazoo Enoke*, London: Oxford University press, 1962, P197–98.

《入菩萨行论》的抄经或校经题记类记载，亦非写经者或资助者的回向文；三、最明显的一个标志就是，行首书写有藏文佛经文献正面才会出现的“吾曲”(༄།།)符号。

这段文字，以“如是云”之句式，引用了三个佛经偈颂，其中两个在藏译《法句经》中出现，[1]如果参看相关藏文佛经论典，即会发现此散叶是藏译《阿毗达磨集论》的部分内容。敦煌文献中已发现的《阿毗达磨集论》写本有：P. T. 636、P.T.637、P.T.958、IOL Tib J 592、IOL Tib J 593等，IOL Tib J 630号后缀的佛经散叶与这些编号的关系有待于进一步的研究。

根据《阿毗达磨集论》及这部论著的相关注疏可知，这片散叶中的内容为七种讲说佛理方式之讲说深奥义理的寓言法的具体例句。依据寓言法阐述佛理，讲法者不能仅依佛经字面的意思进行理解和加以讲说，而是要充分理解并讲说隐藏在其中的深奥寓意。例如，第一个偈颂，字面为“弑杀父与母、灭除两净者，[2]及王与眷众，此人得解脱”，[3]其中“父”指转生轮回之“业”力，“母”指成就轮回之“贪”力，“王”指轮回之因“意识”，“两净者”指“二执”，“眷众”指内处和外境。由此可知，讲说此颂时需要传达其中隐藏的深刻寓意。[4]

4. IOL Tib J 134II号《菩提行祈愿文》

英藏敦煌藏文文献IOL Tib J 134II号由四个内容不同的文献组成，其中第二篇尾题为“菩提行祈愿文完结！(བྱང་ཆུབ་དུ་སྤྱོད་པའི་སྨོན་ལམ་རྫོགས་སོ།།)”。编目者将其定名为“བྱང་ཆུབ་དུ་སྤྱོད་པའི་སྨོན་ལམ།”，然汉译为“普贤菩萨行愿赞”。[5]通过释读并与敦煌本《入菩萨行论》进行对照，完全可以判定此写本与“普贤心愿王经”无任何关联，笔者将此暂时定名为“菩提行祈愿文”。由于编目者的疏忽，误将其归到了该编号第三篇文献“普贤行愿王经”中。

---

〔1〕《藏文文选(二十四)：菩提净地》(与《法句经》)，民族出版社，1997年，第542、569页。

〔2〕“两净者”本指沙门和婆罗门。

〔3〕按字面意思第二、三偈颂可译为：“不信不报恩，偷盗他家财，说谎吃呕物，此为上乘人。”“无意见有意，极其行反道，烦恼极烦恼，成就正菩提。”

〔4〕参考了《阿毗达磨集论注疏·知识极显光明》的相关内容，见堪布·更尕松保编《萨迦派十八部传世经典名著(7)》(藏文)，中国藏学出版社，2011年，第621—639页。

〔5〕[日]山口瑞风等编：《斯坦因搜集藏语文献解题目录》第二册，东京：东洋文库，1978年，第59页。

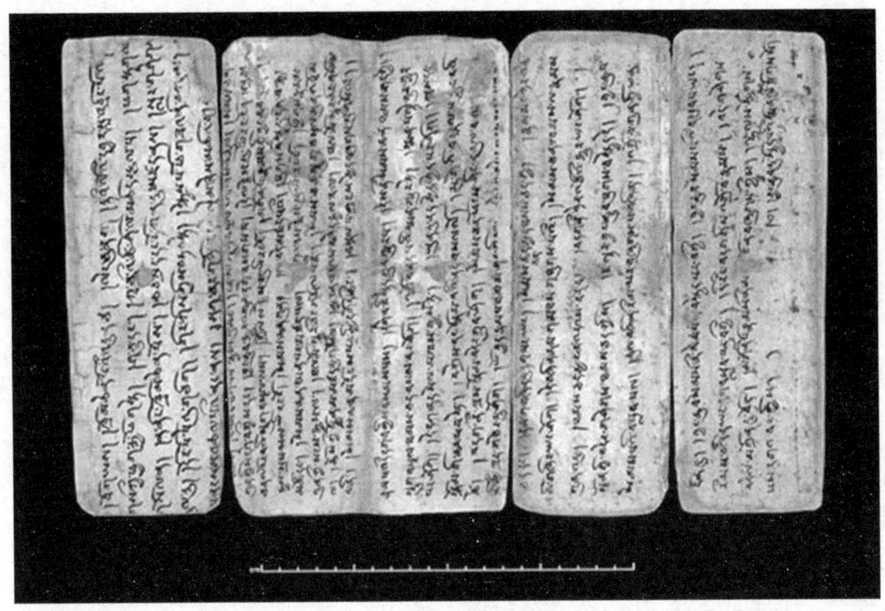

根据图录，该写本为折叠本，规格：25×8 cm，第一面书写8行，第二面6行，第三面5行，第四面4行。写本首残，所存第一行开头部分字迹模糊，无法辨认。通过释读发现残片中间部分两页面间语句不通，可知中间部分亦缺失了一部分。该写本与其他写本间既有联系又有所区别，为了便于了解，录文如下：

第1面

1. ||□□□□□□ སྐྱབས་སུ་མཆི། །ངན་སོང་སྡུག་བསྔལ་ངལ་གསོའི་ཚུལ། །སེམས་ཅན་
2. ཀུན་གྱིས་དགེ་བགྱིས་དང། །བྱང་ཆུབ་རྒྱུར་འགྱུར་དགེ་བསགས་པ་། །དེ་ལ་རྗེས་སུ་ཡི་རང་ངོ། །ལུས་
3. ཅན་འཁོར་བའི་སྡུག་བསྔལ་ལས། །གྲོལ་ལ་རྗེས་སུ་ཡི་རང་ངོ། །མགོན་པོ་རྣམས་ཀྱི་བྱང་ཆུབ་དང། །
4. རྒྱལ་སྲས་ས་ལ་ཡི་རང་ངོ། །སེམས་ཆན་ཀུན་ལ། །བདེ་མཛད་པའི། །ཐུགས་བསྐྱེད་དགེ་བ་རྒྱ་
5. མཆོ་དང་། །སེམས་ཆན་ཕན་པར་མཛད་པ་ལ། །དགའ་བས་རྗེས་སུ་ཡྀ་རང་ངོ། །ཕྱོགས་རྣམས་
6. ཀུན་གྱི་སངས་རྒྱས་ལ་། །ཐལ་མོ་སྦྱར་ཅིང་གསོལ་བ་ནི་། །སེམས་ཅན་སྡུག་བསྔལ་མུན་འཐོམ་
7. ལ། །ཆོས་ཀྱི་སྒྲོན་མ་མཛད་དུ་གསོལ། །མྱ་ངན་འདའས་བཞེད་རྒྱལ་བ་ལ། །ཐལ་མོ་སྦྱར་ཅིང་གསོལ་
8. བ་ནི་། །སེམས་ཆན་མདོངས་པར་མྱི་དགོས་ཆིང་། །བསྐལ་པ་གྲངས་མྱེད་བཞུགས་སུ་གསོལ། །

第2面

1. རྣམ་པ་འདི་དག་བགྱིས་བསམས་པས། །དགེ་བ་ཇི་སྙེད་བསྒྲུབ་གྱུར་པ་། །དེས་ནི་སེམས་ཆན་ཐམས་གད་གྱི། །
2. སྡུག་བསྔལ་ཐམས་ཅད་བསལ་བར་ཤོག །འགྲོ་བ་ནད་པའི་སྨན་གྱུར་ཏེ། །སྨན་པ་ཉེ་བུར་གྱུར་

3. པར་ཤོག། །དེ་དག་ནད་སེལ་མཁས་བྱས་ཏེ་། །ཡུན་དུ་ནད་སྨེད་བྱེད་པར་ཤོག། །ཟས་དང་
4. སྐོམ་གི་ཆར་ཕབ་སྟེ་། །བཀྲེས་དང་སྐོམ་པའི་ནད་བསལ་ལོ། །མུ་གེ་འི་བསྐལ་པ་བྱུང་བའི་
5. ཚེ། །བདག་ནི་ཟས་སྐོམ་བདེར་གྲུབ་ཤོག། །སེམས་ཅན་ཕོངས་ཤིང་དབུལ་བ་ལ་། །□
6. ནི་སྨི་ཟད་གཏེར་དུ་ཤོག། །ཡོ་བྱད་རྣམ་པ་ཐམས་གད་གིས། །□□□□□□□

第 3 面

1. ཅད་དང་། །ནམ་ཀ་བཞིན་དུ་རྟག་པར་ཡང་། །སེམས་ཆན་ཚད་མེད་ཐམས་ཅད་ཀྱི། །རྣམ་མང་ཉེར་འཚོ་
2. འི་གཞིར་ཡང་ཤོག། །དེ་བཞིན་ནམ་ཀ་མཐས་གཟུགས་པའི། །སེམས་ཅན་ཁམས་ལ་རྣམས
3. ཀུན་འདུ། །ཐམས་ཅད་མྱ་ངན་འདའས་བར་དུ། །བདག་ནི་ཉེར་འཚོའི་རྒྱུར་ཡང་ཤོག་། །
4. སྔོན་གྱི་བདེར་གཤེགས་ཐམས་ཅད་ཀྱིས། །ཇི་ལྟར་བྱང་ཆུབ་ཐུགས་བསྐྱེད་དེ། །བྱང་ཆུབ་
5. སེམས་པའི་བསླབ་པ་ལ། །ཚུལ་བཞིན་རིམ་པར་བཞུགས་པ་བཞིན་། །འགྲོ་བ་ཀུན་གྱི་ཕན་

第 4 面

1. དོན་དུ། །བྱང་ཆུབ་སེམས་ནི་བསྐྱེད་པར་བགྱི། །བྱང་ཆུབ་སེམས་པ་འི་བསླབ་པ་ཡང་། །
2. རིམས་བཞིན་ཡང་དག་བསླབ་པར་བགྱི་། ། དེ་རིང་བདག་གིས་འགྲོ་བ་རྣམས་། །བདེ་གཤེགས་
3. བདེ་ལ་མགྲོན་དུ་བོད། །མགོན་པོ་རྣམས་ནི་མངོན་བཞུགས་ཀྱིས། །ལྷ་ལས་སྩོགས་
4. པས་དགའ་བར་གྱིས། ། །༄། །བྱང་ཆུབ་དུ་སྤྱོད་པའི་སྨོན་ལཾ་རྫོགས་སོ། །

显然该卷号文献与《入菩萨行论》有关，而且尾题已交代该文献为“菩提行祈愿文”，但此篇与现存藏文《丹珠尔》中的《入菩萨行祈愿文》有所不同。

第二节 写本缀合

张涌泉先生指出：“敦煌莫高窟藏经洞发现的近七万号古代写卷以残卷或残片为主，其中不乏本为同一写卷而撕裂为数号者，从而给写卷的定名、断代乃至进一步的整理研究带来了极大的困难。所以残卷的缀合是敦煌文献整理研究的基础工作之一。关于残卷缀合的方法，我们曾提出以下程序：首先，在充分利用现有各种索引的基础上，对敦煌文献进行全面普查，把内容相关的写本汇聚在一起；其次，把内容直接相连或相邻的写本汇聚在一起，因为内容相连或相邻的残卷为同一写本割裂的可能性通常比较大；最后，在比较行款、书迹、纸张、正背面内容，以确定那些内容相连或相邻的残卷是否为同一写本之割裂。”[1]对于敦煌藏文写本而言，同样可采用先生这一整理研究

〔1〕 张涌泉、罗慕君：《敦煌佛经残卷缀合释例》，《浙江大学学报》(人文社会科学版) 2016年第3期。

程序，并结合古藏文文献的相关特征加以探究。通过研究，敦煌藏文《入菩萨行论》写本六个卷号间能缀合的情况如下：

一、IOL Tib J 628 + P.T.794

IOL Tib J 628号写本是整个敦煌藏文《入菩萨行论》写本中篇幅最长、书写最规范、字迹优美而流畅的一份文献。在淡黄色的页面上，上下左右及每行的线框清晰可见，所有文字都书写在线框之内，每个页面都有8行文字。页面左右两侧中间部分第四行与第五行之间画有圆圈，又于圆心穿小孔。另外，该写本另一个明显的特征是每个品章结束语之后都绘有小图案，其中第一品之后的图案和第六品之后的图案似是藏文文献章节结束处标点符号的一种延伸符号，其余均为花簇状图案。各花簇状图案的形状基本相似，第五品结尾处有两幅，其他品章则只有一幅。

P.T.794号写本残片虽然上下部分都有不同程度的残损，但能确定每页的行数，并能掌握写本的总体特征。该残片正面共有8行文字，背面有7行文字，在页面左右两侧中间部分均有圆圈符号和圆心穿孔痕迹，且背面第六行最后部分为敦煌本《入菩萨行论》第九品结束语，随后有一幅花簇状图案。背面最后一行似乎为著作名称或著者署名，或译经题记。通过对该残片诸多特征的分析，可以确定该卷号为一部《入菩萨行论》写本的末叶。

P.T.794号写本残片的这些特征与IOL Tib J 628号写本有着诸多相似的地方：其一，两个卷号字迹相同，书写规律一致；其二，两个卷号上都有相同的圆圈符号及圆心穿孔痕迹，而且位置相同；其三，两个卷号中品章结束语之后一般都有一幅花簇状图案。因此，笔者试图对这两个卷号进行缀合。在进行缀合前，首先对IOL Tib J 628号写本最后一叶残片进行分析，以确定该残片能否与前一叶的内容相连。

IOL Tib J 628号写本最后的残片首行文字为“གྱིས་ཟས་དང་ནི། །སྐམ་པ་རྣམས་ཀྱི་ཆུ་དག་དང་། །འཐུང་བ་ཞིམ་པོ་ཐོབ་པར་ཤོག། །”，与前一叶即第二十二叶背面第8行的末端文字“ལོང་བ་རྣམས་ཀྱིས་གཟུགས་མཐོང་ཤོག། །འོན་པས་རྟག་དུ་” 间缺失“ཐོས་པར་ཤོག་ །ལྷ་མོ་སྒྱུ་འཕྲུལ་བཞིན་དུ་ནི། །སྦྲུམ་མ་འཚང་གནོད་མེད་བཙའ་བར་ཤོག། །གཅེར་བུ་རྣམས་ཀྱིས་གོས་དག་དང་། བཀྲེས་པ་རྣམས་”，这与IOL Tib J 628号写本最后的残片残损部分的文字容量相符合。[1]因此可以确定该残片

〔1〕 衔接部分的两偈颂为第九品第十八、十九颂：“愿盲者见色，聋者常闻声！犹如摩耶女，孕妇产无碍！愿裸者得衣，饥者得食物，渴者得净水，亦得香甜饮。”

为写本第二十三叶，原文叶码理应为“ཀ།ཙ་གསུམ།”。

确定了IOL Tib J 628号写本最后的残片与前面内容的关系后，笔者将其残片背面末行的文字与P.T.794号残片上的文字进行了衔接，发现IOL Tib J 628号写本最后的残片上末行的文字“□□□དྲི་བར་འདོད་ན་ཡང། །མགོན་པོ་འཇམ་དབྱངས་དེ་ཉིད་ནི། །བགེགས་མེད་པར་”，与P.T.794号残片上首行和第二行的文字“□□□□ཤོག། །ཕྱོགས་བཅ□□ནམ□□དུགས □□ཅན་ཀུ□□བསྒྲུབ་པའི་ཕྱིར་□□□□འང་དེ་འདྲར་ཤག། །འ□□□□པ་པ་ཡི། ། བདག་གི་སྨོན་ལམ་ཀུན་གྲུབ་ཤོག ། ། དེ་བཞིན་དགྲིགས་པ་མེད་པར་ནི། ། དགེ་བ་ཐམ□□ཐ་བར་བྱ།།”完全能够衔接，衔接处的偈颂为敦煌《入菩萨行论》第九品第四十四颂。（由于两个残片上的文字均有残损和脱落，在此从IOL Tib J 629号写本上摘取以上衔接部分的完整文字，以供参照：གང་ཚེ་ལྟ་བར་འདོད་པ་ནམ། །ཅུང་ཟད་དྲི་བར་འདོད་ན་ཡང། །མགོན་པོ་འཇམ་དབྱངས་དེ་ཉིད་ནི། །བགེགས་མེད་པར་ཡང་མཐོང་བར་ཤོག། ། ཕྱོགས་བཅུའི་ནམ་མཁའི་མཐའའས་གཏུགས་པའི། ། སེམས་ཅན་ཀུན་དོན་བསྒྲུབ་པའི་ཕྱིར། །ཇི་ལྟར་འཇམ་དཔལ་སྤྱོད་མཛད་པ། །བདག་གི་སྤྱོད་པའང་དེ་འདྲར་ཤོག། ། སངས་རྒྱས་ཀུན་གྱིས་བསྔགས་པའི། ། བདག་གི་སྨོན་ལམ་ཀུན་གྲུབ་ཤོག། ། དེ་བཞིན་དམིགས་པ་མེད་པར་ནི། ། དགེ་བ་ཐམས་ཅད་བསྔོ་བར་བྱའ། ། 为第九品第四十四、四十五、四十六颂：“若时欲得见，及欲解疑问，怙主文殊尊，愿能无碍见！十方虚空际，为成有情利，文殊如何行，愿我如是行。诸佛所赞美，我愿皆圆满！如是无对境，我善皆回向！”）

其次，笔者对两个卷号原文页码进行了比对，IOL Tib J 628号写本上每叶正面左侧所见藏文页码为“ཀ།གཅིག།”（ka函第一叶）至“ཀ།ཙ་གཉིས།”（ka函第二十二叶），通过前面的分析我们确定了最后的残片的叶码应该为“ཀ།ཙ་གསུམ།”（ka函第二十三叶），而P.T.794号残片正面左侧亦标有明显的藏文字母与数字结合的叶码，为“ཀ།ཙ་བཞི།”（ka函第二十四叶），由此，完全可以确定P.T.794号写本残片为IOL Tib J 628号写本缺失的最后部分，P.T.794号写本残片完全能与IOL Tib J 628号写本缀合。

二、IOL Tib J 629 + P.T.228

IOL Tib J 629《入菩萨行论》残本是除IOL Tib J 628号外，篇幅较长的写本。此写本最明显的特征是字迹小而工整。除个别页面书写7行外，大部分页面书写6行且行间有小字注释。笔者发现法藏P.T.228号是《入菩萨行论》残片后，将其与其他卷号写本进行了对照。该残片虽然左侧有点残损，但剩余部分字迹清楚，正、背面都有6行，且行间有小字夹注，与英藏IOL Tib J 629号有着惊人的共同点。由此，将这两个写本进行仔细对照，发现P.T.228号残片与IOL Tib J 629号不但完全一致，而且还能在两个卷号前后文字间进行衔接。IOL Tib J 629号所存第三页所标页码为“ཀ་བདུན”，之后所存为“ཀ་བཅུ་བཞི”，期间缺失共六叶。通过将P.T.228号正、背面先后顺序纠正后，其完全能与IOL Tib J 629号所存第三叶即“ཀ་བདུན”衔接。IOL Tib J 628号所存第三页背面最后一行结尾处为“དེ་ནི་བདགིས་ཛེ་ནས་ཀྱང། །རིགས་དང་འཐུན་བའི་ལས་བརྩམས་ཏེ། །སྐྱོན་མེད་བཙུན་པའི་རིགས་འདི་ལའ། །རྙོག་པར་མི་འགྱུར་”，而P.T.228号正面首行为“□□□□□□□□□□□□□ཪོ་ནས། །ཇི་ལྟར་རིན་ཆེན་རྙེད་པ་ལྟར། །དེ་བཞིན་ཅི་ཞིག་ལྟར་སྟེས་ནས། །བྱང་ཆུབ་སེམས་འདི་བདག་ལ་སྐྱེས། །”，若补充该残片残损部分的文字，则完全能够衔接。〔1〕由此，P.T.228号可以与IOL Tib J 629号缀合，为该写本的第八叶即“ཀ་བརྒྱད།”。

小结：

IOL Tib J 628+ P.T.794和IOL Tib J 629+ P.T.228两个写本间进行比对的话，IOL Tib J 628+ P.T.794写本纸质优良，页面整洁，书写规范，字迹流畅，错字、漏字现象甚少，整个写本只有两处衍、漏部分，均出现在第九品回向品中，其中在第四个偈颂前后两个短句中间衍出“རལ་གྱི་ལོ་མའི་ནགས་འཚལ་ཡང་།”一句，第四十九颂中遗漏了“ཐིག་པར་མ་འགྱུར་ན་མ་འགྱུར།”一句。而IOL Tib J 629+ P.T.228写本虽然正文部分书写规范，但纸质不佳，多处有渗墨及字迹模糊现象，行文中有较多的错误以及补充、修改现象，衍字、错字部分多以画圈处理，漏字部分以“+”号标于所漏处短句上方，字则补充于行下。另外，行间夹注部分字迹潦草，释读难度大。当然，两个写本在内容、品章等方面完全一致，IOL Tib J 628+ P.T.794中遗漏的“ཐིག་པར་མ་འགྱུར་ན་མ་འགྱུར།”一句在出现于IOL Tib J 629+ P.T.228中，由此，可以确定这两个译本是同一个译本的不同抄本。总之，IOL Tib J 628+ P.T.794写本似是官方的正规文书，而IOL Tib J 629+ P.T.228写本是某位具有较高佛学造诣的僧人的讲义或读本。

关于IOL Tib J 628+ P.T.794写本中出现的花簇状图案，笔者通过将其与其他敦煌藏文写本中出现的图案的比较和佛教吉祥图案象征意义的参考，认为其具有以下几个方面的象征意义：1.表示抄写者的敬仰之心。敦煌出现的如此多的汉藏佛经文献，其大部分是各民族虔诚的佛教徒抄经生日积月累笔

〔1〕 衔接处的偈颂为敦煌本第二品第九十二、九十三颂：“ད་ནི་བདག་གིས་ཅི་ནས་ཀྱང། །རིགས་དང་མཐུན་པའི་ལས་བརྩམས་སྟེ། །སྐྱོན་མེད་བཙུན་པའི་རིགས་འདི་ལ། །རྙོག་པར་མི་འགྱུར་དེ་ལྟར་བྱ། ། ལོང་བས་ཕྱག་དར་ཕུང་པོ་ནས། །ཅི་ལྟར་རིན་ཅེན་རྙེད་པ་ལྟར། །དེ་བཞིན་ཅི་ཞིག་ལྟར་སྟེས་ནས། །བྱང་ཆུབ་སེམས་འདི་བདག་ལ་སྐྱེས། །（我当必勤行，合乎佛性业，无瑕尊贵性，勿令染于污。犹如一瞎子，废中偶拾宝，如是我侥幸，生此菩提心。）”

耕不辍的结果，一般来说，他们对佛教经文怀有无比的敬仰之心，并相信抄经具有祛除疾病、延年益寿、人丁兴旺等社会现实功能，所以每完成一部经典的抄写即在其结尾处画上一些吉祥的图案，以表示自己的敬仰之心。2.表示佛经的功能。对地位低下、生计困难的人们来说，佛经具有一种安抚或调解心理的作用，抄经生就用花朵、海螺、白塔等图案来表现它的这种功能和作用。此类现象在其他写本中亦有出现。如P.T.23号中所存九篇佛经短文，每篇结语后都画有花束状图案。[1]其他写本中也出现云朵、佛塔等形状的图案。

以上通过叙录、缀合，分析确定了敦煌藏文写本《入菩萨行论》6个卷号中4个卷号间的关系，剩下的两个卷号既与以上写本相联，又有它们的特点。因为IOL Tib J 134II号与IOL Tib J 630号在内容上与以上写本有着直接联系，但它们又是独立的佛教祈愿文文献。

IOL Tib J 630号《入菩萨行回向品》内容完整，但是字迹潦草，藏文楷体和草体混合，行间距也不均匀，与IOL Tib J 628号和IOL Tib J 629号两个写本相比，虽然可以确定是出自于同一种译本，但是它可能是民间的私人抄本，用于日常的诵课。

总之，这些写本的发现与英法藏品间的缀合，不仅能还原一部《入菩萨行论》藏文初译本之足本，为学界提供一份重要的文献资料，而且对研究《入菩萨行论》这部传世经典的渊源流变情况，现存梵文原典、藏汉传世译本的对勘研究，以及这部佛典对传播印度大乘佛教思想所起到的作用等均具有重要的研究价值。

---

〔1〕 见金雅声、郭恩主编《法国国家图书馆藏敦煌藏文文献》第一册，上海古籍出版社，2006年，第113—134页。

第二章　敦煌藏文写本《入菩萨行论》题记研究

从写本研究或文献研究的角度而言，文本本身所给出的任何信息都要引起研究者的高度重视并详加考证，特别是写本题记所提供的信息。敦煌藏文《入菩萨行论》诸写本题记是研究这些写本的一个重要方面和内容，本章就以此为重点，探讨敦煌藏文《入菩萨行论》的著者署名和译者署名情况，并进一步探讨《入菩萨行论》这部大乘经典被第一次译成藏文的大致年代和敦煌经卷中所存诸写本的大致抄写年代。

第一节　敦煌藏文写本《入菩萨行论》著者署名

在敦煌藏文《入菩萨行论》诸编号中，P.T.794号和IOL Tib J 629号两个写本的结尾处出现了著者等相关信息。其中P.T.794号尾题为"《入菩萨行论》无尽慧所造已完毕"，IOL Tib J 629号尾题为"《入菩萨行论》无尽慧所造已完毕。印度堪布萨哇嘉·德哇和主校译师出家僧贝则译校审定"。[1]

《入菩萨行论》公认的著者为寂天，然而在敦煌写本中却出现了与此不同的著者署名，这就使人产生敦煌本与传世本是否为同一部著作或是寂天与无尽慧是否为同一个人的猜想。那么，只有通过敦煌本与传世本的对勘，并查找记载《入菩萨行论》著者情况的相关书籍进行仔细研究，才能解决此问题。敦煌藏文《入菩萨行论》写本情况已在第一章中进行了介绍，可以说敦煌本藏文《入菩萨行论》是该论典藏文初译本的原貌，也是世界上第一个译本，它共有九个品章组成，计七百颂，基本符合吐蕃时期译经目录中的

〔1〕 均可参看写本录文，也可参看金雅声、郭恩主编《法国国家图书馆藏敦煌藏文文献》第八册，上海古籍出版社，2009年，第204页；［日］山口瑞风等编：《斯坦因搜集藏语文献解题目录》第七册，东京：东洋文库，1983年，第43页。

记载。[1]

布顿在《佛教史大宝藏论》中指出:“寂天所著《入菩萨行论》俄译师译本,在三大目录[2]中均指出共六百颂分两卷,但一般统称为一千颂。众说罗哲牟萨巴(无尽慧)所著《入菩萨行九品颂》与此论典[3]不同,但鄙人认为,除《忏悔品》是否单列和旧新译本差别之外,当属同一部著作。”[4]虽然在他的论述中并未明确指出无尽慧与寂天是否为同一个人,但他肯定了吐蕃时期的《入菩萨行论》藏文初译本与传世本的内在联系。

查阅藏文佛教史著作时,很难发现关于无尽慧这样一位人物的记载。藏文大藏经《甘珠尔》中存有《圣无尽慧所问品》(འཕགས་པ་བློ་གྲོས་མི་ཟད་པས་ཞུས་པའི་ལེའུ།),[5]由此可知,佛祖释迦牟尼在世时,有位叫无尽慧的大弟子。然而可以确定的是,此人与《入菩萨行论》无任何关联。

藏译《入菩萨行论》注疏论典和藏族本土学者所作《入菩萨行论》注疏论典及传记性著作中有关《入菩萨行论》著者寂天的生平记载,可视为证明无尽慧与寂天为同一个人的重要材料。藏传佛教觉囊派译师洛追拜是14世纪初的著名译师,也是一位梵藏兼通的佛学大师,他根据洛丹西绕的修订本和所得梵文原典,并参考多种印藏学者的《入菩萨行论》注释论典,著有《入菩萨行论注疏·明义》(བྱང་ཆུབ་སེམས་དཔའི་སྤྱོད་པ་ལ་འཇུག་པའི་རྣམ་པར་བཤད་པ་གཞུང་དོན་སྣང་བ།),其中就讲述了无尽慧这一名称的来历:“他显示神通飞跃到法座上,询问僧众要诵读佛陀所讲过的经文或后来产生的未曾听说的论著,僧众大惊,回答诵读未曾听闻的。他思考了片刻,觉得自己创作的《集菩萨学论》和《摄经论》由于篇幅过长不适合在此诵读,于是就诵读了《入菩萨行论》。当他念诵到

---

〔1〕《丹噶目录》中记作“《入菩萨行论》,六百颂,两卷”,见德格版大藏经《丹珠尔》jo函308b叶。《旁塘目录》则只记作“《入菩萨行论》,两卷”,见西藏博物馆编《旁塘目录;声明要领二卷》(藏文),第44页。

〔2〕指吐蕃时期编的三部译经目录,即《丹噶目录》《旁塘目录》《青普目录》,其中最后一部已遗失。

〔3〕指《入菩萨行论》传世本。

〔4〕布顿:《佛教史大宝藏论》(藏文),中国藏学出版社,1989年,第234—235页。原文:“བྱང་ཆུབ་སེམས་དཔའི་སྤྱོད་འཇུག་ཞི་བ་ལྷས་མཛད་པ་རྔོག་འགྱུར། འདི་དཀར་ཆག་ཆེན་མོ་གསུམ་གར་ཤོ་ལོ་ཀ་དྲུག་བརྒྱ་བམ་པོ་གཉིས་ཞེས་འབྱུང་མོད་ཀྱི་ཤོ་ལོ་ཀ་སྟོང་དུ་གྲགས་སོ། །སྤྱོད་འཇུག་ལེའུ་དགུ་པ་བློ་གྲོས་མི་ཟད་པས་མཛད་ཟེར་བ་དེ་དང་འདི་མི་གཅིག་ཅེས་སྨྲ་བ་མང་ཡང་ཕྱིག་བཤགས་ཀྱི་ལེའུ་ལོགས་སུ་བྱས་མ་བྱས་ཀྱི་ཁྱད་པར་དང་འགྱུར་རྙིང་གསར་གྱི་ཁྱད་མ་གཏོགས་པ་གཅིག་པར་ཁོ་བོ་སྙམ། །”

〔5〕《宝积经·圣无尽慧所问品》,存于德格版《甘珠尔》cha函。

'若时有空二，念前无所缘，尔时无余法，无境而极寂' 这段偈颂时，他证得了见道，[1]此时他前方的上空出现了带有光环的文殊菩萨，人们见到此景，顿生信心禁不住赞叹道：'妙哉，此人是拥有无尽智慧的智者，是无尽慧！' 此为见证真理之事业。"[2]这样的阐述虽然不免传奇和神话的色彩，但却讲述了寂天的别称或美称的由来。另外，荣增 · 益西坚参（ཡོངས་འཛིན་ཡེ་ཤེས་རྒྱལ་མཚན།）在《菩提道次第师承录》（ལམ་རིམ་བླ་མ་བརྒྱུད་པའི་རྣམ་ཐར།）中讲述寂天传记时更加明确地指出："此处所称 '无尽慧' 为寂天菩萨的别称。"[3]那么，我们也就可以肯定阿底峡尊者在其所著《入菩萨行论注疏》等著作中讲述自己的伟行派[4]师承情况时所指的 "无尽慧" 即为寂天，也就可以肯定敦煌藏文写本《入菩萨行论》的署名无尽慧与寂天为同一人。日本著名学者斋藤明亦用德格版藏文《大藏经 · 丹珠尔》目录中的记载和阿底峡尊者《入菩萨行论注疏》中的记载为依据，也认同 "无尽慧" 为寂天菩萨的别称。[5]

第二节　敦煌藏文写本《入菩萨行论》译者署名

一、证梵义堪布萨哇嘉 · 德哇

英藏敦煌藏文文献LOL Tib J 629号《入菩萨行论》尾题为 "།ཨོཾ། །རྒྱ་གར་གྱི་

---

〔1〕 佛经中所讲修道者取得的一种修行境界，共为五道，依次为资粮道、加行道、见道、修道、无学道。

〔2〕 百慈藏文古籍研究所编：《入菩萨行广释 · 明义》（藏文），西藏人民出版社，2012年，第9—10页。原文："དེས་ཀྱང་ཁྲི་དེ་ལ་བཞུགས་པའི་རྫུ་འཕྲུལ་མངོན་པར་འདུ་བྱས་ཏེ། བདག་གིས་དྲང་སྲོང་གིས་གསུངས་པ་ཞིག་གམ། དེའི་རྗེས་སུ་བྱུང་བ་ཞིག་ལས་གང་གདོན་གསུངས་པ་དང་། དེ་དག་ངོ་མཚར་སྐྱེས་ཤིང་སྔར་མ་གྲགས་པ་ཞིག་གོ་ཟེར་བ་ལ། བསམས་པས་བསླབ་པ་ཀུན་ལས་བཏུས་པ་དང་མདོ་ཀུན་ལས་བཏུས་པ་ཧ་ཅང་རྒྱ་ཆེ་བས་འདི་ (མ)རན་ནོ་སྙམ་དུ་དགོངས་ནས་སྤྱོད་འཇུག་ཞལ་ནོན་དུ་མཛད་པ་ལས། གང་ཚེ་དངོས་དང་དངོས་མེད་དག །བློ་ཡི་མདུན་དུ་མི་གནས་པ། །དེ་ཚེ་རྣམ་པ་གཞན་མེད་པས། །དམིགས་པ་མེད་པར་རབ་ཏུ་ཞི། །ཞེས་པའི་སྐབས་སུ་མཐོང་ལམ་མངོན་དུ་མཛད་ཅིང་འཕགས་པ་འཇམ་དཔལ་ཡང་འོད་བཅས་པ་མདུན་གྱི་ནམ་མཁའ་ལ་འདུག་པ་སྐྱེ་བོ་རྣམས་ཀྱིས་མཐོང་ནས་དད་པར་གྱུར་ཅིང་ཨེ་མ་ཧོ་འདི་ནི་བློ་གྲོས་མི་ཟད་པ་ཞེས་ཀྱང་གྲགས་ཏེ། བདེན་པ་གཟིགས་པའི་མཛད་པའོ། །"

〔3〕 荣增 · 益西坚参：《菩提道次第师承录》（藏文），第227页。原文："འདིའི་བློ་གྲོས་མི་ཟད་པ་ཞེས་པ་རྒྱལ་སྲས་ཞི་བ་ལྷའི་མཚན་གྱི་རྣམ་གྲངས་ཡིན་ནོ། །"

〔4〕 印度大乘佛教的两大派系为中观和唯识，或称为深观派和广行派。由于《入菩萨行论》的传承体系形成了另外一种以 "自他平等与互换" 的修行体系，称为伟行派。

〔5〕 Akira SAITO, *A Study of Aksayamati's Bodhisattvacaryāvatāra as Found in the Tibetan Manuscripts from Tun-huang*, Miye University, 1993, pp.20–22.

མཁན་པོ་སར་བད་ཞ་དེ་བ་དང་། ཞུ་ཆེན་གྱི་ལོ་ཙ་པ་བན་འདེ་དཔལ་བརྩེགས་ཀྱིས་བསྒྱུར་ཅིང་ཞུས་ཏེ་གཏན་ལ་ཕབ་པའོ།།།།”，[1]证梵义堪布萨哇嘉·德哇的署名赫然出现在古藏文写本中。通过与藏文大藏经《丹珠尔》所收《入菩萨行论》题记的对比，能认清《入菩萨行论》这部著名论典在藏语系佛教中传译、修订等渊源流变情况，并提供了更为详实的研究材料。藏文大藏经《丹珠尔》所收《入菩萨行论》题记中如此记载："此论首先由印度堪布萨哇嘉·德哇和主校译师僧伽噶哇·贝则从喀什米尔传本翻译、审订而成。其后，复由印度堪布达磨师利跋陀罗、主校译师僧伽仁钦桑波、释迦洛追参考中印度传本和注疏翻译修订。而后，复由印度堪布苏玛底格底与主校译师比丘洛丹喜绕重新修正、翻译，并善加审订。"[2]由此可知，以敦煌本为蓝本、由萨哇嘉·德哇和噶哇·贝则所译《入菩萨行论》是该论典藏文译本的初貌，研究价值无可非议。

（一）藏文文献中有关萨哇嘉·德哇的记载

与敦煌本藏文《入菩萨行论》写本译经题记一样，在法藏敦煌藏文写本P.T.787号《百智论》题记中也出现了萨哇嘉·德哇的署名，记作"༄༅། །རྒྱ་གར་གྱི་མཁན་པོ་སར་ཝད་ཞ་དེ་བ་དང༌། ཞུ་ཅེན་གྱི་ལོ་ཙ་པ། །བན་དེ་དཔལ་བརྩེགས་གིས་བསྒྱུར་ཅིང་ཞུས་ཐེ། ། །གཐན་ལ་ཕབ་བོ། །"，[3]与藏文大藏经《丹珠尔》所收《百智论》题记完全一致，[4]该写本也是能与藏文《大藏经》对勘研究的一份重要材料。通过以上两个不同的敦煌藏文写本题记，可知证梵义萨哇嘉·德哇是吐蕃时期重要的一位佛教人物。

敦煌写本中将萨哇嘉·德哇的姓名转写成藏文为"ས་ར་བད་ཞ་དེ་བ"或"སར་ཝད་ཞ་དེ་བ"，规范的转写法应为"སརྦ་ཛྙ་དེ་བ"，其中"སརྦ"为"全部""所有"之意；"ཛྙ"为"智慧"之意；"དེ་བ"为"天"之意。因此，其名称藏语意译为"ཐམས་

[1] 意为："由印度堪布萨哇嘉·德哇和主校译师比丘贝则翻译并审订。"参见［日］山口瑞风等编《斯坦因搜集藏语文献解题目录》第七册，第43页。

[2] "རྒྱ་གར་གྱི་མཁན་པོ་སརྦཛྙ་དེ་བ་དང་། ཞུ་ཆེན་གྱི་ལོ་ཙྪ་བ་བཙྡེ་དཔལ་བརྩེགས་ཀྱིས་ཁ་ཆེའི་དཔེ་ལས་ཞུས་ཏེ་གཏན་ལ་ཕབ་པ་ལས། སླད་ཀྱིས་རྒྱ་གར་གྱི་མཁན་པོ་དྷརྨ་ཤྲཱི་བྷ་དྲ་དང་། ཞུ་ཆེན་གྱི་ལོ་ཙྪ་བ་བཙྡེ་རིན་ཆེན་བཟང་པོ་དང་། ཤཱཀྱ་བློ་གྲོས་ཀྱིས་ཡུལ་དབུས་ཀྱི་དཔེ་དང་འགྲེལ་པ་དང་མཐུན་པར་བཅོས་ཤིང་བསྒྱུར་ཏེ་གཏན་ལ་ཕབ་པའོ། །ཡང་དུས་ཕྱིས་རྒྱ་གར་གྱི་མཁན་པོ་སུ་མ་ཏི་ཀཱིརྟི་དང་།ཞུ་ཆེན་གྱི་ལོ་ཙྪ་བ་དགེ་སློང་བློ་ལྡན་ཤེས་རབ་ཀྱིས་དག་པར་བཅོས་ཤིང་བསྒྱུར་ཏེ་ལེགས་པར་གཏན་ལ་ཕབ་པའོ།། །།"

[3] 意为："由印度堪布萨哇嘉·德哇和主校译师比丘贝则翻译并审订。"参见金雅声、郭恩主编《法国国家图书馆藏敦煌藏文文献》第八册，第196页。

[4] 崔成仁钦：《丹珠尔目录》，西藏人民出版社，1985年，第837页。原文为："སློབ་དཔོན་ཀླུ་སྒྲུབ་ཀྱིས་མཛད་པའི་ཤེས་རབ་བརྒྱ་པ་ཞེས་བྱ་བའི་རབ་ཏུ་བྱེད་པ་རྒྱ་གར་གྱི་མཁན་པོ་སརྦ་ཛྙ་དེ་ཝ་དང་། ཞུ་ཆེན་གྱི་ལོ་ཙ（ཙྪ་བ）དཔལ་བརྩེགས་ཀྱི་འགྱུར།"

ཅད་མཁྱེན་པའི་ལྷ།”或“ཀུན་མཁྱེན་ལྷ།”（“遍知天”）。布顿（བུ་སྟོན་རིན་ཆེན་གྲུབ།，1290—1364）将其排名为第二十位进藏传法的印度班智达。[1]司徒·曲吉穹乃（སི་ཏུ་ཆོས་ཀྱི་འབྱུང་གནས།，1700—1774）称其为“迦湿弥罗班智达萨哇嘉·德哇”[2]或“印度堪布萨哇嘉·德哇”。[3]楚成仁钦（ཞུས་ཆེན་ཚུལ་ཁྲིམས་རིན་ཆེན།，1697—1774）称他为“修持圣说一切有部戒律的迦湿弥罗分别说派阿阇梨萨哇嘉·德哇”。[4]

藏文史书中所载之“ཁ་ཆེ”（音译为“卡其”或“喀其”等）为迦湿弥罗，藏汉古籍中又称为“ཀཤྨིར”、“箇失密”、克什米尔。该地古代为印度西北部一个较大区域，现今由印度和巴基斯坦各控制一部分。吐蕃时期克什米尔地区也统称为印度，因此，藏文古籍中将从这一地区进藏传教的班智达称为“印度班智达”或“迦湿弥罗班智达”并不互相矛盾。这一地区与藏区的联系远早于佛教传进藏区的时间，根据考古资料，“两地之间的文化联系可以上溯到史前石器时代”。[5]

吐蕃时代，开通了从西藏西部经过迦湿弥罗进而入天竺的“吐蕃五大道”。这一商贸和文化往来的古代交通的开发，不仅为印度和吐蕃两地间的交流架起了桥梁，而且为迦湿弥罗和吐蕃间的经济文化交往创造了更加有利的条件。

文献的记载也从侧面反映了两地间这样一种持久的交往情况，据《布顿佛教史》的记载，图弥桑布扎依据迦湿弥罗文的字形创制了藏文。[6]藏文与迦湿弥罗文之间有某种联系，体现了两地文化交往甚为密切。另外，据吐蕃佛教史著作《韦协》的记载，承吐蕃赞普赤松德赞之命，重臣韦·赛囊把寂护大师从印度迎请到吐蕃后，“时因无人担当译师，便颁布告示与六处集市，要众人留意并查明来自喀其和阳列的商人中有无可充任译师者。果然从逻娑集市上查得有喀其商人莱秦兄弟、阿难陀等三人。莱秦兄弟仅略通经商之

〔1〕布顿·仁钦竹：《布顿佛教史》（藏文），第207页。

〔2〕司徒·曲吉穹乃：《大藏经〈甘珠尔〉总目录》（藏文），第327页。原文为：“ཁ་ཆེའི་པཎྜི་ཏ་སརྦ་ཛྙ་དེ་ཝ།”

〔3〕司徒·曲吉穹乃：《大藏经〈甘珠尔〉总目录》（藏文），第371页。原文为：“རྒྱ་གར་གྱི་མཁན་པོ་སརྦ་ཛྙ་དེ་བ།”

〔4〕崔成仁钦：《丹珠尔目录》，第787页。原文为：“འཕགས་པ་གཞི་ཐམས་ཅད་ཡོད་པར་སྨྲ་བའི་འདུལ་བ་འཛིན་པ་ཁ་ཆེ་བྱེ་བྲག་ཏུ་སྨྲ་བའི་སློབ་དཔོན་སརྦ་ཛྙ་དེ་ཝ།”

〔5〕霍巍：《从考古材料看吐蕃与中亚、西亚的古代交通——兼论西藏西部在佛教传入吐蕃过程中的历史地位》，《中国藏学》1995年第4期，第56—57页。

〔6〕布顿·仁钦竹：《布顿佛教史》（藏文），第182页。

语，无担当译师之学识。阿难陀系婆罗门吉桑之子，在喀其之地婆罗门吉桑本是一个贪婪之渔人，曾犯大罪。因洛帕喀其之法令，婆罗门如犯死罪，不得处死，故放逐至蕃地。阿难陀曾修学过婆罗门经典、声明、医学等，可胜任译经之事。于是由此人作译师，冬季尚论三人在堪布之处探究佛法达两个月之久，终究得知佛之妙法，无不弃一切罪恶，行一切善举，利乐众生引为己任的经纶也”。[1]此中所说之“喀其”就是“迦湿弥罗”；“阿难陀”者为藏文史书中列为吐蕃时期最著名的九大译师之一，迦湿弥罗与吐蕃经贸、文化往来的情况可见一斑。

吐蕃赞普赤松德赞大力推行佛教，从四方迎请诸多佛教高僧大德，其中就有相当一部分是从迦湿弥罗地区迎请来的，如知名的密法传授者无垢友、律法传授者孜纳米扎和达那希拉等等。

藏传佛教后弘期时期迦湿弥罗地区的佛教与藏传佛教的联系变得更加密切，其原因一方面是与印度中部地区不断遭受伊斯兰教军队的入侵和破坏有关，另一方面这一地区接壤与藏传佛教后弘期的发源地之一阿里。著名的意大利东方学家杜齐以壁画、工艺品等考古材料为基础指出：“（芒囊寺）壁画是由几位克什米尔画师所绘，因而引起了人们的极大兴趣。毫无疑问，他们是被译师或被仁钦桑波募召而来的。我们知道确有几名画师参加了绘制工作，因为从几种不同的绘画手法很容易辨认出来。”[2]“这类工艺品提供了无可争议的资料，证实了10世纪和11世纪克什米尔在西藏的影响。”[3]并将两地间的佛教文化交流史置于更长的历史进程中：“弗兰克和我先后公布的出自塔布（Tabo）的另两块残片（图129）无疑保留了克什米尔的原有风格。当然，西藏西部与克什米尔有长期的贸易和文化联系。”[4]

就藏传佛教佛经翻译情况和佛法传承而论，克什米尔的影响尤为重要。著名的大译师仁钦桑布前往迦湿弥罗求学，成就后翻译了绝大部分的密教经典，使藏传佛教进入了一个新的发展时期。藏传佛教翻译史上成就

---

〔1〕 韦·赛囊著，巴擦·巴桑旺堆译注：《〈韦协〉译注》，西藏人民出版社，2012年，第8页。

〔2〕［意］G·杜齐著，向红茄译：《西藏考古》，西藏人民出版社，2004年，第34—35页。

〔3〕 同上书，第35页。

〔4〕 同上书，第35—36页。

最大的鄂·译师罗丹喜绕（རྔོག་བློ་ལྡན་ཤེས་རབ།，相传他翻译、修订了一千多部经典）曾前往迦湿弥罗拜师求学长达17年，《入中论》的译者巴擦·尼玛扎（པ་ཚབ་ཉི་མ་གྲགས།）在迦湿弥罗的求学生涯更是长达23年之久。他们从迦湿弥罗传承的佛教理论体系和所翻译的中观、因明、般若、阿毗达磨等教法对藏传佛教产生了深远的影响。另外，13世纪初期为了躲避伊斯兰教军队的迫害而到西藏弘法的那烂陀寺末代主持释迦·室利，在藏文史书中被尊称为"喀其班禅"者，是出生于迦湿弥罗地区的大学者，他带领九大弟子来到西藏，为藏传佛教的发展注入了新的血液，培养了大批弟子，贡献巨大。

迦湿弥罗地区与藏区无论从经济贸易往来和文化艺术交流情况而论，还是从佛教教义的传播来说，都有很长的渊源历史。藏文佛教史著作中称为"印度堪布"的很大一部分著名的学者其实来自迦湿弥罗地区。正如萨哇嘉·德哇在一般的佛经目录著作和译经题记中记载为"印度堪布"，然实则他为出生于克什米尔地区的一位佛教僧侣、大学者，他所属的佛教派别为分别说派的说一切有部迦湿弥罗派，[1]是一名严守佛教律仪的持律者，并精通大乘佛学理论。[2]

关于他的生平及到吐蕃的具体时间，相关的史书中并没有明确的记载。司徒·曲吉穹乃在其所编《甘珠尔目录》中写道："此后在国王玛何巴拉（མ་ཧི་པཱ་ལ།）时期，与马鸣（རྟ་དབྱངས།）同名的一位学者和阿阇梨利他者（གཞན་ལ་ཕན་པ།）、月莲（ཟླ་བ་པདྨ།）、慧赐（ཡེ་ཤེས་སྦྱིན།）、慧称（ཡེ་ཤེས་གྲགས་པ།）、迦湿弥罗持律者孜纳·弥扎（ཛི་ན་མི་ཏྲ།）、萨哇嘉·德哇、达那·喜拉（དཱ་ན་ཤཱི་ལ།）等成为弘扬佛教经法的栋梁。"[3]从中可知，萨哇嘉·德哇与持律者孜纳米

〔1〕小乘佛教分别说派又按地域分布情况分成三派：摩羯陀（中土）分别说派、迦湿弥罗分别说派、尼奥（东土）分别说派。

〔2〕萨哇嘉·德哇协同藏族译师翻译的佛经目录中有《入菩萨行论》《百智论》等重要的大乘论典，由此可知，作为小乘佛教分别说派的一名大学者，他亦精通大乘佛法。藏族现代著名的学者东噶·洛桑赤列指出："小乘佛教中的分别说派有十八分派，他们可归为根本四部：正量部、大众部、根本说一切有部、上座部。其中，除正量部不认可大乘佛教外，其余均认可。"参见《教派概论》（东噶·洛桑赤列文集 ཀ 册），民族出版社，2004年，第150页。

〔3〕司徒·曲吉穹乃：《大藏经〈甘珠尔〉总目录》（藏文），四川民族出版社，1989年，第204—205页。原文为："དེ་ནས་རྒྱལ་པོ་མ་ཧི་པཱ་ལའི་ཚེ་རྟ་དབྱངས་ཕྱི་མ་ཞིག་དང་། སློབ་དཔོན་གཞན་ལ་ཕན་པ་དང་། ཟླ་བ་པདྨ་དང་། ཡེ་ཤེས་སྦྱིན་དང་། ཡེ་ཤེས་གྲགས་པ་དང་། ཁ་ཆེར་འདུལ་བ་འཛིན་པ་ཛི་ན་མི་ཏྲ་དང་། སརྦ་ཛྙཱ་དེ་ཝ་དང་། དཱ་ན་ཤཱི་ལ་སོགས་ཀྱིས་མདོའི་བསྟན་པའི་སྲོག་འཛིན་པར་མཛད་དོ། །"

扎、达那希拉是属于同一时期、同一个佛教派系的高僧。相比于萨哇嘉·德哇，以上两位高僧的相关信息在藏文史书中出现的次数较多。《红史》记载："赤松德赞王出生于铁马年，从十三岁至四十三岁在位执政。期间迎请了印度的大堪布寂护(ཞི་བ་འཚོ།)、莲花生大师(པདྨ་འབྱུང་གནས།)、布玛拉米扎(བི་མ་ལ་མི་ཏྲ།)、先爹格哇(ཤན་ཏི་གརྦ།)、布希达桑华(བི་ཤུདྡྷ་སིཾ་ཧ།)、达摩格底(དྷརྨ་ཀཱིརྟི།)、孜纳米扎、达那希拉、噶玛拉希拉(ཀ་མ་ལ་ཤཱི་ལ།)、和尚摩诃衍那(ཧྭ་ཤང་མ་ཧཱ་ཡ་ན།)等，由译师毗卢遮那(བཻ་རོ་ཙ་ན།)、噶哇·贝则、觉如·鲁益坚参(ཅོག་རོ་ཀླུའི་རྒྱལ་མཚན།)、益西德(བན་དྷེ་ཡེ་ཤེས་སྡེ།)等翻译了大量的佛经。"[1]此中明确了孜纳米扎和达那希拉两位分别说派说一切有部持律者是吐蕃赞普赤松德赞时期被迎请的高僧，也就是说，他俩是在建立吐蕃本土佛教组织时期来到吐蕃的。

以赤松德赞为首的吐蕃历代赞普迎请印度的高僧大德在吐蕃传播佛教的过程中建立佛教庙宇，翻译佛经，建立了吐蕃本土的僧伽组织，对吐蕃社会和藏传佛教的形成、发展产生了深远的影响。其中，关乎佛教存亡的僧伽律法成为佛经翻译的重要内容。佛教徒认为佛教的戒律是从佛祖释迦牟尼延续至今，从未间断，并且有专门的律法传承史。藏传佛教的形成和发展也如此，佛教戒律的传承成为佛教生死存亡的命脉。

吐蕃时期传授佛教律法，将"七试人"出家为僧。但按照佛教戒律传授的要求和仪轨，只有具备十位佛教比丘时才能给受戒者传授佛教戒律，使其成为一名合格的僧人和真正的佛教戒律修持者。那么，以"七试人"等为首的吐蕃僧伽组织不能光凭寂护和莲花生就能建成，必须具备一定数量的其他佛教持律者即比丘。史书中记载："此时，为了从印度迎请比噶玛拉(བི་ཀ་མ་ལ)寺院中的寂护大师的子弟，中印度分别派说一切有部持律者十二位比丘，派遣了孔·梁仲囊谢(ཁོང་ལང་གྲོང་སྣང་གཞེར།)、聂·斗赞党搜(གཉེར་སྟག་བཙན་ལྡོང་གཟིགས།)、张·嘉拉列搜(སྦྲང་རྒྱ་ར་ལེགས་གཟིགས།)、森格·拉朗搜(སེང་མགོ་ལྷ་ལུང་གཟིགས།)、琛·梅拉(འཆིམས་མེ་ལྷ།)等，他们于羊年春元月初三返回扎玛(ཟག་དམར།)。七试人等三百多

〔1〕 蔡巴·贡噶多杰著，东噶·洛桑赤列整理、注释：《红史》(藏文)，第37页。原文为："རྒྱལ་པོ་ཁྲི་སྲོང་ལྡེ་བཙན་ལྕགས་པོ་རྟ་ལ་འཁྲུངས། ལོ་བཅུ་གསུམ་ནས། རྒྱལ་སྲིད་ལོ་བཞི་བཅུ་ཞེ་གསུམ་མཛད། རྒྱ་གར་གྱི་མཁན་པོ་ཞི་བ་འཚོ་དང་། སློབ་དཔོན་པདྨ་འབྱུང་གནས། བི་མ་ལ་མི་ཏྲ། ཤན་ཏི་གརྦ། བི་ཤུདྡྷ་སིཾ་ཧ། དྷརྨ་ཀཱིརྟི། ཛི་ན་མི་ཏྲ། དཱ་ན་ཤཱི་ལ། ཀ་མ་ལ་ཤཱི་ལ། ཧྭ་ཤང་མ་ཧཱ་ཡ་ན་ལ་སོགས་སྤྱན་དྲངས། ལོ་ཙཱ་བ་བཻ་རོ་ཙ་ན། ཀ་བ་དཔལ་བརྩེགས། ཅོག་རོ་ཀླུའི་རྒྱལ་མཚན། བན་དྷེ་ཡེ་ཤེས་སྡེ་ལ་སོགས་ཀྱིས་ཆོས་དཔག་ཏུ་མེད་པ་བསྒྱུར།"

位吐蕃人受戒出家为僧，他们受到了吐蕃赞普及百姓的拥戴。”[1]但是，正如《红史》中的记载，相关史书中并未出现从印度迎请进藏的12位高僧的具体姓名。

另外在《贤者喜宴》的戒律史一章中较详细地记载了藏传佛教发展史上前、后弘期时期佛教律法的传承情况，其中不仅论述了前弘期的律法传承源自孜纳米扎和达那希拉，而且后弘期时期从阿里传入的佛教律法传承也系师承于以上两位高僧，而这两位高僧的戒律传承又是从寂护而来的，他们在印度和吐蕃的戒律传承是一脉相承。[2]由此，可以确定此两位高僧是受吐蕃赞普之邀、寂护大师之命，来到吐蕃传授佛教戒律的，并可以肯定是初次传授律法时被邀请的12位高僧中的两员。

此处，需要稍稍展开论述的一个问题是，以上所引《红史》的资料中认为，从印度迎请而来的12位高僧属于分别派说一切有部中印度学派的比丘，此说与孜纳米扎和达那希拉所属分别派说一切有部迦湿弥罗派相矛盾。这很可能是由于这些比丘迎请于中印度的比噶玛希拉寺，因此《红史》等作者就误认为他们属于分别说派说一切有部中印度派，实则为分别说派说一切有部迦湿弥罗派。

通过以上的论述和分析，可以认为：与孜纳米扎和达那希拉齐名，并同属于分别派说一切有部迦湿弥罗派，而且出现在进藏传教的班智达名单中，更是分别派说一切有部律经译成藏文的功臣之一的萨哇嘉·德哇，也是12位来藏传授戒律的高僧之一。具体理由为：其一，司徒·曲吉穹乃等明确了萨哇嘉·德哇与孜纳米扎和达那希拉是同一个时期、同一个学派的高僧。其二，既然吐蕃本土接受的佛教戒律是分别说一切有部的律法，那么，翻译并传讲该派戒律文献就成为吐蕃译经事业的首要任务。反映吐蕃赞普赤松德赞时期佛教发展史的著名史书《韦协》中，[3]亦明确指出：“建立了译场，………

〔1〕 蔡巴·贡噶多杰著，东噶·洛桑赤列整理、注释：《红史》（藏文），第37页。原文为：“དེའི་དུས་སུ། ཧྲི་ཀ་མ་ལའི་གཙུག་ལག་ཁང་ནས། མཁན་པོ་རིན་པོ་ཆེའི་སློབ་མ་དབུས་པ་བྱེ་བྲག་ཏུ་སྨྲ་བའི་དགེ་སློང་བཅུ་གཉིས་གདན་འདྲེན་པ་ལ། ཕོང་ལང་གྲོང་སྣང་གཞེར། གཉེར་སྟག་བཙན་ཞོང་གཟིགས། སྦྲང་རྒྱ་ར་ལེགས་གཟིགས། སེང་མགོ་ལྷ་ལུང་གཟིགས། འཆིམས་མེ་ལྷ་རྣམས་གདན་འདྲེན་དུ་མངགས་ནས། ལུག་གི་ལོ་དབྱིད་ཟླ་ར་བའི་ཡར་ངོའི་ཚེས་བརྒྱད་ལ་བྲག་དམར་དུ་ཕྱག་ཕེབས། སད་མི་བདུན་ལ་སོགས་བོད་འབངས་སུམ་བརྒྱ་རབ་ཏུ་བྱུང་། དབུའི་མཆོད་གནས་སུ་བཀུར།”

〔2〕 巴卧·祖拉陈瓦：《贤者喜宴》（藏文），民族出版社，1986年，第466—483页。

〔3〕 又有称为《巴协》《拔协》等的多种版本，根据藏族历史研究者巴桑旺堆的研究，《韦协》为其中最可靠的版本，他与人合作将其译为英文，并出版了汉译本。

益西旺波奏议'乌巴牙'[1]适合于吐蕃,于是准予翻译。律藏四部[2]中说一切有部之律法首先阐释因果,因而奏议适合于吐蕃,于是准予翻译。"[3]通过藏文大藏经译经目录和题记,可知萨哇嘉·德哇正是分别派说一切有部律经翻译成藏文的功臣之一。其三,《别解脱经广注律集》这部大部头论典的题记中明确署名孜纳米扎和萨哇嘉·德哇为藏族译师鲁·坚参的合作者,此为孜纳米扎和萨哇嘉·德哇在同时期为吐蕃翻译佛经的一个重要佐证。

可以肯定,萨哇嘉·德哇是吐蕃赞普赤松德赞执政时期(755—798年)进藏的,是吐蕃时期比较活跃的佛教大学者之一,从译经目录等相关情况推断,其在吐蕃待了较长的一段时间。

(二)萨哇嘉·德哇协同吐蕃译师所译、校的佛经目录

1. 萨哇嘉·德哇协同吐蕃译师翻译的经、论共有25部。具体目录列表如下:

所译经、论名称	所译经、论的合作者(印度堪布和吐蕃译师)	所译经、论的校勘、审订者(印度堪布和吐蕃译师)	《大藏经》(德格版)中的位置	说　明
《律本事》 འདུལ་བ་ལུང་གཞི།	རྒྱ་གར་གྱི་མཁན་པོ་བིདྱ་ཀ་ར་པྲ་བྷ། ཁ་ཆེའི་མཁན་པོ་དྷརྨ་ཀ་ར། བནྡེ་དཔལ་གྱི་ལྷུན་པོ། 印度堪布布底噶热·巴热八、迦湿弥罗堪布达摩·噶热、译师比丘白吉隆布	རྒྱ་གར་གྱི་མཁན་པོ་བིདྱ་ཀ་ར་པྲ་བྷ། ལོ་ཙྪ་བ་བནྡེ་དཔལ་བརྩེགས 印度堪布布底噶热·巴热八、译师比丘贝则	《甘珠尔》律部ka、kha、ga、nga四函	译者署名中萨哇嘉·德哇为第一
《根本说一切有部比丘尼戒经》 དགེ་སློང་མའི་འདུལ་བ་རྣམ་འབྱེད།	རྒྱ་གར་གྱི་མཁན་པོ་བིདྱ་ཀ་ར་པྲ་བྷ། ཁ་ཆེའི་མཁན་པོ་དྷརྨ་ཀ་ར། བནྡེ་དཔལ་གྱི་ལྷུན་པོ། 印度堪布布底噶热·巴热八、迦湿弥罗堪布达摩·噶热、译师比丘白吉隆布	རྒྱ་གར་གྱི་མཁན་པོ་བིདྱ་ཀ་ར་པྲ་བྷ། ལོ་ཙྪ་བ་བནྡེ་དཔལ་བརྩེགས 印度堪布布底噶热·巴热八、译师比丘贝则	《甘珠尔》律部ta函	译者署名中萨哇嘉·德哇为第一

[1] 似是指佛教密乘事部和行部密法。

[2] 律分别、律本事、律杂事、律上分。

[3] 韦色朗:《韦协》(藏文),西藏藏文古籍出版社,2010年,第46—47页。原文为:"སྒྲ་བསྒྱུར་〈སྒྱུར〉གྱི་གྲྭ་བཙུགས……………ཨུ་པ་ཡ་བོད་ལ། (རན་པར་ཡེ་ཤེས་དབང་པོས་གསོལ་ཏེ་བསྒྱུར། འདུལ་བ་ལུང་སྡེ་༤་ལས་ཐཾད་ཡོད་སྨྲའི་སྡེ་པ་རྒྱུ་དང་འབྲས་བུ་སྔོན་དུ་སྟོན་པས་བོད་ལ་) འཚམ་པར་གསོལ་ཏེ་བསྒྱུར།"

续 表

所译经、论名称	所译经、论的合作者（印度堪布和吐蕃译师）	所译经、论的校勘、审订者（印度堪布和吐蕃译师）	《大藏经》（德格版）中的位置	说 明
《圣三皈依大乘经》 འཕགས་པ་གསུམ་ལ་སྐྱབས་སུ་འགྲོ་བ་ཞེས་བྱ་བའི་མདོ།	ལོ་ཙྪ་བ་བནྡེ་དཔལ་བརྩེགས། 译师比丘贝则		《甘珠尔》经部dza函	
《大集大乘经中如来吉祥三摩耶大乘经》 འདུས་པ་ཆེན་པོ་ཞེས་བྱ་བ་ཐེག་པ་ཆེན་པོའི་མདོ་ལས་དེ་བཞིན་གཤེགས་པའི་དཔལ་གྱི་དམ་ཚིག་ཅེས་བྱ་བའི་མདོ།	དཔལ་བརྩེགས། 译师比丘贝则		《甘珠尔》经部dza函	
《圣大方广日藏经》 འཕགས་པ་ཉི་མའི་སྙིང་པོ།	བིདྱ་ཀ་ར་པྲ་བྷ། ཧྲ་ཀྵ་ཀ་ར། ལོ་ཙྪ་བ་བནྡེ་བཟང་སྐྱོང་། 印度堪布布底噶热·巴热八、译师比丘桑迥	ལོ་ཙྪ་བ་བནྡེ་དཔལ་བརྩེགས། 译师比丘贝则	《甘珠尔》经部za函	译者署名中萨哇嘉·德哇为第一
《圣住处经》 གནས་འཇོག་གི་མདོ།	ལོ་ཙྪ་བ་བནྡེ་དཔལ་བརྩེགས་ལ་སོགས་པ། 译师比丘贝则等		《甘珠尔》经部sa函	
《圣佛阿波陀那有知者经》 སངས་རྒྱས་ཀྱི་རྟོགས་པ་བརྗོད་པ་ཤེས་ལྡན་གྱི་མདོ།	བིདྱ་ཀ་ར་སིཾཧ། ལོ་ཙྪ་བ་བནྡེ་དཔལ་བརྩེགས། 印度堪布布底噶热·桑哈、译师比丘贝则	与译者相同	《甘珠尔》经部ama函	译者署名中萨哇嘉·德哇为第二
《殊胜赞》 ཁྱད་པར་འཕགས་པ་བསྟོད།	ལོ་ཙྪ་བ་རིན་ཆེན་མཆོག 译师仁钦乔	ཞུ་ཆེན་གྱི་ལོ་ཙྪ་བ་དཔལ་བརྩེགས་རཀྵི་ཏ། 主校译师贝则惹肯达	《丹珠尔》礼赞部ka函	题记中的记载为：复由比丘贝则惹肯达翻译审订

续 表

所译经、论名称	所译经、论的合作者（印度堪布和吐蕃译师）	所译经、论的校勘、审订者（印度堪布和吐蕃译师）	《大藏经》（德格版）中的位置	说 明
《天胜赞》 ལྷ་ལས་ཕུལ་བྱུང་།	ལོ་ཙཱ་བ་རིན་ཆེན་མཆོག 译师仁钦乔	ཞུ་ཆེན་གྱི་ལོ་ཙཱ་བ་དཔལ་བརྩེགས་རཀྵི་ཏ། 主校译师贝则惹肯达	《丹珠尔》礼赞部ka函	
《适当赞美佛薄伽梵美德文中难赞之赞》 བསྔགས་འོས་བསྟོད་བསྔགས།	ཞུ་ཆེན་གྱི་ལོ་ཙཱ་བ་དཔལ་བརྩེགས་རཀྵི་ཏ། 主校译师比丘贝则惹肯达		《丹珠尔》礼赞部ka函	
《无边功德赞》 ཡོན་ཏན་མཐའ་ཡས་པར་བསྟོད་པ།	ལོ་ཙཱ་བ་རིན་ཆེན་མཆོག 译师仁钦乔	ལོ་ཙཱ་བ་དཔལ་བརྩེགས། 译师贝则	《丹珠尔》礼赞部ka函	
《无边功德赞注释》 ཡོན་ཏན་མཐའ་ཡས་པར་བསྟོད་པའི་འགྲེལ་པ།	ལོ་ཙཱ་བ་རིན་ཆེན་མཆོག 译师仁钦乔	ལོ་ཙཱ་བ་དཔལ་བརྩེགས་རཀྵི་ཏ། 译师比丘贝则惹肯达	《丹珠尔》礼赞部ka函	
《无边功德赞义颂》 ཡོན་ཏན་མཐའ་ཡས་པར་བསྟོད་པའི་དོན་གྱི་ཚིག་ལེའུར་བྱས་པ།	ལོ་ཙཱ་བ་རིན་ཆེན་མཆོག 译师仁钦乔	ལོ་ཙཱ་བ་དཔལ་བརྩེགས་རཀྵི་ཏ། 译师贝则惹肯达	《丹珠尔》礼赞部ka函	
《迷乱摧坏正理因成就》 འཁྲུལ་པ་བཟློག་པའི་རིགས་པ་གཏན་ཚིགས་གྲུབ་པ།	ཞུ་ཆེན་གྱི་ལོ་ཙཱ་བ་དཔལ་བརྩེགས། 主校译师比丘贝则惹肯达		《丹珠尔》中观部tsha函	
《入菩萨行论》 བྱང་ཆུབ་སེམས་དཔའི་སྤྱོད་པ་ལ་འཇུག་པ།	ཞུ་ཆེན་གྱི་ལོ་ཙཱ་བ་དཔལ་བརྩེགས། 主校译师比丘贝则	དྷརྨ་ཤྲཱི་བྷ་དྲ་དང་། ཞུ་ཆེན་གྱི་ལོ་ཙཱ་བ་རིན་ཆེན་བཟང་པོ་དང་། ཤཱཀྱ་བློ་གྲོས་ཀྱིས་བཅོས་པ། སུ་མ་ཏི་ཀཱིརྟི་དང་། ཞུ་ཆེན་གྱི་ལོ་ཙཱ་བ་དགེ་སློང་བློ་ལྡན་ཤེས་རབ་ཀྱིས་ཡང་བསྒྱུར་བཅོས་ཏེ་གཏན་ལ་ཕབ་པ།	《丹珠尔》中观部la函	该论典在藏传佛教后弘期初期由两组译者前后两次进行了修订

续　表

所译经、论名称	所译经、论的合作者（印度堪布和吐蕃译师）	所译经、论的校勘、审订者（印度堪布和吐蕃译师）	《大藏经》（德格版）中的位置	说　明
		此论首先由印度堪布萨哇嘉·德哇和主校译师僧伽噶哇·贝则从喀什米尔传本翻译、审订而成。其后，复由印度堪布达磨师利跋陀罗、主校译师僧伽仁钦桑波、释迦洛追参考中印度传本和注疏翻译修订，而后，复由印度堪布苏玛底格底与主校译师比丘洛丹喜绕重新修正、翻译，并善加审订。		
《解说如理经一百品》 རྣམ་བཤད་པའི་རིགས་པའི་མདོ་སྡེའི་དུམ་བུ་བརྒྱ།	བི་ཤུདྡྷ་སིཾ་ཧ་དང་། ལོ་ཙཱ་བ་རྩངས་དེ་ཝེནྡྲ་རཀྵི་ཏ། 布西达·桑哈、译师藏·德完达热惹肯达	ཞུ་ཆེན་གྱི་ལོ་ཙཱ་བ་དཔལ་བརྩེགས། 主校译师贝则	《丹珠尔》唯识部 shi 函	译者署名中萨哇嘉·德哇为第二
《别解脱经本疏》 སོ་སོ་ཐར་པའི་མདོའི་གཞུང་འགྲེལ།	ཞུ་ཆེན་གྱི་ལོ་ཙཱ་བ་ཀླུའི་རྒྱལ་མཚན། 主校译师鲁·坚参		《丹珠尔》律部 du、nu 函	
《别解脱经广注律集》 སོ་སོ་ཐར་པའི་མདོའི་རྒྱ་ཆེར་འགྲེལ་པ་ཀུན་ལས་བཏུས་པ།	ཛི་ན་མི་ཏྲ་དང་། ཞུ་ཆེན་གྱི་ལོ་ཙཱ་བ་ཀླུའི་རྒྱལ་མཚན། 孜纳弥扎、主校译师鲁·坚参		《丹珠尔》律部 pu、phu、bu 函	译者署名中萨哇嘉·德哇为第二
《圣根本说一切有部沙弥颂》 འཕགས་པ་གཞི་ཐམས་ཅད་ཡོད་པར་སྨྲ་བའི་དགེ་ཚུལ་གྱི་ཚིག་ལེའུར་བྱས་པ།	ཞུ་ཆེན་གྱི་ལོ་ཙཱ་བ་རྩངས་དེ་ཝེནྡྲ་རཀྵི་ཏ། 译师藏·德完达热惹肯达		《丹珠尔》律部 shu 函	

续 表

所译经、论名称	所译经、论的合作者（印度堪布和吐蕃译师）	所译经、论的校勘、审订者（印度堪布和吐蕃译师）	《大藏经》（德格版）中的位置	说 明
《圣根本说一切有部沙弥颂注有光》འཕགས་པ་གཞི་ཐམས་ཅད་ཡོད་པར་སྨྲ་བའི་དགེ་ཚུལ་གྱི་ཚིག་ལེའུར་བྱས་པའི་འགྲེལ་པ་འོད་ལྡན།	ཞུ་ཆེན་གྱི་ལོ་ཙྪ་བ་རྩངས་དེ་ཝེནྡྲ་རཀྵི་ཏ། 译师藏·德完达热惹肯达		《丹珠尔》律部 shu 函	
《圣观自在授与比丘善明童子书翰》འཕགས་པ་སྤྱན་རས་གཟིགས་དབང་ཕྱུག་གིས་དགེ་སློང་རབ་གསལ་གཞོན་ནུ་ལ་སྤྲིང་བའི་འཕྲིན་ཡིག	ཞུ་ཆེན་གྱི་ལོ་ཙྪ་བ་དཔལ་བརྩེགས་རཀྵི་ཏ། 主校译师贝则惹肯达		《丹珠尔》书翰部 ngi 函	
《亲友书翰》བཤེས་སྤྲིང་།	ཞུ་ཆེན་གྱི་ལོ་ཙྪ་བ་དཔལ་བརྩེགས་རཀྵི་ཏ། 主校译师贝则惹肯达		《丹珠尔》书翰部 ngi 函	
《致弟子书翰》སློབ་སྤྲིང་།	ཞུ་ཆེན་གྱི་ལོ་ཙྪ་བ་དཔལ་བརྩེགས་རཀྵི་ཏ། 主校译师贝则惹肯达		《丹珠尔》书翰部 ngi 函	
《亲友书翰广疏语句明》བཤེས་སྤྲིང་གི་རྒྱ་ཆེར་བཤད་པ་ཚིག་གསལ་བ།	ཞུ་ཆེན་གྱི་ལོ་ཙྪ་བ་དཔལ་བརྩེགས། 主校译师贝则		《丹珠尔》书翰部 ngi 函	
《百智论》ཤེས་རབ་བརྒྱ་པ།	ཞུ་ཆེན་གྱི་ལོ་ཙྪ་བ་དཔལ་བརྩེགས། 主校译师贝则惹肯达		《丹珠尔》修身部 ngo 函	

2. 萨哇嘉·德哇协同吐蕃译师校勘的佛经只有一部：

经典的名称	经典的译者	合作校勘者	《大藏经》(德格版)中的位置	说　明
《圣薄伽梵智方广经究竟无边宝大乘经》 འཕགས་པ་བཅོམ་ལྡན་འདས་ཀྱི་ཡེ་ཤེས་རྒྱས་པའི་མདོ་རིན་པོ་ཆེ་མཐའ་ཡས་པ་མཐར་ཕྱིན་པ་ཞེས་བྱ་བ་བམ་པོ་ཉི་ཤུ་རྩ་ལྔ་པ།	རྒྱ་གར་གྱི་མཁན་པོ་པྲ་ཛྙཱ་ཝརྨ་དང་། ལོ་ཙཱ་བ་བནྡེ་ཡེ་ཤེས་སྙིང་པོ། 印度堪布扎嘉·瓦尔玛、译师比丘益西宁布	པཎྜི་ཏ་བི་ཤུདྡྷ་སིཾ་ཧ་དང་། ཞུ་ཆེན་གྱི་ལོ་ཙཱ་བ་བནྡེ་དཔལ་བརྩེགས། 班智达布西达·桑哈、主校译师比丘贝则	《甘珠尔》经疏部ga函	校勘者署名中萨哇嘉·德哇为第二

从以上表格可以看出，萨哇嘉·德哇协同藏族译师共参与翻译、校勘了26部经典，其中绝大部分为佛教律典，还有一部分为大乘佛教论典。从与其合作的吐蕃译师的情况来看，其中13部与藏族著名译师噶哇·贝则合作，剩余的13部译著中有9部是由噶哇·贝则审订。噶哇·贝则参与翻译校勘的经典占整个萨哇嘉·德哇协同藏族译师所翻译的经典数量的约85%，若按总量可占90%多。另外，通过对噶哇·贝则所译校的佛经目录进行统计分析，从中也可以看出，证梵义中萨哇嘉·德哇为其最主要的合作者，并与印度堪布布底噶热·巴热八、迦湿弥罗堪布达摩·噶热等有不同程度上的合作，他们主要对藏族译师比丘白吉隆布、仁钦乔、藏·德完达热等的译著进行了修改和审订。由此，也可以推断，吐蕃著名的译师噶、觉、尚等各自主持着不同的译场，并且他们间既有明确的分工，又有一定的合作，这些著名的译师所主持的译场也有比较固定的吐蕃译师和印度班智达即证梵义间的合作关系，并有吐蕃小译师协助翻译佛经。各译场翻译的佛经经由主校译师噶哇·贝则和类似萨哇嘉·德哇等印度堪布合作修改审订后方可抄写传布。再则，也可知噶哇·贝则等吐蕃主校译师和萨哇嘉·德哇等印度堪布享有一定的官方权力。

（三）萨哇嘉·德哇对吐蕃佛教的贡献

从以上的译经目录等可看出萨哇嘉·德哇对吐蕃佛教的发展作出了重要贡献，笔者将其所作的主要贡献概括为以下两点：

1. 律典的翻译和戒律传授方面的贡献

“戒律”为佛教的命脉，律典自然成为佛经文献的重中之重。正是依靠佛教戒律的传授建立了吐蕃本土的僧伽组织，使佛教得以扎根于西藏。也正是由于佛教律典的藏译，使得藏族信徒开始认识佛陀所规定的四众弟子的行为规范和为至善至美的理想人格所要奋斗的目标。藏传佛教史上称为“前弘期”和“后弘期”的历史分段，实则也是以佛陀教法之根本——佛教戒律的传承情况命名的。由于社会动乱和吐蕃王朝的崩溃，原先得以建立且较牢固的吐蕃佛教组织面临了危机，受持戒律的佛教僧侣组织失去了得以延续的社会土壤，几乎瓦解，戒律传承在吐蕃中心地区中断将近一个世纪。此时，由“三贤者”携带律典到远离吐蕃中心地区的安多一带秘密修法，并招收喇钦贡巴绕色为徒，将戒律传授于他，喇钦又将戒律传授于“卫藏十人”等，藏传佛教才得以传承。

“持律者”(འདུལ་བ་འཛིན་པ།)是对严守佛教律法的僧伽的一种美称，通过对现有相关史料和萨哇嘉·德哇协同藏族译师翻译的佛经目录来分析，可以肯定他不仅是一位严守佛律的“持律者”，而且是一位精通律典的大学者、佛教律典藏译的功臣。他所参与翻译的佛经中佛教律典占据了重要的地位，其中包括《律本事》109卷、《根本说一切有部比丘尼戒经》28卷等大部头的经，以及《别解脱经本疏》27卷、《别解脱经广注律集》70卷、《圣根本说一切有部沙弥颂注有光》8卷等重要论著。正是这些说一切有部律典的翻译，使吐蕃佛教得以迅速发展，并具有了一定的地域特色。

另据《布顿佛教史》的记载，在桑耶寺建成后，“迎请持密大师达摩格底于伏魔修密院设立瑜伽金刚界等曼陀罗传授灌顶，由迦湿弥罗班智达孜纳弥扎、达那希拉等在清净传戒院传授戒律，由汉和尚等在不动禅院进行禅定，在梵天院译场进行翻译，在白哈院库房积放财宝，在毗卢遮那院进行讲经说法等，使得全面弘兴佛教”。[1]从中，清净传戒院传授戒律的班智达名单只有吐蕃律法传承史上最著名的寂护大师以外的孜纳弥扎、达那希拉两人，其他则以“等”字代之。然而，从进藏时间、所承担的使命等诸方面考察，萨哇嘉·德哇为除以上三位外又一重要的佛教戒律传授者是毋庸置疑的。“修持圣说一切有部戒律的迦湿弥罗分别说派阿阇梨萨哇嘉·德哇”

〔1〕 布顿·仁钦竹：《布顿佛教史》(藏文)，第118—119页。原文为：“སྔགས་འཆང་ཆེན་ཀིརྟི་ཞེས་པ་སྤྱན་དྲངས་ཏེ་ཡོ་ག་རྡོ་རྗེ་དབྱིངས་ལ་སོགས་པའི་དཀྱིལ་འཁོར་དུ་བདུད་འདུལ་སྔགས་པ་གླིང་དུ་དབང་བསྐུར། ཁ་ཆེའི་པཎྜི་ཏ་ཛི་ན་མི་ཏྲ་དང་། དཱ་ན་ཤཱི་ལ་ལ་སོགས་པས་རྣམ་དག་ཁྲིམས་ཁང་གླིང་དུ་ཁྲིམས་ཐོག ཇྒྱའི་ཧྭ་ཤང་ལ་སོགས་པས་མི་གཡོ་བསམ་གཏན་གླིང་དུ་བསམ་གཏན་བྱེད། བརྡ་སྦྱོར་ཚངས་པའི་གླིང་དུ་བརྡ་སྦྱོར། དཀོར་མཛོད་པེ་ཧར་གླིང་དུ་ནོར་འཛོག། བཻ་རོ་ཙ་ནའི་གླིང་དུ་ཆོས་འཆད་པ་ལ་སོགས་པས་བསྟན་པ་ཡོངས་སུ་རྫོགས་པར་དར་བར་བྱས་ཏེ།”

这一称谓可以作为他对藏传佛教律法传授和戒律传承方面作出重要贡献的高度概括。

2. 对吐蕃佛教文学发展的贡献

萨哇嘉·德哇的译著除了说一切有部律典外，主要是在藏文《大藏经》中被归入佛教礼赞类、伦理说教类、书函类的一些论典。其中就有《殊胜赞》《天胜赞》《亲友书翰》《致弟子书翰》《百智论》等一批韵味十足的诗歌，是被佛教界广泛传授的融佛教哲学与文学艺术为一体的作品。

以《殊胜赞》《天胜赞》为例，这两部论著在佛教界享有广泛的声誉。相关著述中记载，这两部作品是由两位起初信奉婆罗门教而后来皈依佛教的兄弟俩创作的，内容主要是以佛陀与非佛教教派创始人进行比较的形式，赞美佛陀的殊胜。“他俩（陀曾和德西兄弟俩）放弃了婆罗门的装束打扮，正式受持了居士戒律，并勤修大小乘佛法要义。为了评判外道上师与佛陀的善恶区别，由陀曾创作了《殊胜赞》，德西创作了《天胜赞》，将其散布到集市乃至王宫。众人将这两篇赞颂诗以歌谣的形式传唱，得到了广泛的流传”。[1]此说足以说明这两部著作在当时的社会影响。两部作品的藏译本在尊重梵文原典内容的基础上不仅做到了语言的畅通流利，而且还保持了原文格律的形式。藏文大藏经中《丹珠尔》部所收“礼赞类”更是将此两部礼赞诗排在首位，也就是说排在整个藏文大藏经中《丹珠尔》部的首位，可见其地位。随着这两部作品在吐蕃的流传，逐渐成为藏族佛教学者赞美佛陀及高僧大德的范文，对藏族“礼赞类”佛教文学体裁的产生和发展起到重要的推动作用，其影响不可谓不深刻。

此外，本书探讨和研究之萨哇嘉·德哇协同主校译师噶哇·贝则翻译的享誉佛教界的至名论典《入菩萨行论》，更是佛家脍炙人口的诗歌题材论典。从翻译的水准来说，其与原创无异，无疑具有释如石评价这部论典的以下特征：“他（指寂天）写的《入菩萨行》，充满了浓郁的佛学情感，时而洒脱飘逸，时而悲天悯人，时而超尘绝俗。在精辟恰当的议论中，呈现出深刻的哲学洞

〔1〕《赛仓罗桑华丹文集》第4卷《殊胜赞注疏》（藏文），民族出版社，2000年，第104页。原文：“དེ་གཉིས…………བྲམ་ཟེའི་ཆ་ལུགས་རྣམས་བོར་ཏེ་དགེ་བསྙེན་བཙུན་པ་སྟེ་གོ་མིའི་དགེ་བསྙེན་གྱི་སྡོམ་པ་ཡང་དག་པར་བླངས། ཐེག་པ་ཆེ་ཆུང་གི་ཆོས་ལ་མཁས་པར་སྦྱངས་ཏེ་སྟོན་པ་སངས་རྒྱས་དང་མུ་སྟེགས་པའི་སྟོན་པའི་བཟང་ངན་གྱི་ཞན་འབྱེད་པའི་ཕྱིར་མཐོ་བཙུན་གྱིས་ཁྱད་པར་འཕགས་བསྟོད་དང་། བདེ་བྱེད་ཀྱིས་ལྷ་ལས་ཕུལ་བྱུང་གི་བསྟོད་པ་བརྩམས་ཏེ་ཚོང་འདུས་དང་རྒྱལ་པོའི་ཕོ་བྲང་ཐམས་ཅད་དུ་བསྒྲགས། སྐབས་དེར་ཡུལ་དེའི་སྐྱེ་བོ་ཕལ་ཆེར་གྱིས་བསྟོད་པ་དེ་གཉིས་ཀྱི་ཚིག་གླུ་དབྱངས་སུ་ལེན་པ་སོགས་ཁྱབ་གདལ་ཤིན་ཏུ་ཆེ་བ་བྱུང་།”

见；在巧妙幽默的譬喻中，更蕴含着殷切的教诲，真不愧是一部能使顽者廉、弱者立的旷世巨著。”〔1〕

除以上所述外，敦煌藏文文献和藏文大藏经中保存的回向文、某些伦理说教类佛教文学作品，也可认为在一定程度上受到了萨哇嘉·德哇所译印度佛教文学作品的影响。

总之，萨哇嘉·德哇是一位佛教大小两乘兼通，尤其精于佛教律典的印度迦湿弥罗地区的大学者，他于吐蕃赞普赤松德赞时期进藏，在吐蕃佛经翻译事业、佛教戒律的传授、佛教文学的发展等方面作出了卓越贡献，是中印佛教文化交流史上的一位重要人物。

二、吐蕃大译师噶哇·贝则

由英藏敦煌藏文文献LOL Tib J 629号《入菩萨行论》尾题探讨该经典的初译者吐蕃译师噶哇·贝则成为本书研究的一个重要内容之一。同样，吐蕃译师的生平事迹、译经目录、佛学贡献等方面的研究亦是吐蕃佛教研究重要的内容。噶哇·贝则作为吐蕃时期最著名的学者、佛经翻译家，理应受到吐蕃佛教研究者的高度重视。近来，此问题已引起了学者的注意，如黄明信先生在《吐蕃佛教》中的相关论述、东噶先生在《东噶藏学大辞典》中的相关论述、嘎藏陀美先生的《法藏敦煌藏文写卷P.T.150号译者噶哇贝则译师研究》一文、江琼·索朗次仁的《藏传佛教前弘期噶觉尚三译者生平探析》一文等。以上这些论著虽有对噶哇·贝则生平事迹和译著目录等方面的论述，但是对其佛学思想和贡献方面鲜有涉猎。因此，对吐蕃译师噶哇·贝则的研究有待于进一步深入。

（一）噶哇·贝则的大致生平

吐蕃时期，随着佛教的引进和本土僧伽组织的建立，培养了一批精通梵藏、汉藏两种语言，甚至梵、汉、藏三种语言的佛经翻译人才，其中最有名者为“噶、角、尚三者”。噶指噶哇·贝则，根据《东噶藏学大辞典》等以往的研究成果，他诞生于西藏盘波（འཕན་ཡུལ།，现今的西藏林周县）境内，噶哇本应是他的姓氏，后逐渐演变为地名，如今该地有村落名为噶哇·玉那（སྐ་བ་ཡུལ་སྣ།），被认为是他的诞生地。他的父亲为噶哇·罗丹（སྐ་བ་བློ་ལྡན།），母亲为没庐·多杰

〔1〕 释如石编译：《入菩萨行·导论·译注·集要》，东方文化艺术研究所，1996年，序言。

坚(འབོ་བཟའ་རྡོ་རྗེ་རྒྱལ།)。[1]有些史书将其母方的姓氏加在他的姓名之前，称他为“没庐·噶哇·贝则”(འབྲོ་སྐ་བ་དཔལ་བརྩེགས།)，[2]此与当时他的母亲一系属于吐蕃赫赫有名的尚论没庐氏家族有关。

噶哇·贝则的全名为噶哇·贝则·惹肯达(སྐ་བ་དཔལ་བརྩེགས་རཀྵི་ཏ།)，“贝则”意为吉祥积，“惹肯达”(རཀྵི་ཏ།)系梵语，意为护持。另外，也有称其为班德·贝则(བནྡེ་དཔལ་བརྩེགས།)或班德·贝则·惹肯达(བནྡེ་དཔལ་བརྩེགས་རཀྵི་ཏ།)，“班德”是藏传佛教中对出家人的统称，后缀的“惹肯达”是他在出家时由授戒堪布所赐的名称，由此可知噶哇·贝则是一名出家人。从目前的资料来看，吐蕃时期初次出家的僧人中很大一部分都有后缀名称“惹肯达”，这一名称与吐蕃时期进藏传授戒律的堪布寂护的名称(他的全名为“菩提萨埵惹肯达”)一致。有学者指出噶哇·贝则是在寂护大师座前剃度为僧，[3]此说当从。

敦煌古藏文佛经文献题记中出现噶哇·贝则的署名，与以上所述相符，署名中兼有班德·贝则和比丘·贝则·惹肯达两种。如法藏P.T.150号《普贤行愿王经广释》题记中记作“此论由印度堪布智藏和主校译师班德·贝则翻译并修定”，P.T.787号《百智论》题记为“此论由印度堪布萨哇嘉·德哇和主校译师班德·贝则翻译并修定”，英藏LOL Tib J 629号《入菩萨行论》尾题为“此论由印度堪布萨哇嘉·德哇和主校译师班德·贝则翻译并修定”，而LOL Tib J 63、LOL Tib J 64、LOL Tib J 65号《二伽陀》及《二伽陀注》尾题为“主校译师比丘·贝则·惹肯达翻译并修定”。[4]

就噶哇·贝则在世的大致时间而言，具有重要说服力的一部文献当属法藏敦煌藏文文献P.T.149号《普贤行愿王经序》一文，该文明确指出：“这部经典由噶哇·贝则和觉茹·鲁益坚参、巴·热那阿扎等翻译，在吐蕃赞普赤松德赞时期，赞普之心腹巴·贝强观修，……得普贤悉地。……”[5]

---

〔1〕《东噶藏学大辞典》(藏文)，中国藏学出版社，2002年，第208页。

〔2〕娘·尼玛韦色：《娘氏佛教源流·花蕊蜜汁》(藏文)，西藏藏文古籍出版社，1988年，第307页。

〔3〕土登维色旦白尼玛：《宁玛教派源流》(藏文)，西藏人民出版社，1992年，第268页。

〔4〕［日］山口瑞风等编：《斯坦因搜集敦煌藏文文献目录》第一册，第68—70页。

〔5〕金雅声、郭恩主编：《法国国家图书馆藏敦煌藏文文献》第三册，上海古籍出版社，2007年，第363页。

巴·贝强(同巴·贝央)是继巴·益西旺布之后的第二任吐蕃"佛教宗师",是主持吐蕃僧诤的主要人物,吐蕃僧诤结束后不久他与赞普意见不合,便辞退要职到藏南帕罗闭关修行。根据学者的研究吐蕃僧诤发生于795年前后,那么,可以肯定的是,噶哇·贝则在吐蕃赞普赤松德赞时期的795年以前就已经着手佛经翻译工作,而且已有相当的名气,正因如此,他受赞普赤松德赞之嘱托翻译完成了莲花戒的名作《中观光明论》,此文是作为吐蕃僧诤结论的纲领性文件《见次第》的注解。

相关史书也指出了噶哇·贝则在吐蕃赞普赤松德赞时期的相关活动情况。如史书《花蕊蜜汁》指出,将堪布寂护和莲花生大师迎请到吐蕃建立桑耶寺并主持开光仪式后,赞普赤松德赞要求两位大师传法,命令觉如·鲁益坚参和噶哇·贝则承担翻译工作。[1]另外,还指出赞普赤松德赞从印度迎请密宗大师比玛拉·米扎(པཎྜི་ཏ་ཆེན་པོ་བི་མ་ལ་མི་ཏྲ།)时,所派遣的使者也是以噶哇·贝则为首的角茹·鲁益坚参和玛·仁钦乔三人。[2]《五部遗教》亦指出由噶哇·贝则翻译寂护所讲的经义。[3]

此外,佛经译经题记也能证实噶哇·贝则在吐蕃赞普赤松德赞时期就已经进入了吐蕃著名的译师之列,如《金刚摧破陀罗尼释》(རྡོ་རྗེ་རྣམ་པར་འཇོམས་པ་ཞེས་བྱ་བའི་གཟུངས་ཀྱི་བཤད་པ།)的尾题为:"寂护所著,由寂护与译师贝则翻译。"[4]《古谭花鬘》一书指出:"派遣噶、觉、尚三者去印度迎请班智达,当他们尚未返还时赞普仙逝。"[5]

通过以上重要文献和译经题记,可以确定桑耶寺建成之后到吐蕃僧诤时期,噶哇·贝则已是吐蕃翻译界的重要人物了,"他还主持了总结翻译经验、统一名词术语的《翻译名义大集》"。[6]

吐蕃赞普赤松德赞去世后由其幼子赤德松赞继位。赤德松赞在位期间大力提倡佛教,在文字改革的基础上,对先前所译的佛教经典进行了新的厘定,制定并颁布了佛经翻译准则和范围。此次厘定工作噶哇·贝则理应参

---

〔1〕 娘·尼玛韦色:《娘氏佛教源流·花蕊蜜汁》(藏文),第282—286页。
〔2〕 同上书,第303—307页。
〔3〕 多吉杰博整理:《五部遗教》(藏文),民族出版社,1986年,第120页。
〔4〕 楚成仁钦编著:《德格版〈丹珠尔〉目录》(藏文),第726页。
〔5〕《西藏史籍五部》(藏文),西藏藏文古籍出版社,1988年,第23页。
〔6〕 黄明信:《吐蕃佛教》,中国藏学出版社,2010年,第171页。另外,章嘉·乳贝多杰在《正字智者之源》中也认为噶哇·贝则、角茹·鲁益坚参等整理了这部词典。

与。[1]另外，吐蕃时期先后编纂了三部佛经译经目录，主持者也是噶哇·贝则，其中的《旁塘目录》中称其为“至尊译师”(སྒྲ་བསྒྱུར་གྱི་ཞྲ།)。[2]

噶哇·贝则译经工作的黄金时段应为吐蕃赞普赤松德赞后期、赤德松赞时期和赤热巴巾执政时期(798—836年)，此时他已成为吐蕃佛教界的栋梁。几乎所有的重大佛教活动他都参与其中，发挥着重要的作用。并且，他的一系列重要著作及编著也似是在此时撰写完成。

有关他的辞世时间，藏文著名史书《贤者喜宴》记载：“修建完温姜多寺(འུ་ཤང་རྡོ།)，没过多久译师噶、角、尚三者便圆寂，他们的灵塔建在诃波山(དས་པོ་རི།)周围。”[3]《汉藏史籍》则明确赤热巴巾修建温姜多九层佛阁的时间为铁猪年，[4]即公元831年。由此可以断言，噶哇·贝则在世的时间较长，去世时年近八九十高寿。

综上所述，噶哇·贝则在世的大致时间为吐蕃赞普赤松德赞至赤热巴巾执政时期，约755—831年。他是一位杰出的翻译家，也是一位佛学大师。

（二）噶哇·贝则的著述及思想

噶哇·贝则作为吐蕃时期的著名佛教人物之一，对推动吐蕃佛教的发展作出了重要贡献，他的重要著作和编著至今留存在藏文大藏经及敦煌文献中。

关于噶哇·贝则的著述，《布顿佛教史》指出：“《诸经藏中所出佛语集》《消除内心有外境念想论》《三相略论》《见次第要门》，后者需考证。”[5]《贤者喜宴》中亦指出：“噶哇·贝则所著《诸经藏中所出佛语集》《消除内心有外境念想论》《三相略论》。”[6]

通过查看藏文《大藏经》发现，目前存世的有《教宝说和释迦系谱》(与布顿所说《诸经藏中所出佛语集》相同。གསུང་རབ་རིན་པོ་ཆེའི་གཏམ་རྒྱུད་དང་ཤཱཀྱའི་རབས་རྒྱུད།)。此外，《法门备忘》(ཆོས་ཀྱི་རྣམ་གྲངས་ཀྱི་བརྗེད་བྱང་།)亦属贝则著述。《见次第

〔1〕作为学界公认的公元814年藏语厘定工作成果的《声明要领二卷》中未曾出现噶哇·贝则的姓名，参与其中的吐蕃学者的姓名也以梵文转写形式出现，这些学者的身份尚不甚明了，笔者认为噶哇·贝则理应参与了此事。

〔2〕西藏博物馆编：《旁塘目录；声明要领二卷》(藏文)，第3页。

〔3〕巴卧·祖拉陈瓦：《贤者喜宴》(藏文)，第419页。

〔4〕班觉桑布：《汉藏史集》(藏文)，四川民族出版社，1985年，第202页。

〔5〕布顿·仁钦竹：《布顿佛教史》(藏文)，第309页。

〔6〕巴俄·祖拉陈瓦：《贤者喜宴》(藏文)，第402页。

要门》(ལྟ་བའི་རིམ་པའི་མན་ངག)一文，布顿贤者认为有待于从学理上作进一步的考证，史学家巴俄·祖拉陈瓦未将该论纳入其著述原因似乎也在于此。布顿、巴俄所说《消除内心有外境念想论》《三相略论》两部不存于藏文《大藏经》，《丹珠尔目录》所载《经中难义释散结》(མདོའི་དཀའ་འགྲེལ་མི་ཤེས་མདུད་འགྲོལ།)等著作似已遗失。

据敦煌藏文文献LOL Tib J 374《施供养品》(མཆོད་པའི་ལེའུ།)题记，该短文也为噶哇·贝则的著述。该文篇幅较短，故全文录文如下：

༄། །དགོངས་ཤིག །རྒྱལ་བའི་འཁོར་བཅས་རྣམས། །བོད་ཁམས་ཀྱི་ནི་བགེགས་གཞིལ་ཕྱིར། །གཞལ་ཡས་ཁང་འདིར་གཤེགས་སུ་གསོལ། །

སྟོན་པའི་ཐུགས་རྗེ་བྱིན་རླབས་དང་། །བདག་ཅག་གི་ནི་དད་པའི་མཐུས། །ནམ་ཀ་འི་མཐའ་དག་མ་ལུས་པར། །ལྷ་རྫས་མཆོག་གིས་བཀང་སྟེ་

མཆོད། །བདེར་གཤེགས་ཆེ་བའི་ཡོན་ཏན་དང་། །བདག་ཅག་གི་ནི་དགེ་བའི་མཐུས། །ཡུལ་ཕྱོགས་སུ་ནི་ཞི་བ་དང་། །བོད་ཁམས་བགེགས་

རྣམས་བསལ་དུ་གསོལ། །བྱང་ཆུབ་སེམས་དཔའ་རྣམས་ལ་མཆོད་པའ། །རབ་དག་དྲི་མྱེད་ལ་བསྟོགས་པའ། །རབ་དུ་མཐུའ་བརྟེན་བསྐྱབས་གསྟོ

ཏེ། །ལྷ་མྱེད་མཆོད་པ་འདྲི་ཕུལ་བས། །སྲས་ཀྱིས་དམ་པའི་འཁོར་བཅས་ཀྱིས། །སྤྱན་ཀྱི་དམ་ཚོགས་རྗེ་དགོངས་སྟེ། །འཕགས་པའི་ཐུགས་རྗེ་བྱིན་རླབས་

ཀྱིས། །བོད་ཁམས་བགེགས་རྣམས་བསལ་དུ་གསོལ། །འཕགས་པ་དགྲ་བཅོམ་པ་རྣམས་ལ་མཆོས་པའ། །གནས་བརྟན་ཆེན་པོ་འཁོར་བཅས་སྟེ། །

བ་ར་དྭ་ཚ་ལས་བསྟོགས་ལ། །རབ་དུ་བཞུའ་བརྟེན་བསྐྱབས་གསོལ་སྟེ། །ལྷ་མྱེད་མཆོད་པ་འདི་ཕུལ་བས། །སྤྱིན་གནས་ཆེན་པོ་འཁོར་བཅས་ཀྱིས། །

སྤྱན་ཀྱི་དམ་ཚོགས་རྗེ་དགོངས་སྟེ། །འཕགས་པའི་ཐུགས་རྗེ་བྱིན་རླབས་ཀྱིས། །བོད་ཁམས་བགེགས་རྣམས་གཞིལ་དུ་གསོལ། །གཙུགླ་

ཁམས་ཀྱི་ལྷ་རྣམས་ལ་མཆོད་པའ། །ཚངས་པའི་རྒྱལ་པོ་ཆེན་པོ་ནས། །ཚངས་རིས་ཀྱི་ནི་ལྷ་རྣམས་ལ། །རབ་དུ་བཞུའ་བརྟེན་བསྐྱབས་གསྟོ

སྟེ། །ལྷ་མྱེད་མཆོད་པ་འདྲི་ཕུལ་བས་ཚངས་རིས་ཀྱི་ནི་ལྷ་རྣམས་ཀྱིས། །སྤྱན་ཀྱི་དམ་ཚོགས་རྗེ་དགོངས་ཞིང་ཁྱེད་ཀྱི་ཐུགས་རྗེ་བྱིན་རླབས་ཀྱིས

༄། །བོད་ཁམས་བགེགས་རྣམས་བསལ་དུ་གསོལ།། འདོད་ཁམས་ཀྱི་ལྷ་རྣམས་ལ་མཆོད་པའ། །གཞན་འཕྲུལ་དབང་གི་ལྷ་ཆེན་ནས། །བརྒྱ་འབྱིན་

ལྷ་འི་དབང་པོ་ལ། །རབ་དུ་བཐུའ་བརྟེན་བསྐྱབས་གསོལ་སྟེ། །ལྷ་སྲིད་མཆོད་པ་འདི་ཕུལ་བས། །འདོད་ཁམས་ཀྱི་ནི་ལྷ་རྣམས་
ཀྱིས། །སྟོན་ཀྱི་དམ
ཚིགས་བརྗེ་དགོངས་སྟེ། །ཁྱེད་ཀྱི་ཐུགས་རྗེ་བྱིན་རླབས་ཀྱིས། །བོད་ཁམས་བགེགས་རྣམས་བསལ་དུ་གསོལ། ། རྒྱལ་ཆེན་རིགས་
བཞི་ལ
མཆོད་པའ། །ཡུལ་འཁོར་སྲུང་ནི་ལས་བསྒོགས་པའ། །རབ་དུ་མཐུའ་བརྟེན་བསྐྱབས་གསོལ་སྟེ། །ལྷ་སྲིད་མཆོད་པ་འདི་ཕུལ་
བས། །རྒྱལ་ཆེན་རིགས་བཞི་འཁོར་བཅས་ཀྱིས། །
སྟོན་ཀྱི་དམ་ཚིགས་རྗེ་དགོངས་ཤིང། །ཁྱེད་ཀྱི་ཐུགས་རྗེ་བྱིན་རླབས་ཀྱིས། །བོད་ཁམས་བགེགས་རྣམས་བསལ་དུ་གསོལ། །ཕྱོགས་
སྐྱོང་བཅུ་ལ་མཆོད་པ། །

དབང་པོ་རྡོ་རྗེ་ལས་སྒོགས་ལ། །རབ་དུ་མཐུའ་བརྟེན་སྐྱབས་གསོལ་སྟེ། །ལྷ་སྲིད་མཆོད་པ་འདི་འབུལ་བས། །མགོན་པོ་འཁོར་
བཅས་ཐམས་ཅད
ཀྱིས། །སྟོན་ཀྱི་དམ་ཚིགས་རྗེ་དགོངས་སྟེ། །ཁྱེད་ཀྱི་ཐུགས་རྗེ་བྱིན་རླབས་ཀྱིས་། ། བོད་ཁམས་བགེགས་རྣམས་བསལ་དུ་གསོལ།
།ལྷ་ཀླུ་སྲི་བརྒྱད་ལ་མཆོ
པའ། །ལྷ་ཀླུ་སྲི་བརྒྱད་ལས་བསྒོགས་ལ། ། རབ་དུ་མཐུའ་བརྟེན་སྐྱབས་གསོལ་སྟེ། །ལྷ་སྲིད་མཆོད་པ་འདི་འབུལ་བས། ལྷ་ཀླུ་སྲི་
བརྒྱད་འཁོར
བཅས་ཀྱིས། །སྟོན་དམ་ཚིགས་རྗེ་དགོངས་སྟེ། ། ཁྱེད་ཀྱི་ཐུགས་རྗེ་བྱིན་རླབས་ཀྱིས། །བོད་ཁམས་བགེགས་རྣམས་བསལ་དུ་
གསོལ། །
གཙུག་ལག་ཁང་གི་སྲུངས་མ་ལ་མཆོད་པའ། །འཛམ་གླིང་མཆོད་རྟེན་སྲུངས་མཛད་ཅིང། །ཕྲན་ཙ་ཀ་ནི་ལས་སྒོགས་ལ། །རབ་
དུ་མཐུའ་བརྟེན་

༄། །སྐྱབས་གསོལ་སྟེ། །ལྷ་སྲིད་མཆོད་པ་འདི་ཕུལ་བས། །སྲུངས་མ་འཁོར་བཅས་ཐམས་ཅད་ཀྱིས། །སྟོན་ཀྱི་དམ་ཚིགས་རྗེ་
དགོངསྟེ། །ཁྱེད
ཀྱི་ཐུགས་རྗེ་བྱིན་རླབས་ཀྱིས། །བོད་ཁམས་བགེགས་རྣམས་བསལ་དུ་གསོལ། ། ཕྱོགས་བཅུ་འབྱུང་པོ་རྣམས་ལ་མཆོད་པའ།
།འབྱུང་པོ
རྒྱལ་པོ་གདོན་གྱི་བདག ༎ ཕྱོགས་མཚམས་གདོན་ཀྱི་ཚོགས་བཅས་ལ། །རབ་དུ་མཐུའ་བརྟེན་སྐྱབས་གསོལ་སྟེ། །ལྷ་སྲིད་མཆོད་
པ་འདི
ཕུལ་བས། །འབྱུངས་པོ་འཁོར་བཅས་ཐམས་ཅད་ཀྱིས་། །སྟོན་ཀྱི་དམ་ཚིགས་རྗེ་དགོང་ཞིང་ཁྱེད་ཀྱི་ཐུགས་རྗེ་བྱིན་རླབས་ཀྱིས་
བདག་ཅག
གི་བསམ་སྒྲུབ་མཛད། ། །༄། །མཆོད་པ་བསྡུས་པླེ་ལེའུ་རྫོགས་སྷོ། །དགེ་སློང་དཔལ་བརྩེགས་ཀྱི་མཆོད་པའི་ལེའུ་ལགསྷོ། །༡ །༢

该文的结构与藏族民间宗教中祭祀山神时所用的祭文结构相似，以重复的句式祈请各种神灵保护蕃地的众生免遭各种魔障，其中的神灵包括佛、菩萨、阿罗汉、色界神灵、欲界神灵、四大天王、十方神、天龙八部、护法神、十方饿鬼等出世间和世间神灵，体现了本土文化与佛教文化的一种融合形态，似是贝则早期的著述。他的这些著作无疑对佛教的本土化及藏传佛教的形成起到了重要的推动作用。

从吐蕃时期迎请的印度大德的背景和所传佛经的情况而言，吐蕃在赤松德赞朝所接受的佛教思想主要为瑜伽行中观自续派。然而不久，这一佛教主体思想便受到来自汉地的以摩诃衍为首的禅宗思想的挑战，进而发生了持续几年的吐蕃僧诤。对于争论的结果，学术界有两种完全不同的看法。王森先生指出："从现有的材料看起来，禅宗在西藏的影响并没有断绝，并且一直影响到后来的宁玛、噶举等派，而从当时译经目录上看，却是莲华戒等所传中观宗居于主流。可以说，在当时大概是印僧占了上风。"[1]此次争辩结束不久，作为吐蕃的僧侣之一，在吐蕃译师中占据一席之位的噶哇·贝则翻译了莲华戒的重要驳文之一《中观光明论》。此外，他亦翻译有《百智论》等中观论典。从其所著《三相略论》《见次第要门》等著作的名称和内容方面来看，他接受的佛教思想也与当时的寂护、莲华戒等一脉相连，属瑜伽行中观自续派，而非禅宗。[2]

（三）噶哇·贝则对藏族佛经翻译事业的贡献

噶哇·贝则是吐蕃佛经翻译事业最盛时期最著名的九大译师之一，他对藏族佛经翻译事业所作出的贡献是巨大的，所翻译和主校的佛经多达近一百部，其详细译经目录如下：[3]

1. 噶哇·贝则协同印度班智达翻译的经、论目录

所译经、论名称	译　者	校勘、审订者	《大藏经》中的位置
《圣般若波罗蜜多摄要颂》 ཤེས་རབ་ཀྱི་ཕ་རོལ་གྱི་ཕྱིན་པའི་བསྡུས་དོན་གྱི་ཚིགས་སུ་བཅད་པ་སྡུད་པ་བམ་པོ་ཕྱེད་དང་གཉིས་པ།	印度堪布布底·桑哈、译师比丘贝则 པཎྜི་ཏ་བིདྱཱ་སིང་ཏ་དང་། ལོ་ཙ་བ་བནྡེ་དཔལ་བརྩེགས།		《甘珠尔》般若与新译部Ka函

〔1〕 王森：《西藏佛教发展史略》，中国藏学出版社，2009年，第14页。

〔2〕《五部遗教》记载噶哇·贝则为顿门一派，见《五部遗教》，第463—464页。

〔3〕 本目录依据司徒·曲吉穹乃所编《大藏经〈甘珠尔〉总目录》和楚成仁钦所编《德格版〈丹珠尔〉目录》汇总，以下只标所在经部和函目。

续　表

所译经、论名称	译　者	校勘、审订者	《大藏经》中的位置
《圣说无边门清净品大乘经》 སྒོ་མཐའ་ཡས་པ་རྣམ་པར་སྦྱང་བའི་ལེའུ་བམ་པོ་བཞི་པ།	印度堪布苏仁扎·菩提、译师比丘贝则 རྒྱ་གར་གྱི་མཁན་པོ་སུ་རེནྡྲ་བོ་དྷི་དང་། ལོ་ཙྪ་བ་བནྡེ་དཔལ་བརྩེགས་རཀྵི་ཏ།		《甘珠尔》宝积经Ka函
《圣入无分别陀罗尼》 འཕགས་པ་རྣམ་པར་མི་རྟོག་པར་འཇུག་པའི་གཟུངས་སྔགས་ཀ་བརྒྱ་ཉེ་ཤུ་པ།	班智达孜纳·弥扎、达那·喜拉、译师噶哇·贝则 པཎྜི་ཏ་ཛི་ན་མི་ཏྲ་དང་། དཱ་ན་ཤཱི་ལ་དང་། ལོ་ཙྪ་བ་སྐ་བ་དཔལ་བརྩེགས།		《甘珠尔》经部Pa函
《圣紧那罗王树所问大乘经》 འཕགས་པ་མིའམ་ཅིའི་རྒྱལ་པོ་སྡོང་པོས་ཞུས་པ་བམ་པོ་ལྔ་པ།	བྱང་ཆུབ་སེམས་དཔའ་ལྷའི་ཅོད་པན་དང་། ལོ་ཙྪ་བ་བནྡེ་དཔལ་གྱི་ལྷུན་པོ་དང་། དཔལ་བརྩེགས། 天冠菩萨、译师贝吉隆布、贝则		《甘珠尔》经部pha函
《圣三皈依大乘经》 འཕགས་པ་གསུམ་ལ་སྐྱབས་སུ་འགྲོ་བ་ཞེས་བྱ་བའི་མདོ་སུམ་ཅུ་པ།	པཎྜི་ཏ་སརྦ་ཛྙཱ་དེ་བ་དང་། ལོ་ཙྪ་བ་བནྡེ་དཔལ་བརྩེགས། 班智达萨哇嘉·德哇、译师贝则		《甘珠尔》经部dza函
《圣诸佛大乘经》 འཕགས་པ་སངས་རྒྱས་བགྲོ་བ་ཞེས་བྱ་བའི་མདོ་བམ་པོ་གསུམ་པ།	ལོ་ཙྪ་བ་བནྡེ་དཔལ་དབྱངས་དང་། དཔལ་བརྩེགས། 译师贝央、贝则		《甘珠尔》经部dza函
《大集大乘经中如来吉祥三摩耶大乘经》 འདུས་པ་ཆེན་པོ་ཞེས་བྱ་བ་ཐེག་པ་ཆེན་པོའི་མདོ་ལས་དེ་བཞིན་གཤེགས་པའི་དཔལ་གྱི་དམ་ཚིག་ཅེས་བྱ་བའི་མདོ་བམ་པོ་གསུམ་དང་ལེའུ་བཞི་པ།	རྒྱ་གར་གྱི་མཁན་པོ་སརྦ་ཛྙཱ་དེ་བ་དང་། དཔལ་བརྩེགས། 班智达萨哇嘉·德哇、译师贝则		《甘珠尔》经部dza函
《圣住处经》 གནས་འཇོག་གི་མདོ་སྔགས་ཀ་ཉེ་ཤུ་པ།	རྒྱ་གར་གྱི་མཁན་པོ་སརྦ་ཛྙཱ་དེ་ཝ་དང་། ལོ་ཙྪ་བ་བནྡེ་དཔལ་བརྩེགས་ལ་སོགས་པ། 班智达萨哇嘉·德哇、译师贝则等		《甘珠尔》经部sa函

续　表

所译经、论名称	译　者	校勘、审订者	《大藏经》中的位置
《圣佛阿波陀那有知者经》 སངས་རྒྱས་ཀྱི་རྟོགས་པ་བརྗོད་པ་ཤེས་ལྡན་གྱི་མདོ་སྣ་ཀ་བཙྪ་ལ་པ།	རྒྱ་གར་གྱི་མཁན་པོ་བིདྱཱ་ཀ་ར་སིཾ་ཧ་དང་། སརྦ་ཛྙཱ་དེ་ཝ་དང་། ལོ་ཙཱ་བ་བནྡེ་དཔལ་བརྩེགས། 印度堪布布底噶热·桑哈、萨哇嘉·德哇、译师贝则		《甘珠尔》经部ama函
《金刚心金刚焰陀罗尼》 རྡོ་རྗེ་སྙིང་པོ་རྡོ་རྗེ་ལྡེ་འབར་བ་ཞེས་བྱ་བའི་གཟུངས།	དང་པོ་སྐ་བ་དཔལ་བརྩེགས་ཀྱི་འགྱུར་ལ། ཕྱིས་གཞན་ལོ་དར་མ་གྲགས་ཀྱི་འགྱུར། 初由贝则译，后经念译师达摩扎改译。		《甘珠尔》怛特罗部ja函
《大毗卢遮那现等觉神变加持方广经帝王法门》 རྣམ་པར་སྣང་མཛད་ཆེན་པོ་མངོན་པར་བྱང་ཆུབ་པ་རྣམ་པར་སྤྲུལ་པ་བྱིན་གྱིས་རློབས་པ་ཤིན་ཏུ་རྒྱས་པ་མདོ་སྡེའི་རྒྱལ་པོ་རིམ་པར་ཕྱེ་བ་ཉི་ཤུ་རྩ་དྲུག་པ། དེའི་རྒྱུད་ཕྱི་མ་རིམ་པར་ཕྱེ་བ་བདུན་དང་བཅས་པ།	རྒྱ་གར་གྱི་མཁན་པོ་ཤཱི་ལེནྡྲ་བོ་དྷི་དང་། ལོ་ཙཱ་བ་བནྡེ་དཔལ་བརྩེགས། 印度堪布喜林扎·菩提、译师比丘贝则		《甘珠尔》怛特罗部ta函
《圣持金刚最上明大怛特罗》 ཕྱག་ན་རྡོ་རྗེ་རིག་པ་མཆོག་གི་རྒྱུད་ཆེན་པོ།	རྒྱ་གར་གྱི་མཁན་པོ་བིདྱཱ་ཀ་ར་པྲ་བྷ་དང་། ལོ་ཙཱ་བ་བནྡེ་དཔལ་བརྩེགས། 印度堪布布底噶热·巴热八、译师比丘贝则		《甘珠尔》怛特罗部dza函
《圣回向大王真言》 འཕགས་པ་ཡོངས་སུ་བསྔོ་བའི་རྒྱལ་པོ་སྔགས་དང་བཅས་པ་བམ་པོ་གཉིས་པ།	པཎྜི་ཏ་བིདྱཱ་ཀ་ར་པྲ་བྷ་དང་། ལོ་ཙཱ་བ་ཡེ་ཤེས་སྙིང་པོ་དང་དཔལ་བརྩེགས་རཀྵི་ཏ་སོགས། 印度堪布布底噶热·巴热八、译师益西宁布、贝则惹肯达等		《甘珠尔》怛特罗部wa函
《殊胜赞》[1] ཁྱད་པར་འཕགས་པ་བསྟོད།	རྒྱ་གར་གྱི་མཁན་པོ་སརྦ་ཛྙཱ་དེ་ཝ་དང་། ཞུ་ཆེན་གྱི་ལོ་ཙཱ་བ་རིན་ཆེན་མཆོག་གི་འགྱུར། སྐད་ཀྱི་ལོ་ཙཱ་བ་དཔལ་བརྩེགས་རཀྵི་ཏས་		《丹珠尔》礼赞部ka函

〔1〕 根据《德格版〈丹珠尔〉目录》，此论初由萨哇嘉·德哇和译师仁钦乔翻译，后由噶哇·贝则重译并审订。楚成仁钦编著：《德格版〈丹珠尔〉目录》（藏文），第605页。

续 表

所译经、论名称	译　者	校勘、审订者	《大藏经》中的位置
	བསྒྱུར་ཅིང་ཞུས་ཏེ་གཏན་ལ་ཕབ་པ། 初由印度堪布萨哇嘉·德哇和主校译师仁钦乔翻译，后经译师贝则惹肯达该译修订。		
《薄伽梵圣德赞》 བསྔགས་འོས་བསྟོད་བསྔགས།	རྒྱ་གར་གྱི་མཁན་པོ་སརྦ་ཛྙ་དེ་ཝ་དང་། ཞུ་ཆེན་གྱི་ལོ་ཙྪ་བ་དཔལ་བརྩེགས་རཀྵི་ཏ། 印度堪布萨哇嘉·德哇、主校译师贝则惹肯达		《丹珠尔》礼赞部ka函
《三宝吉祥赞》 དཀོན་མཆོག་གསུམ་ལ་བཀྲ་ཤིས་ཀྱི་བསྟོད་པ།	རྒྱ་གར་གྱི་མཁན་པོ་བིདྱཱ་ཀ་ར་སིཾ་ཧ་པྲ་བྷ་དང་། ཞུ་ཆེན་གྱི་ལོ་ཙྪ་བ་བནྡེ་དཔལ་བརྩེགས་རཀྵི་ཏ། 印度堪布布底噶热桑哈·巴热八、主校译师比丘贝则惹肯达		《丹珠尔》礼赞部ka函
《薄伽梵赞吉祥执金刚歌》 བཅོམ་ལྡན་འདས་ལ་བསྟོད་པ་དཔལ་རྡོ་རྗེ་འཛིན་གྱི་དབྱངས།	རྒྱ་གར་གྱི་མཁན་པོ་བིདྱཱ་ཀ་ར་པྲ་བྷ་དང་། ཞུ་ཆེན་གྱི་ལོ་ཙྪ་བ་དཔལ་བརྩེགས་རཀྵི་ཏ། 印度堪布布底噶热·巴热八、主校译师贝则惹肯达		《丹珠尔》礼赞部ka函
《薄伽梵赞吉祥执金刚歌广释》 བཅོམ་ལྡན་འདས་ལ་བསྟོད་པ་དཔལ་རྡོ་རྗེ་འཛིན་གྱི་དབྱངས་ཀྱི་རྒྱ་ཆེར་བཤད་པ།	རྒྱ་གར་གྱི་མཁན་པོ་བིདྱཱ་ཀ་ར་པྲ་བྷ་དང་། ཞུ་ཆེན་གྱི་ལོ་ཙྪ་བ་དཔལ་བརྩེགས་རཀྵི་ཏ། 印度堪布布底噶热·巴热八、主校译师贝则惹肯达		《丹珠尔》礼赞部ka函
《毗卢遮那现等觉怛特罗摄义》 རྣམ་པར་སྣང་མཛད་མངོན་པར་རྫོགས་པར་བྱང་ཆུབ་པའི་རྒྱུད་ཀྱི་བསྡུས་པའི་དོན།	རྒྱ་གར་གྱི་མཁན་པོ་ཤཱི་ལེནྡྲ་བོ་དྷི་དང་། ཞུ་ཆེན་གྱི་ལོ་ཙྪ་བ་དགེ་སློང་དཔལ་བརྩེགས་རཀྵི་ཏ། 印度堪布喜林扎·菩提、主校译师比丘贝则惹肯达		《丹珠尔》怛特罗部nyu函
《上禅定次第广释》 བསམ་གཏན་ཕྱི་མ་རིམ་པར་ཕྱེ་བ་རྒྱ་ཆེར་བཤད་པ་སློབ་དཔོན་སངས་རྒྱས་གསང་བས་མཛད་པ།	རྒྱ་གར་གྱི་མཁན་པོ་བིདྱཱ་ཀ་ར་པྲ་བྷ་དང་ །ཞུ་ཆེན་གྱི་ལོ་ཙྪ་བ་བནྡེ་དཔལ་བརྩེགས། 印度堪布布底噶热·巴热八、主校译师贝则惹肯达		《丹珠尔》怛特罗部thu函

续　表

所译经、论名称	译　者	校勘、审订者	《大藏经》中的位置
《金刚摧破陀罗尼释》 རྡོ་རྗེ་རྣམ་པར་འཇོམས་པ་ཞེས་བྱ་བའི་གཟུངས་ཀྱི་བཤད་པ།	ལོ་ཙཱ་བ་དཔལ་བརྩེགས། 译师贝则		《丹珠尔》恒特罗部 thu 函
《金刚摧破陀罗尼释金刚灯》 རྡོ་རྗེ་རྣམ་པར་འཇོམས་པའི་གཟུངས་ཞེས་བྱ་བའི་རིམ་པར་ཕྱེ་བའི་རྒྱ་ཆེར་འགྲེལ་པ་གསལ་བའི་སྒྲོན་མེ།	སློབ་དཔོན་བུདྡྷ་གུ་ཧྱ་དང་། ལོ་ཙཱ་བ་བནྡེ་སྐ་བ་དཔལ་བརྩེགས་རཀྵི་ཏ། 阿阇黎佛密、译师比丘噶哇·贝则惹肯达	སླད་ཀྱིས་རྒྱ་གར་གྱི་མཁན་པོ་ཆེན་པོ་ཤྲདྡྷཱ་ཀ་ར་ཝརྨ་དང་། ལོ་ཙཱ་བ་ཆེན་པོ་རིན་ཆེན་བཟང་པོས་རྒྱ་དཔེ་དང་གཏུགས་ནས་བཅོས་པ། 复由印度大堪布西热达噶热·瓦玛、大译师仁欠桑布审订	《丹珠尔》恒特罗部 thu 函
《曼荼罗法略摄》 དཀྱིལ་འཁོར་གྱི་ཆོ་ག་མདོར་བསྡུས་པ།	ལོ་ཙཱ་བ་སྐ་བ་དཔལ་བརྩེགས་སོགས། 译师噶哇·贝则等		《丹珠尔》恒特罗部 tsu 函
《般若波罗蜜多优波提舍论现观庄严注》 ཤེས་རབ་ཀྱི་ཕ་རོལ་ཏུ་ཕྱིན་པའི་མན་ངག་གི་བསྟན་བཅོས་མངོན་པར་རྟོགས་པའི་རྒྱན་ཞེས་བྱ་བའི་འགྲེལ་པ།	རྒྱ་གར་གྱི་མཁན་པོ་བི་དྱཱ་ཀ་ར་པྲ་བྷ་དང་།ཞུ་ཆེན་གྱི་ལོ་ཙཱ་བ་བནྡེ་དཔལ་བརྩེགས། 印度堪布布底噶热·巴热八、主校译师比丘贝则	སླད་ཀྱི་པཎྜི་ཏ་དཔལ་གོ་མི་འཆི་མེད་དང་། ལོ་ཙཱ་བ་དགེ་སློང་བློ་ལྡན་ཤེས་རབ་ཀྱིས་ལེགས་པར་བཅོས་ཤིང་གཏན་ལ་ཕབ་པ། 复由印度班智达郭弥曲米、译师比丘洛丹西绕审订	《丹珠尔》般若部 ja 函
《集颂难语释》 སྡུད་པ་ཚིགས་སུ་བཅད་པའི་དཀའ་འགྲེལ།	རྒྱ་གར་གྱི་མཁན་པོ་བི་ཛ་སིང་ཧ་ཀ་ར་དང་ཞུ་ཆེན་གྱི་ལོ་ཙཱ་བ་བནྡེ་དཔལ་བརྩེགས། 印度堪布布雅桑达噶热、主校译师比丘贝则		《丹珠尔》般若部 nya 函
《诤回颂》 རྩོད་པ་བཟློག་པའི་ལེའུ་བྱས་པ།	རྒྱ་གར་གྱི་མཁན་པོ་ཛྙཱ་ན་གརྦྷ་དང་། ལོ་ཙཱ་བ་སྐ་བ་དཔལ་བརྩེགས། 印度堪布智藏、译师噶哇·贝则	སླད་ཀྱིས་ཁ་ཆེའི་པཎྜི་ཏ་ཛ་ཡ་ཨ་ནནྟ་དང་ལོ་ཙཱ་བ་ཁུ་མདོ་སྡེ་དཔལ་གྱིས་བཅོས་པ། 复由克什米尔班智达杂雅阿难陀、译师库多迪拜审订	《丹珠尔》中观部 tsa 函

续 表

所译经、论名称	译 者	校勘、审订者	《大藏经》中的位置
《诤回颂疏》 རྩོད་པ་བཟློག་པའི་འགྲེལ་པས་དང་པོ་ལ་རབ་ཏུ་དགའ་བ་ལ་བཞུགས་པ་སློབ་དཔོན་འཕགས་པ་ནཱ་གཱ་རྫུ་ནས་མཛད་པ།	རྒྱ་གར་གྱི་མཁན་པོ་ཛྙཱ་ན་གརྦྷ་དང་། ལོ་ཙཱ་བ་དཔལ་བརྩེགས་རཀྵི་ཏ། 印度堪布智藏、译师贝则惹肯达		《丹珠尔》中观部 tsa 函
《迷乱摧坏正理因成就》 འཁྲུལ་བ་བཟློག་པའི་རིགས་པ་གཏན་ཚིགས་གྲུབ་པ།	རྒྱ་གར་གྱི་མཁན་པོ་སརྦ་ཛྙཱ་དེ་ཝ་དང་། ཞུ་ཆེན་གྱི་ལོ་ཙཱ་བ་དཔལ་བརྩེགས། 印度堪布萨哇嘉·德哇、主校译师贝则		《丹珠尔》中观部 tsha 函
《入菩萨行论》 བྱང་ཆུབ་སེམས་དཔའི་སྤྱོད་པ་ལ་འཇུག་པ།	རྒྱ་གར་གྱི་མཁན་པོ་སརྦ་ཛྙཱ་དེ་ཝ་དང་། ཞུ་ཆེན་གྱི་ལོ་ཙཱ་བ་དཔལ་བརྩེགས་ཀྱིས་ཁ་ཆེའི་དཔེ་ལས་ཞུས་ཏེ་གཏན་ལ་ཕབ་པ། 印度堪布萨哇嘉·德哇、主校译师贝则惹肯达依据克什米尔本译定。	སླད་ཀྱིས་རྒྱ་གར་གྱི་མཁན་པོ་དྷརྨ་ཤྲཱི་བྷ་དྲ་དང་། ཞུ་ཆེན་གྱི་ལོ་ཙཱ་བ་རིན་ཆེན་བཟང་པོ་དང་། ཤཱཀྱ་བློ་གྲོས་ཀྱིས་ཡུལ་དབུས་ཀྱི་དཔེ་འགྲེལ་པ་དང་མཐུན་པར་བཅོས་པ། སླར་ཡང་དུས་ཕྱིས་རྒྱ་གར་གྱི་མཁན་པོ་སུ་མ་ཏི་ཀཱིརྟི་དང་། ཞུ་ཆེན་གྱི་ལོ་ཙཱ་བ་དགེ་སློང་བློ་ལྡན་ཤེས་རབ་ཀྱིས་དག་པར་བཅོས་པ། 复由印度堪布达磨师利跋陀罗、主校译师僧伽仁钦桑波、释迦洛追参考中印度传本和注疏翻译修订，又由印度堪布苏玛底格底与主校译师比丘洛丹喜绕重新修正、翻译，并善加审订。	《丹珠尔》中观部 la 函
《中观光明论》 དབུ་མ་སྣང་བ།	རྒྱ་གར་གྱི་མཁན་པོ་ཤཱི་ལེནྡྲ་བོ་དྷི་དང་། ཞུ་ཆེན་གྱི་ལོ་ཙཱ་བ་དགེ་སློང་དཔལ་བརྩེགས་རཀྵི་ཏ། 印度堪布喜林扎·菩提、主校译师比丘贝则惹肯达		《丹珠尔》中观部 sa 函

续　表

所译经、论名称	译　者	校勘、审订者	《大藏经》中的位置
《真性明论》 དེ་ཁོ་ན་ཉིད་སྣང་བ་ཞེས་བྱ་བའི་རབ་ཏུ་བྱེད་པ།	རྒྱ་གར་གྱི་མཁན་པོ་ཤཱི་ལེནྡྲ་བོ་དྷི་དང་། ཞུ་ཆེན་གྱི་ལོ་ཙྪ་བ་དགེ་སློང་དཔལ་བརྩེགས་རཀྵི་ཏ། 印度堪布喜林扎・菩提、主校译师比丘贝则惹肯达		《丹珠尔》中观部sa函
《一切法无自性成就》 ཆོས་ཐམས་ཅད་རང་བཞིན་མེད་པ་ཉིད་དུ་གྲུབ་པ།	རྒྱ་གར་གྱི་མཁན་པོ་ཤཱི་ལེནྡྲ་བོ་དྷི་དང་། ཞུ་ཆེན་གྱི་ལོ་ཙྪ་བ་དགེ་སློང་དཔལ་བརྩེགས་རཀྵི་ཏ། 印度堪布喜林扎・菩提、主校译师比丘贝则惹肯达		《丹珠尔》中观部sa函
《真性论疏》 དེ་ཁོ་ན་ཉིད་ལ་འཇུག་པའི་འགྲེལ་པ།	རྒྱ་གར་གྱི་མཁན་པོ་བིདྱཱ་ཀ་ར་པྲ་བྷ་དེ་ཉིད་དང་། ཞུ་ཆེན་གྱི་ལོ་ཙྪ་བ་དཔལ་བརྩེགས་རཀྵི་ཏ། 印度堪布喜林扎・菩提、主校译师比丘贝则惹肯达		《丹珠尔》中观部sa函
《中观理趣心髓略摄论》 དབུ་མ་ལུགས་ཀྱི་སྙིང་པོ་མདོར་བསྡུས་པའི་རབ་ཏུ་བྱེད་པ།	རྒྱ་གར་གྱི་མཁན་པོ་བིདྱཱ་ཀ་ར་པྲ་བྷ་དེ་ཉིད་དང་། ཞུ་ཆེན་གྱི་ལོ་ཙྪ་བ་དཔལ་བརྩེགས་རཀྵི་ཏ། 印度堪布布底噶热・巴热八、主校译师贝则惹肯达		《丹珠尔》中观部ha函
《佛随念广注》 སངས་རྒྱས་རྗེས་སུ་དྲན་པའི་རྒྱ་ཆེར་འགྲེལ་པ།	རྒྱ་གར་གྱི་མཁན་པོ་དཱ་ན་ཤཱི་ལ་དང་། ཞུ་ཆེན་གྱི་ལོ་ཙྪ་བ་དགེ་སློང་དཔལ་བརྩེགས་རཀྵི་ཏ། 印度堪布达那・喜拉、主校译师比丘贝则惹肯达		《丹珠尔》经疏部ngi函
《圣十地解说》 སློབ་དཔོན་དབྱིག་གཉེན་གྱིས་མཛད་པའི་འཕགས་པ་མདོ་སྡེ་ས་བཅུ་པའི་རྣམ་པར་བཤད་པ།	རྒྱ་གར་གྱི་མཁན་པོ་མཉྫུ་ཤྲཱི་གརྦྷ་དང་། པྲ་ཛྙཱ་ཝརྨ་དང་། ཞུ་ཆེན་གྱི་ལོ་ཙྪ་བ་ཡེ་ཤེས་སྡེ་དང་བནྡེ་དཔལ་བརྩེགས་ཀྱི་འགྱུར། 印度堪布文殊藏和智铠、主校译师益西德、比丘贝则		《丹珠尔》经疏部ngi函
《十地解说》 ས་བཅུའི་རྣམ་པར་བཤད་པའི་རྣམ་པར་བཤད་པ།	རྒྱ་གར་གྱི་མཁན་པོ་པྲ་ཛྙཱ་ཝརྨ་དང་། ཞུ་ཆེན་གྱི་ལོ་ཙྪ་བ་དགེ་སློང་དཔལ་བརྩེགས་རཀྵི་ཏ། 印度堪布智铠、主校译师比丘贝则惹肯达		《丹珠尔》经疏部ji函

续　表

所译经、论名称	译　者	校勘、审订者	《大藏经》中的位置
《圣入无分别陀罗尼广注》 འཕགས་པ་རྣམ་པར་མི་རྟོག་པར་འཇུག་པའི་གཟུངས་ཀྱི་རྒྱ་ཆེར་འགྲེལ་པ།	རྒྱ་གར་གྱི་མཁན་པོ་ཛི་ན་མི་ཏྲ་དང་། དཱ་ན་ཤཱི་ལ་དང་། ཞུ་ཆེན་གྱི་ལོ་ཙཱ་བ་དཔལ་བརྩེགས་རཀྵི་ཏ། 印度堪布孜纳·扎、达那·喜拉、主校译师贝则惹肯达		《丹珠尔》经疏部ji函
《圣普贤行愿王广注》 འཕགས་པ་བཟང་པོ་སྤྱོད་པའི་སྨོན་ལམ་གྱི་རྒྱལ་པོའི་རྒྱ་ཆེར་འགྲེལ་པ་སློབ་དཔོན་ཤཱཀྱའི་བཤེས་གཉེན་གྱིས་མཛད་པ།	རྒྱ་གར་གྱི་མཁན་པོ་ཤཱཀྱ་སིཾ་ཧ་དང་། ཞུ་ཆེན་གྱི་ལོ་ཙཱ་བ་དཔལ་བརྩེགས། 印度堪布释迦·桑哈、主校译师贝则		《丹珠尔》经疏部nyi函
《圣普贤行愿王广注》 འཕགས་པ་བཟང་པོ་སྤྱོད་པའི་སྨོན་ལམ་གྱི་རྒྱལ་པོའི་རྒྱ་ཆེར་འགྲེལ་པ་སློབ་དཔོན་རྒྱན་བཟང་པོས་མཛད་པ།	རྒྱ་གར་གྱི་མཁན་པོ་ཛྙཱ་ན་གརྦྷ་དང་། ཞུ་ཆེན་གྱི་ལོ་ཙཱ་བནྡེ་སྐ་བ་དཔལ་བརྩེགས། 印度堪布智藏、主校译师比丘噶哇·贝则		《丹珠尔》经疏部nyi函
《大乘庄严经论》 ཐེག་པ་ཆེན་པོ་མདོ་སྡེ་རྒྱན་ཞེས་བྱ་བ་ཚིག་ལེའུར་བྱས་པ་འཕགས་པ་བྱམས་པས་མཛད་པ་བམ་པོ་གསུམ་པ།	རྒྱ་གར་གྱི་མཁན་པོ་ཤཱཀྱ་སིཾ་ཧ་དང་། ཞུ་ཆེན་གྱི་ལོ་ཙཱ་བ་དཔལ་བརྩེགས་ལ་སོགས་པ། 印度堪布释迦·桑哈、主校译师贝则等		《丹珠尔》唯识部phi函
《经庄严疏》 ཐེག་པ་ཆེན་པོའི་མདོ་སྡེའི་རྒྱན་གྱི་བཤད་པ་སློབ་དཔོན་དབྱིག་གཉེན་གྱིས་མཛད་པ།	རྒྱ་གར་གྱི་མཁན་པོ་ཤཱཀྱ་སིཾ་ཧ་དང་། ཞུ་ཆེན་གྱི་ལོ་ཙཱ་བ་དཔལ་བརྩེགས་ལ་སོགས་པ། 印度堪布释迦·桑哈、主校译师贝则等		《丹珠尔》唯识部phi函
《大乘经庄严广释》 ཐེག་པ་ཆེན་པོའི་མདོ་སྡེའི་རྒྱན་གྱི་རྒྱ་ཆེར་བཤད་པ་སློབ་དཔོན་བཙུན་པ་ངོ་བོ་ཉིད་མེད་པས་མཛད་པ།	རྒྱ་གར་གྱི་མཁན་པོ་ཤཱཀྱ་སིཾ་ཧ་དང་། ཞུ་ཆེན་གྱི་ལོ་ཙཱ་བ་དཔལ་བརྩེགས་ལ་སོགས་པའི་འགྱུར། 印度堪布释迦·桑哈、主校译师贝则等		《丹珠尔》唯识部bi函
《阿毗达磨藏颂》 ཆོས་མངོན་པ་མཛོད་ཀྱི་ཚིག་ལེའུར་བྱས་པ།	རྒྱ་གར་གྱི་མཁན་པོ་ཛི་ན་མི་ཏྲ་དང་། ཞུ་ཆེན་གྱི་ལོ་ཙཱ་བ་དཔལ་བརྩེགས་རཀྵི་ཏ། 印度堪布孜纳·扎、主校译师贝则惹肯达		《丹珠尔》阿毗达磨部ku函

续 表

所译经、论名称	译 者	校勘、审订者	《大藏经》中的位置
《阿毗达磨藏疏》 ཆོས་མངོན་པ་མཛོད་ཀྱི་བཤད་པ་བམ་པོ་སུམ་ཅུ་པ་སློབ་དཔོན་ཆེན་པོ་དབྱིག་གཉེན་གྱིས་མཛད་པ།	རྒྱ་གར་གྱི་མཁན་པོ་ཛི་ན་མི་ཏྲ་དང་། ཞུ་ཆེན་གྱི་ལོ་ཙྪ་བ་དཔལ་བརྩེགས་རཀྵི་ཏ། 印度堪布孜纳・扎、主校译师贝则惹肯达		《丹珠尔》阿毗达磨部ku、khu函
《阿毗达磨藏注疏》 ཆོས་མངོན་པ་མཛོད་ཀྱི་འགྲེལ་བཤད་དོན་གསལ་བ་ཞེས་བྱ་བ།	རྒྱ་གར་གྱི་མཁན་པོ་བི་ཤུདྡྷ་སིཾ་ཧ་དང་། ཞུ་ཆེན་གྱི་ལོ་ཙྪ་བ་དཔལ་བརྩེགས། 印度堪布布希达・桑哈、主校译师贝则		《丹珠尔》阿毗达磨部gu、ngu函
《圣法界心髓注解》 འཕགས་པ་ཆོས་ཀྱི་དབྱིངས་ཀྱི་སྙིང་པོའི་རྣམ་པར་འགྲེལ་པ།	རྒྱ་གར་གྱི་པཎྜི་ཏ་ཡེ་ཤེས་སྙིང་པོ་དང་། ཞུ་ཆེན་གྱི་ལོ་ཙྪ་བ་དཔལ་བརྩེགས། 印度班智达智藏、主校译师贝则		《丹珠尔》阿毗达磨部thu函
《律问颂》 འདུལ་བ་དྲི་བའི་ཚིག་ལེའུར་བྱས་པ།	རྒྱ་གར་གྱི་མཁན་པོ་དྷརྨ་ཀ་ར་དང་། ཞུ་ཆེན་གྱི་ལོ་ཙྪ་བ་དཔལ་བརྩེགས། 印度堪布达摩・噶热、主校译师贝则		《丹珠尔》律部su函
《律问广注》 འདུལ་བ་དྲི་བའི་རྒྱ་ཆེར་འགྲེལ་པ།	རྒྱ་གར་གྱི་མཁན་པོ་དྷརྨ་ཀ་ར་དང་། ཞུ་ཆེན་གྱི་ལོ་ཙྪ་བ་དཔལ་བརྩེགས། 印度堪布达摩・噶热、主校译师贝则		《丹珠尔》律部su函
《解脱道中头陀功德说示》 རྣམ་པར་གྲོལ་བའི་ལམ་ལ་སྦྱངས་པའི་ཡོན་ཏན་བསྟན་པ།	རྒྱ་གར་གྱི་མཁན་པོ་བིདྱ་ཀ་ར་པྲ་བྷ་དང་། ཞུ་ཆེན་གྱི་ལོ་ཙྪ་བ་དཔལ་བརྩེགས། 印度堪布布底噶热・巴热八、主校译师贝则		《丹珠尔》律部su函
《宝鬘广疏》 རིན་པོ་ཆེའི་ཕྲེང་བའི་རྒྱ་ཆེར་བཤད་པ།	རྒྱ་གར་གྱི་མཁན་པོ་བིདྱ་ཀ་ར་པྲ་བྷ་དང་། ཞུ་ཆེན་གྱི་ལོ་ཙྪ་བ་དཔལ་བརྩེགས། 印度堪布布底噶热・巴热八、主校译师贝则		《丹珠尔》书翰部gi函
《圣观自在授与比丘善明童子书翰》 འཕགས་པ་སྤྱན་རས་གཟིགས་དབང་ཕྱུག་གིས་དགེ་སློང་རབ་གསལ་གཞོན་ནུ་ལ་སྤྲིང་བའི་འཕྲིན་ཡིག	རྒྱ་གར་གྱི་མཁན་པོ་སརྦ་ཛྙ་དེ་ཝ་དང་། ཞུ་ཆེན་གྱི་ལོ་ཙྪ་བ་དཔལ་བརྩེགས་རཀྵི་ཏ། 印度堪布萨哇嘉・德哇、主校译师贝则惹肯达		《丹珠尔》书翰部ngi函

续　表

所译经、论名称	译　者	校勘、审订者	《大藏经》中的位置
《亲友书翰》 བཤེས་སྤྲིང་།	རྒྱ་གར་གྱི་མཁན་པོ་སརྦ་ཛྙ་དེ་ཝ་དང་། ཞུ་ཆེན་གྱི་ལོ་ཙྪ་བ་དཔལ་བརྩེགས་རཀྵི་ཏ། 印度堪布萨哇嘉·德哇、主校译师贝则惹肯达		《丹珠尔》书翰部ngi函
《致弟子书翰》 སློབ་སྤྲིང་།	རྒྱ་གར་གྱི་མཁན་པོ་སརྦ་ཛྙ་དེ་ཝ་དང་། ཞུ་ཆེན་གྱི་ལོ་ཙྪ་བ་དཔལ་བརྩེགས་རཀྵི་ཏ། 印度堪布萨哇嘉·德哇、主校译师贝则惹肯达		《丹珠尔》书翰部ngi函
《亲友书翰广疏语句明》 བཤེས་སྤྲིང་གི་རྒྱ་ཆེར་བཤད་པ་ཚིག་གསལ་བ།	རྒྱ་གར་གྱི་མཁན་པོ་སརྦ་ཛྙ་དེ་ཝ་དང་། ཞུ་ཆེན་གྱི་ལོ་ཙྪ་བ་དཔལ་བརྩེགས་རཀྵི་ཏ། 印度堪布萨哇嘉·德哇、主校译师贝则惹肯达		《丹珠尔》书翰部ngi函
《因滴论》 གཏན་ཚིགས་ཐིགས་པ་ཞེས་བྱ་བའི་རབ་ཏུ་བྱེད་པ།	རྒྱ་གར་གྱི་མཁན་པོ་པྲཛྙཱ་ཝརྨ་དང་། ཞུ་ཆེན་གྱི་ལོ་ཙྪ་བ་དགེ་སློང་དཔལ་བརྩེགས་རཀྵི་ཏ། 印度堪布萨哇嘉·德哇、主校译师贝则惹肯达		《丹珠尔》因明部ci函
《相属观察注》 འབྲེལ་བ་བརྟག་པ་ཞེས་བྱ་བའི་འགྲེལ་པ།	པཎྜི་ཏ་བི་ཤུདྡྷ་སིཾ་ཧ་དང་། ལོ་ཙྪ་བ་དཔལ་བརྩེགས། 班智达布希达·桑哈、译师贝则		《丹珠尔》因明部ci函
《他相续成就论》 རྒྱུད་གཞན་གྲུབ་པ་ཞེས་བྱ་བའི་རབ་ཏུ་བྱེད་པ།	པཎྜི་ཏ་བི་ཤུདྡྷ་སིཾ་ཧ་དང་། ལོ་ཙྪ་བ་དཔལ་བརྩེགས། 班智达布希达·桑哈、译师贝则		《丹珠尔》因明部chi函
《正理滴前品摄》 རིགས་པའི་ཐིགས་པའི་ཕྱོགས་སྔ་མ་མདོར་བསྡུས་པ།	པཎྜི་ཏ་བི་ཤུདྡྷ་སིཾ་ཧ་དང་། ལོ་ཙྪ་བ་དཔལ་བརྩེགས། 班智达布希达·桑哈、译师贝则		《丹珠尔》因明部wi函
《因滴广注》 གཏན་ཚིགས་ཐིགས་པའི་རྒྱ་ཆེར་འགྲེལ་པ།	རྒྱ་གར་གྱི་མཁན་པོ་པྲཛྙཱ་ཝརྨ་དང་། ཞུ་ཆེན་གྱི་ལོ་ཙྪ་བ་དགེ་སློང་དཔལ་བརྩེགས་རཀྵི་ཏ། 印度堪布智铠、主校译师比丘贝则惹肯达		《丹珠尔》因明部wi函

续 表

所译经、论名称	译　者	校勘、审订者	《大藏经》中的位置
《他相续成就注疏》 རྒྱུད་གཞན་གྲུབ་པའི་འགྲེལ་བཤད།	པཎྜི་ཏ་བི་ཤུདྡྷ་སིཏྲ་དང་། ལོ་ཙྪ་བ་དཔལ་བརྩེགས། 班智达布希达・桑哈、译师贝则		《丹珠尔》因明部zhi函
《所缘观察注疏》 དམིགས་པ་བརྟགས་པའི་རྒྱ་ཆེར་བཤད་པ།	རྒྱ་གར་གྱི་མཁན་པོ་ཤཱཀྱ་སིཏྲ་དང་། བོད་ཀྱི་ལོ་ཙྪ་བ་དཔལ་བརྩེགས། 印度堪布释迦・桑哈、主校译师贝则		《丹珠尔》因明部zhi函
《外境成就颂》 ཕྱི་རོལ་གྱི་དོན་གྲུབ་པ་ཞེས་བྱ་བའི་ཚིག་ལེའུ་བྱས་པ།	ཁ་ཆེ་བྱེ་བྲག་ཏུ་སྨྲ་བའི་སློབ་དཔོན་ཆེན་པོ་ཛཱི་ན་མི་ཏྲ་དང་། བོད་ཀྱི་ལོ་ཙྪ་བ་དགེ་སློང་དཔལ་བརྩེགས་རཀྵི་ཏ། 迦湿密罗分别说派阿阇黎孜纳・扎、译师比丘贝则惹肯达		《丹珠尔》因明部zhi函
《百智论》 ཤེས་རབ་བརྒྱ་པ།	རྒྱ་གར་གྱི་མཁན་པོ་སརྦ་ཛྙཱ་དེ་ཝ་དང་། ཞུ་ཆེན་གྱི་ལོ་ཙྪ་བ་དཔལ་བརྩེགས་རཀྵི་ཏ། 印度堪布萨哇嘉・德哇、主校译师贝则惹肯达		《丹珠尔》修身部ngo函

2. 噶哇・贝则协同印度班智达校勘、审订的经、论目录

所译经、论名称	译　者	校勘、审订者	《大藏经》中的位置
《律本事》 འདུལ་བ་གཞི།	迦湿密罗班智达萨哇嘉・德哇、印度堪布布底噶热・巴热八、堪布达摩噶热、译师比丘贝吉隆 ཁ་ཆེའི་པཎྜི་ཏ་སརྦ་ཛྙཱ་དེ་ཝ་དང་། རྒྱ་གར་གྱི་མཁན་པོ་བིདྱཱ་ཀ་ར་པྲ་བྷ་དང་། ཁ་ཆེའི་མཁན་པོ་དྷརྨ་ཀ་ར་དང་། བོད་ཀྱི་ལོ་ཙྪ་བ་བནྡེ་དཔལ་གྱི་ལྷུན་པོ།	布底噶热・巴热八、译师比丘贝则 བིདྱཱ་ཀ་ར་པྲ་བྷ་དང་། ལོ་ཙྪ་བ་བནྡེ་དཔལ་བརྩེགས།	《甘珠尔》律部ka、kha、ga、nga函
《比丘女律分别》 དགེ་སློང་མའི་འདུལ་བ་རྣམ་འབྱེད།	迦湿密罗班智达萨哇嘉・德哇、印度堪布布底噶热・巴热八、堪布达摩	布底噶热・巴热八、译师比丘贝则	《甘珠尔》律部ta函

续　表

所译经、论名称	译　者	校勘、审订者	《大藏经》中的位置
	噶热、译师比丘贝吉隆布 ཁ་ཆེའི་པཎྜི་ཏ་སརྦ་ཛྙཱ་དེ་ཝ་དང་། རྒྱ་གར་གྱི་མཁན་པོ་ཝིདྱཱ་ཀ་ར་པྲ་བྷ་དང་། ཁ་ཆེའི་མཁན་པོ་ཛྙཱ་ཀ་ར་དང་། བོད་ཀྱི་ལོ་ཙྪ་བ་བནྡེ་དཔལ་གྱི་ལྷུན་པོ།	ཝིདྱཱ་ཀ་ར་པྲ་བྷ་དང་། ལོ་ཙྪ་བ་བནྡེ་དཔལ་བརྩེགས།	
《圣贤劫大乘经》 འཕགས་པ་བསྐལ་པ་བཟང་པོའི་མདོ་བམ་པོ་ཉེར་དྲུག་པ།	布底噶热·桑哈、译师比丘贝 ཝིདྱཱ་ཀ་ར་སིཾ་ཧ་དང་། ལོ་ཙྪ་བ་བནྡེ་དཔལ་དབྱངས།	噶哇·贝则 སྐ་བ་དཔལ་བརྩེགས།	《甘珠尔》经部ka函
《圣薄伽梵智方广经究竟无边宝大乘经》 འཕགས་པ་བཅོམ་ལྡན་འདས་ཀྱི་ཡེ་ཤེས་རྒྱས་པའི་མདོ་སྡེ་རིན་པོ་ཆེ་མཐའ་ཡས་པ་མཐར་ཕྱིན་པ་ཞེས་བྱ་བ་བམ་པོ་ཉི་ཤུ་རྩ་ལྔ་པ།	智铠、译师比丘益西宁布 པྲཛྙཱ་ཝརྨ་དང་། ལོ་ཙྪ་བ་བནྡེ་ཡེ་ཤེས་སྙིང་པོ།	布喜达·桑哈、萨哇嘉·德哇、主校译师比丘贝则 པཎྜི་ཏ་ཝི་ཤུདྡྷ་སིཾ་ཧ་དང་། སརྦ་ཛྙཱ་དེ་བ་དང་། ཞུ་ཆེན་གྱི་ལོ་ཙྪ་བ་བནྡེ་དཔལ་བརྩེགས།	《甘珠尔》经部ga函
《圣宝网主所问大乘经》 འཕགས་པ་རིན་ཆེན་དྲ་བ་ཅན་གྱིས་ཞུས་པའི་མདོ།	印度堪布智藏、译师比丘益西宁布 རྒྱ་གར་གྱི་མཁན་པོ་ཛྙཱ་ན་གརྦྷ་དང་། ལོ་ཙྪ་བ་བནྡེ་ཡེ་ཤེས་སྙིང་པོ།	译师比丘贝则 ལོ་ཙྪ་བ་བནྡེ་དཔལ་བརྩེགས།	《甘珠尔》经部ba函
《圣大鼓品大乘经》 འཕགས་པ་རྔ་བོ་ཆེ་ཆེན་པོའི་མདོ་བམ་པོ་ལྔ་པ།	印度堪布布底噶热·巴热八、译师比丘贝吉隆布 རྒྱ་གར་གྱི་མཁན་པོ་ཝིདྱཱ་ཀ་ར་པྲ་བྷ་དང་ལོ་ཙྪ་བ་བནྡེ་དཔལ་གྱི་ལྷུན་པོ།	译师比丘贝则 ལོ་ཙྪ་བ་བནྡེ་དཔལ་བརྩེགས།	《甘珠尔》经部dza函
《诸如来大乘经》 དེ་བཞིན་གཤེགས་པ་བགྲོ་བ་ཞེས་བྱ་བའི་མདོ།	印度堪布智藏、译师比丘贝央 རྒྱ་གར་གྱི་མཁན་པོ་ཛྙཱ་ན་གརྦྷ་དང་། ལོ་ཙྪ་བ་བནྡེ་དཔལ་དབྱངས།	译师比丘贝则 ལོ་ཙྪ་བ་བནྡེ་དཔལ་བརྩེགས།	《甘珠尔》经部dza函
《三法经》 ཆོས་གསུམ་པ་ཞེས་བྱ་བའི་མདོ།	班智达孜纳·弥扎、译师比丘德哇·赞扎 པཎྜི་ཏ་ཛི་ན་མི་ཏྲ་དང་། ལོ་ཙྪ་བ་བནྡེ་དེ་ཝ་ཙནྡྲ།	译师比丘贝则 ལོ་ཙྪ་བ་དཔལ་བརྩེགས།	《甘珠尔》经部za函

续 表

所译经、论名称	译 者	校勘、审订者	《大藏经》中的位置
《圣大方广日藏经》 འཕགས་པ་ཉི་མའི་སྙིང་པོ།	堪布萨哇嘉·德哇、布底噶热·巴热八、达摩噶热、译师比丘桑军 མཁན་པོ་སརྦ་ཛྙཱ་དེ་ཝ་དང་། བིདྷ་ཀ་ར་པྲ་བྷ་དང་། དྷརྨཱ་ཀ་ར་དང་། ལོ་ཙཱ་བ་བནྡེ་བཟང་སྐྱོང་།	译师比丘贝则 ལོ་ཙཱ་བ་བནྡེ་དཔལ་བརྩེགས།	《甘珠尔》经部za函
《圣一切有情正护回向》 འཕགས་པ་འགྲོ་བ་ཐམས་ཅད་ཡོངས་སུ་སྐྱོབ་པར་བྱེད་པའི་བསྔོ་བ།	印度堪布布底噶热·巴热八、译师益西宁布 རྒྱ་གར་གྱི་མཁན་པོ་བིདྷ་ཀ་ར་པྲ་བྷ་དང་། ལོ་ཙཱ་བ་བནྡེ་ཡེ་ཤེས་སྙིང་པོ།	译师比丘贝则 ལོ་ཙཱ་བ་བནྡེ་དཔལ་བརྩེགས།	《甘珠尔》经部ya函
《圣石投经》 འཕགས་པ་རྡོ་འཕངས་པའི་མདོ།	译师比丘桑军 ལོ་ཙཱ་བ་བཟང་སྐྱོང་།	贝则 དཔལ་བརྩེགས།	《甘珠尔》经部sha函
《解脱道中修习功德说示经》 རྣམ་པར་གྲོལ་བའི་ལམ་ལ་སྦྱངས་པའི་ཡོན་ཏན་བསྟན་པའི་མདོ།	印度堪布布底噶热·巴热八、译师比丘贝则 རྒྱ་གར་གྱི་མཁན་པོ་བིདྱཱ་ཀ་ར་པྲ་བྷ་དང་། ལོ་ཙཱ་བ་བནྡེ་དཔལ་བརྩེགས།	印度堪布布底噶热·巴热八、译师比丘贝则 རྒྱ་གར་གྱི་མཁན་པོ་བིདྱཱ་ཀ་ར་པྲ་བྷ་དང་། ལོ་ཙཱ་བ་བནྡེ་དཔལ་བརྩེགས།	《甘珠尔》经部sa函
《寿命终经》 ཚེའི་མཐའི་མདོ།	印度堪布布喜达·桑哈、译师比丘格维贝 རྒྱ་གར་གྱི་མཁན་པོ་བི་ཤུདྡྷ་སིང་ཧ་དང་། ལོ་ཙཱ་བ་བནྡེ་དགེ་བའི་དཔལ།	布底噶热·桑哈、译师比丘贝则 བིདྱཱ་ཀ་ར་སིང་ཧ་དང་། ལོ་ཙཱ་བ་བནྡེ་དཔལ་བརྩེགས།	《甘珠尔》经部sa函
《圣留如来影像利益正说法门》 འཕགས་པ་དེ་བཞིན་གཤེགས་པའི་གཟུགས་བརྙན་བཞག་པའི་ཕན་ཡོན་ཡང་དག་པར་བསྟན་པ་ཞེས་བྱ་བའི་ཆོས་ཀྱི་རྣམ་གྲངས་ཤློ་ཀ་དྲུག་ཅུ་པ།	印度堪布达摩噶热、译师比丘益西宁布 རྒྱ་གར་གྱི་མཁན་པོ་དྷརྨ་ཀ་ར་དང་། ལོ་ཙཱ་བ་བནྡེ་ཡེ་ཤེས་སྙིང་པོ།	贝则审订 དཔལ་བརྩེགས་ཀྱིས་ཞུས་ཆེན་བགྱིས་པ།	《甘珠尔》经部sa函
《法集要颂经》 ཆེད་དུ་བརྗོད་པའི་ཚོམས་བམ་པོ་བཞི་དང་ཚོམས་སུམ་ཅུ་རྩ་གསུམ་པ།	印度堪布布底噶热·巴热八、译师比丘仁钦乔 རྒྱ་གར་གྱི་མཁན་པོ་བིདྷ་ཀ་ར་པྲ་བྷ་དང་། ལོ་ཙཱ་བ་བནྡེ་རིན་ཆེན་མཆོག	译师比丘贝则 ལོ་ཙཱ་བ་བནྡེ་དཔལ་བརྩེགས།	《甘珠尔》经部sa函

续　表

所译经、论名称	译　者	校勘、审订者	《大藏经》中的位置
《圣正丈夫经》 འཕགས་པ་སྐྱེས་བུ་དམ་པའི་མདོ་ཤློ་ཀ་ཉིས་བརྒྱ་པ།	印度堪布达摩噶热、译师比丘桑军 རྒྱ་གར་གྱི་མཁན་པོ་དྷརྨ་ཀ་ར་དང་། ལོ་ཙྪ་བ་བཟང་སྐྱོང་།	译师比丘贝则 བནྡེ་དཔལ་བརྩེགས།	《甘珠尔》经部sa函
《圣善住广大摩尼无量殿秘密胜义秘密仪轨精细王陀罗尼》 འཕགས་པ་ནོར་བུ་ཆེན་པོ་རྒྱས་པའི་གཞལ་མེད་ཁང་ཤིན་ཏུ་རབ་ཏུ་གནས་པ་གསང་བ་དམ་པ་གསང་བའི་ཆོ་ག་ཞིབ་མོའི་རྒྱལ་པོ་ཞེས་བྱ་བའི་གཟུངས་ལེའུ་བདུན་པ།	印度堪布布底噶热·巴热八、译师比丘贝吉隆布 རྒྱ་གར་གྱི་མཁན་པོ་བིདྱཱ་ཀ་ར་པྲ་བྷ་དང་། ལོ་ཙྪ་བ་བནྡེ་དཔལ་གྱི་ལྷུན་པོ།	印度堪布布底噶热·巴热八、译师贝则 རྒྱ་གར་གྱི་མཁན་པོ་བིདྱཱ་ཀ་ར་པྲ་བྷ་དང་། ལོ་ཙྪ་བ་དཔལ་བརྩེགས།	《甘珠尔》怛特罗部da函
《圣密意怛特罗大鬘菩萨大决定说示摩尼宝善巧说示大回向王》 འཕགས་པ་དགོངས་པའི་རྒྱུད་ཀྱི་ཕྲེང་བ་ཆེན་པོ་བྱང་ཆུབ་སེམས་དཔའི་རྣམ་པར་ངེས་པ་ཆེན་པོ་བསྟན་པ་ལས། ནོར་བུ་ཆེན་པོ་རིན་པོ་ཆེ་ལ་མཁས་པ་བསྟན་པ་ཡོངས་སུ་བསྔོ་བ་ཆེན་པོའི་རྒྱལ་པོ་ཞེས་བྱ་བ།	迦湿密罗堪布达摩噶热、译师比丘贝觉 ཁ་ཆེའི་མཁན་པོ་དྷརྨ་ཀ་ར་དང་། ལོ་ཙྪ་བ་བནྡེ་དཔལ་འབྱོར	印度堪布布底噶热·巴热八、译师比丘贝则 རྒྱ་གར་གྱི་མཁན་པོ་བིདྱཱ་ཀ་ར་པྲ་བྷ་དང་། ལོ་ཙྪ་བ་བནྡེ་དཔལ་བརྩེགས།	《甘珠尔》wa函
《天胜赞》 ལྷ་ལས་ཕུལ་དུ་བྱུང་བར་བསྟོད་པ།	印度堪布萨哇嘉·德哇、译师仁欠乔 རྒྱ་གར་གྱི་མཁན་པོ་སརྦཛྙཱ་དེ་བ་དང་། ལོ་ཙྪ་བ་རིན་ཆེན་མཆོག	主校译师贝则惹肯达 ཞུ་ཆེན་གྱི་ལོ་ཙྪ་བ་དཔལ་བརྩེགས་རཀྵི་ཏ།	《丹珠尔》礼赞部ka函
《无边功德赞》 ཡོན་ཏན་མཐའ་ཡས་པར་བསྟོད་པ།	印度堪布萨哇嘉·德哇、译师仁欠乔 རྒྱ་གར་གྱི་མཁན་པོ་སརྦཛྙཱ་དེ་བ་དང་། ལོ་ཙྪ་བ་རིན་ཆེན་མཆོག	译师比丘贝则 ལོ་ཙྪ་བ་དཔལ་བརྩེགས།	《丹珠尔》礼赞部ka函
《无边功德赞注释》 ཡོན་ཏན་མཐའ་ཡས་པར་བསྟོད་པའི་འགྲེལ་པ།	印度堪布萨哇嘉·德哇、译师仁欠乔 རྒྱ་གར་གྱི་མཁན་པོ་སརྦཛྙཱ་དེ་བ་དང་། ལོ་ཙྪ་བ་རིན་ཆེན་མཆོག	译师贝则惹肯达 ལོ་ཙྪ་བ་དཔལ་བརྩེགས་རཀྵི་ཏ།	《丹珠尔》礼赞部ka函

续 表

所译经、论名称	译　者	校勘、审订者	《大藏经》中的位置
《无边功德赞义颂》 ཡོན་ཏན་མཐའ་ཡས་པར་བསྟོད་པའི་དོན་གྱི་ཚིག་ལེའུར་བྱས་པ།	印度堪布萨哇嘉·德哇、译师仁欠乔 རྒྱ་གར་གྱི་མཁན་པོ་སརྦཛྙ་དེ་བ་དང་། ལོ་ཙཱ་བ་རིན་ཆེན་མཆོག	译师贝则惹肯达 ལོ་ཙཱ་བ་དཔལ་བརྩེགས་རཀྵི་ཏ།	《丹珠尔》礼赞部ka函
《手量论颂》 རབ་ཏུ་བྱེད་པ་ལག་པའི་ཚད་ཀྱི་ཚིག་ལེའུར་བྱས་པ།	印度堪布达那·喜拉、译师比丘贝觉宁布 རྒྱ་གར་གྱི་མཁན་པོ་དཱ་ན་ཤཱི་ལ་དང་། ལོ་ཙཱ་བ་དགེ་སློང་དཔལ་འབྱོར་སྙིང་པོ།	主校译师贝则惹肯达 ཞུ་ཆེན་གྱི་ལོ་ཙཱ་བ་དཔལ་བརྩེགས་རཀྵི་ཏ།	《丹珠尔》中观部tsha函
《手量注》 ལག་པའི་ཚད་ཀྱི་འགྲེལ་པ།	印度堪布达那·喜拉、译师比丘贝觉宁布 རྒྱ་གར་གྱི་མཁན་པོ་དཱ་ན་ཤཱི་ལ་དང་། ལོ་ཙཱ་བ་དགེ་སློང་དཔལ་འབྱོར་སྙིང་པོ།	主校译师贝则惹肯达 ཞུ་ཆེན་གྱི་ལོ་ཙཱ་བ་དཔལ་བརྩེགས་རཀྵི་ཏ།	《丹珠尔》中观部tsha函
《圣稻竿颂》 འཕགས་པ་སཱ་ལུ་ལྗང་པའི་ཚིག་ལེའུ་བྱས་པ།	印度堪布达摩喜热·巴扎、译师赖贝洛追、嘉那·鸠摩罗 རྒྱ་གར་གྱི་མཁན་པོ་དྷརྨ་ཤྲཱི་པྲ་བྷ་དང་། ལོ་ཙཱ་བ་ལེགས་པའི་བློ་གྲོས་དང་ཛྙཱ་ན་ཀུ་མཱ་ར།	主校译师贝则惹肯达 ཞུ་ཆེན་གྱི་ལོ་ཙཱ་བ་བནྡེ་དཔལ་བརྩེགས།	《丹珠尔》中观部ngi函
《圣稻竿大乘经广注》 འཕགས་པ་སཱ་ལུ་ལྗང་པ་ཞེས་བྱ་བ་ཐེག་པ་ཆེན་པོའི་མདོའི་རྒྱ་ཆེར་བཤད་པ།	印度堪布达摩喜热·巴扎、译师赖贝洛追、嘉那·鸠摩罗 རྒྱ་གར་གྱི་མཁན་པོ་དྷརྨ་ཤྲཱི་པྲ་བྷ་དང་། ལོ་ཙཱ་བ་ལེགས་པའི་བློ་གྲོས་དང་ཛྙཱ་ན་ཀུ་མཱ་ར།	主校译师贝则惹肯达 ཞུ་ཆེན་གྱི་ལོ་ཙཱ་བ་བནྡེ་དཔལ་བརྩེགས།	《丹珠尔》中观部ngi函
《圣大乘会释》 ཐེག་པ་ཆེན་པོ་བསྡུས་པའི་བཤད་སྦྱར།	印度堪布孜纳·弥扎、喜林扎·菩提、主校译师益西德 རྒྱ་གར་མཁན་པོ་ཛི་ན་མི་ཏྲ་དང་། ཤཱི་ལེནྡྲ་བོ་དྷི་དང་། ཞུ་ཆེན་གྱི་ལོ་ཙཱ་བ་ཡེ་ཤེས་སྡེ།	比丘贝则 དགེ་སློང་དཔལ་བརྩེགས།	《丹珠尔》唯识部ri函
《业成就论》 ལས་གྲུབ་པའི་རབ་ཏུ་བྱེད་པ།	印度堪布布喜达·桑哈、译师比丘藏德完扎 རྒྱ་གར་གྱི་མཁན་པོ་བི་ཤུདྡྷ་སིཾ་ཧ་དང་། ལོ་ཙཱ་བ་དགེ་སློང་ཙང་དེ་ཝེནྡྲ་རཀྵི་ཏ།	主校译师贝则 ཞུ་ཆེན་གྱི་ལོ་ཙཱ་བ་དཔལ་བརྩེགས།	《丹珠尔》唯识部shi函

续　表

所译经、论名称	译　者	校勘、审订者	《大藏经》中的位置
《业成就疏》 ལས་གྲུབ་པའི་རབ་ཏུ་བྱེད་པའི་འགྲེལ་པ།	印度堪布布喜达·桑哈、译师比丘藏德完扎惹肯达 རྒྱ་གར་གྱི་མཁན་པོ་བི་ཤུདྡྷ་སིཾ་ཧ་དང་། ལོ་ཙཱ་བ་དགེ་སློང་རྩངས་དེ་ཝེནྡྲ་རཀྵི་ཏ།	主校译师贝则 ཞུ་ཆེན་གྱི་ལོ་ཙཱ་བ་དཔལ་བརྩེགས།	《丹珠尔》唯识部hi函
《法集经》 ཆེད་དུ་བརྗོད་པའི་ཚོམས།	印度堪布布底噶热·巴热八、译师仁钦乔 རྒྱ་གར་གྱི་མཁན་པོ་བདྱཱ་ཀ་ར་པྲ་བྷ་དང་། ལོ་ཙཱ་བ་རིན་ཆེན་མཆོག	主校译师贝则 ཞུ་ཆེན་གྱི་ལོ་ཙཱ་བ་དཔལ་བརྩེགས།	《丹珠尔》阿毗达磨部tu函
《颂集论》 བསྟན་བཅོས་ཚོམས་སུ་བཅད་པ་བསྡུས་པ།	印度堪布达摩噶热、译师益西宁布 རྒྱ་གར་གྱི་མཁན་པོ་དྷརྨ་ཀ་ར་དང་། ལོ་ཙཱ་བ་ཡེ་ཤེས་སྙིང་པོ།	主校译师贝则 ཞུ་ཆེན་གྱི་ལོ་ཙཱ་བ་དཔལ་བརྩེགས།	《丹珠尔》阿毗达磨部thu函
《颂集摄义论》 ཚོམས་སུ་བཅད་པའི་དོན་བསྡུས་པ།	印度堪布达摩噶热、译师益西宁布 རྒྱ་གར་གྱི་མཁན་པོ་དྷརྨ་ཀ་ར་དང་། ལོ་ཙཱ་བ་ཡེ་ཤེས་སྙིང་པོ།	主校译师贝则 ཞུ་ཆེན་གྱི་ལོ་ཙཱ་བ་དཔལ་བརྩེགས།	《丹珠尔》阿毗达磨部thu函
《圣大王迦腻色书翰》 རྒྱལ་པོ་ཆེན་པོ་ཀ་ནི་ཥྐ་ལ་སྤྲིང་བའི་ཕྲིན་ཡིག	印度堪布布底噶热·巴热八、译师仁钦乔 རྒྱ་གར་གྱི་མཁན་པོ་བིདྱཱ་ཀ་ར་པྲ་བྷ་དང་། ཞུ་ཆེན་གྱི་ལོ་ཙཱ་བ་བནྡེ་རིན་ཆེན་མཆོག	阿阇黎贝则 ཨཱ་ཙརྱ་དཔལ་བརྩེགས།	《丹珠尔》书翰部nge函

从以上列表中可以看出，噶哇·贝则主持翻译的经、论多达64部，他所参与校勘、审订的经论有33部，内容涉及佛教显密经典各部和重要的大乘论藏。已故著名藏学家黄明信先生如此评价他的翻译工作："噶瓦·吉祥积（同噶哇·贝则）译校的面很广。律藏中他校阅过《律十七事》109卷，显教经的《般若宝德藏》等8种，密教经论他与戒王菩提合作译出了极为重要的《毗卢遮那现证菩提经》（即《大日经》）1950颂和《上禅定（后静虑）次第》及其《佛密释》3卷等。而他所译最多的是论藏方面，包括狮子贤的《现观庄严论释》《般若摄颂宝德经论释难》，寂天的《入菩提行论》，莲花戒的《中观光明论》等三论，龙树的《稻杆经论》，世亲的《十地经论》《经庄严论释》等，小乘

论《俱舍论》本颂和自释，因明里法称的《因滴论》等小论数种。"[1]此外，从他翻译的《入菩萨行论》《薄伽梵圣德赞》等文学色彩很浓的作品，可以看出他具有非凡的文学才能和语言能力。

（四）噶哇·贝则对藏文文献学的发展和藏族书写字体的创造等方面的贡献

吐蕃时期所编佛经书目，最著名的为《兰噶目录》《旁塘目录》《钦浦目录》三者，由于藏文《大藏经》中唯有《兰噶目录》，因此，学界不知其余两种目录是否存世。然而幸运的是，《旁塘目录》被发现，并于2003年公开发布，为学界提供了重要的资料。在该书目的开头，有一段类似前言的部分，对学界研究这部目录的缘由、编纂时间、编纂者等具有重要的价值。引用如下：

在蕃境对大小乘佛法的经、广略陀罗尼、经的注释、戒律、大小论、论的注释等，前后进行了翻译，并校对审订，（此等）之名称、卷数、偈颂数等，虽予翻译，但只有未审订的标签。之后的狗年秋季居住于旁塘宫（亦见写有"赞普热巴巾于雅隆东边官殿旁塘无柱殿居住之秋季"——原注），在翻译之负责人沙门贝则、沙门却吉宁布、译师沙门底布扎、沙门隆波等之尊前，有一部旧的（收有）翻译并校对过的佛典之名录，以此为基础，从各方面与名录相对照，亦依照佛典本身，将同一种佛典有两种名称者加以统一，凡以前未收而现有的予以增加。将蕃境翻译并校对过的佛典之名称、卷数、偈颂数等予以审订，而编写了目录范本。[2]

此中可看出，这部著名的吐蕃时期的佛经书目是由以噶哇·贝则为首的一批著名译师和学者所编，吾师虽将著名译师贝则和却吉宁布两者名称前的词缀"ཞུ་ཆེན་གྱི་ལོ"翻译成了"翻译之负责人"，然依原文似乎更有"译师之尊"或"上师译者"之意。这样就更加体现了译师贝则的重要地位和影响，也可确定《旁塘目录》正是由这位德高望重的佛学家、翻译家主持编纂的。这部目录按照佛教经律论三藏的分类法进行了分类编目，在分类体系上比《兰噶目录》更完善，体现了译师贝则等对佛学典籍的认识程度和分类观点。另

〔1〕 黄明信：《吐蕃佛教》，第171页。

〔2〕 采用了吾师才让之译文，见《〈旁塘宫目录〉——编纂时间、画像题记、文献分类及其价值》一文，《中国藏学》2015年第1期。《旁塘目录；声明要领二卷》，第3页。

外，《兰噶目录》和已遗失的《钦浦目录》等吐蕃时期重要译经目录的编纂工作，噶哇·贝则作为主要成员参与其中，似无不妥。〔1〕

吐蕃时期所翻译的佛教经典具有很高的翻译水准，并且各译师所译经典术语完全统一，很少有译师根据自己的理解和兴趣爱好创造的生僻词语，这一切都归功于吐蕃时期由官方组织颁发的佛经术语规范性和统一性要求的大、中、小《翻译名义集》。大《翻译名义集》存于藏文《大藏经》，是一部梵藏对照辞书，有约1万条对照词汇。中《翻译名义集》同《声明要领二卷》，这一点在《声明要领二卷》的结尾处有明确的说明。这部文献也存于藏文《大藏经》，在敦煌文献中有P.T.843、P.T.845等残卷，西藏博物馆所藏该典籍手抄本亦是弥足珍贵的文献。这部辞书对大《翻译名义集》中佛教术语翻译规范中存在的重点、难点词语汇总后进行解释，是一部符合现代意义上"词典"概念的重要文献。小《翻译名义集》现已不存，但也有学者则认为是由噶哇·贝则所编《法门备忘》。〔2〕尽管此观点尚待研究推敲，但是可以肯定的是，《法门备忘》与以上两部文献同属于佛学分类词典，有着内在的必然联系。噶哇·贝则在"前言"中如此说明编纂这部分类词典的缘由、目的："此《法门备忘》是集诸经藏、论典、十万般若颂、瑜伽行经典等中言简意赅的词汇汇编而成，其目的是为了给难以广闻佛法者提供了解经典奥义的便捷方法，让他们得知人生无常的哲理。"〔3〕可以认为，这部文献是以纯藏文的形式对佛学词汇进行注释说明的、藏族本土学者所编的首部词典，意义重大。

藏文自创造以来藏族历代学者通过吸取梵文的语法形式和书写特征的养分，对藏文的文法和字体进行了不间断的补充和革新，使得藏文文法不断趋于完善，藏文书法得到规范和丰富。作为一名大翻译家、佛学家，噶哇·贝则在藏文文法及书法方面的造诣也似很深。他与觉茹·鲁益坚参合著有《正字法之钥匙》(བརྡའ་དག་གི་ལྡེ་མིག་བཞུགས་སོ།།)一文，对七十余组藏文同音或近音字进行了注释，可认为是藏文正字法编纂的滥觞。另外，"其为藏文书法家之鼻祖，他的书法传承至今未断，相传在卫藏和多康地区仍广为流传"。〔4〕

除以上所述，据《汉藏史集》，噶哇·贝则还在自己的出生地修建了一座

〔1〕《丹珠尔目录》中如此记载："龙年由译师贝则、南卡宁布等所编旁塘宫佛经目录等存于此函。"

〔2〕赤烈曲扎：《藏族翻译史论概要》，中国藏学出版社，2010年，第203—205页。

〔3〕《丹珠尔》，co函。

〔4〕土登维色旦白尼玛：《宁玛教派源流》(藏文)，第268页。

佛殿，[1]为百姓供养、礼敬佛法僧三宝提供场所。

总之，噶哇·贝则一生的学术生涯中，在佛经翻译、著书立说、编纂佛经目录和辞书、藏文文法和书法的发展等方面作出了卓越贡献，得到藏族人民的爱戴和崇敬。藏族人民用高度赞美的语言来叙述他特异的能力，如说他兼通汉文，拥有知道别人心思的本领等等。[2]藏传传统绘画中有一幅非常著名的图画被称为"圣僧图"，该图是藏族人民用来纪念和表达对传播和发展佛教作出重要贡献的吐蕃赞普和寂护、莲花生大师以及吐蕃译师的一种象征图画，其中有一只双头鹦鹉就代表了噶哇·贝则。用鹦鹉来象征翻译家，表示兼通两种或多种语言。藏族人民如此爱戴和尊敬噶哇·贝则等吐蕃译师和寂护等印度班智达，以此世世代代纪念并赞颂他们的功德。

第三节　敦煌本藏文《入菩萨行论》初译及抄写时间

"敦煌写经，既可以当文字资料使用，也可以当语言材料使用，根据侧重点的不同，在研究时要特别注意写经的时代。如果当语料用，那么就要搞清楚此经是什么时候翻译的；如果用来研究文字，则要明白此经是什么时候抄写的。且不可将抄经时代混同为译经时代"。[3]此处，作为与写本题记研究相关的内容，兼顾语言和文字，探讨一下敦煌藏文写本《入菩萨行论》的翻译时间和抄写时间问题，但是敦煌古藏文文献有着与汉文写本不同的特征，探讨这一问题具有一定的难度。

目前存世的IOL Tib J 628 + P.T.794等写本并未给我们提供界定《入菩萨行论》这部文献产生年代和抄写时间的直接信息，那么，只能通过一些辅助的佐证材料来推断这部论典藏文译本的产生年代和抄写时间。

在上一节里，笔者根据藏文史料和佛经译经题记，以及佛教在吐蕃传播初期的现实需求等方面，推断了印度大堪布萨哇嘉·德哇进藏的时间为吐蕃赞普赤松德赞执政时期的桑耶寺修建前后（8世纪六七十年代），以及藏族主

〔1〕百慈藏文古籍研究室编辑整理：《雪域历史名著精选·贤者遗书（二十八）》（《汉藏史集》），中国藏学出版社，第115页。

〔2〕多吉杰博整理：《五部遗教》（藏文），第132、422页。

〔3〕景盛轩：《敦煌本大般涅槃经研究——版本、异文及训诂为中心》，浙江大学博士学位论文，2004年，第7页。

校译师噶哇·贝则也在同一时期成为译师参与佛经翻译的情况。且此时赞普赤松德赞已下令各译场只准翻译大乘经、论，有组织、有针对性地开展了佛经翻译活动。作为印度佛教界享有很高荣誉的大乘论典《入菩萨行论》也理应在印藏译师的翻译计划中。

《赠予吐蕃赞普和子民的集要书翰》是保存于藏文《大藏经·丹珠尔》部吐蕃本土学者著作中的一部文献，这部文书的编著者是吐蕃时期著名的佛教人物韦·贝央(དབའ་དཔལ་དབྱངས།)。这部文献对于确定《入菩萨行论》藏文译本的产生年代具有一定的参考价值，因为这部文献大量引用了《入菩萨行论》的内容。关于这部文献的产生年代，日本学者原田觉指出："根据藏经中的引用和使用的译语，我认为该论是9世间前期以后写成的。"〔1〕并且认为该文献署名有误，不是贝央所著。根据吐蕃史资料和最新研究成果，我们不仅可以肯定贝央为吐蕃第一位出家人，且能证实该文献是由他编著的。吐蕃佛教史权威著作《韦协》〔2〕中有如此记载："以往蕃地无比丘之名，韦·拉赞(དབའ་ལྷ་བཙན།)出家为僧，赐名为韦·贝央。"〔3〕《赠予吐蕃赞普和子民的集要书翰》这部文书的跋文中也明确指出："蕃地无比丘之名时，尊主菩提萨埵赤松德赞开佛法之先河，韦·拉赞〔4〕生信心，出家取名为贝央。"〔5〕另外，《韦协》还记载："益西旺波〔6〕因不忍娘氏(མྱང་ཏིང་ངེ་འཛིན་བཟང་པོ།)之恶语相伤，向赞普奏请准其闭门修行，获准后便前往僻静之地洛扎(ལྷོ་བྲག)，赞普任命韦·贝央为佛教法统格西。"〔7〕那么，贝央是继韦·赛囊之后的吐蕃佛教宗师，〔8〕他不仅

〔1〕《吐蕃译经史》，《国外藏学研究译文集》第11辑，西藏人民出版社，1994年，第177页。

〔2〕该著作是被命名为《巴协》或《拔协》等记载吐蕃佛教初期历史的著作中目前能见诸的最早的一部，原为拉萨哲蚌寺第五世达赖喇嘛阿旺洛桑嘉措藏书殿藏书，20世纪80年拉萨市政协文史资料委员会从哲蚌寺借出、保存。西藏社会科学院巴桑旺堆研究员同奥地利学者迪姆伯格·希里达合作译成英文于2000年在奥地利出版，2010年西藏藏文古籍出版社将这部著作和其他三部署名接近的历史著作汇集出版，2011年巴桑旺堆研究员再将其译注成汉文出版。

〔3〕韦·赛囊著，巴桑旺堆译：《〈韦协〉译注》，第15页。

〔4〕原文"圣赞普""དཔལ་ལྷ་བཙན་པོ།"为"དབའ་ལྷ་བཙན།"之误，韦·贝央未出家前的俗名。

〔5〕德格版《丹珠尔》，co函，第236b页。原文："བོད་ལ་དགེ་སློང་མིང་ཡང་མེད་པ་ལས། རྗེ་བྱང་ཆུབ་སེམས་དཔའ་ཁྲི་སྲོང་ལྡེ་བཙན་གྱིས་དམ་པའི་ཆོས་བརྙེས་ནས་དཔལ་ལྷ་བཙན་པོ་དད་པ་བསྐྱེད་དེ། རབ་ཏུ་བྱུང་བའི་མིང་དཔལ་དབྱངས་ཞེས་བགྱི།"

〔6〕吐蕃赞普赤松德赞的重臣韦·赛囊出家后的法名，为吐蕃第一任佛教宗师或法统。

〔7〕韦·赛囊著，巴桑旺堆译：《〈韦协〉译注》，第20页。

〔8〕藏语为"བཅོམ་ལྡན་འདས་ཀྱི་རིང་ལུགས།"。

具有很高的社会地位，而且具有深厚的佛学造诣。正是在他担任佛教宗师之时，摩诃衍那为首的禅宗顿门派和莲花戒为首的中观渐门派在吐蕃展开了教理争辩，他鼎力支持莲花戒的观点，以佛教修习次第哲理和形象的比喻有力地回击并驳斥了顿门派的观点。关于这场争辩，《韦协》中记载的双方辩手辩词最多者为韦·贝央，其辩词中就有与《入菩萨行论》内容相一致的"六度"（"六般若波罗蜜多"）的思想。[1]

另外，《赠予吐蕃赞普和子民的集要书翰》的跋文中还记载："（韦·贝央）贤为极致，聪慧极致，居吐蕃议事处[2]时立下了汗马功劳，并向赞普献策，其中一些应允，一些未允，由此不满南离。此教言为后来寄送给吐蕃尊主和臣民的，最终因祸得福，比丘成就普贤悉地。"[3]

值得惊喜的是，这一跋文内容与敦煌藏文写本P.T.149号之记载完全一致，该文献同样记述了韦·贝央（文中称为"韦·贝强"）修持《普贤行愿王经》及最终在藏南修行而得普贤悉地的情况。[4]

由此可知，他在"顿渐之争"后不久，就与吐蕃赞普赤松德赞意见不合而离开了王室，如同益西旺波到藏南闭关修行，《赠予吐蕃赞普和子民的集要书翰》正是韦·贝央在藏南帕卓（现今的不丹帕罗）修行时所写。因此，我们可以推断《赠予吐蕃赞普和子民的集要书翰》中所引用的《入菩萨行论》等论典译本，很有可能在韦·贝央年轻学佛时就已广泛流传于吐蕃佛教界，并且在他担任佛教宗师之前得到了此等论典的讲修传承。藏族著名史学家巴卧·祖列陈哇明确指出："此论翻译于吐蕃赞普赤松德赞时期，于赞普赤热巴巾时期按新厘定文字予以校订。"[5]

---

〔1〕 韦·赛囊著，巴桑旺堆译：《〈韦协〉译注》，第22—25页。

〔2〕 原文为"འདུན་ས"。

〔3〕 德格版《丹珠尔》，jo函，第236b页。原文："བརྩོན་པའི་ཕུལ་དུ་ཕྱིན། མཛངས་པའི་ནི་རབ་ཏུ་ཕྱིན། །བོད་ཀྱི་མདུན་སར་བཞེས་ན་དཔེ་ཟླ་མེད་པ་དེས་མཛད་དེ། །བཙན་པོ་ལ་བཀའ་བགྲོས་དག་གསོལ་བ་ལས། ལ་ལ་ནི་གནང་། ལ་ལ་ནི་མ་གནང་བས་འཁོན་ནས་ཕྱིད་དེ་སྤྱོར་བཞུར། གདམས་ངག་འདི་སྐད་རྗེ་བློན་དང་། མེར་ཆགས་ཡོངས་དང་། བོད་རྗེ་འབངས་ལ་བརྫངས་པ་ལགས་སོ། །མཇུག་འཁོན་པས་ལེགས་ཏེ། བཙུན་པས་ནི་བཟང་པོའི་སྤྱོད་པ་འགྲུབ། །"

〔4〕 可参看拙文《敦煌藏文文献P.T.149号〈普贤行愿王经序言〉解读》，《中国藏学》2018年第3期。

〔5〕 巴卧·祖列陈哇：《入菩萨行论广释·大乘深广法海无边藏》，收入《藏族十明文化传世经典丛书：噶举系列（第8卷）》（藏文），青海民族出版社，2002年，第1296页。原文："འདི་ནི་ཁྲི་སྲོང་ཆོས་རྒྱལ་ཁྲི་སྲོང་གི་དུས་བསྒྱུར་ནས་ཕྱིས་མངའ་བདག་ཁྲི་རལ་གྱི་དུས་གསར་བཅད་ཀྱིས་གཏན་ལ་ཕབ་པའོ། །"

综合以上的分析，笔者认为《入菩萨行论》这部论典初译于吐蕃赞普赤松德赞建成桑耶寺译场至该赞普去世之间，也就是公元779—798年间。[1]

关于敦煌藏文《入菩萨行论》几个不同写本的具体抄写年代，我们很难给出一个确切的答案。IOL Tib J 628号尾题和结束符之后还有几个字，但字迹已完全脱落，无法辨认，似是写经生署名或抄写日期等相关信息，但这只是一种推测。有学者指出："既然是抄写，必然有底本可供参考。底本佛经从哪里来呢？吐蕃统治敦煌之前，敦煌地区应当没有藏文佛经流传。所以，最初藏文佛经抄写的底本应该是从吐蕃本土运送而来的。"[2]那么，敦煌藏文《入菩萨行论》几个不同写本中的个别卷号极有可能是从吐蕃本土运送过去的底本，其产生年代也可推测至吐蕃赞普赤松德赞统治后期。然通过比对几个写本，目前笔者未发现比较可信的证据，因此，还不敢妄自断言哪些写本是从吐蕃本土运至敦煌的。因此，暂且只能认为敦煌藏文《入菩萨行论》几个不同写本是在敦煌地区抄写的。

"吐蕃在敦煌的抄经事业是在赤祖德赞赞普在位时的一项运动，这也跟藏族历史记载相吻合。所以这批经卷的抄写年代大致可以圈定在815—838年之间，也就是赤祖德赞在位的这23年内完成的。赤祖德赞被弑后，朗达磨赞普反佛，敦煌的抄经事业陷入停顿是不争的事实"。[3]据此，敦煌藏文《入菩萨行论》几个不同写本的具体抄写年代也暂且只能认为是赤祖德赞赞普执政时期的815—838年之间。

诚然，由于敦煌藏文《入菩萨行论》几种不同的写本未能提供直接的相关信息，关于这些写本抄写的具体年代及先后问题等还需作进一步深入的分析研究。

---

〔1〕日本著名学者斋藤明认为是9世纪初期的译本。Akira SAITO: *A Study of Aksayamati's Bodhisattvacaryāvatāra as Found in the Tibetan Manuscripts from Tun-huang*, Miye University, p.17, 1993.

〔2〕赵青山：《吐蕃统治敦煌时期的写经制度》，《西藏研究》2009年第3期。

〔3〕张延清：《简析敦煌古藏文经卷的抄写年代》，《敦煌研究》2007年第2期。

第三章　敦煌藏文写本《入菩萨行论》版本研究

第一节　《入菩萨行论》版本情况介绍

《入菩萨行论》梵文原典的发现与刊布、两种不同藏文译本的发现与存世、宋代汉文译本的存世，为研究《入菩萨行论》版本源流和敦煌藏文写本的版本特征提供了诸多可资利用的材料。由于敦煌藏文《入菩萨行论》写本情况及藏文传世本的情况在以上各章节中或多或少进行过介绍，这里主要对现存《入菩萨行论》梵文本和我国北宋时翻译完成的译本《菩提行经》作一个大致的介绍。

一、《入菩萨行论》梵文原典的发现及刊布

英国东方学者荷吉森（又译何德逊，B. H. Hodgson，1800—1894）于1824—1845年担任英国驻尼泊尔公使期间，在尼泊尔山区发现了大量的梵文写本，其中就有一部完整的《入菩萨行论》。这部文献的发现，引起了世界各地佛学研究者的重视，相继出现了俄国学者米纳耶夫（Minayef）、印度学者夏斯特利、比利时学者瓦累·布散、印度学者维迪耶等四位研究者的校刊本。[1]这部梵文原典与藏文传世本相似。以印度学者维迪耶校刊本相比较而言，梵文原典部分只多出第八品第25颂：

svārthadvareṇa yā prītir ātmārthaṃ prītir eva sā

dravyanāśe yathodvegaḥ sukhahānikṛto hi saḥ//

（此颂在宋代汉文译本中译作：唯利生欢喜，只因利己故；失利则嗔怒，亦因乐失故。）

---

〔1〕 黄宝生译注：《梵汉对勘入菩提行论·导言》，中国社会科学出版社，2011年。

这一点在藏族佛学大师土登曲吉扎巴等的注疏中早有提示，并给予了补充和翻译。[1]因此，藏文传世本和19世纪中期才发现的《入菩萨行论》梵文原典从篇幅到内容完全一致。

《入菩萨行论》梵文原典的发现与校勘本的出版，对于研究这部文献及其早期译本具有至关重要的借鉴意义。然而，汉藏诸传世《入菩萨行论》译本及诸藏文《入菩萨行论》注疏本给我们提供了这样一则信息：《入菩萨行论》梵文原典不止一种版本。在此，依觉囊派著名译师洛追白所著《入菩萨行论释义》中的阐述，仅举几个例子言之：

1. 对于传世本第一品第十三颂中的“慎者为何不依彼？”一句，他指出：“依个别梵本则为‘愚者为何不依彼？’，注疏中以如此释义。”[2]

2. 对于传世本第一品第三十三颂，他指出：“此颂中第二句依梵本应为‘至息虚空与有情’，而‘善逝无上诸安乐’一句似为注文掺入到正文。”[3]

3. 对于传世本第三品第十八颂，他指出：“于此颂，个别版本中出现‘求岛者为岛’一句，但不出现于梵文注疏本，亦多出了一句，为笔误。”[4]

4. 对于传世本第八品第一百八十六颂，他指出：“‘慈悲诸佛子，我应竖毅力，若不昼夜勤，何时脱苦恼？’此颂未出现于本人所见之梵文原典，大疏[5]中亦未作注解，但不难释义。”[6]

5. 对于传世本本第十品第五十颂，他指出：“如是诸独觉，声闻皆安乐，天人阿修罗，恒具供养心。梵本中是如此出现。”[7]

---

〔1〕见土登曲吉扎巴《入菩萨行注疏·悟道宝灯》(藏文)，第449页。藏文译文为“ རང་དོན་སྒོ་ནས་དགའ་བ་གང་། །དེ་ནི་རང་དོན་དགའ་བ་ཉིད། །ཇི་ལྟར་རྗེས་ཉམས་ཞེ་སྡང་བ། །དེ་ནི་བདེ་ཉམས་བྱེད་པས་སོ། ། ”。近代藏族学者更敦群培则译为“ནོར་གྱི་སྒོ་ནས་དགའ་བ་གང་། །དེ་ནི་རང་དོན་དགའ་བ་སྟེ། །དཔེར་ན་དེ་ཡིས་རྫས་ཟད་ན། །ཡིད་འབྱུང་བྱེད་ཅིང་བདེ་བ་འཛོམས། །”，见《更敦群培文集》(上卷)，第520页。

〔2〕《入菩萨行论释义》，西藏人民出版社，2012年，第27页。原文为：“རྒྱ་དཔེ་ལ་ལ་ན། དེ་ལ་མི་ཤེས་སྐྱེ་བོས་ཅིས་མི་བརྟེན། །ཞེས་པར་ཡོད་ཅིང་འགྲེལ་པར་ཡང་དེ་འཆད་དོ། །”

〔3〕《入菩萨行论释义》，第35页。原文为：“ཤོ་ལོ་ཀ་འདིའི་རྐང་པ་གཉིས་པ་ནི། མཁའ་དང་སྐྱེ་བོ་ཡོངས་ཟད་མ་ཟད་བར། །ཞེས་པ་རྒྱ་དཔེ་ལ་སྣང་ཞིང་། བདེ་བར་གཤེགས་ཀྱི་བདེ་བ་བླ་ན་མེད། །ཅེས་པ་ནི་མཆན་དཀྲུགས་སུ་ཤོར་བ་སྙམ་མོ།།”

〔4〕《入菩萨行论释义》，第61页。原文为：“ཤོ་ལོ་ཀ་འདིར། <རིན་པོ་ཆེའི་> གླིང་དོན་གཉེར་ལ་གླིང་དང་ནི། །ཞེས་པ་ཅིག་ཏུ་འབྱུང་ཡང་རྒྱ་འགྲེལ་ན་མེད་ཅིང་རྐང་པ་ལྷག་པས་མ་དག་གོ །”

〔5〕指智慧作的注疏本。

〔6〕《入菩萨行论释义》，第199页。原文为：“ཤོ་ལོ་ཀ་འདི་བདག་གིས་མཐོང་བའི་རྒྱ་དཔེ་ན་མི་སྣང་ཞིང་འགྲེལ་ཆེན་དུའང་མི་གསུངས་མོད། འཆད་ན་སླའོ། །”

〔7〕《入菩萨行论释义》，第267页。原文为：“དེ་བཞིན་རང་སངས་རྒྱས་དང་། །ཉན་ཐོས་རྣམས་ཀྱང་བདེ་གྱུར་ཅིག །ལྷ་དང་ལྷ་མིན་མི་རྣམས་ཀྱིས། །རྟག་ཏུ་མཆོད་པའི་བསམ་ལྡན་ཤོག །ཅེས་རྒྱ་དཔེར་འབྱུང་ངོ་། །”

此外，藏文传世本智慧品中的第五十至五十二三颂在义理阐述方面，印藏诸多学者对此异议颇多，有的认为是某学者杜撰的内容掺入了正文中，有的则认为此三颂应该在第四十五颂之前。[1]由此，我们不难看出《入菩萨行论》梵文原典也有诸多不同的版本。显然，该论由寂天创作以后经过了历代印度大学者的补充和完善，此种情况从注释文掺入正文这一点即可略知一二。

二、宋代汉文译本的大致情况

北宋时期，印度迦湿密罗地区高僧天息灾应邀到我国，他于宋太宗太平兴国七年七月至雍熙四年十月间从事译经活动，所译经论共有18部57卷，其中就有《入菩萨行论》这部传世经典。但是汉译本题名作《菩提行经》，并署名龙树所集。汉译本四卷，八品（赞菩提心品第一、菩提心施供养品第二、护戒品第三、菩提心忍辱波罗蜜多品第四、菩提心精进波罗蜜多品第五、菩提心静虑波罗蜜多品第六、菩提心般若波罗蜜多品第七、菩提心回向品第八）。《大正新修大正藏》中的编号为1662号，存于第三十二卷第543c—562a栏。

我国佛教学者吕澂认为这部论典的汉译本“译文拙劣，错讹甚多”，“译文晦涩，且多错误”，“因此译出之后，对于当时的佛教义学没有发生什么作用”。[2]黄宝生先生认为产生这些问题的原因，“从翻译的角度看，主要有两个：一是译者时常忽略大意，没有正确辨认梵文句内或复合词内的连声，造成对一些词汇的误读；二是译者没有认真把握词语的语法形态及其体现的词与词之间的逻辑联系，造成对一些词句的误读。有些译文虽然也表达出基本意思，但由于对语法形态理解不精确，也就难免表达得不够顺畅清晰”。[3]另外，与现存梵文原典和藏文传世本相比较，汉译本中缺失了第二品后53个偈颂和第三品、第四品部分，黄宝生先生亦认为：“梵文抄本的书写材料主要是棕榈叶（“贝叶”）或桦树皮，在流传过程中很容易散失或损坏现象。估计天息灾译本依据的梵文抄本本身存在缺失，而非译者在翻译中故意删略。”[4]汉文译本的质量问题，还有待于进一步探讨，但是“天息灾译本依据的梵文

〔1〕《入菩萨行论释义》，第225—226页；土登曲吉扎巴：《入菩萨行注疏·悟道宝灯》（藏文），第588—589页。
〔2〕转引自黄宝生译注《梵汉对勘入菩提行论·导言》。
〔3〕同上。
〔4〕同上。

抄本本身存在缺失”之类的论述，似乎不妥，因为从文本本身的内容结构来看，它是一部完成的文本，除“赞菩提心品”和“回向品”外，其余六品正对应菩提行六般若波罗蜜多，分品介绍了 施、戒、忍、精进、静虑、般若。此外，通过藏文诸译本和注疏及藏文传世本译经题记，也可以确定产生此问题的原因在于所依据之《入菩萨行论》梵文原典版本的不同。

第二节　敦煌藏文本《入菩萨行论》版本特征

敦煌本藏文《入菩萨行论》与汉、藏传世译本间存在着内在的本质联系，它们是同一个母体文本产生的三种不同版本的藏、汉语种译本。关于这三种版本的不同特征等问题，历史上布顿等藏族学者在其著作中早就有明确的论述，因而各藏、汉译本基本不存在缺译、漏译等现象，其中的差别自然是由于版本原因。敦煌藏文写本《入菩萨行论》的版本特征，可通过与藏、汉传世译本进行比较即能明了。

1.《入菩萨行论》藏、汉诸译本的经名

版　本	经　名　比　较	
敦煌藏文写本	༄། །རྒྱ་གར་སྐད་དུ། །བོ་དྷི་སད་ཏྭ་ཙ་རྱ་མ་བ་ཏཱ་ར། ། ། བོད་སྐད་དུ་བྱང་ཆུབ་སེམས་དཔའི་སྤྱོད་པ་ལ་འཇུག་པ།	梵语：菩提萨埵杂雅阿瓦达热 藏语：入菩萨行
藏文传世译本	༄༅། །རྒྱ་གར་སྐད་དུ། བོ་དྷི་ས་ཏྭ་ཙརྱ་ཨ་བ་ཏཱ་ར། བོད་སྐད་དུ། བྱང་ཆུབ་སེམས་དཔའི་སྤྱོད་པ་ལ་འཇུག་པ།	梵语：菩提萨埵杂雅阿瓦达热 藏语：入菩萨行
汉译本	菩提行经	

对于经论名称而言，两种藏文译本都有梵、藏两种名称，而汉文译本则只有简短的汉译名称，这是藏汉佛经中存在的一种普遍现象。两种藏文译本的梵文名称在藏文转写形式上存在一点儿差别，敦煌译本中的“萨埵”转写法为“སད་ཏྭ”，而传世本为“ས་ཏྭ”；敦煌译本中的“入行”转写法为“ཙ་རྱ་མ་བ་ཏཱ་ར།”，而传世本为“ཙརྱ་ཨ་བ་ཏཱ་ར།”，此中“མ”为“ཨ”之笔误。

2.《入菩萨行论》藏、汉诸译本的礼赞

礼赞是佛经论著的一种通用程式，一般每部论著开头有一颂或数颂，主要目的是向佛、诸菩萨及上师敬礼，进而祈求护持圆满完成所要创作的论著内容，并能利益于学界。敦煌藏文《入菩萨行论》写本的礼赞部分与藏文传世本、宋代汉译本、现存梵本有所不同，作简单比对如下：

敦煌本：གང་གིས་རྟེན་ཅིང་འབྲེལ་པར་འབྱུང་། །འགག་པ་མེད་པ་སྐྱེ་མེད་པ། །རྟག་པ་མེད་པ་ཆད་མེད་པ། །ཐ་དད་དོན་མིན་དོན་གཅིག་མིན། ། འོང་བ་མེད་པ་འགྲོ་མེད་པ། །སྤྲོས་པ་ཉེར་ཞི་ཞི་བསྟན་པ། །རྫོགས་པའི་སངས་རྒྱས་སྨྲ་རྣམས་ཀྱི། །དམ་པ་དེ་ལ་ཕྱག་འཚལ་ལོ། །སངས་རྒྱས་རྣམས་དང་བྱང་ཆུབ་སེམས་དཔའ་དག། །སེམས་ཅན་མ་ལུས་གནོད་པ་སེལ་མཛད་ཅིང་། །བདེ་བ་རྣམ་མང་སྣ་ཚོགས་སྒྲུབ་མཛད་པ། །དེ་དག་སྤྱོད་དང་བཅས་ལ་གུས་ཕྱག་འཚལ།།（译文：缘起性空者，无灭亦无生，无常亦无断，无异亦无一，无来亦无去，息静诸戏论，指明法性空，敬礼佛陀尊。诸佛以及诸菩萨，能除一切众生苦，能办种种安乐事，敬礼彼等及行径。）

藏文传世本：བདེ་གཤེགས་ཆོས་ཀྱི་སྐུ་མངའ་སྲས་བཅས་དང་། །ཕྱག་འོས་ཀུན་ལའང་གུས་པར་ཕྱག་འཚལ་ཏེ། །བདེ་གཤེགས་སྲས་ཀྱི་སྡོམ་ལ་འཇུག་པ་ནི། །ལུང་བཞིན་མདོར་བསྡུས་ནས་ནི་བརྗོད་པར་བྱ།།（译文：法身善逝佛子伴，及诸应敬我悉礼；今当依教略宣说，佛子律仪趋行方。[1]）

汉译本：如佛妙法体无边，佛子正心归命礼，佛甘露戒垂覆护，我今赞说悉依法。

可以看出敦煌本用三个偈颂来敬礼并赞颂佛及诸菩萨，乃至佛、法、僧三宝。礼赞部分前两颂为七言句式，后一颂为九言式。而藏、汉传世译本为一颂，为九言式和七言式，内容基本相同，礼赞佛及佛子并述明论著要义。很明显，敦煌本与藏、汉传世译本不同。

通过与相关论著的比较发现，敦煌本《入菩萨行论》礼赞部分中的前两颂与龙树所造《中观根本颂》中的礼赞偈颂完全一致，该礼赞是龙树以息尽生、灭、常、断、去、来、一、异等八种偏见的缘起性空理来赞颂佛陀的，所以，可以确定该偈颂非寂天所原创，而是寂天借用龙树的赞辞或为后人填加。

另外，藏文传世本和汉译本除了以上的礼赞外，还有表示作者自谦和写作目的两个偈颂，这两个偈颂在敦煌本中不出现，通过与相关论著的比较发现，该两颂以及前面的礼赞部分与寂天所著另一部论著——《集菩萨学论》的开头部分完全相同。此说两个偈颂为：

〔1〕 译文引自释如石译本。

藏文传世本：སྔོན་ཆད་མ་བྱུང་བ་ཡང་འདིར་བརྗོད་མེད། །སྡེབ་སྦྱོར་མཁས་པའང་བདག་ལ་ཡོད་མིན་ཏེ། །དེ་ཕྱིར་གཞན་དོན་བསམ་པ་བདག་ལ་མེད། །རང་གི་ཡིད་ལ་བསྒོམ་ཕྱིར་ངས་འདི་བརྩམས། །དགེ་བ་བསྒོམ་ཕྱིར་བདག་གི་དད་པའི་ཤུགས། །འདི་དག་གིས་ཀྱང་རེ་ཞིག་འཕེལ་འགྱུར་ལ། །བདག་དང་སྐལ་བ་མཉམ་པ་གཞན་གྱིས་ཀྱང་། །ཅི་སྟེ་འདི་དག་མཐོང་ན་དོན་ཡོད་འགྱུར། །（译文：此论未宣昔所无，诗韵吾亦不善巧；是故未敢言利他，为修自心撰此论。循此修习善法故，吾信亦得暂增长；善缘等我诸学人，若得见此容获益。[1]）

汉译本：此说无有未曾有，亦非自我而独专，我无自他如是时，乃自思惟观察作。如是发心观察时，能令我此善增长，时见如是娑娑界，此乃是彼佛世尊。

从三种译本的礼赞部分来看，《入菩萨行论》礼赞部分似非原著，而是汇集者填加进去的。[2]

3.《入菩萨行论》藏、汉诸译本的题记

版本	题　记　比　较
敦煌本	༄། །བྱང་ཆུབ་སེམས་དཔའི་སྤྱོད་པ་ལ་འཇུག་པ། །སློབས་དཔོན་བློ་གྲོས་མི་ཟད་པས་མཛད་པ་རྫོགས་སྷོ། ། །༄། །རྒྱ་གར་གྱི་མཁན་པོ་ས་ར་བད་ཉ་དེ་བ་དང་། ཞུ་ཆེན་གྱི་ལོ་ཙ་པ་བན་འདེ་དཔལ་བརྩེགས་ཀྱིས་བསྒྱུར་ཅིང་ཞུས་ཏེ་གཏན་ལ་ཕབ་པའ། ། །། 阿阇梨无尽慧所造《入菩萨行》到此结束。由印度堪布萨哇嘉·德哇和主校译师僧伽贝则翻译并校订。（尾题）
藏文传世译本	བྱང་ཆུབ་སེམས་དཔའི་སྤྱོད་པ་ལ་འཇུག་པ་སློབ་དཔོན་ཤཱནྟི་དེ་བས་མཛད་པ་རྫོགས་སོ།། །།རྒྱ་གར་གྱི་མཁན་པོ་སརྦཛྙ་དེ་བ་དང་། ཞུ་ཆེན་གྱི་ལོ་ཙཱ་བ་བནྡེ་དཔལ་བརྩེགས་ཀྱིས་ཁ་ཆེའི་དཔེ་ལས་ཞུས་ཏེ་གཏན་ལ་ཕབ་པ་ལས། སླད་ཀྱིས་རྒྱ་གར་གྱི་མཁན་པོ་དྷརྨ་ཤྲཱི་བྷ་དྲ་དང་། ཞུ་ཆེན་གྱི་ལོ་ཙཱ་བ་བནྡེ་རིན་ཆེན་བཟང་པོ་དང་། ཤཱཀྱ་བློ་གྲོས་ཀྱིས་ཡུལ་དབུས་ཀྱི་དཔེ་དང་འགྲེལ་པ་དང་མཐུན་པར་བཅོས་ཤིང་བསྒྱུར་ཏེ་གཏན་ལ་ཕབ་པའོ། །ཡང་དུས་ཕྱིས་རྒྱ་གར་གྱི་མཁན་པོ་སུ་མ་ཏི་ཀཱིརྟི་དང་། །ཞུ་ཆེན་གྱི་ལོ་ཙཱ་བ་དགེ་སློང་བློ་ལྡན་ཤེས་རབ་ཀྱིས་དག་པར་བཅོས་ཤིང་བསྒྱུར་ཏེ་ལེགས་པར་གཏན་ལ་ཕབ་པའོ།། །། 寂天阿阇梨所作的《入菩萨行》，到此结束。此论首先由印度堪布萨哇嘉·德哇和主校译师僧伽噶哇·贝则从喀什米尔传本翻译、审订而成。其后，复由印度堪布达磨师利跋陀罗、主校译师僧伽仁钦桑波、释迦洛追参考中印度传本和注疏翻译修订，而后，复由印度堪布苏玛底格底与主校译师比丘洛丹喜绕重新修正、翻译，并善加审订。（尾题）
汉译本	圣龙树菩萨集颂　西天中印度惹烂驮罗国密林寺三藏明教大师赐紫沙门臣天息灾奉诏译。（首题）

〔1〕 译文引自释如石译本。

〔2〕 洛追白指出由于汇集者不同，由此产生了具有不同礼赞特征和篇幅的《入菩萨行论》梵本，见《入菩萨行论释义》（藏文），中国藏学出版社，2012年，第10—11页。

《入菩萨行论》两种藏文译本和宋代汉译本都有详细的译经题记，提供了这部论著的作者、译者等信息。对于藏文译本而言，译经题记以跋文的形式记载于论著结尾处，其中记录了论著名称、著者署名、印藏译师的名称及修订情况等信息；而汉译本则在论著首行以简短的语言记载了著者署名和印度译师受旨翻译的情况。

三种译本的题记相较，可以发现藏文传世译本题记记载了比敦煌本、汉文译本更多的内容信息，其中记载了藏文初译本（应为敦煌本为蓝本）所依据的梵文原典的版本情况。依据其他版本对初译本进行两次修改的情况，以及参与修订的印藏译师的名单，为我们提供了研究《入菩萨行论》印藏地区流传情况的重要信息。敦煌本中的著者署名与传世本中的署名不同，对此问题笔者已在第二章第一节中进行了考证。藏传佛教后弘期时期对《入菩萨行论》初译本进行两次修定等情况也已在绪论部分第一节里探讨过。除此之外，藏文传世本译经题记所给出的一个重要信息是，吐蕃时期初译的藏文《入菩萨行论》所依据的梵文原典是克什米尔传本，这对我们的研究提供了重要帮助，因为敦煌本的译经题记中未出现这一信息。

将宋代汉译本的译经题记与两种藏文译本的题记相比，我们惊奇地发现，其中所署的著者名称与两种藏文译本的署名明确不同，汉文译本署名为龙树。

龙树作为大乘中观学说的创始人，他的思想和学说影响了整个佛教的发展与走向，《入菩萨行论》这部旷世之作也不可避免受龙树影响，藏传佛教界普遍认同《入菩萨行论》是依据龙树《中观宝鬘论》而创作的观点，藏文敦煌本的礼赞部分同样与龙树有关，部分是从《中论》中摘取的。我们可以认为，《入菩萨行论》的思想来源于龙树。佛教学者由于表示敬仰和自谦而将自己的论著署名为自己的上师或某位作为思想导师之大学者的情况普遍存在，如宗喀巴在其所撰之《菩提道次第广论》中指出，本书所依据的主要论著为阿底峡尊者之《菩提道炬论》，故阿底峡尊者亦为本书之作者。（汉文译本中作："别则此之教典，即是《菩提道炬论》。故彼造者，亦即此之造者。"[1]）在汉传佛教界具有重要影响的《大智度论》本为鸠摩罗什本人之作，然他却以

〔1〕 宗喀巴著，法尊译：《菩提道次第广论》，青海民族出版社，2004年，第2页。

译者自居，将《大智度论》署名为龙树所造。[1]也许正是基于这样的原因，天息灾将汉译《菩提行经》署名为龙树。

有学者也指出：“虽然汉译《大乘集菩萨学论》的作者题名是‘法称菩萨’，《菩提行经》的作者题名是‘龙树菩萨’，但现存的梵本和藏译本的作者题名均为寂天。因此，现代佛学界依然确定这两部佛经的真正作者是寂天。”[2]

4.《入菩萨行论》藏、汉诸译本的品章

序号	版本	品　名	偈颂数
1	敦煌藏文写本	བྱང་ཆུབ་ཀྱི་སེམས་ཀྱི་ཕན་ཡོན་བཤད་པ་ཞེས་བྱ་བ་སྟེ་ལེའུ་དང་པོའོ།། 菩提心利益 为第一品	36
	藏文传世译本	བྱང་ཆུབ་སེམས་ཀྱི་ཕན་ཡོན་བཤད་པ་ཞེས་བྱ་བ་སྟེ་ལེའུ་དང་པོའོ།། 菩提心利益 为第一品	36
	汉译本	赞菩提心品第一	35
2	敦煌藏文写本		
	藏文传世译本	སྡིག་པ་བཤགས་པའི་ལེའུ་སྟེ་གཉིས་པའོ།། 忏悔品 为第二	65
	汉译本	菩提心施供养品第二	13
3	敦煌藏文写本	བྱང་ཆུབ་ཀྱི་སེམས་ཡོངས་སུ་གཟུང་བ་ཞེས་བྱ་བ་སྟེ།། ལེའུ་གཉིས་པའོ།། 持菩提心 为第二品	98
	藏文传世译本	བྱང་ཆུབ་ཀྱི་སེམས་ཡོངས་སུ་བཟུང་བ་ཞེས་བྱ་བ་སྟེ་ལེའུ་གསུམ་པའོ།། 持菩提心 为第三品	33
	汉译本		
4	敦煌藏文写本	བདག་མྱེད་པ་བསྟནད་པ་ཞེས་བྱ་སྟེ།། ལེའུ་གསུམ་པའོ།། 无我 为第三品	48

[1] 旅居日本的著名藏族学者白馆戒云（康噶楚称格桑）根据日本佛教学者的研究对此有精辟的论述，可参看《康噶楚称格桑选集》，中国藏学出版社，1999年，第414—419页。

[2] 黄宝生译注：《梵汉对勘入菩提行论·导言》。

续 表

序号	版本	品　　名	偈颂数
4	藏文传世译本	བག་ཡོད་བསྟན་པ་ཞེས་བྱ་བ་སྟེ་ལེའུ་བཞི་པའོ།། །། 不放逸 为第四品	48
	汉译本		
5	敦煌藏文写本	ཤེས་བཞིན་བསྲུང་བར་བྱ་བ་སྟེ། །ལེའུ་བཞི་པའོ།། །། 护正知 为第四品	94
	藏文传世译本	ཤེས་བཞིན་བསྲུང་བར་བྱ་བ་སྟེ་ལེའུ་ལྔ་པའོ།། 护正知 为第五品	109
	汉译本	护戒品第三	106
6	敦煌藏文写本	བཟོད་པའ་བསྟནད་པ་ཞེས་བྱ་སྟེ། །ལེའུ་ལྔ་པའོ།། 忍辱 为第五品	127
	藏文传世译本	བཟོད་པ་བསྟན་པ་ཞེས་བྱ་བ་སྟེ་ལེའུ་དྲུག་པའོ།། 忍辱 为第六品	134
	汉译本	菩提心忍辱波罗蜜多品第四	133
7	敦煌藏文写本	བརྩོན་འགྲུས་བསྟནད་པ་ཞེས་བྱ་བ་སྟེ། །ལེའུ་དྲུག་པའོ། ༔ 精进 为第六品	84
	藏文传世译本	བརྩོན་འགྲུས་བསྟན་པ་ཞེས་བྱ་བ་སྟེ་ལེའུ་བདུན་པའོ།། 精进 为第七品	76
	汉译本	菩提心精进波罗蜜多品第五	79
8	敦煌藏文写本	བསམ་གཏན་བསྟནད་པ་ཞེས་བྱ་བ་སྟེ། །ལེའུ་བདུན་པའོ། ༔ 禅定 为第七品	58
	藏文传世译本	བསམ་གཏན་བསྟན་པ་ཞེས་བྱ་བ་སྟེ་ལེའུ་བདུན་པའོ། ། 禅定 为第八品	187
	汉译本	菩提心静虑般若波罗蜜多品第六	183
9	敦煌藏文写本	ཤེས་རབ་བསྟནད་པ་ཞེས་བྱ་བ་སྟེ། །ལེའུ་བརྒྱད་པའོ། ། 智慧 为第八品	89
	藏文传世译本	ཤེས་རབ་ཀྱི་ཕ་རོལ་ཏུ་ཕྱིན་པའི་ལེའུ་སྟེ་དགུ་པའོ། ། 智慧般若 为第九品	167
	汉译本	菩提心般若波罗蜜多品第七	165

续　表

序号	版本	品　　名	偈颂数
10	敦煌藏文写本	བསྔོ་བ་ཞེས་བྱ་བ་སྟེ།། །།ལེའུ་དགུ་པའོ།། 回向 为第九品	66
	藏文传世译本	བསྔོ་བ་ཞེས་བྱ་བའི་ལེའུ་སྟེ་བཅུ་པའོ།། །། 回向 为第十品	58
	汉译本	菩提心回向品第八	61[1]

从品名和内容的相同点而言，敦煌藏文写本第一品菩提心利益品（36颂）与藏文大藏经《丹珠尔》所收传世本第一品菩提心利益（36颂）、宋代汉文译本第一品赞菩提心品（35颂）基本一致；敦煌藏文写本第二品持菩提心品（98颂）内容与藏文大藏经《丹珠尔》所收传世本第二品忏悔品和第三品持菩提心品（共计98颂）相一致，宋代汉文译本第二品菩提心施供养品（13颂）也与两种藏文译本相一致，但只有该品前面的很少一小部分；敦煌藏文写本第三品无我品（48）与藏文大藏经《丹珠尔》所收传世本第四品不放逸品（48颂）相一致，宋代汉文译本缺失该品内容；敦煌藏文写本第四品护正知品（94颂）与藏文大藏经《丹珠尔》所收传世本第五品护正知品（109颂）基本一致，与宋代汉文译本第三品护戒品（106颂）基本一致；敦煌藏文写本第五品忍辱品（127颂）与藏文大藏经《丹珠尔》所收传世本第六品忍辱品（134颂）相一致，与宋代汉文译本第四品菩提心忍辱波罗蜜多品（133颂）基本一致；敦煌藏文写本第六品精进品（84颂）与藏文大藏经《丹珠尔》所收传世本第七品精进品（79颂）、宋代汉文译本第五品菩提心精进波罗蜜多品（76颂）内容基本一致，且还包含有藏文大藏经《丹珠尔》所收传世本第八品禅定品和宋代汉文译本第六品菩提心静虑般若波罗蜜多品的部分内容；敦煌藏文写本第七品禅定品（58颂）与藏文大藏经《丹珠尔》所收传世本第八品禅定品（187颂）和宋代汉文译本第六品菩提心静虑般若波罗蜜多品（183颂）的部分内容相一致；敦煌藏文写本第八品智慧品（89颂）与藏文大藏经《丹珠尔》所收传世本第九品智慧品（167颂）和宋代汉文译本第七品菩提心般若波罗蜜多品（165颂）的部分内容相一致；敦煌藏文写本第九品回向品（66颂）与藏文大

〔1〕　其中第二十九颂将5个短句计为1颂。

藏经《丹珠尔》所收传世本第十品回向品（58颂）和宋代汉文译本第八品菩提心回向品（61颂）的内容基本一致。就敦煌藏文译本与藏汉传世译本的偈颂对应数而言，敦煌藏文译本共计700颂，其中665颂能与藏文传世本（共计913颂）对应，519颂能与汉文译本（共计约776颂）对应，以百分比算，敦煌本的内容与藏文传世本对应的约为藏文传世本内容的72%；敦煌本的内容与汉文译本对应的约为汉文译本内容的67%。敦煌本中约35颂与藏文传世本不能对应，约181颂与汉译本不能对应，与汉译本不能对应的偈颂较多，其原因是汉译本缺失忏悔品的大部分内容和持菩提心品、不放逸品。

可以看出，三种传本的基本结构相同，内容思想基本一致。但署名、礼赞、篇幅、品章分讫等方面有所区别。敦煌本与藏汉文传世本的主要不同之处在于精进品、禅定品、智慧品，这些品章是注重阐述佛教中观哲学即“慧学”之部分，可知印度学者对此部分的重视程度，后期学者对于原先深奥、简练之文本内容进行补充阐释和重新梳理的可能性很大。

第三节　敦煌藏文写本《入菩萨行论》的版本价值

敦煌藏文《入菩萨行论》的发现对于《入菩萨行论》这部大乘佛教经典不同版本间的对勘研究，尤其是汉藏佛经的比较研究，与这部经典有关的学术问题的探讨等具有重要的文献价值。

一、对藏文传世译本乃至现存梵文本形成史研究的价值

就这部文献被译成藏文的历史发展情况而言，吐蕃时期的初译本无疑占据着至高的地位，从根源上影响了藏传佛教大乘“菩提行”修法的传承与发展，然由于后期学者对吐蕃译本的增补、改译，使得我们无法目睹其初译本的面貌。尽管吐蕃学者贝央在其著书中引用了吐蕃译本中的部分偈颂，[1]藏文《大藏经》中存有九品章本《入菩萨行论》的注疏本——《入菩萨行论解说难语释》（སྤྱོད་འཇུག་གི་རྣམ་པར་བཤད་པ་ཞེས་བྱ་བ།），布顿在《佛教史宝藏》等著作中对吐蕃译本进行解说并引用部分偈颂，但其具体面貌仍然成谜。敦煌本的发

〔1〕 贝央所著《赠予吐蕃赞普和子民的集要书函》一书中就大量引用了《入菩萨行论》的内容，德格版《丹珠尔》中存于杂部jo函。

现无疑改变了这一局面，使我们明确地知道了这部经典初译本的著译者署名情况、翻译风格、语言文字特征、品章安排及内容结构，那么，传世译本对于吐蕃译本的厘定、改译、增补情况便一目了然。由此，我们对于这部文献在藏传佛教史上的发展脉络有了更加清晰的认识，甚至可以进而推测现存梵文本的形成和发展成型情况。如敦煌译本中以单个偈颂形式出现的内容在传世本中则以两个甚至三个偈颂表达的现象很普遍。举例来说，敦煌本第六品第38颂“གང་ཚེ་བདག་དང་གཞན་གཉི་ག། །བདེ་བ་འདོད་དུ་མཚུངས་པ་ལ། །བདག་དང་ཁྱད་པར་ཅི་ཡོད་ན། །གང་ཕྱིར་གཞན་སྲིན་བདག་སྲུང་བྱེད། །”（自与他双方，求乐既相同，自他何差殊？何护自非他？），在传世译本中能对应之偈颂为第八品第95和96两颂：“གང་ཚེ་བདག་དང་གཞན་གཉི་ག །བདེ་བ་འདོད་དུ་མཚུངས་པ་ལ། །བདག་དང་ཁྱད་པར་ཅི་ཡོད་ན། །གང་ཕྱིར་བདག་གཅིག་བདེ་བར་བརྩོན། །གང་ཚེ་བདག་དང་གཞན་གཉི་ག །སྡུག་བསྔལ་མི་འདོད་མཚུངས་པ་ལ། །བདག་དང་ཁྱད་པར་ཅི་ཡོད་ན། །གང་ཕྱིར་གཞན་མིན་བདག་སྲུང་བྱེད། །”（自与他双方，求乐既相同，自他何差殊？何故求独乐？自与他双方，恶苦既相同，自他何差殊？何护自非他？）很显然，是对原来的内容作了进一步的补充阐释和完善，如此的情况可找出十余例。

二、对勘研究的价值

从对勘研究方面而论，敦煌本的发现不仅能使我们明白藏文传世本在哪些方面对吐蕃译本进行了修订和改译、补充，以及品章安排、义理阐述方面的异同，而且从藏、汉三种不同译本间的对勘能够推断《入菩萨行论》梵文原典的版本情况，并且有助于对相关的学术问题进行深入思考和探讨，以下就几个主要的方面来说。

1. 关于品章名称

就敦煌藏文《入菩萨行论》的特征而言，它不仅内容完整，而且在语言文字的应用、分品、品章名称、偈颂顺序等等方面具有与其他两种藏汉译本不同的特征。如第三品品名在藏文大藏经《丹珠尔》所收传世译本中为“不放逸品”（汉译本缺），而敦煌本中为“无我品”，从而对理解和阐述该品的内容提供了一种新的视角，确定了“无我”的义理也就更能对治烦恼，使人不会再变得放逸而造作烦恼之因，从而严格受持律仪。

2. 关于《摄经论》的作者

关于寂天是否著有《摄经论》（亦译作《诸经集要》《一切经集要》《经集》）一书的问题，藏传佛教界以《入菩萨行论》藏文传世本中的第五品之第105、106颂“亦当勤阅读，《学处众集要》，佛子恒修处，《学集》广说故。或暂阅精简，《一切经集要》，亦当偶披阅，龙树二论典”，与现存梵文校刊本之105、106颂对应：

śikṣāsamuccayo ’vaśyaṃ draṣṭavyaś ca punaḥ punaḥ
vistareṇa sadā cāro yasmāt tatra pradarśitaḥ//
saṃkṣepeṇātha vā tāvat paśyet sūtrasamuccayam
āryanāgārjunābaddhaṃ dvitīyaṃ ca prayatnataḥ//

普遍认为寂天著有《摄经论》(以上偈颂中之《一切经集要》)。著名学者吕澄认为现存的《摄经论》就是寂天的著作。[1]然敦煌本中唯独出现“此后便阅览，圣者龙树辑，《一切经摄要》，且要极力学”一颂，其中明确指出《摄经论》(《一切经摄要》)是龙树所造。此外，我国宋代的汉文译本中也出现“圣龙树菩萨，一心之所集，随所住之处，勤恒伸供养”(3—106)一颂，[2]基本可以肯定其中所讲即为龙树所造之《摄经论》。

不同的作者著有同名的著作是完全可能的，[3]然同一部书的不同版本对于作者问题出现两种不同的说法，个中原由耐人寻味。《入菩萨行论》敦煌译本和宋代汉文译本的产生年代均早于藏文传世译本，那么它们所依据的梵文原典的出现也必定早于现存版本，两种译本中均提到《摄经论》作者为龙树，根本没有提到寂天本人著有《摄经论》一事。此外，从敦煌译本的内容来看，其中同样没有提到寂天本人著有《大乘集菩萨学论》一事，从宋代汉文译本中出现的“虚空藏经中，说谟罗波底，如见集戒定，广如经所说”(第3品第105颂)一颂，可以知道“集戒定”一说即为《大乘集菩萨学论》，但也没有说明该论是由寂天本人所著。因此，笔者认为对于《摄经论》的作者学界产生不同说法的原因，在于以那烂陀寺为中心的中印度学者们整理《入菩萨行论》时将《学集》(śikṣāsamuccayo，བསླབ་བཏུས།)和《经集》(sūtrasamuccayam，མདོ་བཏུས།)两部名称相近之著作相混，或对《入菩萨行论》经典进行整理补充

〔1〕 吕澄：《印度佛学源流略讲》，第223页。

〔2〕《大正藏》第1662号，第62卷，第547页b栏。

〔3〕 图旦・曲吉札巴在其《入菩萨行论注疏》中说：“《噶当派教法史》中虽说《摄经论》(寂天所造)由格西夏热哇从热振寺取得梵本并由巴蔡・尼玛扎翻译，但现存的《丹珠尔》中却缺失。”见《入菩萨行注疏》(藏文)，第654页。

时将注文内容掺入到正文等诸种原因所致，[1]寂天非现存《摄经论》之著者，他亦无同名著作。

3. 关于“自他相换”之理的修法

自他平等与相换的修心法是《入菩萨行论》的核心，该论典中也有充分、深刻的阐释，如：“消除懒怠力，主宰自我命，自他平等观，他自相换修”（སྙིད་ལུག་སྙོམ་པའི་སྟོབས་བཅོམ་སྟེ། །བདག་ཉིད་དབང་དུ་སྒྱུར་ད་པ་དང་། །བདག་དང་གཞན་དུ་མཉམ་པ་དང་། །གཞན་དང་བདག་དུ་བརྗེ་བར་གྱིས།།）、“自与他二者，欲乐均相等，自他何差异？何护自非他？”（གང་ཚེ་བདག་དང་གཞན་གཉིས་ག། །བདེ་བ་འདོད་དུ་མཚུངས་པ་ལ། །བདག་དང་ཁྱད་པར་ཅི་ཡོད་ན། ། གང་ཕྱིར་གཞན་སྲིན་བདག་སྲུང་བྱེད།།）、“若是自与他，欲速而当救，自与他相换，当讲殊胜密”（གང་ཞིག་བདག་དང་གཞན་རྣམས་ནི། །མྱུར་དུ་བསྐྱབ་པར་འདོད་པ་དེས། །བདག་དང་གཞན་དུ་བརྗེ་བྱ་བ། །གསང་བའི་དམ་པ་བཤད་པར་བྱ།།）等三十余个偈颂。这一修法理论及实践，对后期佛教产生了重要影响，称其为深、广两大车轨外的另一法脉——伟行派。[2]“尽其世间乐，皆求他乐生；尽其世间苦，悉求自乐生”“我如有情寿，彼于我甚如，彼恶报与我，我善亦报彼”等阐述自他平等与相换思想的偈颂已成为佛教修心和伦理说教的至理名言而被广为传诵、引用。

藏文传世本及宋代汉译本，包括现存的梵文本中阐述“自他平等与相换”这一菩萨行核心思想的内容部分出现于“禅定般若波罗蜜多品”中，学者也普遍认为“自他平等与相换”是“禅定”的修法内容而非“精进”，但敦煌本中却出现在“精进般若波罗蜜多品”当中。对此，《入菩萨行论解说难语释》中有精辟的论述：“作注疏之其他论师说：‘自他相换义理，阿阇梨虽于此处讲说，然彼为禅定与智慧所摄，故不适在此宣说，应为后说。’如此指责者，实属未能领会阿阇梨之思想，很不应该。倘若此处不宜（自他平等与相换）二义，如何于此回应反驳者，亦属未讲明菩萨之精进殊胜于声闻之精进的原因。是故，明理者理应认清阿阇梨在此处宣讲（自他平等与相换）之奥义。不探寻和认清成就文殊菩萨悉地之阿阇梨无尽慧的思想，追随信口开河的普通人，毁谤其教言，很不应该，理应远离此等言论者。吾认为以上确切是阿阇梨的思想。”[3]可以看出，注疏者斩钉截铁地肯定和维护“自他平等与相换”

〔1〕 关于注文掺入到正文的情况在《入菩萨行论》的相关藏文注疏中早有提示。可参看洛追白《入菩萨行论释义》（藏文）。

〔2〕 荣增・益西坚参：《菩提道次师承传》（藏文），第226页。

〔3〕 中国藏学研究中心藏文《大藏经》对勘局编：《中华大藏经・丹珠尔（对勘本）》第六十一卷，第1792页。

内容在精进品中出现的理由。“自他平等与相换”的义理在“精进品”中的出现不得不说是敦煌本在内容阐述方面与其他版本不同的一大重要特征。

4. 关于受菩提律仪时能否“忏悔”的问题

关于菩萨律仪的受持,藏传佛教界一般以愿心受持律仪和行心受持律仪分别讲授。愿心的受持者需要具备佛教修道次第之中、下士之学习修养及“因果七诀”等基本修心素养,对“菩提心”应有敬仰之心。具体的受戒仪轨分加行、正行和结行三部分。在加行阶段,受戒者要依“积资七支因”行顶礼、供养、忏悔、随喜、劝转法轮、祈请住世、回向七种。然在大乘佛教历史上,加行阶段是否需要行“忏悔因”及其其余支因,似乎存在分歧,有一部分学者认为若行“忏悔”等支因,使受戒者心中必生罪恶感,由是难生喜趋“菩提心”之信心。

此种观点,宗喀巴在《菩提道次第广论》中有明确的说明及反驳,他指出:“先觉多云:‘龙猛、寂天所传来者俱修七支,慈氏、无著所传来者唯修礼拜、供养二支。若修悔罪必须追悔,令意不喜,菩提心者具足踊跃欢喜方生。’不应道理。大觉嚷师于《发心》及《律仪仪轨》中说‘礼敬供养等’,以等字摄略。《尊长事次第》中,于发心前明说七支。又其因相,若果如是,则龙猛及寂天派中,亦当许不生。”[1]

那么通过对藏汉诸译本版本的比较可发现,宋代汉译本《菩提行经》第二品部分及第三品之间正是缺失礼敬和供养二支外的其余支因及其受持愿心和行心的相关内容,且第二品名为“菩提心施供养品”。由此可以推断,宋代译本《菩提行经》很有可能是宗喀巴所驳斥之“先觉”一派学者所汇集的版本,其内容的缺失是有意为之,并非在流传过程中散失或损坏造成的。《菩提行经》在汉传佛教中得不到重视,对菩萨戒律仪无足轻重可能于此也有很大的关系。此外,我们同样在敦煌藏文IOL Tib J 134II《菩萨行愿文》之中可以发现有意不选录礼敬、供养二支外的其余支因内容的情况。以上两种情况反映出,学界曾经确有关于授受菩提律仪时能否“忏悔”的辩驳和相应的学术实践。

三、对吐蕃初译本之影响研究的价值

就《入菩萨行论》这部经典对藏族社会的影响情况而言,学界基本以藏

〔1〕 宗喀巴著,法尊译:《菩提道次第广论》,第138页。

传佛教后弘期时期修订的藏文传世本和现存的梵本为研究重点，探讨这部经典对藏族社会方方面面及整个佛教界所产生的影响。佛教界讲修、注疏均以藏文传世本为依据和正统，几乎无人提及吐蕃译本的影响。虽然吐蕃学者的著书中存在有关《入菩萨行论》的内容，藏文大藏经中存有《入菩萨行论》吐蕃译本的注疏本《入菩萨行论解说难语释》，但对于研究这部经典对吐蕃社会的影响情况，仍显资料之不足，以致难圆其说。敦煌藏经中发现的两种不同的《入菩萨行论》写本和两种不同的"入菩萨行愿文"，以及相关敦煌写本如定名为"开示轮回"(P.T.24, P.T.580v, P.T.757v, IOL Tib J 316.VI等)和"菩提萨埵树论"(P.T.950和P.T.972)等的发现，为我们提供了完全能够探讨吐蕃译本《入菩萨行论》对吐蕃佛教及社会产生影响的一手资料，可以认为这部经典为藏族伦理从以苯教理论为核心的伦理思想，转向以佛教理论为核心的伦理思想提供理论依据的重要伦理说教类文献之一，从吐蕃时期开始对藏族伦理思想和佛教文学产生了重要影响。

第四节　《入菩萨行论》藏汉诸译本所依据的梵文原典版本

虽然荷吉森在尼泊尔发现《入菩萨行论》梵文原典使得佛学界以此为正本，但从相关藏文佛教史著作和《入菩萨行论》注疏本的相关记载来看，《入菩萨行论》这部经典的梵文原典亦存在不同版本，各种版本的不同特征也有较详实的说明。这里重点介绍一下布顿、达热那它及觉囊派译师洛追白的观点，因为后期学者的观点基本照搬了前两者的观点，而觉囊派译师洛追白的观点又不同于前两者。

布顿在其《佛教史大宝藏论》中指出："(寂天诵读完《入菩萨行论》后，)于是具有所闻不忘本领的学者们汇集各自所记住的偈颂时产生了七百颂、一千颂、千余颂，由此起了疑惑。""(寂天)旨意一千颂之《入菩萨行论》为准确。"[1]

达热那它在其《印度佛教史》中则更加详细地指出："(寂天诵读完《入菩萨行论》后，)由得成就的学者们铭记于心，产生了迦湿弥罗学者所辑千余颂，礼赞杜撰；东方的学者们所辑只有七百颂，礼赞引用了《中观根本颂》的

---

〔1〕 布顿·仁钦竹:《布顿佛教史》(藏文),第166页。

礼赞，缺失忏悔品和智慧品；中部的学者们所辑者缺失礼赞和写作目的，为了赞颂称其共计一千颂；由是起了疑惑。”“（寂天）宣说，《入菩萨行论》为中部的学者们所记（为准确）。”[1]与布顿的陈述相比，达热那它的更加详细，给出了诸多《入菩萨行论》梵文原典的版本特征信息。

另外，觉囊派著名译师洛追白在其《入菩萨行论释义》中指出：“此后，那烂陀寺众学者汇集《入菩萨行论》的偈颂与义理时，迦湿弥罗学者们汇集的共九个品章计七百颂，礼赞部分则以‘缘起性空者’开头，与《中观根本颂》相同；而中部的学者所汇集的则有十个品章共计一千颂，礼赞部分以‘法身善逝佛子伴’开头，与《集菩萨学论》相同。是故发生了分歧。”“（寂天）宣说，以中部的学者们所汇集为准确。”[2]此说《入菩萨行论》梵文原典有两种不同版本，对两者的篇幅和特征等也有交代。

根据以上学者的阐述，结合藏汉三种译本的对勘情况来分析，我们可以确定《入菩萨行论》梵文原典主要有三种不同的版本。《入菩萨行论》敦煌藏文译本、藏文传世译本、宋代汉文译本三者间产生诸多不同的特征，自然也由于它们所依据的梵文原典的版本不同所致。

在三种不同的版本中，学者所极力推崇的是中印度学者所汇集的《入菩萨行论》传本（中印度传本）。它的篇幅为913或914颂，礼赞部分完全与寂天所著《集菩萨学论》相同，在尼泊尔发现的《入菩萨行论》梵文原典正是此种版本，以此种传本为母本的译本正是藏文大藏经所收《入菩萨行论》传世本，原本与译本能够完全对应，[3]与藏文传世本译经题记所载一致。

对于另外两种版本，学者的阐述则有所不同。首先看看迦湿弥罗传本的特征，达热那它阐述为“迦湿弥罗学者所辑千余颂，礼赞杜撰”，而洛追白则说“迦湿弥罗学者们汇集的共九个品章计七百颂，礼赞部分则以‘缘起性空者’开头，与《中观根本颂》相同”，我们发现洛追白阐述的迦湿弥罗传本的特征，不仅完全符合敦煌藏文《入菩萨行论》译本的特征，而且也与藏文大藏经所收《入菩萨行论》传世本译经题记所载，即该论吐蕃时期初译本所依据的原典为迦湿弥罗传本相一致。另外，布顿也指出过有一部署名为无尽慧所造的九品颂《入菩萨行论》藏文译本。由此，我们既可以肯定达热那它关于

〔1〕 让塘寺木刻本（藏文），第84b—85a页。

〔2〕 洛追白：《入菩萨行论释义》（藏文），第10—11页。

〔3〕 梵本多出1偈颂，但在其他藏文注疏本中能找出于此完全对应的偈颂。

《入菩萨行论》迦湿弥罗传本的特征阐述有误，又可以完全肯定敦煌藏文写本《入菩萨行论》所依据的梵文原典是《入菩萨行论》迦湿弥罗传本。

可能是由于有了藏文译本的原因，藏文相关著作中对《入菩萨行论》中印度传本和迦湿弥罗传本的特征记载得较详细，而另外一种传本即东印度传本的情况，则只有在达热那它的著述中出现。他将东印度传本的特征描述为“东方的学者们所辑只有七百颂，礼赞引用了《中观根本颂》的礼赞，缺失忏悔品和智慧品”，然而，由于他对迦湿弥罗传本的特征描述有误，所以，此处所说的一部分特征完全是迦湿弥罗传本的特征，如“礼赞引用了《中观根本颂》的礼赞”。除此之外，我们将他的这一说法与宋代汉文译本的情况作比照的话，就会发现他阐述的一些特征与宋代汉文译本的特征相吻合，如关于篇幅数量的记载，及汉译本缺失两品，偈颂数也大概是七百余颂。另外，从汉译本的品章名称等分析，它是个完整的版本，如第二品的名称“菩提心施供养品第二”，其内容也只出现“七支因”中的供养支因的内容。

达热那它阐述的东印度传本缺失的两个品章情况虽不符合汉译本中的品章的具体情况，但大体情况不仅与汉译本相符，而且其中缺失忏悔品的阐述也与汉译本特征相符，因此可以推断，达热那它关于《入菩萨行论》东印度传本缺失“忏悔品和智慧品”的特征阐述，理应为“缺失忏悔部分及持菩提心品与不放逸品”。进而基本可以推断，《入菩萨行论》宋代汉文译本所依据的梵文原典是《入菩萨行论》东印度传本。这样的推断，比起“梵文抄本的书写材料主要是棕榈叶（‘贝叶’）或桦树皮，在流传过程中很容易出现散失或损坏现象。估计天息灾译本依据的梵文抄本本身存在缺失，而非译者在翻译中故意删略”的结论，[1]似乎更符合汉译本的实际情况。

总之，通过对藏译敦煌本《入菩萨行论》的研究，及其与其他两种不同版本的译本进行对勘，我们不仅知道了《入菩萨行论》这部藏文佛经文献的原始面貌，而且还知道了藏传佛教后弘期的大译师仁钦桑波等对其做了哪些修订，以及两个不同时期的藏文佛经译本的翻译特征和语言变化规律。藏汉诸译本所依据的梵文原典的版本和流传分布情况。

〔1〕　黄宝生译注：《梵汉对勘入菩提行论·导言》。

第四章　敦煌藏文写本《入菩萨行论》的内容及影响

《入菩萨行论》自创作以来对印、藏佛教界产生了深远的影响，敦煌藏文《入菩萨行论》写本及与此相关的两篇祈愿文写本、相关的同时期的文献，为我们研究这部论典对当时社会所产生的影响提供了重要的参考依据。

第一节　内 容 结 构

藏译佛典论著一般都有简称和全称两种称谓，《入菩萨行论》藏译本全称为“入菩萨的行为”，简称为“入行”。我国北宋时期所译该经典名称为《菩提行经》，但是，我国汉文佛典中一般将佛陀所讲部分称为“经”，其他佛教学者的著述则称为“论”，由此，学界一般将该经典统称为《入菩萨行论》。

《入菩萨行论》是大乘佛学的重要论典之一，其见行合一而阐述佛学思想和佛教戒律的理论体系直接影响了以修行“菩提心”为中心的大乘佛教修习次第理论的发展，从而广泛、深刻地影响了后期佛教中观思想的发展和藏传佛教各教派的修习体系。

敦煌藏文写本《入菩萨行论》共九品，700个偈颂，分两卷。九个品章分别为：一、菩提心利益品；二、持菩提心品；三、无我品；四、护正知品；五、忍辱品；六、精进品；七、禅定品；八、智慧品；九、回向品。敦煌本与藏、汉诸译本有所不同，并且其在佛教义理的阐释方面与以往的印藏佛教学者的表述形式亦有所不同，但归根结底，其核心思想为如何修菩提心并行菩提行从而得成就的过程。学者如此概括《入菩萨行论》的内容：“首先，要发菩提心就要知道其功德生起对大乘佛法的兴趣，由此，第一品就讲菩提心利益；其次，发菩提心就要摈弃违缘，积累资粮，由此讲第二品和第三品；发心并修持成就无上菩提的行为部分分为总述和分述两部分，由于不放逸对坚行菩提行并善于取舍很重要，故在第四品总述修持菩提行部分，具体修持菩提行即行‘六度’的过程分别从第五品护正知讲‘戒波罗密多’；后四品依次讲‘忍波罗密多’等，身财等善根皆奉献‘他’者行‘施波罗密多’的修心方法由第十回向品详述。”〔1〕但对于以敦煌本为蓝本的《入菩萨行论》九品章本的内容阐述方式而言，学者似有不同的看法。在《入菩萨行论解说难语释》(སྤྱོད་འཇུག་གི་རྣམ་པར་བཤད་པ་ཞེས་བྱ་བ།)这部《入菩萨行论》九品章本的注疏论典中如此指出：

发心之菩萨行的内容部分又为何因而入行？为谁的利益而入行？依何种方便而入行？入于何行？如何入行？以上五个内容组成。依次为：“暇满人生极难得，得此能行人事时，若不勤于行善业，岂能复得此圆满？犹如黑夜乌云中，刹那闪电尤明亮，如是由于佛威德，世人偶尔生福慧。”(1—4、5颂)两颂阐述何因而入行之理；第一品中的“欲摧怖与百千苦，欲除有情众不安，欲享百千快乐者，恒常莫弃菩提心”(1—8)一颂，第六品中宣说自他相换理论部分的内容(6—34～84)，第八品中的“此等皆预备，为自他智慧，欲求解脱乐，故应生智慧”(8—1)、“烦恼所知障，暗由空性治，欲速知一切，为何不修彼”(8—30)两颂等阐述为谁的利益而入行之理；第四品中的“大乘善知识，善巧义理者，以及菩萨戒，舍命亦不弃。依《吉祥生传》，如是而师学，此及佛余旨，学经当了义。经藏见戒学，故应阅经藏，虚空藏经藏，首当先阅览。圣者龙树辑，摄一切经论，也要极勤学，此后便阅览”(4—88～91)等颂阐述依何方便而入行之理；发心及六般若波罗蜜多等全文阐述入于何行之理；第二品至第四品阐述如何入行之理。此外，菩萨行乃为发心、六般若波罗蜜多、三戒、三学等，入行则为依宣说彼等义理而入之，依了知彼等义理而入之，依修持彼等义理而入之三种，此为依宣说而入行。具体为：由第一品和第二品宣说发心之理；第二品中的“如此我皆行，所积诸善根，愿能除众苦，一切苦无余”一颂至“虚空众生界，一切以彻底，直至示寂灭，我成饶益因”(2—71～86)等颂宣说施般若波罗蜜多，第二品“如昔诸善逝，发菩提愿心，菩萨

〔1〕土登曲吉札巴：《入菩萨行注疏》(藏文)，第20—21页。原文：“ཐོག་མར་བྱང་ཆུབ་མཆོག་ཏུ་སེམས་བསྐྱེད་པ་ལ་དེའི་ཕན་ཡོན་མཐོང་བའི་སྒོ་ནས་ཐེག་ཆེན་གྱི་ཆོས་ལ་མོས་ཤིང་སྤྲོ་བ་འཕེལ་དགོས་པས་ལེའུ་དང་པོས་ཕན་ཡོན་སྟོན། དེ་ནས་སེམས་བསྐྱེད་པ་ལ་འགལ་རྐྱེན་སྡིག་པ་བཤགས་པ་དང་མཐུན་རྐྱེན་ཚོགས་བསགས་ནས་བྱང་ཆུབ་ཀྱི་སེམས་གཟུང་དགོས་པས་དེ་གཉིས་རིམ་པར་ལེའུ་གཉིས་པ་དང་གསུམ་པས་སྟོན། སེམས་བསྐྱེད་ནས་བྱང་ཆུབ་ཆེན་པོ་འགྲུབ་པའི་གཞི་སྤྱོད་པ་ལ་སློབ་ཚུལ་སྤྱིར་སྟོན་པ་དང་བྱེ་བྲག་ཏུ་སྟོན་པ་གཉིས་ལས། དང་པོའི་དབང་དུ་བྱས་ནས་སྤྱོད་པ་རྣམས་མི་ཉམས་ཤིང་བླང་དོར་བྱ་བའི་ཐབས་སུ་བག་ཡོད་གལ་ཆེ་བས་དེ་ལེའུ་བཞི་པས་སྟོན། བྱེ་བྲག་ཏུ་ཕྱིན་དྲུག་གི་སྤྱོད་པ་ཉམས་སུ་ལེན་ཚུལ་ལ་དྲན་ཤེས་བསྟེན་པའི་སྒོ་ནས་ཚུལ་ཁྲིམས་ལ་སློབ་ཚུལ་ལེའུ་ལྔ་པས་སྟོན། བཟོད་པ་སོགས་ཕར་ཕྱིན་ཕྱི་མ་བཞི་བཟོད་པའི་ལེའུ་སོགས་བཞིས་རིམ་པར་སྟོན། ལུས་ལོངས་སྤྱོད་དགེ་རྩ་རྣམས་གཞན་ལ་གཏོང་བའི་བློ་སྦྱོང་ཚུལ་བསྔོ་བས་ཁྱད་པར་དུ་བྱས་ནས་སྟོན་པའི་ལེའུ་བཅུ་པས་སྦྱིན་པ་ལ་སློབ་ཚུལ་སྟོན་ནོ། །”

诸学处，彼诸次第住”（2—87）偈颂至第四品宣说戒般若波罗蜜多，剩余的四品依次宣说忍辱般若波罗蜜多等。依三戒而粗论，护正知品中的“闲言乃种种，奇观亦多样，诸此若入之，对此舍贪着”一颂至“彼事欲舍弃，己事欲经营，由是欲出言，此时住如树”（4—44 ～ 51）等偈颂阐述律仪戒；“不忍与懒怖，无耻及诳语，于己生偏心，此时住如树。如是观自心，烦恼与无义，此时勇对治，彼应坚执持”（4—52、53）两颂阐述摄善法戒；“彻悟并深信，稳固敬礼让，知耻具怖等，平静勤彼乐”（4—54）一颂阐述饶益有情戒。若细论，则从最初的发心到行六度均为对治异品，故为律仪戒，如是凡次种种回向为大菩提，直接或间接为利益众生，故为摄善法戒和饶益有情戒，因此，要知道全文乃阐述三戒。依三学而论，前四品阐述戒学，施为戒之因，身财等施而入于行，受持律仪乃为戒学之本；第五、六、七品阐述定学，得忍者方能精进，了知修定之方便，忍辱与精进乃定学之因，禅定为根本；第八品阐述慧学。由是，乃说此论宣说以上之菩萨行，故名《入菩萨行论》。了知而入行，乃为依此论，由闻而入之；此后，生起发心，勤于诸学处，乃为修持而入者。[1]

以下就对敦煌本《入菩萨行论》中的这些重要内容依据藏文修心类论著和《入菩萨行论》注疏论著作一简要论述。

第二节　主要思想

一、菩提心及其菩萨戒

菩提心是“希求利益他者之心和希求成就菩提之心的总称。为了独自完成利益普天下众生的事业而发的心称为希求利益他者之心；为了消除众生的疾苦而发心得到佛果的心称为希求成就菩提之心。菩提心要依靠七支因果修法和自他相换修法的修心秘诀而产生于人们的相续中，若无此心修何等殊胜的佛法都不能算作大乘佛教”。[2]由此可知菩提心是大乘佛教的入

〔1〕 中国藏学研究中心藏文《大藏经》对勘局编：《中华大藏经·丹珠尔（对勘本）》第六十一卷，第1706—1709页。

〔2〕 东噶·洛桑赤列编：《东噶藏学大辞典》（藏文），中国藏学出版社，2002年，第1472页。原文：“གཞན་དོན་དོན་གཉེར་གྱི་བསམ་པ་དང་བྱང་ཆུབ་དོན་གཉེར་གྱི་བསམ་པ་གཉིས་ཟུང་དུ་འབྲེལ་བའི་སེམས་ཞིག་སྟེ། ནམ་མཁའ་མཐའ་ཁྱབ་ཀྱི་སེམས་ཅན་ཐམས་ཅད་ཀྱི་དོན་རང་ཉིད་གཅིག་པུས་བྱ་བར་འདོད་པའི་བསམ་པ་ནི་ （转下页）

门，也是大乘佛教徒必修的法门。藏族佛学家对菩提心的修行过程是如此描述的：

人们只顾及此生而不考虑来生的狭隘的想法，通过修炼而有所改变，能产生为来世而做点什么的念头，那么，他们的心胸就有所宽广了。此后，不追逐世俗的名利而对荣华富贵产生厌离心，那么，他们的心胸就更加宽广了。之后，再发心菩提，心胸就会无比宽广，这就称为发菩提心。发菩提心的方式有修因果七支、自他相换等多种法门，但是归根都是修慈悲心，因此，只要逐渐修炼到了一定的阶段，就能对所有众生生起犹如慈母对自己孩子产生连梦境中都在思念和连当别人对其吹一口气时都不能容忍的心识，这就是大慈心。之后，反复修炼愿众生脱离苦海的心，就会对众生产生一种犹如慈母看见自己的小孩堕入火海般万分着急的心识，这就是大悲心。之后，长期勤修愿消除众生苦难、增长快乐的心识，就会对众生产生一种不依靠任何人而敢于奉献自己一切的勇气，此时就产生了比前面两个更为殊胜的心识，此时你就可以算作入了上士之列。[1]

《入菩萨行论》中所讲授的菩提心修行方法主要是“自他平等与相换”

（接上页）གཞན་དོན་དོན་གཉེར་གྱི་བསམ་པ་ཡིན་ལ། སེམས་ཅན་ཐམས་ཅད་སྡུག་བསྔལ་ལས་བསྐྱབས་པའི་ཆེད་དུ་རང་ཉིད་སངས་རྒྱས་ཀྱི་གོ་འཕང་ཐོབ་པར་འདོད་པའི་བསམ་པ་དེ་ལ་བྱང་ཆུབ་ཀྱི་སེམས་ཟེར། སེམས་དེ་ནི་རྒྱུ་འབྲས་མན་ངག་བདུན་དང་བདག་གཞན་མཉམ་བརྗེའི་སྒོ་ནས་བློ་སྦྱོང་བའི་མན་ངག་གཉིས་ལ་བརྟེན་ནས་རྒྱུད་ལ་སྐྱེས་དགོས་པ་ཡིན་ཅིང་། སེམས་དེ་མེད་ན་ཆོས་ཟབ་མོ་གང་འདྲ་ཞིག་བྱས་ཀྱང་ཐེག་པ་ཆེན་པོའི་ཆོས་སུ་མི་འགྲོ་བ་ཡིན།”

〔1〕《香敦·丹巴嘉措大师文集》(藏文)(一)之《菩萨之地道修法次第》，甘肃民族出版社，2004年，第341—342页。原文：“དེ་ལ་སེམས་ཅན་རྣམས་ནི་མ་ཤི་ཚུན་ཆད་ཀྱི་གནས་སྐབས་འདི་མ་གཏོགས་དེ་ཕན་ཆད་ཅི་ཡང་མ་ཤར་བས་བློ་རྒྱ་ཤིན་ཏུ་ཆུང་ངུར་གནས་པ་དེ་ཕྱི་མ་ཕན་ཆད་དོན་གཉེར་གྱི་བསམ་པ་ཞིག་སྐྱེས་པ་ན་ཅུང་ཟད་སེམས་རྒྱ་ཆེ་རུ་སོང་། དེ་ནས་འཁོར་བའི་ཕུན་ཚོགས་ལ་བློ་ལོག་པས་ངེས་འབྱུང་ཞིག་སྐྱེས་པ་ན་དེ་ལས་ཀྱང་རྒྱ་ཆེ་བར་སོང་། དེ་ནས་བྱང་ཆུབ་ཏུ་སེམས་བསྐྱེད་པ་ན། སེམས་ཤིན་ཏུ་རྒྱ་ཆེ་བར་སོང་བས་ན་སེམས་བསྐྱེད་པ་ཞེས་པའི་དོན་དེ་ཡིན་ནོ། །སེམས་དེ་བསྐྱེད་པའི་ཚུལ་ལ་རྒྱུ་འབྲས་མན་ངག་བདུན་དང་། བདག་གཞན་མཉམ་བརྗེ་སོགས་མང་དུ་གསུངས་ཀྱང་དོན་ལ་བྱམས་སྙིང་རྗེ་བསྐྱེད་པའི་ཐབས་ཡིན་པས་བློ་རིམ་གྱིས་སྦྱངས་པ་ན་སྐབས་ཞིག་ཡོད་དུ་འོང་བའི་བུ་གཅིག་པུ་རྨི་ལམ་ཙམ་ཆད་དུ་མི་བརྗེད་པར་དྲན་ཞིང་གཞན་གྱིས་ཕུ་བཏབ་པའི་རླུང་ཕྲ་མོ་ཕོག་པའང་སེམས་ཀྱིས་མི་བཟོད་པས་ཤིན་ཏུ་གཅེས་པ་དེ་ལྟ་བུའི་བློའི་ཚོད་ཅིག་སེམས་ཅན་ཐམས་ཅད་ལ་སྐྱེས་པ་ན་བྱམས་པ་ཆེན་པོ་རྒྱུད་ལ་སྐྱེས་པ་ཡིན་ལ། དེ་ནས་སེམས་ཅན་དེ་དག་སྡུག་བསྔལ་ལས་འབྲལ་འདོད་ཀྱི་བསམ་པ་ཡང་ཡང་སྦྱངས་པས་སྐབས་ཞིག་ཤིན་ཏུ་གཅེས་པའི་བུ་དེ་ཉིད་མེ་འོབས་སུ་ལྷུང་བ་མཐོང་བའི་མ་ལྟ་བུའི་བློའི་ཚོད་ཅིག་སྐྱེས་པ་ན་སྙིང་རྗེ་ཆེན་པོ་ཐུགས་ལ་འཁྲུངས་པ་ཡིན་ནོ། །དེ་ནས་སེམས་ཅན་རྣམས་བདེ་བ་ལ་འགོད་པ་དང་། དེ་དག་གི་སྡུག་བསྔལ་བསལ་བའི་བསམ་པ་ཡུན་རིང་སྦྱངས་པས་གཞན་སུ་ལ་ཡང་མི་ལྟོས་པར་རང་གཅིག་པུས་དེ་དག་གི་དོན་བསྒྲུབ་འདོད་ཀྱི་སྙིང་སྟོབས་མཆོག་ཏུ་གྱུར་པ་སྐྱེས་པ་ན་སྔ་མ་གཉིས་ལས་ལྷག་པའི་བསམ་པ་ཁྱད་པར་ཅན་འཁྲུངས་པས་སྐྱེས་བུ་ཆེན་པོ་ཞེས་བྱ་བའི་གྲངས་སུ་ཆུད་པ་ཡིན་ནོ།།”

的修心法门。菩提心又以不同的分类方式,分为世俗菩提心、胜义菩提心、愿菩提心、行菩提心等多种。愿菩提心和行菩提心是根据菩提心的性质来划分的,在《入菩萨行论》中已是如此:"略摄菩提心,应知分为二,菩提发愿心,而行菩提心。"此分类方法依据的佛经是《大方广佛华严经》。[1]愿菩提心仅仅是一种发心,是不付诸菩萨行实践而发愿为了救度众生愿成就佛果;行菩提心不仅是发心救度众生的愿心,更是以愿菩提心为基础,用身体力行菩萨行的思行结合的一种发心。如同一个人知道并向往着去某地属于愿心,而另一个人不仅知道此地而且准备行囊并正式出发属于行心。《入菩萨行论》中是这样阐述他们的区别的:"菩提之愿心,轮回生大果,然非如行心,福德不间断。"并用"若能生起菩提心,轮回狱系卑微者,即刻称为如来子,当受世间人天敬"等偈颂来阐述其功德。

菩提心是大小乘佛教的分水岭,是大乘佛教的命脉,以菩提心为基石,大乘行人守菩萨戒,行菩萨行。关于菩萨律仪,唯识宗和中观宗有不同的见解,《入菩萨行论》中所述传承于中观宗师龙树的思想,是中观一系菩萨律仪的根本经典。一般认为,在该系的仪轨中,守持菩提愿心与行心的同时可以按仪轨受菩萨律仪。具体仪轨分为加行、正行、结行。在加行阶段,以三殊胜之理改变信念:向殊胜所依轨范师敬献曼陀罗并祈求;皈依殊胜依止三宝;以殊胜方便"七支因"积资。以此对治并断除厌倦轮回、贪欲寂静之生死与涅槃二边。正行阶段以如"吾身乃与财,三时诸善根,为成众生事,不啬皆施舍"之理修心并随轨范师照诵:"往昔诸善逝,发愿菩提心,菩萨诸学处,彼诸次第住。如是利众生,我发菩提心,并于诸学处,次第勤修持。"由此,真实地守持了菩萨律仪。在结行阶段要修自喜,并领他者生喜。但是,源于阿底峡尊者的藏传佛教格鲁派菩萨律仪具体受戒仪轨似乎是唯识宗的仪轨。[2]

菩提心及其菩萨戒为《入菩萨行论》的核心,"六度""四摄""自他平等与相换"等是具体的内容。寂天在《入菩萨行论》中详细论述了菩萨律仪的要领,在《集学论》中有对菩萨律仪具体的、较为详细的阐述及已得者令守、犯者令其恢复之规戒内容,并引经据典加以说明,两部经典交相呼应,成为阐释大乘佛教行仪的不朽之作。此外,唯识宗一派的菩萨律仪思想源于无著,以"七支因果"修法为基础,具体仪轨与中观有所不同。

---

〔1〕 宗喀巴大师:《菩提道次第广论》(藏文),青海民族出版社,1985年,第289页。
〔2〕 可参看宗喀巴所著、法尊译《菩提道次第广论》,第125—133页。

二、“六度”“四摄”

“六度”和“四摄”是行菩提心的核心，即菩萨行的根本，也是大乘佛教在修行方面与小乘佛教的不同之处：小乘强调个人的解脱，大乘则强调“普度众生”。在具体修行菩萨行的过程中，“六度”和“四摄”是合为一体的。佛教著作中一般称“六度”是能圆满自己相续的，“四摄”是能圆满他人相续的。

1.“六度”

“六度”也称“六波罗密多”，即“布施”“持戒”“忍辱”“精进”“禅定”“智慧”。《入菩萨行论》的内容结构也基本是按照“六度”的先后顺序安排的。

“布施”一般分三种，分别为：法布施、财布施、无畏布施。“财布施”是指无任何吝啬地将自己所拥有的所有财物施与他人的行为。“法布施”是指胜乐于给别人讲经说法的行为。“无畏布施”是指能将别的有情从苦难和危险当中营救的行为。虽然《入菩萨行论》中没有单列“六度”中的“布施”品，但其思想贯穿于全文，“施等波罗蜜，递升趣殊胜，不为小舍大，重在思彼事”（སྦྱིན་པའི་ཕ་རོལ་ཕྱིན་ལས་སྩོགས། །གོང་ནས་གོང་དུ་ཁྱད་ཞུགས་སྤྱད། །ཆུང་ངུའི་ཕྱིར་ནི་ཆེ་མི་གཏང། །གཙོ་ཆེར་གཞན་གྱི་དོན་བསམས་སོ། །）、“修行正法身，为小不应损，如是若能行，速圆众生愿”（དམ་པའི་ཆོས་ནི་སྤྱོད་པའི་ལུས། །ཕྲན་ཚེགས་ཆེད་དུ་གནོད་མི་བྱ། །དེ་ལྟར་བྱས་ན་སེམས་ཅན་གྱི། །བསམ་པའང་མྱུར་དུ་རྫོགས་པར་འགྱུར། །）等偈颂阐释了“施波罗蜜多”的思想，以“度悭吝”。另外，《入菩萨行论》回向品部分中有更加深刻的阐述，有学者认为回向品即为“布施”品。

“持戒”，大乘菩萨戒，一般也分为三种：摄律仪戒、摄善法戒、饶益有情戒。“摄律仪戒”是指依据正念、正知而不放逸，远离身、口、意的恶行。“摄善法戒”是指摄集“六度”的一切善行于“持戒”的一种行为。“饶益有情戒”是指让犯戒或不持戒者修持戒律的一种行为。《入菩萨行论》中由不放逸品和护正知品阐述“持戒”的积极意义和毁戒的罪孽。“为己或为彼，何时行何事，学处[1]所讲者，彼处当勤学”（རང་ངམ་གཞན་གྱི་དབང་ཡང་རུང་། །གནས་སྐབས་གང་དུ་ཅི་སྤྱོད་ཀྱང་། །བསླབ་པར་གསུངས་པ་གང་ཡིན་པའི། །གནས་སྐབས་དེ་ལ་འབད་དེ་བསླབ། །）、“佛子不学处，此学乃不存，如此住慧者，无所不成福”（རྒྱལ་སྲས་རྣམས་ཀྱིས་མི་བསླབ་པ། །དེ་ནི་གང་ཡང་ཡོད་མིན་ཏེ། །དེ་ལྟར་གནས་པའི་མཁས་པ་ལ། །བསོད་ནམས་མི་འགྱུར་གང་ཡང་མེད། །）、“直或间接行，无非有情事，唯为有情事，回向皆菩提”（དངོས་སམ་ཡང་ན་བརྒྱུད་ཀྱང་རུང་། །སེམས་ཅན་དོན་ལས་གཞན་མི་སྤྱད། །སེམས་

〔1〕 学处：指戒学。

ཅན་ཁོ་ནའི་དོན་གྱི་ཕྱིར། །ཐམས་ཅད་བྱང་ཆུབ་ཕྱིར་བསྔོའོ།།）等偈颂阐释了“戒波罗蜜多”，以“度毁犯”。

“忍辱”也分三种：顺受苦忍、法智忍、不计损害忍。顺受苦忍是指当人们行修善法时，虽会遇到饥渴或寒热等诸多困难但却仍然不舍离、不间断地积极忍受的一种忍辱。法智忍又称谛察法忍，是指听闻佛经中宣说的性空、无我、无生、无灭等深奥哲理时，闻法者对此不生怖畏心理，并能生起净信与欢喜的一种忍辱。不计损害忍是指自己忍受曾经施恩的对方有情对自己反施捆打等诸多损害之行，却对此不生愤怒、不怀恶念的一种忍辱。在《入菩萨行论》忍辱品中，不仅对这三种忍辱进行了一定的阐述，并且从多方面分析了嗔恨的罪孽，以及在表面上对修行者造成身心、名利等方面诸多损害的称为敌人或冤家的对方有情众生在成就佛果中的作用。如“罪恶莫过嗔，苦行莫过忍，是故殷勤忍，种种方便修”（ཞེ་སྡང་ལྟ་བུའི་སྡིག་པ་མེད། །བཟོད་པ་ལྟ་བུའི་དཀའ་ཐུབ་མེད། །དེ་བས་བཟོད་པ་ནན་ཏན་དུ། །སྣ་ཚོགས་ཚུལ་གྱིས་བསྒོམ་པར་བྱ།།）、“生妙佛法因，有情具足故，仅由依此因，有情理应供”（སངས་རྒྱས་ཆོས་མཆོག་སྐྱེ་བའི་ཞིང་། །སེམས་ཅན་རྣམས་ལ་འང་ཡོད་པས་ན། །འདི་ཙམ་དག་གི་ཆ་བསྟུན་ནས། །སེམས་ཅན་མཆོད་བྱ་རིགས་པར་འགྱུར།།）等偈颂，以“度嗔恨”。

“精进”是克服懈怠而达到预期目的的一种积极的态度，《入菩萨行论》中对此有精辟的定义：“精进为乐善。”这一定义确定了佛经中所讲的“精进”与现实生活中人们所讲的“勤奋”的本质区别，在佛经中只有勤行自利、利他双惠的一种“勤奋”才称为“精进”。这一定义也被其他论典所广泛地引用。在《入菩萨行论》精进品中阐述了克服三种懈怠而进行精进的四种方法、两种力量。如“业令生不安，见即应当舍，彼虽极圆满，应弃重操欲”（རྗེས་སུ་མི་བདེར་འགྱུར་བའི་ལས། །རིག་འགྱུར་དེ་མ་ཐག་ཏུ་གཏང་། །དེ་ནི་ཤིན་ཏུ་རྫོགས་ན་ཡང་། །ཕྱི་ཕྱིར་བྱེད་འདོད་སྤང་བར་བྱ།།）等偈颂，以“度懈怠”。

“禅定”是指安住散乱不定的心于对境的一种修行方式，《入菩萨行论》禅定品中阐述了如何使自心脱离于对外界财物、名利等的执着，并进而修行自他平等与相换的境界的修法过程。如“具足寂止而胜观，知己能灭诸烦恼，首先应当求寂止，妙喜成就不贪世”（ཞི་གནས་རབ་ཏུ་ལྡན་པ་ལྷག་མཐོང་གིས། །ཉོན་མོངས་རྣམ་པར་འཇོམས་པར་ཤེས་བྱས་ནས། །ཐོག་མར་ཞི་གནས་བཙལ་བྱ་དེ་ཡང་ནི། །འཇིག་རྟེན་ཆགས་པ་མེད་པ་མངོན་དགས་འགྲུབ།།）、“凡夫行至此，我当随智者，忆念谨慎言，遮止睡与昏”（དེ་བས་བྱིས་པའི་སྤྱོད་པས་ཅི། །བདག་གིས་མཁས་པའི་རྗེས་བསྙག་སྟེ། །བག་ཡོད་གཏམ་ནི་དྲན་བྱས་ནས། །གཉིད་དང་རྨུགས་པ་བཟློག་པར་བྱ།།）等等偈颂阐述“禅定”理，以“度散乱”。

“智慧”梵音译作般若，一般分为胜义智慧和世俗智慧，世俗智慧是指了知世间学问的一种智慧，而胜义智慧是指通达空性的一种智慧。《入菩萨行论》中有“胜义与世俗，言此为二谛，胜义非心境，心与声俗谛”（དོན་དམ་པ་ནི་ཀུན་རྫོབ་སྟེ། །འདི་ནི་བདེན་པ་གཉིས་སུ་བཤད། །དོན་དམ་བློའི་སྤྱོད་ཡུལ་མིན། །བློ་དང་སྒྲ་ནི་ཀུན་རྫོབ་ཡིན།།）的阐述，但其智慧品中所阐述的智慧主要是以中观应成派的思想为核心的胜义智慧，破斥外道的说教，批判佛教其他学派关于胜义谛的观点。智慧品是整个《入菩萨行论》的核心思想部分，宗喀巴等藏族历代著名学者对智慧品均有单篇进行专门论述，义理深奥，一般人难以理解。

2. “四摄”

“四摄”或“四摄事”为“布施”“爱语”“利行”“顺义”。此“布施”与“六度”中的“布施”有所区别，这里就专指其中的“财布施”，即布施他人所需的财物；“爱语”是对于任何众生都用温和、投意的方式交谈，包括用世俗的礼节来问候等方式使人愉悦的“爱语”和正确阐释佛理从而让受众的心里产生信心、智慧等利益和快乐的“爱语”；“利行”是教导别人知道取舍并身体力行；“顺义”是自己能够起到楷模的作用，并能够将相信自己的众生引导到自己身体力行的事情或行为上。

“四摄”是菩萨引领众生步入解脱道的又一有力方便法门。这种修法不但在践行佛教教义的修证过程中有重要的作用和意义，而且在处理现实人际关系等方面也有诸多积极意义。有学者指出：“‘四摄’现被日本的企业家广泛地用到现代的企业管理工作中。”[1]

三、自他平等与相换

“བདག་གཞན་མཉམ་བརྗེ།”（自他平等与相换）一般译为“自他换”或“自他相换”“自他能换”，但按藏文词义，实为“自他平等与相换”，包含“自他平等”与“自他相换”两层含义。“自他平等”指众生都有欲乐不欲苦的平等心理，所以应该一视同仁；“自他相换”指依“自他平等”的理解而对他者生起如同爱己的换位思考及不图回报的亲身修行利他的实践。

自他平等与相换的修心法是《入菩萨行论》的核心，该论典中也有充分、深刻的阐释，如“消除懒怠力，主宰自我命，自他平等观，他自相换修”（སྙིད་ལུག་སྟོམ་པའི་སྟོབས་བཙམ་སྟེ། །བདག་ཉིད་དབང་དུ་གྱུར་པ་དང་། །བདག་དང་གཞན་དུ་མཉམ་པ་དང་། །གཞན་དང་བདག་དུ་བརྗེ་བར་གྱིས།།）、“自与他二者，欲乐均相等，自他何差异，何护自非他”（གང་ཚེ་

[1] 弘学编著：《佛学概论》（修订本），四川人民出版社，2006年，第56页。

བདག་དང་གཞན་གཉིས་ག། །བདེ་བ་འདོད་དུ་མཚུངས་པ་ལ། །བདག་དང་ཁྱད་པར་ཅི་ཡོད་ན།། གང་ཕྱིར་གཞན་རྣམས་བདག་སྲུང་བྱེད།།)、“若是自与他，欲速而当救，自与他相换，当讲殊胜密”（གང་ཞིག་བདག་དང་གཞན་རྣམས་ནི། །མྱུར་དུ་བསྐྱབ་པར་འདོད་པ་དེས། །བདག་དང་གཞན་དུ་བརྗེ་བྱ་བ། །གསང་བའི་དམ་པ་བཤད་པར་བྱ།།）等等偈颂。这一修法的过程对后期佛教产生了重要的影响，因此，在藏传佛教传承法脉中称其为深、广两大车轨外的另一法脉——伟行派。“尽其世间乐，皆求他乐生；尽其世间苦，悉求自乐生”“我如有情寿，彼于我甚如，彼恶报与我，我善亦报彼”等阐述自他平等与相换思想的偈颂已成为佛教修心和伦理说教的至理名言而被广为传诵、引用。

藏文传世本及宋代汉译本包括现存的梵文本中，阐述“自他平等与相换”这一菩萨行核心思想的内容部分出现于“禅定般若波罗蜜多品”中，学者也普遍认为是“禅定”的修法内容而非“精进”，但敦煌本中却出现在“精进般若波罗蜜多品”当中。对此，《入菩萨行论解说难语释》中有精辟的论述：“作注疏之其他论师说：‘自他相换义理，阿阇梨虽于此处讲说，然彼为禅定与智慧所摄，故不适在此宣说，应为后说。’如此指责者，实属未能领会阿阇梨之思想，很不应该。倘若此处不宣（自他平等与相换）二义，如何于此回应反驳者，亦属未讲明菩萨之精进殊胜于声闻之精进的原因。是故，明理者理应认清阿阇梨在此处宣讲之奥义。不探寻和认清成就文殊菩萨悉地之阿阇梨无尽慧的思想，追随信口开河的普通人，毁谤其教言，很不应该，理应远离此等言论者。吾认为以上确切是阿阇梨的思想。”[1]可以看出，注疏者斩钉截铁地肯定和维护“自他平等与相换”内容在精进品中出现的理由。“自他平等与相换”的义理在“精进品”中的出现不得不说是敦煌本在内容方面与其他版本不同的一个重要特征。

四、空见

大乘佛学中观学说强调人空（补特伽罗无我）、法空（法无我）的“两空”，认为所有生命体和宇宙万物其本质为“缘起性空”。寂天秉承龙树的这一中观思想，在充分批判外道及小乘佛教的思想基础上，阐释了“缘起性空”义理之空见。空见是解脱世间苦恼，成就究竟佛果的根本，由此，要得到“空见”，就要断除“二障”（烦恼障和所知障），要证悟“二无我”（人无我和法无我）。

〔1〕中国藏学研究中心藏文《大藏经》对勘局编：《中华大藏经·丹珠尔（对勘本）》第六十一卷，第1792页。

“幻师未断除，烦恼与知习，若是修空性，能断实有习”(དེ་བྱེད་པའི་ཉོན་མོངས་དང་། །ཤེས་བྱ་བའི་བག་ཆགས་མ་སྤངས་ཀྱི། །སྟོང་པ་ཉིད་ལ་གོམས་པས་ནི། །དངོས་པོའི་བག་ཆགས་སྤངས་པར་འགྱུརད།།)、“若时谓无有，观境无所缘，尔时谓无余，亦断分别心”(གང་ཚེ་གང་ཞིག་མེད་དོ་ཞེས། །བརྟག་བྱའི་དངོས་པོ་མི་དམིགས་པ། །དེ་ཚེ་ཆུང་ཟད་མེད་དོ་ཞེས། །རྟོག་པ་ཉིད་ཀྱང་སྤོང་བར་འགྱུརད།།)、“若时有空二，念前无所缘，尔时无余法，无境而极寂”(གང་ཚེ་དངོས་དང་དངོས་མེད་གཉིས། །བློའི་མདུན་ན་མི་དམིགས་པ། །དེ་ཚེ་རྣམ་པ་གཞན་མེད་པས། །དམིགས་པ་མེད་པར་རབ་ཏུ་ཞི།།)、“烦恼所知障，暗由空性治，欲速知一切，为何不修彼”(ཉོན་མོངས་པ་དང་ཤེས་བྱའི་སྒྲིབ། །མུན་པའི་གཉེན་པོ་སྟོང་པ་ཉིད། །མྱུར་དུ་ཐམས་ཅད་མཁྱེན་འདོད་ན། །དེ་ནི་ཅི་སྟེ་བསྒོམ་མི་བྱ།།)等偈颂阐释了此理。但是，对“六道”中轮回的有情众生来说，“二我执”(人我执和法我执)的观念根深蒂固，对“空见”具有一种畏惧心理，因此，“齿发甲非我，我非骨与血，非涕非涎分，非黄水非脓”(སོ་དང་སྐྲ་སེན་བདག་མ་ཡིན། །བདག་ནི་རུས་པ་ཁྲག་མ་ཡིན། །སྣབས་མིན་བད་ཀན་མ་ཡིན་ཏེ། །ཆུ་སེར་དང་ནི་རྣག་ཀྱང་མིན།།)等偈颂阐释了“人我执”的危害和“空见”之真理；用“四念住”(身念住、受念住、心念住、法念住)之理分别批驳“法我执”。与此同时，对其他宗教如数论派等的观点进行了有力的批判和驳斥。

“空见”和菩提心是相辅相成的，倘若失去菩提心及其菩萨律仪，即便证得“空见”，也无法成为大乘者。

五、批判外道和小乘、唯识宗思想

1. 批判外道思想

数论派承认“胜性”和“神我”的“二元”恒常或自主存在之“因”，认为由此引生世间和出世间的一切“果”。《入菩萨行论》中以反问的形式对此提出了质疑和反驳：“所谓胜性者，彼虽许为我，彼不专念生，我乃应如此。”(གཙོ་བོར་བྱ་བ་གང་ཡིན་པ། །དེ་ལ་བདག་ཅེས་བརྟགས་མོད་ཀྱི། །དེ་ཉིད་བདག་ནི་འདི་འདྲའོ་ཞེས། །ཆེད་དུ་བསམས་ཤིང་འབྱུང་བ་མེད།།)“无生即无彼，此时欲生何？恒常散于境，亦不能止息。”(མ་སྐྱེས་པར་ནི་དེ་མེད་ན། །དེ་ཚེ་སྐྱེ་བར་འདོད་པ་གང་། །ཡུལ་ལ་རྟག་ཏུ་གཡེང་གྱུརད་པས། །འགག་པར་འགྱུར་བ་འང་མ་ཡིན་ནོ།།)

胜论派认为“神我”是“世间的主宰”，是一种“有色常实”，“能生损恼等”。对此，《入菩萨行论》以“彼我若即常，喻空显无作，纵遇诸它缘，无变无所作”(ཅི་སྟེ་བདག་དེ་རྟག་ན་ནི། །མཁའ་བཞིན་བྱེད་པ་མེད་པར་མངོན། །རྐྱེན་རྣམས་གཞན་དང་ཕྲད་ན་ཡང་། །འགྱུར་བ་མེད་ལ་ཅི་བྱར་ཡོད།།)、“正作既如前，于彼何所作，谓此为彼作，有何所相干”(བྱེད་པའི་ཚེ་ཡང་སྔོན་བཞིན་ན། །བྱེད་པ་དེ་ལ་ཅི་ཞིག་བྱས། །དེའི་བྱེད་པ་འདི་ཡིན་ཞེས། །འབྲེལད་པར་འགྱུར་བ་འང་གང་ཞིག་ཡོད།།)等义理反驳，指出：若“神我”为“有色常实”，则如虚空无作，不生“损恼等果”；倘若认为依因缘而能生“果”，则因“神我”为“常实”故，纵遇诸因

缘,却无作。

2. 批判小乘思想

小乘有部和经部两个学派的论师承认事物现象为正谛实有,认为倘若像中观派论师所说一切法均无实有,那么就不能依靠布施等六度获得菩提,同样不能获得福德、没有轮回、没有善恶、菩提行无意。对此,《入菩萨行论》以小乘未能认识到色等现量如幻化无自性,一切皆为虚妄之理和一切皆依因缘而生之理进行了反驳和批判。具体体现在如下的偈颂中:“世间者见实,观察而真执,而非如幻化,故与瑜伽争。”(འཇིག་རྟེན་པ་ཡིས་དངོས་མཐོང་ལ། །ཡང་དག་ཉིད་དུ་འང་རྟོག་པར་བྱེད། །སྒྱུ་མ་བཞིན་དུ་མིན་པས་འདིར། །རྣལ་འབྱོརད་པ་དང་འཇིག་རྟེནད་རྩོད། །)“色等现量者,是名而非量,如是诸不净,名净是为假。”(གཟུགས་སོགས་མངོན་སུམ་སྣ་ཡིས་ནི། །རབ་དུ་གྲགས་ཀྱི་ཚད་མས་མིན། །དེ་ནི་མི་གཙང་ལས་སོགས་ལ། །གཙང་སོགས་གྲགས་པ་བཞྀ་སྟེ་བརྫུན། །)“为导世间故,依怙说无常,如是由幻佛,亦说能生福。”(འཇིག་རྟེན་གཟུད་པར་བྱ་བའི་ཕྱིརད། །མགོན་པོ་ཡིས་ནི་དངོས་བསྟནད་ཏེ། །སྒྱུ་མ་ལྟ་བུའི་རྒྱལ་བ་ལས། །བསོད་ནམས་འབྱུང་བར་གསུངས་པ་བཞིན། །)“有情若如幻,死已云何生?若时聚诸缘,尔时能生幻。”(གལ་ཏེ་སེམས་ཅན་སྒྱུ་འདྲ་ན། །ཤི་ནས་ཅི་སྟེ་སྐྱེ་ཞེ་ན། །ཅི་སྲིད་རྐྱེན་རྣམས་ཚོགས་འགྱུརད་པའ། །དེ་སྲིད་སྒྱུ་མ་འང་འབྱུང་བར་འགྱུར། །)“云何因久住,物质成实有,若杀幻化人,无心故无罪。”(རྒྱུན་རིང་ཙམ་གྱིས་ཅི་ལྟར་ན། །དངོས་པོ་བདེན་པར་ཡོད་པ་ཡིན། །སྒྱུ་མའི་སྐྱེས་བུ་བསད་སོགས་ལ། །སེམས་མེད་ཕྱིར་ན་སྡིག་པ་མེད། །)“于彼幻有情,实有利与害,咒等无功效,由幻不生心。”(སྒྱུ་འདྲའི་སེམས་ལྡན་དེ་ལ་ནི། །ཕན་དང་གནོད་པ་སྲིད་པ་ཡིན། །སྔགས་ལས་སོགས་པ་མཐུ་མེད་ཕྱིར། །སྒྱུ་མ་ལ་ནི་སེམས་མྱི་འབྱུང་། །)“种种缘所生,彼幻亦种种,一缘皆所能,毕竟此非有。”(སྣ་ཚོགས་རྐྱེན་ལས་བྱུང་བ་ཡི། །སྒྱུ་མ་དེ་ཡང་སྣ་ཚོགས་པ། །རྐྱེན་གཅིག་གིས་ཀུན་ནུས་པ་ནི། །གང་ན་འང་ཡོད་པ་མ་ཡིན་ནོ། །)“胜谛若涅槃,俗谛即轮回,则佛亦轮回,菩提行何用?”(གལ་ཏེ་དོན་དམ་མྱ་ངན་འདས། །ཀུན་རྫོབ་འཁོར་འགྱུར་དེ་ལྟ་ན། །སངས་རྒྱས་ཀྱང་ནི་འཁོར་འགྱུར་བས། །བྱང་ཆུབ་སྤྱོད་པས་ཅི་ཞིག་བྱ། །)“诸缘不断绝,果亦不遮止,诸缘若断绝,俗谛亦难生。”(རྐྱེན་རྣམས་རྒྱུ་ནི་མ་ཆད་ན། །འབྲས་བུ་ཟློག་པར་མི་འགྱུར་གྱི། །རྐྱེན་རྣམས་རྒྱུན་ནི་ཆད་འགྱུརད་ན། །ཀུན་རྫོབ་དུ་ཡང་མྱི་འབྱུང་ངོ། །)

3. 批判唯识思想

唯识派虽然承认“空见”,但是认为“空”应仅限于“外境”的实空,众生的“识”则永恒不变,倘若“内识外境”“一切皆空”,佛的主体和境界等理论也就不能成立。并用“三性”(或称三相),即遍计所执法、依他起性(此二者为世俗谛)和圆成实性(此为胜义谛)的理论来阐述“万物唯识,识有境无”的主张。对此,《入菩萨行论》以唯识派未能认识“识”与“境”皆为“空”之理进行了反驳和批判,尤其从义理、例证、所引经典等方方面面对唯识派所认为的“自证”(རང་རིག)问题进行了批驳。具体为智慧品中的如下偈颂:“若时无疑妄，幻化以何缘？若时汝无幻，尔时亦缘何？（གང་ཚེ་འཁྲུལ་པ་ཡང་མེད་ན། །སྒྱུ་མ་གང་གིས་དམིགས་པར་འགྱུར། །གང་ཚེ་ཁྱོད་ལ་སྒྱུ་མ་ཡང་། །མེད་ན་དེ་ཚེ་ཅི་ཞིག་དམིགས། །）“若时心即幻，是故何缘何？刀不自割自，如是心亦同。”（གང་ཚེ་སེམས་ཉིད་སྒྱུ་མ་ན། །དེས་ན་གང་ཞིག་གང་གིས་དམིགས། །རལ་གྱི་སོ་ནི་རང་ལ་རང་། །ཇི་ལྟར་མི་གཅོད་དེ་བཞིན་ཡིད། །）“若谓如灯炬，照亮自与他。然灯不自明，如暗不自遮。”（གལ་ཏེ་མར་མེ་བཞིན་དུ་ནི། །རང་གཞན་གསལ་བར་བྱེད་ཅེ་ན། །མར་མེ་གསལ་བར་བྱེད་མ་ཡིན། །འདི་ལྟར་མུན་གྱིས་བསྒྲིབས་པ་མེད། །）“诸青莫如晶，不依青色因，所显之青色，自变自为青。”（སྔོན་པོ་དག་ནི་ཤེལ་ལྟ་བུར། ། སྔོན་པོའི་རྒྱུ་ལ་མི་ལྟོས་སྟེ། །སྔོན་པོ་ཉིད་དུ་འདུག་པ་གང་། །རང་ལ་རང་ཀོ་སྔོན་པོར་བྱེད། །）“若谓具诸缘，心识能自明，则色及眼药，岂不聚于识？”（རྐྱེན་དག་དང་ནི་ལྡན་པ་ཡི། །ཤེས་པ་གསལ་བར་བྱེད་ཅེ་ན། །གཟུགས་དང་མིག་སྨན་ལས་སྦྱོགས་ཀྱང་། །ཤེས་པ་ཉིད་དུ་འདུས་མིན་འམ། །）“若谓灯自明，乃由识所知，然则心自明，谁知而言之？”（མར་མེ་གསལ་བར་བྱེད་དོ་ཞེས། །ཤེས་པར་ཤེས་ཏེ་བརྗོད་བྱེད་ན། །བློ་ནི་གསལ་བར་བྱེད་དོ་ཞེས། །གང་གིས་ཤེས་སྟེ་དེ་སྐད་བརྗོད། །）“可明或不明，无人如是见，故同石女子，可言而无义。”（གསལ་ལམ་མི་གསལ་ཡང་རུང་སྟེ། །སུས་ཀྱང་ཅི་བཞིན་མ་མཐོང་བས། །མོ་ཤམ་གྱི་ནི་བུ་བཞིན་དུ། །བརྗོད་དུ་ཟིན་ཀྱང་དོན་མེད་དོ། །）“若谓无自证，心识怎忆念？所念之思门，不辨能念彼。”（གལ་ཏེ་རང་རིག་ཡོད་མིན་ན། །རྣམ་ཤེས་ཅི་ལྟར་དྲན་པར་འགྱུར། །དོན་དྲན་གྱུར་པའི་སྒོ་ཉིད་ནས། །དཔྱད་མི་དགོས་པར་དེ་དྲན་ནོ། །）“如是见与闻，[1]于此不可止，此处苦恼因，执静为遮止。”（དེ་ལྟར་མཐོང་དང་ཐོས་པ་ཀུན། །འདི་ལ་དགག་པར་བྱ་མེད་ཀྱི། །འདིར་ནི་སྡུག་བསྔལ་རྒྱུར་འགྱུར་བ། །དབེན་པ་ཉིད་དུ་རྟོག་པ་བཟློག། །）

第三节　敦煌藏文《入菩萨行论》对大乘佛教思想传播的影响

敦煌藏文《入菩萨行论》相关写本、IOL Tib J 630号《入菩萨行论回向品》、IOL Tib J 134II号等《菩提行祈愿文》残篇，P. T. 103及同时期的相关文献和历史记载，为我们研究《入菩萨行论》这部佛教名著在吐蕃时代的流传情况和社会影响等提供了重要线索，此节就此问题展开论述。

一、成为佛教徒日常诵课的重要内容之一

从长篇经论中选取具有祈愿内容的片段单独成篇，用于佛教徒的日常祈祷和诵课，是佛教经典中存在的一种较普遍的现象。在此类文献中最具影响力的算是《普贤心愿王经》，在敦煌藏文写本中有四十多个编号，吐蕃时期在

〔1〕 藏文传世本为“见闻觉知等”。

摩崖以及钟鼎等器物上也铭刻有该经典或该经典中的部分偈颂，它是从《大方广佛华严经》普贤品中摘取的。[1]对于《入菩萨行论》而言，一般选取其最后一品即回向品单独成篇，题名为“入菩萨行愿文”，成为佛教徒日常诵课。通过对敦煌写本《入菩萨行论回向品》和题名为“菩萨行祈愿文”的文献与大藏经《丹珠尔》中的《入菩萨行愿文》比较发现，《丹珠尔》本兼有以上两篇短文的内容。另外，就以上两篇祈愿文的内容结构而言，都符合藏文佛经祈愿类文献的特征，即“七支因”结构。由此，笔者认为，在吐蕃时期以上两部短篇都作为祈愿文而被传诵，而且从以敦煌写本为蓝本的《入菩萨行论》第二品中摘取的一部分内容即题名为“菩萨行祈愿文”的文献，更是作为提倡和赞扬菩萨行的祈愿文和传授菩萨戒的仪轨文而广泛流传。

具有一定的程式、篇幅较短、容易记诵等特征的此类祈愿类文献正是佛教在当时社会和民众中广泛传播的重要证据之一。有研究指出：“具体到藏文发愿文文献，通过它们，我们既可以管窥吐蕃统治时期敦煌佛教的生存状态，也可以从一个侧面反映吐蕃本土佛教的信仰状况。我们知道有关吐蕃佛教确切状况的同期文献并不多，而且反映的多为吐蕃赞普如赤松德赞（755—797在位）、赤德松赞（798—814在位）、赤祖德赞（815—841在位）推行佛教的种种政策，至于佛教在民间的信仰状况如何，则不得而知。而藏文祈愿文的存在，则以无可辩驳的事实说明了吐蕃佛教的世俗化——佛教已经深入民间。”[2]由此，我们可以确定《入菩萨行论》在吐蕃时期初译后对当时传播佛教大乘思想所起到的重要作用。

二、成为传授菩萨戒仪轨的重要经典依据和仪轨文

大乘戒学比小乘戒学在内容上有所宽松，并倡导积极入世的态度，不但求自身的解脱成佛，而且求帮助他人成就佛果，因此，出家及在家信徒皆可受此戒律。

传授大乘佛教菩萨戒的仪轨有繁简之分，所依据的佛教经典和内容也有个别不同之处，但是其中一部分与《入菩萨行论》有着直接的联系，尤其是就

〔1〕 关于敦煌藏文写本《普贤心愿王经》的情况，可参看拙文《英藏敦煌藏文文献〈普贤行愿王经〉及相关问题研究》，载于《西藏研究》2013年第6期，第58—65页。

〔2〕 黄维忠：《8—9世纪藏文祈愿文研究——以敦煌藏文发愿文为中心》，民族出版社，2007年，第3页。

较简单的仪轨而言，所依据的佛教经典内容就是《入菩萨行论》中的两段偈颂："如昔诸善逝，发菩提愿心，菩萨诸学处，彼诸次第住。(ཇི་ལྟར་སྔོན་གྱི་བདེ་གཤེགས་ཀྱིས། །བྱང་ཆུབ་ཐུགས་ནི་བསྐྱེད་པ་དང་། །བྱང་ཆུབ་སེམས་དཔའི་བསླབ་པ་ལ། །དེ་དག་རིམས་བཞིན་གནས་པ་ལྟར། །) 如是利众生，我发菩提心，并于诸学处，次第勤修持。(དེ་བཞིན་འགྲོ་བའི་ཕན་དོན་དུ། །བྱང་ཆུབ་སེམས་ནི་བསྐྱེད་བགྱི་ཞིང་། །དེ་བཞིན་དུ་ནི་བསླབ་པ་ལ་འང་། །རིམ་པ་བཞིན་དུ་བསླབས་པར་བགྱི། །)" 如此，受戒者随轨范师三次复诵以上两段偈颂，并生起无上信心和大悲，忆念《入菩萨行论》中所阐述的菩提心功德，增生践行菩提行的决心，才算是受持了菩萨戒。[1]从目前的研究来看，吐蕃时期传授菩萨戒的具体情况尚不明了，但此时吐蕃社会中"菩萨"的观念已深入人心，"赞普菩萨赤松德赞"的记载勒石永存，也许吐蕃僧伽中也有依《入菩萨行论》受持菩萨戒者。总之，《入菩萨行论》这部名著藏译后不久便产生了依《入菩萨行论》的内容传授菩萨戒的仪轨。菩萨戒作为大乘佛教的核心内容之一，《入菩萨行论》对藏传佛教大乘佛学思想的影响可谓不小。

三、对当时吐蕃佛学界的影响

《入菩萨行解说难语释》是藏译《入菩萨行论》注疏论典中唯一一部与敦煌本内容和风格相一致的完整的注释论典，另有《入菩萨行智慧品和回向品难语释》也与敦煌本相一致。

藏传佛教后弘期初期，大译师仁钦桑波重新校订了《入菩萨行论》，阿底峡尊者大力倡导此经典的学修，鄂·洛丹喜饶再次以中印度传本为正统补充翻译整理并审定了《入菩萨行论》藏文译本，印藏学者合作翻译了《入菩萨行论》的主要注释论典。于是，以敦煌本为蓝本的吐蕃时期《入菩萨行论》初译本逐渐淡出了学者的视线，直到布顿大师在世时藏传佛教学界多数学者甚至认为此论典与无尽慧所著《入菩萨行九品颂》不同。[2]

藏文《大藏经》中所保存的吐蕃时期《入菩萨行论》初译本的两部注释论典虽然经过了藏传佛教后弘期初期学者的重新厘定，但它的存在更能说明该论典对当时吐蕃学界所产生的重要影响。

除以上所述外，在藏文大藏经《丹珠尔》部中所收的《赠予吐蕃赞普和

〔1〕 传授菩萨戒仪轨的相关内容参考了那仓·强巴阿旺编《藏传佛教常用仪轨汇编》，民族出版社，1998年，第50—58页。

〔2〕 布顿·仁钦竹：《布顿佛教史》(藏文)，第234页。

子民的集要书翰》一文，虽命名为书翰，但其内容实则为集几部印度大乘佛教论典的内容为一体的汇编性文献，并加上了编写者的创作构思和佛教伦理说教。这部文献大量地引用了《入菩萨行论》的内容，引文长达约60个偈颂，这些偈颂除未涉及智慧品以外，其他品名均有所涉猎，引文顺序和文理都符合敦煌本《入菩萨行论》的特征。

此处只引用仅在敦煌本《入菩萨行论》中出现的几个偈颂与其进行比对：

① 书翰：[1] ཚེ་རབས་ཀུན་དུ་རྗེས་འབྲངས་པའི། །མངོན་ཤེས་ལྔ་པོ་ཐོབ་པར་ཤོག། །སེམས་ཅན་ཀུན་ལ་རྣམ་ཀུན་དུ། །རྟག་ཏུ་ཕན་བདེ་བྱེད་པར་ཤོག། །

敦煌本：ཚེ་རབས་ཀུན་དུ་མི་འབྲལ་བའི། །མངོན་ཤེས་ལྔ་པོ་ཐོབ་པར་ཤོག། །སེམས་ཅན་ལ་རྣམ་ཀུན་དུ་ཡང་། །རྟག་ཏུ་ཕན་དང་བདེ་བྱེད་ཤོག། །

译文：生生不舍离，愿得五神通！一切时处中，利乐有情众！

关于此颂，两部文献第一句中的“རྗེས་འབྲངས་པའི།”与“མི་འབྲལ་བའི།”虽用词不同，但都可释为不舍离或不离身；第三、四句中虽个别虚词有异，但不影响词意，所以两者意思相同。

② 书翰：འཇིག་རྟེན་ཀུན་ན་སྐྱེ་བོ་གང་། །སྡིག་པ་བྱེད་པར་འདོད་གྱུར་པ། །དེ་དག་ཐམས་ཅད་གནོད་མེད་པར། །རྟག་ཏུ་ཅིག་ཅར་བཟློག་གྱུར་ཅིག། །

敦煌本：འཇིག་རྟེན་ཀུན་ན་སྐྱེ་བོ་དག། །སྡིག་པ་འདོད་པ་གང་དག་ཡིན། །དེ་ཀུན་རྟག་ཏུ་གནོད་མེད་པར། །ཅིག་ཅར་བཟློག་པ་བྱེད་གྱུར་ཅིག། །

译文：世间诸士夫，若有欲罪者，愿彼恒无害，立刻能遮止。

关于此颂，两部文献中第一句中的“གང་།”与“དག།”虽不同，但两者均为泛指，并无区别；此外，第二、三、四句中部分字、词的顺序有所不同，但不影响意思，所以两者意思相同。

③ 书翰：ས་དང་ཆུ་དང་མེ་དང་རླུང་། །སྨན་དང་དགོན་པའི་ཤིང་བཞིན་དུ། །རྟག་ཏུ་སེམས་ཅན་ཐམས་ཅད་ཀྱིས། །རང་དགར་དགག་མེད་སྤྱོད་པར་ཤོག། །

敦煌本：རྟག་ཏུ་སྲོག་ཆགས་ཐམས་ཅད་ཀྱིས། །ས་དང་ཆུ་དང་མེ་དང་རླུང་། །སྨན་དང་དགོན་པའི་ཤིང་བཞིན་དུ། །རང་དགའ་འདོད་དགུར་སྤྱོད་པར་ཤོག། །

译文：如土水火风，亦如药与树，愿为诸生灵，成就无尽享！

关于此颂，两部文献在语序上有所不同，但不影响整个偈颂的意思。另外，《书翰》第三句中的“སེམས་ཅན”与敦煌本第一句中的“སྲོག་ཆགས”，《书翰》第

〔1〕 此处将《赠予吐蕃赞普和子民的集要书翰》简略为“书翰”。

四句中的“རང་དགར་དགག་མེད”与敦煌本第四句中的“རང་དགའ་འདོད་དགུར”用词不同，但两者意思相同。

④ 书翰：སེམས་ཅན་ལ་བདག་སྲོག་བཞིན་ཕངས། །དེ་དག་བདག་ལ་ཆེས་ཕངས་ཤོག །བདག་ལ་དེ་དག་སྡིག་སྨིན་ཅིང་། །བདག་དགེ་མ་ལུས་དེར་སྨིན་ཤོག །

敦煌本：སེམས་ཅན་ལ་བདག་སྲོག་བཞིན་སྡུག། །བདག་ལ་འང་དེ་དག་ཆེས་སྡུག་ཤོག། །དེ་འི་སྡིག་བདག་ལ་སྨིན་གྱུར་ལ། །བདག་དགེ་མ་ལུས་དེ་ལ་སྨིན།། །

译文：我如有情寿，彼于我甚如，彼恶报与我，我善亦报彼。

关于此颂，两部文献中虽“ཕངས།”与“སྡུག།”在用字上不同，但意思完全相同，都作“怜惜”。其他个别虚词亦不同，但不影响句意。

通过对比可知《书翰》与敦煌本虽然存在一些差异，但可以肯定的是，两者所依据的是同一种译本。由此，“吐蕃第一僧”在其著述中大量引用《入菩萨行论》内容的情况来分析，《入菩萨行论》对当时佛教哲学思想在吐蕃的传播产生了重要的影响。

第四节　对吐蕃伦理思想和文学的影响

有关吐蕃社会的伦理情况，可从敦煌本藏文《兄弟礼义问答》（P.T.1283，P.T.2111）略知一二，王尧先生指出：“这类文章可以说是后来藏族学者非常喜爱的‘训世格言’的滥觞。然而它又有自己的特点，与‘格言’又有区别——尽管这个卷子的内容充满了训世、说教的意味，但它既不是宗教的命定论的教条，又不是冰冷、森严的法律条文。它可以帮助我们了解8—10世纪时吐蕃人的伦理思想和道德观念；同时，也为我们提供了一份了解当时社会风貌和阶级关系的资料。”[1]然而，从吐蕃王朝赤松德赞赞普朝开始这种伦理发生了极大的转变，“佛教的因果学说、‘业报轮回’学说，及‘十善法’为主的伦理道德等，在任何一个社会中，对社会的和谐和稳定能起到积极的作用。而在那样一个充满阶级矛盾、权利之争的吐蕃社会，更需要类似佛教的学说和思想，来巩固吐蕃王朝的统一。以巫术为主又缺乏系统教义理论的苯教，已很难适应快速发展的吐蕃社会。赤松德赞传播佛教的举措，也意味着佛教经一个多世纪的渗透，开始在吐蕃开花结

〔1〕 陈践、王尧译注：《吐蕃文献选读》，四川民族出版社，2003年，第254页。

果了”。〔1〕

对于佛教伦理，几乎所有经典都有涉猎，然除了佛教律藏文献外，大乘佛教经典中龙树所著《宝鬘论》、世亲所著《阿毗达磨俱舍论》、无著所著《菩萨地持论》等经典是着重阐述佛教伦理之著作。“在大乘传统中，诗人寂天（Śāntideva，公元7世纪）撰写的《菩提行经》（Bodhi-caryāvatāra）和《大乘集菩萨学论》（Śikṣa-samuccaya），其中前者是一部有关菩萨道的概要，包含一些关于悲与忍的启发性材料，后者是一部大乘经概要，经常论及伦理学主题”。〔2〕因此，这些经典被译成藏文后对吐蕃社会伦理产生了重要影响。

诚然，《入菩萨行论》等经典所倡导的大乘佛教“菩萨行”利他主义思想与吐蕃人的性格不谋而合，产生了情感共鸣，激发了对佛教的热情，提高了文明程度，从而为佛教的全民化铺平了道路。《入菩萨行论》等经典对以原始信仰或苯教信仰为基础的藏族传统伦理向佛教伦理转换起到了重要的推动作用，将赞普赤松德赞称颂为“神赞普菩提萨埵”、敦煌文献中发现大量的“忏悔文”等是具体佐证。

吐蕃在赤松德赞朝后期及赤德松赞、赤热巴巾执政时期虽有对外军事扩张的战事，对内有发展社会经济的举措，但总体而言，唯有佛教翻译事业蒸蒸日上，其他诸方面的成就甚少，昔日的辉煌早已一去不返。一些骁勇善战的将领开始卸甲归田，刀枪入库，用修缮“忏悔寺庙”、捐资缮写佛经等方式，改过自新，忏悔杀敌的罪孽。赤热巴巾更是沉浸于供养“三宝”的胜业，无任何政治才干，王朝的灭亡已近矣。不能不说，吐蕃王朝的灭亡在某种程度上与以“四谛”“业报轮回”等为核心思想，和以“十善”“六度”等“菩萨行”为实践的佛教伦理思想有一定的关联。

宗教哲学和伦理说教相互依存。《赠予吐蕃赞普和子民的集要书翰》一文，不仅能说明《入菩萨行论》这部佛学中观论典对当时的吐蕃佛教所产生的影响，而且也能说明其对吐蕃社会伦理思想的影响。《赠予吐蕃赞普和子民的集要书翰》的开篇即写道：“为了饶益诸赞普与比丘、诸行事大臣、各自所主者，以及农夫、商人等靠劳力所活者，得或未得暇满人身者，女人及艺人，

〔1〕 才让：《吐蕃史稿》，甘肃人民出版社，2007年，第179页。

〔2〕［英］彼得·哈维著，李建欣、周广荣译：《佛教伦理学导论：基础、价值与问题》，上海古籍出版社，2012年，第5页。

从军之官民等此生与彼世，修行十善法[1]与十六法[2]，十想与十法行[3]，以及六度，并为无数生树立妙法，得善趣，终成佛果故，本人摄取佛亲传的教言和龙树、智慧藏、上师慈氏者等所著的《入菩萨行论》《致友书》[4]及《宝鬘论》等中的各种教诲及深奥哲理中简单且容易持诵的部分，在此阐述。”[5]此书翰的伦理说教目的可见一斑。“十善法与十六法，十想与十法行”“六度”等是佛教思想体系的有机组成部分，而且“十善法”“十六法”在藏文史书中被记载为吐蕃时期确定的法律。虽然它们并非完全意义上的法律，但是可以肯定的是，它们是吐蕃佛教伦理的核心思想，对吐蕃社会乃至以后的藏族社会产生过深远的影响。这部著述提到的另外两部印度佛教论典《致友书》和《宝鬘论》，佛教学者一般将其列为“伦理书”（或译为“修身类著作”），藏文为“ལུགས་ཀྱི་བསྟན་བཅོས”。由此，伦理说教内容十分丰厚的这部论著，乃至其中大量引用的《入菩萨行论》对吐蕃社会伦理思想产生过重要影响是不言而喻的。

敦煌文献中存有多种“愿文”。“愿文”作为普通信徒真心实意的诉求和愿望，无不体现出民众心理的真实状态。另外，在敦煌藏文文献中，也发现一些写本内容与《入菩萨行论》之间存在一定的联系。P.T.24中的第四部文献

---

〔1〕“十善法”为佛教徒所要奉行的十个行为准则，即身、口、意不能所做的十个犯戒行为：不杀生、不偷盗、不邪淫、不妄语、不恶口、不绮语、不贪、不嗔、不邪见。

〔2〕“十六法”即“在家道德规范十六条”：一、敬信三宝（佛、法、僧）；二、求修正法；三、报父母恩；四、尊重有德；五、敬贵尊老；六、利济乡邻；七、直言小心；八、义深亲友；九、追踪上流，远虑高瞻；十、饮食有节，货财安分；十一、追认旧恩；十二、及时偿债，秤斗无欺；十三、慎戒嫉妒；十四、不听邪说，自持主见；十五、温语寡言；十六、担当重任，度量宽宏。

〔3〕“十法行”：佛经善写、供养、施赠、听闻、受持、披读、开演、讽诵、思维、修习。

〔4〕印度著名论师龙树写给其好友“善行”的讲授佛教伦理的一封信，在德格版《丹珠尔》中存于ngi函。

〔5〕德格版《丹珠尔》，jo函。P236b原文：“རྒྱལ་པོ་རྣམས་དང་དགེ་སློང་དང་། །བློན་པོ་ལས་ཀྱི་སྣ་ལ་གཏོགས། །སོ་སོའི་དེད་དཔོན་དཔང་བྱེད་དང་། །ཞིང་པ་ཚོང་པ་བོ་ཤས་འཚོ། །མི་ཡི་སྐྱེ་བ་བླངས་པ་ཡི། །དལ་འབྱོར་རྙེད་དང་མ་རྙེད་དང་། །བུད་མེད་རོལ་མོ་མཁན་རྣམས་དང་། །དཔུང་མཐའི་བོད་ནི་རྗེ་འབངས་ལ། །འདི་དང་ཕྱི་མར་ཕན་པའི་ཕྱིར། །དགེ་བ་བཅུ་དང་བཅུ་དྲུག་དང་། །བསམ་པ་བཅུ་དང་ཆོས་སྤྱོད་བཅུ། །ཕ་རོལ་ཕྱིན་དྲུག་སྤྱད་པ་ཡིས། །ཚེ་རབས་མང་པོ་བགྲངས་པར་ཡང་། །ལེགས་པའི་གཞུང་གཟུགས་བདེ་འགྲོ་དང་། །མཐར་ནི་སངས་རྒྱས་སྒྲུབ་པའི་ཕྱིར། །ཞལ་ནས་གསུངས་པའི་མདོ་སྡེ་དང་། །དགེ་བཤེས་པ་རྣམས་མཉེས་པར་མཛད། །ཀླུ་སྒྲུབ་སྙིང་པོ་བློ་གྲོས་དང་། །བླ་མ་བྱམས་པས་མཛད་པ་ཡི། །བྱང་ཆུབ་སེམས་དཔའི་སྤྱོད་པ་དང་། །བཤེས་སྤྲིང་མཛའ་བའི་འཕྲིན་ཡིག་དང་། །རིན་ཆེན་ཕྲེང་བ་ལ་སོགས་པའི། །ནང་ནས་ཕན་པའི་གདམས་ངག་དང་། །མང་ཞིང་ཟབ་མོའི་དོན་རྣམས་ནི། །རྒྱས་པར་བཤད་ན་མི་རྟོགས་པས། །དེ་ལས་བསྡུས་པ་སླ་གཟུང་བདེ་རྣམས། །ཉུང་ཟད་ཙམ་ཞིག་བདག་གིས་བསྡེབས། །”

是一篇篇幅较短的宣说佛教轮回之理的短文，被命名为“开示轮回”。[1]与此内容完全相同的写本在法藏、英藏敦煌文献中存有好几个编号：P.T.580v, P.T.757v, IOL Tib J 316.VI等，但新近出版的《法藏敦煌藏文文献》和《英藏敦煌西域藏文文献》对这些文献的定名不统一，笔者认为应统一定名为“开示轮回”。通过对这篇短文经名及题记等的分析，可以确定其是一篇吐蕃本土学者的撰述。该短文共计四十多颂166句，正如名称所示，其主要讲述生命的无常和轮回的苦难，以及弃恶从善积累功德和皈依上师的重要性等。从创作形式和句式结构来看，与《入菩萨行论》存在着一定的相似性，并且通过对比发现其中存在好几处与《入菩萨行论》的表述相一致的地方。以下选取这些类似的部分作个比较，以便看出它们之间的内在关联。

序号	《开示轮回》原文与译文	《入菩萨行论》原文与译文
1	ཐོག་མའི་དུས་མཐའ་མེད་པ་ནས། །སེམས་ཀྱི་རང་བཞིན་ཡེ་ཡོད་དེ། །ཅི་ལྟར་གྲུ་ལ་བརྟེན་བཅས་ནས། ། ཕ་རོལ་གནས་སུ་འགྲོ་བ་ལྟར། །ལུས་ནི་སེམས་ཀྱི་གྲུ་ཡིན་ཏེ། །ཡུན་རིང་དུས་ནས་འདྲོན་པོར་འོངས།། 从无始以来，心本无自性，犹如依舟楫，能渡于彼岸，身乃心之船，长久为客占。	འགྲོ་དང་འོང་བའི་རྟེན་ཙམ་དུ། །ལུས་ལ་གྲུའི་བློ་ཞོག་སྟེ། །སེམས་ཅན་རྣམས་དོན་བསྒྲུབ་པའི་ཕྱིར། །ཡིད་བཞིན་གྱི་ནི་ལུས་སུ་བསྒྱུར།། 仅为来往依，念身为舟楫，为行有情事，化作如意身。
2	དེ་བཞིན་ཡུན་དུ་གནས་འདོད་ཀྱང་། །ཚེ་དུས་སྡོད་པར་མི་ཙང་ཏེ། །ཉིན་མཚན་རྟག་དུ་གོད་འགྱུར་ལ། །སྣོན་པ་གུད་ནས་མི་འོངས་བས།། བདག་ལྟ་འཆི་བར་མངོན་སུམ་སྣང་།། 如是欲长寿，寿命却难住，昼夜恒处损，额外无增因，我死必现量。	ཉིན་མཚན་སྡོད་པ་ཡོང་མེད་པར། །ཚེ་འདི་རྟག་དུ་འགོད་འགྱུར་ཞིང་། །སྣོན་པ་གུད་ནས་འོང་མེད་ན། །བདག་ལྟ་འཆི་བར་ཅིས་མི་འགྱུར།། 昼夜无停止，此生常衰减，额外无增因，我命岂不亡？
3	ད་ལྟར་མི་ལུས་ཐོབ་པའི་ཚེ། ། བདག་ནི་ཐོག་མ་ག་ལས་འོངས། ། ཐ་མ་གང་དུ་འགྲོ་བར་འགྱུར། །མི་རྟག་མེད་པར་འགྱུར་བའི་དུས། །གདོན་མི་ཟ་བར་འོང་འགྱུར་ན། །བདག་གི་ཡིད་ནི་ཅི་ཕྱིར་གཡེངས། །དེ་རིང་ཁོ་ནར་མི་འཆི་ཞེས། །བདེ་བར་འདུག་པའི་མི་རིགས་པར། །དེ་ལྟར་བསམ་དུ་བདག་ལ་འོས།། 获此人身时，我从初何来，末时去何方，终将坏灭时，无疑会来临，我心为何逸，唯今我不死，岂能处安乐，我应如是思。	དེ་རིང་ཁོ་ནར་མི་འཆི་ཞེས། །བདེ་བར་འདུག་པ་རིགས་མ་ཡིན། །བདག་ནི་མེད་པར་འགྱུར་བའི་དུས། །དེ་ནི་གདོན་མི་ཟ་བར་འབྱུང་།། 我今唯不死，安逸不应该，此生坏灭时，无疑会来临。

〔1〕 可参看金雅声、郭恩主编《法国国家图书馆藏敦煌藏文文献》第一册，第140—144页。

续　表

序号	《开示轮回》原文与译文	《入菩萨行论》原文与译文
4	འཆི་བར་འགྱུར་བའི་དུས་བྱུང་ཞིང་། །འཇིག་རྟེན་གཞན་དུ་འགྲོ་བ་ན། །ལྷན་ཅིག་སྐྱེས་པའི་ལུས་འདི་ཡང་། །བོར་ཏེ་གྲོགས་ལ་མི་ཕན་ན། །ཕ་མ་ཕུ་ནུ་གཉེན་སྲུག་དང་། མཛའ་བཤེས་ཡུལ་ས་ལོངས་སྤྱོད་རྣམས། །གྲོགས་སུ་མི་ཕན་ཅི་ཞིག་སྨོས། །དགེ་བ་འབའ་ཞིག་གྲོགས་སུ་འགྱུར། །སྐྱེ་ཡང་ཐོག་མ་གཅིག་པུ་སྐྱེ། །འཆི་ཡང་དེ་བཞིན་གཅིག་པུ་འཆི།། 死亡到来时，要去彼世界，与生俱来身，弃之不能伴，父母兄弟眷，友师故土财，此等岂能伴？唯有善成伴，生时独自生，死又独其死。	ལུས་འདི་གཅིག་པུ་བྱུང་བ་ཡང་། །ལྷན་ཅིག་སྐྱེས་པའི་ཤ་རུས་དག། །ཞིག་སྟེ་སོ་སོར་གྱེས་འགྱུརད་ན། །མཛའ་བ་གཞན་ལྟ་ཅི་ཞིག་སྨོས། ། སྐྱེ་བོ་གཅིག་པུ་སྐྱེ་འགྱུར་ཞིང་། །འཆི་ན་འང་དེ་ཉིད་གཅིག་འཆི་སྟེ། །སྡུག་བསྔལ་སྐལ་གཞན་མི་ལེན་ན། །བགེགས་བྱེད་མཛའ་བས་ཅི་ཞིག་བྱ།། 于此孑然身，与生肉与骨，坏而各分离，余友何待言？人者独自生，死又独其死，苦份他不摊，作障友何用？
5	མི་སྐྱེས་ཆོས་དང་ཕྲད་པའི་ཚེ། །འདི་ཚེ་ཆོས་ལམ་མ་བསྒྲུབས་ན། །ཕྱི་ནས་མི་ལུས་རྙེད་པར་དཀའ། །ཆོས་ཐོས་པ་ཡང་དེ་བས་དཀོན།། 得人遇法时，若不修法道，复难得人身，闻法亦更难。	དེ་བཞིན་གཤེགས་པ་འབྱུང་བ་དང་། །དད་དང་མི་ལུས་འཐོབ་པ་དང་། །དགེ་གོམས་ཉུང་བ་དེ་ལྟ་བུར། །དཀོན་པ་ནམ་ཞིག་འཐོབ་པར་འགྱུརད།། 若值诞如来，具信得人生，宜修善稀有，何时具此缘？

通过以上的对比可以发现，此文献无论从叙述方式、句式结构等形式而言，还是从人生无常、行善积德从而追求人生究竟涅槃的价值等内容阐述方面来说，都与《入菩萨行论》有着密切的联系。

P.T.950和P.T.972属同一部文献，该文献亦是佛教伦理说教类文献，P.T.950号尾部题名为“菩提萨埵树论”(བྱང་ཆུབ་སེམས་དཔའི་སྡོན་ཤིང་།)，P.T.972号尾部题名为“口传教诫树论”(ཞལ་ནས་གསུངས་པའི་སྡོན་ཤིང་།)。[1]此文献篇幅较小，主要内容是阐述人生无常、轮回苦难、因果报应，以及珍惜生命、舍弃对苯教神灵的信仰从而皈依佛法僧三宝勤行“十善法”等思想。除该文献的句式结构等与《入菩萨行论》有诸多相似的地方外，其中也有一些内容一致的偈颂。如：“བདག་ཉིད་མལ་ན་ཉལ་བཞིན་དུ། །གཉེན་བཤེས་མང་པོས་མཐའ་བསྐོར་ཡང་། །སྲོག་གཅོད་ཀྱི་བཟོད་སྡུག་བསྔལ་དག། །བདག་ཉིད་གཅིག་པུས་མྱོང་བར་འགྱུར། །དེ་བས་གཉེན་དང་བཤེས་ཅི་ཕན།།”(我乃睡病床，亲友虽围绕，难忍割命苦，唯独自己受，亲友有何益？)一句，与《入菩萨行论》第二品第40、41颂“བདག་གི་མལ་ན་འདུག་བཞིན་དུ། །གཉེན་བཤེས་རྣམས་ཀྱིས་མཐའ་བསྐོར་ཀྱང་། །སྲོག་ཆད་པའི་ཚོར་བ་དག། །བདག་ཉིད་གཅིག་པུས་མྱོང་བར་འགྱུརད། ། གཤིན་རྗེའི་ཕོ་ཉས་ཟིན་པ་ལ། །གཉེན་བ་ཅི་ཕན་བཤེས་ཅི

〔1〕 参看金雅声、郭恩主编《法藏敦煌藏文文献》第九册，上海古籍出版社，2010年，第248、288页。

ཕན། །དེ་ཚེ་བསོད་ནམས་གཅིག་སྐྱབས་ན། །དེ་ཡང་བདག་གིས་མ་བསྟེན་ཏོ། །(我乃躺病床，亲友虽围绕，命断之苦感，唯独自己受。阎罗使者捉，亲友有何益？唯有福德救，然我却未持。)”的内容基本一致。

罗秉芬先生通过对P.T.126和P.T.640号文献的译介和对勘研究，认为此类文献为唐五代时期汉文佛经变文的藏文译本。[1]敦煌在吐蕃控制阶段之后的一段时间里，汉藏文化间的广泛交流和相互促进是不言而喻的，其中包括汉文佛经变文的藏文翻译工作。不仅如此，此类文献在佛教发源地亦很盛行，其中以《百智论》《中观宝鬘论》为首的佛经文献对佛教伦理的影响很广泛，而以《中观宝鬘论》为蓝本而创作的《入菩萨行论》的影响亦然。因此，敦煌藏文文献中的佛经变文不全然是从汉文翻译而来，其中必然有本土学者或敦煌地区以汉族为主的其他民族学者用藏文创作的作品。

通过与相关敦煌文献，以及属于吐蕃时期的佛教文献的对比，我们发现《入菩萨行论》这部佛学经典不仅对当时佛教思想的传播和发展产生过重要影响，而且也对当时吐蕃社会伦理思想产生了深刻影响，进而也影响了吐蕃文学的发展和思想内容。藏族近代著名思想家更登群培在《梵文宝库》一文中指出：“诸如《释量论》和《时轮》等用藏文译本理解有所困难的佛教经典，若与梵文原典对勘则能完全对应，然《入菩萨行论》和《律本分》等佛教前宏期译本藏文语句通达者，若与梵文原典对勘则多有不通顺之处，但是对原文的理解达到了至高的境界，不禁叹为观止！”[2]诚然，藏文译本《入菩萨行论》的翻译水准达到了“信达雅”的高标准，因此，不仅对吐蕃佛教，而且对吐蕃伦理、文学等产生广泛的影响，也就不足为奇了。

《入菩萨行论》对藏传佛教后弘期的影响更是广泛而深刻的，很难用简单几句话概括之，只能留待日后慢慢研究罢了。

---

〔1〕 罗秉芬：《唐代藏汉文化交流的历史见证——敦煌古藏文佛经变文研究》，《中国藏学》1989年第2期。

〔2〕《更敦群培文集》(上卷)，第519页。原文为：“རྣམ་འགྲེལ་དང་དུས་འཁོར་ལྟ་བུའི་གཞུང་བོད་སྐད་ལ་གོ་དཀའ་བ་རྣམས། ལེགས་སྦྱར་གྱི་གཞུང་དང་ཐད་ཀ་ཐད་ཀར་སྦྱོར་བདེ་ལ། སྤྱོད་འཇུག་དང་འདུལ་བ་ལུང་ལྟ་བའི་སྔ་དར་གྱི་འགྱུར་བོད་སྐད་ལ་གོ་བདེ་བ་རྣམས་སྐབས་མང་པོར་རྒྱ་སྐད་ལ་སྦྱོར་མི་བདེ་ཡང་དོན་གྱི་གོ་བ་ཇི་ལྟ་བ་བཞིན་འཚོན་པས་ཤིན་ཏུ་ངོ་མཚར་ཏེ།……”

第五章　敦煌藏文写本“菩提行祈愿文”研究

目前，敦煌汉文发愿文的研究从辑录到专题研究，已取得了较为丰硕的成果。[1]但就敦煌藏文发愿文的研究现状而言，黄维忠先生的《8—9世纪藏文发愿文研究——以敦煌藏文发愿文为中心》是唯一一部较全面的研究论著，其中将敦煌藏文发愿文按题名分成八类：1. 忏愿文；2. 祈愿文；3. 功德回向愿文；4. 迎请诸佛愿文；5. 酥油灯祈愿文；6. 祈善文；7. 菩提愿文；8. 常愿文。在具体的研究中对其中的五类进行了研究探讨，但五类中不包括菩提愿文。[2]

敦煌藏文文献中有关“菩提行”的卷号有P.T.45.5号、IOL Tib J 360VIII号、IOL Tib J 378III号、IOL Tib J 134II号、IOL Tib J 630号等几种，因佛教中宣扬“菩提行”的经典有《菩萨地》《中观宝鬘论》等多种，因此，虽不能断言敦煌藏文文献中发现的P.T.45.5号、IOL Tib J 360VIII号、IOL Tib J 378III号等命名为“菩提愿文”之文献与《入菩萨行论》这部经典有关，但可以肯定的是，IOL Tib J 134II号《菩提行祈愿文》和IOL Tib J 630号《入菩萨行论回向品》两部写卷是与《入菩萨行论》这部论典有密切关系的赞颂和祈愿“菩提心”“菩提行”的发愿文。

本章就以“菩提行祈愿文”为题展开论述，以期挖掘《入菩萨行论》“愿文”文献的宗教学、社会学研究价值，深化本书的研究内容。

第一节　IOL Tib J 134II号《菩提行祈愿文》

在藏文中“愿文”和“回向文”既有联系又有区别，以一定的善业为基础

〔1〕 主要成果有：汪娟：《敦煌礼忏文研究》，（台北）法鼓文化出版社，1998年；黄征、吴伟：《敦煌愿文集》，岳麓书社，1995年。

〔2〕 黄维忠：《8—9世纪藏文发愿文研究——以敦煌藏文发愿文为中心》，第9、31页。

所作的发心为“回向”,其余则为一般的发心。“祈愿文和功德回向愿文的区别则在于后者的‘功德回向’的限定。藏传佛教认为,‘祈愿是修善根,并得练达,但心里没有想到众生的圆满练达’;而回向则是‘修善业后,为众生之利而得圆满练达’”。[1]从广义而言,“回向文”是“愿文”的一种。

从大部头的佛经经典中选取最经典,能够充分表达信徒祈愿、发心、信念等的选段,汇编成易于背诵和传播的简短文献作为佛教徒的日常诵课是一种较为普遍的现象。如《普贤行愿品》,该品在藏语系佛教中亦称《普贤行愿王经》,该“愿文”是从《华严经》中摘录的,对藏传佛教的影响深远,在敦煌藏文文献中发现了多种写本。“菩提行祈愿文”显然也是从《入菩萨行论》这部经典中摘录而成的。

吐蕃时期的佛经目录中虽未出现与IOL Tib J 134II号写本同名的文献,但是其中还是有一些名称较接近且内容也与其有联系的文献。其中《丹噶目录》中有“正菩提愿文,十三颂半(བྱང་ཆུབ་དམ་པའི་སྨོན་ལམ། ཤློ་ཀ་ཕྱེད་དང་བཅུ་བཞི།)”“正菩提随信愿文,十颂(བྱང་ཆུབ་དམ་པའི་རྗེས་སུ་མོས་པའི་སྨོན་ལམ། ཤློ་ཀ་བཅུ་ཐམ་པ།)”两种;[2]《旁塘目录》中有“菩提愿文,十三颂半(བྱང་ཆུབ་ཀྱི་སྨོན་ལམ། ཤུ་ལོག་ཕྱེད་དང་བཅུ་བཞི།)”“胜行愿文,二十三颂(མཆོག་གི་སྤྱོད་པའི་སྨོན་ལམ། ཤུ་ལོག་ཉི་ཤུ་རྩ་གསུམ།)”两种。[3]然而这些文献不存于藏文《大藏经》中,因而无法与IOL Tib J 134II号进行比对。

敦煌藏文写本IOL Tib J 134II号《菩提行祈愿文》仅在敦煌文献中出现,虽残缺,难以睹其全貌,但因不存于藏文《大藏经》,故其弥足珍贵。从所存部分的内容和尾题经名来看,此文与敦煌本《入菩萨行论》密切相关,是和IOL Tib J 630号《入菩萨行论回向品》(该品也称为“入菩萨行愿文”)相似的一部文献,两者都是依据《入菩萨行论》这部论著而衍生的佛教发愿类文献,两部文献间既有联系又有区别,但与现存藏文《丹珠尔》中《入菩萨行愿文》不同。因此,“菩提行祈愿文”亦是与《入菩萨行愿文》相同的佛教祈愿类文书,由于吐蕃时期的译本遗失而未能收入藏文《大藏经》。

根据写本尾题,笔者将IOL Tib J 134II号《菩提行祈愿文》残存部分的内容与《入菩萨行论》进行了详细的比对,发现其与敦煌藏文《入菩萨行论》第

---

〔1〕 黄维忠:《8—9世纪藏文发愿文研究——以敦煌藏文发愿文为中心》,第9、10页。

〔2〕 德格版《丹珠尔》,jo函,p304a,b。

〔3〕 西藏博物馆编:《旁塘目录;声明要领二卷》,第33页。

二品内容（与藏文《入菩萨行论》传世本第二品的部分内容和第三品开头的部分内容）基本一致。由于该残本开头的第一个完整偈颂“སེམས་ཅན་ཀུན་གྱི་ངན་སོང་གི། །སྡུག་བསྔལ་ངལ་བསོའི་དགེ་བ་དང། །བྱང་ཆུབ་རྒྱུར་འགྱུར་དགེ་བསགས་པ། །དེ་ལ་རྗེས་སུ་ཡི་རང་ངོ། །”为敦煌藏文《入菩萨行论》第二品第66颂（藏文传世本中则为第三品第1颂），此颂之前的第65颂无法与该残本开头的“ || □□□□□□ སྐྱབས་སུ་མཆི། །”一句衔接，因而我们需要在敦煌藏文《入菩萨行论》第二品第66颂之前的其他偈颂中寻找与此短句能够衔接的地方。通过查找，发现有三个可与“|| □□□□□□ སྐྱབས་སུ་མཆི། །”短句衔接的偈颂，分别为第二品第26、47、48颂。通过对文本结构和义理阐述方式等方面的分析，笔者认为其中的第26颂[1]最适合与IOL Tib J 134II号《菩提行祈愿文》残存部分开头的“|| □□□□□□ སྐྱབས་སུ་མཆི། །”短句衔接。

土登曲吉扎巴在其《入菩萨行注疏》中讲述受菩萨戒仪轨时，以“有一部分人认为从无著和阿底峡传承而来的（受菩萨戒仪轨）只需礼敬不需要忏悔，若忏悔内心必定会变得不愉悦，而唯有心情愉悦才能生（菩萨戒），此说实为不应该”[2]等句驳斥了持此观点的一部分学者。[3]由此我们可以推断，曾有一部分学者认为受菩萨戒仪轨时只需七支因[4]中的其他支因而无需忏悔支因。将此种观点与IOL Tib J 134II号《菩提行祈愿文》写本内容相结合思考，若该残篇开头部分之“|| □□□□□□ སྐྱབས་སུ་མཆི། །”一句认定为敦煌藏文《入菩萨行论》第二品第26颂的话，该颂即为七支因中皈依支因内容的最后一颂，那么该颂与“ངན་སོང་སྡུག་བསྔལ་ངལ་གསོའི་ཚུལ། །སེམས་ཅན་ཀུན་གྱིས་དགེ་བགྱིས་དང། །བྱང་ཆུབ་རྒྱུར་འགྱུར་དགེ་བསགས་པ། །དེ་ལ་རྗེས་སུ་ཡི་རང་ངོ། །”之间未出现的部分正是七支因中的忏悔支因，这部“菩提行祈愿文”内容即与土登曲吉扎巴所说的一部分学者的观点基本一致，他们有意地删减了“忏悔”支因，这与我国宋代译本《菩提行经》中不出现“忏悔品”的情况相同。由此我们可以推断，完整的《菩提行祈愿文》包含敦煌本《入菩萨行论》第二品持菩提心品中的除属于忏悔支因偈

〔1〕“བྱང་ཆུབ་སྙིང་པོར་མཆིས་ཀྱི་བར། །སངས་རྒྱས་རྣམས་ལ་སྐྱབས་སུ་མཆི། །ཆོས་དང་བྱང་ཆུབ་སེམས་དཔའ་ཡི། །ཚོགས་ལའང་དེ་བཞིན་སྐྱབས་སུ་མཆི། །”（乃至菩提藏，皈依诸佛陀，如是亦皈依，法及菩萨众。）

〔2〕土登曲吉扎巴：《入菩萨行注疏》（藏文），第116页。原文：“ཁ་ཅིག་ཐོགས་མེད་དང་ཇོ་བོ་ནས་བརྒྱུད་པ་ལ་ཕྱག་མཚོད་ཙམ་མ་གཏོགས་སྡིག་བཤགས་མི་བྱེད་དེ་བྱེད་ན་འགྱོད་དགོས་པས་ཡིད་མི་དགའ་ལ་སེམས་ཡིད་དགའ་སྒོ་ལྡན་པ་ལ་སྐྱེ་དགོས་སོ་ཞེས་བཤད་པ་མི་རིགས་ཏེ།”

〔3〕关于此点，宗喀巴在《菩提道次第广论》中亦有深刻的批驳。

〔4〕七支因，也称积资七支因指：供养、礼敬、皈依、忏悔、请转法轮、请佛住世、回向。

颂以外的所有偈颂，它是作为受持菩萨戒时的仪轨文[1]在吐蕃时期传播的。

此外，IOL Tib J 134II号《菩提行祈愿文》与其他写本相比，具有不同于后者的诸多特征，为了能够更清楚地说明它们的不同点，以下列表进行比较。

IOL Tib J 134II号《菩提行祈愿文》	**敦煌本《入菩萨行论》**[2]	**说　明**
ཉོན་མོངས་སྡུག་བསྔལ་ངལ་གསོའི་ཚུལ། །སེམས་ཅན་ཀུན་གྱིས་དགེ་བགྱིས་དང་།	སེམས་ཅན་ཀུན་གྱི་ཉོན་མོངས་གི། །སྡུག་བསྔལ་ངལ་བསོའི་དགེ་བ་དང་།	用词、意思相近，但语序不同。
གྲོལ་ལ་རྗེས་སུ་ཡི་རང་ངོ།	ངེས་པར་ཐར་ལ་ཡི་རང་ངོ།	用词不同，词意相同。
མགོན་པོ་	སྐྱོབ་པ	用词不同，词意相同。
ཀུན་ལ	ཐམས་ཅད	用词不同，词意相同。
སྦྱར་ཅིང་	སྦྱར་ཏེ་	意思相同，所用副词不同。
ཆོས་ཀྱི་སྒྲོན་མ་མཛད་དུ་གསོལ།	ཆོས་ཀྱི་སྒྲོན་མ་སྤར་དུ་གསོལ།	用词不同，词意相近。
བཞུགས་སུ་གསོལ།	བཞུགས་པར་གསོལ།	意思相同，所用虚词不同。
རྣམ་པ་འདི་དག་བགྱིས་བསམས་པས། །དགེ་བ་ཇི་སྙེད་གྲུབ་གྱུར་པ།།	དེ་ལྟར་འདི་དག་ཀུན་བྱས་སྟེ། །དགེ་བ་བདག་གིས་བསགས་པ་གང་།	意思相近，用词完全不同。
འགྲོ་བ་ནད་པའི་སྨན་གྱུར་ཏེ། །སྨན་པ་ལྟ་བུར་གྱུར་པར་ཤོག། །དེ་དག་ནད་སེལ་མཁས་བྱས་ཏེ། །ཡུན་དུ་ནད་མེད་བྱེད་པར་ཤོག།	འགྲོ་བ་ནད་པ་ཅི་སྲིད་དུ། །ནད་སོས་གྱུར་གྱི་བར་དུ་ནི། །སྨན་དང་སྨན་པ་ཉིད་དག་དང་། །དེའི་ནད་གཡོག་བྱེད་པར་ཤོག།	用词、意思基本相同，但语序完全不同。
ནད་བསལ་ལོ།	གནོད་པ་བསལ།	意思相近，用词完全不同。
མུ་གེ་འི་བསྐལ་པ་བྱུང་བའི་ཚེ། །བདག་ནི་སྲས་སྐོམ་བདེར་གྲུབ་ཤོག།	མུ་གེའི་བསྐལད་པ་བར་མའི་ཚེ། །བདག་ནི་ཟས་དང་སྐོམ་དུ་གྱུརད།	意思相近，用词有所不同。
ཡོ་བྱད་རྣམ་པ་ཐམས་གད་གིས།	ཡོ་བྱད་མགོ་དགུ་སྣ་ཚོགས་སུ།	意思相近，用词有所不同。

〔1〕 授菩萨戒的仪轨文有几种，依据藏文传世本《入菩萨行论》第二、三品（敦煌本为第二品）内容的为其中之一。可参看那仓·强巴阿旺所编《藏传佛教常用仪轨汇编》（藏文），民族藏学出版社，1998年，第50—58页。

〔2〕 此处以IOL Tib J 628+P.T.794写本为参照。

续　表

IOL Tib J 134II号 《菩提行祈愿文》	敦煌本《入菩萨行论》[2]	说　　明
སེམས་ཆན་ཚད་མེད་ཐམས་ཅད་ཀྱི།།	སེམས་ཅན་དཔག་དུ་མེད་པ་ཡི།།	意思相同，用词有所不同。
སྔོན་གྱི་བདེར་གཤེགས་ཐམས་ཅད་ཀྱིས། །ཇི་ལྟར་བྱང་ཆུབ་ཐུགས་བསྐྱེད་དེ། །བྱང་ཆུབ་སེམས་པའི་བསླབ་པ་ལ། །ཚུལ་བཞིན་རིམ་པར་བཞུགས་པ་བཞིན།།	ཅི་ལྟར་སྔོན་གྱི་བདེ་གཤེགས་ཀྱིས།།བྱང་ཆུབ་ཐུགས་ནི་བསྐྱེད་པ་དང་།།བྱང་ཆུབ་སེམས་དཔའི་བསླབ་པ་ལ།།དེ་དག་རིམས་བཞིན་གནས་པ་ལྟར།།	意思相同，用词、语序有所不同。
འགྲོ་བ་ཀུན་གྱི་ཕན་དོན་དུ། །བྱང་ཆུབ་སེམས་ནི་བསྐྱེད་པར་བགྱི། །བྱང་ཆུབ་སེམས་པ་འི་བསླབ་པ་ཡང་། །རིམས་བཞིན་ཡང་དག་བསླབ་པར་བགྱི།།	དེ་བཞིན་འགྲོ་བའི་ཕན་དོན་དུ།།བྱང་ཆུབ་སེམས་ནི་བསྐྱེད་བགྱི་ཞིང་།།དེ་བཞིན་དུ་ནི་བསླབ་པ་ལ་འང་།།རིམ་པ་བཞིན་དུ་བསླབས་པར་བགྱི།།	意思相同，用词、语序有所不同。

由此，我们可以看出IOL Tib J 134II号《菩提行祈愿文》虽然与其他敦煌《入菩萨行论》写本有着重要关联，但可以肯定它不是从与此类写本相同的译本中选取的，而是选自另外的一种译本，亦或它是一篇独立的译本。并且通过对该写本诸多特征的探究，笔者认为该写本的产生时间可能早于其他写本。

第二节　IOL Tib J 630《入菩萨行论回向品》

吐蕃时期的译经目录中并未出现《入菩萨行愿文》，但从《入菩萨行论》中选摘最后一品即《入菩萨行论回向品》作为祈愿文而广泛诵读流传，在吐蕃时期则已有之。否则，藏文大藏经《丹珠尔》礼赞部保存的《入菩萨行论回向品》（命名为《入菩萨行愿文》）则成为无源之水、无根之木。布顿在其目录中也指出：“吉祥和祈愿类共计17种，另从《宝鬘论》《入菩萨行论》等经论中摘录者，未计入其中。”[1]

IOL Tib J 630号《入菩萨行论回向品》单篇写本的出现，也能够说明《入菩萨行论》回向品作为愿文在吐蕃时期传诵的事实。现今西藏及涉藏地区流通最广的佛教祈愿文汇编本《颂辞汇编》中所收《入菩萨行愿文》就完全

〔1〕 布顿·仁钦竹：《布顿佛教史》（藏文），第249页。

是《入菩萨行论回向品》，然未交代其所依据之版本。[1]藏文《大藏经》所收《入菩萨行愿文》以《入菩萨行论》回向品为基础，兼有持菩提心品中的部分内容，是属于七支因中的回向支因的一部分，即符合"回向文"的"愿文"内容和结构等特征，又充实并完善了《入菩萨行愿文》的内容，成为名副其实的《入菩提行祈愿文》。可以肯定的是，《入菩萨行愿文》是一种以身、财、善根等一切回向给所有众生的佛教祈愿文，其核心思想是"施般若蜜多"。

依德格版藏文《大藏经》，其所收《入菩萨行愿文》存于nyo函第312叶正面5行至第315叶正面5行。其内容从持菩提心品补充者，为"吾身乃与财，三时诸善根，为成众生事，不啬皆施舍"等共计12颂，为该论阐述"积资七支因"内容部分之回向支因的内容的偈颂。笔者认为，这是藏传佛教高僧大德在整理藏文《大藏经》时，对吐蕃时期以IOL Tib J 630号《入菩萨行论回向品》为蓝本的"菩提行回向文"从义理和形式上给予重新编定的结果，使这部"发愿文"的内容更加完善，充分体现《入菩萨行论》作者的悲悯情怀并能激发每一位吟诵者的宗教热情和豪迈情感。

将IOL Tib J 630号《入菩萨行论回向品》与传世藏文《入菩萨行愿文》相比较，发现IOL Tib J 630号中的十几个偈颂在传世本中找不到对应的内容。然而其中的11颂（第54—64颂）出现在藏文《中观宝鬘论》第五品菩萨共学品中，[2]可以认为寂天在文中引用了这些偈颂。《入菩萨行论》与龙树及其著述《中观宝鬘论》间的紧密联系由此可见一斑。传世梵、藏、汉文本《入菩萨行论》中删减了敦煌藏文本中出现的从《中观宝鬘论》中引用的11个偈颂。

总之，以受持愿菩提心与行菩提心为核心的IOL Tib J 134II号《菩提行祈愿文》残本和IOL Tib J 630号《入菩萨行论回向品》两篇"愿文"文献，是菩萨行的祈愿文，利他、慈悲之菩提心，利益众生是贯穿其中的核心思想和主要内容；是《入菩萨行论》这部经典在吐蕃时期产生后，对信徒和民众产生一定的教导、信念，也是佛教教义及伦理等在吐蕃社会产生广泛影响的具体写照。

〔1〕《颂辞汇编》（藏文），青海民族出版社，1996年，第143—153页。

〔2〕可参看［古印度］圣龙树菩萨造、汉藏诸大论师释译《龙树六论：正理聚及其注释》，民族出版社，2000年，第183—184页。

第六章　敦煌藏文写本《入菩萨行论》注疏本研究

随着部派佛教的“分裂”及学者对佛教“经”“律”的不断研究与总结，佛教的“论藏”应运而生，佛经“三藏”的内容和体系不断趋于完善。大约公元前1世纪至公元2世纪，出现了《六波罗蜜经》《菩萨藏经》《三品经》《道智大经》等一批大乘经典，[1]大乘佛教开始在印度盛行。佛教理论的进一步发展，佛教教团的不断壮大，超越“个人解脱”而追求“普度众生”的“大乘”思想，使佛教与社会经济、政治、文化的关系越来越密切。大约公元2—3世纪，龙树和提婆师徒以缘起性空之理为基础，提出了不落二边之中道哲学，推动了佛教的大发展。其后虽有无著兄弟等学者发扬光大的“瑜伽行派”宗的发展，然大乘中观派的思想影响更广泛、深刻。

龙树所著之《中论》、提婆之《百论》等著作奠定了中观宗的基础，这些著作得到了很好的传播，随之出现了印度中观学者对这些著作所作的各类注疏。更有甚者，随着对原作所作注疏的不同，宗派内部又分裂为“应成”和“自续”两派。《入菩萨行论》作为大乘中观宗中后期的一部重要著作，此论产生后对印度佛教界产生了重要的影响，几乎与其产生同步，出现了藏文译本，从而对吐蕃佛教产生了深刻影响。那么，此论最初的注疏本的产生情况也是一个值得探讨和研究的重要议题。

庆幸的是，在藏文《大藏经》中保存有两部（其中一部只有智慧品和回向品部分）与敦煌本《入菩萨行论》内容完全一致的注疏本，笔者认为这两部著作也是吐蕃时期的译著，而且是《入菩萨行论》这部论著最初的注疏本。这两部注疏本对研究敦煌本《入菩萨行论》具有重要的学术价值，并且是研究以敦煌本为蓝本的《入菩萨行论》藏文初译本对吐蕃佛教界产生重要影响的重要文献资料，对我们能够更加全面地认识《入菩萨行论》的版本源流等有关问题具有重要的参考价值。

---

〔1〕 姚卫群：《印度宗教哲学概论》，北京大学出版社，2006年，第168页。

第一节 《入菩萨行解说难语释》

关于《入菩萨行论》的注疏论典，藏文《大藏经》中存有篇幅、风格各异的10种，分别为：《入菩提行难语释》《入菩萨行解说难语释》《入菩萨行善会》《入菩萨行难解决定书》《智慧品难语释》《入菩萨行智慧品和回向品难语释》《入菩萨行摄三十六义》《入菩萨行摄义》《入菩提行意趣注殊胜作明》以及阿底峡所著《入菩萨行解说》。

其中《入菩萨行解说难语释》(སྤྱོད་འཇུག་གི་རྣམ་པར་བཤད་པ་ཞེས་བྱ་བ།)是藏文大藏经《丹珠尔》中所存与敦煌本《入菩萨行论》内容完全一致的注疏本，德格版中存于中观部La函第288页背面第1行至第349页背面第7行。在诸多藏文版大藏经中，唯独于纳塘版《丹珠尔》尾题中出现“此注疏由阿阇黎纳布巴著，由译师曲吉喜饶译，完毕”之著、译者情况，[1]其他版本则无任何题记。然而，通过与其他《入菩萨行论》注疏论典的对比发现，诸版本中《入菩萨行难解决定书》的尾题记作“此注疏由阿阇黎大学者纳布巴著，由印度堪布纳布巴本人和译师曲吉喜饶译”，[2]此尾题与纳塘版大藏经《丹珠尔》中《入菩萨行解说难语释》的尾题基本相同，由此，不得不对纳塘版中的《入菩萨行解说难语释》的尾题产生怀疑。

藏传佛教后弘期初期，由藏族著名译师仁钦桑布、鄂·洛丹喜饶先后根据中印度传本和注疏论典对藏文《入菩萨行论》初译本进行了补充修订，使十品章本《入菩萨行论》成为流通最广泛和影响最大的译本，以敦煌本为蓝本的《入菩萨行论》藏文初译本淡出了学界的视线，而此时对《入菩萨行论》所作的注疏论典也以十品章本即中印度传本作为正统进行注释的。因此，纳布巴本人和译师曲吉喜饶不会无视这一学界潮流而对一种旧的传本进行注释并翻译，也不可能同时对两种传本进行注释和翻译。藏文《大藏经》除纳塘版中的《入菩萨行解说难语释》有尾题外其他均无任何题记的原因，也在于该注疏论典本无题记或早已不知其著译者，所以，原著并无题记，是编纂纳

〔1〕 中国藏学研究中心藏文《大藏经》对勘局编：《中华大藏经·丹珠尔（对勘本）》第六十一卷，第1849页。原文：“སློབ་དཔོན་ནག་པས་མཛད་པ་ཆོས་ཀྱི་ཤེས་རབ་ཀྱི་འགྱུར།། །།མངྒ་ལཾ།།།”

〔2〕 楚成仁钦编著：《德格版〈丹珠尔〉目录》（藏文），第787—788页。原文：“སློབ་དཔོན་མཁས་པ་ཆེན་པོ་ཀྲྀཥྞ་པས་མཛད་པ། རྒྱ་གར་གྱི་མཁན་པོ་ཀྲྀཥྞ་པ་དེ་ཉིད། ཆོས་ཀྱི་ཤེས་རབ་ཀྱི་འགྱུར།”

塘版大藏经时编纂者的失误所致。

此外，我们亦可以排除此注疏为吐蕃学者所著之可能，这一点不仅可以从历代藏文《大藏经》编纂者未将其归入“吐蕃学者著书”一类中看出，而且现存的吐蕃佛经目录《丹噶宫目录》和《旁塘宫目录》中也没有出现在吐蕃学者的著书列单中。

就该注疏本的内容而言，文中说明第九品的具体内容由于太简单就大致介绍外未作详细的注疏，除此，对其他各品章的内容都作了概要的介绍。就品章的名称而言，敦煌本《入菩萨行论》第三章品名为“无我品”，然该注疏本同藏文传世本和其他注疏本（第四品）为“不放逸品”，笔者认为这是藏传佛教后弘期时期的译师们对吐蕃时期的译本进行厘定时修改的。就内容而言，不多不少地对以敦煌本为蓝本的《入菩萨行论》吐蕃译本正文进行了义理注解，并且在文中赫然出现了该注疏之正文著者为得文殊师利菩萨悉地的“无尽慧”之字样。[1]此说与敦煌本题记不谋而合。

著名学者布顿不仅指出《入菩萨行论》九品章本和十品章本是同一部著作的不同版本，而且在其所著之《入菩萨行论注疏·菩提心明解月光》中多次引用了以敦煌本为蓝本的《入菩萨行论》吐蕃译本和《入菩萨行解说难语释》这部注疏，对其相关内容进行了阐释，对相关难点、热点问题进行了探讨，非常看重九品章本《入菩萨行论》和注疏本。

如，在注解智慧品中有关驳斥“人我”之义理的偈颂时指出：“《入菩萨行论》九品章本中此后有驳斥‘识’‘三时识’‘识蕴’‘十八界’‘心随’等均‘无我’及摄义等；亦有批驳数论派、胜论派观点的偈颂。”[2]正如其所言，敦煌本第八品第40—52颂共计13颂内容在藏文传世本中找不到对应的。

纵观这部注疏本，其中引文多达近80处，这些引文出自《律本分》《忏悔经》《金刚经》《华严经》《无尽慧所问经》《圣十法经》《十地经》《三摩地王经》《菩萨地》《二谛论》《边中论》《中观庄严论》《大乘集菩萨学论》等四十余种不同的经论，其中《大乘集菩萨学论》中的引文最多，有7处。

这部注疏本的开头就指出：“阐释《入行》义，此非我所能，然依《集学

---

〔1〕 中国藏学研究中心藏文《大藏经》对勘局编：《中华大藏经·丹珠尔（对勘本）》第六十一卷，第1792页。

〔2〕 布顿：《入菩萨行论注疏·菩提心明解月光》（藏文），中国藏学出版社，2010年，第433页。

论》，在此简要述。”（སྤྱོད་ལ་འཇུག་པའི་ཚིག་གི་དོན། །བདག་འདྲའི་སྤྱོད་ཡུལ་མ་ཡིན་ཡང་། །བསླབ་པ་ཀུན་ལས་བཏུས་པ་ལས། །བརྟེན་ནས་ཅུང་ཟད་བྲི་བར་བྱ། །）[1]可知，结合《大乘集菩萨学论》的内容阐述九品章本《入菩萨行论》的内容为其主要的特征。此外，对《入菩萨行论》的重点内容及有争议的问题展开论述，详细阐述自己的观点，也为该注疏论典的另一个特征。如，关于菩提心修法中能否同时受持“菩提愿心”与“菩提行心”的问题，注疏者引经据典，详细阐述了可以同时受持的理由。[2]关于禅定品中讲授修持“禅定般若蜜多”时只提到断除“五盖”[3]中的“昏睡盖”和“贪欲盖”而未提到其他“盖障”的原因，亦有精辟的论述。

总之，此论是研究敦煌藏文《入菩萨行论》写本内容的一部重要论典，对吐蕃佛教史的研究也同样具有重要的价值。

第二节 《入菩萨行智慧品和回向品难语释》

《入菩萨行智慧品和回向品难语释》（བྱང་ཆུབ་སེམས་དཔའི་སྤྱོད་པ་ལ་འཇུག་པའི་ཤེས་རབ་ལེའུ་དང་བསྔོ་བའི་དཀའ་འགྲེལ་བཞུགས།）在藏文大藏经《丹珠尔》德格版中存于中观部Ra函第78页正面第2行至88页正面第7行。该文献注疏内容同《入菩萨行解说难语释》之第八、九品的内容如出一辙，极有可能是从其中摘录的，亦是为了更好地理解《入菩萨行智慧品》的内容而单独成篇的。

《入菩萨行智慧品》作为《入菩萨行论》这部传世之作的重点、难点，历来受到藏传佛教界的高度重视，藏族高僧大德对此品章内容进行单独阐释蔚然成风，《丹珠尔》中就存有一篇《智慧品难语释》。

《入菩萨行智慧品》是该论典产生以来佛教界争论的焦点，对该品的理解和阐释能力体现着注疏者佛教中观哲学的理论造诣。格鲁派创始人宗喀巴也对《入菩萨行智慧品》作过专门的注疏，其他作过注疏的学者也不在少数。19世纪末20世纪初，围绕《入菩萨行智慧品》的内容，藏传佛教格鲁派

〔1〕 中国藏学研究中心藏文《大藏经》对勘局编：《中华大藏经·丹珠尔（对勘本）》第六十一卷，第1686页。

〔2〕 同上书，第1719—1726页。

〔3〕 “五盖”指修“禅定般若波罗蜜多”时的五种障碍，《藏汉大词典》中指出：“五盖：掉悔盖、嗔恚盖、昏睡盖、贪欲盖和疑法盖。一说为：贪欲盖、昏沉盖、睡眠盖、掉悔盖和疑法盖。”见张怡荪主编《藏汉大词典》（藏文），民族出版社，1985年，第612页。

和宁玛派之间展开了一场学术争论，为首的是宁玛派大学者局迷旁（1846—1912）和格鲁派大学者华瑞·饶赛（1840—1910），这场学术争论对促进藏传佛教各教派间的学术交流和发展起到了重要的推动作用。

从《入菩萨行解说难语释》和《入菩萨行智慧品和回向品难语释》都缺失译经题记，[1]而其中的正文部分内容正与敦煌本《入菩萨行论》完全吻合等诸多特征的分析研究，本人认为其产生年代较早，是吐蕃时期的译本，但具体的著译情况尚有待于进一步的研究。

〔1〕 斋藤明先生已指出了此两部注疏，但未作具体的翻译年代等相关推断。Akira SAITO, *A Study of Aksayamati's Bodhisattvacaryāvatāra as Found in the Tibetan Manuscripts from Tun-huang*, Miye University, p16; p23, 1993.

第七章　敦煌藏文写本《入菩萨行论》中的古字词研究

古字词的研究对于敦煌藏文文献的解读与研究具有重要的意义，因为对于任何语言而言，词汇是构成语言和语义的基础，若对字、词的理解不够准确，就会影响到对整个句子的理解。况且，藏语本身的发展变化，使得以敦煌藏文文献为主的吐蕃时期的藏族语言文字具有了一定的“古”色，其中的个别字词成为研究的难点问题。《入菩萨行论》中也不乏古字词，比照藏文传世本，并参考相关的字典、词典对这部分古字词进行注释和词义的演变、校勘等相关研究，对加深这部文献的理解以及理解其他的古藏文文献可能会起到一定的参考和借鉴作用，本章就对此问题展开论述。

这里需要说明的是，就学界普遍掌握的古藏文所具有的普遍性特征，如：个别字词多出或缺少前加字或后加字，个别字词基字以同一辅音单元其他字母互相替换，个别动词时态不同等不作为古字词摘录解释。另外，如དགྶ། ཕྶི།等后加字置于基字之下者，或ཏེད等由于语音需要而产生的字，学界基本熟悉的མེན་ཏོག(花)、ནམ་ཀ(天空、虚空)、བཙན་བ།(严明、凶残)、གཞོ་ནུ།(童子、青年)、རལ་གྲི།(刀)、ཡེ།(原始、原本)、ཨ་ཅ།(我们)、སྤྱ་ངར།(驾前)、འདོན་བ།(客人)等在本写本中出现的字词也不作注释。

1. སྨོན།

出处：1—33；[1]5—11

此字在传世本中厘定为“ལན”，义为“反馈”或“回答”。《古藏文辞典》中解释“སྨོན་པ”有两个意思：“1. 贪恋；2. 回答。”[2]第二个意义符合本文中的句义。

2. མདོངས་པ།

出处：2—70

---

〔1〕“—”之前的数字代表品章序号，之后的数字代表偈颂的序号。以下均同。

〔2〕赞拉·阿旺措成编著：《古藏文辞典》(藏文)，民族出版社，1996年，第101—102页。

此词作为古词，出现于相关的藏文正字法词典中，解释为“目盲”，[1]在传世本中厘定为“ཞོངས་པ”，义同。

3. ཆུ་ངུ།

出处：4—20；4—81；9—2

此词的规范写法为“ཆུང་ངུ”，义为“小”，但在古藏文文献中以“ཆུ་ངུ”形式出现的频率较高，与“ཆུང་ངུ”通用。如在P.T.1287之第378行“གཡུ་འི་ཡི་གེ་ཆུ་ངུ་ནམ་ནམ་ཞར་ཞར་བྱིན་ནོ།།”（颁赐小瑟瑟文字告身，永无沦替。）一句中出现“ཆུ་ངུ”，[2]位于拉萨市柳梧新区的吐蕃噶琼寺石碑之第34行的“སྐུ་ཆུ་ངར་བཞུགས་པ་ཡན་ཆད”一句中亦写作“ཆུ་ངུ”。“ཆུ་ངུ”为“ཆུང་ངུ”的缩写形式，类似的还有：“གུད་དུ”缩写为“གུ་དུ”（如出现在本写本第四品第二十九颂中，亦出现在吐蕃噶琼寺石碑之第46行中），“རྗེས་སུ”缩写为“རྗེ་སུ”（如出现在本写本第二品第六十八颂中），“དུས་སུ”缩写为“དུ་སུ”（如出现在P.T.999号第9行中），“ཡིད་དམ”缩写为“ཡི་དམ”（“ཡི་དམ”为“发誓”，按藏文构词的字面意思为“心意已决”，那么与“心”对应的字应为“ཡིད”）等等。因这类词汇的前一个字的后加字与后一个字的基字相同，故省去前一个字的后加字。在研究古藏文的时候应注意此类现象。[3]

4. སྒོང་རྡོལ།

出处：4—25

此词在传世本中厘定为“སྒོ་རྡོལ”，义为“渗漏”，内容与敦煌本一致。但在现代藏语中，“སྒོང་རྡོལ”义为“开悟。开始证得广大智慧”。[4]因此，我们可以认为“སྒོང་རྡོལ”的本义为“渗漏”“破漏”，“开悟”应为其延伸义。

5. བརྡོགས།

出处：4—27

在古藏文中此字之义为“盗”，[5]现代藏文中基本不用。传世本中厘定为“ཕྲོགས”，义同。

6. ན་ག་རྫུ་ན།

出处：4—91

---

〔1〕 赞拉·阿旺措成编著：《古藏文辞典》（藏文），第361页。

〔2〕 王尧、陈践译注：《敦煌本吐蕃历史文书》，第56、167页。

〔3〕 王尧先生对此问题亦有明确的说明，见王尧编著《吐蕃金石录·序言》，文物出版社，1982年，第10页。

〔4〕 张怡荪主编：《汉藏大词典》（藏文），第49页。

〔5〕 赞拉·阿旺措成编著：《古藏文辞典》（藏文），第249页。

此词为龙树菩萨名称之音译。佛教在吐蕃传播初期，印度高僧大德的姓名基本采用了音译的方式。在著名的吐蕃翻译理论著作《声明要领二卷》旧版中亦将龙树称为“ན་ག་རྫུ་ན”。[1]由于佛教的深入发展以及梵、藏两种文字之间十分亲密的联系，后期的藏传佛教译著和文献中对印度的人名完全采用了意译的方式。

7. གཡོན།

出处：5—67；6—74

按现代藏文此字为“左”之意，无他义。但在古藏文中此字即有“左”之义，[2]又同“སྐྱོན”，具有“过患、错误”之义。传世本中一律厘定为“སྐྱོན”。因此，在研读古藏文文献时须慎重理解此字之义。

8. མཆིལ་པ།

出处：5—83

在现代藏语中，此词为“麻雀”之义。但在古藏文文献中，一般为“鱼钩、钩子”之义，如P.T.1287号第416行“མཆིལ་པའི་ནི་ཙ་སྤྲུབས་ལ། སྟག་ནི་ཤ་བཏགས་ཤིང།”(在铁钩子尖端，挂上老虎肉)一句中出现的“མཆིལ་པ”。[3]佛经文献中亦有“འཁོར་བའི་ཆུའི་ནང་ན་གནས་པ་སྙིང་དུ་འབྱིན་པས་མཆིལ་པ་ལྟ་བུའོ། །”(宛如将沉迷于轮回之河中的众生钓起之钩子)之类的表述，相关辞书中也有这两个义项。

9. འཇེབས་པ།

出处：6—25

根据IOL Tib J 629写本，此词应作“མཛེབས་པ”。若为“འཇེབས་པ”，据藏文相关词典，其为“美妙、善、一同、如意、很、牢固、有益”等具有多种意义的一个词汇，其中无符合本写本句义的义项。藏文传世本厘定为“གཞོམ་པ”，为“消灭”之意，符合句意，则“མཛེབས་པ”也应为“消灭”之意，应收入相关的古词词典。

10. ཟོ་བདོག

出处：6—30

此词在IOL Tib J 629号写本中也是同样的写法，然在《藏汉大辞典》等重要工具书中找不到。但如将组词的两字分别理解的话，“ཟོ”为“性格、禀

[1] 西藏博物馆编：《旁塘目录；声明要领二卷》，第70页。

[2] 如P.T.1287之第417行有“གཡོན་དུ་ནི་མ་ཏྲལ་ཅིག།གཡས་སུ་ནི་ཡོ་བ་ན།……”一句，其中“གཡོན”为“左”。

[3] 王尧、陈践译注：《敦煌本吐蕃历史文书》，第58、168页。

赋”之义，“བདོག”为“财资；拥有”之义，那么，“སྣོ་བདོག”一词，似可理解为“某人所拥有的性格”。另外，根据写本中的短语“སྣོ་བདོག་བདེ་བྱ་ཞིང”在传世本中厘定为“ཞང་བ་ཡང་བར་བྱ”（变勤奋，使轻快），那么，“སྣོ་བདོག”可以理解为“性格”。但是，目前笔者还未在其他文献中看到此词，需要进一步研究确定其确切的意义和用法。

11. བཏམས།

出处：6—79

此字在传世本中厘定为“གདམས”，为“教诲”之义。敦煌藏文文献中著名的伦理文献《礼仪问答写卷》（P.T.1283，P.T.2111）藏文名称中即包含此字，该文献藏文名称为“བཏམས་ཤིང་བསྟན་པའི་མདོ”，倘若完全按藏文名称，则应译为“教诲经”。

12. ཙ་ཡ།

出处：6—80

此词在IOL Tib J 629号写本中也是同样的写法，然在《藏汉大辞典》等重要工具书中找不到。传世本中厘定为“དྲེགས་པ”，义为“傲慢、自慢”。此词在藏语安多方言中仍在广泛应用，用于指人和事物所具有的超凡特征，可译为“伟大”“珍贵”。由此可知此词与“དྲེགས་པ”间有较大的差别，应收入相关的藏文辞典。在《入菩萨行论解说难语释》（སྤྱོད་འཇུག་གི་རྣམ་པར་བཤད་པ་ཞེས་བྱ་བ།）中厘定为“ཙ་ཡང་”，[1]使得无法理解原文句义，实为不妥。

13. འོར།

出处：6—81；9—13

据相关藏文词典，[2]此字为“舍弃”之义。藏文传世本厘定为“བོར”，意义相同。

14. ཚོ་ཤ

出处：6—81

此词在传世本中沿用古词，未作新词厘定，然在现代藏语中不常见。根据相关辞书，其有三层意思：“1. 力量和效能；2. 赋税；3. 报酬。”[3] P.T.1287

---

〔1〕 中国藏学研究中心藏文《大藏经》对勘局编：《中华大藏经・丹珠尔（对勘本）》第六十一卷，第1803页。

〔2〕 赞拉・阿旺措成编著：《古藏文辞典》（藏文），第825页。

〔3〕 同上书，第774页。

号第389、390行有“བོད་འབངས་ཀྱི་ནང་ནས་ཞོ་ཤ་འབྲུལ་འབྲུལ་བ་རྣམས་ཀུན། ཡང་དག་པར་གསུང་དྲུང་གི་བཀའ་དྲིན་མ་ཕྱིན་པ་མེད་དོ།།”(吐蕃民庶之中凡忠心耿耿者，无不施以正善永固之恩泽。)一句，[1]学者根据其第一层意思将“ཞོ་ཤ་འབྲུལ་འབྲུལ་བ”翻译为“忠心耿耿者”，虽然很生动，但还未能准确表达出原文的意思，应为“诚实劳动、无私奉献者”。本文中之“སྐྱོ་བར་མ་སེམས་ཞོ་ཤ་ཕུལ།”应为“切莫生悲应奉献”之义。由是若将其按字面的意义直译为“酪肉”，[2]则不仅不符合词义，还会产生歧义。

15. འདོང་།

出处：7—8；7—16

此字在古文献中出现的频率较高，根据相关的辞书，义为“离开、离去”。[3]藏文传世本中厘定为“འདོར”，将此字之后加字“ང”改为“ར”，字意便变成了“舍弃、抛弃”，不妥。

16. བཤུགས།

出处：7—45

此字在古藏文辞典中解释为“流放、遣送”。[4]传世本中厘定为“མ་གཡོགས”，以否定词的形式出现，可译为“不遮、不盖”。那么，“བཤུགས”应为“掀开、揭开、打开”之义，此义项应加入词条释文中。

17. བསྫོག་པ།

出处：8—1

据相关藏文词典，此词根据时态亦可写作“བསྫོགས་པ”，释义为“准备；持、记”。[5]敦煌写本第四品第39颂中写作“བསྫོགས”，两处为“准备”之义。在传世本中改译为“ཡན་ལག”(分支)，从字面上看，两者具有一定的差别，但对理解句义两者皆可取。

18. འཛོལ་ཞུགས།

出处：8—88

相关藏文词典中找不到此词，但能找到写法相近、意义相同的词“ཛོལ་ཞུག”

〔1〕王尧、陈践译注：《敦煌本吐蕃历史文书》，第56—57、167页。

〔2〕寂天造论，杰操广解，隆莲汉译：《入菩萨行论广解》，上海古籍出版社，2006年，第245页。

〔3〕赞拉·阿旺措成编著：《古藏文辞典》(藏文)，第367页。

〔4〕同上书，第953页。

〔5〕同上书，第388页。

和“འཛོལ་ཅིག”，可以认为这三个词汇是古藏文中通用的词。词典中，“ཛོལ་ཅིག”解释为“很多、大量”，[1]“འཛོལ་ཅིག”解释为“1. 无餍，不知满足，毫不踌躇，悍然不顾；2. 紊乱、浑浊”。[2]藏文传世本中厘定为“མང་པོ”（很多），与“ཛོལ་ཅིག”的释义相同，但从表意的程度上来说，没有“འཛོལ་ཅིག”第一条释义生动，更符合具体的意义。

19. ཐེར།

出处：9—11

在相关的藏文古词词典中，此词释义为“四散、逃离、远离、离去；分开、分类”。[3]此词亦出现于相关的古藏文文献中，如P.T.1287号第224行有“ཤ་དང་ནི་རྐྱང་ཐེར་བབ།”（麋鹿野马在游荡。）一句，[4]学者将“ཐེར་བབ”翻译为“游荡”，虽义近，但不够准确。传世本中将其厘定为“ཐེད”，更不妥。

〔1〕 赞拉·阿旺措成编著：《古藏文辞典》（藏文），第195页。

〔2〕 张怡荪主编：《汉藏大词典》（藏文），第909页。

〔3〕 赞拉·阿旺措成编著：《古藏文辞典》（藏文），第558页。

〔4〕 王尧、陈践译注：《敦煌本吐蕃历史文书》，第47、163页。

第八章　敦煌藏文写本《入菩萨行论》的翻译整理与对勘[1]

敦煌写本：༄། །རྒྱ་གར་སྐད་དུ། །བོ་དྷི་སད་ཏྭ་ཙ་རྱ་ཨ་བ་ཏཱ་ར། ། །བོད་སྐད་དུ་བྱང་ཆུབ་སེམས་དཔའི་སྤྱོད་པ་ལ་འཇུག་པ།

译文：梵语云《菩提萨埵杂雅阿瓦达热》；藏语曰《入菩萨行》。

敦煌写本：སངས་རྒྱས་དང་། །བྱང་ཆུབ་སེམས་དཔའ་ཐམས་ཅད་ལ་ཕྱག་འཚལ་ལོ། །

译文：敬礼一切佛菩萨！

第一品　菩提心功德

敦煌写本：གང་གིས་རྟེན་ཅིང་འབྲེལ་པར[2]་འབྱུང་། །འགག་པ་མྱེད[3]་པ་སྐྱེ་མྱེད་པ། །རྟག་པ་མྱེད་པ་ཆད་མྱེད་པ། །ཐ་དད་དོན་མྱིན[4]་དོན་གཅིག་མྱིན། །

今译：缘起性空者，无灭亦无生，无常亦无断，无异亦无一，（1—1[5]）

〔1〕本章在整理翻译的基础上将敦煌藏文写本与藏文《大藏经》所收传世译本以及我国北宋时期的汉文译本进行了初步的对勘研究。翻译的过程中主要参考了《入菩萨行论解说难语释》及嘉曹·达玛仁钦的注疏本、土登曲吉扎巴的注疏本，并参考了释如石的汉文译本和隆莲汉译的嘉曹·达玛仁钦的注疏本，以及黄宝生先生的梵汉对勘本，在此特别说明，并向各位前辈学者表示深深的谢意。

〔2〕“འབྲེལ་པར”之“པར”等字之基字“པ”在厘定后的藏文中作“བ”，敦煌本中亦有“བ”“པ”兼用之现象，此类现象亦为敦煌文献的特征之一，由两个辅音字母发音部位相同所致，故不再作说明。

〔3〕“མྱེད”等之“མ”作“མྱ”是古藏文写本文献的主要特征之一，后被取消。敦煌本与传世本的这一区别在对勘中不再作说明。

〔4〕藏文元音“ི”亦写作“ྀ”，也为古藏文文献的主要特征之一，后被取消。敦煌本与传世本的这一区别在对勘中不再作说明。

〔5〕括号中的数字表示该偈颂的序号，“一”之前为品章数，“一”后为偈颂序数，除个别特例外，藏、宋译本均以四个短句记为一颂。

敦煌写本：འོང་བ་མེད་པ་འགྲོ་མེད་པ། །སྤྲོས་པ་ཉེར་ཞི་ཞི་བསྟནད[1]་པ། །ཛོགས་པའི་སངས་རྒྱས་སྨྲ་རྣམས་ཀྱི། །དམ་པ་དེ་ལ་ཕྱག་འཚལ་ལོ། །

今译：无来亦无去，息静诸戏论，指明法性空，敬礼佛陀尊。(1—2)

敦煌写本：སངས་རྒྱས་རྣམས་དང་བྱང་ཆུབ་སེམས་དཔའ་དག། །སེམས་ཅན་མ་ལུས་གནོད་པ་སེལ་མཛད་ཅིད། །བདེ་བ་རྣམ་མང་སྣ་ཚོགས་སྒྲུབ་མཛད་པ། །དེ་དག་སྤྱོད་དང་བཅས་ལ་གུས་ཕྱག་འཚལ། །

今译：诸佛以及诸菩萨，能除一切化机患，能办种种安乐事，敬礼彼等及法行。(1—3)

敦煌写本：དལ་འབྱོར་འདི་ནི་རྙེད་[2] པར་ཤིན་ཏུ་དཀའ། །སྐྱེས་བུའི་དོན་སྒྲུབ་ཐོབ་འགྱུར་པ་ལ། །གལ་ཏེ་འདི་ལ་ཕན་པ་མ་བསྒྲུབས་ན། །ཕྱིས་འདི་ཡང་དག་འབྱོར་པར་ག་ལ་འགྱུར། །

今译：暇满人生极难得，得此能行人事时，若不勤于行善业，岂能复得此圆满？（1—4）

藏文传世本[3]：དལ་འབྱོར་འདི་ནི་རྙེད་པར་ཤིན་ཏུ་དཀའ། །སྐྱེས་བུའི་དོན་སྒྲུབ་ཐོབ་པར་གྱུར་པ་ལ། །གལ་ཏེ་འདི་ལ་ཕན་པ་མ་བསྒྲུབས་ན། །ཕྱིས་འདི་ཡང་དག་འབྱོར་པར་ག་ལ་འགྱུར། །(1—4)

宋译本[4]：此界刹那难得生，得生为人宜自庆，思惟若离菩提心，复次此来何以得？（1—4）

敦煌写本：ཅི་ལྟར་མཚན་མོ་མུན་ནག་སྤྲིན་རུམ་ནས། །གློག་འགྱུ་སྐ་ཅིག[5]་རབ་སྣང་སྟོན་པ་ལྟར། །དེ་བཞིན་སངས་རྒྱས་མཐུ་ཡིས་བརྒྱ་ལམ་ན། །འཇིག་རྟེན་བསོད་ནམས་བློ་གྲོས་ཐང་འགའ་འབྱུང་། །[6]

今译：犹如黑夜乌云中，刹那闪电尤明亮，如是由于佛威德，世人偶尔生

〔1〕 藏文后加字“ན”“ལ”之后一般再加后后加字“ད”为古藏文文献的主要特征之一，后被取消，故不再作说明。

〔2〕 藏文在11世纪厘定后不存在此类写法，“རྙེད”在藏语安多方言中发“ཉེད”之音，所以此类写法对研究吐蕃时期的藏文读音有重要的参考价值，类似的写法还有“ཛོགས་སྨྲ།”之“སྨྲ十及སྨྲག”等。

〔3〕 藏文传世本指藏文大藏经《丹珠尔》所收本，本文采用的为德格版。德格版大藏经《丹珠尔》“la”函。

〔4〕 宋译本指我国北宋时期由印度论师天息灾所译的《菩提行经》，《大正藏》第1662号，第62卷，第543c—562a页。

〔5〕 敦煌文献中“སྐ་ཅིག”与“སྐད་ཅིག”并用。

〔6〕 类似“འབྱུང”等其后置字为“ང”者与结束符“།”之间厘定后的藏文中要用分字符“་”，敦煌本兼用之，对此不再作说明。

福慧。(1—5)

藏文传世本：ཇི་ལྟར་མཚན་མོ་མུན་ནག་སྤྲིན་རུམ་ན། །གློག་འགྱུ་སྐད་ཅིག་རབ་སྣང་སྟོན་པ་ལྟར། །དེ་བཞིན་སངས་རྒྱས་མཐུ་ཡིས་བརྒྱ་ལམ་ན། །འཇིག་རྟེན་བསོད་ནམས་བློ་གྲོས་ཐང་འགའ་འབྱུང་། །(1—5)

宋译本：如云覆蔽黑暗，闪电光明刹那现，佛威德利亦复然，刹那发意人获福。(1—5)

敦煌写本：དེ་ལྟས་དགེ་བ་ཉམ་ཆུང་ཉིད་ལ་རྟག །སྡིག་པ་སྟོབས་ཆེན་ཤིན་དུ་མྱི་བཟད་པ། །དེ་ནི་རྫོགས་པའི་བྱང་ཅུབ་[1]སེམས་མྱིན་པར། །དགེ་གཞན་གང་གིས་ཟིལད་ཀྱིས་ནོན་པར་འགྱུར། །

今译：是故善行恒处弱，恶力甚大极难忍，若非圆满菩提心，何有余善胜伏彼？（1—6)

藏文传世本：དེ་ལྟས་དགེ་བ་ཉམ་ཆུང་ཉིད་ལ་རྟག །སྡིག་པ་སྟོབས་ཆེན་ཤིན་ཏུ་མི་བཟད་པ། །དེ་ནི་རྫོགས་པའི་བྱང་ཆུབ་སེམས་མིན་པ། །དགེ་གཞན་གང་གིས་ཟིལ་གྱིས་གནོན་པར་འགྱུར། །(1—6)

宋译本：是故善少力虽劣，能破大恶之业力[2]，如是若发菩提心，此善勇进能超彼。(1—6)

敦煌写本：བསྐལད་པ་དུ་མེར་[3] རབ་དགོངས་མཛད་པ་ཡི། །ཐུབ་དབང་རྣམས་ཀྱིས་འདི་ཉིད་ཕན་པར་གཟིགས། །འདིས་ནི་ཚད་མྱེད་སྐྱེ་བོའི་ཚོགས་རྣམས་ཀྱིས། །བདེ་མཆོག་བདེ་བླག་ཉིད་དུ་ཐོབ་པར་བྱེད། །

今译：无边劫中极思惟，牟尼王者[4]见此[5]利，此使无量众士夫，顺利能获最胜乐。(1—7)

藏文传世本：བསྐལ་པ་དུ་མར་རབ་དགོངས་མཛད་པ་ཡི། །ཐུབ་དབང་རྣམས་ཀྱིས་འདི་ཉིད་ཕན་པར་གཟིགས། །འདིས་ནི་ཚད་མེད་སྐྱེ་བོའི་ཚོགས་རྣམས་ཀྱིས། །བདེ་མཆོག་བདེ་བླག་ཉིད་དུ་ཐོབ་པར་བྱེད། །(1—7)

宋译本：思惟无量无边劫，见佛咸说此真实，若不快乐得快乐，增长救度无边众。(1—7)

---

〔1〕“བྱང་ཅུབ”之“ཅུབ”等字之基字“ཅ”在厘定后的藏文中作“ཆ”，敦煌本中亦有“ཅ”“ཆ”兼用之现象，此类现象亦为敦煌文献的特征之一，此由两个辅音字母发音部位相同所致，故不再作说明。

〔2〕与两种藏文译本相比，以上两个短句似是由于将并列关系理解为转折关系而产生了错误。

〔3〕“མེ”之元音“◌ེ”为笔误。

〔4〕“牟尼王”指佛。

〔5〕指菩提心。

敦煌写本：འཇིགས་དང་སྡུག་བསྔལ་བརྒྱ་ཕྲག་གཞོམ་འདོད་ཅིང། །སེམས་ཆན་གྱི་བདེ་བསལ་བར་འདོད་པ་དང། །བདེ་མང་བརྒྱ་ཕྲག་སྤྱོད་པར་འདོད་པས་ཀྱང། །བྱང་ཆུབ་སེམས་ཉིད་རྟག་ཏུ་གཏང་མྱི་བྱ། །

今译：欲摧怖与百千苦[1]，欲除有情众不安，欲享百千快乐者，恒常莫弃菩提心！（1—8）

藏文传世本：སྲིད་པའི་སྡུག་བསྔལ་བརྒྱ་ཕྲག་གཞོམ་འདོད་ཅིང་། །སེམས་ཅན་མི་བདེ་བསལ་བར་འདོད་པ་དང་། །བདེ་མང་བརྒྱ་ཕྲག་སྤྱོད་པར་འདོད་པས་ཀྱང་། །བྱང་ཆུབ་སེམས་ཉིད་རྟག་ཏུ་གཏང་མི་བྱ། །（1—8）

宋译本：为诸有情处众苦，令离百千诸苦怖，受多快乐百千种，为恒不离菩提心。（1—8）

敦煌写本：བྱང་ཆུབ་སེམས་སྐྱེས་གྱུར་ན་སྐད་གཅིག་གིས། །འཁོར་བའི་བཙོན་རར་བསྟམས[2]་པ་ཉམ་ཐག་རྣམས། །བདེ་གཤེགས་རྣམས་ཀྱི་སྲས་ཤེས[3] བརྗོད་བྱ་ཞིང། །འཇིག་རྟེན་ལྷ་མྱིར་བཅས་པས་ཕྱག་བྱར་འགྱུར། །

今译：若能生起菩提心，轮回狱系卑微者，即刻称为如来子，当受世间人天敬。（1—9）

藏文传世本：བྱང་ཆུབ་སེམས་སྐྱེས་གྱུར་ན་སྐད་ཅིག་གིས། །འཁོར་བའི་བཙོན་རར་བསྡམས་པའི་ཉམ་ཐག་རྣམས། །བདེ་གཤེགས་རྣམས་ཀྱི་སྲས་ཞེས་བརྗོད་བྱ་ཞིང་། །འཇིག་རྟེན་ལྷ་མིར་བཅས་པས་ཕྱག་བྱར་འགྱུར། །（1—9）

宋译本：彼善逝子处缠盖[4]，行在轮回无所受，若刹那说菩提心，人天欢喜悉归命。（1—9）

敦煌写本：གསེར་སྒྱུར་རྩིའི་རྣམ་པ་མཆོག་ལྟ་བུར། །མྱི་གཙང་ལུས་འདི་བླངས་ནས་རྒྱལ་བའི་སྐུ། །རིན་ཅེན་རིན་ཐང་མེད་པར་སྒྱུར་བས་ན། །བྱང་ཆུབ་སེམས་ཤེས་བྱ་བ་རབ་བརྟན་བཟུང། །

今译：犹如最胜点金剂，能把所持不净身，转成无价胜者[5]身，故应坚持菩提心。（1—10）

藏文传世本：གསེར་འགྱུར་རྩི་ཡི་རྣམ་པ་མཆོག་ལྟ་བུ། །མི་གཙང་ལུས་འདི་བླངས་ནས་རྒྱལ་བའི་སྐུ། །རིན་ཆེན་རིན་ཐང་མེད་པར་བསྒྱུར་བས་ན། །བྱང་ཆུབ་སེམས་ཞེས་བྱ་བ་རབ་བརྟན་བཟུང་། །（1—10）

宋译本：若有受持不净像，喻佛宝像而无价，如药变化遍坚牢，等修持妙

〔1〕藏文传世本为“欲除世间百千苦”。

〔2〕此处“བསྟམས”之基字“ཏ”在厘定后的藏文中作“ད”，此类现象亦为敦煌文献的特征之一，缘由两个辅音字母发音部位相同所致，故不再作说明。

〔3〕在前一个字母之后置字“ས”之后应用虚词“ཤེས”是敦煌文献中的一种重要的语法现象，然而在藏文厘定后一律作“ཞེས”。

〔4〕“缠盖”似是指牢狱。

〔5〕胜者指佛。

菩提心。(1—10)

敦煌写本：འགྲོ་བའི་དེད་པོན་གཅིག་པུ་ཚད་མྱེད་བློས། |ལགས་པར་ཡོངས་སུ་བརྟགས་ན་རྀན་ཅེན་བས། |འགྲོ་བའི་གནས་དང་འབྲལ་བར་འདོད་པ་རྣམས། |རྀན་ཅེན་བྱང་ཆུབ་སེམས་ལགས་བརྟན་པར་ཟུང་། |

今译：众生舵手[1]无量慧，妙彻观察成珍贵，欲求脱离轮回者，坚持珍贵菩提心！（1—11）

藏文传世本：འགྲོ་བའི་དེད་དཔོན་གཅིག་པུ་ཚད་མེད་བློས། |ལེགས་པར་ཡོངས་སུ་བརྟགས་ན་རིན་ཆེ་བས། |འགྲོ་བའི་གནས་དང་བྲལ་བར་འདོད་པ་རྣམས། |རིན་ཆེན་བྱང་ཆུབ་སེམས་ལེགས་བརྟན་པར་ཟུང་། |(1—11)

宋译本：菩提心宝验无边，价值世间无可喻，调御行人伴侣等[2]，悉使受持而坚牢。(1—11)

敦煌写本：དགེ་བ་གཞན་ཀུན་ཆུ་ཤིང་བཞིན་དུ་ནྀ། |འབྲས་བུ་བསྐྱེད་ནས་ཟད་པར་འགྱུར་བ་ཉིད། |བྱང་ཆུབ་སེམས་ཀྱི་ལྗོན་ཤིང་རྟག་པར་ཡང་། |འབྲས་བུ་འབྱིན་པས་མྱི་ཟད་འཕེལ་བར་འགྱུར། |

今译：其余善行如芭蕉，结果之后变枯萎，菩提心之功德树，恒结果实并增长。(1—12)

藏文传世本：དགེ་བ་གཞན་ཀུན་ཆུ་ཤིང་བཞིན་དུ་ནི། |འབྲས་བུ་བསྐྱེད་ནས་ཟད་པར་འགྱུར་བ་ཉིད། |བྱང་ཆུབ་སེམས་ཀྱི་ལྗོན་ཤིང་རྟག་པར་ཡང་། |འབྲས་བུ་འབྱིན་པས་མི་ཟད་འཕེལ་བར་འགྱུར། |(1—12)

宋译本：芭蕉不宝而生宝，生宝芭蕉而身谢，菩提心树而清净，恒生胜果而不尽。(1—12)

敦煌写本：སྡིག་པ་ཤིན་དུ་མྱི་བཟད་བྱས་ན་ཡང་། |དཔའ་ལ་རྟེན་ནས་འཇིགས་པ་ཆེན་པོ་ལྟར། |གང་ལ་བརྟེན་ནས་ཡུད་ཀྱིས་སྒྲོལ་འགྱུར་བ། |དེ་ལ་བག་ཅན་རྣམས་ཀྱིས་ཙི[3]་མྱི་བརྟེན། |

今译：已作极恶重罪业，如依勇猛无大怖，依彼[4]能在刹那脱，慎者为何不依彼？（1—13）

藏文传世本：སྡིག་པ་ཤིན་ཏུ་མི་བཟད་བྱས་ན་ཡང་། |དཔའ་ལ་བརྟེན་ནས་འཇིགས་པ་ཆེན་པོ་ལྟར། |གང་ལ་བརྟེན་ནས་ཡུད་ཀྱིས་སྒྲོལ་འགྱུར་བ། |དེ་ལ་བག་ཅན་རྣམས་ཀྱིས་ཅིས་མི་བརྟེན། |(1—13)

宋译本：已作暴恶众罪业，依菩提心刹那脱，勇猛依托无大怖，彼痴有情

〔1〕 舵手指佛。

〔2〕 与两种藏文译本相比，此短句似是“欲求脱离轮回者”之误。

〔3〕 “ཙི”和“ཅིས”字义基本相同，都作反问句。

〔4〕 指菩提心。

何不依？（1—13）

敦煌写本：དེས་ནི་དུས་མཐའི་མྱེ་བཞིན་སྡིག་ཅན་རྣམས།ཿ།སྐད་ཅིག་གཅིག་གིས་ངེས་པར་སྲེག་པར་བྱེད། །དེའི་ཕན་ཡོན་དཔག་དུ་མྱེད་པ་དག །བྱམས་མགོན་བློ་དང་ལྡན་པས་ནོར་བཟངས[1]་བཤད།།

今译：彼乃犹如末劫火，刹那焚烧重罪业，彼之利益无限量，具慧慈尊[2]谕善财。（1—14）

藏文传世本：དེས་ནི་དུས་མཐའི་མེ་བཞིན་སྡིག་ཆེན་རྣམས། །སྐད་ཅིག་གཅིག་གིས་ངེས་པར་སྲེག་པར་བྱེད། །དེ་ཡི་ཕན་ཡོན་དཔག་ཏུ་མེད་པ་དག །བྱམས་མགོན་བློ་དང་ལྡན་པས་ནོར་བཟང་བཤད།།（1—14）

宋译本：譬如劫尽时大火，刹那焚烧罪业薪，若赞慈尊无量言，是曰善哉[3]之智者。（1—14）

敦煌写本：བྱང་ཅུབ་སེམས་དེ་མདོར་བསྡུ་ན། །རྣམ་པ་གཉིས་སུ་ཤེས་བྱ་སྟེ། །བྱང་ཅུབ་སྨོན་པའི་སེམས་དང་ནི། །བྱང་ཅུབ་འཇུག་པ་ཉིད་ཡིན་ནོ།།

今译：略摄菩提心，应知分为二，菩提发愿心，而行菩提心。（1—15）

藏文传世本：བྱང་ཆུབ་སེམས་དེ་མདོར་བསྡུས་ན། །རྣམ་པ་གཉིས་སུ་ཤེས་བྱ་སྟེ། །བྱང་ཆུབ་སྨོན་པའི་སེམས་དང་ནི། །བྱང་ཆུབ་འཇུག་པ་ཉིད་ཡིན་ནོ།།（1—15）

宋译本：彼种种觉心，正智而平等[4]，菩提誓愿心，而行菩提行。（1—15）

敦煌写本：འགྲོ་བར་འདོད་དང་འགྲོ་བ་ཡི། །བྱེ་བྲག་ཅི་ལྟར[5]ཤེས་པ་ལྟར། །དེ་བཞིན་མཁས་པས་འདི་གཉིས་ཀྱི། །བྱེ་བྲག་རིམ་བཞིན་ཤེས་པར་བྱ།།

今译：欲行与正行，区别亦能知，智者应如是，次第知其别。（1—16）

藏文传世本：འགྲོ་བར་འདོད་དང་འགྲོ་བ་ཡི། །བྱེ་བྲག་ཇི་ལྟར་ཤེས་པ་ལྟར། །དེ་བཞིན་མཁས་པས་འདི་གཉིས་ཀྱི། །བྱེ་བྲག་རིམ་བཞིན་ཤེས་པར་བྱ།།（1—16）

宋译本：喻去者欲行，彼之分别说，智分别说已，所行如智用。（1—16）

敦煌写本：བྱང་ཅུབ་སྨོནད་པའི་སེམས་ལས་ནི། །འཁོར་ཚེ་འབྲས་བུ་ཆེ་འབྱུང་ཡང་། །ཅི་ལྟར་འཇུག་པའི་སེམས་

〔1〕 古藏文中的“བཟངས”在藏文厘定后作“བཟང”。

〔2〕 指弥勒。

〔3〕 黄宝生指出“善哉”为“善财”之误。参见黄宝生译注《梵汉对勘〈入菩提行论〉》，中国社会科学出版社，2011年，第8页。

〔4〕 两种藏文译本均无“正智而平等”之意。

〔5〕 “ཅི་ལྟར”在厘定后的藏文中作“ཇི་ལྟར”。

བཞིན་དུ། །བསོད་ནམས་རྒྱུན་ཆགས་འབྱུང་བ་མྱིན། །

今译：菩提之愿心，轮回生大果，然非如行心，福德不间断。（1—17）

藏文传世本：བྱང་ཆུབ་སྨོན་པའི་སེམས་ལས་ནི། །འཁོར་ཚེ་འབྲས་བུ་ཆེ་འབྱུང་ཡང་། །ཇི་ལྟར་འཇུག་པའི་སེམས་བཞིན་དུ། །བསོད་ནམས་རྒྱུན་ཆགས་འབྱུང་བ་མིན། །（1—17）

宋译本：菩提之愿心，大果如轮回，福故不间断，亦如[1]彼行意。（1—17）

敦煌写本：གང་ནས་བཟུང་སྟེ་སེམས་ཅན་ཁམས། །མཐའ་ཡས་རབ་དུ་དགྲོལ་བའི་ཕྱིར། །མྱི་ལྡོག་པའི[2]·སེམས་ཀྱིས་སུ། །སེམས་དེ་ཡང་དག་བླངས་འགྱུར་པ། །

今译：何时有情界，无边得解脱，永不退转意，正确持彼心[3]；（1—18）

藏文传世本：གང་ནས་བཟུང་སྟེ་སེམས་ཅན་ཁམས། །མཐའ་ཡས་རབ་ཏུ་དགྲོལ་བའི་ཕྱིར། །མི་ལྡོག་པ་ཡི་སེམས་ཀྱིས་སུ། །སེམས་དེ་ཡང་དག་བླངས་གྱུར་པ། །（1—18）

宋译本：若彼等无边，有情界解脱，与彼心平等[4]，菩提愿不退。（1—18）

敦煌写本：དེ་ནས་བླངས་སྟེ་གཉིད་ལོག་འམ། །བག་མྱེད་འགྱུརད་ཀྱང་བསོད་ནམས་ཤུགས། །རྒྱུན་མྱི་འཆད་པར་དུ་མ་ཞིག །ནམ་མཁའ་མཉམ་བར་རབ་དུ་འབྱུང་། །

今译：持此[5]虽睡眠，亦或变放逸，福流不间断，生极同虚空。（1—19）

藏文传世本：དེང་ནས་བཟུང་སྟེ་གཉིད་ལོག་གམ། །བག་མེད་གྱུར་ཀྱང་བསོད་ནམས་ཤུགས། །རྒྱུན་མི་འཆད་པ་དུ་མ་ཞིག །ནམ་མཁའ་མཉམ་པར་རབ་ཏུ་འབྱུང་། །（1—19）

宋译本：彼等好睡眠，亦复多迷醉，间断[6]于福流，喻空无所有。（1—19）

敦煌写本：འདི་ནི་འཐད་པ་དང་བཅས་པར། །ལག་བཟངས་ཀྱིས་ནི་ཞུས་པ་ལས། །དམན་མོས་སེམས་ཅན་དོན་གྱི་ཕྱིར། །དེ་བཞིན་གཤེགས་པ་ཉིད་ཀྱིས་གསུངས། །

今译：此乃合义理，妙臂所问[7]故，劣意有情利，如来亲自说。（1—20）

---

〔1〕根据两种藏文译本此“如”应为“不如”。

〔2〕“པའི”和“པ་ཡི”之“འི”“ཡི”为虚词助格，古藏文韵文中亦有类似“པའི”等助词“འི”与之前的字连用的现象，藏文厘定后一律用“ཡི”，以此确定韵文中各短句的字数相一致。

〔3〕此处“彼心”指行菩提心。

〔4〕根据两种藏文译本“与彼心平等”似为“正确持彼心”之误。

〔5〕藏文传世本为“从此”。

〔6〕由于“不间断”被误读为“间断”，从而导致了此颂后两个短句翻译错误。

〔7〕指《妙臂菩萨所问经》。

藏文传世本：འདི་ནི་འཐད་པ་དང་བཅས་པར།།ལག་བཟང་གིས་ནི་ཞུས་པ་ལས།།དམན་མོས་སེམས་ཅན་དོན་གྱི་ཕྱིར།།དེ་བཞིན་གཤེགས་པ་ཉིད་ཀྱིས་གསུངས།།（1—20）

宋译本：妙臂而问此，劣意之有情，于解脱得生，为自为如来。（1—20）

敦煌写本：སེམས་ཅན་རྣམས་ཀྱི་གླད་ནད་ཙམ།།བསལ་ལོ་སྙམ་དུ་བསམས་ན་ཡང།།ཕན་འདོགས་བསམ་པ་དང་ལྡན་ཏེ།།བསོད་ནམས་དཔག་མྱེད་ལྡན་འགྱུར་ན།།

今译：唯有情头疾，乃思惟疗除，具足饶益心，获得无量福。（1—21）

藏文传世本：སེམས་ཅན་རྣམས་ཀྱི་ཀླད་ནད་ཙམ།།བསལ་ལོ་སྙམ་དུ་བསམས་ན་ཡང་།།ཕན་འདོགས་བསམ་པ་དང་ལྡན་དེ།།བསོད་ནམས་དཔག་མེད་ལྡན་གྱུར་ན།།（1—21）

宋译本：乃思惟疗除，苦恼[1]之有情，使苦恼尽已，获得无边福。（1—21）

敦煌写本：སེམས་ཅན་རེ་རེའི་མྱི་བདེ་བ།།དཔག་དུ་མྱེད་པ་བསལ་འདོད་ཅིང།།རེ་རེའང་ཡོན་ཏན་དཔག་མྱེད་དུ།།སྒྲུབ་པར་འདོད་པ་སྨོས་ཅི་དགོས།།

今译：有情一一苦，无尽思疗治，安置无量乐，其福何待言！（1—22）

藏文传世本：སེམས་ཅན་རེ་རེའི་མི་བདེ་བ།།དཔག་ཏུ་མེད་པ་བསལ་འདོད་ཅིང་།།རེ་རེའང་ཡོན་ཏན་དཔག་མེད་དུ།།བསྒྲུབ་པར་འདོད་པ་སྨོས་ཅི་དགོས།།（1—22）

宋译本：有情无边苦，云何而疗治，使一一安乐，获无边功德？（1—22）

敦煌写本：ཕ་འམ་ཡང་ན་མ་ཡང་རུང།།སུ་ལ་འདི་[2]འདྲའི་ཕན་སེམས་ཡོད།།ལྷ་དང་དྲང་སྲོང་རྣམས་ཀྱང་རུང།།ཚངས་པ་ལ་ཡང་འདྀ་ཡོད་དམ།།

今译：是父抑或母，谁具此利心？天或诸仙者，亦或于梵天？（1—23）

藏文传世本：ཕའམ་ཡང་ན་མ་ཡང་རུང་།།སུ་ལ་འདི་འདྲའི་ཕན་སེམས་ཡོད།།ལྷ་དང་དྲང་སྲོང་རྣམས་ཀྱང་རུང་།།ཚངས་པ་ལ་ཡང་འདི་ཡོད་དམ།།（1—23）

宋译本：何以利父母，如是及眷属，得天及仙人，净行婆罗门？（1—23）

敦煌写本：སེམས་ཅན་དེ་དག་ཉིད་ལ་འང་སྔོན།།རང་གི་དོན་དུ་འང་འདྀ་འདྲའི་སེམས།།རྨྱི་ལམ་དུ་ཡང་མ་སྐྱེས་ན།།གཞན་གྱི་དོན་དུ་ག་ལ་སྐྱེ།།

今译：彼等诸有情，为自如是心，昔梦未梦及，岂能利他生？（1—24）

藏文传世本：སེམས་ཅན་དེ་དག་ཉིད་ལ་སྔོན།།རང་གི་དོན་དུ་འདི་འདྲའི་སེམས།།རྨི་ལམ་དུ་ཡང་མ་སྐྱེས་

[1] 根据两种藏文译本此处"苦恼"似是"头疾"。

[2] 此处缺失"འདི་"字，由IOL Tib J 629补充。

ན། །གཞན་གྱི་དོན་དུ་ག་ལ་སྐྱེ། །(1—24)

宋译本：如是彼有情，乃过去睡梦，不愿于自利，唯愿生利他。(1—24)

敦煌写本：གཞན་དག་རང་གི་དོན་དུ་ཡང་། །སྨི་འབྱུང་སེམས་ཅན་དོན་སེམས་གད། །སེམས་ཅན་རིན་ཅེན་ཁྱད་པར་འདི། །ཐ་ན་སྨེད་པ་རྨད་ཅིག་འབྱུངས། །

今译：他者为自利，不生利众心，有情[1]殊胜宝，稀有何得生？（1—25）

藏文传世本：གཞན་དག་རང་གི་དོན་དུ་ཡང་། །མི་འབྱུང་སེམས་ཅན་དོན་སེམས་གང་། །སེམས་ཀྱི་རིན་ཆེན་ཁྱད་པར་འདི། །ཐ་ན་མེད་པའི་རྨད་ཅིག་འབྱུངས། །(1—25)

宋译本：有情最胜宝，希有何得生？ 种种意利他，不独于自利。(1—25)

敦煌写本：འགྲོ་བ་ཀུན་དུ་དགའ་བའི་རྒྱུ། །སེམས་ཅན་སྡུག་བསྔལ་རྩེར་འགྱུར་པ། །རིན་ཅེན་སེམས་ཀྱི་བསོད་ནམས་གད། །དེ་ལ་ཅི་ལྟར་གཞལ་གྱིས་ལད། །

今译：恒生众欢因，有情除病药，宝贵心功德，如何能测量？（1—26）

藏文传世本：འགྲོ་བ་ཀུན་གྱི་དགའ་བའི་རྒྱུ། །སེམས་ཅན་སྡུག་བསྔལ་རྩེར་སྨན་པ། །རིན་ཆེན་སེམས་ཀྱི་བསོད་ནམས་གང་། །དེ་ལ་ཇི་ལྟར་གཞལ་གྱིས་ལང་། །(1—26)

宋译本：欢喜世间种，精进[2]世间药，心宝与有福，而彼云何说？（1—26）

敦煌写本：ཕན་པར་བསམས་པ་ཙམ་གྱིས་ཀྱད། །སངས་རྒྱས་མཆོད་པ་ཁྱད་འཕགས་ན། །སེམས་ཅན་མ་ལུས་ཐམས་ཅད་ཀྱི། །བདེ་དོན་བརྩོམ[3]་པ་སྨོས་ཅི་དགོས། །

今译：仅生利益心，殊胜于供佛，何况为有情，精进利乐事。(1—27)

藏文传世本：ཕན་པར་བསམས་པ་ཙམ་གྱིས་ཀྱང་། །སངས་རྒྱས་མཆོད་ལས་ཁྱད་འཕགས་ན། ། སེམས་ཅན་མ་ལུས་ཐམས་ཅད་ཀྱི། །བདེ་དོན་བརྩོན་པ་སྨོས་ཅི་དགོས། །(1—27)

宋译本：云何诸有情，得一切快乐？ 为发菩提心，供养于如来[4]。(1—27)

敦煌写本：སྡུག་བསྔལ་འདོར་འདོད་སེམས་ཡོད་ཀྱང་། །སྡུག་བསྔལ་ཉིད་ལ་མངོན་པར་རྒྱུག །བདེ་བ་འདོད་ཀྱང་གཏི་མུག་པས། །རང་གི་བདེ་བ་དགྲ་ལྟར་འཇོམས། །

今译：心欲除诸苦，然却趋近苦，欲乐然愚昧，已乐视敌灭。(1—28)

---

〔1〕 敦煌藏文写本与宋代宋译本均为“有情”，然藏文传世本为“愿心”。

〔2〕 根据两种藏文译本此处“精进”似为“病痛”之误。

〔3〕 古藏文中普遍使用“བརྩོམ”表示“精进”之意，但藏文在厘定后一律作“བརྩོན”。

〔4〕 根据两种藏文译本此颂后两句均有漏译。

藏文传世本：སྡུག་བསྔལ་འདོར་འདོད་སེམས་ཡོད་ཀྱང་། །སྡུག་བསྔལ་ཉིད་ལ་མངོན་པར་རྒྱུག །བདེ་བ་འདོད་ཀྱང་གཏི་མུག་པས། །རང་གི་བདེ་བ་དགྲ་ལྟར་འཇོམས། །(1—28)

宋译本：迷爱乐快乐，乃喻于冤嫌，远离与随行，悉从于自意。(1—28)

敦煌写本：གང་ཞིག་བདེ་བས་ཕོངས་པ་དང། །སྡུག་བསྔལ་མང་ལྡན་དེ་དག་ལ། །བདེ་བ་ཀུན་གྱིས་ཚིམ་བ་དང། །སྡུག་བསྔལ་ཐམས་ཆད་གཅོད་བྱེད་ཅིང། །

今译：于彼乏快乐，诸多苦恼者，获足快乐欲，断除一切苦；(1—29)

藏文传世本：གང་ཞིག་བདེ་བས་ཕོངས་པ་དང་། །སྡུག་བསྔལ་མང་ལྡན་དེ་དག་ལ། །བདེ་བ་ཀུན་གྱིས་ཚིམ་པ་དང་། །སྡུག་བསྔལ་ཐམས་ཅད་གཅོད་བྱེད་ཅིང་། །(1—29)

宋译本：若彼求快乐，苦恼种无边，积诸善快乐，诸苦恼消除。(1—29)

敦煌写本：གཏི་མུག་ཀྱང་ནི་སེལ་བྱེད་པ། །དེ་དང་དགེ་མཚུངས་ག་ལ་ཡོད། །དེ་འདྲའི་སེམས་ཀྱང་ག་ལ་ཡོད། །བསོད་ནམས་དེ་འདྲ་འང་ག་ལ་ཡོད། །

今译：愚昧亦消除，宁有等此善？岂有等此心[1]？岂有如此福？（1—30）

藏文传世本：གཏི་མུག་ཀྱང་ནི་སེལ་བྱེད་པ། །དེ་དང་དགེ་མཚུངས་ག་ལ་ཡོད། །དེ་འདྲའི་བཤེས་ཀྱང་ག་ལ་ཡོད། །བསོད་ནམས་དེ་འདྲའང་ག་ལ་ཡོད། །(1—30)

宋译本：破坏迷惑因，善哉云何得？亲彼善知识？彼福如是得？（1—30）

敦煌写本：ཕན་བཏགས་ལན་སློན་[2] གང་ཡིན་པ། །དེ་ཡང་རེ་ཤིག་བསྔགས་འོས་ན། །མ་བཅོལ་ལེགས་པ་བྱེད་པ་ཡི། །བྱང་ཆུབ་སེམས་དཔའ་སྨོས་ཅི་དགོས། །

今译：作利若回报，彼亦应暂赞，未托而作善，菩萨何待言！（1—31）

藏文传世本：ཕན་བཏགས་ལན་ལོན་གང་ཡིན་པ། །དེ་ཡང་རེ་ཞིག་བསྔགས་འོས་ན། །མ་བཅོལ་ལེགས་པར་བྱེད་པ་ཡི། །བྱང་ཆུབ་སེམས་དཔའ་སྨོས་ཅི་དགོས། །(1—31)

宋译本：作利若回向，彼必反赞叹，作善不求利，说彼是菩萨。(1—31)

敦煌写本：འགྲོ་བ་ཉུང་ཟད་ནར་མའི་ཟས་སྦྱོར་བ། །སྐད་ཅིག་ཟས་ཙམ་སྦྱིན་བར་བྱེད་པ་དང་། །བརྙས་བཅས་ཉིད་ཕྱེད་འདྲངས་པར་བྱེད་པ་ཡིས[3]། །དགེ་བ་བྱེད་པ་ཡིན་ཞེས་སྐྱེ་བོས་བཀུར། །

今译：偶尔布施少许人，所施即为微劣食，令受欺辱饱半日，却谓行善受

---

〔1〕 藏文传世本和宋译本均为“善知识”。

〔2〕 此处之“ལན་སློན”与传世本中的“ལན་ལོན”意思相同，都作“回报”。

〔3〕 此处之“ཡིས”表示因果关系，而传世本之“ཡང་།”为转折关系，后者更符合义理。

人敬。(1—32)

藏文传世本：འགྲོ་བ་ཉུང་ཟད་ནར་མའི་ཟས་སྦྱོར་བ། །སྐད་ཅིག་ཟས་ཙམ་སྦྱིན་པར་བྱེད་པ་དང་། །བརྙས་བཅས་ཉིན་ཕྱེད་འགྲངས་པར་བྱེད་པ་ཡང་། །དགེ་བ་བྱེད་པ་ཡིན་ཞེས་སྐྱེ་བོས་བཀུར། །(1—32)

宋译本：若有布施于少食，修善供养于世间，所施大小如蚊蚋，亦获快乐得半日。[1](1—32)

敦煌写本：སེམས་ཅན་གྲངས་མཐའ་ཡས་ལ་དུས་རིང་དུ། །བདེ་བར་གཤེགས་ཀྱི་བདེ་བ་བླ་ན་མེད། །ཡིད་ལ་བསམ་པ་མཐའ་དག་རྫོགས་བྱེད་པ། །རྟག་དུ་སྦྱིན་པ་ལྟ་ཞིག་སྨོས་ཅི་དགོས། །

今译：况于无边诸有情，善逝无上诸安乐，圆满一切心所欲，恒久施予何待言！（1—33）

藏文传世本：སེམས་ཅན་གྲངས་མཐའ་ཡས་ལ་དུས་རིང་དུ། །བདེ་བར་གཤེགས་ཀྱི་བདེ་བ་བླ་ན་མེད། །ད་ལ་བསམ་པ་མཐའ་དག་རྫོགས་བྱེད་པ། །རྟག་ཏུ་སྦྱིན་པ་ལྟ་ཞིག་སྨོས་ཅི་དགོས། །(1—33)

宋译本：云何获得于能仁，要度无边有情尽？有情无尽若虚空，一切智求自圆满。(1—33)

敦煌写本：གང་ཞིག་དེ་འདྲའི་རྒྱལ་སྲས་སྦྱིན་བདག་ལ། །གལ་ཏེ་ངན་སེམས་སྐྱེད་པར་བྱེད་པ་དེ། །ངན་སེམས་བསྐྱེད་པའི་གྲངས་བཞིན་བསྐལ་པར་ནི། །དམྱལ་བར་གནས་པར་འགྱུར་ཞེས་ཐུབ་པས་གསུངས། །

今译：谁于佛子施主者，若是生起嗔害心，所生如数于等劫，佛说此人堕地狱。(1—34)

藏文传世本：གང་ཞིག་དེ་འདྲའི་རྒྱལ་སྲས་སྦྱིན་བདག་ལ། །གལ་ཏེ་ངན་སེམས་སྐྱེད་པར་བྱེད་ན་དེ། །ངན་སེམས་བསྐྱེད་པའི་གྲངས་བཞིན་བསྐལ་པར་ནི། །དམྱལ་བར་གནས་པར་འགྱུར་ཞེས་ཐུབ་པས་གསུངས། །(1—34)

宋译本：佛子静念而思惟，若烦恼生自心作，数生烦恼复生疑，佛说此人堕地狱。[2](1—34)

敦煌写本：འོན་ཏེ་གང་ཞིག་ཡིད་རབ་དང་བྱེད་ན། །དེའི་འབྲས་བུ་དེ་བས་ལྷག་པར་འཕེལ། །རྒྱལ་སྲས་རྣམས་ལ་དོ་གལ་ཆེན་པོས་ཀྱང་། །སྡིག་པ་མི་འབྱུང་དགེ་བ་དང་གིས་འཕེལ། །

今译：若人生起清净心，其果较前更增长，佛子虽逢大危难，不生罪业善自增。(1—35)

---

〔1〕 与两种藏文译本相比，此颂缺令受施者受屈辱及施者得行善的美称而受人尊敬等意。

〔2〕 与两种藏文译本相比，此颂前三个短句有多处误译、漏译。

藏文传世本：འོན་ཏེ་གང་ཞིག་ཡིད་རབ་དང་བྱེད་ན། །དེ་ཡི་འབྲས་བུ་དེ་བས་ལྷག་པར་འཕེལ། །རྒྱལ་སྲས་རྣམས་ལ་དོ་གལ་ཆེན་པོས་ཀྱང་། །སྡིག་པ་མི་འབྱུང་དགེ་བ་ངང་གིས་འཕེལ། །（1—35）

宋译本：佛子若发菩提心，减大罪力得胜果。（1—35a）

敦煌写本：གང་ལ་སེམས་ཀྱི་དམ་པ་རིན་ཅེན་དེ། །སྐྱེས་པ་དེའི་སྐུ་ལ་ཕྱག་འཚལ་ཞིང་། །གང་ལ་གནོད་པ་བྱས་ཀྱང་བདེར་འབྲེལད་པ། །བདེ་བའི་འབྱུང་གནས་དེ་ལ་སྐྱབས་སུ་མཆི། །

今译：何人生此宝贵心，我当顶礼彼身体，何人能以德报怨，我当皈依彼乐源！（1—36）

藏文传世本：གང་ལ་སེམས་ཀྱི་དམ་པ་རིན་ཆེན་དེ། །སྐྱེས་པ་དེ་ཡི་སྐུ་ལ་ཕྱག་འཚལ་ཞིང་། །གང་ལ་གནོད་པ་བྱས་ཀྱང་བདེ་འབྲེལ་བ། །བདེ་བའི་འབྱུང་གནས་དེ་ལ་སྐྱབས་སུ་མཆི། །（1—36）

宋译本：我今归命摩尼心，救度有情得快乐。（1—35b）

敦煌写本：བྱང་ཆུབ་སེམས་དཔའི་སྤྱོད་པ་ལ་འཇུག་པ་ལས། །བྱང་ཆུབ་ཀྱི་སེམས་ཀྱི་ཕན་ཡོན་བཤད་པ་ཞེས་བྱ་བ་སྟེ་ལེའུ་དང་པོའ།།

译文：《入菩萨行论》之《说菩提心利益》为第一品。

第二品　持 菩 提 心

敦煌写本：རིན་ཅེན་སེམས་དེ་གཟུང་བར་བྱ་བའི་ཕྱིར། །དེ་བཞིན་གཤེགས་པ་རྣམས་དང་དམ་པའི་ཆོས། །དཀོན་མཆོག་དྲི་མ་མྱེད་དང་སངས་རྒྱས་སྲས། །ཡོན་ཏན་རྒྱ་མཚོ་རྣམས་ལ་ལེགས་པར་མཆོད། །

今译：为了持此宝贵心，如意供养诸如来，清净珍稀妙法宝，以及慧海诸佛子。（2—1）

藏文传世本：རིན་ཆེན་སེམས་དེ་གཟུང་བར་བྱ་བའི་ཕྱིར།།དེ་བཞིན་གཤེགས་པ་རྣམས་དང་དམ་པའི་ཆོས། །དཀོན་མཆོག་དྲི་མ་མེད་དང་སངས་རྒྱས་སྲས། །ཡོན་ཏན་རྒྱ་མཚོ་རྣམས་ལ་ལེགས་པར་མཆོད། །（2—1）

宋译本：端彼摩尼恭敬心，用奉供养于如来，及彼清净妙法宝，佛功德海量无边。（2—1）

敦煌写本：མེན་ཏོག་[1] འབྲས་བུ་ཅི་སྙེད་ཡོད་པ་དང་། །སྨན་གྱི་རྣམ་པ་གང་དག་ཡོད་པ་དང་། །འཇིག་རྟེན་རིན་ཅེན་ཅི་སྙེད་ཡོད་པ་དང་། །ཆུ་གཙང་ཡིད་དུ་འོང་བ་ཅི་ཡོད་དང་། །

今译：尽其所有花与果，乃至种种诸药材，世间所有珍宝物，悦意清澈妙

[1] 古藏文中“花”写作“མེན་ཏོག”，藏文厘定后一律作“མེ་ཏོག”。

香水；（2—2）

藏文传世本：མེ་ཏོག་འབྲས་བུ་ཇི་སྙེད་ཡོད་པ་དང་། །སྨན་གྱི་རྣམ་པ་གང་དག་ཡོད་པ་དང་། །འཇིག་རྟེན་རིན་ཆེན་ཇི་སྙེད་ཡོད་པ་དང་། །ཆུ་གཙང་ཡིད་དུ་འོང་བ་ཅི་ཡོད་དང་། །（2—2）

宋译本：世间所有诸妙花，乃至妙果及汤药，所有珍宝澄清水，悉皆奉供而适意。（2—2）

敦煌写本：རིན་ཅེན་རི་བོ་དང་ནི་དེ་བཞིན་དུ། །ནགས་ཚལ་ས་ཕྱོགས་དབེན་ཞིང་ཉམས་དགའ་དང་། ། ལྗོན་ཤིང་མེ་ཏོག་རྒྱས་པས་སྤུད་པ་དང་། །ཤིང་གང་འབྲས་བཟང་ཡལ་ག་དུད་པ་དང་། །

今译：乃至各种珍宝山，宁静惬意林园地，硕花点缀花树林，果实低垂果树林；（2—3）

藏文传世本：རིན་ཆེན་རི་བོ་དང་ནི་དེ་བཞིན་དུ། །ནགས་ཚལ་ས་ཕྱོགས་དབེན་ཞིང་ཉམས་དགའ་དང་། །ལྗོན་ཤིང་མེ་ཏོག་རྒྱན་སྤྲས་སྤུད་པ་དང་། །ཤིང་གང་འབྲས་བཟང་ཡལ་ག་དུད་པ་དང་། །（2—3）

宋译本：山中之宝及众宝，适悦树林寂静处，蔓花庄严树光明[1]，结果低垂枝樣樣。（2—3）

敦煌写本：ལྷ་སྩོགས་[2] འཇིག་རྟེན་ན་ཡང་འདུག་པ་[3] དང་། །སྤོས་དང་དཔག་བསམ་ཤིང་དང་རིན་ཅེན་ཤིང་། །མ་རྨོས་འཁྲུངས་པའི་ལོ་ཐོག་རྣམ་པ་དང་། །གཞན་ཡང་མཆོད་པར་འོས་པའི་རྒྱན་རྣམས་དང་། །

今译：天等诸界之熏香，芳香宝树如意树，乃至各种天生谷，还有适宜诸供饰；（2—4）

藏文传世本：ལྷ་སོགས་འཇིག་རྟེན་ན་ཡང་དྲི་དང་ནི། །སྤོས་དང་དཔག་བསམ་ཤིང་དང་རིན་ཆེན་ཤིང་། །མ་རྨོས་འཁྲུངས་པའི་ལོ་ཏོག་རྣམ་པ་དང་། །གཞན་ཡང་མཆོད་པར་འོས་པའི་རྒྱན་རྣམས་ནི། །（2—4）

宋译本：人间天上香涂香，乃至劫树及宝树，（2—4a）

敦煌写本：མཚོ་དང་རྫིང་བུ་པད་མས་བརྒྱནད་པ་དག། །ངང་པ་ཤིན་དུ་སྐད་སྙན་ཡིད་འོང་ལྡན། །ནམ་ཀ[4]་རབ་འབྱམ་ཁམས་ཀྱི་མཐས་གཏུགས་པ། །ཡོངས་སུ་གཟུང་བ་མེད་པ་དེ་དག་ཀུན།

今译：莲花装点湖泊池，鸳鸯戏水妙吟唱，虚空无边种种妙，不被他者所占物；（2—5）

〔1〕 两种藏文译本均无“光明”。

〔2〕 “སྩོགས”为古藏文的一种重要的文字特征，厘定之后一律写作“སོགས”。

〔3〕 “འདུག་པ”厘定后一律写作“བདུག་པ”。

〔4〕 古藏文中兼用“ནམ་ཀ”和“ནམ་མཁའ”两种形式，而在藏文厘定后一律作“ནམ་མཁའ”。

藏文传世本：མཚོ་དང་རྫིང་བུ་པདྨས་བརྒྱན་པ་དག །ངང་པ་ཤིན་ཏུ་སྐད་སྙན་ཡིད་འོང་ལྡན། །ནམ་མཁའ་རབ་འབྱམས་ཁམས་ཀྱི་མཐས་གཏུགས་ན།།ཡོངས་སུ་གཟུང་བ་མེད་པ་དེ་དག་ཀུན།།(2—5)

宋译本：池水清净复庄严，鹅鸿好声极适意。谷自然生非所种，别别庄严而供养，等虚空界量广大，此一切有悉受用。(2—4a; 5)

敦煌写本：བློ་ཡིས་བླངས་ནས་ཐུབ་པ་སྐྱེས་ཀྱི་མཆོག། །སྲས་དང་བཅས་པ་རྣམས་ལ་ལེགས་འབུལ་ན། །ཡོན་གནས་དམ་པ་ཐུགས་རྗེ་ཆེ་རྣམས་ཀྱིས། །བདག་ལ་བརྩེར་དགོངས་བདག་གི་དེ་དག་བཞེས།།

今译：意念取其妙供养，人尊佛乃诸佛子，诸位恩德福田尊，悯我敬请享用彼[1]。(2—6)

藏文传世本：བློ་ཡིས་བླངས་ནས་ཐུབ་པ་སྐྱེས་ཀྱི་མཆོག །སྲས་དང་བཅས་པ་རྣམས་ལ་ལེགས་འབུལ་ན། །ཡོན་གནས་དམ་པ་ཐུགས་རྗེ་ཆེ་རྣམས་ཀྱིས། །བདག་ལ་བརྩེར་དགོངས་བདག་གི་འདི་དག་བཞེས།།(2—6)

宋译本：我今所献并子等，供养最上佛牟尼，为我不舍于大悲，受彼最上之供养。(2—6)

敦煌写本：བདག་ནི་བརྩོན་དང་མི་ལྡན་བཀྲེན་ཆེན་ཏེ། །མཆོད་པའི་ནོར་གཞན་བདག་ལ་ཅི[2]་མ་མཆིས། །དེས་ན་གཞན་དོན་དགོངས་པའི་མགོན་གྱིས་འདི།།བདག་ནི་དོན་སླད་ཉིད་ཀྱི་མཐུས་བཤེས་[3]ཤིག།

今译：我等懒惰[4]大贫穷，余无其他供养物，怙主一心利他者，利我施法享用彼。(2—7)

藏文传世本：བདག་ནི་བསོད་ནམས་མི་ལྡན་བཀྲེན་ཆེན་ཏེ། །མཆོད་པའི་ནོར་གཞན་བདག་ལ་ཅང་མ་མཆིས། །དེས་ན་གཞན་དོན་དགོངས་པའི་མགོན་གྱིས་འདི། །བདག་གི་དོན་སླད་ཉིད་ཀྱི་མཐུས་བཞེས་ཤིག །(2—7)

宋译本：我以无福大贫穷，更无纤毫别供养，我今思惟为自他，愿佛受斯随力施[5]。(2—7)

敦煌写本：རྒྱལ་དང་དེའི་སྲས་རྣམས་བདག་གིས་ནི། །ཉིད་ཀྱི་ལུས་ཀུན་གཏན་དུ་འབུལ་བར་བགྱིས། །སེམས་དཔའ་མཆོག་རྣམས་བདག་གི་ཡོངས་བཞེས་ཤིག། །གུས་པས་ཁྱེད་ཀྱི་འབངས་སུ་མཆི་བར་བགྱི།།

今译：于佛乃至诸佛子，我将恒献我自身，勇心诸尊请纳我，恭敬您而愿

〔1〕 藏文传世本为“此”。
〔2〕 此处之“ཅི”与传世本之“ཅང”都是泛指，用法基本相同。
〔3〕 此处“བཤེས”为“བཞེས”之误。
〔4〕 藏文传世本同宋译本为“无福”。
〔5〕 此颂后两个短句与两种藏文译本不同，藏文译本中无“自他”“施”等词，而且语法结构也不同。

作仆。（2—8）

藏文传世本：རྒྱལ་དང་དེ་སྲས་རྣམས་ལ་བདག་གིས་ནི། །བདག་གི་ལུས་ཀུན་གཏན་དུ་དབུལ་བར་བགྱི། །སེམས་དཔའ་མཆོག་རྣམས་བདག་ནི་ཡོངས་བཞེས་ཤིག །གུས་པས་ཁྱེད་ཀྱི་འབངས་སུ་མཆི་བར་བགྱི། །（2—8）

宋译本：我自身施一切佛，以自身等遍一切，加被我作上有情，有情恒常佛教化。（2—8）

敦煌写本：བདག་ནི་ཁྱེད་ཀྱིས་ཡོངས་སུ་གཟུང་བས་ན། །སྲིད་ན་མྱི་འཇིགས་སེམས་ཅན་ཕན་པ་བགྱིད། །སྔོན་ཀྱི་སྡིག་ལས་ཡང་དག་འདའ་བགྱིད་ཅིང་། །སྡིག་པ་གཞན་ཡང་སླན་ཆད་མྱི་བགྱིད་དོ། །

今译：我等即由您护持，于世利众而不畏，正离前行诸罪业，今后不作另罪孽。（2—9）

藏文传世本：བདག་ནི་ཁྱེད་ཀྱིས་ཡོངས་སུ་བཟུང་བས་ན།།སྲིད་ན་མི་འཇིགས་སེམས་ཅན་ཕན་པ་བགྱིད།།སྔོན་ཀྱི་སྡིག་ལས་ཡང་དག་འདའ་བགྱིད་ཅིང་། །སྡིག་པ་གཞན་ཡང་སླན་ཆད་མི་བགྱིད་དོ། །（2—9）

宋译本：我得如来加被已，化利有情无怖畏，过去罪业悉远离，未来众罪不复作。（2—9）

敦煌写本：ཁྲུས་ཀྱི་ཁང་པ་ཤིན་དུ་དྲི་ཞིམ་བ། །ཤེལ་གྱི་ས་གཞི་གསལ་ཞིང་འཚེར་བ་བརྟརད། །རིན་ཅེན་འབར་བའི་ཀ་བ་ཡིད་འོང་ལྡན། །མུ་ཏིག་འོད་ཆགས་བླ་རེ་བྲེས་པ་དེར། །

今译：溢香扑鼻淋浴室，琉璃地板闪亮光，如意柱子挂满宝，晶亮珍珠华盖悬；（2—10）

藏文传世本：ཁྲུས་ཀྱི་ཁང་པ་ཤིན་ཏུ་དྲི་ཞིམ་པ། །ཤེལ་གྱི་ས་གཞི་གསལ་ཞིང་འཚེར་བ་བརྟར། །རིན་ཆེན་འབར་བའི་ཀ་བ་ཡིད་འོང་ལྡན། །མུ་ཏིག་འོད་ཆགས་བླ་རེ་བྲེས་པ་དེར། །（2—10）

宋译本：宝光明处甚适悦，天盖庄严奉真如，水精清净复光明，种种妙堂香浴作。（2—10）

敦煌写本：དེ་བཞིན་གཤེགས་དང་དེའི་སྲས་རྣམས་ལ། །རིན་ཆེན་མང་པོའི་བུམ་པ་སྤོས་ཀྱི་ཆུ། །ཡིད་འོང་ལེགས་པར་བཀང་བ་གླུ་དང་ནི། །རོལ་མོར་བཅས་དང་དུ་མས་སྐུ་འཁྲུས་གསོལ། །

今译：各种珍宝所制瓶，盛满如意妙香水，伴之种种歌与乐，沐浴如来及诸子。（2—11）

藏文传世本：དེ་བཞིན་གཤེགས་དང་དེ་ཡི་སྲས་རྣམས་ལ། །རིན་ཆེན་བུམ་པ་མང་པོ་སྤོས་ཀྱི་ཆུ། །ཡིད་འོང་ལེགས་པར་བཀང་བ་གླུ་དང་ནི། །རོལ་མོར་བཅས་པ་དུ་མས་སྐུ་ཁྲུས་གསོལ། །（2—11）

宋译本：大宝瓶满盛香水，复著适意诸妙花，洗浴如来无垢身，我当赞咏献歌乐。（2—11）

敦煌写本：དེ་དག་སྐུ་ལ་མཚུངས་པ་མྱེད་པའི་གོས། །གཙང་ལ་དྲི་རབ་བསྒོས་པས་སྐུའི་ཕྱིའོ། །དེ་ནས་དེ་ལ་ཁ་དོག་ལེགས་བསྒྱུརད་པའི། །ན་བཟའ་ཤིན་དུ་དྲི་ཞིམ་དམ་པ་འབུལ། །

今译：香熏洁白无比绸，拭干诸位尊者身，其次献上宝贵衣，色泽完美溢香气。(2—12)

藏文传世本：དེ་དག་སྐུ་ལ་མཚུངས་པ་མེད་པའི་གོས། །གཙང་ལ་དྲི་རབ་བསྒོས་པས་སྐུ་ཕྱིའོ། །དེ་ནས་དེ་ལ་ཁ་དོག་ལེགས་བསྒྱུར་བའི། །ན་བཟའ་ཤིན་ཏུ་དྲི་ཞིམ་དམ་པ་འབུལ། །(2—12)

宋译本：清净香薰上妙衣，用盖覆彼最上色，我今献此上衣服，愿佛慈悲哀纳受。(2—12)

敦煌写本：གོས་བཟང་སྲབ་ལ་འཇམ་པ་སྣ་ཚོགས་དང་། །རྒྱན་མཆོག་བརྒྱ་ཕྲག་དེ་དང་དེ་དག་གིས། །འཕགས་པ་ཀུན་དུ་བཟང་དང་འཇམ་དབྱངས་དང་། །འཇིག་རྟེན་དབང་ཕྱུག་བཅས[1]་ལ་འང་བརྒྱན་པར་བགྱི། །

今译：诸多薄而软之绸，诸种装饰上百种，庄严普贤与文殊，乃至观世音菩萨。(2—13)

藏文传世本：གོས་བཟང་སྲབ་ལ་འཇམ་པ་སྣ་ཚོགས་དང་། །རྒྱན་མཆོག་བརྒྱ་ཕྲག་དེ་དང་དེ་དག་གིས། །འཕགས་པ་ཀུན་ཏུ་བཟང་དང་འཇམ་དབྱངས་དང་། །འཇིག་རྟེན་དབང་ཕྱུག་སོགས་ལའང་བརྒྱན་པར་བགྱི། །(2—13)

宋译本：种种柔软妙天衣，彼庄严中而最上，供养如来并普贤，及彼文殊观自在。[2](2—13)

敦煌写本：སྟོང་སུམ[3]་ཀུན་དུ་དྲི་ངད་ལྡང་བ་ཡི། །སྤོས་མཆོག་རྣམས་ཀྱིས་ཐུབ་དབང་ཀུན་གྱི་སྐུ། །གསེར་སྦྱངས་བཙོ་མ་ཕྱི་དོར་བྱས་པ་ལྟར། །འོད་ཆགས་འབར་བ་དེ་དག་བྱུག་པར་བགྱི། །

今译：香气溢满三千界，诸香涂于诸佛身，犹如擦净纯炼金，其身闪闪发光芒。(2—14)

藏文传世本：སྟོང་གསུམ་ཀུན་ཏུ་དྲི་ངད་ལྡང་བ་ཡི། །དྲི་མཆོག་རྣམས་ཀྱིས་ཐུབ་དབང་ཀུན་གྱི་སྐུ། །གསེར་སྦྱངས་བཙོ་མ་ཕྱི་དོར་བྱས་པ་ལྟར། །འོད་ཆགས་འབར་བ་དེ་དག་བྱུག་པར་བགྱི། །(2—14)

敦煌写本：ཐུབ་དབང་མཆོད་གནས་མཆོག་ལ་ཡིད་འོང་བའི། །མེ་ཏོག་མན་ད་ར་དང་པད་མ་དང་། །ཨུ་དཔལ་[4]ལས་སྩོགས་དྲི་ཞིམ་ཐམས་ཅད་དང་།།འཕྲེང་བ་སྤེལ་ལེགས་ཡིད་འོང་རྣམས་ཀྱིས་མཆོད། །

---

〔1〕 此处"བཅས"与传世本中之"སོགས"为助词，用法和意思基本相同。

〔2〕 宋译本第二品至此结束。

〔3〕 此处之"སུམ"在厘定后作"གསུམ"，然而"གསུམ"和"སུམ"兼用，用法根据语境而定。

〔4〕 此处"མན་ད་ར""པད་མ""ཨུ་དཔལ"等均为音译，后期规范写作"མནྡ་ར""པདྨ""ཨུཏྤལ"。

今译：于尊福田能仁[1]者，供以如意曼达罗，荷花青莲诸香花，以及如意诸花鬘。(2—15)

藏文传世本：ཐུབ་དབང་མཆོད་གནས་མཆོག་ལ་ཡིད་འོང་བའི། །མེ་ཏོག་མནྡ་ར་དང་པདྨ་དང་། །ཨུཏྤལ་ལ་སོགས་དྲི་ཞིམ་ཐམས་ཅད་དང་། །ཕྲེང་བ་སྤེལ་ལེགས་ཡིད་འོང་རྣམས་ཀྱིས་མཆོད། །(2—15)

敦煌写本：སྤོས་མཆོག་ཡིད་འཕྲོག་དྲི་ངད་ཁྱབ་པའི། །བདུག་པའི་སྤྲིན་ཚོགས་རྣམས་ཀྱང་དེ་ལ་འབུལ། །ཞལ་ཟས་བཟའ་བཏུང་སྣ་ཚོགས་བཅས་པ་ཡི། །ལྷ་བཤོས་རྣམས་ཀྱང་དེ་ལ་དབུལ་བར་བགྱི། །

今译：于彼亦献最上香，意乐芳香缭如云，种种食物与饮品，诸多神馐亦奉献。(2—16)

藏文传世本：སྤོས་མཆོག་ཡིད་འཕྲོག་དྲི་ངད་ཁྱབ་པ་ཡི། །བདུག་པའི་སྤྲིན་ཚོགས་རྣམས་ཀྱང་དེ་ལ་དབུལ། །ཞལ་ཟས་བཟའ་བཏུང་སྣ་ཚོགས་བཅས་པ་ཡི། །ལྷ་བཤོས་རྣམས་ཀྱང་དེ་ལ་དབུལ་བར་བགྱི། །(2—16)

敦煌写本：གསེར་གྱི་པད་མ་ཚར་དུ་དངརད་པ་ཡི། །རིན་ཅེན་སྒྲོན་མ་རྣམས་ཀྱང་དབུལ་བར་བགྱི། །ས་གཞི་བསྟརད་པ་སྤོས་ཀྱིས་བྱུགས་པ་དེར། །མེན་ཏོག་ཡིད་འོང་སིལ་མ་བཀྲམ[2]་བར་བགྱི། །

今译：亦献陈列金莲座，个中所点珍宝灯，与那清洁涂香地，散布如意小花朵。(2—17)

藏文传世本：གསེར་གྱི་པདྨ་ཚར་དུ་དངར་བ་ཡི། །རིན་ཆེན་སྒྲོན་མ་རྣམས་ཀྱང་དབུལ་བར་བགྱི། །ས་གཞི་བསྟར་བ་སྤོས་ཀྱིས་བྱུགས་པ་དེར། །མེ་ཏོག་ཡིད་འོང་སིལ་མ་དགྲམ་པར་བྱ། །(2—17)

敦煌写本：གཞལ་མེད་ཕོ་བྲང་བསྟོད་དབྱངས་ཡིད་འོང་ལྡན། །མུ་ཏིག་རིན་ཅེན་རྒྱན་འཕྱང་མཛེས་པ་འབར། །དཔག་ཡས་ནམ་མཁའི་རྒྱན་གྱུརད་དེ་དག་ཀྱང་། །ཐུགས་རྗེའི་རང་བཞིན་ཅན་ལ་དབུལ་བར་བགྱི། །

今译：无量宫中扬赞歌，珠宝串饰耀光泽，种种饰物装虚空，皆献具足慈悲者。(2—18)

藏文传世本：གཞལ་མེད་ཕོ་བྲང་བསྟོད་དབྱངས་ཡིད་འོང་ལྡན། །མུ་ཏིག་རིན་ཆེན་རྒྱན་འཕྱང་མཛེས་འབར་བ། །དཔག་ཡས་ནམ་མཁའི་རྒྱན་གྱུར་དེ་དག་ཀྱང་། །ཐུགས་རྗེའི་རང་བཞིན་ཅན་ལ་དབུལ་བར་བགྱི། །(2—18)

敦煌写本：རིན་ཅེན་གདུགས་མཛེས་གསེར་གྱི་ཡུ་བ་ཅན། །འཁོར་ཡུག་རྒྱན་གྱི་རྣམ་པ་ཡིད་འོང་བརྒྱན། །དབྱིབས་ལེགས་བལྟ་བ་སྡུག་པ་བསྒྲེང་བ་ཡང་། །རྟག་དུ་ཐུབ་པ[3]་རྣམས་ལ་དབུལ་བར་བགྱི། །

[1] 佛的别名。
[2] “བཀྲམ” 为动词过去时，而藏文传世本中之 “དགྲམ” 为将来时。
[3] “ཐུབ་པ” 与传世本之 “ཐུབ་དབང” 相同，为“能仁”。

今译：华丽宝伞配金柄，边沿点缀如意饰，撑起形巧又精美，恒常供养诸能仁。(2—19)

藏文传世本：རིན་ཆེན་གདུགས་མཛེས་གསེར་གྱི་ཡུ་བ་ཅན། །ཁོར་ཡུག་རྒྱན་གྱི་རྣམ་པ་ཡིད་འོང་ལྡན། །དབྱིབས་ལེགས་བལྟ་ན་སྡུག་པ་བསྒྲེང་བ་ཡང་། །རྟག་ཏུ་ཐུབ་དབང་རྣམས་ལ་དབུལ་བར་བགྱི། །(2—19)

敦煌写本：དེ་ལས་གཞན་ཡང་མཆོད་པའི་ཚོགས། །རོལ་མོ་དབྱངས་སྙན་ཡིད་འོང་བ། །སེམས་ཅན་སྡུག་བསྔལ་ཚིམ་བྱེད་པའི། །སྤྲིན་རྣམས་སོ་སོར་གནས་གྱུར་ཅིག །(2—20)

今译：别此诸供养，如意悦耳乐，有情离苦恼，乐云分别住。

藏文传世本：དེ་ལས་གཞན་ཡང་མཆོད་པའི་ཚོགས། །རོལ་མོ་དབྱངས་སྙན་ཡིད་འོང་ལྡན། །སེམས་ཅན་སྡུག་བསྔལ་ཚིམ་བྱེད་པའི། །སྤྲིན་རྣམས་སོ་སོར་གནས་གྱུར་ཅིག །(2—20)

敦煌写本：དམ་ཆོས་དཀོན་མཆོག་ཐམས་ཆད་དང་། །མཆོད་རྟེན་རྣམས་དང་སྐུ་གཟུགས་དང་། །རིན་ཅེན་མེན་ཏོག་ལས་སྩོགས་ཆར། །རྒྱུན་མྱི་འཆད་པར་འབབ་པར་ཤོག །

今译：为彼正法宝，诸塔及佛像，愿降珍宝花，如雨不间断。(2—21)

藏文传世本：དམ་ཆོས་དཀོན་མཆོག་ཐམས་ཅད་དང་། །མཆོད་རྟེན་རྣམས་དང་སྐུ་གཟུགས་ལ། །རིན་ཆེན་མེ་ཏོག་ལ་སོགས་ཆར། །རྒྱུན་མི་འཆད་པར་འབབ་པར་ཤོག །(2—21)

敦煌写本：ཅི་ལྟར་འཇམ་དཔལ[1]་ལས་སྩོགས་པ། །རྒྱལ་བ་རྣམས་ལ་མཆོད་མཛད་པ། །དེ་བཞིན་བདག་གིས་དེ་བཞིན་གཤེགས། །མགོན་པོ་སྲས་བཅས་རྣམས་ལ་མཆོད། །

今译：犹如文殊等，供养诸胜者，我亦如是供，如来及诸子。(2—22)

藏文传世本：ཇི་ལྟར་འཇམ་དབྱངས་ལ་སོགས་པས། །རྒྱལ་བ་རྣམས་ལ་མཆོད་མཛད་པ། །དེ་བཞིན་བདག་གིས་དེ་བཞིན་གཤེགས། །མགོན་པོ་སྲས་དང་བཅས་རྣམས་མཆོད། །(2—22)

敦煌写本：ཡོན་ཏན་རྒྱ་མཚོ་ཅན་དག་ལ། །ཞིང་རྡུལ་ཀུན་གྱི་གྲངས་སྙེད་ཀྱིས། །ཕྱག་འཚལ་དབྱངས་ཀྱི་ཡན་ལག་ནི། །རྒྱ་མཚོ་སྙེད་ཀྱིའ་བསྟོད་པས་བསྟོད། །

今译：敬礼诸大德，如以世尘数，并用妙音赞，如以大海数。[2](2—23)

藏文传世本：ཡོན་ཏན་རྒྱ་མཚོ་རྣམས་ལ་བདག །བསྟོད་དབྱངས་ཡན་ལག་རྒྱ་མཚོས་བསྟོད། །བསྟོད་དབྱངས་སྙན་སྤྲིན་དེ་དག་ལ། །ངེས་པར་ཀུན་ཏུ་འབྱུང་གྱུར་ཅིག །(2—23)

---

〔1〕“འཇམ་དཔལ”同传世本中之“འཇམ་དབྱངས”，为“文殊”。

〔2〕藏文传世本为“我赞诸大德，如以大海数，赞歌妙祥云，为彼必呈现”，与下一颂的内容交错。

敦煌写本：དུས་གསུམ་གཤེགས་པའི་སངས་རྒྱས་ཀུན། །ཆོས་དང་ཚོགས་ཀྱི་མཆོག་བཅས་ལ། །བསྟོད་དབྱངས་སྙན་པའི་སྤྲིན་དག་ཀྱང་། །ངེས་པར་ཀུན་དུ་འབྱུར་འགྱུར་ཅིང་། །[1]

今译：三时一切佛，法及福田尊，赞歌妙祥云，为彼必呈现。(2—24)

藏文传世本：དུས་གསུམ་གཤེགས་པའི་སངས་རྒྱས་ཀུན། །ཆོས་དང་ཚོགས་ཀྱི་མཆོག་བཅས་ལ། །ཞིང་རྡུལ་ཀུན་གྱི་གྲངས་སྙེད་ཀྱི། །ལུས་བཏུད་པ་ཡིས་བདག་ཕྱག་འཚལ། །(2—24)

敦煌写本：བྱང་ཅུབ་སེམས་ཀྱི་གཞི་རྣམས་དང། །མཆོད་རྟེན་ཀུན་ལ་བདག་ཕྱག་འཚལ། །མཁན་པོ་དེ་བཞིན་སློབས་དཔོན་དང། །བརྟུལ་ཞུགས་མཆོག་ལ་ཕྱག་འཚལ་ལོ། །

今译：诸菩提心根，佛塔亲教师，上师持戒者，彼皆我顶礼。(2—25)

藏文传世本：བྱང་ཆུབ་སེམས་ཀྱི་གཞི་རྣམས་དང་། །མཆོད་རྟེན་རྣམས་ལ་བདག་ཕྱག་འཚལ། །མཁན་པོ་དེ་བཞིན་སློབ་དཔོན་དང་། །བརྟུལ་ཞུགས་མཆོག་ལ་ཕྱག་འཚལ་ལོ། །(2—25)

敦煌写本：བྱང་ཅུབ་སྙིང་པོར་མཆིས་ཀྱི་བར། །སངས་རྒྱས་རྣམས་ལ་སྐྱབས་སུ་མཆི། །ཆོས་དང་བྱང་ཅུབ་སེམས་དཔའ་ཡི། །ཚོགས་ལ་ཡང་དེ་བཞིན་སྐྱབས་སུ་མཆི། །

今译：乃至菩提藏，皈依诸佛陀，如是亦皈依，法及菩萨众。(2—26)

藏文传世本：བྱང་ཆུབ་སྙིང་པོར་མཆིས་ཀྱི་བར། །སངས་རྒྱས་རྣམས་ལ་སྐྱབས་སུ་མཆི། །ཆོས་དང་བྱང་ཆུབ་སེམས་དཔའ་ཡི། །ཚོགས་ལའང་དེ་བཞིན་སྐྱབས་སུ་མཆི། །(2—26)

敦煌写本：ཕྱོགས་རྣམས་ཀུན་ན་བཞུག་[2]པ་ཡི། །རྫོགས་སངས་རྒྱས་དང་བྱང་ཅུབ་སེམས། །ཐུགས་རྗེ་ཆེན་པོ་མངའ་རྣམས་ལ། །ཐལ་མོ་སྦྱར་ཏེ་གསོལ་བ་ནྀ། །

今译：我于十方佛，及具菩提心，大悲诸菩萨，合掌如是忏：(2—27)

藏文传世本：ཕྱོགས་རྣམས་ཀུན་ན་བཞུགས་པ་ཡི། །རྫོགས་སངས་རྒྱས་དང་བྱང་ཆུབ་སེམས། །ཐུགས་རྗེ་ཆེན་པོ་མངའ་རྣམས་ལ། །ཐལ་མོ་སྦྱར་ཏེ་གསོལ་བ་ནི། །(2—27)

敦煌写本：ཐོག་མ་མྱེད་ལྡན་འཁོར་བ་ན། །ཚེ་རབས་འདྀ་འམ་གཞན་དག་ལ། །བདག་གིས་མ་འཚལ་སྡིག་བགྱིས་པ་འམ། །བགྱིད་དུ་སྩལད་པ་ཉིད་དང་ནྀ། །

今译：无始轮回中[3]，此生或他世，无知所作罪，或使他人作，(2—28)

藏文传世本：ཐོག་མ་མེད་ལྡན་འཁོར་བ་ནས། །ཚེ་རབས་འདིའམ་གཞན་དག་ཏུ། །བདག་གིས་མ་འཚལ་

〔1〕“འབྱུར་འགྱུར་ཅིང་”在IOL Tib J 629中为“འབྱུང་གྱུར་ཅིག”。
〔2〕厘定后为“བཞུགས”。
〔3〕藏文传世本为“起”。

ཕྲིག་བགྱིས་པའམ། །བགྱིད་དུ་སྩལ་བ་ཉིད་དང་ནི།།（2—28）

敦煌写本：གཏི་མུག་འཁྲུལད་པས་བདག་ནོན་ཏེ། །རྗེས་སུ་ཡི་རང་གང་བགྱིས་པ། །ནོངས་པ་དེ་ནི་མཐོང་བགྱིས་ནས། །བསམ་བ་ཐག་པས་མགོན་ལ་བཤགས།།

今译：亦或痴所屈，随喜他作罪，知此诸过失，诚忏于怙主。（2—29）

藏文传世本：གཏི་མུག་འཁྲུལ་པས་བདག་ནོན་ཏེ། །རྗེས་སུ་ཡིད་རངས་གང་བགྱིས་པ། །ནོངས་པ་དེ་ནི་མཐོང་བགྱིས་ནས། །བསམ་པ་ཐག་པས་མགོན་ལ་བཤགས།།（2—29）

敦煌写本：བདག་གིས་དཀོན་མཆོག་གསུམ་དང་ནི། །ཕ་མ་འམ་བླ་མ་འམ་གཞན་དག་ལ། །ཉོན་མོངས་སྒོ་ནས་ལུས་ངག་དང། །ཡིད་ཀྱིས་གནོད་བགྱིས་གང་ལགས་དང།།

今译：烦恼所使然，于三宝父母，上师或他人，身语意作孽；（2—30）

藏文传世本：བདག་གིས་དཀོན་མཆོག་གསུམ་དང་ནི། །ཕ་མའམ་བླ་མ་གཞན་དག་ལ། །ཉོན་མོངས་སྒོ་ནས་ལུས་ངག་དང་། །ཡིད་ཀྱིས་གནོད་བགྱིས་གང་ལགས་པ།།（2—30）

敦煌写本：ཉེས་པ་དུ་མའི་སྐྱོན་ཆགས་པའི། །སྡིག་ཅན་བདག་གིས་སྡིག་པ་གང། །ཤིན་དུ་མི་བཟད་བགྱིས་པ་དེ། །ཐམས་ཆད་འདྲེན་པ་རྣམས་ལ་འཆགས[1]།།

今译：缠染数种恶，我乃有罪人；所造无尽罪，皆向导师[2]忏。（2—31）

藏文传世本：ཉེས་པ་དུ་མས་སྐྱོན་ཆགས་པའི། །སྡིག་ཅན་བདག་གིས་སྡིག་པ་གང་། །ཤིན་ཏུ་མི་བཟད་བགྱིས་པ་དེ། །ཐམས་ཅད་འདྲེན་པ་རྣམས་ལ་བཤགས།།（2—31）

敦煌写本：བདག་ནི་སྡིག་པ་མ་བྱང་བར། །སྔོན་དུ་འགུམ་བར་འགྱུར་དུ་མཆིས[3]།།ཅི་ལྟར་འདི་ལས་ངེས་ཐར་བར། །མྱུར་བའི་ཚུལ་གྱིས་བསྐྱབ་དུ་གསོལ།།

今译：未净罪业前，或许我先亡，如何脱此罪，请您快救护！（2—32）

藏文传世本：བདག་ནི་སྡིག་པ་མ་བྱང་བར། །སྔོན་དུ་འགུམ་པར་འགྱུར་དུ་མཆི། །ཇི་ལྟར་འདི་ལས་ངེས་ཐར་བར། །མྱུར་བའི་ཚུལ་གྱིས་བསྐྱབ་ཏུ་གསོལ།།（2—32）

敦煌写本：ཡིད་བརྟན་མི་རུང་འཆི་བདག་འདི། །བྱས་དང་མ་བྱས་མི་སྡོད་པས། །ན་དང་མི་ན་ཀུན་གྱིས་ཀྱང་།

〔1〕 此处“འཆགས”为动词现在时，而传世本之“བཤགས”为过去时。

〔2〕 指佛。

〔3〕 “མཆིས”为表示存在或状态的一种动词过去时，而传世本之“མཆི”为将来时和现在时。

།གློ་བུར་ཚེ་ལ་ཡིད་མྱི་བརྟན།།

今译：死神不可信，不待罪净否，病或无病者，岂能信暂寿。(2—33)

藏文传世本：ཡིད་བརྟན་མི་རུང་འཆི་བདག་འདི། །བྱས་དང་མ་བྱས་མི་སྡོད་པས། །ན་དང་མི་ན་ཀུན་གྱིས་ཀྱང་། །གློ་བུར་ཚེ་ལ་ཡིད་མི་བརྟན།།(2—33)

敦煌写本：ཐམས་ཆད་བོར་ཏེ་ཆ[1]་དགོས་པར། །བདག་གིས་དེ་ལྟར་མ་ཤེས་ནས། །མཛའ་དང་མྱི་མངའི[2]་དོན་ཀྱི་ཕྱིར། །སྡིག་པ་རྣམ་པ་སྣ་ཚོགས་བྱས།།

今译：舍皆独往彼，我曾不知此，为了亲与冤，作了种种罪。(2—34)

藏文传世本：ཐམས་ཅད་བོར་ཏེ་ཆས་དགོས་པར། །བདག་གིས་དེ་ལྟར་མ་ཤེས་ནས། །མཛའ་དང་མི་མཛའི་དོན་གྱི་ཕྱིར། །སྡིག་པ་རྣམ་པ་སྣ་ཚོགས་བྱས།།(2—34)

敦煌写本：མྱི་མཛའ་རྣམས་ཀྱང་མྱེད་འགྱུར་ཞིང་། །མཛའ་བ་རྣམས་ཀྱང་མྱེད་པར་འགྱུར། །བདག་ཀྱང་མྱེད་པར་འགྱུར་བ་སྟེ། །དེ་བཞིན་ཐམས་ཆད་མྱེད་པར་འགྱུར།།

今译：冤家化虚无，亲人亦既然，我也不例外，如此一切无。(2—35)

藏文传世本：མི་མཛའ་རྣམས་ཀྱང་མེད་འགྱུར་ཞིང་། །མཛའ་བ་རྣམས་ཀྱང་མེད་པར་འགྱུར། །བདག་ཀྱང་མེད་པར་འགྱུར་བ་སྟེ། །དེ་བཞིན་ཐམས་ཅད་མེད་པར་འགྱུར།།(2—35)

敦煌写本：རྨྱི་ལམ་ཉམས་སུ་མྱོང་བ་བཞིན། །དངོས་གང་དང་གང་སྤྱད་པ། །དེ་རེ་[3]དྲན་པའི་ཡུལ་དུ་གྱུརད། །འདས་པ་ཐམས་ཆད་མཐོང་མྱི་འགྱུར།།

今译：如享梦中境，以往所享物，一一成记忆，所逝皆不见。(2—36)

藏文传世本：རྨི་ལམ་ཉམས་སུ་མྱོང་བ་བཞིན། །དངོས་པོ་གང་དང་གང་སྤྱད་པ། །དེ་དེ་དྲན་པའི་ཡུལ་དུ་འགྱུར། །འདས་པ་ཐམས་ཅད་མཐོང་མི་འགྱུར།།(2—36)

敦煌写本：རེ་ཤིག་གསོན་ཚེ་འདི་ཉིད་ལ། །མཛའ་དང་མྱི་མཛའ་དུ་མ་འདས། །དེ་དག་དོན་དུ་བྱས་པའི་སྡིག། །མྱི་བཟད་གང་ཡིན་མདུན་ན་གནས།།

今译：复次暂活间，众多亲冤逝，为彼所作罪，无量处眼前。(2—37)

藏文传世本：རེ་ཞིག་གསོན་ཚེ་འདི་ཉིད་ལ། །མཛའ་དང་མི་མཛའ་དུ་མ་འདས། །དེ་དག་དོན་དུ་བྱས་པའི་སྡིག །མི་བཟད་གང་ཡིན་མདུན་ན་གནས།།(2—37)

---

〔1〕此处“ཆ”为动词“ཆས”之将来时和现在时的不同写法。

〔2〕“མངའ”为“མཛའ”之笔误。

〔3〕“དེ་རེ”同“དེ་དེ”，都可释为“一一”。

敦煌写本：དེ་ལྟར་བདག་ནི་གློ་བུར་ཞེས། །བདག་གིས་རྟོགས་པར་མ་གྱུར་པས། །གཏི་མུག་ཆགས་དང་ཞེ་སྡང་གིས། །སྡིག་པ་རྣམ་པ་དུ་མ་བྱས། །

今译：己生为偶然，然却不知此，贪嗔痴使然，作了种种罪。(2—38)

藏文传世本：དེ་ལྟར་བདག་ནི་གློ་བུར་ཞེས། །བདག་གིས་རྟོགས་པར་མ་གྱུར་པས། །གཏི་མུག་ཆགས་དང་ཞེ་སྡང་གིས། །སྡིག་པ་རྣམ་པ་དུ་མ་བྱས། །(2—38)

敦煌写本：ཉིན་མཚན་སྡོད་པ་ཡོང་མྱེད་པར། །ཚེ་འདི་རྟག་དུ་འགོད[1]་འགྱུར་ཞིང་། །སྣན་པ་གུད་ནས་འོང་མྱེད་ན། །བདག་ལྟ་འཆི་བར་ཅིས་མྱི་འགྱུརད། །

今译：昼夜无停止，此生常衰减，额外无增因，我命岂不亡？(2—39)

藏文传世本：ཉིན་མཚན་སྡོད་པ་ཡོད་མེད་པར། །ཚེ་འདི་རྟག་ཏུ་གོད་འགྱུར་ཞིང་། །སྣོན་པ་གུད་ནས་འོང་མེད་ན། །བདག་ལྟ་འཆི་བར་ཅིས་མི་འགྱུར། །(2—39)

敦煌写本：བདག་གི་མལ་ན་འདུག་བཞིན་དུ། །གཉེན་བཤེས་རྣམས་ཀྱིས་མཐའ་བསྐོརད་ཀྱང་། །སྲོག་ཆད་པའི་ཚོར་བ་དག། །བདག་ཉིད་གཅིག་པུས་མྱོང་བར་འགྱུརད། །

今译：我乃躺病床，亲友虽围绕，命断之苦感，唯独自己受。(2—40)

藏文传世本：བདག་ནི་མལ་ན་འདུག་བཞིན་དུ། །གཉེན་བཤེས་ཀུན་གྱིས་མཐའ་བསྐོར་ཀྱང་། །སྲོག་འཆད་པ་ཡི་ཚོར་བ་དག །བདག་ཉིད་གཅིག་པུས་མྱོང་བར་འགྱུར། །(2—40)

敦煌写本：གཤིན་རྗེའི་ཕོ་ཉས་ཟིནད་པ་ལ། །གཉེན་བ་ཅི་ཕན་བཤེས་ཅི་ཕན། །དེ་ཚེ་བསོད་ནམས་གཅིག་སྐྱབས[2]ན། །དེ་ཡང་བདག་གིས་མ་བསྟེནད་ཏོ། །

今译：阎罗使者捉，亲友有何益？唯有福德救，然我却未持。(2—41)

藏文传世本：གཤིན་རྗེའི་ཕོ་ཉས་ཟིན་པ་ལ། །གཉེན་གྱིས་ཅི་ཕན་བཤེས་ཅི་ཕན། །དེ་ཚེ་བསོད་ནམས་གཅིག་བསྐྱབས་ན། །དེ་ཡང་བདག་གིས་མ་བསྟེན་ཏོ། །(2—41)

敦煌写本：མགོན་པོ་བག་མྱེད་བདག་གིས་ནི། །འཇིགས་པ་འདི་འདྲ་མ་འཚལ་ནས། །མྱི་རྟག་ཚེ་འདིའི་ཆེད་དག་དུ། །སྡིག་པ་མང་པོ་ཉེ་བར་བསྒྲུབས། །

今译：怙主！我放逸，不知此等怖，为此无常生，造作诸多罪。(2—42)

藏文传世本：མགོན་པོ་བག་མེད་བདག་གིས་ནི། །འཇིགས་པ་འདི་འདྲ་མ་འཚལ་ནས། །མི་རྟག་ཚེ་འདིའི་ཆེད་དག་ཏུ། །སྡིག་པ་མང་པོ་ཉེ་བར་བསྒྲུབས། །(2—42)

---

〔1〕 此处“འགོད”为“གོད”之将来时。

〔2〕 此处“སྐྱབས”为救护之意，传世本中之“བསྐྱབས”为其动词过去时形式。

敦煌写本：སྐྱེ་བོ་ཡན་ལག་བཅད་པའི་སར། །དེ་རིང་ཁྲིད་པ་ཡང་བྲིད་འགྱུར་ཏེ། །ཁ་སྐམས་མྱིག་རྩ་ངན་ལས་སྩོགས། །སྔ་ལས་གཞན་དུ་འགྱུར་སྣང་ན། །

今译：今赴刑场者，砍肢亦恐惧，口干眼模糊，形貌异于昔，（2—43）

藏文传世本：སྐྱེ་བོ་ཡན་ལག་བཅད་པའི་སར། །དེ་རིང་ཁྲིད་པའང་བྲེད་འགྱུར་ཏེ། །ཁ་སྐམས་མིག་རྩ་ངན་ལ་སོགས། །སྔ་ལས་གཞན་དུ་འགྱུར་སྣང་ན། །（2—43）

敦煌写本：གཤིན་རྗེའི་ཕོ་ཉས་འཇིགས་འཇིགས་ལྟའི། །ཤ་ཚུགས་ཅན་གྱིས་བཟུང་འགྱུར་ཅིང་། །འཇིགས་ཆེན་ནད་ཀྱིས་ཐེབས་གྱུརད་པ། །རབ་ཏུ་ཉམས་ཐག་སྨོས་ཅི་དགོས། །

今译：何况形狰狞，阎罗使者捉，将死卑微者，恐惧不待言。（2—44）

藏文传世本：གཤིན་རྗེའི་ཕོ་ཉ་འཇིགས་འཇིགས་ལྟའི། །ཤ་ཚུགས་ཅན་གྱིས་བཟུང་གྱུར་ཅིང་། །འཇིགས་ཆེན་ནད་ཀྱིས་ཐེབས་གྱུར་པ། །རབ་ཏུ་ཉམ་ཐག་སྨོས་ཅི་དགོས། །（2—44）

敦煌写本：སུ་ཞིག་འཇིགས་ཆེན་འདི་ལས་བདག །ལེགས་པར་སྐྱོབ་པར་བྱེད་འགྱུར་ཞེས། །བྲིད་ཤ་འཐོན་པ་མྱིག་དགྲད་[1]ནས། །ཕྱོགས་བཞི་སྐྱབས་དག་ཚོལ་བར་བྱེད། །

今译：谁能救我于，如此大怖中，睁大急切眼，四处寻救主。（2—45）

藏文传世本：སུ་ཞིག་འཇིགས་ཆེན་འདི་ལས་བདག །ལེགས་པར་སྐྱོབ་པར་བྱེད་འགྱུར་ཞེས། །བྲེད་ཤ་ཐོན་པའི་མིག་བགྲད་ནས། །ཕྱོགས་བཞིར་སྐྱབས་དག་ཚོལ་བར་བྱེད། །（2—45）

敦煌写本：ཕྱོགས་བཞི་སྐྱབས་མྱེད་མཐོང་ནས་ནི། །དེ་ནས་ཀུན་དུ་ཡི་མུག་འགྱུར། །གནས་དེར་སྐྱབས་ཡོད་མ་ཡིན་ན། །དེ་ཚེ་བདག་གིས་ཙི་ལྟར་བྱ། །

今译：四处无救主，见此令沮丧，彼处无救主，此时我奈何？（2—46）

藏文传世本：ཕྱོགས་བཞིར་སྐྱབས་མེད་མཐོང་ནས་ནི། །དེ་ནས་ཀུན་དུ་ཡི་མུག་འགྱུར། །གནས་དེར་སྐྱབས་ཡོད་མ་ཡིན་ན། །དེ་ཚེ་བདག་གིས་ཇི་ལྟར་བྱ། །（2—46）

敦煌写本：དེ་བས་རྒྱལ་བ་འགྲོ་བའི་མགོན། །འགྲོ་བ་བསྐྱབ་པའི་དོན་བརྩོན་པ། །སྟོབས་ཆེན་འཇིགས་པ་ཀུན་སེལ་ལ། །དེ་རིང་ཉིད་ནས་སྐྱབས་སུ་མཆི། །

今译：是故众怙主，胜者勤救众，力除一切怖，从今应皈依。（2—47）

藏文传世本：དེ་བས་རྒྱལ་བ་འགྲོ་བའི་མགོན། །འགྲོ་བ་སྐྱོབ་པའི་དོན་བརྩོན་པ། །སྟོབས་ཆེན་འཇིགས་པ་ཀུན་སེལ་ལ། །དེ་རིང་ཉིད་ནས་སྐྱབས་སུ་མཆི། །（2—47）

---

〔1〕“དགྲད”同“བགྲད”，为睁眼之意。

敦煌写本：དེ་ཡིས་ཐུགས་སུ་ཆུད་པའི་ཆོས། །འཁོར་བའི་འཇིགས་པ་སེལ་བ་དང། །བྱང་ཆུབ་སེམས་དཔའི་ཚོགས་ལ་ཡང། །དེ་བཞིན་ཡང་དག་སྐྱབས་སུ་མཆི།།

今译：彼者[1]所证法，能除生死怖，菩提萨埵众，如是真皈依。(2—48)

藏文传世本：དེ་ཡི་ཐུགས་སུ་ཆུད་པའི་ཆོས། །འཁོར་བའི་འཇིགས་པ་སེལ་བ་དང་། །བྱང་ཆུབ་སེམས་དཔའི་ཚོགས་ལ་ཡང་། །དེ་བཞིན་ཡང་དག་སྐྱབས་སུ་མཆི། །(2—48)

敦煌写本：བདག་ནྀ་འཇིགས་པས་རྣམ་སྐྲག་ནས[2] ། །ཀུན་དུ་བཟང་ལ་བདག་ཉིད་འབུལ། །འཇམ་བའི་དབྱངས་ལ་ཡང་བདག་ཉིད་ཀྱིས། །བདག་གི་ལུས་ནྀ་འབུལ་བར་བགྱི།།

今译：我乃甚惊慌，将身献普贤，复以将我身，自献文殊尊。(2—49)

藏文传世本：བདག་ནི་འཇིགས་པས་རྣམ་སྐྲག་པས། །ཀུན་ཏུ་བཟང་ལ་བདག་ཉིད་འབུལ། །འཇམ་པའི་དབྱངས་ལ་བདག་ཉིད་ཀྱིས། །བདག་གི་ལུས་ནི་དབུལ་བར་བགྱི། །(2—49)

敦煌写本：ཐུགས་རྗེས་སྤྱོད་པ་མ་འཁྲུལད་པ། །སྤྱན་རས་གཟིགས་མགོན་དེ་ལ་ཡང་། །ཉམ་ཐག་ང་རོས་འོ་དོད་འབོད། །སྡིག་ལྡན་བདག་ལ་བསྐྱབ་དུ་གསོལ།།

今译：亦向观音怙，悲行无误尊，哀声今呼求：请救罪者我！(2—50)

藏文传世本：ཐུགས་རྗེས་སྤྱོད་པ་མ་འཁྲུལ་བ། །སྤྱན་རས་གཟིགས་མགོན་དེ་ལ་ཡང་། །ཉམ་ཐག་ང་རོས་འོ་དོད་འབོད། །སྡིག་ལྡན་བདག་ལ་བསྐྱབ་ཏུ་གསོལ། །(2—50)

敦煌写本：འཕྒྶ[3] ་པ་ནམ་མཁའི་སྙིང་པོ་དང། །སའི་སྙིང་པོ་དག་དང་ནྀ། །ཐུགས་རྗེ་ཆེ་མགོན་ཐམས་ཅད་ལ། །སྐྱབས་ཚོལ་སྙིང་ནས་འོ་དོད་འབོད།།

今译：圣者虚空藏，地藏诸圣众，一切大悲尊，由衷呼求皈。(2—51)

藏文传世本：འཕགས་པ་ནམ་མཁའི་སྙིང་པོ་དང་། །ས་ཡི་སྙིང་པོ་དག་དང་ནི། །ཐུགས་རྗེ་ཆེ་མགོན་ཐམས་ཅད་ལ། །སྐྱབས་ཚོལ་སྙིང་ནས་འོ་དོད་འབོད། །(2—51)

敦煌写本：གང་ཞིག་མཐོང་ནས་གཤིན་རྗེ་ཡི། །ཕོ་ཉ་ལས་སྫོགས་སྡང་བ་རྣམས། །སྐྲག་ནས་ཕྱོགས་བཞིར་འབྱེར་བྱེད་པ། །རྡོ་རྗེ་ཅན་ལ་སྐྱབས་སུ་མཆི།།

今译：皈依金刚手，阎魔诸使者，怀嗔于有情，见彼怖四散。(2—52)

---

〔1〕 指佛。

〔2〕 "ནས" 同 "པས"，为表示因果关系之虚词。

〔3〕 敦煌古藏文写本中一般行末文字之后置字和后后置字赘加于基字和后置字之下的现象，"འཕྒྶ" 为一例。

藏文传世本：གང་ཞིག་མཐོང་ནས་གཤིན་རྗེ་ཡི། །ཕོ་ཉ་ལ་སོགས་སྡང་བ་རྣམས། །སྐྲག་ནས་ཕྱོགས་བཞིར་འབྱེར་བྱེད་པ། །རྡོ་རྗེ་ཅན་ལ་སྐྱབས་སུ་མཆི། །(2—52)

敦煌写本：སྔན་ཆད་[1]ཁྱེད་ཀྱི་བཀའ་ལས་འདས། །ད་ནྀ་འཇིགས་པ་ཆེ་མཐོང་ནས། །ཁྱེད་ལ་སྐྱབས་སུ་མཆི་ལགས་ཀྱིས། །འཇིགས་པ་མྱུར་དུ་བསལ་བར་གསོལ། །

今译：昔违您[2]教言，今见现大怖，愿向您皈依，求速除怖畏。(2—53)

藏文传世本：སྔོན་ཆད་ཁྱེད་ཀྱི་བཀའ་ལས་འདས། །ད་ནི་འཇིགས་པ་ཆེ་མཐོང་ནས། །ཁྱེད་ལ་སྐྱབས་སུ་མཆི་ལགས་ཀྱིས། །འཇིགས་པ་མྱུར་དུ་བསལ་དུ་གསོལ། །(2—53)

敦煌写本：ཐ་མལ་ནད་ཀྱིས་འཇིགས་ན་ཡང་། །སྨན་པའི་ངག་བཞིན་བྱ་དགོས་ན། །འདོད་ཆགས་ལས་སོགས་ཉེས་པ་[3]བརྒྱ་ཡྀ། །ནད་ཀྱིས་རྟག་བཏབ་སྨོས་ཅི་དགོས། །

今译：寻常病所怖，尚须遵医嘱，何况贪等罪，百病恒缠身。(2—54)

藏文传世本：ཐ་མལ་ནད་ཀྱིས་འཇིགས་ན་ཡང་། །སྨན་པའི་ངག་བཞིན་བྱ་དགོས་ན། །འདོད་ཆགས་ལ་སོགས་ཉེས་བརྒྱ་ཡི། །ནད་ཀྱིས་རྟག་བཏབ་སྨོས་ཅི་དགོས། །(2—54)

敦煌写本：དེ་གཅིག་གིས་ཀྱང་འཛམ་གླིང་ན། །གནས་པའྀ་མྀ་ཀུན་བརླག་བྱེད་ལ། །དེ་དག་གསོ་བའི་སྨན་གཞན་ནྀ། །ཕྱོགས་ནས་[4]ཀུན་ནས་མྀ་རྙེད་ན། །

今译：即便一种罪，亦毁世间众，疗彼另药方，十方皆难得。(2—55)

藏文传世本：དེ་གཅིག་གིས་ཀྱང་འཛམ་གླིང་ན། །གནས་པའི་མི་ཀུན་བརླག་བྱེད་ལ། །དེ་དག་གསོ་བའི་སྨན་གཞན་ནི། །ཕྱོགས་རྣམས་ཀུན་ནས་མི་རྙེད་ན། །(2—55)

敦煌写本：དེ་ལ་སྨན་པ་ཐམས་ཆད་མཁྱེན། །ཟུག་རྔུ་ཐམས་ཆད་འབྱིན་པ་ཡི། །བཀའ་ལྟར་མྀ་བྱ[5]་སེམས་པ་ནྀ། །ཤིན་དུ་གཏི་མུག་སྨད་པའྀ་གནས། །

今译：医王一切智，拔除一切痛，若不听其旨，痴极应斥责。(2—56)

藏文传世本：དེ་ལ་སྨན་པ་ཐམས་ཅད་མཁྱེན། །ཟུག་རྔུ་ཐམས་ཅད་འབྱིན་པ་ཡི། །བཀའ་ལྟར་མི་བྱེད་སེམས་པ་ནི། །ཤིན་ཏུ་གཏི་མུག་སྨད་པའི་གནས། །(2—56)

---

[1] "སྔན་ཆད"同"སྔོན་ཆད"，但厘定后一律作"སྔོན་ཆད"。

[2] 指佛、菩萨等怙主。

[3] 此处"པ"为衍字。

[4] 此处"ནས"为表示方位或来源等的虚词，而传世本中之"རྣམས"为"诸"或"等"之意，但二者不影响句意。

[5] "བྱ"为动词将来时，而传世本中之"བྱེད"为动词现在时。

敦煌写本：གཡང་ས་ཐ་མལ་ཆུ་ངུ་[1] ལ་ཡང་། །བག་ཡོད་གནས་པར་བྱ་དགོས་ན། །དཔག་ཚད་སྟོང་དུ་ལྟུང་བ་ཡི། །ཡུན་རིང་གཡང་སར་སྨོས་ཅི་དགོས། །

今译：即便处小险，尚须要谨慎，况堕千由旬，长时险渊处。（2—57）

藏文传世本：གཡང་ས་ཐ་མལ་ཆུང་ངུ་ལའང་། །བག་ཡོད་གནས་པར་བྱ་དགོས་ན། །དཔག་ཚད་སྟོང་དུ་ལྟུང་བ་ཡི། །ཡུན་རིང་གཡང་སར་སྨོས་ཅི་དགོས། །（2—57）

敦煌写本：དེ་རིང་ཁོ་ནར་སྒྱི་འཆི་ཞེས། །བདེ་བར་འདུག་པ་རིགས་མ་ཡིན། །བདག་ནི་མྱེད་པར་འགྱུར་བའི་དུས། །དེ་ནི་གདོན་མྱི་ཟ་བར་འབྱུང་། །

今译：我今唯不死，安逸不应该，此生坏灭时，无疑会来临。（2—58）

藏文传世本：དེ་རིང་ཁོ་ན་མི་འཆི་ཞེས། །བདེ་བར་འདུག་པ་རིགས་མ་ཡིན། །བདག་ནི་མེད་པར་འགྱུར་བའི་དུས། །དེ་ནི་གདོན་མི་ཟ་བར་འབྱུང་། །（2—58）

敦煌写本：བདག་ལ་མྱི་འཇིགས་སུ་ཡིས་བྱིན། །འདི་ལས་ཅི་ལྟར་ངེས་ཐར་འགྱུར། །གདོན་མྱི་ཟ་བར་མྱེད་འགྱུར་ན། །ཅི་ཕྱིར་བདག་ཡིད་བདེ་བར་འདུག །

今译：谁赐我无畏，如何脱此苦，我将必不存，我心岂安乐？（2—59）

藏文传世本：བདག་ལ་མི་འཇིགས་སུ་ཡིས་བྱིན། །འདི་ལས་ཇི་ལྟར་ངེས་ཐར་ཞེས། །གདོན་མི་ཟ་བར་མེད་འགྱུར་ན། །ཇི་ལྟར་བདག་ཡིད་བདེ་བར་འདུག །（2—59）

敦煌写本：སྔོན་ཆད་སྤྱོད་སྟེ་ཞིག་པ་ལས། །བདག་ལ་ལྷག་པ་ཅི་ཡོད་ན། །བདག་[2]དེ་ལ་མངོན་ཞེས[3]་ནས། །བླ་མའི་བཀའ་དང་འགལ་བར་བྱས། །

今译：前受已坏灭，不剩利于己，为何痴迷彼，违背师教诲。（2—60）

藏文传世本：སྔོན་ཆད་སྤྱོད་སྟེ་ཞིག་པ་ལས། །བདག་ལ་ལྷག་པ་ཅི་ཡོད་ན། །བདག་ནི་དེ་ལ་མངོན་ཞེན་ནས། །བླ་མའི་བཀའ་དང་འགལ་བར་བྱས། །（2—60）

敦煌写本：གསོན་ཆེ་འདི་དང་དེ་བཞིན་དུ། །གཉེན་དང་བཤེས་པ་རྣམ་སྤངས་ནས། །གཅིག་པུ་ག་ཤེད་འགྲོ་དགོས་ན། །མཛའ་དང་མྱི་མཛའ་ཀུན་ཅི་རུང་། །

今译：终须弃此生，亲人及诸友，独自要离开，友与敌何用？（2—61）

---

〔1〕古藏文中用“ཆུ་ངུ”表示“ཆུང་ངུ”，意即“小”，本写本中亦有数处此类写法，藏文厘定之后一律作“ཆུང་ངུ”。

〔2〕此处缺失了“ནི”一字。

〔3〕此处“ཞེས”为“ཞེན”之笔误。

藏文传世本：གསོན་ཚེ་འདི་དང་དེ་བཞིན་དུ། །གཉེན་དང་བཤེས་པ་རྣམ་སྤངས་ནས། །གཅིག་པུ་ག་ཤེད་འགྲོ་དགོས་ན། །མཛའ་དང་མི་མཛའ་ཀུན་ཅི་རུང་། །(2—61)

敦煌写本：མྱི་དགེ་བ་ལས་སྡུག་བསྔལ་འབྱུང་། །དེ་ལས་ཅི་ལྟར་ངེས་འཐར་ཞེས། །ཉིན་མཚན་རྟག་དུ་བདག་གིས་ནྀ། །འདྀ་ཉིད་འབའ་ཤིག་བསམ་བའི་རིགས། །

今译：作恶生诸苦，如何脱此苦，不分昼与夜，我当专心思。(2—62)

藏文传世本：མི་དགེ་བ་ལས་སྡུག་བསྔལ་འབྱུང་། །དེ་ལས་ཇི་ལྟར་ངེས་ཐར་ཞེས། །ཉིན་མཚན་རྟག་ཏུ་བདག་གིས་ནི། །འདི་ཉིད་འབའ་ཞིག་བསམ་པའི་རིགས། །(2—62)

敦煌写本：བདག་ནྀ་མྱི་ཤེས་གཏི་མུག་པས། །རང་བཞིན་ཁ་ན་མ་ཐོ་བ་འམ། །བཅད་[1] པའི་སྡིག་པ་གང་ཡིན་ལས། །གང་ཡང་རུང་བ་བགྱིས་པའི་རྣམས། །

今译：我乃痴迷故，所犯诸性罪，亦或属遮罪，所犯种种罪，(2—63)

藏文传世本：བདག་ནི་མི་ཤེས་གཏི་མུག་པས། །རང་བཞིན་ཁ་ན་མ་ཐོའམ། །བཅས་པའི་སྡིག་པ་གང་ཡིན་ལས། །གང་ཡང་རུང་བ་བགྱིས་པ་རྣམས། །(2—63)

敦煌写本：མགོན་པོའི་སྤྱུ་ངར་[2] མངོན་སུམ་དུ། །ཐལ་སྦྱར་སྡུག་བསྔལ་འཇིགས་སེམས་ཀྱིས། །ཡང་དང་ཡང་དུ་ཕྱག་འཚལ་ཏེ། །དེ་དག་ཐམས་ཅད་བཤགས་པར་བགྱི། །

今译：怙主座前立，合掌畏苦心，复次礼敬之，忏悔一切罪。(2—64)

藏文传世本：མགོན་པོའི་སྤྱན་སྔར་མངོན་སུམ་དུ། །ཐལ་སྦྱར་སྡུག་བསྔལ་འཇིགས་སེམས་ཀྱིས། །ཡང་དང་ཡང་དུ་ཕྱག་འཚལ་ཏེ། །དེ་དག་ཐམས་ཅད་བཤགས་པར་བགྱི། །(2—64)

敦煌写本：འདྲེན་པ་རྣམས་ཀྱིས་བདག་གི་སྡིག །ཉོངས་པ་ལགས་པར་གཟུང་དུ་གསོལ། །འདྀ་ནི་བཟང་པོ་མ་ལགས་པས། །སླན་ཆད་བདག་ནྀ་ཡོང་མྱི་བགྱིད། །

今译：祈请诸导师，宽恕我之过，此即非善行，尔后绝不做。(2—65)

藏文传世本：འདྲེན་པ་རྣམས་ཀྱིས་བདག་གི་སྡིག །ཉོངས་པ་ལགས་པར་གཟུང་དུ་གསོལ། །འདི་ནི་བཟང་པོ་མ་ལགས་པས། །སླན་ཆད་བདག་ནི་ཡོང་མི་བགྱིད། །[3](2—65)

敦煌写本：སེམས་ཅན་ཀུན་གྱི་ངན་སོང་གི། །སྡུག་བསྔལ་ངལ་བསོའི་དགེ་བ་དང་། ། བྱང་ཆུབ་རྒྱུར་འགྱུར་

〔1〕 此处“བཅད”与藏文传世本中之“བཅས”都可以解释为“遮罪”。
〔2〕 “སྤྱན་སྔར”在古藏文中通用为“སྤྱུ་ངར”，但厘定后一律作“སྤྱན་སྔར”。
〔3〕 藏文传世本第二品至此结束。

དགེ་བསགས་པ། །དེ་ལ་རྗེས་སུ་ཡྀ་རང་ངོ། །

今译：有情恶趣苦，停息所作善[1]，积善菩提因，对彼亦随喜。(2—66)

藏文传世本：སེམས་ཅན་ཀུན་གྱི་ངན་སོང་གི། །སྡུག་བསྔལ་ངལ་བསོའི་དགེ་བ་དང་། །བྱང་ཆུབ་རྒྱུར་གྱུར་དགེ་བསགས་པ། །དེ་ལ་རྗེས་སུ་ཡི་རང་ངོ་། །(3—1)

敦煌写本：ལུས་ཅན་འཁོར་བའི་སྡུག་བསྔལ་ལས། །ངེས་པར་ཐར་ལ་ཡི་རང་ངོ། །སྐྱོབ་པ་རྣམས་ཀྱི་བྱང་ཆུབ་དང། །རྒྱལ་སྲས་ལ་ཡང་ཡྀ་རང་ངོ། །

今译：有情生死苦，实脱我随喜，随喜诸护者，菩提[2]及佛子[3]。(2—67)

藏文传世本：ལུས་ཅན་འཁོར་བའི་སྡུག་བསྔལ་ལས། །ངེས་པར་ཐར་ལ་ཡི་རང་ངོ་། །སྐྱོབ་པ་རྣམས་ཀྱི་བྱང་ཆུབ་དང་། །རྒྱལ་སྲས་ས་ལའང་ཡི་རང་ངོ་། །(3—2)

敦煌写本：སེམས་ཅན་ཐམས་ཅད་བདེ་མཛད་པའྀ། །ཐུགས་བསྐྱེད་དགེ་བ་རྒྱ་མཚོ་དང། །སེམས་ཅན་ཕན་པར་མཛད་པ་ལ། །དགྭ་བས་རྗེ་སུ་ཡི་རང་ངོ། །

今译：令众生得乐，发心善如海，饶益于有情，欣悦并随喜。(2—68)

藏文传世本：སེམས་ཅན་ཐམས་ཅད་བདེ་མཛད་པའི། །ཐུགས་བསྐྱེད་དགེ་བ་རྒྱ་མཚོ་དང་། །སེམས་ཅན་ཕན་པ་མཛད་པ་ལ། །དགའ་བས་རྗེས་སུ་ཡི་རང་ངོ་། །(3—3)

敦煌写本：ཕྱོགས་རྣམས་ཀུན་གྱི་སངས་རྒྱས་ལ། །ཐལ་མོ་སྦྱར་ཏེ་གསོལ་བ་ནྀ། །སེམས་ཅན་སྡུག་བསྔལ་མུན་འཐོམ་ལ། །ཆོས་ཀྱི་སྒྲོན་མ་སྦར་དུ་གསོལ། །

今译：于十方诸佛，合掌所祈请，为此苦暗众，请燃佛法灯。(2—69)

藏文传世本：ཕྱོགས་རྣམས་ཀུན་གྱི་སངས་རྒྱས་ལ། །ཐལ་མོ་སྦྱར་ཏེ་གསོལ་བ་ནི། །སེམས་ཅན་སྡུག་བསྔལ་མུན་འཐོམས་ལ། །ཆོས་ཀྱི་སྒྲོན་མ་སྦར་དུ་གསོལ། །(3—4)

敦煌写本：རྒྱལ་བ་མྱ་ངན་འདའ་བཞེད་ལ། །ཐལ་མོ་སྦྱརད་ཅིང་གསོལ་བ་ནི། །འགྲོ་འདི་མདོངས་པར་[4] མྱི་དགོད་ཅིང། །བསྐལ་པ་གྲངས་མྱེད་བཞུགས་པར་གསོལ། །

今译：于欲涅槃佛[5]，合掌所祈祷，勿使众生盲，请住无量劫。(2—70)

---

〔1〕藏文传世本在此处多出两个短句“སྡུག་བསྔལ་ཅན་དག་བདེར་གནས་ལ། །དགའ་བས་རྗེས་སུ་ཡི་རང་ངོ་། །”。

〔2〕护者指佛，菩提即觉悟。

〔3〕藏文传世本为“佛子地”，即指佛、菩萨等所要修证的十个次第果位。

〔4〕“མདོངས་པ”同“ཞོངས་པ”，意为“目盲”。

〔5〕字意为胜者，即指佛。

藏文传世本：རྒྱལ་བ་མྱ་ངན་འདའ་བཞེད་ལ། །ཐལ་མོ་སྦྱར་ཏེ་གསོལ་བ་ནི། །འགྲོ་འདི་ཕྱོངས་པར་མི་དགོད་ཅིང་། །བསྐལ་པ་གྲངས་མེད་བཞུགས་པར་གསོལ། །(3—5)

敦煌写本：དེ་ལྟར་འདྲ་དག་ཀུན་བྱས་སྟེ། །དགེ་བ་བདག་གིས་བསགས་པ་གང་། །དེས་ནི་སེམས་ཅན་ཐམས་ཆད་ཀྱི། །སྡུག་བསྔལ་ཐམས་ཆད་བསལ་བར་ཤོག །

今译：此等我所行，所积诸善根，愿能除众苦，一切苦无余。（2—71）

藏文传世本：དེ་ལྟར་འདི་དག་ཀུན་བྱས་ཏེ། །དགེ་བ་བདག་གིས་བསགས་པ་གང་། །དེས་ནི་སེམས་ཅན་ཐམས་ཅད་ཀྱི། །སྡུག་བསྔལ་ཐམས་ཅད་བསལ་བར་ཤོག །(3—6)

敦煌写本：འགྲོ་བ་ནད་པ་ཅི་སྲིད་དུ། །ནད་སོས་གྱུར་གྱི་བར་དུ་ནི། །སྨན་དང་སྨན་པ་ཉིད་དག་དང་། །དེའི་ནད་གཡོག་བྱེད་པར་ཤོག །

今译：为彼得病众，直到病痊愈，愿为医与药，并作看护士。（2—72）

藏文传世本：འགྲོ་བ་ནད་པ་ཇི་སྲིད་དུ། །ནད་སོས་གྱུར་གྱི་བར་དུ་ནི། །སྨན་དང་སྨན་པ་ཉིད་དག་དང་། །དེ་ཡི་ནད་གཡོག་བྱེད་པར་ཤོག །(3—7)

敦煌写本：ཟས་དང་སྐོམ་གྱི་ཆར་ཕབ་སྟེ། །བཀྲེས་དང་སྐོམ་བའི་གནོད་པ་བསལ། །མུ་གེའི་བསྐལད་པ་བར་མའི་ཚེ། །བདག་ནི་ཟས་དང་སྐོམ་དུ་གྱུརད། །

今译：普降食及饮，消除饥渴灾；中劫饥荒时[1]，我愿成饮食。（2—73）

藏文传世本：ཟས་དང་སྐོམ་གྱི་ཆར་ཕབ་སྟེ། །བཀྲེས་དང་སྐོམ་པའི་གནོད་པ་བསལ། །མུ་གེའི་བསྐལ་པ་བར་མའི་ཚེ། །བདག་ནི་ཟས་དང་སྐོམ་དུ་གྱུར། །(3—8)

敦煌写本：སེམས་ཅན་ཕོངས་ཤིང་དབུལ་བ་ལ། །བདག་ནི་མྱི་ཟད་གཏེར་གྱུརད་ཏེ། །ཡོ་བྱད་མཁོ་དགུ་སྣ་ཚོགས་སུ། །མདུན་དུ་ཉེ་བར་གནས་གྱུར་ཅིག །

今译：对彼贫穷众，我成无尽藏，所需种种物，尽显于面前。（2—74）

藏文传世本：སེམས་ཅན་ཕོངས་ཤིང་དབུལ་བ་ལ། །བདག་ནི་མི་ཟད་གཏེར་གྱུར་ཏེ། །ཡོ་བྱད་མཁོ་དགུ་སྣ་ཚོགས་སུ། །མདུན་ན་ཉེ་བར་གནས་གྱུར་ཅིག །(3—9)

敦煌写本：ལུས་དང་དེ་བཞིན་ལོངས་སྤྱོད་དང་། །དུས་གསུམ་དགེ་བ་ཐམས་ཆད་ཀྱང་། །སེམས་ཅན་ཀུན་གྱི་དོན་འགྲུབ་ཕྱིར། །ཕངས་པ་མྱེད་པར་གཏང་བར་བྱ། །

今译：吾身乃与财，三时诸善根，为成众生事，不啬皆施舍。（2—75）

---

〔1〕 佛经中所讲在灭法时众生要经历的一个极度饥荒时期。

藏文传世本：ལུས་དང་དེ་བཞིན་ལོངས་སྤྱོད་དང་། །དུས་གསུམ་དགེ་བ་ཐམས་ཅད་ཀྱང་། །སེམས་ཅན་ཀུན་གྱི་དོན་སྒྲུབ་ཕྱིར། །ཕོངས་པ་མེད་པར་གཏང་བར་བྱ།།(3—10)

敦煌写本：ཐམས་ཆད་བཏང་བས་མྱ་ངན་འདའ། །བདག་བློ་མྱ་ངན་འདས་པ་བསྒྲུབ། །ཐཾས་ཆད་གཏང་དུ་ཆབས་གཅིག་མ། །སེམས་ཆན་རྣམས་ལ་གཏང་བ་[1]མཆོག།

今译：舍尽能涅槃，我心亦证此，总摄一切舍，舍众最殊胜。(2—76)

藏文传世本：ཐམས་ཅད་བཏང་བས་མྱ་ངན་འདའ། །བདག་བློ་མྱ་ངན་འདས་པ་སྒྲུབ། །ཐམས་ཅད་གཏོང་བར་ཆབས་གཅིག་ལ། །སེམས་ཅན་རྣམས་ལ་བཏང་བ་མཆོག །(3—11)

敦煌写本：བདག་གིས་ལུས་ཅན་ཐམས་ཆད་ལ། །ལུས་འདི་ཅི་བདེར་བྱིན་ཟིན་ཀྱིས། །རྟག་དུ་གསོད་དང་སྨོད་པ་འམ། །བརྡེག་སྔོགས་ཅི་དགྱར་བྱེད་ལ་རག།

今译：我于有情众，随顺舍此身，杀或骂与打，所欲请常行。(2—77)

藏文传世本：བདག་གིས་ལུས་ཅན་ཐམས་ཅད་ལ། །ལུས་འདི་ཅི་བདེར་བྱིན་ཟིན་གྱིས། །རྟག་ཏུ་གསོད་དང་སྨོད་པའམ། །བརྡེག་སོགས་ཅི་དགར་བྱེད་ལ་རག །(3—12)

敦煌写本：བདག་གི་ལུས་ཀྱིས་རྩེ་བྱེད་དམ། །ཅོ་འདྲི་ག་ཞའི་རྒྱུ་བྱེད་ཀྱང་། །བདག་གི་ལུས་འདི་བྱིན་ཟིན་ཀྱིས། །འདིའི་ཁ་དས་ཅི་ཞིག་བྱ།།

今译：纵然戏我身，辱或当笑柄，此身已施舍，劝护有何用。(2—78)

藏文传世本：བདག་གི་ལུས་ལ་རྩེ་བྱེད་དམ། །ཅོ་འདྲི་ག་ཞའི་རྒྱུ་བྱེད་ཀྱང་། །བདག་གི་ལུས་འདི་བྱིན་ཟིན་གྱིས། །འདི་ཡི་ཁ་ཏས་ཅི་ཞིག་བྱ།།(3—13)

敦煌写本：དེ་ལ་གནོད་པར་མྱི་འགྱུར་བའི། །ལས་གང་ཡིན་བ་འང་བྱེད་དུ་ཆུག །བདག་ལ་དམྱིགས་ནས་ནམ་དུ་ཡང་། །འགའ་ཡང་དོན་མྱེད་མ་གྱུར་ཅིག།

今译：不损自他事，唯命顺从做，永不缘我故，成彼不愿事。(2—79)

藏文传世本：དེ་ལ་གནོད་པར་མི་འགྱུར་བའི། །ལས་གང་ཡིན་པའང་བྱེད་དུ་ཆུག །བདག་ལ་དམིགས་ནས་ནམ་དུ་ཡང་། །འགའ་ཡང་དོན་མེད་མ་གྱུར་ཅིག །(3—14)

敦煌写本：བདག་ལ་དམྱིགས་ནས་གང་དག་གི། །ཁྲོ་བ་འམ་དད་པའི་སེམས་བྱུང་བ། །དེ་ཉིད་རྟག་དུ་དེ་དག་གི། །དོན་ཀུན་འགྲུབ་པའི་རྒྱུར་གྱུར་ཅིག །

今译：缘我为何人，生嗔或信心，即彼恒转变，彼成众事因。(2—80)

---

〔1〕“གཏང་བ”同“བཏང་བ”，意为“舍”。

藏文传世本：བདག་ལ་དམིགས་ནས་གང་དག་གི། །ཁྲོ་འམ་དད་པའི་སེམས་བྱུང་བ། །དེ་ཉིད་རྟག་ཏུ་དེ་དག་གི། །དོན་ཀུན་འགྲུབ་པའི་རྒྱུར་གྱུར་ཅིག །(3—15)

敦煌写本：གང་དག་བདག་ལ་ཁ་ཟེར་རམ། །གཞན་གང་གནོད་པར་བྱེད་པ་འམ། །དེ་བཞིན་ཕྱར་ཀ་གཏོང་བ་ཡང་། །ཐམས་ཅད་བྱང་ཆུབ་སྐལ་ལྡན་གྱུརད། །

今译：若人诋毁我，复或伤害我，乃至诽谤我，愿皆成菩提。(2—81)

藏文传世本：གང་དག་བདག་ལ་ཁ་ཟེར་རམ། །གཞན་དག་གནོད་པ་བྱེད་པའམ། །དེ་བཞིན་ཕྱར་ཀ་གཏོང་ཡང་རུང་། །ཐམས་ཅད་བྱང་ཆུབ་སྐལ་ལྡན་གྱུར། །(3—16)

敦煌写本：བདག་ནི་མགོན་མེད་རྣམས་ཀྱི་མགོན། །ལམ་ཞུགས་རྣམས་ཀྱི་དེད་པོན་དང་། །རྒལ་འདོད་རྣམས་ཀྱི་གྲུ་དང་ནི། །གཟིངས་དང་ཟམ་པ་ཉིད་དུ་འགྱུར། །

今译：愿我成依怙[1]，入道者先导，渡者为舟楫，航船与桥梁。(2—82)

藏文传世本：བདག་ནི་མགོན་མེད་རྣམས་ཀྱི་མགོན། །ལམ་ཞུགས་རྣམས་ཀྱི་དེད་དཔོན་དང་། །བརྒལ་འདོད་རྣམས་ཀྱི་གྲུ་དང་ནི། །གཟིངས་དང་ཟམ་པ་ཉིད་དུ་གྱུར། །(3—17)

敦煌写本：གླིང་དོན་གཉེར་ལ་གླིང་དང་ནི། །གནས་མལ་འདོད་ལ་གནས་མལ་དང་། །བདག་ནི་ལུས་ཅན་བྲན་འདོད་པ། །ཀུན་གྱི་བྲན་དུ་གྱུར་པར་ཤོག། །

今译：求岛者为岛[2]，求宅者为宅，有情欲得仆，我愿成众仆。(2—83)

藏文传世本：གླིང་དོན་གཉེར་ལ་གླིང་དང་ནི། །གནས་མལ་འདོད་ལ་གནས་མལ་དང་། །བདག་ནི་ལུས་ཅན་བྲན་འདོད་པ། །ཀུན་གྱི་བྲན་དུ་གྱུར་པར་ཤོག །(3—18)

敦煌写本：ཡིད་བཞིན་ནོར་དང་བུམ་པ་བཟང་། །རིག་སྔགས་གྲུབ་དང་སྨན་ཆེན་དང་། །དཔག་བསམས་ཀྱི་ནི་ཤིང་དག་དང་། །ལུས་ཅན་རྣམས་ཀྱི་འདོད་བཞོ[3]ར་གྱུརད། །

今译：愿成如意宝，妙瓶与明咒，灵药如意树，有情如意牛。(2—84)

藏文传世本：ཡིད་བཞིན་ནོར་དང་བུམ་པ་བཟང་། །རིག་སྔགས་གྲུབ་དང་སྨན་ཆེན་དང་། །དཔག་བསམ་གྱི་ནི་ཤིང་དག་དང་། །ལུས་ཅན་རྣམས་ཀྱི་འདོད་འཛོར་གྱུར། །(3—19)

敦煌写本：ས་སྟོགས་འབྱུང་བ་ཆེན་པོ་དང་། །ནམ་མཁའ་བཞིན་དུ་རྟག་པར་ཡང་། །སེམས་ཅན་དཔག་དུ་མེད་

[1] 无依无靠者的守护者，即指佛。

[2] 此处藏文传世本中另有“求灯者为灯”一句。

[3] “བཞོ”为动词将来时，而“འཛོ”则为现在时。

པ་ཡི། །རྣམ་མང་ཉེར་འཚོའི་གཞིར་ཡང་ཤོག། །

今译：如地等大种[1]，或空恒不变，为彼无量众，成就饶益因。(2—85)

藏文传世本：ས་སོགས་འབྱུང་བ་ཆེན་པོ་དང་། །ནམ་མཁའ་བཞིན་དུ་རྟག་པར་ཡང་། །སེམས་ཅན་དཔག་ཏུ་མེད་པ་ཡི། །རྣམ་མང་ཉེར་འཚོའི་གཞིར་ཡང་ཤོག །(3—20)

敦煌写本：དེ་བཞིན་ནམ་མཁའི་མཐས་གཏུགས་པའི། །སེམས་ཅན་ཁམས་ལ་རྣམ་ཀུན་དུ། །ཐམས་ཅད་མྱ་ངན་འདས་བར་དུ། །བདག་ནི་ཉེར་འཚོའི་རྒྱུར་ཡང་ཤོག། །

今译：虚空众生界，一切种种相，直至示寂灭，我成饶益因。(2—86)

藏文传世本：དེ་བཞིན་ནམ་མཁའི་མཐས་གཏུགས་པའི། །སེམས་ཅན་ཁམས་ལ་རྣམ་ཀུན་ཏུ། །ཐམས་ཅད་མྱ་ངན་འདས་བར་དུ། །བདག་ནི་ཉེར་འཚོའི་རྒྱུར་ཡང་ཤོག །(3—21)

敦煌写本：ཅི་ལྟར་སྔོན་གྱི་བདེ་གཤེགས་ཀྱིས། །བྱང་ཆུབ་ཐུགས་ནི་བསྐྱེད་པ་དང་། །བྱང་ཆུབ་སེམས་དཔའི་བསླབ་པ་ལ། །དེ་དག་རིམས་བཞིན་གནས་པ་ལྟར། །

今译：往昔诸善逝，发愿菩提心，菩萨诸学处，彼诸次第住。(2—87)

藏文传世本：ཇི་ལྟར་སྔོན་གྱི་བདེ་གཤེགས་ཀྱིས། །བྱང་ཆུབ་ཐུགས་ནི་བསྐྱེད་པ་དང་། །བྱང་ཆུབ་སེམས་དཔའི་བསླབ་པ་ལ། །དེ་དག་རིམ་བཞིན་གནས་པ་ལྟར། །(3—22)

敦煌写本：དེ་བཞིན་འགྲོ་བའི་ཕན་དོན་དུ། །བྱང་ཆུབ་སེམས་ནི་བསྐྱེད་བགྱི་ཞིང་། །དེ་བཞིན་དུ་ནི་བསླབ་པ་ལ་འང་། །རིམ་པ་བཞིན་དུ་བསླས་[2]པར་བགྱི། །

今译：如是利众生，我发菩提心，并于诸学处，次第勤修持。(2—88)

藏文传世本：དེ་བཞིན་འགྲོ་ལ་ཕན་དོན་དུ། །བྱང་ཆུབ་སེམས་ནི་བསྐྱེད་བགྱི་ཞིང་། །དེ་བཞིན་དུ་ནི་བསླབ་པ་ལའང་། །རིམ་པ་བཞིན་དུ་བསླབ་པར་བགྱི། །(3—23)

敦煌写本：དེ་ལྟར་བློ་དང་ལྡན་བ་ཡིས། །རབ་དང་བྱང་ཆུབ་སེམས་བཟུང་ནས། །འཐུག་[3]ཀྱང་རྒྱས་པར་བྱ་བའི་ཕྱིརད། །སེམས་ནི་འདི་ལྟར་གཟེངས་བསྟོད་དོ། །

今译：如是具慧者[4]，乐持菩提心，复为广修故，如此赞扬心：(2—89)

藏文传世本：དེ་ལྟར་བློ་དང་ལྡན་པ་ཡིས། །རབ་དང་བྱང་ཆུབ་སེམས་བཟུང་ནས། །མཐུག་ཀྱང་རྒྱས་པར་བྱ་

〔1〕 大种，佛书中指地、水、火、风四元素。

〔2〕 在IOL Tib J 629中为“བསླབ”。

〔3〕 “འཐུག”同“མཐུག”，在IOL Tib J 629中为“མཐུག”，作“复”或“后”解。

〔4〕 具慧者指菩萨。

བའི་ཕྱིར། །སེམས་ནི་འདི་ལྟར་གཟེངས་བསྟོད་དོ། །(3—24)

敦煌写本：དེང་དུ་བདག་ཚེ་འབྲས་བུ་ཡོད། །མྱིའི་སྲིད་པ་ལེགས་པར་འཐོབ། །དེ་རིང་སངས་རྒྱས་རིགས་སུ་སྐྱེས། །སངས་རྒྱས་སྲས་སུ་ད་གྱུརད་ཏོ། །

今译：此生我获福，圆满得人趣，由今成菩萨，由此成佛子。(2—90)

藏文传世本：དེང་དུ་བདག་ཚེ་འབྲས་བུ་ཡོད། །མི་ཡི་སྲིད་པ་ལེགས་པར་ཐོབ། །དེ་རིང་སངས་རྒྱས་རིགས་སུ་སྐྱེས། །སངས་རྒྱས་སྲས་སུ་བདག་དེང་གྱུར། །(3—25)

敦煌写本：ད་ནི་བདག་གིས་ཅི་ནས་ཀྱང། །རིགས་དང་མཐུན་པའི་ལས་བརྩམས་སྟེ། །སྐྱོན་མྱེད་བཙུན་པའི་རིགས་འདི་ལ། །རྙོག་པར་མྱི་འགྱུར་དེ་ལྟར་བྱ། །

今译：我当必勤行，合乎佛性业，无瑕尊贵性，勿令染于污。(2—91)

藏文传世本：ད་ནི་བདག་གིས་ཅི་ནས་ཀྱང་། །རིགས་དང་མཐུན་པའི་ལས་བརྩམས་ཏེ། །སྐྱོན་མེད་བཙུན་པའི་རིགས་འདི་ལ། །རྙོག་པར་མི་འགྱུར་དེ་ལྟར་བྱ། །(3—26)

敦煌写本：ལོང་བས་ཕྱག་དར་ཕུང་པོ་ནས། །ཅི་ལྟར་རིན་ཅན་རྙེད་པ་ལྟར། །དེ་བཞིན་ཅི་ཞིག་ལྟར་སྟེས་ནས། །བྱང་ཆུབ་སེམས་འདི་བདག་ལ་སྐྱེས། །

今译：犹如一瞎子，废中偶拾宝，如是我侥幸，生此菩提心。(2—92)

藏文传世本：ལོང་བས་ཕྱག་དར་ཕུང་པོ་ལས། །ཇི་ལྟར་རིན་ཆེན་རྙེད་པ་ལྟར། །དེ་བཞིན་ཇི་ཞིག་ལྟར་སྟེས་ནས། །བྱང་ཆུབ་སེམས་འདི་བདག་ལ་སྐྱེས། །(3—27)

敦煌写本：འགྲོ་བའི་འཆི་བདག་འཇོམས་བྱེད་པའི། །བདུད་རྩིའི་མཆོག་ཀྱང་འདི་ཡིན་ནོ། །འགྲོ་བའི་དབུལ་བ་སེལད་པའི། །མྱི་ཟད་གཏེར་ཡང་འདི་ཡིན་ནོ། །

今译：此为妙甘露，救众于死神，此为无尽藏，能除众生贫。(2—93)

藏文传世本：འགྲོ་བའི་འཆི་བདག་འཇོམས་བྱེད་པའི། །བདུད་རྩི་མཆོག་ཀྱང་འདི་ཡིན་ནོ། །འགྲོ་བའི་དབུལ་བ་སེལ་བ་ཡི། །མི་ཟད་གཏེར་ཡང་འདི་ཡིན་ནོ། །(3—28)

敦煌写本：འགྲོ་བའི་ནད་རབ་ཞི་བྱེད་པའི། །སྨན་གྱི་མཆོག་ཀྱང་འདི་ཡིན་ནོ། །སྲིད་ལམ་འཁྱམ་ཞིང་ངུབ་པ་ཡི། །འགྲོ་བའི་ངལ་བསོ་ལྗོན་ཤིང་ཡིན། །

今译：此为殊胜药，能治众生病，此为乘凉树，能消迷众疲。(2—94)

藏文传世本：འགྲོ་བའི་ནད་རབ་ཞི་བྱེད་པའི། །སྨན་གྱི་མཆོག་ཀྱང་འདི་ཡིན་ནོ། །སྲིད་ལམ་འཁྱམ་ཞིང་ངུབ་པ་ཡི། །འགྲོ་བའི་ངལ་བསོ་ལྗོན་ཤིང་ཡིན། །(3—29)

敦煌写本：འགྲོ་བ་ཐམས་ཆད་ངན་འགྲོ་ལས། །སྒྲོལ་བར་བྱེད་པའྀ་སྲི་སྟེགས་ཡིན། །འགྲོ་བ་ཉོན་མོངས་གདུང་སེལད་པའྀ། །སེམས་ཀྱི་ཟླ་བ་ཤརད་པ་ཡིན།།

今译：此为搭救桥，救众于恶趣，此为心中月，能除众烦躁。（2—95）

藏文传世本：འགྲོ་བ་ཐམས་ཅད་ངན་འགྲོ་ལས། །སྒྲོལ་བར་བྱེད་པའི་སྲི་སྟེགས་ཡིན། །འགྲོ་བའི་ཉོན་མོངས་གདུང་སེལ་བའི། །སེམས་ཀྱི་ཟླ་བ་ཤར་བ་ཡིན།།（3—30）

敦煌写本：འགྲོ་བའི་མྱི་ཤེས་རབ་རིབ་དག །དབྱིས་འབྱིན་ཉི་མ་ཆེན་པོ་ཡིན། །དམ་ཆོས་འོ་མ་བསྲུབས་པ་ལས། །མར་གྱི་སྙིང་ཁུ་བྱུང་བ་ཡོན།།

今译：此为大日轮，能驱众无知，此为法精髓，搅乳成酥酪。（2—96）

藏文传世本：འགྲོ་བའི་མི་ཤེས་རབ་རིབ་དག །དབྱིས་འབྱིན་ཉི་མ་ཆེན་པོ་ཡིན། །དམ་ཆོས་འོ་མ་བསྲུབས་པ་ལས། །མར་གྱི་ཉིང་ཁུ་བྱུང་བ་ཡིན།།（3—31）

敦煌写本：འགྲོ་བའི་འདྲོན་པ་[1]སྲིད་པའྀ་ལམ་རྒྱུ་ཞིང༌། །བདེ་བའི་ལོང་སྤྱོད་སྤྱུར་[2]བར་འདོད་པ་ལ། །འདི་ནི་བདེ་བའི་མཆོག་དུ་ཉེར་གནས་སྟེ། །སེམས་ཅན་མགྲོན་ཆེན་ཆོམ་བར་བྱེད་པ་ཡིན།།

今译：于诸沦落三界客，欲享人天安乐者，此为处乐殊胜法，必能满足有情客。（2—97）

藏文传世本：འགྲོ་བའི་མགྲོན་པོ་སྲིད་པའི་ལམ་རྒྱུ་ཞིང༌། །བདེ་བའི་ལོངས་སྤྱོད་སྤྱད་པར་འདོད་པ་ལ། །འདི་ནི་བདེ་བའི་མཆོག་ཏུ་ཉེར་གནས་ཏེ། །སེམས་ཅན་མགྲོན་ཆེན་ཆོམ་པར་བྱེད་པ་ཡིན།།（3—32）

敦煌写本：བདག་གིས་དེ་རིང་སྐྱོབ་པ་ཐམས་ཆད་ཀྱི། །སྤྱན་སྔར་འགྲོ་བ་བདེ་གཤེགས་ཉིད་དང་ནི། །བར་དུ་བདེ་ལ་མགྲོན་དུ་བོས་ཟིན་གྱིས། །ལྷ་དང་ལྷ་མྱིན་ལས་སྟོགས་དགའ་བར་གྱིས།།

今译：我于一切依怙前，今邀众生为上宾，宴飨成佛及他乐，愿天非天皆欢喜！（2—98）

藏文传世本：བདག་གིས་དེ་རིང་སྐྱོབ་པ་ཐམས་ཅད་ཀྱི། །སྤྱན་སྔར་འགྲོ་བ་བདེ་གཤེགས་ཉིད་དང་ནི། །བར་དུ་བདེ་ལ་མགྲོན་དུ་བོས་ཟིན་གྱིས། །ལྷ་དང་ལྷ་མིན་ལ་སོགས་དགའ་བར་གྱིས།།（3—33）

敦煌写本：བྱང་ཆུབ་སེམས་དཔའི་སྤྱོད་པ་ལ་འཇུག་པ་ལས། །བྱང་ཆུབ་ཀྱི་སེམས་ཡོངས་སུ་གཟུང་བ་ཞེས་བྱ་བ་སྟེ། །ལེའུ་གཉིས་པའོ།།

译文：《入菩萨行论》之《持菩提心》为第二品。

---

〔1〕“འདྲོན་པ”为古藏文词汇，同传世本中之“མགྲོན་པོ”，作“客人”解。

〔2〕在IOL Tib J 629中为“སྤྱད”。

第三品 无 我

敦煌写本：རྒྱལ་བའི་སྲས་ཀྱིས་དེ་ལྟ་བུར། །བྱང་ཆུབ་སེམས་རབ་བརྟན་བཟུང་ནས། །གཡེལ་བ་མྱེད་པར་རྟག་དུ་ཡང་། །བསླབ་ལས་སྦྱི་འདའ་འབད་པར་བྱ། །

今译：佛子即如是，坚持菩提心，无摇恒勤学，莫违诸学处。（3—1）

藏文传世本：རྒྱལ་བའི་སྲས་ཀྱིས་དེ་ལྟ་བུར། །བྱང་ཆུབ་སེམས་རབ་བརྟན་བཟུང་ནས། །གཡེལ་བ་མེད་པར་རྟག་ཏུ་ཡང་། །བསླབ་ལས་མི་འདའ་འབད་པར་བྱ། །（4—1）

敦煌写本：བབ་ཅོལ་བརྩམས་པ་གང་ཡིན་བ་འམ། །གང་ཞིག་ལེགས་པར་མ་བརྟགས་པ། །དེ་ནི་དམ་བཅས་བྱས་གྱུར་ཀྱང་། །བྱ་འམ་གཏང་[1]ཞེས་བརྟགས་པའི་རིགས། །

今译：入事于草率，或是未慎思，此乃虽已誓，重审做或弃。（3—2）

藏文传世本：བབ་ཅོལ་བརྩམས་པ་གང་ཡིན་པའམ། །གང་ཞིག་ལེགས་པར་མ་བརྟགས་པ། །དེ་ནི་དམ་བཅས་བྱས་གྱུར་ཀྱང་། །བྱའམ་བཏང་ཞེས་བརྟགས་པའི་རིགས། །（4—2）

敦煌写本：སངས་རྒྱས་རྣམས་དང་དེའི་སྲས། །ཤེས་རབ་ཆེན་པོས་གང་བརྟགས་ཤིང་། །བདག་ཉིད་ཀྱིས་ཀྱང་བརྟག་བརྟག་ སླ། །དེ་ལ་བཤོལ་དུ་ཅི་ཞིག་ཡོད། །

今译：诸佛及弟子，大慧所观察，我亦屡思择，此事[2]岂能弃？（3—3）

藏文传世本：སངས་རྒྱས་རྣམས་དང་དེ་ཡི་སྲས། །ཤེས་རབ་ཆེན་པོས་གང་བརྟགས་ཤིང་། །བདག་ཉིད་ཀྱིས་ཀྱང་བརྟག་བརྟགས་པ། །དེ་ལ་བཤོལ་དུ་ཅི་ཞིག་ཡོད། །（4—3）

敦煌写本：གལ་ཏེ་དེ་ལྟར་དམ་བཅས་ནས། །ལས་ཀྱིས་བསྒྲུབས་[3]པ་མ་བྱས་ན། །སེམས་ཅན་དེ་དག་ཀུན་བསླུས་ནས། །བདག་གི་འགྲོ་བ་ཅི་འདྲར་འགྱུར། །

今译：若已如此[4]誓，然却不践行，则欺有情众，我将趋何道[5]？（3—4）

藏文传世本：གལ་ཏེ་དེ་ལྟར་དམ་བཅས་ནས། །ལས་ཀྱིས་བསྒྲུབ་པ་མ་བྱས་ན། །སེམས་ཅན་དེ་དག་ཀུན་བསླུས་པས། །བདག་གི་འགྲོ་བ་ཅི་འདྲར་འགྱུར། །（4—4）

---

〔1〕“གཏང”为动词将来时，而传世本中之“བཏང”为过去时。

〔2〕指菩提心。

〔3〕“བསྒྲུབས”为动词过去时，而传世本中之“བསྒྲུབ”为将来时。

〔4〕“如此”即指为众生发菩提心。

〔5〕意指必将堕入恶趣。

敦煌写本：དངོས་པོ་ཕལ་བ་ཅུང་ཟད་ལ། །ཡིད་ཀྱིས་སྦྱིན་ཞེས་བསམ་བྱས་ནས། །མྱི་གང་སྦྱིན་བར་མྱི་བྱེད་པ། །དེ་ཡང་ཡི་དགས་འགྱུར་གསུངས་ན།།

今译：微小寻常物，心已欲舍彼，然却不施者，亦宣[1]堕恶鬼。（3—5）

藏文传世本：དངོས་པོ་ཕལ་བ་ཅུང་ཟད་ལའང་། །ཡིད་ཀྱིས་སྦྱིན་པར་བསམ་བྱས་ནས། །མི་གང་སྦྱིན་པར་མི་བྱེད་པ། །དེ་ཡང་ཡི་དྭགས་འགྱུར་གསུངས་ན།།（4—5）

敦煌写本：བླ་ན་མྱེད་པའི་བདེ་བ་ལ། །བསམ་བ་ཐག་པས་འགྲོན་[2]གཉེར་ནས། །འགྲོ་བ་ཐམས་ཅད་བསླུ་བྱས་ན། །བདེ་འགྲོ་ཅི་ག་འགྲོ་འགྱུར་རམ།།

今译：诚心邀众生，无上安乐宴，却若欺诳众，岂能生善趣？（3—6）

藏文传世本：བླ་ན་མེད་པའི་བདེ་བ་ལ། །བསམ་པ་ཐག་པས་མགྲོན་གཉེར་ནས། །འགྲོ་བ་ཐམས་ཅད་བསླུ་བྱས་ན། །བདེ་འགྲོར་ཇི་ག་འགྲོ་འགྱུར་རམ།།（4—6）

敦煌写本：མྱི་གང་བྱང་ཆུབ་སེམས་བཏང་ཡང་། །དེ་དག་ཐརད་པར་མཛད་པ་ནི། །ལས་ཚུལ་བསམ་གྱིས་མྱི་ཁྱབ་དེ། །ཐམས་ཅད་མཁྱེནད་པ་པོ་ནས་མཁྱེནད།།

今译：然弃菩提心，有人得解脱，业力不思议，唯佛所体察。（3—7）

藏文传世本：མི་གང་བྱང་ཆུབ་སེམས་བཏང་ཡང་། །དེ་དག་ཐར་བར་བྱེད་པ་ནི། །ལས་ཚུལ་བསམ་གྱིས་མི་ཁྱབ་སྟེ། །ཐམས་ཅད་མཁྱེན་པ་པོ་ནས་མཁྱེན།།（4—7）

敦煌写本：དེ་ནི་བྱང་ཆུབ་སེམས་དཔའ་ལ། །ལྟུང་བའི་ནང་ན་ལྕི་བ་སྟེ། །འདི་ལྟར་དེ་ནི་བྱུང་གྱུར་ན། །སེམས་ཅན་ཀུན་གྱི་དོན་ལ་དམན།།

今译：菩萨弃此心，是为重堕罪[3]，若彼已发生，有损众生利。（3—8）

藏文传世本：དེ་ནི་བྱང་ཆུབ་སེམས་དཔའ་ལ། །ལྟུང་བའི་ནང་དུ་ལྕི་བ་སྟེ། །འདི་ལྟར་དེ་ནི་བྱུང་གྱུར་ན། །སེམས་ཅན་ཀུན་གྱི་དོན་ལ་དམན།།（4—8）

敦煌写本：གང་གཞན་འགའ་ཞིག་འདི་ཡི་ནི། ། བསོད་ནམས་བར་ཆད་བགེགས་[4]བྱེད་པ། །སེམས་ཅན་དོན་ལ་དམན་གྱུརད་པས།།དེ་ནི་ངན་འགྲོ་མུ་མཐའ་མེད།།

---

〔1〕 指佛经中所宣讲。

〔2〕 古藏文词汇中“འགྲོན”“མགྲོན”“འདྲོན”三者兼用，意思相同。

〔3〕 即犯戒。

〔4〕 “བགེགས”同“གེགས”，意为“损害”或“阻碍”。

今译：此[1]行福德业，若有他人[2]阻，损害众利故，恶趣报无边。（3—9）

藏文传世本：གང་གཞན་སྐད་ཅིག་ཙམ་ཡང་འདིའི། །བསོད་ནམས་བར་ཆད་གེགས་བྱེད་པ། །སེམས་ཅན་དོན་ལ་དམན་གྱུར་པས། །དེ་ཡི་ངན་འགྲོ་མུ་མཐའ་མེད། །（4—9）

敦煌写本：སེམས་ཅན་གཅིག་གི་བདེ་བ་ཡང། །བཤིག་ན་བདག་ཉིད་ཉམས་གྱུར་ན། །ནམ་མཁའ་མ་ལུས་མཐའའས་ཀླས་པའི། །ལུས་ཅན་བདེ་བཤིག་སྨོས་ཅི་དགོས། །

今译：若毁一人乐，已受堕恶报，况毁满虚空，有情无上乐。（3—10）

藏文传世本：སེམས་ཅན་གཅིག་གི་བདེ་བ་ཡང་། །བཤིག་ན་བདག་ཉིད་ཉམས་འགྱུར་ན། །ནམ་མཁའ་མ་ལུས་མཐའ་ཀླས་པའི། །ལུས་ཅན་བདེ་བཤིག་སྨོས་ཅི་དགོས། །（4—10）

敦煌写本：དེ་ལྟར་ལྟུང་བ་སྟོབས་ལྡན་དང། །བྱང་ཅུབ་སེམས་སྟོབས་ལྡན་བ་དག། །འཁོར་བ་རེས་ཀྱིས་འདྲེ་བྱེད་ན། །ས་འཐོབ་པ་ལ་ཡུན་རིང་ཐོགས། །

今译：如此重堕罪，威力菩提心，交替于生死，登地[3]成遥远。（3—11）

藏文传世本：དེ་ལྟར་ལྟུང་བ་སྟོབས་ལྡན་དང་། །བྱང་ཆུབ་སེམས་སྟོབས་ལྡན་པ་དག །འཁོར་བར་རེས་ཀྱིས་འདྲེ་བྱེད་ན། །ས་ཐོབ་པ་ལ་ཡུན་རིང་ཐོགས། །（4—11）

敦煌写本：ཅི་ལྟར་ཅི་ལྟར་དམ་བཅས་བཞིན། །བདག་གིས་གུས་པར་བསྒྲུབ་པར་བྱ། །དེང་ནས་བརྩོན་བར་མ་བྱས་ན། །འོག་ནས་འོག་དུ་འགྲོ་བར་འགྱུར། །

今译：如是[4]所立誓，我当恭敬行，从今不精进，定堕低下低。（3—12）

藏文传世本：དེ་ལྟས་ཇི་ལྟར་དམ་བཅས་བཞིན། །བདག་གིས་གུས་པས་བསྒྲུབ་པར་བྱ། །དེང་ནས་བརྩོན་པར་མ་བྱས་ན། །འོག་ནས་འོག་ཏུ་འགྲོ་བར་འགྱུར། །（4—12）

敦煌写本：སེམས་ཅན་ཐམས་ཅད་ཕན་བར་[5]མཛད་པའི། །སངས་རྒྱས་གྲངས་མྱེད་འདས་གྱུརད་ཀྱང། །བདག་ནི་རང་གི་ཉེས་པས་དེའི། །གསོ་བའི་སྤྱོད་ཡུལ་མ་གྱུརད་ཏོ། །

今译：为利有情众，昔诞无数佛，然我罪恶故，未被其救度。（3—13）

藏文传世本：སེམས་ཅན་ཐམས་ཅད་ཕན་མཛད་པའི། །སངས་རྒྱས་གྲངས་མེད་འདས་གྱུར་ཀྱང་། །བདག་ནི་རང་གི་ཉེས་པས་དེའི། །གསོ་བའི་སྤྱོད་ཡུལ་མ་གྱུར་ཏོ། །（4—13）

---

〔1〕 指菩萨。

〔2〕 藏文传世本为“若人刹那”。

〔3〕 “地”即初地、极喜地等佛经中所讲的修行者所证境界，共有十地。

〔4〕 藏文传世本为“故如”。

〔5〕 此处“བར་”为衍字。

敦煌写本：ད་དུང་དེ་བཞིན་བདག་ཉིད་ན། །ཡང་དང་ཡང་དུ་འང་དེ་བཞིན་ཏེ། །ངན་འགྲོ་ནད་དང་འཆི་བ་དང། །གཅད་དང་གཤེག་སྣོགས་མྱོང་བར་གྱུརད།།

今译：如此我继往，生生[1]亦如是，恶趣领受病，缚剖割诸苦。（3—14）

藏文传世本：ད་དུང་དེ་བཞིན་བདག་ཉིད་ན། །ཡང་དང་ཡང་དུའང་དེ་བཞིན་ཏེ། །ངན་འགྲོར་ནད་དང་འཆི་བ་དང་། །བཅད་དང་གཤེག་སོགས་མྱོང་བར་འགྱུར།།（4—14）

敦煌写本：དེ་བཞིན་གཤེགས་པ་འབྱུང་བ་དང། །དད་དང་མྱི་ལུས་འཐོབ་པ་དང། །དགེ་གོམས་རུང་བ་དེ་ལྟ་བུར། །དཀོན་བ་ནམ་ཞིག་འཐོབ་པར་འགྱུརད།།

今译：若值诞如来，具信得人生，宜修善稀有，何时具此缘？（3—15）

藏文传世本：དེ་བཞིན་གཤེགས་པ་འབྱུང་བ་དང་། །དད་དང་མི་ལུས་ཐོབ་པ་དང་། །དགེ་གོམས་རུང་བ་དེ་ལྟ་བུ། །དཀོན་ན་ནམ་ཞིག་ཐོབ་པར་འགྱུར།།（4—15）

敦煌写本：ནད་མྱེད་ཉི་མ་འདྀ་ལྟ་བུ། །ཟས་བཅས་འཚེ་བ་མྱེད་ཀྱང་ནྀ། །ཚེ་ནི་སྐ་ཅིག་སླུ་བ་སྟེ། །ལུས་ནྀ་ཐང་ཅིག་བརྙན་པོ་བཞིན།།

今译：虽今无病日，足食无损害，但寿刹那逝，身如须臾借。（3—16）

藏文传世本：ནད་མེད་ཉི་མ་འདི་ལྟ་བུ། །ཟས་བཅས་འཚེ་བ་མེད་ཀྱང་ནི། །ཚེ་ནི་སྐད་ཅིག་བསླུ་བ་སྟེ། །ལུས་ནི་ཐང་ཅིག་བརྙན་པོ་བཞིན།།（4—16）

敦煌写本：བདག་གི་སྤྱོད་པ་འདྀ་འདྲས་ནི། །མྱིའི་ལུས་ཀྱང་འཐོབ་མྱི་འགྱུར། །མྱི་ལུས་ཐོབ་པར་མ་གྱུརད་ན། །སྡིག་པ་འབའ་ཤིག་དགེ་བ་མྱེད།།

今译：我行既如此，复难得人生，不得人生故，贯恶难从善。（3—17）

藏文传世本：བདག་གི་སྤྱོད་པ་འདི་འདྲས་ནི། །མི་ཡི་ལུས་ཀྱང་འཐོབ་མི་འགྱུར། །མི་ལུས་ཐོབ་པར་མ་གྱུར་ན། །སྡིག་པ་འབའ་ཞིག་དགེ་བ་མེད།།（4—17）

敦煌写本：གང་ཚེ་དགེ་སྤྱད་སྐལ་ལྡན་ཡང། །དགེ་བ་བདག་གིས་མ་བྱས་ན། །ངན་སོང་སྡུག་བསྔལ་ཀུན་རྨོངས་པ། །དེ་ཚེ་བདག་གིས་ཅི་བྱར་ཡོད།།

今译：具缘行善时，我若却不作，恶趣苦所蒙，尔时我奈何？（3—18）

藏文传世本：གང་ཚེ་དགེ་སྤྱད་སྐལ་ལྡན་ཡང་། །དགེ་བ་བདག་གིས་མ་བྱས་ན། །ངན་སོང་སྡུག་བསྔལ་ཀུན་རྨོངས་པ། །དེ་ཚེ་བདག་གིས་ཅི་བྱར་ཡོད།།（4—18）

[1] 字面为“反复”，意即“生生世世”。

敦煌写本：དགེ་བ་དག་ཀྱང་མ་བྱས་ལ། །སྡིག་པ་དག་ཀྱང་ཉེ་བསགས་ན། །བསྐལད་པ་བྱེ་བ་བརྒྱར་ཡང་ནི། །བདེ་འགྲོའི་སྒྲ་ཡང་ཐོས་མྱི་འགྱུརད། །

今译：非但未行善，却积诸恶业，纵经百俱胝[1]，不闻善趣名。（3—19）

藏文传世本：དགེ་བ་དག་ཀྱང་མ་བྱས་ལ། །སྡིག་པ་དག་ཀྱང་ཉེར་བསགས་ན། །བསྐལ་པ་བྱེ་བ་བརྒྱར་ཡང་ནི། །བདེ་འགྲོའི་སྒྲ་ཡང་ཐོས་མི་འགྱུར། །（4—19）

敦煌写本：དེ་ཉིད་ཕྱིར་ན་བཅོམ་ལྡན་གྱིས། །རྒྱ་མཚོ་ཆེར་གཡེངས་གཉའ་ཤིང་གི །བུ་གར་རུ་སྦལ་མགྲིན་ཆུད་ལྟར། །མྱི་ཉིད་ཤིན་དུ་ཐོབ་དཀའར་གསུངས། །

今译：是故佛陀[2]言：人身极难得，如海浮木轭，龟项入其孔。（3—20）

藏文传世本：དེ་ཉིད་ཕྱིར་ན་བཅོམ་ལྡན་གྱིས། །རྒྱ་མཚོ་ཆེར་གཡེངས་གཉའ་ཤིང་གི །བུ་གར་རུས་སྦལ་མགྲིན་ཆུད་ལྟར། །མི་ཉིད་ཤིན་ཏུ་ཐོབ་དཀར་གསུངས། །（4—20）

敦煌写本：སྐད་ཅིག་གཅིག་བྱས་སྡིག་པས་ཀྱང་། །བསྐལད་པ་མནར་མྱེད་གནས་འགྱུར་ན། །ཐོག་མྱེད་འཁོར་བར་བསགས་སྡིག་གིས། །བདེ་འགྲོར་མྱི་འགྲོ་སྨོས་ཅི་དགོས། །

今译：刹那所造罪，数劫住无间，无始积众罪，岂言入善趣？（3—21）

藏文传世本：སྐད་ཅིག་གཅིག་བྱས་སྡིག་པས་ཀྱང་། །བསྐལ་པར་མནར་མེད་གནས་འགྱུར་ན། །ཐོག་མེད་འཁོར་བར་བསགས་སྡིག་གིས། །བདེ་འགྲོར་མི་འགྲོ་སྨོས་ཅི་དགོས། །（4—21）

敦煌写本：དེ་ཙམ་ཁོ་ན་མྱོང་འགྱུརད་ནས། །དེ་ནི་རྣམ་མཐར་མྱི་འགྱུར་ཏེ། །འདྀ་ལྟར་དེ་ནི་མྱོང་བཞིན་དུ། །སྡིག་པ་གཞན་དག་རབ་དུ་སྐྱེ། །

今译：唯受仅此报，彼者不得脱，如此随受其[3]，它恶更增生。（3—22）

藏文传世本：དེ་ཙམ་ཁོ་ན་མྱོང་གྱུར་ནས། །དེ་ནི་རྣམ་ཐར་མི་འགྱུར་ཏེ། །འདི་ལྟར་དེ་ནི་མྱོང་བཞིན་དུ། །སྡིག་པ་གཞན་དག་རབ་ཏུ་སྐྱེ། །（4—22）

敦煌写本：འདྀ་འདྲའི་དལ་བ་རྙེད་གྱུར་ནས། །བདག་གིས་དགེ་གོམས་མ་བྱས་པ། །འདྀ་ལས་བསླུས་པ་གཞན་མྱེད་དེ། །འདྀ་ལས་རྨོངས་པ་འང་གཞན་མྱེད་དོ། །

今译：既得此闲暇，我若不修善，自欺无逾此，亦无过此愚。（3—23）

藏文传世本：འདི་འདྲའི་དལ་བ་རྙེད་གྱུར་ནས། །བདག་གིས་དགེ་གོམས་མ་བྱས་ན། །འདི་ལས་བསླུས་པ་

〔1〕 梵音译作“俱胝阿庾多”，为千万。

〔2〕 字面为“有坏”，意指“有六功德，坏灭四魔”，佛的别号。

〔3〕 即指从前所作恶业之报应。

གཞན་མེད་དེ། །འདི་ལས་རྨོངས་པའང་གཞན་མེད་དོ། །(4—23)

敦煌写本：གལ་ཏེ་བདག་གིས་དེ་རྟོགས་ནས། །རྨོངས་པས་ཕྱིས་ཀྱང་སྒྲིད་ལུག་ན། །འཚཻ་བར་འགྱུར་བའི་དུས་ཀྱི་ཚེ། །སྨྱ་ངན་ཆེན་པོ་ལྡང་བར་འགྱུར། །

今译：若我已知此，然痴还怠慢，则于临终时，定生大痛苦。(3—24)

藏文传世本：གལ་ཏེ་བདག་གིས་དེ་རྟོགས་ནས། །རྨོངས་པས་ཕྱིས་ཀྱང་སྒྲིད་ལུག་ན། །འཆི་བར་འགྱུར་བའི་དུས་ཀྱི་ཚེ། །སྨྱ་ངན་ཆེན་པོ་ལྡང་བར་འགྱུར། །(4—24)

敦煌写本：དམྱལ་མྱེ་བཟོད་དཀས་ཡུན་རིང་དུ། །བདག་གི་ལུས་ལ་སྲེག་གྱུརད་ན། །འགྱོད་པ་མྱི་བཟད་མྱེ་འབར་བས། །སེམས་གདུང་འགྱུར་བ་གདོན་མྱི་ཟ། །

今译：难忍地狱火，长久烧我身，无尽悔恨火，必定烧我心。(3—25)

藏文传世本：དམྱལ་མེ་བཟོད་དཀས་དུས་རིང་དུ། །བདག་གི་ལུས་ལ་བསྲེགས་གྱུར་ན། །འགྱོད་པ་མི་བཟད་མེ་འབར་བས། །སེམས་གདུང་འགྱུར་བ་གདོན་མི་ཟ། །(4—25)

敦煌写本：ཤིན་དུ་རྙེད་དཀའ་ཕན་པ་ཡིས། །ཇི་ཞིག་ལྟར་སྟེས་རྙེད་འགྱུརད་ནས། །བདག་ཉིད་ཤེས་དང་ལྡན་བཞིན་དུ། །ཕྱིར་ཡང་དམྱལ་བ་དེར་ཁྲིད་ན། །

今译：难得有利者[1]，侥幸已得之，我尚具智慧，反若引地狱，(3—26)

藏文传世本：ཤིན་ཏུ་རྙེད་དཀའ་ཕན་པའི་ས། །ཇི་ཞིག་ལྟར་ཏེ་རྙེད་གྱུར་ནས། །བདག་ཉིད་ཤེས་དང་ལྡན་བཞིན་དུ། །ཕྱིར་ཡང་དམྱལ་བ་དེར་ཁྲིད་ན། །(4—26)

敦煌写本：སྔགས་ཀྱིས་རྨོངས་པ་བྱས་པ་བཞིན། །བདག་ལ་འདོར་སེམས་མྱེད་དུ་ཟད། །ཅིས་རྨོངས་བདག་ཀྱང་མ་ཤེས་སྟེ། །བདག་གི་ཁོང་ན་ཙི་ཞིག་ཡོད། །

今译：则如被咒惑，令我无利心，何令我愚蒙，我心藏何物？(3—27)

藏文传世本：སྔགས་ཀྱིས་རྨོངས་པར་བྱས་པ་བཞིན། །བདག་ལ་འདིར་སེམས་མེད་དུ་ཟད། །ཅིས་རྨོངས་བདག་ཀྱང་མ་ཤེས་ཏེ། །བདག་གི་ཁོང་ན་ཅི་ཞིག་ཡོད། །(4—27)

敦煌写本：ཞེ་སྡང་སྲེད་སྩོགས་དགྲ་རྣམས་ནི། །རྐང་ལག་ལས་སྩོགས་ཡོད་མྱིན་ལ། །དཔའ་འཛངས་མྱིན་ཡང་ཙི་ཞིག་ལྟར། །དེ་དག་གིས་བདག་བྲན་བཞིན་བྱས། །

今译：嗔贪诸怨敌，无手亦无足，非勇亦非贤，却役我如仆。(3—28)

藏文传世本：ཞེ་སྡང་སྲེད་སོགས་དགྲ་རྣམས་ནི། །རྐང་ལག་ལ་སོགས་ཡོད་མིན་ལ། །དཔའ་མཛངས་མིན་

[1] 藏文传世本为“有利地”，意指暇满人生。

ཡང་ཇི་ཞིག་ལྟར། །དེ་དག་གིས་བདག་བྲན་བཞིན་བྱས། །(4—28)

敦煌写本：བདག་གི་སེམས་ལ་གནས་བཞིན་དུ། །དགའ་དགུར་བདག་ལ་གནོད་བྱེད་པ། །དེ་ལ་འང་མྱི་ཁྲོ་བཟོད་པ་ནི། །གནས་མྱིན་བཟོད་པ་སྨད་པའི་གནས། །

今译：安于我心中，恣意害我者，对彼忍不嗔，所忍应诃责。(3—29)

藏文传世本：བདག་གི་སེམས་ལ་གནས་བཞིན་དུ། །དགའ་མགུར་བདག་ལ་གནོད་བྱེད་པ། །དེ་ལའང་མི་ཁྲོ་བཟོད་པ་ནི། །གནས་མིན་བཟོད་པ་སྨད་པའི་གནས། །(4—29)

敦煌写本：གལ་ཏེ་ལྷ་དང་ལྷ་མྱིན་རྣམས། །ཐམས་ཅད་བདག་ལ་དགྲར་ལངས་ཀྱང་། །དེ་དག་གིས་ཀྱང་མནར་མྱེད་པའི། །མྱེ་ནང་ཁྲིད་ཅིང་འཇུག་མྱི་ནུས། །

今译：若天或非天，皆起为我敌，彼终不牵入，我于无间火。(3—30)

藏文传世本：གལ་ཏེ་ལྷ་དང་ལྷ་མིན་རྣམས། །ཐམས་ཅད་བདག་ལ་དགྲར་ལངས་ཀྱང་། །དེ་དག་གིས་ཀྱང་མནར་མེད་པའི། །མེ་ནང་འཁྲིད་ཅིང་འཇུག་མི་ནུས། །(4—30)

敦煌写本：ཉོན་མོངས་སྟོབས་ཅན་དགྲ་འདི་ནི། །གང་དང་ཕྲད་ན་རི་རབ་ཀྱང་། །ཐལ་བ་ཡང་ནི་མྱི་ལུས་པ། །དེར་བདག་སྐད་ཅིག་གཅིག་ལ་འདོར། །

今译：大力烦恼敌，令我刹那堕，彼火[1]毁须弥，灰尘亦无余。(3—31)

藏文传世本：ཉོན་མོངས་སྟོབས་ཆེན་དགྲ་འདིས་ནི། །གང་དང་ཕྲད་ན་རི་རབ་ཀྱང་། །ཐལ་བ་ཡང་ནི་མི་ལུས་པ། །དེར་བདག་སྐད་ཅིག་གཅིག་ལ་འདོར། །(4—31)

敦煌写本：བདག་གི་ཉོན་མོངས་དགྲ་བོ་གང་། །དུས་རིང་ཐོག་མཐའ་མྱེད་པ་ལྟར། །དགྲ་གཞན་ཀུན་ཀྱང་དེ་ལྟ་བུར། །ཚེ་རིང་ཐུབ་པ་མ་ཡིན་ནོ། །

今译：我之烦恼敌，长住无始终，余敌[2]皆不能，命存如此久。(3—32)

藏文传世本：བདག་གི་ཉོན་མོངས་དགྲ་བོ་གང་། །དུས་རིང་ཐོག་མཐའ་མེད་པ་ལྟར། །དགྲ་གཞན་ཀུན་ཀྱང་དེ་ལྟ་བུར། །ཡུན་རིང་ཐུབ་པ་མ་ཡིན་ནོ། །(4—32)

敦煌写本：མཐུན་པར་འགྲོ་བ་བསྟེན་བྱས་ན། །ཐམས་ཅད་ཕན་དང་བདེ་བྱེད་ན། །ཉོན་མོངས་རྣམས་ནི་བསྟེན་བྱས་ན། །ཕྱིར་ཞིང་སྡུག་བསྔལ་གནོད་པ་བྱེད། །

〔1〕 指无间地狱之火。

〔2〕 指世间的冤家仇敌。

今译：随顺依众生[1]，彼皆返利乐，若顺诸烦恼，必返苦恼害。（3—33）

藏文传世本：མཐུན་པར་རིམ་གྲོ་བསྙེན་བྱས་ན། །ཐམས་ཅད་ཕན་དང་བདེ་བྱེད་ལ། །ཉོན་མོངས་རྣམས་ནི་བསྙེན་བྱས་ན། །ཕྱིར་ཞིང་སྡུག་བསྔལ་གནོད་པ་བྱེད། །（4—33）

敦煌写本：དེ་ལྟར་ཡུན་རིང་རྒྱུན་ཆགས་དགྲ་གྱུརད་པ།།གནོད་པའི་ཚོགས་རབ་འཕེལ་བའི་རྒྱུ་གཅིག་པུ། །བདག་གི་སྙིང་ལ་ངེས་པར་གནས་འཆའ་ན། །འཁོར་བར་འཇིགས་མེད་དགའ་བར་ག་ལ་འགྱུརད། །

今译：如是长续为怨敌，众害猛增唯一因，若是坚住我心中，不畏轮回岂能喜？（3—34）

藏文传世本：དེ་ལྟར་ཡུན་རིང་རྒྱུན་ཆགས་དགྲར་གྱུར་པ། །གནོད་པའི་ཚོགས་རབ་འཕེལ་བའི་རྒྱུ་གཅིག་པུ། །བདག་གི་སྙིང་ལ་ངེས་པར་གནས་འཆའ་ན། །འཁོར་བར་འཇིགས་མེད་དགའ་བར་ག་ལ་འགྱུར། །（4—34）

敦煌写本：འདི་ནི་འཁོར་བའི་བཙོན་རའི་སྲུངས་མ་སྟེ། །དམྱལ་ལས་སྩོགས་ན་འང་གསོད་བྱེད་གཤེད་མ་ཡིན། །སྡོམ་བརྩོན་སེང་གེ་འཚོར་བའི་ལྕགས་གཟེབ་པས། །གལ་ཏེ་བདག་ལ་གནས་ན་ག་ལ་བདེ། །

今译：此是[2]轮回牢狱卒，地狱等处成杀手，能使戒狮脱铁笼，若存我心岂生乐[3]？（3—35）

藏文传世本：འཁོར་བའི་བཙོན་རའི་སྲུང་མ་དམྱལ་སོགས་སུ། །གསོད་བྱེད་གཤེད་མར་གྱུར་པ་འདི་དག་ནི། །གལ་ཏེ་བློ་གནས་ཆགས་པའི་དྲྭ་བ་ན། །གནས་ན་བདག་ལ་བདེ་བ་ག་ལ་ཡོད། །（4—35）

敦煌写本：དེ་ལྟས་ཅི་སྲིད་བདག་གི་དགྲ་འདི་མངོན་སུམ་དུ། །ངེས་པར་མ་བཅོམ་དེ་སྲིད་བདག་འདིར་བརྩོན་མི་འདོར། །རེ་ཤིག་གནོད་བྱེད་ཆུ་ངུ་ལ་ཡང་ཁྲོས་གྱུརད་པའི། །ང་རྒྱལ་བདོ་རྣམས་དེ་མ་བཅོམ་བར་གཉིད་མི་འོང། །

今译：我未现灭此怨敌，至此我不弃精进；尚且有人使小害，慢者不灭彼不眠。（3—36）

藏文传世本：དེ་ལྟར་ཇི་སྲིད་བདག་གིས་དགྲ་འདི་མངོན་སུམ་དུ། །ངེས་པར་མ་བཅོམ་དེ་སྲིད་བདག་འདིར་བརྩོན་མི་འདོར། །རེ་ཞིག་གནོད་བྱེད་ཆུང་ངུ་ལ་ཡང་ཁྲོས་གྱུར་པ། །ང་རྒྱལ་བདོ་རྣམས་དེ་མ་བཅོམ་པར་གཉིད་མི་འོང་། །（4—36）

敦煌写本：རང་བཞིན་འཆི་བས་སྡུག་བསྔལ་གྱུརད་པའི་ཉོན་མོང་དག། །གཡུལ་ངོར་དངར་ཆེ་ནད་[4]ཀྱིས་

---

〔1〕 藏文传世本为“侍奉”。

〔2〕 指烦恼。

〔3〕 此颂与藏文传世本有所不同，其中第三句的内容完全不同。

〔4〕 此处“ནད”为“ནན”之笔误。

གཞོམ་བར་འདོད་པ་ཡང། །མདའ་མདུང་མཚོན་གྱིས་ཕོག་པའི་སྡུག་བསྔལ་ཁྱད་བསད་ནས། །དོན་མ་གྲུབ་པར་ཕྱིར་ཕྱོགས་འབྱེར་བར་མྱི་བྱེད་ན། །

今译：必死受苦诸愚者，临阵奋力欲灭敌，克服箭矛伤害苦，不达目的不甘返。(3—37)

藏文传世本：རང་བཞིན་འཆི་བས་སྡུག་བསྔལ་གྱུར་པའི་ཉོན་མོངས་དག །གཡུལ་ངོར་མདར་ཆེ་ནན་གྱིས་གཞོམ་པར་འདོད་པ་ཡང་། །མདའ་མདུང་མཚོན་གྱིས་ཕོག་པའི་སྡུག་བསྔལ་ཁྱད་བསད་ནས། །དོན་མ་གྲུབ་པར་ཕྱིར་ཕྱོགས་འབྱེར་བར་མི་བྱེད་ན། །(4—37)

敦煌写本：རྟག་དུ་སྡུག་བསྔལ་ཀུན་གྱི་རྒྱུར་གྱུར་པའ། །རང་བཞིན་དགྲ་དེས་གཞོམ་བརྩམ་བདག་ལ་དེང། །སྡུག་བསྔལ་བརྒྱ་ཕྲག་རྒྱུར་གྱུརད་གང་གིས་ཀྱང། །ཡི་ཆད་སྒྲིད་ལུག་མྱི་འབྱུང་སྨོས་ཅི་དགོས། །

今译：恒成苦因性为敌，为灭此敌我今勤，纵遇上百苦恼因，岂会丧志生懈怠。(3—38)

藏文传世本：རྟག་ཏུ་སྡུག་བསྔལ་ཀུན་གྱི་རྒྱུར་གྱུར་པ། །རང་བཞིན་དགྲ་དེས་གཞོམ་བརྩོན་བདག་ལ་དེང་། །སྡུག་བསྔལ་བརྒྱ་ཕྲག་རྒྱུར་གྱུར་གང་གིས་ཀྱང་། །ཡི་ཆད་སྒྲིད་ལུག་མི་འགྱུར་སྨོས་ཅི་དགོས། །(4—38)

敦煌写本：དོན་མྱེད་དགྲ་ཡིས་རྨ་ཐྲལ་[1]བཏོད་པ་ཡང། །ལུས་ལ་རྒྱན་དང་འདྲ་བར་སེལ་[2]བྱེད་ན། །དོན་ཆེན་བསྒྲུབ་ཕྱིར་ཡང་དག་བརྩམ་གྱུརད་པའ། །བདག་ལ་སྡུག་བསྔལ་ཅི་ཕྱིར་གནོད་བྱེད་ཡིན། །

今译：因小遭敌曾负伤，犹如身着饰物耀，为成大业正精进，我所受苦何成害。(3—39)

藏文传世本：དོན་མེད་དགྲ་ཡིས་རྨ་སྲོལ་བཏོད་པ་ཡང་། །ལུས་ལ་རྒྱན་དང་འདྲ་བར་སྒྲེལ་བྱེད་ན། །དོན་ཆེན་སྒྲུབ་ཕྱིར་ཡང་དག་བརྩོན་གྱུར་པ། །བདག་ལ་སྡུག་བསྔལ་ཅི་ཕྱིར་གནོད་བྱེད་ཡིན། །(4—39)

敦煌写本：ཉ་པ་གདོལད་པ་ཞིང་པ་ལས་སྩོགས་པ། །རང་གི་འཚོ་བ་ཙམ་ཞིག་སེམས་པ་ཡང། །གྲང་དང་ཚ་ལས་སྩོགས་པའི་གནོད་བཟོད་ན། །འགྲོ་བའི་བདེ་ཕྱིར་བདག་ལྟ་ཅིས་མྱི་བཟོད། །

今译：渔夫屠户及农夫，唯念求活维生计，冷热苦害皆能忍，我为众乐何不忍？（3—40）

藏文传世本：ཉ་པ་གདོལ་པ་ཞིང་པ་ལ་སོགས་པ། །རང་གི་འཚོ་བ་ཙམ་ཞིག་སེམས་པ་ཡང་། །གྲང་དང་ཚ་ལ་སོགས་པའི་གནོད་བཟོད་ན། །འགྲོ་བ་བདེ་ཕྱིར་བདག་ལྟ་ཅིས་མི་བཟོད། །(4—40)

---

〔1〕 此处“ཐྲལ”应为“སྲོལ”。

〔2〕 此处“སེལ”为“སྒྲེལ”之笔误，因为“སེལ”意为“消除”，而此处的义理应为“炫耀”。

敦煌写本：ཕྱོགས་བཅུའི་ནམ་མཁའ་མཐས་གཏུགས་པའི། །འགྲོ་བ་ཉོན་མོངས་ལས་འགྲོལ་བར། །དམ་བཅས་གང་ཆེ་བདག་ཉིད་ཀྱང་། །ཉོན་མོངས་རྣམས་ལས་མ་གྲོལ་བ། །

今译：十方虚空众，为脱烦恼故，我虽立誓言，却未脱诸烦，（3—41）

藏文传世本：ཕྱོགས་བཅུ་ནམ་མཁའི་མཐས་གཏུགས་པའི། །འགྲོ་བ་ཉོན་མོངས་ལས་བསྒྲལ་བར། །དམ་བཅས་གང་ཆེ་བདག་ཉིད་ཀྱང་། །ཉོན་མོངས་རྣམས་ལས་མ་གྲོལ་བ། །（4—41）

敦煌写本：བདག་གྀ་ཚོད་ཀྱང་མ་ཤེས་པར། །སྨྲ་བ་ཅི་ལྟར་སྨྱོན་བ་བཞིན། །དེ་ལྟར་ཉོན་མོངས་གཞོམ་བ་ལ། །རྟག་དུ་ཕྱིར་མྱི་ལྡོག་པར་བྱ། །

今译：我即不自量，所言犹如[1]疯，由此为灭烦，恒常别退缩。（3—42）

藏文传世本：བདག་གི་ཚོད་ཀྱང་མི་ཤེས་པར། །སྨྲ་བ་ཇི་ལྟར་སྨྱོན་པ་མིན། །དེ་ལྟར་ཉོན་མོངས་གཞོམ་པ་ལ། །རྟག་ཏུ་ཕྱིར་མི་ལྡོག་པར་བྱ། །（4—42）

敦煌写本：ཉོན་མོངས་སྤང་ལ་ཞེན་བྱས་ཤིང་། །ཁོན་དུ་བཟུང་ནས་གཡུལ་སྤྲད་དེ། །དེ་ལ་དགོངས་པའི་གཡུལ་སྤྲད་པ། །ཉོན་མོངས་འཇོམས་པར་བྱེད་པ་གཞག། །

今译：贪著弃烦恼，怀恨应与战，思彼所决战，灭烦故应持[2]。（3—43）

藏文传世本：འདི་ལ་བདག་གིས་ཞེན་བྱ་ཞིང་། །ཁོན་དུ་བཟུང་ནས་གཡུལ་སྤྲད་དེ། །ཁྲམ་པ་དེ་འདྲའི་ཉོན་མོངས་པ། །ཉོན་མོངས་འཇོམས་བྱེད་མ་གཏོགས་སོ། །（4—43）

敦煌写本：བདག་ནི་བསྲོགས་[3] ཏེ་བསད་གྱུརད་ཏམ། །བདག་གྀ་མགོ་བོ་བཅད་ཀྱང་སླ། །རྣམ་པ་ཀུན་དུ་ཉོན་མོངས་པའི། །དགྲ་ལ་འདུད་པར་མྱི་བྱའོ། །

今译：我宁被烧杀，亦或被断头，然却永不屈，于彼烦恼敌。（3—44）

藏文传世本：བདག་ནི་བསྲེགས་ཏེ་བསད་གྱུར་ཏམ། །བདག་གི་མགོ་བོ་བཅད་ཀྱང་སླའི། །རྣམ་པ་ཀུན་དུ་ཉོན་མོངས་པའི། །དགྲ་ལ་འདུད་པར་མི་བྱའོ། །（4—44）

敦煌写本：ཐ་མལ་དགྲ་བོ་ཡུལ་ནས་བྱུང་ཡང་ནི། །ཡུལ་གཞན་དག་དུ་གནས་ཤིང་ཡོངས་བཟུང་ནས། །ནུས་པ་བརྟས་ནས་དེ་ནས་ཕྱིར་ལྡོག་གི། །ཉོན་མོངས་དགྲ་ཚུལ་དེ་དང་འདྲ་མ་ཡིན། །

今译：世间怨敌虽驱逐，盘据他乡占为己，养精蓄锐复返还，烦恼怨敌不同彼。（3—45）

---

〔1〕 藏文传世本为“岂非”。

〔2〕 此颂中除第二句外字面上与藏文传世本多有不同，但意义却基本相同。

〔3〕 此字元音“ོ”为元音“ེ”之笔误。

藏文传世本：ཐ་མལ་དགྲ་བོ་ཡུལ་ནས་སྤྱུང་ཡང་ནི། །ཡུལ་གཞན་དག་ཏུ་གནས་ཤིང་ཡོངས་བཟུང་ནས། །ནུས་པ་བརྟས་ནས་དེ་ནས་ཕྱིར་ཟློག་གི །ཉོན་མོངས་དགྲ་ཚུལ་དེ་དང་འདྲ་མ་ཡིན། །(4—45)

敦煌写本：ཉོན་མོངས་[1]ཤེས་རབ་མྱིག་གིས་སྤང་། །བདག་ཡིད་ལས་བསལ་གང་དུ་འགྲོ་བར་འགྱུརད། །གང་དུ་གནས་ནས་བདག་གནོད་བྱ་ཕྱིར་འོང་། །བློ་ཞན་བདག་ལ་བརྩམ་བ་མྱེད་པར་ཟད། །

今译：慧眼断尽彼烦恼，逐出我心居何方？居外岂能返害我？唯因自怯乏精进。(3—46)

藏文传世本：ཉོན་མོངས་ཉོན་མོངས་ཤེས་རབ་མིག་གིས་སྤང་། །བདག་ཡིད་ལས་བསལ་གང་དུ་འགྲོ་བར་འགྱུར། །གང་དུ་གནས་ནས་བདག་གནོད་བྱ་ཕྱིར་འོང་། །བློ་ཞན་བདག་ལ་བརྩོན་པ་མེད་པར་ཟད། །(4—46)

敦煌写本：ཉོན་མོངས་རྣམས་ནི་ཡུལ་ན་མྱི་གནས་དབང་ཚོགས་ལ་མྱིན་བར་ན་འང་མྱིན། །དེ་ལས་གཞན་ན་ཡང་མྱིན་ན་འདི་དག་གར་གནས་འགྲོ་བ་ཀུན་གནོད་བྱེད། །འདི་ནི་སྒྱུ་འདྲ་དེ་ཕྱིར་སྙིང་ལ་འཇིགས་སྤོངས་ཤེས་ཕྱིར་བརྩོན་བ་བསྟེནད། །དོན་མྱེད་ཉིད་དུ་བདག་ལ་དམྱལ་བ་རྣམས་སུ་ཙི་སྟེ་གནོད་པ་བྱ། །

今译：烦恼非住外境亦非诸根或于中，亦复不住他处彼等岂能害众生，犹如幻境事故不怖生智依精进，为何让己遭受无意地狱诸苦害。(3—47)

藏文传世本：ཉོན་མོངས་རྣམས་ནི་ཡུལ་ན་མི་གནས་དབང་ཚོགས་ལ་མིན་བར་ན་འང་མིན། །དེ་ལས་གཞན་ནའང་མིན་ན་དེ་དག་གར་གནས་འགྲོ་བ་ཀུན་གནོད་བྱེད། །འདི་ནི་སྒྱུ་འདྲ་དེ་ཕྱིར་སྙིང་ལ་འཇིགས་སྤོངས་ཤེས་ཕྱིར་བརྩོན་པ་བསྟེན། །དོན་མེད་ཉིད་དུ་བདག་ལ་དམྱལ་སོགས་རྣམས་སུ་ཅི་སྟེ་གནོད་པ་བྱེད། །(4—47)

敦煌写本：དེ་ལྟར་རྣམ་བསམས་ཙི་སྐད་བཤད་པ་ཡི། །བསླབ་པ་བསྒྲུབ་པའི་ཆེད་དུ་འབད་པར་བྱ། །སྨན་པའི་ཚིག་མ་མཉན་ན་སྨན་དག་གིས། །བཙོས་དགོས་ནད་པ་སོས་པ་ག་ལ་ཡོད། །

今译：如是深思如佛言，勤于修持诸学处，不遵医嘱求医治，岂有病人得康复？（3—48）

藏文传世本：དེ་ལྟར་རྣམ་བསམས་ཇི་སྐད་བཤད་པ་ཡི། །བསླབ་པ་བསྒྲུབ་པའི་ཆེད་དུ་འབད་པར་བྱ། །སྨན་པའི་ངག་མ་མཉན་ན་སྨན་དག་གིས། །བཅོས་དགོས་ནད་པ་སོས་པ་ག་ལ་ཡོད། །(4—48)

敦煌写本：བྱང་ཆུབ་སེམས་དཔའི་སྤྱོད་པ་ལ་འཇུག་པ་ལས། ། བདག་མྱེད་པ་བསྟནད་པ་ཞེས་བྱ་སྟེ། ། ལེའུ་གསུམ་པའོ། །

译文：《入菩萨行论》之《无我》为第三品。

---

〔1〕 此处缺失“ཉོན་མོངས་”一词。

第四品　护 正 知

敦煌写本：བསླབ་པར་བསྲུང་བར་འདོད་པ་ཡིས། །རབ་དུ་བསྒྲིམས་ཏེ་སེམས་བསྲུངས་ཏེ། །སེམས་འདི་བསྲུང་བ་མ་བྱུས་ན། །བསླབ་པ་བསྲུང་བར་ཡོང་མྱི་ནུས། །

今译：欲护学处者，极谨护自心，若不护此心，必不护学处。（4—1）

藏文传世本：བསླབ་པ་བསྲུང་བར་འདོད་པ་ཡིས། །རབ་ཏུ་བསྒྲིམས་ནས་སེམས་བསྲུང་སྟེ། །སེམས་འདི་བསྲུང་བར་མ་བྱས་ན། །བསླབ་པ་བསྲུང་བར་ཡོང་མི་ནུས། །（5—1）

宋译本：持戒为护心，护之使坚牢，此心不能护，云何能护戒？（3—1）

敦煌写本：སེམས་ཀྱི་གླང་པོ་ཡན་བཏང་བས། །མནར་མྱེད་གནོད་པ་བྱེད་པ་ལྟར། །གླང་ཆེན་མ་དུལ་མྱོས་པ་ཡིས། །འདོ་ན་དེ་འདྲའི་གནོད་མྱི་བྱེད། །

今译：心象[1]任其狂，必受无间害，象疯或未驯，此无如彼害。（4—2）

藏文传世本：སེམས་ཀྱི་གླང་པོ་ཡན་བཏང་བས། །མནར་མེད་གནོད་པ་བྱེད་པ་ལྟར། །གླང་ཆེན་མ་ཐུལ་མྱོས་པ་ཡིས། །འདི་ན་དེ་འདྲའི་གནོད་མི་བྱེད། །（5—2）

宋译本：喻醉象不降，不患于疼痛，放心如醉象，当招阿鼻等。（3—2）

敦煌写本：ཀུན་ནས་དྲན་པའི་ཐག་པ་ཡིས། །སེམས་ཀྱི་གླང་ཆེན་དམ་བཏགས་ན། །འཇིགས་པ་ཐམས་ཅད་མྱེད་འགྱུར་ཞིང་། །དགེ་བ་ཐམས་ཅད་ལག་དུ་འོངས། །

今译：全方正念绳，紧栓彼心象，一切怖自消，一切善得手。（4—3）

藏文传世本：ཀུན་ནས་དྲན་པའི་ཐག་པ་ཡིས། །སེམས་ཀྱི་གླང་པོ་དམ་བཏགས་ན། །འཇིགས་པ་ཐམས་ཅད་མེད་འགྱུར་ཞིང་། །དགེ་བ་ཐམས་ཅད་ལག་ཏུ་འོང་། །（5—3）

宋译本：念索常执持，系缚于心象，得离放逸[2]怖，获一切安乐。（3—3）

敦煌写本：སྟག་དང་སེང་གེ་གླང་ཆེན་དྲེད། །སྦྲུལ་དང་དགྲ་རྣམས་ཐམས་ཅད་དང་། །སེམས་ཅན་དམྱལ་བའི་སྲུངས་མ་དང་། །བྱད་མ་དེ་བཞིན་སྲིན་པོ་རྣམས། །

今译：虎狮象与熊，蛇及诸敌人；有情地狱卒，空行[3]及诸魔，（4—4）

---

〔1〕将心比拟成大象。

〔2〕两种藏文译本均无“放逸”之意。

〔3〕空行或空行母本为得成就的瑜伽行母的称谓，此处所指“བྱད་མ”为用明咒使害于人等的一类众生。

藏文传世本：སྟག་དང་སེང་གེ་གླང་ཆེན་དྲེད། །སྦྲུལ་དང་དགྲ་རྣམས་ཐམས་ཅད་དང་། །སེམས་ཅན་དམྱལ་བའི་སྲུང་མ་དང་། །བྱད་མ་དེ་བཞིན་སྲིན་པོ་རྣམས། །(5—4)

宋译本:狮子熊虎狼[1],夜叉罗刹等,一切地狱卒,皆悉是其冤。(3—5[2])

敦煌写本：སེམས་འདི་གཅིག་པུ་བཏགས་པ་ཡིས། །དེ་དག་ཐམས་ཆད་བཏགས་པར་གྱུརད། །སེམས་འདི་གཅིག་པུ་བཏུལད་པས་ནི། །དེ་དག་ཐམས་ཆད་ཐུལད་པར་འགྱུརད། །

今译：唯由栓此心,彼等皆能栓,唯由降此心,彼等皆能伏。(4—5)

藏文传世本：སེམས་འདི་གཅིག་པུ་བཏགས་པ་ཡིས། །དེ་དག་ཐམས་ཅད་བཏགས་པར་འགྱུར། །སེམས་འདི་གཅིག་པུ་བཏུལ་བས་ན། །དེ་དག་ཐམས་ཅད་ཐུལ་བར་འགྱུར། །(5—5)

宋译本：若能系一心,一切皆能系,若自降一心,一切自降伏。(3—4)

敦煌写本：འདི་ལྟར་འཇིགས་པ་ཐམས་ཆད་དང་། །སྡུག་བསྔལ་དཔག་དུ་མྱེད་པ་ཡང་། །སེམས་ལས་བྱུང་བ་ཡིན་ནོ་ཞེས། །ཡང་དག་གསུང་བ་ཉིད་ཀྱིས་བསྟནད། །

今译：一切诸怖畏,亦是无量苦,皆由心而生,正说[3]如是宣。(4—6)

藏文传世本：འདི་ལྟར་འཇིགས་པ་ཐམས་ཅད་དང་། །སྡུག་བསྔལ་དཔག་ཏུ་མེད་པ་ཡང་། །སེམས་ལས་བྱུང་བ་ཡིན་ནོ་ཞེས། །ཡང་དག་གསུང་བ་ཉིད་ཀྱིས་བསྟན། །(5—6)

宋译本：若怖一切冤,无边苦恼集,皆因心所得,佛世尊正说。(3—6)

敦煌写本：སེམས་ཅན་དམྱལ་བའི་མཚོན་གྱི་རྣམས། །སུ་ཞིག་གིས་ནི་ཆེད་དུ་བྱས། །ལྕེགས་[4]བསྲེགས་ས་གཞི་སུ་ཡིས་བྱས། །མྱེ་ཚོགས་དེ་དག་ཅི་ལས་བྱུང་། །

今译：有情地狱械,由谁专为造？谁制冶铁地？众火[5]由何生？(4—7)

藏文传世本：སེམས་ཅན་དམྱལ་བའི་མཚོན་ཆ་རྣམས། །སུ་ཞིག་གིས་ནི་ཆེད་དུ་བྱས། །ལྕགས་སྲེག་ས་གཞི་སུ་ཡིས་བྱས། །མོ་ཚོགས་དེ་དག་ཅི་ལས་བྱུང་། །(5—7)

宋译本：地狱众苦器,及热铁丸[6]等,谁作复何生,贪嗔痴所有[7]？(3—7)

〔1〕 两种藏文译本均无"狼",然有"象"与"蛇"。

〔2〕 宋译本第4颂与第5颂的先后顺序与藏译本相反。

〔3〕 指佛陀。

〔4〕 此字多出元音"ེ"。

〔5〕 藏文传世本为"女众"。

〔6〕 两种藏文译本为"热铁地"。

〔7〕 此颂两种藏文译本均无"贪嗔痴所有"一句,然有"众火"或"女众"之意。

敦煌写本：དེ་འདྲ་དེ་དག་ཐམས་ཅད་ཀྱང༌། །སྡིག་སེམས་བྱུང་བར་ཐུབ་པས་གསུངས། །དེ་ལྟས་འཇིག་རྟེན་གསུམ་པོ་ན། །སེམས་ལས་འཇིགས་པ་གཞན་འགའ་འང་མྱེད། །

今译：如此诸全然，佛[1]说罪心生，是故三界中，心外无它怖。(4—8)

藏文传世本：དེ་འདྲ་དེ་དག་ཐམས་ཅད་ཀྱང༌། །སྡིག་སེམས་ཡིན་པར་ཐུབ་པས་གསུངས། །དེ་ལྟར་འཇིག་རྟེན་གསུམ་པོ་ན། །སེམས་ལས་འཇིགས་པ་གཞན་འགའ་མེད། །(5—8)

宋译本：由彼诸罪心，佛生诸世间[2]，三界心灭故，是故无怖畏。(3—8)

敦煌写本：གལ་ཏེ་འགྲོ་བ་དབུལ་བོར་ནས། །སྦྱིན་པའི་ཕ་རོལ་ཕྱིན་ཡིན་ན། །ད་དུང་འགྲོ་བཀྲེན་ཡོད་ན་སྔོན། །སྐྱོབ་པའི་[3]ཅི་ལྟར་ཕ་རོལ་ཕྱིན། །

今译：若除众生贫，始算施般若，尚有饥者故，云何昔佛[4]成？(4—9)

藏文传世本：གལ་ཏེ་འགྲོ་བ་དབུལ་བོར་བས། །སྦྱིན་པའི་ཕ་རོལ་ཕྱིན་ཡིན་ན། །ད་ཅུང་འགྲོ་བཀྲེན་ཡོད་ན་སྔོན། །སྐྱོབ་པ་ཇི་ལྟར་ཕ་རོལ་ཕྱིན། །(5—9)

宋译本：若昔行檀施，今世而不贫，今贫勿烦恼，过去云何悔[5]？(3—9)

敦煌写本：བདོག་པ་ཐམས་ཅད་འབྲས་བཅས་ཏེ། །སྐྱེ་བོ་ཀུན་ལ་གཏང་སེམས་ཀྱིས། །སྦྱིན་པའི་ཕ་རོལ་ཕྱིན་གསུངས་ཏེ། །དེ་ལྟས་དེ་ནི་སེམས་ཉིད་དོ། །

今译：所拥及其果，乐心献众生，宣此渡于施，由此即心然。(4—10)

藏文传世本：བདོག་པ་ཐམས་ཅད་འབྲས་བཅས་ཏེ། །སྐྱེ་བོ་ཀུན་ལ་བཏང་སེམས་ཀྱིས། །སྦྱིན་པའི་ཕ་རོལ་ཕྱིན་གསུངས་ཏེ། །དེ་ལྟས་དེ་ནི་སེམས་ཉིད་དོ། །(5—10)

宋译本：若人心少分，行檀波若蜜，是故说果报，同一切布施。(3—10)

敦煌写本：ཉ་པ་ལས་སྩོགས་གང་ཞིག་ཏུ། །དེ་དག་གསོད་མྱི་འགྱུར་བར་བསྐྲད། །སྤོང་བའི་སེམས་ནི་ཐོབ་པ་ལས། །ཚུལ་ཁྲིམས་ཕ་རོལ་ཕྱིན་པར་བཤད། །

今译：渔夫等[6]不杀，引彼于它处？得其舍离心，说圆戒般若。(4—11)

藏文传世本：ཉ་ལ་སོགས་པ་གང་ཞིག་ཏུ། །དེ་དག་གསོད་མི་འགྱུར་བར་བསྐྲད། །སྤོང་བའི་སེམས་ནི་ཐོབ་པ་

〔1〕字面为“能仁”。

〔2〕黄宝生指出“世间”为“说”一词的误读，由此结合上一颂的内容，可推断此颂前半句的意思为：“佛说彼一切，皆由罪心生。”

〔3〕此处“པའི”之助词“འི”似为笔误。

〔4〕字面为“护者”。

〔5〕此颂两种藏文译本均无“勿烦恼”与“悔”之意。

〔6〕藏文传世本为“鱼等”。

ལས། །ཚུལ་ཁྲིམས་ཕ་རོལ་ཕྱིན་པར་བཤད། །(5—11)

宋译本：若人心持戒，嫌谁而牵杀？（3—11a）

敦煌写本：སེམས་ཅན་མྱི་སྲུན་ནམ་མཁའ་བཞིན། །དེ་དག་གཞོམ་གྱིས་ཡོང་མྱི་ལྀད། །ཁྲོ་བའི་སེམས་འདྀ་གཅིག་བཅོམ་ན། །དགྲ་དེ་ཐམས་ཆད་ཆོམས་དང་འདྲ། །

今译：如空桀骜众，绝非尽降伏，若伏此嗔心，如降彼诸敌。（4—12）

藏文传世本：སེམས་ཅན་མི་སྲུན་ནམ་མཁའ་བཞིན། །དེ་དག་གཞོམ་གྱིས་ཡོང་མི་ལང་། །ཁྲོ་བའི་སེམས་འདི་གཅིག་བཅོམ་ན། །དགྲ་དེ་ཐམས་ཅད་ཆོམས་དང་འདྲ། །(5—12)

宋译本：嗔心之冤家，杀尽等虚空。（3—11b）

敦煌写本：ས་སྟེང་འདྀ་དག་ཀུན་གཡོག་དུ། །དེ་སྙེད་ཀོ་བ་ག་ལ་ཡོད། །ལྷམ་མཐིལ་ཙམ་གྱི་ཀོ་བས་ནི། །ས་སྟེང་ཐམས་ཆད་གཡོགས་དང་འདྲ། །

今译：欲尽覆大地，皮革岂能得，片革裹脚掌，犹如覆大地。（4—13）

藏文传世本：ས་སྟེང་འདི་དག་ཀོས་གཡོགས་སུ། །དེ་སྙེད་ཀོ་བས་ག་ལ་ལང་། །ལྷམ་མཐིལ་ཙམ་གྱི་ཀོ་བས་ནི། །ས་སྟེང་ཐམས་ཅད་གཡོགས་དང་འདྲ། །(5—13)

宋译本：大地量无边，何皮而能盖，履用皮少分，随行处处覆。（3—12）

敦煌写本：དེ་བཞིན་ཕྱྀ་རོལ་དངོས་པོ་ཡང་། །བདག་གིས་ཕྱིར་བཟློག་མྱི་ལང་གིས། །བདག་གི་སེམས་འདྀ་ཕྱིར་བཟློག་བྱའི། །གཞན་རྣམས་བཟློག་པོ་ཅི་ཞིག་དགོས། །

今译：如是外境法，我非能制服，应勤伏己心，它者何须伏。（4—14）

藏文传世本：དེ་བཞིན་ཕྱི་རོལ་དངོས་པོ་ཡང་། །བདག་གིས་ཕྱིར་བཟློག་མི་ལང་གི །བདག་གི་སེམས་འདི་ཕྱིར་བཟློག་བྱའི། །གཞན་རྣམས་བཟློག་གོ་ཅི་ཞིག་དགོས། །(5—14)

宋译本：外我性亦然，所有谁能劝？但劝于自心，外我而自伏。（3—13）

敦煌写本：སེམས་གསལ་གཅིག་བསྐྱེད་འབྲས་བུ་གང་། །ཚངས་ལས་སྟོགས་པ་ཡིན་བ་ལྟར། །ལུས་ངག་བཅས་པའི་འབྲས་བུ་ཡང་། །སྤྱོད་པ་གཞནད་[1]པས་དེ་ལྟར་མྱིན། །

今译：明心[2]所生果，亦如梵天等，身口等业果，行劣不如彼。（4—15）

藏文传世本：སེམས་གསལ་གཅིག་བསྐྱེད་འབྲས་བུ་གང་། །ཚངས་ལ་སོགས་པ་ཡིན་པ་ལྟར། །ལུས་ངག་བཅས་པའི་འབྲས་བུ་ཡང་། །སྤྱོད་པ་ཞན་པས་དེ་ལྟ་མིན། །(5—15)

---

〔1〕“གཞནད་”前加字“ག”为衍字。

〔2〕指精进于修三摩地而生起的明朗的定心。

宋译本：身贫而无福，彼果同所行，若心施一衣，感果而增福[1]。(3—14)

敦煌写本：བཟླས་བརྗོད་དང་ནི་དཀའ་ཐུབ་ཀུན། །ཡུན་རིང་དུས་སུ་སྤྱད་བྱས་ཀྱང་། །སེམས་གཞན་གཡེངས་པས་བྱས་པ་ནི། །དེ་ཉིད་རིགས་པས་དོན་མེད་གསུངས། །

今译：诵与诸苦修，虽于久勤行，然心散它处，佛[2]说无利益。(4—16)

藏文传世本：བཟླས་བརྗོད་དང་ནི་དཀའ་ཐུབ་ཀུན། །ཡུན་རིང་དུས་སུ་སྤྱད་བྱས་ཀྱང་། །སེམས་གཞན་གཡེངས་པས་བྱས་པ་ནི། །དེ་ཉིད་རིག་པས་དོན་མེད་གསུངས། །(5—16)

宋译本：诸行若修持，心念恒不舍，一切无利心，虚假宜远离[3]。(3—15)

敦煌写本：གང་གིས་ཆོས་ཀྱི་དོན་པོ་མཆོག །སེམས་ཀྱི་གསང་འདི་མ་ཤེས་ན། །བདེ་ཐོབ་སྡུག་བསྔལ་གཞོམ་འདོད་ཀྱང་། །དེ་དག་དོན་མེད་ཀྱི་ན་འཁྱམ། །

今译：何者不了知，法要[4]心奥秘，欲乐灭诸苦，唐劳无义漂。(4—17)

藏文传世本：གང་གིས་ཆོས་ཀྱི་གཙོ་བོ་མཆོག །སེམས་ཀྱི་གསང་འདི་མ་ཤེས་ན། །བདེ་ཐོབ་སྡུག་བསྔལ་གཞོམ་འདོད་ཀྱང་། །དེ་དག་དོན་མེད་ཀྱི་ནར་འཁྱམས། །(5—17)

宋译本：一切心法财，宜秘密观察，离苦获安乐，彼得超世间[5]。(3—16)

敦煌写本：དེ་ལྟས་བདག་གི་སེམས་འདི་ནི། །ལེགས་བཟུང་ལེགས་པར་བསྲུང་བར་བྱ། །སེམས་བསྲུང་བརྟུལ་ཞུགས་མ་གཏོགས་པ། །བརྟུལ་ཞུགས་མང་པོས་ཅི་ཞིག་བྱ། །

今译：是故于此心，我应慎持护，除此护心戒，余戒有何用。(4—18)

藏文传世本：དེ་ལྟས་བདག་གི་སེམས་འདི་ནི། །ལེགས་གཟུང་ལེགས་པར་བསྲུང་བར་བྱ། །སེམས་བསྲུང་བརྟུལ་ཞུགས་མ་གཏོགས་པ། །བརྟུལ་ཞུགས་མང་པོས་ཅི་ཞིག་བྱ། །(5—18)

宋译本：我云何修行，修行唯护心，是故我观心，恒时而作护。(3—17)

敦煌写本：མ་གྲངས་ཧྲོལ་བའི་ཁྲོད་གནས་ན། །བསྒྲིམས་ཏེ་རྨའི་བག་བྱེད་བཞིན། །སྐྱེ་བོ་ངན་ཁྲོད་གནས་པས་ཀྱང་། །སེམས་ཀྱི་རྨ་ནི་རྟག་དུ་བསྲུང་། །

---

〔1〕 对于此颂，黄宝生指出“一衣”可能是“明智的”与“独自”的误读，“增福”可能是“梵性”与“等等”的误读，由此对原文的理解产生了很大的错误，因而可知宋译本与原文不符。

〔2〕 此处字面为“了知空性者”。

〔3〕 两种藏文译本均无“一切无利心，虚假宜远离”之意。

〔4〕 指“空性”。

〔5〕 两种藏文译本均无“观察”“得超世间”等意。

今译：置身莽汉中，谨慎防护疮，亦居恶人群，应常护心伤[1]。(4—19)

藏文传世本：མ་གྲངས་རྡོལ་བའི་ཁྲོད་གནས་ན། །གྲིམས་ཏེ་རྨ་ཡི་བག་བྱེད་བཞིན། །སྐྱེ་བོ་ངན་ཁྲོད་གནས་པས་ཀྱང་། །སེམས་ཀྱི་རྨ་འདི་རྟག་ཏུ་བསྲུང་། །(5—19)

宋译本：喻猕猴[2]身疮，一心而将护，人中恶[3]如是，恒常而护心。(3—18)

敦煌写本：རྨའི་སྡུག་བསྔལ་ཆུ་ངུ་ཡིས། །སྐྲག་པ་འང་བདག་རྨའི་བག་བྱེད་ན། །རི་བོ་ཆེས་འཇོམས་སྐྲག་པ་ཡིས། །སེམས་ཀྱི་རྨ་ལྟ་ཅིས་མྱི་བསྲུང་། །

今译：畏惧小痛苦，尚且护己[4]疮，况惧大山[5]压，心伤岂不护。(4—20)

藏文传世本：རྨ་ཡི་སྡུག་བསྔལ་ཆུང་ངུ་ཡིས། །སྐྲག་པའང་རྨ་ཡི་བག་བྱེད་ན། །བསྡུས་འཇོམས་རིས་འཇོམས་སྐྲག་པ་དག །སེམས་ཀྱི་རྨ་ལྟ་ཅིས་མི་སྲུང་། །(5—20)

宋译本：怖苦恼之疮，我一心常护，破坏于众合，心疮乃无怖[6]。(3—19)

敦煌写本：སྤྱོད་པ་འདི་འདྲས་གནས་བྱེད་ན། །སྐྱེ་བོ་ངན་པའི་ཁྲོད་གནས་སམ། །བུད་མེད་ཁྲོད་ན་གནས་ཀྱང་རུང་། །སྡོམ་བརྩོན་བརྟན་པ་ཉམས་མྱི་འགྱུརད། །

今译：若能如此[7]行，既处恶人中，亦或在女中，恒戒永不失。(4—21)

藏文传世本：སྤྱོད་པ་འདི་འདྲས་གནས་བྱེད་ན། །སྐྱེ་བོ་ངན་པའི་ཁྲོད་གནས་སམ། །བུད་མེད་ཁྲོད་ན་གནས་ཀྱང་རུང་། །སྡོམ་བརྩོན་བརྟན་པ་ཉམས་མི་འགྱུར། །(5—21)

宋译本：常作如是行，不行人中恶，人中罪不犯，自然而不怖[8]。(3—20)

敦煌写本：བདག་གི་རྙེད་དང་བཀུར་བསྟི་དང་། །ལུས་དང་འཚོ་བ་མྱེད་བླ་ཞིང་། །དགེ་བ་གཞན་ཡང་ཉམས་བླ་ཡི། །སེམས་ནི་ནམས་ཀྱང་ཉམས་མྱི་བྱ། །

---

〔1〕“心伤”指护持诸学处所需要的正念和正知。

〔2〕藏译本中的“མ་གྲངས་རྡོལ་བ”一词较难理解，但根据释文为行为粗俗举止不雅的“莽汉”之意，宋译本译为“猕猴”不妥。

〔3〕根据两种藏译本应为“恶人中”。

〔4〕藏文传世本无“己”。

〔5〕藏文传世本为“众合山”。“众合”即佛经中所讲地狱中的一种，亦说堕入该地狱中的众生将会遭受夹压在两座大山间的痛苦。

〔6〕此颂后半句应为“怖众合之苦，心疮岂不护”。

〔7〕指防止生烦恼。

〔8〕此颂，两种藏译本均无“不行”“人中罪”“自然”“不怖”等词意，然有“女中”“僧者”等词。

今译：吾宁失财敬，身及众活计，亦宁失它善，永不失此心。（4—22）

藏文传世本：བདག་གི་རྙེད་དང་བཀུར་སྟི་དང་། །ལུས་དང་འཚོ་བ་མེད་བླ་ཞིང་། །དགེ་བ་གཞན་ཡང་ཉམས་བླ་ཡི། །སེམས་ནི་ནམས་ཀྱང་ཉམས་མི་བྱ། །（5—22）

宋译本：我欲尽身命，利行而供养，别别身命尽，善心而不退。（3—21）

敦煌写本：སེམས་སྲུང་འདོད་པ་རྣམས་ལ་ནི། །དྲན་བ་དང་ནི་ཤེས་བཞིན་དག། །སྲོག་ལ་བབ་ཀྱང་བསྲུངས་ཤིག་ཅེས། །བདག་ནི་དེ་སྐད་འདོམས་པར་བྱེད། །

今译：我欲如是劝[1]：欲护自心者，恒护念与知，即便要丧命。（4—23）

藏文传世本：སེམས་བསྲུང་འདོད་པ་རྣམས་ལ་ནི། །དྲན་པ་དང་ནི་ཤེས་བཞིན་དག །ཐམས་ཅད་འབད་པས་བསྲུངས་ཤིག་ཅེས། །བདག་ནི་དེ་ལྟར་ཐལ་མོ་སྦྱར། །（5—23）

宋译本：我欲守护心，合掌今专作[2]，心念念之中，一切方便护。（3—22）

敦煌写本：ནད་ཀྱིས་དཀྲུགས་པའི་མྱི་དག་ནི། །ལས་རྣམས་ཀུན་ལ་མཐུ་མྱེད་པ། །དེ་བཞིན་རྨོངས་པས་སེམས་དཀྲུགས་པ། །ལས་རྣམས་ཀུན་ལ་མཐུ་མྱེད་དོ། །

今译：被病所困者，无力做诸业，如此愚扰心，无力行善业。（4—24）

藏文传世本：ནད་ཀྱིས་དཀྲུགས་པའི་མི་དག་ནི། །ལས་རྣམས་ཀུན་ལ་མཐུ་མེད་པ། །དེ་བཞིན་རྨོངས་པས་སེམས་དཀྲུགས་པ། །ལས་རྣམས་ཀུན་ལ་མཐུ་མེད་དོ། །（5—24）

宋译本：喻于重病人，诸事不宁忍，散乱心亦然，不堪诸事业。（3—23）

敦煌写本：ཤེས་བཞིན་མྱེད་པའི་སེམས་ལྡན་བའི། །ཐོས་དང་བསམས་དང་བསྒོམས་པ་ཡང་། །ཀློང་རྡོལ་[3]བུམ་པའི་ཆུ་བཞིན་དུ། །དྲན་བ་ལ་ནི་དེ་མྱི་གནས། །

今译：心无正知者，闻思及修行，如瓶渗漏水，彼不住正念。（4—25）

藏文传世本：ཤེས་བཞིན་མེད་པའི་སེམས་ལྡན་པའི། །ཐོས་དང་བསམས་དང་སྒོམས་པ་ཡང་། །ཀློ་རྡོལ་བུམ་པའི་ཆུ་བཞིན་དུ། །དྲན་པ་ལ་ནི་དེ་མི་གནས། །（5—25）

宋译本：心散乱不定，闻思惟观察，如器之渗漏，于水不能盛。（3—24）

敦煌写本：ཐོས་ལྡན་དད་པ་ཅན་དང་ནི། །བརྩོན་པ་ལྷུར་ལེན་དུ་མ་ཡང་། །ཤེས་བཞིན་མྱེད་པའི་སྐྱོན་ཆགས་

---

〔1〕 此颂藏文传世本第三、四句为“一切勤护持，我即作合掌”。

〔2〕 黄宝生指出：“此处‘欲守护心’的原文是复数，属格，指‘欲守护心的人们’。”因此，将这一论断结合两种藏文译本考究，此两短句为“诸欲护心者，我今作合掌”较妥。

〔3〕 根据现代藏语“ཀློང་རྡོལ”为“深广”之意，但根据此文，其词源本意为“渗漏”。

པས། །ལྟུང་བའི་རྙོག་དང་བཅས་པར་འགྱུར། །

今译：足闻信心者，以及众勤者，未有正知故，染于堕罪浊。(4—26)

藏文传世本：ཐོས་ལྡན་དད་པ་ཅན་དང་ནི། །བརྩོན་པ་ལྷུར་ལེན་དུ་མ་ཡང་། །ཤེས་བཞིན་མེད་པའི་སྐྱོན་ཆགས་པས། །ལྟུང་བའི་རྙོག་དང་བཅས་པར་འགྱུར། །(5—26)

宋译本：由多闻之人，于信方便等，过失心不定，获不寂静[1]罪。(3—25)

敦煌写本：ཤེས་བཞིན་མྱེད་པའི་ཆོམ་རྐུན་དག། །དྲན་པ་ཉམས་པའི་རྗེས་འབྲང་བས། །བསོད་ནམས་དག་ནི་ཉེར་བསྒགས་ཀྱང་། །རྐུན་པོས་བརྟོགས་[2] བཞིན་ངན་འགྲོར་འདོང་། །

今译：于无正知者，失念贼尾随，往虽多积福，如盗堕恶趣。(4—27)

藏文传世本：ཤེས་བཞིན་མེད་པའི་ཆོམ་རྐུན་དག །དྲན་པ་ཉམས་པའི་རྗེས་འབྲང་བས། །བསོད་ནམས་དག་ནི་ཉེར་བསགས་ཀྱང་། །རྐུན་པོས་ཕྲོགས་བཞིན་ངན་འགྲོར་འགྲོ། །(5—27)

宋译本：心不决定故，迷惑贼所得，所有之福善，偷堕于恶处。(3—26)

敦煌写本：ཉོན་མོངས་ཆོམ་རྐུན་ཚོགས་འདད་ནི། །གླགས་སྐབས་ཚོལ་བར་བྱེད་པ་སྟེ། །གླགས་རྙེད་གྱུར་ནས་དགེ་འཕྲོག་ཅིང་། །བདེ་འགྲོ་སྲོག་ཀྱང་འཇོམས་པར་བྱེད། །

今译：此群烦恼贼，乘隙伺人便，遇机便劫善，复毁善趣命[3]。(4—28)

藏文传世本：ཉོན་མོངས་ཆོམ་རྐུན་ཚོགས་འདི་ནི། །གླགས་སྐབས་ཚོལ་བར་བྱེད་པ་སྟེ། །གླགས་རྙེད་གྱུར་ནས་དགེ་འཕྲོག་ཅིང་། །བདེ་འགྲོའི་སྲོག་ཀྱང་འཇོམས་པར་བྱེད། །(5—28)

宋译本：烦恼众盗贼，魔著故得便，由魔罗发起，破坏善生命[4]。(3—27)

敦煌写本：དེ་བས་དྲན་པ་ཡིད་སྒོ་ནས། །གུ་དུ་ནམ་ཡང་མྱི་གཏང་ངོ་། །སོང་ན་འང་ངན་སོང་གནོད་པ་དག །དྲན་བར་བྱས་སྟེ་ཉེ་བར་གཞག། །

今译：是故永不让，正念离意门，若离复安住，由思恶趣害。(4—29)

藏文传世本：དེ་བས་དྲན་པ་ཡིད་སྒོ་ནས། །གུད་དུ་ནམ་ཡང་མི་གཏོང་ངོ་། །སོང་ནའང་ངན་འགྲོའི་གནོད་པ་དག །དྲན་པར་བྱས་ཏེ་ཉེ་བར་བཞག །(5—29)

宋译本：守彼意根门，恶不能牵去，念彼罪苦恼，次复获安住。(3—28)

---

〔1〕两种藏文译本均无“不寂静”之意，似是“犯戒”之误读。

〔2〕“བརྟོགས”为古藏文词汇，意为“盗”，同藏文传世本中之“ཕྲོགས”。

〔3〕“善趣命”指行诸善业所得成就转生人天善趣和究竟涅槃的果报。

〔4〕此颂中的“魔”对应的词在两种藏文译本中为“གླགས”，但“གླགས”指机遇，并非为“魔”，黄宝生指出此颂梵文原文中并无“魔罗”一词，因此，可以推断“魔”为“机遇”的误读。

敦煌写本：བླ་མ་དང་ནི་འགྲོགས་པ་ལས། །མཁན་པོས་རྗེས་སུ་བསྟནད་པ་དང། །འཇིགས་པས་སྐལ་ལྡན་གུས་བྱེད་ལ། །དྲན་པ་ཤིན་དུ་སྐྱེ་བར་འགྱུར། །

今译：跟随上师尊，听信亲教师，畏[1]贬敬[2]信者，极易[3]生正念。（4—30）

藏文传世本：བླ་མ་དང་ནི་འགྲོགས་པ་ལས། །མཁན་པོས་རྗེས་སུ་བསྟན་པ་དང་། །འཇིགས་པས་སྐལ་ལྡན་གུས་བྱེད་ལ། །དྲན་པ་བདེ་བླག་ཉིད་དུ་སྐྱེ། །（5—30）

宋译本：善哉随师教，获得善念生，奉于教诲师，当一心供给。（3—29）

敦煌写本：སངས་རྒྱས་བྱང་ཆུབ་སེམས་དཔའ་དག། །ཀུན་དུ་ཐོགས་སྨེད་གཟིགས་པར་ལྡན། །དེ་དག་ཐམས་ཅད་སྤྱན་སྔ་ན། །བདག་ནི་རྟག་པར་གནས་སོ་ཞེས། །

今译：诸佛及菩萨，普具无碍观，彼等慧眼前，我即恒常处。（4—31）

藏文传世本：སངས་རྒྱས་བྱང་ཆུབ་སེམས་དཔའ་དག །ཀུན་དུ་ཐོགས་མེད་གཟིགས་པར་ལྡན། །དེ་དག་ཐམས་ཅད་སྤྱན་སྔ་ན། །རྟག་པར་བདག་ནི་གནས་སོ་ཞེས། །（5—31）

宋译本：于诸佛菩萨，刹那心决定。（3—30a）

敦煌写本：དེ་ལྟར་བསམས་ནས་གུས་པ་དང་། །འཇིགས་བཅས་དྲན་པ་རྟག་དུ་གཞག ། །དེས་ནི་སངས་རྒྱས་རྗེས་དྲན་པ་འང་། །དེ་ལ་ཡང་དང་ཡང་དུ་འབྱུང་། །

今译：如是思则敬，怖畏恒护念[4]，由故随念佛，对彼反复生。（4—32）

藏文传世本：དེ་ལྟར་བསམས་ནས་ངོ་ཚ་དང་། །གུས་དང་འཇིགས་ལྡན་དེ་བཞིན་གནོས། །དེས་ན་སངས་རྒྱས་རྗེས་དྲན་པའང་། །དེ་ལ་ཡང་དང་ཡང་དུ་འབྱུང་། །（5—32）

宋译本：当怖畏忆念，慈哀现面前。（3—30b）

敦煌写本：གང་ཚེ་དྲན་པ་ཡིད་སྒོ་ན། །བསྲུང་བའི་དོན་དུ་གནས་གྱུརད་པ། །དེ་ཚེ་ཤེས་བཞིན་འོང་འགྱུར་ཞིང། །སོང་བ་དག་ཀྱང་ཕྱིར་འོང་འགྱུར། །

今译：正念住意门，防护烦恼时，正知随即临，失者亦复得。（4—33）

藏文传世本：གང་ཚེ་དྲན་པ་ཡིད་སྒོ་ནས། །བསྲུང་བའི་དོན་དུ་གནས་གྱུར་པ། །དེ་ཚེ་ཤེས་བཞིན་འོང་འགྱུར་ཞིང་། །སོང་བ་དག་ཀྱང་འོང་བར་འགྱུར། །（5—33）

〔1〕 意为自己若犯过失将会引起别人的诋毁而怖畏者。

〔2〕 指能恭敬诸学处者。

〔3〕 藏文传世本为“顺利”。

〔4〕 藏文传世本为“如是思则惭，敬怖亦护持”。

宋译本：尘心而不定，去去不复还[1]，若能守意门，护之住不散。（3—31）

敦煌写本：རེ་ཤིག་དང་པོར་འདི་འདྲའི་སེམས། །འདི་ནི་སྐྱོན་བཅས་ཤེས་བྱས་ནས། །དེ་ཚེ་བདག་གིས་ཤིང་བཞིན་དུ། །ཟུང་ཐུབ་པར་ནི་གནས་པར་བྱ། །

今译：初生意念际，知其若有过，此时我如树，持性应安住。（4—34）

藏文传世本：རེ་ཞིག་དང་པོ་འདི་འདྲའི་སེམས། །འདི་ནི་སྐྱོན་བཅས་ཤེས་བྱས་ནས། །དེ་ཚེ་བདག་གིས་ཤིང་བཞིན་དུ། །ཟུངས་ཐུབ་པར་ནི་གནས་པར་བྱ། །（5—34）

宋译本：我今护此心，恒常如是住，喻木之无根，不生恶枝叶[2]。（3—32）

敦煌写本：དོན་མྱེད་གཡེང་བར་ལྟ་བ་ནི། །ནམ་ཡང་བདག་གིས་མྱི་བྱ་སྟེ། །ངེས་པས་སེམས་པས་རྟག་དུ་ནི། །མྱིག་ནི་ཕབ་སྟེ་བལྟ་བར་བྱ། །

今译：散心无意望，我即恒不做，决志当恒常，观望以垂眼。（4—35）

藏文传世本：དོན་མེད་གཡེང་བར་ལྟ་བ་ནི། །ནམ་ཡང་བདག་གིས་མི་བྱ་སྟེ། །ངེས་པར་སེམས་པས་རྟག་ཏུ་ནི། །མིག་ནི་ཕབ་སྟེ་བལྟ་བར་བྱ། །（5—35）

宋译本：眼观于色相，知虚假不实，物物恒谛观，是故而不著。（3—33）

敦煌写本：བལྟ་བ་ངལ་བསོའི་ཆེད་དུ་ནི། །རེས་འགའ་ཕྱོགས་སུ་བལྟ་བར་བྱ། །འགའ་ཞིག་མྱིག་ལམ་སྣང་གྱུརད་ན། །བལྟས་ནས་འོངས་པ་ལེགས་ཤེས་བརྗོད། །

今译：为息垂视困，偶尔顾四方，若人显眼前，视其道善来。（4—36）

藏文传世本：ལྟ་བ་ངལ་བསོའི་ཆེད་དུ་ནི། །རེས་འགའ་ཕྱོགས་སུ་བལྟ་བར་བྱ། །འགའ་ཞིག་མིག་ལམ་སྣང་གྱུར་ན། །བལྟས་ནས་འོངས་པ་ལེགས་ཞེས་བརྗོད། །（5—36）

宋译本：因见而观察，观之令不惑，所来观见已，安畏以善来。（3—34）

敦煌写本：ལམ་སྶོགས་འཇིགས་པ་བརྟག་པའི་ཕྱིར། །ཡང་དང་ཡང་དུ་ཕྱོགས་བཞིར་བལྟ། །ངལ་བསོས་ཁ་ནི་ཕྱིར་བལྟས་ནས། །རྒྱབ་ཀྱི་ཕྱོགས་སུ་བལྟ་བར་བྱ། །

今译：为察道途怖，复次望四方，憩后离身时，回头应观察。（4—37）

藏文传世本：ལམ་སོགས་འཇིགས་པ་བརྟག་པའི་ཕྱིར། །ཡང་དང་ཡང་དུ་ཕྱོགས་བཞིར་བལྟ། །ངལ་བསོས་ཁ་ནི་ཕྱིར་བལྟས་ནས། །རྒྱབ་ཀྱི་ཕྱོགས་སུ་བལྟ་བར་བྱ། །（5—37）

宋译本：欲行不知道，望四方生怖，决定知方已，观心行亦然。（3—35）

---

〔1〕 两种藏文译本均无“尘心而不定”等意，且否定句“不复还”为肯定句“能复还”。

〔2〕 两种藏文译本虽无“不生恶枝叶”一句，但意义接近。

敦煌写本：མདུན་དང་རྒྱབ་དུ་བརྟག་བྱས་ནས། །འགྲོ་བ་འམ་ཡང་ན་འོང་བྱ་སྟེ། །དེ་ལྟར་གནས་སྐབས་ཐམས་ཆད་དུ། །དགོས་བ་ཤེས་ནས་སྤྱད་པར་བྱ། །

今译：观察前与后，决定去或回，如此一切时，知的而行事。（4—38）

藏文传世本：མདུན་དང་རྒྱབ་ཏུ་བརྟག་བྱས་ནས། །འགྲོའམ་ཡང་ན་འོང་བྱ་སྟེ། །དེ་ལྟར་གནས་སྐབས་ཐམས་ཅད་དུ། །དགོས་པ་ཤེས་ནས་སྤྱད་པར་བྱ། །（5—38）

宋译本：智者之所行，思惟于前后，是善是恶等，如是事不失。（3—36）

敦煌写本：ལུས་ཀྱིས་འདྀ་ལྟར་གནས་བྱ་ཞེས། །བྱ་བ་བསྡོགས་ནས་དེ་ནས་ནི། །སྐབས་སུ་ལུས་འདྀ་ཅྀ་ལྟ་བུར། །གནས་པ་ཡྀན་ཞེས་བལྟ་བར་བྱ། །

今译：身应如是住，预思并止行，尔后应观察，此身如何住。[1]（4—39）

藏文传世本：ལུས་ཀྱིས་འདི་ལྟར་གནས་བྱ་ཞེས། །བྱ་བ་བསྡོགས་ནས་དེ་ནས་ནི། །སྐབས་སུ་ལུས་འདི་ཇི་ལྟ་བུར། །གནས་པ་ཡིན་ཞེས་བལྟ་བར་བྱ། །（5—39）

宋译本：不住于此身，离此复何作？云何住此身，当复观中间。（3—37）

敦煌写本：ཅྀ་ནས་ཡང་དག་བླངས་པའི་གཙོ། །སྐད་ཅིག་གཅིག་ཀྱང་མྱི་འཆོར་བར། །བདག་གི་ཡིད་འདྀ་གར་སྤྱོད་ཅེས། །དེ་ལྟར་ཡིད་ལ་སོ་སོར་བརྟག །

今译：须以正持尊[2]，时刻不离弃，己心向何处，如是分别察。（4—40）

藏文传世本：ཅི་ནས་ཏིང་འཛིན་བརྩོན་པ་ནི། །སྐད་ཅིག་གཅིག་ཀྱང་མི་འཆོར་བར། །བདག་གི་ཡིད་འདི་གར་སྤྱོད་ཅེས། །དེ་ལྟར་ཡིད་ལ་སོ་སོར་བརྟག །（5—41）

宋译本：当以如是意，观我之所在，诸识皆如是，摄令刹那住。（3—39）

敦煌写本：འཇིགས་ལས་སྔོགས་པ་བྱུང་གྱུརད་ནས། །གལ་ཏེ་ཅྀ་བདེར་མྱི་ནུས་ན། །འདྀ་ལྟར་སྦྱིན་པའི་དུས་དག་དུ། །ཚུལ་ཁྲིམས་བཏང་སྙོམས་གཞག་པར་གསུངས། །

今译：若因见危难，实难安学处[3]，经说行施时，戒律可放任。（4—41）

藏文传世本：འཇིགས་དང་དགའ་སྟོན་སོགས་འབྲེལ་བར། །གལ་ཏེ་མི་ནུས་ཅི་བདེར་བྱ། །འདི་ལྟར་སྦྱིན་པའི་དུས་དག་ཏུ། །ཚུལ་ཁྲིམས་བཏང་སྙོམས་བྱ་བར་གསུངས། །（5—42）

宋译本：若怖因业力，能趣求快乐，修彼檀戒度，乃至大舍等[4]。（3—40）

---

〔1〕藏汉传世译本于此处多1颂。

〔2〕藏文传世本为“勤禅定”。

〔3〕藏文传世本为“若遇怖与宴，难行应随意”。

〔4〕根据两种藏文译本此颂并无“因业力”之意，且译文内容完全相反。

敦煌写本：གང་ཞིག་བསམས་སྟེ་བྱར་བརྩམས་པ། །དེ་ལས་གཞན་དུ་མྱི་བསམ་སྟེ། །དེར་གཏད་པའི་བསམ་པ་ཡིས། །དེ་ཉིད་རེ་ཤིག་བསྒྲུབ་པར་བྱ།།

今译：思已当从事，此外不思它，专心于彼事，暂时成办彼。（4—42）

藏文传世本：གང་ཞིག་བསམས་ཏེ་བྱར་བརྩམས་པ། །དེ་ལས་གཞན་དུ་མི་བསམ་སྟེ། །དེར་གཏད་པ་ཡི་བསམ་པ་ཡིས། །དེ་ཉིད་རེ་ཞིག་བསྒྲུབ་པར་བྱ།།（5—43）

宋译本：若修菩提因[1]，彼别不思惟，一向修自心，当起如是见。（3—41）

敦煌写本：དེ་ལྟ་ན་ནི་ཀུན་ལེགས་བྱས། །གཞན་དུ་གཉི་གར་མྱི་འགྲུབ་རོ། །ཤེས་བཞིན་མ་ཡིན་ཉེ་ཉོན་མོངས། །དེ་ལྟ་ན་ནི་འཕེལ་མྱི་འགྱུར།།

今译：如是皆完美，否则两不成，非知随烦恼，由是令不增。（4—43）

藏文传世本：དེ་ལྟ་ན་ནི་ཀུན་ལེགས་བྱས། །གཞན་དུ་གཉི་གར་མི་འགྱུར་རོ། །ཤེས་བཞིན་མ་ཡིན་ཉེ་ཉོན་མོངས། །དེ་ལྟ་ན་ནི་འཕེལ་མི་འགྱུར།།（5—44）

宋译本：如是修诸善，不起于怖畏，而令诸烦恼，决定不增长[2]。（3—42）

敦煌写本：ཟྱི་མོ་གཏམ་ནི་སྣ་ཚོགས་དང་། །ངོ་མཚར་ལྟད་མོ་རྣམ་མང་པོ། །ཀུན་ལ་འཇུག་པར་གྱུརད་པ་ན། །དེ་ལ་ཆགས་པ་སྤང་བར་བྱ།།

今译：闲言乃种种，奇观亦多样，彼皆不观览，若观断贪着！（4—44）

藏文传世本：ཟྱི་མོའི་གཏམ་ནི་སྣ་ཚོགས་དང་། །ངོ་མཚར་ལྟད་མོ་རྣམ་མང་པོ། །ཀུན་ལ་འཇུག་པར་གྱུར་པ་ན། །དེ་ལ་ཆགས་པ་སྤང་བར་བྱ།།（5—45）

宋译本：种种正言说[3]，见在而甚多，观览悉决了，破疑网得果[4]。（3—43）

敦煌写本：དོན་མྱེད་ས་རྐོ་རྩྭ་གཅོད་དང་། །ས་རིས་འདྲི་སྩོགས་བྱེད་གྱུརད་ན། །བདེ་གཤེགས་བསླབ་པ་དྲན་བྱས་ནས། །སྐྲག་པས་དེའི་མོད་ལ་བཏང་།།

今译：无端掘土地，割草或绘图，当念善逝戒，畏怖即刻止。（4—45）

藏文传世本：དོན་མེད་ས་རྐོ་རྩྭ་གཅོད་དང་། །ས་རིས་འདྲི་སོགས་བྱེད་གྱུར་ན། །བདེ་གཤེགས་བསླབ་པ་དྲན་

〔1〕两种藏文译本均无“菩提因”之意，黄宝生指出“菩提”一词可能是“知道”一词的误读，但根据藏文译本似是“所思事”之误读。

〔2〕黄宝生指出此颂中“不起于怖畏”一句为“两边都会落空”之误读，根据藏文译本理应为“否则两边都会落空”。

〔3〕根据藏文译本“正言说”似为“闲言闲语”之误。

〔4〕两种藏文译本均无“破疑网得果”之意，似为“断除贪念”之误。

བྱས་ནས། །སྐྲག་པས་དེ་ཡི་མོད་ལ་དོར། །（5—46）

宋译本：如草被割截，念佛戒能忍[1]，刹那行[2]此行，获得殊胜果[3]。（3—44）

敦煌写本：གང་ཚེ་བསྒྱོད་པར་འདོད་གྱུརད་ཏམ། །སྨྲ་བར་འདོད་པར་གྱུར་ན་ཡང། །དང་པོར་རང་གི་སེམས་བརྟགས་ནས། །བརྟན་བས་རིགས་པ་ལྡན་བར་བྱ། །

今译：何时身欲动，或口欲出言，预先观自心，安稳行合理。（4—46）

藏文传世本：གང་ཚེ་བསྒྱོད་པར་འདོད་གྱུར་ཏམ། །སྨྲ་བར་འདོད་པར་གྱུར་ན་ཡང་། །དང་པོར་རང་གི་སེམས་བརྟགས་ནས། །བརྟན་པས་རིག་པ་ལྡན་པར་བྱ། །（5—47）

宋译本：欲于诸正说，皆悉得通达，当观照自心，常修于精进[4]。（3—45）

敦煌写本：གང་ཚེ་རང་ཡིད་ཆགས་པ་དང། །ཁྲོ་བར་མཐོང་བ་དེའི་ཚེ། །ལས་སུ་མྱི་བྱ་སྨྲ་མྱི་བྱའི། །ཤིང་བཞིན་དུ་ནི་གནས་པར་བྱ། །

今译：自心生贪着，亦见[5]生嗔恚，此时莫言行，如树应安住。（4—47）

藏文传世本：གང་ཚེ་རང་ཡིད་ཆགས་པ་དང་། །ཁྲོ་བར་འདོད་པ་དེ་ཡི་ཚེ། །ལས་སུ་མི་བྱ་སྨྲ་མི་བྱ། །ཤིང་བཞིན་དུ་ནི་གནས་པར་བྱ། །（5—48）

宋译本：喻木之无情[6]，无言无所作，见自心亦然，决定令如是。（3—46）

敦煌写本：དགོད་དང་ག་ཞར་བཅས་པ་འམ། །གལ་ཏེ་ང་རྒྱལ་རྒྱགས་ལྡན་བ་འམ། །མཚང་འདྲུ་བའི་བསམ་བ་དང། །གལ་ཏེ་དཀྱོར་འཁྱིན་སླུ་སེམས་སམ། །

今译：讥笑[7]与调侃，亦若傲与满，亦或欲讽刺，亦思诈与诱，（4—48）

藏文传世本：དགོད་དང་ག་ཞར་བཅས་པའམ། །གལ་ཏེ་ང་རྒྱལ་རྒྱགས་ལྡན་པའམ། །མཚང་འབྲུ་བ་ཡི་བསམ་པ་དང་། །གལ་ཏེ་སྐྱོར་འཁྱིན་སླུ་སེམས་སམ། །（5—49）

宋译本：心起于轻慢，如彼迷醉人，惟求自赞誉，非彼修行者[8]。（3—47）

〔1〕两种藏文译本均无“能忍”之意，似是“怖畏”之误。
〔2〕根据藏文译本此处“行”为“止”之误。
〔3〕藏文译本并无“获得殊胜果”之意。
〔4〕藏文译本无“精进”一词，似为“合理”之误读。
〔5〕藏文传世本为“欲”。
〔6〕藏文译本无“无情”一词，此处似为“无贪着”之误读。
〔7〕藏文《大藏经》那塘版和北京版为“རྒོད”，意为“掉举”。
〔8〕藏文译本中无“迷醉人”“修行人”之意。

敦煌写本：གང་ཚེ་བདག་སྟོད་ལྷུར་ལེནད་དང། །གཞན་ལ་སྨོད་པ་ཉིད་དང་ནི། །གཤེ་བཅས་འགྱེད་དང་བཅས་གྱུརད་པ། །དེ་ཚེ་ཤིང་བཞིན་གནས་པར་བྱ། །

今译：力勤于自誉，毁谤于他人，责骂或争辩，此时住如树。(4—49)

藏文传世本：གང་ཚེ་བདག་བསྟོད་ལྷུར་ལེན་པའམ། །གཞན་ལ་སྨོད་པ་ཉིད་དང་ནི། །གཤེ་བཅས་འགྱོད་དང་བཅས་གྱུར་པ། །དེ་ཚེ་ཤིང་བཞིན་གནས་པར་བྱ། །(5—50)

宋译本：若他人于我[1]，而生于毁谤，谓是嗔痴等，住心恒似木。(3—48)

敦煌写本：རྙེད་དང་བཀུར་སྟི་གྲགས་འདོད་པ་འམ། །གཡོག་འཁོརད་དོན་དུ་གཉེར་བ་འམ། །བདག་སེམས་རིམ་གྲོ་འདོད་གྱུར་ན། །དེ་ཚེ་ཤིང་བཞིན་གནས་པར་བྱ། །

今译：欲得财与赞，恭敬与仆从，亦或欲侍奉，此时住如树。(4—50)

藏文传世本：རྙེད་དང་བཀུར་སྟི་གྲགས་འདོད་པའམ། །གཡོག་འཁོར་དོན་དུ་གཉེར་འདོད་པའམ། །བདག་སེམས་རིམ་གྲོ་འདོད་གྱུར་ན། །དེ་ཚེ་ཤིང་བཞིན་གནས་པར་བྱ། །(5—51)

宋译本：如木不分别，利养尊卑称，亦不为眷属，乃至承事等。(3—49)

敦煌写本：གཞན་དོན་ཡབ་[2]བར་འདོར་བ་དང། །རང་དོན་གཉེར་བར་འདོད་པ་དག། །སྨྲ་བར་འདོད་པའི་སེམས་བྱུང་ན། །དེས་ཉ་ཤིང་བཞིན་གནས་པར་བྱ། །

今译：欲弃他人事，欲营自我利，欲言为己事，此时住如树。(4—51)

藏文传世本：གཞན་དོན་ཡལ་བར་འདོར་བ་དང་། །རང་དོན་གཉེར་བར་འདོད་པ་དང་། །སྨྲ་བར་འདོད་པའི་སེམས་བྱུང་ན། །དེ་ཚེ་ཤིང་བཞིན་གནས་པར་བྱ། །(5—52)

宋译本：利他不自利[3]，但欲为一切，是故说我心，坚住恒如木。(3—50)

敦煌写本：མི་བཟོད་ལེ་ལོ་འཇིགས་པ་དང། །དེ་བཞིན་སྤྲེ་རྫོལ་[4]མུ་ཆོ་[5]དང། །རང་གི་ཕྱོགས་ཞེན་སེམས་བྱུང་ན། །དེས་ནི་ཤིང་བཞིན་གནས་པར་བྱ། །

今译：不忍与懒怖，无耻及诳语，于己生偏心，此时住如树。(4—52)

藏文传世本：མི་བཟོད་ལེ་ལོ་འཇིགས་པ་དང་། །དེ་བཞིན་སྤྲེ་རྟོལ་མུ་ཅོར་དང་། །རང་གི་ཕྱོགས་ཞེན་སེམས་བྱུང་ན། །དེ་ཚེ་ཤིང་བཞིན་གནས་པར་བྱ། །(5—53)

---

〔1〕 根据藏文译本应为“若我于他人”。

〔2〕 “ཡབ”应为“ཡལ”。

〔3〕 根据藏文译本应为“自利不利他”。

〔4〕 “སྤྲེ་རྫོལ”同“སྤྲེ་རྟོལ”，意为“无耻”。

〔5〕 “མུ་ཆོ”同“མུ་ཅོར”，意为“诳语”。

宋译本：一心住如木，于尊亲朋友，乃至于三业[1]，不生憎爱怖。(3—51)

敦煌写本：དེ་ལྟར་ཀུན་ནས་ཉོན་མོངས་དང། །དོན་མྱེད་རྩོམ་བའི་ཡིད་བརྟགས་ནས། །དེ་ཚེ་དཔའ་བོས་གཉེན་པོ་ཡིས། །དེ་ནི་བརྟན་པོར་གཟུང་བར་བྱ།།

今译：如是观自心，勇治烦恼心，不作无义念，一心恒执持。(4—53)

藏文传世本：དེ་ལྟར་ཀུན་ནས་ཉོན་མོངས་དང་། །དོན་མེད་བརྩོན་པའི་ཡིད་བརྟགས་ནས། །དེ་ཚེ་དཔའ་བོས་གཉེན་པོ་ཡིས། །དེ་ནི་བརྟན་པོར་གཟུང་བར་བྱ།།(5—54)

宋译本：观察于烦恼，如空而不著[2]，当勇猛坚牢，受持为恒常。(3—52)

敦煌写本：ཤིན་ཏུ་ངེས་དང་རབ་དད་དང། །བརྟན་དང་གུས་དང་ཞེ་སར་བཅས། །ངོ་ཚ་ཤེས་དང་འཇིགས་དང་བཅས། །ཞི་ཞིང་གཞན་དགའ་བྱེད་ལ་བརྩོན།།

今译：彻悟并深信，稳固敬礼让，知耻而怖畏，平静勤彼乐。(4—54)

藏文传世本：ཤིན་ཏུ་ངེས་དང་རབ་དད་དང་། །བརྟན་དང་གུས་དང་ཞེ་སར་བཅས། །ངོ་ཚ་ཤེས་དང་འཇིགས་བཅས་དང་། །ཞི་ཞིང་གཞན་དགའ་བྱེད་ལ་བརྩོན།།(5—55)

宋译本：无善[3]惭可怖，当一心求他，清净住三昧[4]，为他所尊重。(3—53)

敦煌写本：ཕན་ཚུན་མྱི་འཐུན་བྱིས་པ་ཡི། །འདོད་པ་རྣམས་ཀྱིས་མྱི་སྐྱོ་ཞིང། །ཉོན་མོངས་སྐྱེས་པས་འདི་དག་གི། །སེམས་འདི་བྱུང་སྙམ་བརྩེར་ལྡན་དང།།

今译：知愚人不睦，行利而不厌，思彼由烦恼，怀慈且行利。(4—55)

藏文传世本：ཕན་ཚུན་མི་མཐུན་བྱིས་པ་ཡི། །འདོད་པ་རྣམས་ཀྱིས་མི་སྐྱོ་ཞིང་། །ཉོན་མོངས་སྐྱེས་པ་འདི་དག་གི། །སེམས་འདི་བྱུང་སྙམ་བརྩེར་ལྡན་དང་།།(5—56)

宋译本：虽居童稚位，不使他嗔恼，自亦不嗔他，慈悲恒若此。(3—54)

敦煌写本：ཁ་ན་མ་ཐོ་མྱེད་དངོས་ལ། །བདག་དང་སེམས་ཅན་དབང་བྱས་ཤིང། །སྤྲུལ་པ་བཞིན་དུ་ང་མྱེད་པར། །ཡིད་འདི་རྟག་དུ་གཟུང་བར་བྱ།།

今译：随做无罪事，为已与有情，如幻不生傲，此心恒护持。(4—56)

〔1〕 藏文译本无“三业”意。

〔2〕 黄宝生指出“‘如空而不着’为‘从事徒劳无益的事’之误读”，由是改正，则完全能与藏文译本对应。

〔3〕 根据藏文译本“无善”似为“平静”之误。

〔4〕 藏文译本无“清净住三昧”之意。

藏文传世本：ཁ་ན་མ་ཐོ་མེད་དངོས་ལ། །བདག་དང་སེམས་ཅན་དབང་བྱས་ཤིང་། །སྤྲུལ་པ་བཞིན་དུ་ང་མེད་པར། །ཡིད་འདི་རྟག་ཏུ་གཟུང་བར་བྱ།།（5—57）

宋译本：我受持禅那[1]，使意恒寂静，为一切有情，恒居无罪处。（3—55）

敦煌写本：རིང་ཞིག་ལོན་ནས་དལ་བའི་མཆོག། །ཐོབ་པ་ཡང་དང་ཡང་བསམས་ནས། །སེམས་དེ་ལྷུ་བུ་རི་རབ་ལྟར། །རབ་དུ་མྱི་གཡོ་གཟུང་བར་བྱ།།

今译：经久得殊暇，复次应思索，此心如须弥，护持恒不摇。（4—57）

藏文传世本：རིང་ཞིག་ལོན་ནས་དལ་བའི་མཆོག །ཐོབ་པ་ཡང་དང་ཡང་བསམས་ནས། །སེམས་དེ་ལྷུ་བུར་རི་རབ་ལྟར། །རབ་ཏུ་མི་གཡོ་གཟུང་བར་བྱ།།（5—58）

宋译本：念念须臾间，多时为最胜，如是受持心，不动如须弥。（3—56）

敦煌写本：བྱ་རྒོད་ཤ་ལ་ཆགས་པ་ཡིས། །ཕན་ཚུན་ཀུན་དུ་བཤལ་ཁྲིད་ཀྱང་། །ལུས་ཁྱོད་མྱི་དགྲར་མྱི་བྱེད་ན། །ད་ལྟར་ཅི་ཕྱིར་ཁ་ད་རེ།།

今译：秃鹫贪食肉，互争而拖扯，身[2]却无不乐，今何盼[3]爱惜？（4—58）

藏文传世本：བྱ་རྒོད་ཤ་ལ་ཆགས་པ་ཡིས། །ཕན་ཚུན་ཀུན་ཏུ་བཤལ་ཁྲིད་ཀྱང་། །ཡིད་ཁྱོད་མི་དགར་མི་བྱེད་ན། །ད་ལྟ་ཅི་ཕྱིར་ཁ་ཏ་བྱེད།།（5—59）

宋译本：鹫贪肉不厌，人贪善亦然，身心不修行，云何能出离？[4]（3—57）

敦煌写本：ལུས་ནི་བདག་གིར་བཟུང་བྱས་ནས། །ཡིད་ཁྱོད་ཅི་ཕྱིར་བསྲུང་བར་བྱེད། །ཁྱོད་དང་འདི་གཉིས་སོ་སོ་ན། །དེས་ཁོ་ཁྱོད་ལ་ཅི་ཞིག་གནོད།།

今译：身乃占为己，意汝为何护？汝此既各别，于汝有何害[5]？（4—59）

藏文传世本：ལུས་འདི་བདག་གིར་གཟུང་བྱས་ནས། །ཡིད་ཁྱོད་ཅི་ཕྱིར་སྲུང་བར་བྱེད། །ཁྱོད་དང་འདི་གཉིས་སོ་སོ་ན། །དེས་ཀོ་ཁྱོད་ལ་ཅི་ཞིག་བྱ།།（5—60）

宋译本：云何护身意，一切时自勤，汝等何所行？各各专一心。（3—58）

敦煌写本：རྨོངས་པའི་ཡིད་ཁྱོད་ཅིའི་ཕྱིར། །ཤིང་གཟུགས་གཙང་མ་གཟུང་མྱི་བྱེད། །མྱི་གཙང་ཚོགས་ཀྱི་འཁྲུལ་འཁོར་འདི། །རུལ་ད་པ་བསྲུངས་ཏེ་ཅི་ཞིག་རུང་།།

〔1〕 藏文译本无“禅那”之意，似是“幻化”之误。

〔2〕 藏文传世本为“心”。

〔3〕 藏文传世本为“作”。

〔4〕 此颂除第一个短句外，其余与藏文译本不同。

〔5〕 藏文传世本为“何所需”。

今译：痴意汝为何，不持净树身，不净聚机轮，腐朽护何益？（4—60）

藏文传世本：སྨོངས་པའི་ཡིད་ཁྱོད་ཅི་ཡི་ཕྱིར། །ཤིང་གཟུགས་གཙང་མ་གཟུང་མི་བྱེད། །མི་གཙང་ཚོགས་ཀྱི་འཁྲུལ་འཁོར་འདི། །རུལ་བ་བསྲུངས་ཏེ་ཅི་ཞིག་རུང་། །(5—61)

宋译本：迷愚不自制，妄贪如木身，此身不净作，云何返爱恋？（3—59）

敦煌写本：ཐོག་མར་པགས་པའི་རིམ་པ་འདི། །རང་གི་བློ་ཡིས་ཐ་དད་ཕྱེ། །ཤ་ཡང་རུས་པའི་དྲྭ་བ་ལས། །ཤེས་རབ་མཚོན་གྱིས་ཀུ་དུ་[1]ཕྱེ། །

今译：首当以己慧，分析此皮囊，亦用慧刃剐，肉于骨锁间。（4—61）

藏文传世本：ཐོག་མར་པགས་པའི་རིམ་པ་འདི། །རང་གི་བློ་ཡིས་ཐ་དད་ཕྱེ། །ཤ་ཡང་རུས་པའི་དྲྭ་བ་ལས། །ཤེས་རབ་མཚོན་གྱིས་ཀུད་དུ་ཕྱེ། །(5—62)

宋译本：骨锁肉连持，外皮而庄饰，自觉令不贪，解脱于慧刃。（3—60）

敦煌写本：རུས་པ་རྣམས་ཀྱང་དབྱེ་བྱས་ནས། །རྐང་གི་བར་དུ་བལྟ་བྱ་ཞིང། །འདི་ལ་སྙིང་པོ་ཅི་ཡོད་ཅེས། །བདག་ཉིད་ཀྱིས་ནྀ་བརྟག་པར་གྱིས། །

今译：分解诸骨骼，至观于骨髓，此有何精妙？自己应观察！（4—62）

藏文传世本：རུས་པ་རྣམས་ཀྱང་དབྱེ་བྱས་ནས། །རྐང་གི་བར་དུ་བལྟ་བྱ་ཞིང་། །འདི་ལ་སྙིང་པོ་ཅི་ཡོད་ཅེས། །བདག་ཉིད་ཀྱིས་ནི་བརྟག་པར་གྱིས། །(5—63)

宋译本：割截诸身分，令见中精髓，审观察思惟，云何见有人？（3—61）

敦煌写本：དེ་ལྟར་འབད་དེ་བཙལད་ཀྱང་དེར། །ཁྱོད་ཀྱིས་སྙིང་པོ་མ་མཐོང་ན། །ད་དུང་ཅི་ཕྱིར་ཆགས་ཚུལ་གྱིས། །ཁྱོད་ནྀ་ལུས་འདི་སྲུང་བར་བྱེད། །

今译：如此虽勤寻，汝未见精妙，为何尤贪姿，汝却护此身？（4—63）

藏文传世本：དེ་ལྟར་འབད་དེ་བཙལ་ཀྱང་དེར། །ཁྱོད་ཀྱིས་སྙིང་པོ་མ་མཐོང་ན། །ད་དུང་ཅི་ཕྱིར་ཆགས་ཚུལ་གྱིས། །ཁྱོད་ནི་ལུས་འདི་སྲུང་བར་བྱེད། །(5—64)

宋译本：一心如是观，审谛不见人，云何不净身，贪爱而守护？（3—62）

敦煌写本：ཁྱོད་ཀྱིས་མྱི་གཙང་བཟར་མྱི་རུང་། །ཁྲག་ཀྱང་བཏུང་དུ་མྱི་རུང་ལ། །རྒྱུ་ལྟོ་འང་བཞིབ་[2]དུ་མྱི་རུང་ན། །ལུས་ཀྱིས་ཁྱོད་ལ་ཅྀ་ཞིག་བྱ། །

今译：汝不能食垢，亦不宜饮血，不适吮肠胃，身于汝何用？（4—64）

[1] “ཀུ་དུ” 同 “ཀུད་དུ”，为 “异处” 之意。

[2] “བཞིབ” 同 “གཞིབ”，为 “吸吮” 之意。

藏文传世本：ཁྱོད་ཀྱིས་མི་གཙང་བཟར་མི་རུང་། །ཁྲག་ཀྱང་བཏུང་དུ་མི་རུང་ལ། །རྒྱུ་སྐྱོའང་གཞིབ་ཏུ་མི་རུང་ན། །ལུས་ཀྱིས་ཁྱོད་ལ་ཅི་ཞིག་བྱ།།(5—65)

宋译本：处胎食不净，出胎饮血乳，不如是食饮，云何作此身？[1](3—63)

敦煌写本：ཉིས་ན་ཝ་[2]དང་བྱ་རྒོད་ཀྱིས། །ཟས་ཀྱི་དོན་དུ་འདི་བསྲུང་རིགས། །མྱི་འོ་ཚོག་གི་ལུས་འདི་ནི། །བཀོལ་བར་བྱ་བ་ཉིད་དུ་ཟད།།

今译：亦或为狐鹫，献食而护此，此生得人躯，役使仅为善。(4—65)

藏文传世本：ཉིས་ན་ཝ་དང་བྱ་རྒོད་ཀྱིས། །ཟས་ཀྱི་དོན་དུ་འདི་བསྲུང་རིགས། །མི་འོ་ཅོག་གི་ལུས་འདི་ནི། །བཀོལ་བར་བྱ་བ་ཉིད་དུ་ཟད།།(5—66)

宋译本：豺鹫等贪食，不分善与恶，要同人爱身，受用成业累。[3](3—64)

敦煌写本：འདི་ལྟར་ཁྱོད་ཀྱིས་བསྲུངས་ཀྱང་ནི། །འཆི་བདག་བརྩེ་བ་མྱེད་པ་ཡིས། །ཕྲོགས་ཏེ་བྱ་དང་ཁྱི་བྱིན་ན། །དེ་ཚེ་ཁྱོད་ཀྱིས་ཅི་བྱར་ཡོད།།

今译：如此汝虽护，死神无情夺，施于禽与狗，届时汝奈何？（4—66）

藏文传世本：འདི་ལྟར་ཁྱོད་ཀྱིས་བསྲུངས་ཀྱང་ནི། །འཆི་བདག་བརྩེ་བ་མེད་པ་ཡིས། །ཕྲོགས་ཏེ་བྱ་དང་ཁྱིར་བྱིན་ན། །དེ་ཚེ་ཁྱོད་ཀྱིས་ཅི་བྱར་ཡོད།།(5—67)

宋译本：但如是护身，至死[4]无慈忍，与豺鹫无别[5]，汝何恒此作？(3—65)

敦煌写本：ཟན་གཡོག་འཁོརད་དུ་མྱི་བཏུབ་པ་འདྲ། །གོས་ལས་སྩོགས་པ་མྱི་སྦྱིན་ན། །ལུས་འདི་བསྙོད་ཀྱང་གཞན་འགྲོ་ན། །ཁྱོད་ཀོ་ཅི་སྟེ་ཤ་ཐང་གསོ།།

今译：若仆不堪使，汝即不予衣，此身养他去，汝何勤侍养？（4—67）

藏文传世本：ཟན་གཡོག་བཀོལ་དུ་མི་བཏུབ་ལའང་། །གོས་ལ་སོགས་པ་མི་སྦྱིན་ན། །ལུས་འདི་བསྙོད་ཀྱང་གཞན་འགྲོ་ན། །ཁྱོད་ཀོ་ཅི་སྟེ་ཤ་ཐང་གསོ།།(5—68)

宋译本：身死识不住[6]，衣食宁可留？身谢识必住[7]，受用云何贪？

〔1〕藏文译本无“处胎”“出胎”“乳”等词意。

〔2〕“ཝ”在厘定后一律作“ཝ”，但在敦煌写本中基本写作“ཝ”，可见此字书写规律之变化。

〔3〕藏文译本中无“贪”“不分善与恶”“爱”“业累”等意。

〔4〕黄宝生指出“至死”为“死神”之误译。

〔5〕根据藏文译本“分别”似是“施予”之误读。

〔6〕根据藏文译本此句应为“若仆不堪使”之误译。

〔7〕根据藏文译本“识必住”应为“必不住”。

（3—66）

敦煌写本：འདི་ལ་གླ་རྫས་བྱིན་ནས་ནི། །ད་ནི་རང་གི་དོན་བྱེད་ཆུག །ཕན་པ་མྱེད་པར་འདི་ལ་ནི། །ཐམས་ཆད་སྦྱིན་པར་མྱི་བྱའོ། །

今译：对此奉薪资，当令行己事，此若无利益，一切不应与。（4—68）

藏文传世本：འདི་ལ་གླ་རྫས་བྱིན་ནས་ནི། །ད་ནི་རང་གི་དོན་བྱེད་ཆུག །ཕན་པ་མེད་པར་འདི་ལ་ནི། །ཐམས་ཅད་སྦྱིན་པར་མི་བྱའོ། །（5—69）

宋译本：是故今作意，不贪如是事，如是不远离，得彼诸不善。（3—67）

敦煌写本：འགྲོ་དང་འོང་བའི་རྟེན་ཙམ་དུ། །ལུས་ལ་གྲུའི་བློ་ཞོག་སྟེ། །སེམས་ཅན་རྣམས་དོན་བསྒྲུབ་པའི་ཕྱིར། །ཡིད་བཞིན་ཀྱི་ནི་ལུས་སུ་སྒྱུར། །

今译：仅为来往依，念身为舟楫，为行有情事，化作如意身[1]。（4—69）

藏文传世本：འགྲོ་དང་འོང་བའི་རྟེན་ཙམ་དུ། །ལུས་ལ་གྲུ་ཡི་བློ་བཞག་སྟེ། །སེམས་ཅན་རྣམས་དོན་བསྒྲུབ་པའི་ཕྱིར། །ཡིད་བཞིན་གྱི་ནི་ལུས་སུ་བསྒྱུར། །（5—70）

宋译本：如似人生身，肢体求成就，受身智不增，轮还徒自困。[2]（3—68）

敦煌写本：དེ་ལྟར་རང་དབང་ཡོད་ཀྱིས་ཏེ། །རྟག་དུ་འཛུམ་བའི་བཞིན་དུ་གྱིས། །ཁྲོ་གཉེར་ངོམ་ཟུང་ཡོངས་སྤོང་སྟེ། །འགྲོ་བའི་བཤེས་དང་གསོང་པོར་གྱིས། །

今译：如是应自制，恒常带笑容，平息怒纹眉，直言成众友。（4—70）

藏文传世本：དེ་ལྟར་རང་དབང་ཡོད་ཀྱིས་དེ། །རྟག་ཏུ་འཛུམ་པའི་བཞིན་དུ་གྱིས། །ཁྲོ་གཉེར་ངོ་ཟུམ་ཡོངས་སྤོང་སྟེ། །འགྲོ་བའི་བཤེས་དང་གསོང་པོར་གྱིས། །（5—71）

宋译本：于世亲非亲，悦颜先慰喻，如是常自制，心念恒不舍。（3—69）

敦煌写本：ཁྲི་ལས་སྒོགས་པ་བབ་ཅོལ་དུ། །སྒྲ་དང་བཅས་པར་མྱི་དོར་རོ། །སྒོ་ཡང་དྲག་དུ་མྱི་དབྱེ་སྟེ། །རྟག་དུ་གཅོམ་བསྒྲུང་དགའ་བར་བྱ། །

今译：椅等勿妄为，扔其令有声，门亦勿猛开，常行谦虚喜。（4—71）

藏文传世本：ཁྲི་ལ་སོགས་པ་བབ་ཅོལ་དུ། །སྒྲ་དང་བཅས་པར་མི་དོར་རོ། །སྒོ་ཡང་དྲག་ཏུ་མི་དབྱེ་སྟེ། །རྟག་ཏུ་གཅོམ་བསྒྲུངས་དགའ་བར་བྱ། །（5—72）

〔1〕 指佛身。

〔2〕 此颂藏、宋译本意义有所不同。

宋译本：笑[1]不得高声，不戏掷坐具，轻手击他门，谛信恒自执。（3—70）

敦煌写本：ཆུ་སྐྱར་བྱི་ལ་ཆོམ་རྐུན་དག། །སྒྲ་མྱེད་འཇབ་ཅིང་འགྲོ་བ་ཡིས། །མངོན་པར་འདོད་པའི་དོན་གྲུབ་པས། །ཐུབ་པས་རྟག་དུ་དེ་བཞིན་སྤྱད། །

今译：水鸥猫及贼，悄声隐蔽行，成就[2]所欲事，能仁常如行。（4—72）

藏文传世本：ཆུ་སྐྱར་བྱི་ལ་ཆོམ་རྐུན་དག །སྒྲ་མེད་འཇབ་ཅིང་འགྲོ་བ་ཡིས། །མངོན་པར་འདོད་པའི་དོན་གྲུབ་པ། །ཐུབ་པས་རྟག་ཏུ་དེ་བཞིན་སྤྱད། །（5—73）

宋译本：如盗如猫鹭，求事行无声，修心亦如此，当离于粗犷。（3—71）

敦煌写本：གཞན་ལ་གཞིན་སྐུལ་འདེབས་མཁས་ཤིང། །མ་བཅོལ་ཕན་བ་བྱེད་པའི་ངག། །གུས་པར་སྤྱི་བོས་བླང་གྱིས་ཏེ། །རྟག་དུ་ཀུན་གྱི་སློབ་མར་སྒྱུར། །

今译：善于劝勉人，未托饶益言，恭敬尊于顶，恒作众人徒。（4—73）

藏文传世本：གཞན་ལ་བཞིན་བསྐུལ་འདེབས་མཁས་ཤིང་། །མ་བཅོལ་ཕན་པ་བྱེད་པའི་ངག །གུས་པས་སྤྱི་བོར་བླང་གྱིས་ཏེ། །རྟག་ཏུ་ཀུན་གྱི་སློབ་མར་གྱུར། །（5—74）

宋译本：他人之所嫌，无义利不说，恒得诸弟子，言上而尊爱。[3]（3—72）

敦煌写本：ལེགས་པར་སྨྲས་པ་ཐམས་ཆད་ལ། །དགེ་བར་གསུངས་ཤེས་བརྗོད་པར་བྱ། །བསོད་ནམས་བྱེད་པ་མཐོང་གྱུར་ན། །བསྟོད་པས་ལེགས་པར་དགྱེ་བ་བསྐྱེད། །

今译：对皆善言者，即说所言善，若见行福事，称赞令妙喜。（4—74）

藏文传世本：ལེགས་པར་སྨྲས་པ་ཐམས་ཅད་ལ། །དགེ་བར་གསུངས་ཞེས་བརྗོད་པར་བྱ། །བསོད་ནམས་བྱེད་པ་མཐོང་གྱུར་ན། །བསྟོད་པས་ལེགས་པར་དགའ་བ་བསྐྱེད། །（5—75）

宋译本：一切所言说，闻之使称善，观彼作福事，称赞令欢喜。（3—73）

敦煌写本：རྐོག་[4] ན་ཡོན་ཏན་བརྗོད་བྱ་ཞིང་། །ཡོན་ཏན་བརྗོད་ན་རྗེས་སུ་བརྗོད། །རང་གི་ཡོན་ཏན་བརྗོད་ན་དེ། །ཡོན་ཏན་ཤེས་པར་རིག་པར་བྱ། །

今译：敝处言功德，言德应随言，若彼言己德，明察所言德。（4—75）

藏文传世本：ལྐོག་ན་ཡོན་ཏན་བརྗོད་བྱ་ཞིང་། །ཡོན་ཏན་བརྗོད་ན་རྗེས་སུ་བརྗོད། །རང་གི་ཡོན་ཏན་

〔1〕 藏译本无“笑”，黄宝生指出“笑”可能是“剧烈”之误读。

〔2〕 藏文传世本为“成办”。

〔3〕 此颂的意义与藏文译本完全相反。

〔4〕 现代藏文中无“རྐོག”字，但古藏文中似乎可以将基字“ཀ”之上置字“ར”“ལ”可以互换。

བརྗོད་ན་དེ། །ཡོན་ཏན་ཤེས་པར་རིག་པར་བྱ། །(5—76)

宋译本：衷私说彼德，彼闻心必喜，欲赞说彼时，先观彼德行。(3—74)

敦煌写本：རྩོམ་པ་ཐམས་ཅད་དགཱ་ཕྱིར་ཏེ། །དེ་ནི་རིན་གྱིས་ཉོ་ན་འང་དཀོན། །དེ་ལྟས་གཞན་བྱས་ཡོན་ཏན་གྱིས། །དགཱ་བའི་བདེ་བ་སྤྱད་པར་བྱ། །

今译：精进皆为喜，价难买稀有，利彼所积德，能享喜悦乐。(4—76)

藏文传世本：རྩོམ་པ་ཐམས་ཅད་དགའ་ཕྱིར་ཏེ། །དེ་ནི་རིན་གྱིས་ཉོ་ནའང་དཀོན། །དེ་ལྟས་གཞན་བྱས་ཡོན་ཏན་གྱིས། །དགའ་བའི་བདེ་བ་སྤྱད་པར་བྱ། །(5—77)

宋译本：修诸欢喜事，难得彼诚心[1]，勤修利他德，当受快乐报。(3—75)

敦煌写本：བདག་ལ་འདིར་བགོད་ཡོང་མྱེད་ལ། །ཕ་རོལ་ལ་ཡང་བདེ་བ་ཆེ། །ཉེས་པས་མྱི་དགའ་སྡུག་བསྔལ་ཞིང་། །ཕ་རོལ་དུ་ཡང་སྡུག་བསྔལ་ཆེ། །

今译：于我此无患，彼世亦大乐。嗔罪生忧苦，彼世亦大苦。(4—77)

藏文传世本：བདག་ལ་འདིར་གོད་ཡོང་མེད་ལ། །ཕ་རོལ་དུ་ཡང་བདེ་བ་ཆེ། །ཉེས་པས་མི་དགའ་སྡུག་བསྔལ་ཞིང་། །ཕ་རོལ་དུ་ཡང་སྡུག་བསྔལ་ཆེ། །(5—78)

宋译本：憎爱苦宜舍，来生大苦故，此苦我不住，来生大快乐。(3—76)

敦煌写本：སྨྲ་ན་ཡིད་ཕེབས་འབེལད་[2]པ་དང་། །དོན་གསལ་ཡིད་དུ་འོང་བ་དང་། །ཆགས་དང་ཞེ་སྡང་སྤངས་པ་དང་། །འཇམ་ཞིང་རན་པར་སྨྲ་བར་བྱ། །

今译：出言诚且连，义明入人意，不染贪与嗔，柔和应适中。(4—78)

藏文传世本：སྨྲ་ན་ཡིད་ཕེབས་འབྲེལ་པ་དང་། །དོན་གསལ་ཡིད་དུ་འོང་བ་དང་། །ཆགས་དང་ཞེ་སྡང་སྤངས་པ་དང་། །འཇམ་ཞིང་རན་པར་སྨྲ་བར་བྱ། །(5—79)

宋译本：善言声柔软，悲根闻生喜，显彼适意事，当信真实言。(3—77)

敦煌写本：མྱིག་གིས་སེམས་ཅན་ལྟ་ན་ཡང། །འདི་དག་ཉིད་ལ་བརྟེན་ནས་བདག། །སངས་རྒྱས་ཉིད་དུ་འགྱུར་རོ་ཞེས། །དྲང་ཞིང་བྱམས་པའི་ཚུལ་གྱིས་བལྟ། །

今译：目视诸有情，思忖依彼等，吾能成佛陀，由此诚慈观。[3](4—79)

藏文传世本：མིག་གིས་སེམས་ཅན་ལྟ་ན་ཡང་། །འདི་དག་ཉིད་ལ་བརྟེན་ནས་བདག །སངས་རྒྱས་ཉིད་དུ་

〔1〕 藏译本无“诚心”，黄宝生指出此处可能是将“钱财”一词误读为“心”。

〔2〕 此字缺失了下加字“ྲ”。

〔3〕 此处藏汉传世译本多出1颂。

འགྱུར་རོ་ཞེས། །དྲང་ཞིང་བྱམས་པའི་ཚུལ་གྱིས་བལྟ། །(5—80)

宋译本：恒悲念有情，爱护如爱眼，为彼住真实，必当得成佛。(3—78)

敦煌写本：མཁས་ཤིང་དཀའར་[1] དང་ལྡན་བྱས་ནས། །ལས་རྣམས་བདག་གིས་རྟག་དུ་བྱ། །ལས་རྣམས་ཀུན་ལ་སུ་ལ་ཡང་། །ལྟོས་པར་བྱ་བ་མ་ཡིན་ནོ། །

今译：善巧欢喜[2]心，于事我恒行，所行诸事业，不依任何人。(4—80)

藏文传世本：མཁས་ཤིང་ལྷང་དང་ལྡན་བྱས་ནས། །ལས་རྣམས་བདག་གིས་རྟག་ཏུ་བྱ། །ལས་རྣམས་ཀུན་ལ་སུ་ལ་ཡང་། །ལྟོས་པར་བྱ་བ་མ་ཡིན་ནོ། །(5—82)

宋译本：功德殷勤修，恒作而自得，不炫不覆藏[3]，谁云诸事等？(3—80)

敦煌写本：སྦྱིན་བའི་ཕ་རོལ་ཕྱིན་ལས་སྩོགས། །གོང་ནས་གོང་དུ་ཁྱད་ཞུགས་སྤྱད། །ཆུ་ངུའི་ཕྱིར་ནི་ཆེ་སྤྱི་གཏང། །གཙོ་ཆེར་གཞན་གྱི་དོན་བསམ་སོ། །

今译：施等波罗蜜，递升趣殊胜，不为小舍大，重在思彼事。(4—81)

藏文传世本：སྦྱིན་པའི་ཕ་རོལ་ཕྱིན་ལ་སོགས། །གོང་ནས་གོང་དུ་ཁྱད་ཞུགས་སྤྱད། །ཆུང་ངུའི་ཕྱིར་ནི་ཆེ་མི་གཏང་། །གཙོ་ཆེར་གཞན་གྱི་དོན་བསམ་སོ། །(5—83)

宋译本：檀波罗蜜等，殊妙而最上，别行非最上，利下无远离。(3—81)

敦煌写本：དེ་ལྟར་རིག་བྱས་གཞན་དོན་ལ། །རྟག་དུ་བརྩོན་བར་གནས་པར་བྱ། །ཐུགས་རྗེ་མངའ་བ་རིང་གཟིགས་པས། །བཀག་པ་རྣམས་ཀྱང་དེ་ལ་གནང། །

今译：如是已明知，恒处勤他事，具悲远见者[4]，诸制[5]允于彼。[6] (4—82)

藏文传世本：དེ་ལྟར་རིག་བྱས་གཞན་དོན་ལ། །རྟག་ཏུ་བརྩོན་པར་གནས་པར་བྱ། །ཐུགས་རྗེ་མངའ་བ་རིང་གཟིགས་པས། །བཀག་པ་རྣམས་ཀྱང་དེ་ལ་གནང་། །(5—84)

宋译本：佛如是利他，恒常之所切，如来之教中，见彼慈悲事。(3—82)

敦煌写本：དམ་པའི་ཆོས་ནི་སྤྱོད་པའི་ལུས། །ཕྲན་ཚེགས་ཆེད་དུ་གནོད་མི་བྱ། །དེ་ལྟར་བྱས་ན་སེམས་ཅན་གྱི།

〔1〕 厘定后为“དཀའ”。
〔2〕 藏文传世本为“起”，也有作“信”。
〔3〕 藏文译本无“不炫不覆藏”之意，似是“不仰仗”之误读。
〔4〕 指佛。
〔5〕 指为修行声闻乘的小乘信徒所制定的戒律。
〔6〕 此处藏汉传世译本多出1颂。

།བསམ་བའ་མྱུར་དུ་རྫོགས་པར་འགྱུར།།

今译：修行正法身，为小不应损，如是若能行，速圆众生愿。（4—83）

藏文传世本：དམ་པའི་ཆོས་ནི་སྤྱོད་པའི་ལུས། །ཕྲན་ཚེགས་ཆེད་དུ་གནོད་མི་བྱ། །དེ་ལྟར་བྱས་ན་སེམས་ཅན་གྱི། །བསམ་པ་མྱུར་དུ་རྫོགས་པར་འགྱུར།།（5—86）

宋译本：将求妙法身，不苦恼众生，于众生如是，随意获圆满。（3—84）

敦煌写本：སྙིང་རྗེའི་བསམ་བ་མ་དག་པར། །ལུས་འདི་གཏང་བར་མྱི་བྱ་སྟེ། །ཅི་ནས་འདི་དང་གཞན་དུ་ཡང་། །དོན་ཆེན་འགྲུབ་པའི་རྒྱུར་གཏང་ངོ།།

今译：悲心未清净，此身不应施，须为此与彼，舍当大义因。[1]（4—84）

藏文传世本：སྙིང་རྗེའི་བསམ་པ་མ་དག་པར། །ལུས་འདི་གཏང་བར་མི་བྱ་སྟེ། །ཅི་ནས་འདི་དང་གཞན་དུ་ཡང་། །དོན་ཆེན་སྒྲུབ་པའི་རྒྱུར་གཏང་ངོ་།།（5—87）

宋译本：舍非须尽命，彼舍要平等，悲心当清净，果报自圆满。（3—85）

敦煌写本：རང་ངམ་གཞན་གྱི་དབང་ཡང་རུང་། །གནས་སྐབས་གང་དུ་ཅི་སྤྱོད་ཀྱང་། །བསླབ་པར་གསུངས་པ་གང་ཡིན་བའི། །གནས་སྐབས་དེ་ལ་འབད་དེ་བསླབ།།

今译：为己或为彼，何时行何事，学处所宣教，彼处当勤学。（4—85）

藏文传世本：རང་ངམ་གཞན་གྱི་དབང་ཡང་རུང་། །གནས་སྐབས་གང་དུ་ཅི་སྤྱོད་ཀྱང་། །བསླབ་པར་གསུངས་པ་གང་ཡིན་པའི། །གནས་སྐབས་དེ་ལ་འབད་དེ་བསླབ།།（5—99）

宋译本：菩提心自住，亦令他获得，佛子住学戒，一心如是持。（3—98）

敦煌写本：རྒྱལ་སྲས་རྣམས་ཀྱིས་མྱི་བསླབ་པ། །དེ་ནི་གང་ཡང་ཡོད་མྱིན་ཏེ། །དེ་ལྟར་གནས་པའི་མཁས་པ་ལ། །བསོད་ནམས་མྱི་འགྱུར་གང་ཡང་མྱེད།།

今译：佛子不学处，此学乃不存，如此住慧者，无所不成福。（4—86）

藏文传世本：རྒྱལ་སྲས་རྣམས་ཀྱིས་མི་བསླབ་པ། །དེ་ནི་གང་ཡང་ཡོད་མིན་ཏེ། །དེ་ལྟར་གནས་པའི་མཁས་པ་ལ། །བསོད་ནམས་མི་འགྱུར་གང་ཡང་མེད།།（5—100）

宋译本：佛戒体清净，不见有纤毫，恒作如是行，彼福无有量。（3—99）

敦煌写本：དངོས་སམ་ཡང་ན་བརྒྱུད་ཀྱང་རུང་། །སེམས་ཅན་དོན་ལས་གཞན་མྱི་སྤྱད། །སེམས་ཅན་བོ་ནའི་དོན་གྱི་ཕྱིར། །ཐམས་ཅད་བྱང་ཆུབ་ཕྱིར་བསྔོའོ།།

今译：直或间接行，无非有情事，唯为有情事，回向皆菩提。（4—87）

〔1〕 此处藏文传世本和宋代宋译本多出11颂。

藏文传世本：དངོས་སམ་ཡང་ན་བརྒྱུད་ཀྱང་རུང་། །སེམས་ཅན་དོན་ལས་གཞན་མི་སྤྱད། །སེམས་ཅན་ཁོ་ནའི་དོན་གྱི་ཕྱིར། །ཐམས་ཅད་བྱང་ཆུབ་ཕྱིར་བསྔོའོ། །(5—101)

宋译本：无始为有情，行行而不别，如是为有情，化令一切觉。(3—100)

敦煌写本：རྟག་པར་དགེ་བའི་བཤེས་གཉེན་ནི། །ཐེག་ཆེན་དོན་ལ་མཁས་པ་དང། །བྱང་ཆུབ་སེམས་དཔའ་བརྟུལ་ཞུགས་མཆོག། །སྲོག་གི་ཕྱིར་ཡང་མྱི་གཏང་ངོ། །

今译：不弃善知识，恒护宁舍命，彼通大乘义，彼持菩萨戒。(4—88)

藏文传世本：རྟག་པར་དགེ་བའི་བཤེས་གཉེན་ནི། །ཐེག་ཆེན་དོན་ལ་མཁས་པ་དང་། །བྱང་ཆུབ་སེམས་དཔའི་བརྟུལ་ཞུགས་མཆོག །སྲོག་གི་ཕྱིར་ཡང་མི་གཏོང་ངོ་། །(5—102)

宋译本：当知善知识，如命不可舍，菩萨戒最上，大乘法亦尔。(3—101)

敦煌写本：དཔལ་འབྱུང་བའི་རྣམ་ཐརད་ལས། །བླ་མ་བསྙེན་པ〔1〕འི་ཚུལ་ལྟར་བསླབ། །འདི་དང་སངས་རྒྱས་བཀའ་སྩལ་གཞན། །མདོ་སྡེ་ཀླགས་ནས་ཤེས་པར་བྱ། །

今译：如彼《祥生传》〔2〕，如是而师学，佛说余学处，学经当了义。(4—89)

藏文传世本：དཔལ་འབྱུང་བ་ཡི་རྣམ་ཐར་ལས། །བླ་མ་བསྟེན་པའི་ཚུལ་ལྟར་བསླབ། །འདི་དང་སངས་རྒྱས་བཀའ་སྩལ་གཞན། །མདོ་སྡེ་བཀླགས་ནས་ཤེས་པར་བྱ། །(5—103)

宋译本：解脱依师学，而能生吉祥〔3〕，佛佛说智经，读之见戒法。〔4〕(3—102)

敦煌写本：མདོ་སྡེ་རྣམས་ལ་བསླབ་པ་སྣང། །དེ་བས་མདོ་སྡེ་ཀློག་པར་བྱ། །ནམ་མཁའི་སྙིང་པོའི་མདོ་སྡེ་ནི། །ཐོག་མ་ཉིད་དུ་བལྟ་བར་བྱ། །

今译：经藏见戒学，故应阅经藏，首当先阅览，经中《虚空藏》。(4—90)

藏文传世本：མདོ་སྡེ་རྣམས་ལས་བསླབ་པ་སྣང་། །དེ་བས་མདོ་སྡེ་བཀླག་པར་བྱ། །ནམ་མཁའི་སྙིང་པོའི་མདོ་སྡེ་ནི། །ཐོག་མ་ཉིད་དུ་བལྟ་བར་བྱ། །(5—104)

宋译本：虚空藏经中，说谟罗波底，如见集戒定，广如经所说。(3—105)

敦煌写本：འཕགས་པ་ན་ག་རྫུ་ན་〔5〕ཡིས། །མདོ་རྣམས་ཀུན་ལས་བཏུས་པ་ཡང་། །རབ་དུ་འབད་དེ་བལྟ་

〔1〕"བསྙེན་པ"古藏文词汇，同"བསྟེན་པ"，意为"依靠"。

〔2〕指《华严经》所出童子吉祥生的故事。

〔3〕以上两句为"依《吉祥生传》，如是而师学"之误译。

〔4〕从此处开始宋译本与藏译本的偈颂顺序有所不同。

〔5〕"ན་ག་རྫུ་ན"为圣龙树之名，为音译。

དགོས་པས། །དེའི་འོག་ཏུ་བལྟ་བར་བྱ། །

今译：此后便阅览，圣者龙树辑，《一切经摄要》，且要极力学。(4—91)

藏文传世本：ཡང་ན་རེ་ཞིག་མདོར་བསྡུས་པའི། །མདོ་ཀུན་ལས་བཏུས་པ་བལྟ། །འཕགས་པ་ཀླུ་སྒྲུབ་ཀྱིས་མཛད་པའི། །གཉིས་པོའང་འབད་པས་བལྟ་བར་བྱ། །(5—106)

宋译本：圣龙树菩萨，一心之所集，随所住之处，勤恒伸供养。(3—106)

敦煌写本：གང་ལས་གང་ནི་མ་བཀག་པ། །དེ་ཉིད་སྤྱད་པར་བྱ་བ་སྟེ། །འཇིག་རྟེན་སེམས་ནི་བསྲུང་བའི་ཕྱིར། །བསླབ་པ་མཐོང་ནས་ཡང་དག་སྤྱད། །

今译：其中[1]所不遮，彼即便修行，为护世间心，如学正修行。(4—92)

藏文传世本：གང་ལས་གང་ནི་མ་བཀག་པ། །དེ་ཉིད་སྤྱད་པར་བྱ་བ་སྟེ། །འཇིག་རྟེན་སེམས་ནི་བསྲུང་བའི་ཕྱིར། །བསླབ་པ་མཐོང་ནས་ཡང་དག་སྤྱད། །(5—107)

宋译本：若人心护戒，所行悉已见。(3—103a)

敦煌写本：ལུས་དང་སེམས་ཀྱི་གནས་སྐབས་ལ། །ཡང་དང་ཡང་དུ་བརྟག་བྱ་བ། །དེ་ཉིད་ཁོ་ན་མདོར་ན་ནི། །ཤེས་བཞིན་བསྲུང་བའི་མཚན་ཉིད་དོ། །

今译：身心诸情状，复次当观察，独其为性相，护持正知斯。(4—93)

藏文传世本：ལུས་དང་སེམས་ཀྱི་གནས་སྐབས་ལ། །ཡང་དང་ཡང་དུ་བརྟག་བྱ་བ། །དེ་ཉིད་ཁོ་ན་མདོར་ན་ནི། །ཤེས་བཞིན་བསྲུང་བའི་མཚན་ཉིད་དོ། །(5—108)

宋译本：若身若心位，当微细观察。(3—103b)

敦煌写本：ལུས་ཀྱིས་འདི་དག་སྤྱད་པར་བྱ། །ཚིག་ཙམ་བརྗོད་པས་ཅི་ཞིག་འགྲུབ། །སྨན་དཔྱད་ནྒྲགས་[2]པ་ཙམ་གྱིས་ནི། །ནད་པ་དག་ལ་ཕན་འགྱུར་རམ། །

今译：身当行诸此，徒言何所成？徒诵药方文，岂能治病人？(4—94)

藏文传世本：ལུས་ཀྱིས་འདི་དག་སྤྱད་པར་བྱ། །ཚིག་ཙམ་བརྗོད་པས་ཅི་ཞིག་འགྲུབ། །སྨན་དཔྱད་བཀློགས་པ་ཙམ་གྱིས་ནི། །ནད་པ་དག་ལ་ཕན་འགྱུར་རམ། །(5—109)

宋译本：口诵身不行，当得何所喻？譬如重病人，空谈于药力。(3—104)

敦煌写本：བྱང་ཆུབ་སེམས་དཔའི་སྤྱོད་པ་ལ་འཇུག་པ་ལས། །ཤེས་བཞིན་བསྲུང་བར་བྱ་བ་སྟེ། །ལེའུ་བཞི་པའོ། ། །

译文：《入菩萨行论》之《护正知》为第四品。

---

〔1〕 指佛教经、论。

〔2〕 现代藏文中无“ཀློགས”字，但古藏文中却普遍使用，意同“བཀློགས”。

第五品　忍　辱

敦煌写本：བསྐལད་པ་སྟོང་དུ་བསགས་པ་ཡི། །སྦྱིན་དང་བདེ་གཤེགས་མཆོད་ལས་སྩོགས། །ལེགས་སྤྱད་གང་ཡིན་དེ་ཀུན་ཀྱང་། །ཁོང་ཁྲོ་གཅིག་གིས་འཇོམས་པར་བྱེད། །

今译：一嗔能摧毁，千劫所积善：施及供善逝，乃至诸善行。(5—1)

藏文传世本：བསྐལ་པ་སྟོང་དུ་བསགས་པ་ཡི། །སྦྱིན་དང་བདེ་གཤེགས་མཆོད་ལ་སོགས། །ལེགས་སྤྱད་གང་ཡིན་དེ་ཀུན་ཡང་། །ཁོང་ཁྲོ་གཅིག་གིས་འཇོམས་པར་བྱེད། །(6—1)

宋译本：奉行诸善业，施戒而先导，供养于如来，百千劫无尽。[1](4—1)

敦煌写本：ཞེ་སྡང་ལྟ་བུའི་སྡིག་པ་མྱེད། །བཟོད་པ་ལྟ་བུའི་དཀའ་ཐུབ་མྱེད། །དེ་བས་བཟོད་པ་ནན་ཏན་དུ། །སྣ་ཚོགས་ཚུལ་གྱིས་བསྒོམ་པར་བྱ། །

今译：罪恶莫过嗔，苦行莫过忍，是故殷勤忍，种种方便修。(5—2)

藏文传世本：ཞེ་སྡང་ལྟ་བུའི་སྡིག་པ་མེད། །བཟོད་པ་ལྟ་བུའི་དཀའ་ཐུབ་མེད། །དེ་བས་བཟོད་ལ་ནན་ཏན་དུ། །སྣ་ཚོགས་ཚུལ་དུ་བསྒོམ་པར་བྱ། །(6—2)

宋译本：修行于羼提，嗔罪而不立，观种种体空[2]，是故一心忍。(4—2)

敦煌写本：ཞེ་སྡང་ཟུག་རྔུའི་སེམས་འཆང་ན། །ཡིད་ནི་ཞི་བའི་ཉམས་མྱི་མྱོང་། །དགའ་དང་བདེ་བ་འང་མྱི་འཐོབ་ལ། །གཉིད་མྱི་འོང་ཞིང་བརྟན་མྱེད་འགྱུར། །

今译：嗔痛缚自心，意难享寂静，亦难得喜乐，无眠且无稳。(5—3)

藏文传世本：ཞེ་སྡང་ཟུག་རྔུའི་སེམས་འཆང་ན། །ཡིད་ནི་ཞི་བ་ཉམས་མི་མྱོང་། །དགའ་དང་བདེ་བའང་མི་འཐོབ་ལ། །གཉིད་མི་འོང་ཞིང་བརྟན་མེད་འགྱུར། །(6—3)

宋译本：不得贪[3]快乐，守意令平等[4]，心有嗔恼病，无睡恒不足。(4—3)

敦煌写本：གང་དག་ནོར་དང་བཀུར་སྟི་ཡིས། །དྲིན་བྱིན་དེ་ལ་རྟེན་གྱུརད་པ། །དེ་དག་ཀྱང་ནི་སྡང་ལྡན་བའི། །རྗེ་དཔོན་དེ་ལའ་གསོད་པར་རྒོལ། །

今译：由财及供养，施恩乃成依，此主若易嗔，令彼叛相害。(5—4)

---

〔1〕 与两种藏文译本相比，此颂缺“一嗔能摧毁”之意。

〔2〕 藏译本无“种种体空”之意。

〔3〕 黄宝生指出“贪”为“享受”之误。

〔4〕 黄宝生指出“平等”为“平静”之误，且原文为否定。

藏文传世本：གང་དག་ནོར་དང་བཀུར་སྟི་ཡིས། །དྲིན་ཅན་དེ་ལ་བརྟེན་གྱུར་པ། །དེ་དག་ཀྱང་ནི་སྡང་ལྡན་པའི། །རྗེ་དཔོན་དེ་ལ་གསོད་པར་ནོལ། །(6—4)

宋译本：彼此有施主，供给于利养，随彼爱重心，无得生嗔恼。[1](4—4)

敦煌写本：དེ་ཡིས་མཛའ་བཤེས་སྐྱོ་བར་འགྱུར། །སྦྱིན་པས་བསྡུད་ཀྱང་བསྟེན་མི་བྱེད། །མདོར་ན་ཁྲོ་བ་བདེར་གནས་པ། །དེ་ནི་འགའ་ཡང་ཡོད་མ་ཡིན། །

今译：此令亲友厌，施摄亦不依，总之嗔住乐，此乃绝不存。(5—5)

藏文传世本：དེ་ཡིས་མཛའ་བཤེས་སྐྱོ་བར་འགྱུར། །སྦྱིན་པས་བསྡུས་ཀྱང་བསྟེན་མི་བྱེད། །མདོར་ན་ཁྲོ་བ་བདེར་གནས་པ། །དེ་ནི་འགའ་ཡང་ཡོད་མ་ཡིན། །(6—5)

宋译本：凡诸亲近事，不起于憎嫌，于彼无所嗔，乃得其安乐。(4—5)

敦煌写本：ཁྲོ་བའི་དགྲ་ཡིས་དེ་ལས་སྩོགས། །སྡུག་བསྔལ་དག་ནི་བྱེད་པར་འགྱུར། །གང་ཞིག་བསྒྲིམས་ཏེ་ཁྲོ་འཇོམས་པ། །དེ་ནི་འདི་དང་གཞན་དུ་བདེ། །

今译：嗔敌能如此，招致行诸苦，励灭嗔恚者，此与彼[2]安乐。(5—6)

藏文传世本：ཁྲོ་བའི་དགྲ་ཡིས་དེ་ལ་སོགས། །སྡུག་བསྔལ་དག་ནི་བྱེད་པར་འགྱུར། །གང་ཞིག་བསྒྲིམས་ཏེ་ཁྲོ་འཇོམས་པ། །དེ་ནི་འདི་དང་གཞན་དུ་བདེ། །(6—6)

宋译本：忍如是等事，若对于冤家，于嗔若能除，世世获安乐。(4—6)

敦煌写本：མི་འདོད་བྱས་དང་འདོད་པ་ཡི། །གགས་[3]བྱས་པ་ལས་བྱུང་གྱུརད་པ། །ཡིད་མྱི་བདེ་བའི་ཟས་རྙེད་ནས། །ཞེ་སྡང་རྟས་སྟེ་བདག་འཇོམས་སོ། །

今译：若是行不欲，亦或阻所欲，得此不乐食，嗔盛毁自己。(5—7)

藏文传世本：མི་འདོད་བྱས་དང་འདོད་པ་ཡི། །གེགས་བྱས་པ་ལས་བྱུང་གྱུར་པ། །ཡིད་མི་བདེ་བའི་ཟས་རྙེད་ནས། །ཞེ་སྡང་བརྟས་ཏེ་བདག་འཇོམས་སོ། །(6—7)

宋译本：冤若生于心，于爱亦无喜，若飧嗔恼食，无忍善不坏[4]。(4—7)

敦煌写本：དེ་ལྟས་བདག་གི་དགྲ་བོ་དེའི། །ཟས་ནི་རྣམ་པར་གཞོམ་བར་བྱ། །འདི་ལྟར་བདག་ལ་གནོད་པ་ལས། །དགྲ་འདི་ལ་ནི་ལས་གཞན་མྱེད། །

---

〔1〕 此颂下半句与两种藏文译本意义完全相反。

〔2〕 指此生与来世。

〔3〕 “གགས” 缺失了元音 “ེ” 。

〔4〕 藏文译本无 “善不坏” 之意，似是 “毁自己” 之误。

今译：是故于我敌，毁尽其食粮，如是唯害我，此敌无它事。(5—8)

藏文传世本：དེ་ལྟས་བདག་གིས་དགྲ་བོ་དེའི། །ཟས་ནི་རྣམ་པར་གཞོམ་པར་བྱ། །འདི་ལྟར་བདག་ལ་གནོད་པ་ལས། །དགྲ་འདི་ལ་ནི་ལས་གཞན་མེད། །(6—8)

宋译本：彼食我大冤，于我无善利，知彼冤不食，是故忍坚牢。(4—8)

敦煌写本：ཅི་ལ་བབ་ཀྱང་བདག་གིས་ནི། །དགའ་བའི་ཡོད་ནི་དཀྲུག་མྱི་བྱ། །མྱི་དགའ་བྱས་ཀྱང་འདོད་མྱི་འགྲུབ། །དགེ་བ་དག་ཙཾ་ཉམས་པར་འགྱུར། །

今译：无论何遭遇，我不扰喜心，不喜无济事，且会毁善故。(5—9)

藏文传世本：ཅི་ལ་བབ་ཀྱང་བདག་གིས་ནི། །དགའ་བའི་ཡིད་ནི་དཀྲུགས་མི་བྱ། །མི་དགའ་བྱས་ཀྱང་འདོད་མི་འགྲུབ། །དགེ་བ་དག་ནི་ཉམས་པར་འགྱུར། །(6—9)

宋译本：凡见冤来去，欢喜而不嗔，于冤若起嗔，善利终灭尽。(4—9)

敦煌写本：གལ་ཏེ་བཅོས་སུ་ཡོད་ན་ནི། །དེ་ལ་མྱི་དགའར་ཅི་ཞིག་ཡོད། །འོན་ཏེ་བཅོས་སུ་མྱེད་ན་ཡང་། །དེ་ལ་མྱི་དགའ་བྱས་ཅི་ཕན། །

今译：倘若能补救，对彼何不喜？倘若已无济，不喜有何益？（5—10）

藏文传世本：གལ་ཏེ་བཅོས་སུ་ཡོད་ན་ནི། །དེ་ལ་མི་དགར་ཅི་ཞིག་ཡོད། །གལ་ཏེ་བཅོས་སུ་མེད་ན་ནི། །དེ་ལ་མི་དགའ་བྱས་ཅི་ཕན། །(6—10)

宋译本：忍心常若此，令嗔不得起，住忍无时节，嗔冤自不生。(4—10)

敦煌写本：བདག་གམ་བདག་གི་བཤེས་རྣམས་ལ། །སྡུག་བསྔལ་རྙས་[1]དང་ཚིག་རྩུབ་དང་། །མྱི་སྙན་པའི་མྱི་འདོད་འབྱུང་། །དགྲ་ལ་དེ་ལས་བཟློག་པ་འབྱུང་། །

今译：于己及诸友，不欲有苦欺，粗语或坏名，于敌则相反。(5—11)

藏文传世本：བདག་གམ་བདག་གི་བཤེས་རྣམས་ལ། །སྡུག་བསྔལ་བརྙས་དང་ཚིག་རྩུབ་དང་། །མི་སྙན་ཞེས་བྱ་མི་འདོད་དེ། །དགྲ་ལ་དེ་ལས་བཟློག་པས་སོ། །(6—11)

宋译本：若人自保爱，不作恶口业，口业如不离[2]，后感[3]冤家苦。(4—11)

敦煌写本：བདེ་བའི་རྒྱུ་ནི་རེས་འགའ་འབྱུང་། །སྡུག་བསྔལ་རྒྱུ་ཙཾ་ཤིན་དུ་མང་། །སྡུག་བསྔལ་མྱེད་པར་ངེས་

〔1〕“རྙས”同“བརྙས”，在古藏文中兼用，厘定后一律作“བརྙས”。

〔2〕藏文译本无“不离”之意，似是“不欲”之误。

〔3〕藏文译本无“后感”之意，似是“返欲”之误。

འབྱུང་སྲིད། །དེ་བས་སེམས་བརྟན་བར་གནོས[1]། །

今译：乐因偶一生，苦因却极多，无苦无出离，是故恒持心。（5—12）

藏文传世本：བདེ་བའི་རྒྱུ་ནི་རེས་འགའ་འབྱུང་། །སྡུག་བསྔལ་རྒྱུ་ནི་ཤིན་ཏུ་མང་། །སྡུག་བསྔལ་མེད་པར་ངེས་འབྱུང་མེད། །དེ་བས་སེམས་ཁྱོད་བརྟན་པར་མནོས། །（6—12）

宋译本：畏苦不出离，不行众苦因，是故坚忍心，获得诸快乐。（4—12）

敦煌写本：དཀའ་བཟློག་དང་པའི་སྨི་དག་ཀྱང་། །ཐར་ད་པའི་དོན་དུ་བསྲེག་པ་དང་། །གཅད[2]་སྔོགས་སྡུག་བསྔལ་དོན་སྨེད་བཟོད། །བདག་ནི་དེ་ལས་ཅི་ཞིག་སྡར། །

今译：信奉遮苦者[3]，为得解脱故，无端忍烧割，然我为何怯？[4]（5—13）

藏文传世本：དཀའ་ཟློག་དད་དང་ཀརྞ་པ། །བསྲེག་དང་བཅད་སོགས་ཚོར་བ་ནི། །དོན་མེད་བཟོད་བྱེད་ཐར་པ་ཡི། །དོན་དུ་བདག་ཀོ་ཅི་ཕྱིར་སྡར། །（6—13）

宋译本：彼讷陵誐子，邪见求解脱，刀割火烧身，无利由能忍。（4—13）

敦煌写本：གོམས་ནས་སླ་བར་མི་འགྱུར་བ། །དངོས་དེ་གང་ཡང་ཡོད་མ་ཡིན། །དེ་བས་གནོད་པ་ཆུང་བསྒོམས་ཤིང་། །གནོད་པ་ཆེན་པོ་འང་བཟོད་པར་བྱ། །

今译：久习不成易，此事定不存，由此修[5]小害，须亦忍大害！（5—14）

藏文传世本：གོམས་ན་སླ་བར་མི་འགྱུར་བའི། །དངོས་དེ་གང་ཡང་ཡོད་མ་ཡིན། །དེ་བས་གནོད་པ་ཆུང་གོམས་པས། །གནོད་པ་ཆེན་པོ་བཟོད་པར་བྱོས། །（6—14）

宋译本：愚痴无正见，虚受大苦恼，我以菩提心，云何苦不忍？（4—14）

敦煌写本：སྦྲུལ་དང་ཤ་སྦྲང་དག་དང་ནི། །བཀྲེས་སྐོམ་ལས་སྔོགས་ཚོར་བ་དག། །གཡན་པ་ལས་སྔོགས་བཅས་པ་ཡི། །དོན་སྨེད་སྡུག་བསྔལ་ཅིས་མ་མཐོང་། །

今译：蛇害虻蚊叮[6]，饥渴等诸受，疥疮等诸苦，无义而见惯。（5—15）

藏文传世本：སྦྲུལ་དང་ཤ་སྦྲང་དག་དང་ནི། །བཀྲེས་སྐོམ་ལ་སོགས་ཚོར་བ་དང་། །གཡན་པ་ལ་སོགས་བཅས་པ་ཡི། །དོན་མེད་སྡུག་བསྔལ་ཅིས་མ་མཐོང་། །（6—15）

---

〔1〕“གནོས”为动词命令式，而传世本中之“མནོས”为过去时。

〔2〕“གཅད”为动词未来时，而传世本中之“བཅད”为过去时。

〔3〕“遮苦者”为自在天之妃子邬摩。

〔4〕此颂与藏文传世本有所不同。藏文传世本为：“遮苦伽那（印度南部的一个地方）人，无端忍烧割，我求解脱故，岂有何畏惧？”

〔5〕藏文传世本为“习”。

〔6〕意为“蛇咬，虻蚊等叮”。

宋译本：蚊蚤壁虱等，常饥渴苦恼，大痒烦苦人，住忍而不见？（4—15）

敦煌写本：ཚ་གྲང་ཆར་དང་རླུང་སྫོགས་དང་། །ནད་དང་བཅིང་དང་བརྡེག་སྫོགས་ལ། །བདག་གིས་བཟེ་རེ་མྱི་བྱ་སྟེ། །དེ་ལྟར་བྱས་ན་གནོད་པ་སྐྱེ། །

今译：寒热并雨风，病及缚或打，我不示娇弱，反则生苦害。（5—16）

藏文传世本：ཚ་གྲང་ཆར་དང་རླུང་སོགས་དང་། །ནད་དང་འཆི་དང་རྡེག་སོགས་ལ། །བདག་གིས་བཟེ་རེ་མི་བྱ་སྟེ། །དེ་ལྟར་བྱས་ན་གནོད་པ་འཕེལ། །（6—16）

宋译本：寒热并雨风，病枷锁捶打，被诸苦恼事，忍不求快乐[1]。（4—16）

敦煌写本：ལ་ལ་བདག་གི་ཁྲག་མཐོང་ན། །ཕྱིར་ཞིང་ཁོང་དཀར་དགའ་བ་ཡོད། །ལ་ལ་གཞན་གྱི་ཁྲག་མཐོང་ཡང་། །བོག་ཅིང་བརྒྱལ་བར་འགྱུར་བ་ཡོད། །

今译：有人见己血，反乐心亦纯[2]，有人见彼血，惊慌而昏厥。（5—17）

藏文传世本：ལ་ལ་བདག་གི་ཁྲག་མཐོང་ན། །དཔའ་བརྟན་ལྷག་པར་སྐྱེ་འགྱུར་ཡོད། །ལ་ལ་གཞན་གྱི་ཁྲག་མཐོང་ན། །བོག་ཅིང་བརྒྱལ་བར་འགྱུར་བ་ཡོད། །（6—17）

宋译本：杀他血流迸，坚牢心勇猛，割身自见血，怕怖而惊倒。[3]（4—17）

敦煌写本：དེ་ནི་སེམས་ཀྱི་དང་བརྟན་དང་། །སྡར་བའི་ཚུལ་ལས་གྱུརད་པ་ཡིན། །དེ་བས་གནོད་པ་ཁྱད་བསད་ཅིང་། །སྡུག་བསྔལ་རྣམས་ཀྱིས་མྱི་ཚུགས་བྱོས། །

今译：坚心与胆怯，产生此二别，由是克服害，莫为诸苦扰。[4]（5—18）

藏文传世本：དེ་ནི་སེམས་ཀྱི་དང་བརྟན་དང་། །སྡར་མའི་ཚུལ་ལས་གྱུར་པ་ཡིན། །དེ་བས་གནོད་པ་ཁྱད་བསད་ཅིང་། །སྡུག་བསྔལ་རྣམས་ཀྱིས་མི་ཚུགས་བྱོས། །（6—18）

敦煌写本：མཁས་པས་སྡུག་བསྔལ་བྱུང་ཡང་ནི། །སེམས་ཀྱི་རབ་དང་བརྙོག་མྱི་བྱ། །ཐབ་མོ་དང་ནི་ཉོན་མོངས་དང་། །གཡུལ་འགྱེད་ཚེ་ན་གནོད་པ་མང་། །

今译：智者虽受苦，心信当不浊，与诸烦恼战，此时害居多。（5—19）

藏文传世本：མཁས་པས་སྡུག་བསྔལ་བྱུང་ཡང་ནི། །སེམས་ཀྱི་རབ་དང་རྙོག་མི་བྱ། །ཉོན་མོངས་རྣམས་དང་གཡུལ་འགྱེད་ལ། །གཡུལ་འགྱེད་ཚེ་ན་གནོད་པ་མང་། །（6—19）

〔1〕 黄宝生指出“快乐”为“软弱”之误读，意为“不应软弱”。

〔2〕 藏文传世本为“反增其坚勇”。

〔3〕 此颂与藏文译本意义完全相反。

〔4〕 宋译本中无与此颂对应的偈颂。

宋译本：智者心清净，常惧嗔恼侵，与烦恼相持，忍心恒勇猛。(4—18)

敦煌写本：སྡུག་བསྔལ་ཐམས་ཅད་ཁྱད་བསད་ནས། །ཞེ་སྡང་ལས་སྩོགས་དགྲ་འཇོམས་པ། །དེ་དག་རྒྱལ་བྱེད་དཔའ་བོ་སྟེ། །ལྷག་མ་རོ་ལ་གསོད་པའོ། །

今译：克服一切苦，制伏贪嗔敌，彼等谓勇士，余则成弑尸。(5—20)

藏文传世本：སྡུག་བསྔལ་ཐམས་ཅད་ཁྱད་བསད་ནས། །ཞེ་སྡང་ལ་སོགས་དགྲ་འཇོམས་པ། །དེ་དག་རྒྱལ་བྱེད་དཔའ་བོ་སྟེ། །ལྷག་མ་རོ་ལ་གསོད་པའོ། །(6—20)

宋译本：蛇腹行在地[1]，喻嗔伏于心，杀之谓无勇，杀彼得最胜。[2] (4—19)

敦煌写本：གཞན་ཡང་སྡུག་བསྔལ་ཡོན་ཏན་ནི། །སྐྱོ་བས་དྲེགས་པ་སེལད་པར་བྱེད། །འཁོར་བ་ལ་[3] ལ་སྙིང་རྗེ་སྐྱེ། །སྡིག་ལ་འཛེམ་ཞིང་དགེ་ལ་དགའ། །

今译：复次苦之德，生厌除骄慢，怜悯轮回者，忌罪乐行善。(5—21)

藏文传世本：གཞན་ཡང་སྡུག་བསྔལ་ཡོན་ཏན་ནི། །སྐྱོ་བས་དྲེགས་པ་སེལ་བར་བྱེད། །འཁོར་བ་པ་ལ་སྙིང་རྗེ་སྐྱེ། །སྡིག་ལ་འཛེམ་ཞིང་དགེ་ལ་དགའ། །(6—21)

宋译本：如来大悲者[4]，悯苦说轮回[5]，使识罪根本，住忍而不作。(4—20)

敦煌写本：མཁྲིས་པ་ལས་སྩོགས་སྡུག་བསྔལ་གྱི། །འབྱུང་གནས་ཆེ་ལ་ཡང་མྱི་ཁྲོ་བར། །སེམས་ཡོད་རྣྀས་ལ་ཅི་སྟེ་ཁྲོ། །དེ་དག་ཀུནད་ཀྱང་རྐྱེནད་ཀྱིས་བསྐུལད། །

今译：不嗔胆热等，痛苦大根源，云何嗔有情？彼皆因所驱。(5—22)

藏文传世本：མཁྲིས་པ་ལ་སོགས་སྡུག་བསྔལ་གྱི། །འབྱུང་གནས་ཆེ་ལ་མི་ཁྲོ་བར། །སེམས་ཡོད་རྣམས་ལ་ཅི་སྟེ་ཁྲོ། །དེ་དག་ཀུན་ཀྱང་རྐྱེན་གྱིས་བསྐུལ། །(6—22)

宋译本：父母何计心，惧子遭沦溺[6]，持心离嗔怒，自远大苦报。(4—21)

敦煌写本：དཔེར་ན་མྱི་འདོད་བཞིན་དུ་ཡང། །ནད་འདི་འབྱུང་བར་འགྱུར་བ་ལྟར། །དེ་བཞིན་མྱི་འདོད་

〔1〕藏文译本无“蛇腹行在地”之意，似是“克服一切苦”之误。
〔2〕与藏文译本相比，此颂还缺“余则成弑尸”之意。
〔3〕此处“ལ”应为“པ”。
〔4〕藏文译本无“如来大悲者”之意。
〔5〕“说轮回”似是“轮回者”之误。
〔6〕藏文译本无“父母何计心，惧子遭沦溺”之意。

བཞིན་དུ་ཡང། །ནནད་ཀྱིས་ཉོན་མོངས་འབྱུང་བར་འགྱུར། །

今译：譬如不所欲，此病却得生，如是虽不欲，逼迫生烦恼。（5—23）

藏文传世本：དཔེར་ན་མི་འདོད་བཞིན་དུ་ཡང་། །ནད་འདི་འབྱུང་བར་འགྱུར་བ་ལྟར། །དེ་བཞིན་མི་འདོད་བཞིན་དུ་ཡང་། །ནན་གྱིས་ཉོན་མོངས་འབྱུང་བར་འགྱུར། །（6—23）

宋译本：譬如无智人，令罪而得生，修行而无智，嗔生亦复尔。（4—22）

敦煌写本：ཁྲོ་བར་བྱ་ཞེས་མ་བསམས་ཀྱང། །སྐྱེ་བོ་རྣམས་ནི་ཀྱི་ན་ཁྲོ། །བསྐྱེད་པར་བྱ་ཞེས་མ་བསམས་ན། །ཁྲོ་བ་དེ་བཞིན་སྐྱེ་བར་འགྱུར། །

今译：本无嗔恨意，人们无端嗔，未思应得生，嗔恨如是生。（5—24）

藏文传世本：ཁྲོ་བར་བྱ་ཞེས་མ་བསམས་ཀྱང་། །སྐྱེ་བོ་རྣམས་ནི་ཀྱི་ནར་ཁྲོ། །བསྐྱེད་པར་བྱ་ཞེས་མ་བསམས་ཀྱང་། །ཁྲོ་བ་དེ་བཞིན་སྐྱེ་བར་འགྱུར། །（6—24）

宋译本：欲住不思议，当须持自心，于此生爱重，令嗔不生起。（4—23）

敦煌写本：ཉེས་པ་ཙི་སྙེད་ཐམས་ཅད་དང། །སྡིག་པ་རྣམ་པ་སྣ་ཚོགས་པ། །དེ་ཀུན་རྐྱེནད་ཀྱི་སྟོབས་ལས་གྱུརད། །རང་དབང་ཡོད་པ་མ་ཡིན་ནོ། །

今译：一切诸过失，以及种种罪，彼皆由因力，全然无自主。（5—25）

藏文传世本：ཉེས་པ་ཇི་སྙེད་ཐམས་ཅད་དང་། །སྡིག་པ་རྣམ་པ་སྣ་ཚོགས་པ། །དེ་ཀུན་རྐྱེན་གྱི་སྟོབས་ལས་བྱུང་། །རང་དབང་ཡོད་པ་མ་ཡིན་ནོ། །（6—25）

宋译本：若贪彼尘境，而生种种罪，因彼诸业力，而不得自由。（4—24）

敦煌写本：རྐྱེན་རྣམས་ཚོགས་པས་དེ་དག་ཀྱང། །བསྐྱེད་པར་བྱ་ཞེས་སེམས་པ་མྱེད། །དེས་བསྐྱེད་དེ་ཡང་བདག་བསྐྱེད་ཅེས། །སེམས་པ་ཡོད་པ་མ་ཡིན་ནོ། །

今译：所聚彼诸缘，并无欲生念，由彼所生者，亦无已生念。（5—26）

藏文传世本：རྐྱེན་རྣམས་ཚོགས་པ་དེ་དག་ཀྱང་། །བསྐྱེད་པར་བྱ་ཞེས་སེམས་པ་མེད། །དེས་བསྐྱེད་དེ་ཡང་བདག་བསྐྱེད་ཅེས། །སེམས་པ་ཡོད་པ་མ་ཡིན་ནོ། །（6—26）

宋译本：于境若不贪，彼集无因立，和合心无故，是故无有生。（4—25）

敦煌写本：གཙོ་བོར་བྱ་བ་གང་ཡིན་བ། །དེ་ལ་བདག་ཅེས་བརྟགས་[1]མོད་ཀྱི། །དེ་ཉིད་བདག་ནི་འདི་འདྲོ་ཞེས། །ཆེད་དུ་བསམས་ཤིང་འབྱུང་བ་མྱེད། །

---

〔1〕 此处“བརྟགས”似为“བཏགས”之笔误，因为“བརྟགས”为“观察”之意，而“བཏགས”为“假名”之意。

今译：所谓胜性者，彼虽名为我[1]，彼不专念生，我乃应如此[2]。(5—27)

藏文传世本：གཙོ་བོ་ཞེས་བྱར་གང་འདོད་དང་། །བདག་ཅེས་བཏགས་པ་གང་ཡིན་པ། །དེ་ཉིད་བདག་ནི་འབྱུང་བྱ་ཞེས། །ཆེད་དུ་བསམས་ཤིང་འབྱུང་བ་མེད། །(6—27)

宋译本：不贪而不生，无得而自说，我得如是故，是生不思议。(4—26)

敦煌写本：མ་སྐྱེས་པར་ནི་དེ་མྱེད་ན། །དེ་ཚེ་སྐྱེ་བར་འདོད་པ་གང་། །ཡུལ་ལ་རྟག་དུ་གཡེང་གྱུརད་པས། །འགག་པར་འགྱུར་བ་འང་མ་ཡིན་ནོ། །

今译：无生即无彼，此时欲生何？恒常散于境，岂能有止息？[3](5—28)

藏文传世本：མ་སྐྱེས་པར་ནི་དེ་མེད་ན། །དེ་ཚེ་སྐྱེ་བར་འདོད་པ་གང་། །ཡུལ་ལ་རྟག་ཏུ་གཡེང་འགྱུར་བ། །འགག་པར་འགྱུར་བའང་མ་ཡིན་ནོ། །(6—28)

宋译本：彼无生不生，是得云何有？瞻察于彼此，灭尽得无余。(4—27)

敦煌写本：ཅི་སྟེ་བདག་དེ་རྟག་ན་ནི། །མཁའ་བཞིན་བྱེད་པ་མྱེད་པར་མངོན། །རྐྱེན་རྣམས་གཞན་དང་ཕྲད་ན་ཡང་། །འགྱུར་བ་མྱེད་ལ་ཅི་བྱར་ཡོད། །

今译：彼我若即常，喻空显无作，纵遇诸它缘，无变无所作。(5—29)

藏文传世本：ཅི་སྟེ་བདག་དེ་རྟག་ན་ནི། །མཁའ་བཞིན་བྱེད་པ་མེད་པར་མངོན། །རྐྱེན་རྣམས་གཞན་དང་ཕྲད་ན་ཡང་། །འགྱུར་བ་མེད་ལ་ཅི་བྱར་ཡོད། །(6—29)

宋译本：此心恒清净，喻随色摩尼[4]，所变悉徒因，无因相何有？(4—28)

敦煌写本：བྱེད་པའི་ཚེ་ཡང་སྔོན་བཞིན་ན། །བྱེད་པ་དེ་ལ་ཅི་ཞིག་བྱས། །དེའི་བྱེད་པ་འདི་ཡིན་ཞེས། །འབྲེལད་པར་འགྱུར་བ་འང་གང་ཞིག་ཡོད། །

今译：正作既如前，于彼何所作？谓此为彼作，有何所相干？[5](5—30)

藏文传世本：བྱེད་པའི་ཚེ་ཡང་སྔོན་བཞིན་ན། །བྱེད་པས་དེ་ལ་ཅི་ཞིག་བྱས། །དེ་ཡི་བྱེད་པ་འདི་ཡིན་ཞེས། །འབྲེལ་པར་འགྱུར་བ་གང་ཞིག་ཡོད། །(6—30)

宋译本：过去行行时，彼行何所作？随彼所行因，等因而感果？(4—29)

敦煌写本：དེ་ལྟར་ཐམས་ཅད་གཞན་གྱི་དབང་། །དེའི་དབང་གིས་དེ་དབང་མྱེད། །དེ་ལྟར་ཤེས་ན་སྤྲུལད་ལྟ་

〔1〕 藏文传世本为“亦或名我者”。

〔2〕 藏文传世本为“我乃应生起”。

〔3〕 以上两颂驳斥数论派的观点。

〔4〕 此处“喻随色摩尼”似是“喻空显无作”之误。

〔5〕 以上两颂驳斥胜论派的观点。

བུའི། །དངོས་པོ་ཀུན་ལ་ཁྲོ་མྱི་འགྱུར། །

今译：如是皆它主，彼主不自由，知此不嗔恚，于悉如幻事。（5—31）

藏文传世本：དེ་ལྟར་ཐམས་ཅད་གཞན་གྱི་དབང་། །དེ་ཡི་དབང་གིས་དེ་དབང་མེད། །དེ་ལྟར་ཤེས་ན་སྤྲུལ་ལྟ་བུའི། །དངོས་པོ་ཀུན་ལ་ཁྲོ་མི་འགྱུར། །（6—31）

宋译本：一切虽由因，因善恶由心，说求性寂静，如是有何过？（4—30）

敦煌写本：གང་གིས་གང་ཞིག་བཟློག་བྱ་སྟེ། །བཟློག་པ་འང་རིགས་པ་མྱིན་ཞེ་ན། །དེ་ལས་བརྟེན་ནས་སྡུག་བསྔལ་རྣམས། །རྒྱུན་ཆད་འགྱུར་འདོད་མྱི་རིགས་མྱེད། །

今译：有何能止何？若谓不应理，依彼断诸苦，无所不应理。（5—32）

藏文传世本：གང་གིས་གང་ཞིག་བཟློག་བྱ་སྟེ། །བཟློག་པའང་རིགས་པ་མིན་ཞེ་ན། །དེ་ལ་བརྟེན་ནས་སྡུག་བསྔལ་རྣམས། །རྒྱུན་ཆད་འགྱུར་འདོད་མི་རིགས་མེད། །（6—32）

宋译本：若取和合因，是乐于[1]苦恼，此心不可住，智人应自勤[2]。（4—31）

敦煌写本：དེ་བས་དགྲ་འམ་མཛ་ཡང་རུང་། །མྱི་རིགས་བྱེད་པ་མཐོང་གྱུར་ན། ། །འདི་འདྲའི་རྐྱེན་ལས་གྱུར་ཏོ་ཞེས། །དེ་ལྟར་སོམས་སྟེ་བདེ་བར་གནོས། །

今译：是故敌或亲，若见作非理，谓此由缘致，如思持安乐。（5—33）

藏文传世本：དེ་བས་དགྲའམ་མཛའ་ཡང་རུང་། །མི་རིགས་བྱེད་པ་མཐོང་གྱུར་ན། །འདི་འདྲའི་རྐྱེན་ལས་གྱུར་ཏོ་ཞེས། །དེ་ལྟར་སོམས་ཏེ་བདེ་བར་མནོས། །（6—33）

宋译本：是故见冤家，想作善知识[3]，因行如是行，当获得快乐。（4—32）

敦煌写本：གལ་ཏེ་རང་དགའས་འགྲུབ་འགྱུར་ན། །འགའ་ཡང་སྡུག་བསྔལ་མྱི་འདོད་པས། །ལུས་ཅན་དག་ནི་ཐམས་ཆད་ཀུང་། །སུ་ལ་འང་སྡུག་བསྔལ་འབྱུང་མྱི་འགྱུར། །

今译：若能自然成，无人欲得苦，一切有情众，皆当不生苦。（5—34）

藏文传世本：གལ་ཏེ་རང་དགས་འགྲུབ་འགྱུར་ན། །འགའ་ཡང་སྡུག་བསྔལ་མི་འདོད་པས། །ལུས་ཅན་དག་ནི་ཐམས་ཅད་ཀུང་། །སུ་ལའང་སྡུག་བསྔལ་འབྱུང་མི་འགྱུར། །（6—34）

宋译本：如是诸有情，有业不自在，自在若成就，谁肯趣于苦。（4—33）

---

〔1〕 黄宝生指出“乐于”为“停止、制止”之误。

〔2〕 藏文译本无“此心不可住，智人应自勤”之意。

〔3〕 藏文译本无“想作善知识”之意，似是“或亲作非理”之误。

敦煌写本：བག་མྱེད་པས་ནི་བདག་ལ་འང་བདག། ཚེར་མ་ལས་སྩོགས་གནོད་པ་བྱེད། བུད་མྱེད་ལས་སྩོགས་འཐོབ་བྱའི་ཕྱིར། ཇམ་ཞིང་ཟས་གཅོད་ལས་སྩོགས་བྱེད། །

今译：由是放逸因，刺等自戳伤，为了得女人，彷徨而绝食。（5—35）

藏文传世本：བག་མེད་པས་ནི་བདག་ལའང་བདག ཚེར་མ་ལ་སོགས་གནོད་པ་བྱེད། བུད་མེད་ལ་སོགས་ཐོབ་བྱའི་ཕྱིར། ཇམ་ཞིང་ཟས་གཅོད་ལ་སོགས་བྱེད། །（6—35）

宋译本：散乱心缘尘，心[1]被刺不觉，食断食增嗔，于苦而返爱。（4—34）

敦煌写本：ཁ་ཅིག་འགེག་[2] ཅིང་གཡང་སར་མཆོད། དུག་དང་མྱི་འཐོད་ཟ་བ་དང་། བསོད་ནམས་མ་ཡིན་སྤྱོད་པ་ཡིས། རང་ལ་གནོད་པ་བྱེད་པ་ཡོད། །

今译：自缢或跳崖，服毒吃忌食，妄行无德事，于己作损伤。（5—36）

藏文传世本：ཁ་ཅིག་འགག་ཅིང་གཡང་སར་མཆོང་། དུག་དང་མི་འཐོད་ཟ་བ་དང་། བསོད་ནམས་མ་ཡིན་སྤྱོད་པ་ཡིས། རང་ལ་གནོད་པ་བྱེད་པ་ཡོད། །（6—36）

宋译本：自若无福行，返爱缠缚业，如飡毒药食，堕于生死崖。（4—35）

敦煌写本：གང་ཚེ་ཉོན་མོངས་དབང་གྱུརད་པས། བདག་སྡུག་ཉིད་ཀྱང་གསོད་བྱེད་པ། དེ་ཚེ་དེ་དག་གཞན་ལུས་ལ། གནོད་མྱི་བྱེད་པར་ཅི་ལྟར་འགྱུར། །

今译：若时烦恼因，自惜而杀毁，尔时岂不损，彼等与他身。（5—37）

藏文传世本：གང་ཚེ་ཉོན་མོངས་དབང་གྱུར་པས། བདག་སྡུག་ཉིད་ཀྱང་གསོད་བྱེད་པ། དེ་ཚེ་དེ་དག་གཞན་ལུས་ལ། གནོད་མི་བྱེད་པར་ཇི་ལྟར་འགྱུར། །（6—37）

宋译本：自住是烦恼，诚由不自护，欲解脱他人，此事何由得？（4—36）

敦煌写本：ཉོན་མོངས་སྐྱེས་པས་དེ་ལྟ་བུར། བདག་གསོད་ལས་སྩོགས་ཞུགས་པ་ལ། སྙིང་རྗེ་བརྒྱ་ལམ་མ་སྐྱེས་ན། ཁྲོ་བར་འགྱུར་བ་ཅི་ཐ་ཚོག །

今译：如是因烦恼，损他而自杀，对其不生悲，岂有嗔恚理？（5—38）

藏文传世本：ཉོན་མོངས་སྐྱེས་པས་དེ་ལྟ་བུར། བདག་གསོད་ལ་སོགས་ཞུགས་པ་ལ། སྙིང་རྗེ་རྒྱ་ལ་མ་སྐྱེས་ན། ཁྲོ་བར་འགྱུར་བ་ཅི་ཐ་ཚོག །（6—38）

宋译本：烦恼迷昏浊，而至于自杀，毒盛[3]无有悲，云何嗔不护？（4—37）

---

〔1〕 藏文译本无“心”意。

〔2〕 “འགེག”同“འགག”。

〔3〕 藏文译本无“毒盛”之意，似为“纵若”或“即便”之误。

敦煌写本：གལ་ཏེ་གཞན་ལ་འཚེ་བྱེད་པ། །བྱིས་པ་རྣམས་ཀྱི་རང་བཞིན་ན། །དེ་ལ་ཁྲོ་བའི་མྱི་རིགས་ཏེ། །སྲེག་པའྀ་རང་བཞིན་མྱེ་བཀོན་འདྲ།།

今译：作损于他人，乃是凡愚性，于彼不应嗔，如嗔火燃性。（5—39）

藏文传世本：གལ་ཏེ་གཞན་ལ་འཚེ་བྱེད་པ། །བྱིས་པ་རྣམས་ཀྱི་རང་བཞིན་ནི། །དེ་ལ་ཁྲོ་བར་མི་རིགས་ཏེ། །སྲེག་པའི་རང་བཞིན་མེ་བཀོན་འདྲ།།（6—39）

宋译本：自性既愚迷，于他行娆乱，生彼嗔无疑，如火而能烧。（4—38）

敦煌写本：འོན་ཏེ་སྐྱོན་དེ་གློ་བུར་ལ། །སེམས་ཅན་རང་བཞིན་ངེས་པ་ན་འདང་། །འོ་ན་འདང་ཁྲོ་བའི་མྱི་རིགས་ཏེ། །མཁའ་ལ་དུད་འཐུལ་བཀོན་པ་བཞིན།།

今译：若过属偶然，有情性本善，然嗔不应理，如嗔烟蔽空。（5—40）

藏文传世本：འོན་ཏེ་སྐྱོན་དེ་གློ་བུར་ལ། །སེམས་ཅན་རང་བཞིན་ངེས་པ་ནའང་། །འོ་ནའང་ཁྲོ་བ་མི་རིགས་ཏེ། །མཁའ་ལ་དུད་འཐུལ་དཀོན་པ་བཞིན།།（6—40）

宋译本：有情性愚时，所行诸过时，愚迷故若此，如烟熏虚空。（4—39）

敦煌写本：དབྱུག་པ་ལས་སྩོགས་དངོས་བཀོལད་ཏེ། །གལ་ཏེ་འཕེན་པ་ལ་ཁྲོ་ན། །དེ་ཡང་ཞེ་སྡང་གིས་སྦརད་པས། །ཉེས་ན་ཞེ་སྡང་ལ་ཁྲོ་རིགས།།

今译：因由棍杖器，生嗔于持者，彼亦嗔[1]使然，若嗔嗔其嗔。（5—41）

藏文传世本：དབྱུག་པ་ལ་སོགས་དངོས་བཀོལ་ཏེ། །གལ་ཏེ་འཕེན་པ་ལ་ཁྲོ་ན། །དེ་ཡང་ཞེ་སྡང་གིས་ཐད་པས། །ཉེས་ན་ཞེ་སྡང་ལ་ཁྲོ་རིགས།།（6—41）

宋译本：若人嗔不护，愚迷无智故，喻持杖劝人，而增彼嗔恼。（4—40）

敦煌写本：བདག་གིས་སྔོན་ཆད་སེམས་ཅན་ལ། །འདྀ་འདྲ་བའི་གནོད་པ་བྱས། །དེ་བས་སེམས་ཆན་འཚེ་བྱེད་པ། །བདག་ལ་གནོད་པ་འདྀ་འབྱུང་རིགས།།

今译：我昔于有情，曾作如是害，曾害有情故，我当受此害。（5—42）

藏文传世本：བདག་གིས་སྔོན་ཆད་སེམས་ཅན་ལ། །འདི་འདྲ་བ་ཡི་གནོད་པ་བྱས། །དེ་བས་སེམས་ཅན་འཚེ་བྱེད་པ། །བདག་ལ་གནོད་པ་འདི་འབྱུང་རིགས།།（6—42）

宋译本：我于过去生，苦恼诸有情，是故于今身，被苦恼能忍。（4—41）

敦煌写本：དེའི་མཚོན་དང་བདག་གི་ལུས། །གཉིས་ཀ་སྡུག་བསྔལ་རྒྱུ་ཡིན་ཏེ། །དེས་མཚོན་བདག་གི་ལུས་ཕྱུང་ན། །གང་ཞིག་ལ་ནི་ཁྲོ་བར་བྱ།།

---

〔1〕 藏文传世本为“唆使”。

今译：彼械与我身，二者皆苦因，械身而相遇，于何该当嗔？（5—43）

藏文传世本：དེ་ཡི་མཚོན་དང་བདག་གི་ལུས། །གཉི་ག་སྡུག་བསྔལ་རྒྱུ་ཡིན་ཏེ། །དེས་མཚོན་བདག་གིས་ལུས་ཕྱུང་ན། །གང་ཞིག་ལ་ནི་ཁྲོ་བར་བྱ།།（6—43）

宋译本：我身喻于铁，受彼烧锤锻，如彼铁持身，何得有其苦？（4—42）

敦煌写本：ཤུ་བ་སྤྱིའི་གཟུགས་འདྲ་བ། །རེག་དུ་སྨི་བཟོད་སྡུག་བསྔལ་ཅན། །སྲིད་འདོངས་[1] བདག་གིས་བཟུང་གྱུརད་ན། །སུ་ལ་གནོད་པ་སུ་ལ་ཁྲོ།།

今译：如疮包之身，触痛苦难忍，吾贪愚执取，谁遭损嗔谁[2]？（5—44）

藏文传世本：ཤུ་བ་མི་ཡི་གཟུགས་འདྲ་བ། །རེག་ཏུ་མི་བཟོད་སྡུག་བསྔལ་ཅན། །སྲིད་མདོངས་བདག་གིས་བཟུང་གྱུར་ན། །དེ་ལ་གནོད་པ་སུ་ལ་ཁྲོ།།（6—44）

宋译本：我今看此身，如无情形像，虽被诸苦恼，而嗔无所起。（4—43）

敦煌写本：བྱིས་བ་སྡུག་བསྔལ་སྨི་འདོད་ཅིང། །སྡུག་བསྔལ་རྒྱུ་ལ་བརྐམ་བས་ན། །རང་གི་ཉེས་པས་གནོད་གྱུརད་པའ། །གཞན་ལ་མཁོནད་[3] དུ་ཅི་ཞིག་ཡོད།།

今译：愚夫不欲苦，却贪苦之因，已过所受害，岂能怨他人？（5—45）

藏文传世本：བྱིས་པ་སྡུག་བསྔལ་མི་འདོད་ཅིང་། །སྡུག་བསྔལ་རྒྱུ་ལ་བརྐམ་པས་ན། །རང་གི་ཉེས་པས་གནོད་གྱུར་པ། །གཞན་ལ་བཀོན་ཏུ་ཅི་ཞིག་ཡོད།།（6—45）

宋译本：愚迷其爱业，不知其苦本，得苦缘自过，云何生嗔恼？（4—44）

敦煌写本：དཔེར་ན་དམྱལ་བའི་སྲུངས་མ་དང། །རལ་གྱི་ལོ་མའི་ནགས་ཚལ་ལྟར། །བདག་གི་ལས་ཀྱིས་འདི་བསྐྱེད་ན། །གང་ཞིག་ལ་ནི་ཁྲོ་བར་བྱ།།

今译：譬如地狱卒，亦或剑叶林，已业由生此，对何生嗔恨？（5—46）

藏文传世本：དཔེར་ན་དམྱལ་བའི་སྲུང་མ་དང་། །རལ་གྱི་ལོ་མའི་ནགས་ཚལ་ལྟར། །རང་གི་ལས་ཀྱིས་འདི་བསྐྱེད་པ། །གང་ཞིག་ལ་ནི་ཁྲོ་བར་བྱ།།（6—46）

宋译本：喻受地狱苦，飞禽剑林等，知自业所生，何处有嗔恼？（4—45）

敦煌写本：བདག་གི་ལས་ཀྱིས་བསྐུལ་བྱས་ནས། །བདག་ལ་གནོད་བྱེད་རྣམས་བྱུང་སྟེ། །དེ་ཡིས་སེམས་ཅན་དམྱལ་འདོང་ན། །བདག་གིས་དེ་དག་མ་བརླབ་[4]གམ།།

---

〔1〕“འདོངས”在现代藏文中写作“མདོངས”。

〔2〕藏文传世本为“彼遭损嗔谁”。

〔3〕“མཁོནད”同“བཀོན”。

〔4〕此处“བརླབ”字之后加字“བ”为“ག”之笔误。

今译：我业所招感，于我生诸害，令彼若堕狱，岂非我毁彼？（5—47）

藏文传世本：བདག་གི་ལས་ཀྱིས་བསྐུལ་བྱས་ནས། །བདག་ལ་གནོད་བྱེད་རྣམས་འབྱུང་སྟེ། །དེས་ནི་སེམས་ཅན་དམྱལ་འདོང་ན། །བདག་གིས་དེ་དག་མ་བརླག་གམ། །（6—47）

宋译本：我得如是业，此过知所起，设令入地狱，不由他所作。（4—46）

敦煌写本：འདི་དག་ལ་ཉི་བརྟེནད་བཅས་ནས། །བཟོད་པས་བདག་སྡིག་མང་དུ་འབྱུང་། །བདག་ལ་བརྟེན་ནས་དེ་དག་ཉི། །ཡུན་རིང་སྡུག་བསྔལ་དམྱལ་བར་འདོད། །

今译：依彼等修忍，令消我诸罪，由是因我故，彼久堕苦狱。（5—48）

藏文传世本：འདི་དག་ལ་ནི་རྟེན་བཅས་ནས། །བཟོད་པས་བདག་སྡིག་མང་དུ་འབྱུང་། །བདག་ལ་བརྟེན་ནས་དེ་དག་ནི། །ཡུན་རིང་སྡུག་བསྔལ་དམྱལ་བར་འདོང་། །（6—48）

宋译本：欲尽我之业，无量无有边，我业既如是，长时受地狱。（4—47）

敦煌写本：བདག་ཉི་དེ་ལ་གནོད་བྱེད་ལ། །དེ་དག་བདག་ལ་ཕན་འདོགས་ན། །ཕྱིན་ཅི་ལོག་དུ་ཅིའི་ཕྱིར། །མ་རུངས་སེམས་ཁྱོད་ཁྲོ་བར་བྱེད། །

今译：我于彼成害，彼却饶益我，为何颠倒行，粗暴心嗔恨？（5—49）

藏文传世本：བདག་ནི་དེ་ལ་གནོད་བྱེད་ལ། །དེ་དག་བདག་ལ་ཕན་འདོགས་ན། །ཕྱིན་ཅི་ལོག་ཏུ་ཅི་ཡི་ཕྱིར། །མ་རུངས་སེམས་ཁྱོད་ཁྲོ་བར་བྱེད། །（6—49）

宋译本：我此过如是，彼实我冤家[1]，云何分别[2]知，愚迷嗔造作？（4—48）

敦煌写本：བདག་གི་བསམ་པའི་ཡོན་ཏན་གྱིས། །དེ་དག་དམྱལ་བར་མ་དོང་[3]ན། །དེ་ལ་བདག་གིས་ཅི་ཞིག་བྱས། །བདག་ཉིད་བདག་གིས་བསྲུངས་པར་ཟད། །

今译：由我之思德，若彼不堕狱，于彼我行何？唯能自护自。[4]（5—50）

藏文传世本：གལ་ཏེ་བདག་ལ་བསམ་པ་ཡི། །ཡོན་ཏན་ཡོད་ན་དམྱལ་མི་འགྲོ། །གལ་ཏེ་བདག་གིས་བདག་བསྲུངས་ན། །དེ་དག་ལ་འདིར་ཅི་ཞིག་བྱུང་། །（6—50）

宋译本：若人自护持，对冤忍不恚，是心功德生，地狱云何入？（4—49）

---

〔1〕 根据藏文译本应为“彼实我恩者”。

〔2〕 根据藏文译本“分别”似为“颠倒”之误。

〔3〕 “དོང”意为“堕”“去”，与传世本中之“འགྲོ”意思基本相同。

〔4〕 藏文传世本为：“若我具思德，必不趋地狱，若是自护自，于彼此生何？”

敦煌写本：ཕོན་ཏེ་ལན་དུ་གནོད་བྱས་ན། །དེ་དག་བསྲུངས་པར་མ་གྱུར་ལ། །བདག་གི་སྤྱོད་པ་འང་ཉམས་པར་འགྱུར། །དེས་ན་དཀའ་ཐུབ་ཞིག་པར་འགྱུར།།

今译：若以害酬答，则未护持彼，我行即失坏，苦行亦损毁。（5—51）

藏文传世本：ཕོན་ཏེ་ལན་དུ་གནོད་བྱས་ན། །དེ་དག་བསྲུངས་པར་མ་གྱུར་ལ། །བདག་གི་སྤྱོད་པའང་ཉམས་པར་འགྱུར། །དེས་ན་དཀའ་ཐུབ་ཞིག་པར་འགྱུར།།（6—51）

宋译本：尽我之所行，得因如彼时，不忍嗔不护，破坏于修行。（4—50）

敦煌写本：ཡིད་ནྀ་ལུས་ཅན་མ་ཡིན་བས། །སུས་ཀྱང་གང་དུ་འང་གཞོམ་སྐྱྀ་ནུས། །ལུས་ལ་མངོན་བར་ཞེནད་པས་ན། །ལུས་ནྀ་སྡུག་བསྔལ་དག་གིས་གནོད།།

今译：心意无形体，谁由何处损，于身若现贪，诸苦能损身。（5—52）

藏文传世本：ཡིད་ནི་ལུས་ཅན་མ་ཡིན་པས། །སུས་ཀྱང་གང་དུའང་གཞོམ་མི་ནུས། །ལུས་ལ་མངོན་པར་ཞེན་པས་ན། །ལུས་ནི་སྡུག་བསྔལ་དག་གིས་གནོད།།（6—52）

宋译本：意无相无形，散乱即破坏，由身护持故，身若当忍受。（4—51）

敦煌写本：རྙས་དང་ཚིག་རྩུབ་སྨྲ་བ་དང། །མྀ་སྙནད་པའི་ཚིགས་དེ་ཡིས། །ལུས་ལ་གནོད་པར་མྀ་འགྱུར་ན། །སེམས་ཁྱོད་ཅི་ཕྱིར་རབ་དུ་ཁྲོ།།

今译：轻蔑粗恶言，亦或众不悦[1]，彼即不损身，汝心何此嗔？（5—53）

藏文传世本：བརྙས་དང་ཚིག་རྩུབ་སྨྲ་བ་དང་། །མི་སྙན་པ་ཡི་ཚིག་དེ་ཡིས། །ལུས་ལ་གནོད་པར་མི་འགྱུར་ན། །སེམས་ཁྱོད་ཅིའི་ཕྱིར་རབ་ཏུ་ཁྲོ།།（6—53）

宋译本：我于口恶业，众过儿不作，身不被众苦，云何心有嗔？（4—52）

敦煌写本：གཞན་དག་བདག་ལ་མྀ་དགའ་བ། །དེས་ནྀ་ཚེ་འདི་འམ་ཚེ་གཞན་ལ། །བདག་ལ་ཟ་བར་མྀ་བྱེད་ན། །བདག་ནྀ་ཅི་ཕྱྀར་དེ་མྀ་འདོད།།

今译：他人即不喜，然彼不食我，于今或他世，我何不欲彼？（5—54）

藏文传世本：གཞན་དག་བདག་ལ་མི་དགའ་བ། །དེས་ནི་ཚེ་འདིའམ་ཚེ་གཞན་ལ། །བདག་ལ་ཟ་བར་མི་བྱེད་ན། །བདག་ནི་ཅི་ཕྱིར་དེ་མི་འདོད།།（6—54）

宋译本：我于今生中，净心行利行，于利益既无，何事于食饮？（4—53）

敦煌写本：རྙེད་པའི་བར་ཆད་བྱེད་པའི་ཕྱིར། །གལ་ཏེ་འདི་བདག་མྀ་འདོད་ན། །བདག་གི་རྙེད་པ་འདིར་འདོར་གྱི། །སྡིག་པ་དག་ནྀ་བརྟན་བར་གནས།།

〔1〕 藏文传世本为“或不悦言辞”。

今译：若谓碍财资，故我不欲彼，我财此生失，诸罪却坚住。（5—55）

藏文传世本：རྙེད་པའི་བར་ཆད་བྱེད་པའི་ཕྱིར། །གལ་ཏེ་འདི་བདག་མི་འདོད་ན། །བདག་གིས་རྙེད་པ་འདིར་འདོར་གྱི། །སྡིག་པ་དག་ནི་བརྟན་པར་གནས།།（6—55）

宋译本：凡所作为事，要在于利他，彼无利非爱，定获罪无疑。[1]（4—54）

敦煌写本：བདག་ནི་དེང་ཉིད་ཤི་ཡང་བླའི། །ལོག་འཚོ་ཡུན་རིང་གསོན་མྱི་རུང་། །བདག་ལྟ་ཡུན་རིང་གནས་གྱུརད་ཀྱང་། །འཆི་བའི་སྡུག་བསྔལ་དེ་ཉིད་ཡིན།།

今译：我宁今死殁，不愿邪命活，如我寿久住，终究是死苦。（5—56）

藏文传世本：བདག་ནི་དེང་ཉིད་ཤི་ཡང་བླའི། །ལོག་འཚོས་ཡུན་རིང་གསོན་མི་རུང་། །བདག་ལྟ་ཡུན་རིང་གནས་གྱུར་ཀྱང་། །འཆི་བའི་སྡུག་བསྔལ་དེ་ཉིད་ཡིན།།（6—56）

宋译本：不如令殒没，无贪邪寿命，邪命住虽久，死当堕苦趣。（4—55）

敦煌写本：རྨྱི་ལམ་ལོ་བརྒྱར་བདེ་སྤྱོད་ནས། །སད་པར་གྱུརད་པ་གང་ཡིན་དང་། །གཞན་ཞིག་ཡུད་ཙམ་བདེ་སྤྱོད་ནས། །སད་པར་གྱུརད་པ་གང་ཡིན་བ།།

今译：梦受百年乐，斯人梦已醒，与彼受须臾，从中此人觉，（5—57）

藏文传世本：རྨི་ལམ་ལོ་བརྒྱར་བདེ་སྤྱོད་ནས། །སད་པར་གྱུར་པ་གང་ཡིན་དང་། །གཞན་ཞིག་ཡུད་ཙམ་བདེ་སྤྱོད་ནས། །སད་པར་གྱུར་པ་གང་ཡིན་པ།།（6—57）

宋译本：譬如在梦中，百年受快乐，如真实的乐，觉已知暂非。（4—56）

敦煌写本：སད་པ་དེ་དག་གཉི་ག་ལ་འང་། །བདེ་བ་དེ་ནི་ཕྱིར་འོང་མེད། །ཚེ་རིང་ཚེ་ཐུང་གཉིས་ཀ་ཡང་། །འཆི་བའི་དུས་ན་དེ་འདྲར་ཟད།།

今译：梦觉斯二人，其乐不返还，长寿与短寿，死时唯如是。（5—58）

藏文传世本：སད་པ་དེ་དག་གཉི་ག་ལའང་། །བདེ་བ་དེ་ནི་ཕྱིར་འོང་མེད། །ཚེ་རིང་ཚེ་ཐུང་གཉི་ག་ཡང་། །འཆི་བའི་དུས་སུ་དེ་འདྲར་ཟད།།（6—58）

宋译本：喻彼时无常，寿命之延促，觉此二事已，彼何得快乐？（4—57）

敦煌写本：རྙེད་པ་མང་པོ་ཐོབ་འགྱུར་ཏེ། །ཡུན་རིང་དུས་སུ་བདེ་སྤྱད་ཀྱང་། །ཆོམ་པོས་ཕྲོགས་པ་ཅི་བཞིན་དུ། །ཁྲེན་མོ་ལག་པ་སྟོང་པར་འགྲོ།།

今译：已得众财资，虽享长福乐，如同盗贼劫，赤裸空手离。（5—59）

藏文传世本：རྙེད་པ་མང་པོ་ཐོབ་གྱུར་ཏེ། །ཡུན་རིང་དུས་སུ་བདེ་སྤྱད་ཀྱང་། །ཆོམ་པོས་ཕྲོགས་པ་ཇི་བཞིན་

〔1〕 此颂与藏文译本不尽相同，似是原文不同。

དུ། །གྲིན་མོ་ལག་པ་སྟོང་པར་འགྲོ། །(6—59)

宋译本：久处于欢娱，自谓得多益，如行人被劫，裸形复空手。(4—58)

敦煌写本：གལ་ཏེ་རྙེད་པས་གསོན་གྱུརད་ན། །སྡིག་ཟད་བསོད་ནམས་བྱ་བྱ་〔1〕ཞེ་ན། །རྙེད་པའི་དོན་དུ་ཁྲོས་གྱུརད་ན། །བསོད་ནམས་ཟད་སྡིག་སྐྱེ་འགྱུར་རམ། །

今译：若谓财能活，净罪修福德，然为财生嗔，岂不恶替福？（5—60）

藏文传世本：གལ་ཏེ་རྙེད་པས་གསོན་གྱུར་ན། །སྡིག་ཟད་བསོད་ནམས་བྱ་ཞེ་ན། །རྙེད་པའི་དོན་དུ་ཁྲོས་གྱུར་ན། །བསོད་ནམས་ཟད་སྡིག་མི་འགྱུར་རམ། །(6—60)

宋译本：福利随过减，罪根还复生，福尽罪不生，为获不嗔利。(4—59)

敦煌写本：གང་གི་དོན་དུ་བདག་གསོན་བ། །དེ་ཉིད་གལ་ཏེ་ཉམས་འགྱུར་ན། །སྡིག་པ་འབའ་ཤིག་བྱེད་པ་ཡི། །གསོན་བ་དེས་ཀོ་ཅི་ཞིག་བྱ། །

今译：我为活所求，令善若退毁，唯作罪恶事，活命有何义？（5—61）

藏文传世本：གང་གི་དོན་དུ་བདག་གསོན་པ། །དེ་ཉིད་གལ་ཏེ་ཉམས་གྱུར་ན། །སྡིག་པ་འབའ་ཞིག་བྱེད་པ་ཡི། །གསོན་པ་དེས་ཀོ་ཅི་ཞིག་བྱ། །(6—61)

宋译本：彼何为活命，一向作不善？如是不思惟，无善不破坏。(4—60)

敦煌写本：གལ་ཏེ་བརྟན་པ་ཉམས་བྱེད་པས། །མྱི་སྙན་སྨྲ་ལ་ཁྲོ་ཞེ་ན། །སྔོན་ཆད་སྙན་པར་སྨྲ་བ་ལ་འདད། །ཡིད་ཁྱོད་ཅི་སྟེ་ཁྲོ་མྱི་སྐྱེ། །

今译：若谓坏稳固〔2〕，故嗔恶言者，往昔美言者，心汝何不嗔？〔3〕(5—62)

藏文传世本：གལ་ཏེ་སེམས་ཅན་ཉམས་བྱེད་པས། །མི་སྙན་སྨྲ་ལ་ཁྲོ་ཞེ་ན། །གཞན་ལ་མི་སྙན་བརྗོད་ལའང་ཁྱོད། །དེ་བཞིན་ཅི་སྟེ་ཁྲོ་མི་བྱེད། །(6—62)

宋译本：无得赞于嗔，破坏有情故，如是心利他，彼嗔无由生。(4—61)

敦煌写本：དད་པ་གཞན་ལ་རག་ལས་པས། །དད་པ་མྱེད་ལ་ཁྱོད་བཟེ་ན། །ཉོན་མོངས་སྐྱེ་ལ་རག་ལས་པའི། །མྱི་སྙན་སྨྲ་ལ་ཅིས་མྱི་བཟེ། །

今译：信心〔4〕关乎他，汝若喜〔5〕无信，由生烦恼故，何不喜〔6〕谤者？

〔1〕 衍出一“བྱ་”字。

〔2〕 藏汉传世译本均为“有情”。

〔3〕 藏文传世本为：“于他播恶言，如是何不嗔？”

〔4〕 藏文传世本为“失信”。

〔5〕 藏文传世本为“忍”。

〔6〕 藏文传世本为“忍”。

（5—63）

藏文传世本：མ་དད་གཞན་ལ་རག་ལས་པས། །དད་པ་མེད་ལ་ཁྲོད་བཟོད་ན། །ཉོན་མོངས་སྐྱེ་ལ་རག་ལས་པས། །མི་སྙན་སྨྲ་ལ་ཅིས་མི་བཟོད། །（6—63）

宋译本：为彼修心人，于忍不住故，见彼烦恼生，是赞忍功德。（4—62）

敦煌写本：སྐུ་གཟུགས་མཆོད་རྟེན་དམ་ཆོས་ལ། །འབྱུལ་ཞིང་འཇིག་པར་བྱེད་པ་ལ་འང་། །བདག་གིས་ཞེ་སྡང་སྒྱི་རིགས་ཏེ། །སངས་རྒྱས་སྩོགས་ལ་གནོད་སྒྱི་མངའ།།

今译：于像塔正法，谤或损毁者，我仍不应嗔，佛等无有损。（5—64）

藏文传世本：སྐུ་གཟུགས་མཆོད་རྟེན་དམ་ཆོས་ལ། །འབྱུལ་ཞིང་འཇིག་པར་བྱེད་པ་ལའང་། །བདག་གིས་ཞེ་སྡང་མི་རིགས་ཏེ། །སངས་རྒྱས་སོགས་ལ་གནོད་མི་མངའ། །（6—64）

宋译本：塔像妙法等，有谤及破坏，佛等无苦恼，我于彼不嗔。（4—63）

敦煌写本：བླ་མ་གཉེན་ལས་སྩོགས་པ་དང་། །བཤེས་ལ་གནོད་པ་བྱེད་རྣམས་ལ་འང་། །སྔ་མའི་ཚུལ་དུ་རྐྱེན་དག་ལས། །འབྱུར་བར་མཐོང་ནས་ཁྲོ་བ་བཟློག། །

今译：于师及亲友，所行诸害者，前理由因致，见已息嗔恨。（5—65）

藏文传世本：བླ་མ་གཉེན་ལ་སོགས་པ་དང་། །བཤེས་ལ་གནོད་པ་བྱེད་རྣམས་ལའང་། །སྔ་མའི་ཚུལ་གྱིས་རྐྱེན་དག་ལས། །འབྱུར་བར་མཐོང་ནས་ཁྲོ་བ་བཟློག །（6—65）

宋译本：于师并眷属，不作于爱业，今因过去生，见之而自勉。（4—64）

敦煌写本：ལུས་ཅན་རྣམས་ལ་སེམས་ཡོད་དང་། །སེམས་སྨེད་གཉི་གས་གནོད་བྱས་ན། །སེམས་ཡོད་ཅི་སྟེ་བཀར་ཏེ་བཀོན། །དེ་བས་གནོད་པ་བཟོད་པར་གྱིས། །

今译：有识或无识，两者害有情，何唯嗔有识？是故当忍害。（5—66）

藏文传世本：ལུས་ཅན་རྣམས་ལ་སེམས་ཡོད་དང་། །སེམས་མེད་གཉི་གས་གནོད་བྱས་ན། །སེམས་ཡོད་ཅི་སྟེ་བཀར་ཏེ་བཀོན། །དེ་བས་གནོད་པ་བཟོད་པར་གྱིས། །（6—66）

宋译本：觉心[1]观有情，恒在众苦恼，见彼如是己，于苦恼能忍。（4—65）

敦煌写本：ལ་ལ་རྨོངས་པས་ཉེས་པ་བྱེད། །ལ་ལ་རྨོངས་ཏེ་ཁྲོས་གྱུརད་ན། །དེ་ལ་སྐྱོན་སྨེད་གང་གིས་བྱ། །གཡོན་[2]དང་བཅས་པ་གང་ཞིག་ཡིན། །

今译：有人愚作罪，有人愚生嗔，于中孰无过？孰为有过者？（5—67）

---

〔1〕 两种藏文译本均无“觉心”之意。

〔2〕 “གཡོན”本意为“左”，但在古藏文中却同时有“过咎”之意，同传世本中之“སྐྱོན”。

藏文传世本：ལ་ལ་རྨོངས་པས་ཉེས་པ་བྱེད། །ལ་ལ་རྨོངས་ཏེ་ཁྲོས་གྱུར་ན། །དེ་ལ་སྐྱོན་མེད་གང་གིས་བྱ། །སྐྱོན་དང་བཅས་དེ་གང་ཞིག་ཡིན།།（6—67）

宋译本：嗔恚与愚痴，分别过一等，于此毒过咎，何得说无过？（4—66）

敦煌写本：གང་གིས་གཞན་དག་གནོད་བྱེད་པའི། །ལས་དེ་སྔོན་ཆད་ཅི་ཕྱིར་བྱས། །ཐམས་ཆད་ལས་ལ་རག་ལས་ན། །བདག་གིས་འདི་ལ་ཅི་སྟེ་བཀོན།།

今译：他人所作害，彼业昔何作？一切既依因，凭何我嗔此？（5—68）

藏文传世本：གང་གིས་གཞན་དག་གནོད་བྱེད་པའི། །ལས་དེ་སྔོན་ཆད་ཅི་ཕྱིར་བྱས། །ཐམས་ཅད་ལས་ལ་རག་ལས་ན། །བདག་གིས་འདི་ལ་ཅི་སྟེ་བཀོན།།（6—68）

宋译本：云何于过去，而作害他业？如是诸业因，间断此何作？（4—67）

敦煌写本：དེ་ལྟར་མཐོང་ནས་ཅི་ནས་ཀྱང་། །ཐམས་ཆད་ཕན་ཚུན་བྱམས་སེམས་སུ། །འགྱུར་བ་དེ་ལྟར་བདག་གིས་ནི། །བསོད་ནམས་དག་ལ་བསྒྲིམས་སྟེ་བྱ།།

今译：如是见必当，皆应慈互待，我应如是行，奋勉修诸福。（5—69）

藏文传世本：དེ་ལྟར་མཐོང་ནས་ཅི་ནས་ཀྱང་། །ཐམས་ཅད་ཕན་ཚུན་བྱམས་སེམས་སུ། །འགྱུར་བ་དེ་ལྟར་བདག་གིས་ནི། །བསོད་ནམས་དག་ལ་བསྒྲིམས་ཏེ་བྱ།།（6—69）

宋译本：如佛[1]福亦然，我今一心作，与一切有情，慈心互相睹。（4—68）

敦煌写本：དཔེར་ན་ཁྱིམ་ཚིག་གྱུརད་པའི་མེ། །ཁྱིམ་གཞན་ཞིག་དུ་སོང་ནས་ནི། །རྩྭ་སྔོགས་གང་ལ་མཆེད་བྱེད་པ། །དེ་ནི་ཕྱུང་སྟེ་དོར་བ་ཡིན།།

今译：譬如屋着火，他屋亦燃及，蔓延草等物，彼应曳而弃。（5—70）

藏文传世本：དཔེར་ན་ཁྱིམ་ཚིག་གྱུར་པའི་མེ། །ཁྱིམ་གཞན་ཞིག་ཏུ་སོང་ནས་ནི། །རྩྭ་སོགས་གང་ལ་མཆེད་བྱེད་པ། །དེ་ནི་ཕྱུང་སྟེ་དོར་བ་ཡིན།།（6—70）

宋译本：喻火烧其舍，舍中而火入，舍中若有草，彼火自延蔓。[2]（4—69）

敦煌写本：དེ་བཞིན་གང་ལ་སེམས་ཆགས་ནས། །ཞེ་སྡང་མྱེ་ནི་མཆེད་འགྱུར་བླ། །བསོད་ནམས་ཚིག་པར་དོགས་པ་ཡིས། །དེ་ནི་དེའི་མོད་ལ་དོར།།

今译：如是心所贪，由是嗔火蔓，忌烧福功德，即刻应舍弃！（5—71）

藏文传世本：དེ་བཞིན་གང་ལ་སེམས་ཆགས་ན། །ཞེ་སྡང་མེ་ནི་མཆེད་གྱུར་པ། །བསོད་ནམས་ཚིག་པར་

〔1〕 藏文译本无“佛”意，黄宝生指出此为“知道”之误读。

〔2〕 与藏文译本相比，此颂缺“彼应曳而弃”之意。

དོགས་པ་ཡིས། །དེ་ནི་དེ་ཡི་མོད་ལ་དོར། །(6—71)

宋译本：如是还喻心，和合于嗔火，烧彼福功德，刹那无所有。(4—70)

敦煌写本：གསད་པའི་མི་ཞིག་ལག་བཅད་དེ། །གལ་ཏེ་ཐར་ན་ཅིས་མ་ལེགས། །གལ་ཏེ་མིའི་སྡུག་བསྔལ་གྱིས། །དམྱལ་བ་བྲ[1]ན་ཅི་མ་ལེགས། །

今译：死囚若断手，能逃岂不善？若受人中苦，离狱岂不妙？（5—72）

藏文传世本：གསད་བྱའི་མི་ཞིག་ལག་བཅད་དེ། །གལ་ཏེ་ཐར་ན་ཅིས་མ་ལེགས། །གལ་ཏེ་མི་ཡི་སྡུག་བསྔལ་གྱིས། །དམྱལ་བ་བྲལ་ན་ཅིས་མ་ལེགས། །(6—72)

宋译本：若人杀在手，放之善可称，地狱苦能免，此善谁不赞？（4—71）

敦煌写本：ད་ལྟའི་སྡུག་བསྔལ་འདི་ཙམ་ལ་འང་། །བདག་གིས་བཟོད་པར་མི་ནུས་ན། །དེས་ན་དམྱལ་བའི་སྡུག་བསྔལ་རྒྱུ། །ཁྲོ་བ་ཅི་སྟེ་ཟློག་མི་བྱེད། །

今译：今于仅此苦，我若难安忍，地狱苦恼因，嗔恚何不止？（5—73）

藏文传世本：ད་ལྟའི་སྡུག་བསྔལ་འདི་ཙམ་ཡང་། །བདག་གིས་བཟོད་པར་མི་ནུས་ན། །དེས་ན་དམྱལ་བའི་སྡུག་བསྔལ་རྒྱུ། །ཁྲོ་བ་ཅི་སྟེ་བཟློག་མི་བྱེད། །(6—73)

宋译本：若人在世间，少苦不能忍，地狱苦无量，嗔因何不断？（4—72）

敦煌写本：འདོད་པའི་དོན་དུ་བསྲེག་ལས་སྩོགས། །དམྱལ་བར་སྟོང་ཕྲག་མྱོང་གྱུརད་ཀྱང་། །བདག་གིས་རང་གི་དོན་དང་ནི། །གཞན་གྱི་དོན་ཀྱང་མ་བྱས་སོ། །

今译：贪故受烧等，千遍地狱苦，然我无所成，己事与彼事。(5—74)

藏文传世本：འདོད་པའི་དོན་དུ་སྲེག་ལ་སོགས། །དམྱལ་བར་སྟོང་ཕྲག་མྱོང་གྱུར་ཡང་། །བདག་གིས་རང་གི་དོན་དང་ནི། །གཞན་གྱི་དོན་ཡང་མ་བྱས་སོ། །(6—74)

宋译本：我以如是苦，历百千地狱，一一为利他，所作不自为[2]。(4—73)

敦煌写本：འདི་ནི་དེ་ཙམ་གནོད་མྱིན་ལ། །དོན་ཆེན་དག་ཀྱང་འགྲུབ་འགྱུར་བས། །འགྲོ་བའི་གནོད་སེལད་སྡུག་བསྔལ་ལ། །དགའ་བ་འབའ་ཤིག་འདོར་བྱ་རིགས། །

今译：此非大苦害，并成诸大业，故除有情苦，唯应生欢喜。(5—75)

藏文传世本：འདི་ནི་དེ་ཙམ་གནོད་མིན་ལ། །དོན་ཆེན་དག་ཀྱང་འགྲུབ་འགྱུར་བས། །འགྲོ་བའི་གནོད་སེལ་སྡུག་བསྔལ་ལ། །དགའ་བ་འབའ་ཞིག་འདིར་བྱ་རིགས། །(6—75)

---

〔1〕“བྲ”字似乎遗漏了后置字“ལ”，因为“བྲ”仅有“黄鼠”之意。

〔2〕根据义理，此处“一一为利他，所作不自为”应为“然未作自利，亦未作利他”。

宋译本：我无如是等，诸大苦恼事，以离世间故，为利如是行。（4—74）

敦煌写本：གཞན་གྱིས་ཡོན་ཏན་ལྡན་བསྟོད་ནས། །གལ་ཏེ་དགའ་བའྀ་བདེ་འཐོབ་ན། །ཡིད་ཁྱོད་ཀྱང་ནི་དེ་བསྟོད་ནས། །ཅི་ཕྱིར་དེ་ལྟར་དགའ་སྐྱེ་བྱེད། །

今译：若人赞功德[1]，而获欢喜乐，意汝何不赞，如是获喜乐？（5—76）

藏文传世本：གཞན་གྱིས་ཡོན་ཏན་ལྡན་བསྟོད་ནས། །གལ་ཏེ་དགའ་བའི་བདེ་ཐོབ་ན། །ཡིད་ཁྱོད་ཀྱང་ནི་དེ་བསྟོད་ནས། །ཅིའི་ཕྱིར་དེ་ལྟར་དགའ་མི་བྱེད། །（6—76）

宋译本：离苦获快乐，彼皆赞功德，得彼如是赞，云何而不喜？（4—75）

敦煌写本：ཁྱོད་ཀྱྀ་དགའ་བའྀ་བདེ་བ་འདྀ། །བདེ་འབྱུང་ཁ་ན་མ་ཐོ་མྱེད། །ཡོན་ཏན་ལྡན་པ་རྣམས་ལ་གནང་། །གཞན་སྡུད་པའྀ་མཆོག་ཀྱང་ཡིན། །

今译：汝若获此乐，此为有德许，唯乐无堕罪，摄他为最上。（5—77）

藏文传世本：ཁྱོད་ཀྱི་དགའ་བའི་བདེ་བ་འདི། །བདེ་འབྱུང་ཁ་ན་མ་ཐོ་མེད། །ཡོན་ཏན་ལྡན་པ་རྣམས་ཀྱིས་གནང་། །གཞན་སྡུད་པ་ཡི་མཆོག་ཀྱང་ཡིན། །（6—77）

宋译本：彼既得如此，无碍之快乐，利他行最上，智者何不勉？（4—76）

敦煌写本：གཞན་ཡང་དེ་ལྟར་བདེ་འགྱུར་ཞེས། །གལ་ཏེ་ཁྱོད་བདེ་འདྀ་མྱི་འདོད། །སྤོང་དང་གླ་རྔན་སྦྱིན་སྩོགས་ཀྱྀ། །འབྲས་བུ་མཐོང་དང་མ་མཐོང་ཉམས། །

今译：若谓他获乐，此乐汝不欲，弃或酬劳果[2]，见与不见失。（5—78）

藏文传世本：གཞན་ཡང་དེ་ལྟར་བདེ་འགྱུར་ཞེས། །གལ་ཏེ་ཁྱོད་བདེ་འདི་མི་འདོད། །གླ་རྔན་སྦྱིན་སོགས་སྤངས་པའི་ཕྱིར། །མཐོང་དང་མ་མཐོང་ཉམས་པར་འགྱུར། །（6—78）

宋译本：如是最上行，得快乐不修，此见若不舍，破坏于正见。（4—77）

敦煌写本：རང་གི་ཡོན་ཏན་བརྗོད་པའྀ་ཚེ། །གཞན་ལ་བདེ་བ་འང་འདོད་པར་བྱེད། །གཞན་གྱི་ཡོན་ཏན་བརྗོད་པའྀ་ཚེ། །རང་ལ་བདེ་བ་འང་མྱི་འདོད་བྱེད། །

今译：若是赞我德，且亦欲他乐，若是赞他德，何故我不乐？（5—79）

藏文传世本：རང་གི་ཡོན་ཏན་བརྗོད་པའི་ཚེ། །གཞན་ལ་བདེ་བའང་འདོད་པར་བྱེད། །གཞན་གྱི་ཡོན་ཏན་བརྗོད་པའི་ཚེ། །རང་ལའང་བདེ་བ་མི་འདོད་བྱེད། །（6—79）

宋译本：若敬爱于他，以德而称赞，他德既称赞，乃是自敬爱。（4—78）

---

〔1〕 意为“他人赞美成为自己的怨敌者的功德”。

〔2〕 藏文传世本为：“然弃佣酬等，见与不见失。”

敦煌写本：སེམས་ཅན་ཐམས་ཆད་བདེར་འདོད་པས། །བྱང་ཅུབ་ཏུ་ནི་སེམས་བསྐྱེད་ནས། །སེམས་ཅན་རང་གིས་བདེ་རྙེད་ན། །ད་ཁོ་[1]ཅི་སྟེ་ཁྲོ་བར་བྱེད།།

今译：欲求有情乐，发心为菩提，有情自得乐，何故反嗔彼？[2](5—80)

藏文传世本：སེམས་ཅན་ཐམས་ཅད་བདེ་འདོད་པས། །བྱང་ཆུབ་ཏུ་ནི་སེམས་བསྐྱེད་ནས། །སེམས་ཅན་རང་གིས་བདེ་རྙེད་ན། །དེས་ཀོ་ཅི་སྟེ་ཁྲོ་བར་བྱེད། །(6—80)

宋译本：当发菩提心，为一切有情，令得诸快乐，云何嗔有情？（4—79）

敦煌写本：བྱང་ཅུབ་སེམས་དཔའི་སྤྱོད་པ་ལ་འཇུག་པའ། །བམ་པོ་གཉིས་པའ།།

译文：《入菩萨行论》第二卷。

敦煌写本：གལ་ཏེ་དགྲ་ཞིག་མྱི་དགའ་ན་འང་། །དེ་ལ་ཁྱོད་དགར་ཅི་ཞིག་ཡོད། །ཁྱོད་ཀྱི་ཡིད་སྨོན་ཙམ་གྱིས་ནི། །དེ་ལ་གནོད་པའི་རྒྱུར་མྱི་འགྱུར། །

今译：纵令敌不喜，于此汝何乐？仅为汝希愿，岂成害彼因？（5—81）

藏文传世本：གལ་ཏེ་དགྲ་ཞིག་མི་དགའ་ནའང་། །དེ་ལ་ཁྱོད་དགར་ཅི་ཞིག་ཡོད། །ཁྱོད་ཀྱི་ཡིད་སྨོན་ཙམ་གྱིས་ནི། །དེ་ལ་གནོད་པའི་རྒྱུར་མི་འགྱུར། །(6—87)

宋译本：若爱于冤家，欲求其欢喜，复求诸赞说，此事无因得[3]。(4—86)

敦煌写本：ཁྱོད་ཀྱིས་འདོད་པས་སྡུག་བསྔལ་དེ། །གྲུབ་ན་འང་ཁྱོད་དགར་ཅི་ཞིག་ཡོད། །གལ་ཏེ་འཚེངས་པར་འགྱུར་ཞེ་ན། །དེ་ལས་ཕུང་བ་འང་གཞན་ཅི་ཡོད། །

今译：汝愿苦纵成，汝有何所乐？若谓满所欲，岂有除此祸？（5—82）

藏文传世本：ཁྱོད་ཀྱི་འདོད་པས་སྡུག་བསྔལ་དེ། །གྲུབ་ནའང་ཁྱོད་དགར་ཅི་ཞིག་ཡོད། །གལ་ཏེ་འཚེངས་པར་འགྱུར་ཞེ་ན། །དེ་ལས་ཕུང་བའང་གཞན་ཅི་ཡོད། །(6—88)

宋译本：虽欲利圆满，返苦而无乐，菩提心不忍[4]，于利不成就。(4—87)

敦煌写本：ཉོན་མོངས་ཉ་པས་བཏང་བ་ཡི། །མཆིལ་པ་འདི་ནི་མྱི་བཟད་གཟེ། །དེས་བཟུང་སེམས་དམྱལ་བུམ་པར་ཡང་། །དམྱལ་བའི་སྲུངས་མས་བདག་འཚེད་དེས། །

---

〔1〕“ད་ཁོ”同“དེས་ཀོ”，均为语气词。

〔2〕此处藏汉传世译本多出6颂。敦煌藏文本第1卷至此结束，而藏文传世本第1卷于多出的第6颂处结束，即第6品第86颂处。

〔3〕与两种藏文译本比较，此颂完全误译了原文。黄宝生亦指出其中有诸多误译和组词。

〔4〕藏文译本无“菩提心不忍”之意，似是“若谓满所欲”之误读。

今译：烦恼如渔夫，投掷锐利钩，所钓入狱镬，狱卒定煮我。（5—83）

藏文传世本：ཉོན་མོངས་ཉ་པས་བཏབ་པ་ཡི། །མཆིལ་པ་འདི་ནི་མི་བཟད་གཟེ། །དེས་བཟུང་སེམས་དམྱལ་བུམ་པར་ཡང་། །དམྱལ་བའི་སྲུང་མས་བདག་འཚོད་ངེས། །（6—89）

宋译本：烦恼之恶钩，牵人不自在，有如地狱卒，掷人入汤火。（4—88）

敦煌写本：བསྟོད་དང་གྲགས་པའི་རིམ་གྲོ་ནི། །བསོད་ནམས་མྱི་འགྱུར་ཚེར་མྱི་འགྱུར། །བདག་སྟོབས་མྱི་འགྱུར་ནད་མྱེད་མྱིན། །ལུས་བདེ་བར་ཡང་མྱི་འགྱུར་རོ། །

今译：称赞与荣耀，非福非我力，非寿非无病，亦非令身乐。（5—84）

藏文传世本：བསྟོད་དང་གྲགས་པའི་རིམ་གྲོས་ནི། །བསོད་ནམས་མི་འགྱུར་ཚེར་མི་འགྱུར། །བདག་སྟོབས་མི་འགྱུར་ནད་མེད་མིན། །ལུས་བདེ་བར་ཡང་མི་འགྱུར་རོ། །（6—90）

宋译本：我本求利他，何要虚称赞？无福无寿命，无力无安乐。（4—89）

敦煌写本：བདག་ནི་རང་དོན་ཤེས་གྱུར་ན། །དེ་ལ་འང་རང་དོན་ཅི་ཞིག་ཡོད། །ཡིད་བདེ་བ་ཞིག་འདོད་ན་ནི། །བརྒྱན་སྨྱོགས་ཆང་ཡང་བསྟེན་དགོས་སོ། །

今译：若我明己事，彼有何己事？若唯图意乐，当依赌与酒。（5—85）

藏文传世本：བདག་ནི་རང་དོན་ཤེས་གྱུར་ན། །དེ་ལ་རང་དོན་ཅི་ཞིག་ཡོད། །ཡིད་བདེ་འབའ་ཞིག་འདོད་ན་ནི། །རྒྱན་སོགས་ཆང་ཡང་བསྟེན་དགོས་སོ། །（6—91）

宋译本：自利行不圆，智者应须觉，后后而自行，当爱乐圆满。（4—90）

敦煌写本：གྲགས་པའི་དོན་དུ་ནོར་སྨྱོགས་ཤིང་། །བདག་ཉིད་ཀྱང་ནི་གསོད་བྱེད་ན། །ཚིག་འབྲུ་རྣམས་ཀྱིས་ཅི་ཞིག་བྱ། །ཤི་ན་དེ་ཕོ་སུ་ལ་བདེ། །

今译：为名舍财物，乃至丧自命，诸词有何用？死了谁得乐？（5—86）

藏文传世本：གྲགས་པའི་དོན་དུ་ནོར་ཤོར་ཅིང་། །བདག་ཉིད་ཀྱང་ནི་གསོད་བྱེད་ན། །ཚིག་འབྲུ་རྣམས་ཀྱིས་ཅི་ཞིག་བྱ། །ཤི་ན་དེས་ཀོ་སུ་ལ་བདེ། །（6—92）

宋译本：修行要称赞，若持刃自杀，如世不实事，无益无利乐。（4—91）

敦煌写本：བྱེ་མའི་ཁང་བུ་རྡིབ་གྱུརད་ན། །བྱིས་པ་རྣམས་ནི་ཀ་ཅད་ངུ། །དེ་བཞིན་བསྟོད་དང་གྲགས་ཉམས་ན། །རང་གི་སེམས་ནི་བྱིས་པ་བཞིན། །

今译：沙屋若坍塌，诸童沮丧哭，如是失赞名，我心如童稚。（5—87）

藏文传世本：བྱེ་མའི་ཁང་བུ་རྡིབ་གྱུར་ན། །བྱིས་པ་རྣམས་ནི་ཀ་ཅད་ངུ། །དེ་བཞིན་བསྟོད་དང་གྲགས་ཉམས་ན། །རང་གི་སེམས་ནི་བྱིས་པ་བཞིན། །（6—93）

宋译本：譬如破坏舍，日照内外见，亦由称赞非，须用心明了。（4—92）

敦煌写本：རེ་ཤིག་སྒྲ་ལ་སེམས་མྱེད་ཕྱིར། །བདག་ལ་བསྟོད་སེམས་ཡོང་མྱི་སྲིད། །བདག་ལ་གཞན་དགའ་ཞེས་གྲག་པ། །དེ་ནི་དགྲ་བའི་རྒྱུ་ཡིན་གྲང་།།

今译：须臾声无识，于我岂生赞，所谓他喜我，彼岂为乐因？（5—88）

藏文传世本：རེ་ཞིག་སྒྲ་ལ་སེམས་མེད་ཕྱིར། །བདག་ལ་བསྟོད་སེམས་ཡོད་མི་སྲིད། །བདག་ལ་གཞན་དགའ་ཞེས་གྲགས་པ། །དེ་ནི་དགའ་བའི་རྒྱུ་ཡིན་གྲང་།།（6—94）

宋译本：汝思惟于声，起灭而平等[1]，心如此利他，当行如是行[2]。（4—93）

敦煌写本：གཞན་ནམ་ཡང་ན་བདག་ལ་འང་རུང་། །གཞན་དགའ་བདག་ལ་ཅི་ཞིག་ཕན། །དགའ་བདེ་དེ་ནི་དེ་ཉིད་ཀྱི། །བདག་གིས་དེ་ལ་ཤས་ཀྱི་འཐོབ།།

今译：于他或于我，彼喜岂利我？此喜即彼喜，纤毫我不得。（5—89）

藏文传世本：གཞན་ནམ་ཡང་ན་བདག་ལའང་རུང་། །གཞན་དགའ་བདག་ལ་ཅི་ཞིག་ཕན། །དགའ་བདེ་དེ་ནི་དེ་ཉིད་ཀྱི། །བདག་གིས་དེ་ལས་ཤས་མི་འཐོབ།།（6—95）

宋译本：于他何所受，而行于利益，彼既获快乐，我利益非虚。（4—94）

敦煌写本：དེ་བདེ་བ་ཡིས་བདག་བདེ་ན། །ཀུན་ལ་འང་དེ་བཞིན་བྱ་དགོས་ན། །ཅི་ཕྱིར་གཞན་ལ་དགའ་བ་ཡིས། །བདེ་བར་གྱུར་ན་བདག་མྱི་བདེ།།

今译：他乐若我乐，对众应如是，然他赞我敌，何故我不乐？（5—90）

藏文传世本：དེ་བདེ་བ་ཡིས་བདག་བདེ་ན། །ཀུན་ལའང་དེ་བཞིན་བྱ་དགོས་ན། །ཇི་ལྟར་གཞན་ལ་དགའ་བ་ཡིས། །བདེ་བར་གྱུར་ན་བདག་མི་བདེ།།（6—96）

宋译本：彼彼获利乐，以一切赞我，云何而于我，无别威德乐？（4—95）

敦煌写本：དེ་བས་བདག་ནི་བསྟོད་དོ་ཞེས། །རང་གི་དགའ་བ་སྐྱེ་འགྱུར་བ། །དེ་ཡང་དེ་ལྟར་མྱི་འཐད་པས། །བྱིས་པའི་སྤྱོད་པ་ཁོ་ནར་ཟད།།

今译：故谓我得赞，心若生欢喜，彼亦不应理，唯是童稚行。（5—91）

藏文传世本：དེ་བས་བདག་ནི་བསྟོད་དོ་ཞེས། །རང་གི་དགའ་བ་སྐྱེ་འགྱུར་བ། །དེ་ཡང་དེ་ལྟར་མི་འཐད་པས། །བྱིས་པའི་སྤྱོད་པ་ཁོ་ནར་ཟད།།（6—97）

宋译本：彼如是赞我，以爱彼自得，彼无缘若此，如愚如迷者。（4—96）

---

〔1〕藏文译本无“平等”之意，似是“无识”之误。

〔2〕藏文译本无“心如此利他，当行如是行”之意，结合上下文考察，似是对原文的误译。

敦煌写本：བསྟོད་སྟོགས་བདག་ནི་གཡེང་བར་བྱེད། །དེས་ནི་སྐྱོ་བ་འང་འཇིག་པར་བྱེད། །ཡོན་ཏན་ལྡན་དང་ཕྲག་དོག་དང། །ཕུན་སུམ་ཚོགས་པ་འང་འཇིག་པར་བྱེད། །

今译：赞等令我逸，亦坏厌离心，令妒具德者，复毁诸福德。(5—92)

藏文传世本：བསྟོད་སོགས་བདག་ནི་གཡེང་བར་བྱེད། །དེས་ནི་སྐྱོ་བའང་འཇིག་པར་བྱེད། །ཡོན་ཏན་ལྡན་ལ་ཕྲག་དོག་དང་། །ཕུན་སུམ་ཚོགས་པའང་འཇིག་པར་བྱེད། །(6—98)

宋译本：此赞我虽获，速破而勿著，憎恶正德者，由此而嗔作。(4—97)

敦煌写本：དེ་ལྟས་བདག་གི་དྲན་ལས་སྟོགས། །གཞོམ་ཕྱིར་གང་དག་བརྩོན་གནས་པ། །དེ་དག་བདག་ནི་ངན་སོང་དུ། །ལྟུང་བར་བྱ་ཕྱིར་ཞུགས་མྱིན་ནམ། །

今译：是故我念[1]等，为坏住勤者[2]，彼行岂不是，令我堕恶趣？(5—93)

藏文传世本：དེ་ཕྱིར་བདག་གི་བསྟོད་སོགས་ནི། །གཞིག་ཕྱིར་གང་དག་ཉེར་གནས་པ། །དེ་དག་བདག་ནི་ངན་སོང་དུ། །ལྟུང་བ་བསྲུང་ཕྱིར་ཞུགས་མིན་ནམ། །(6—99)

宋译本：是赞成障碍，我令不发起，护不堕恶趣，为彼行无我。(4—98)

敦煌写本：བདག་ནི་གྲོལ་བ་དོན་གཉེར་ལ། །རྙེད་དང་བཀུར་བསྟི་འཆིང་མྱི་དགོས། །གང་དག་བདག་བཆིངས་འགྲོལད་བྱེད་པ། །དེ་ལ་བདག་ནི་ཅི་ལྟར་ཁྲོ། །

今译：我唯求解脱，无需利敬缚，何者解救我，于彼我岂嗔？(5—94)

藏文传世本：བདག་ནི་གྲོལ་བ་དོན་གཉེར་ལ། །རྙེད་དང་བཀུར་སྟི་འཆིང་མི་དགོས། །གང་དག་བདག་བཅིངས་གྲོལ་བྱེད་པ། །དེ་ལ་བདག་ནི་ཇི་ལྟར་ཁྲོ། །(6—100)

宋译本：若解诸有情[3]，利养尊卑缚，令有情解脱，彼意云何嗔？(4—99)

敦煌写本：བདག་ནི་སྡུག་བསྔལ་འཇུག་འདོད་ལ། །སངས་རྒྱས་ཀྱི་ནི་བྱིན་རླབས་བཞིན། །མྱི་གཏོང་སྒོ་འཕར་ཉིད་གྱུརད་པ། །དེ་ལ་བདག་ནི་ཅི་ལྟར་ཁྲོ། །

今译：我欲入苦恼，犹如佛加持，闭门不得入，于彼我岂嗔？(5—95)

藏文传世本：བདག་ནི་སྡུག་བསྔལ་འཇུག་འདོད་ལ། །སངས་རྒྱས་ཀྱིས་ནི་བྱིན་བརླབས་བཞིན། །མི་གཏོང་སྒོ་འཕར་ཉིད་གྱུར་པ། །དེ་ལ་བདག་ནི་ཇི་ལྟར་ཁྲོ། །(6—101)

宋译本：若人欲舍苦，来入解脱门，此是佛威德，云何我嗔彼？(4—100)

---

〔1〕 藏文传世本为“赞”。

〔2〕 藏文传世本为“现前者”。

〔3〕 此处“有情”在藏文译本中作“我”。

敦煌写本：འདི་ནི་བསོད་ནམས་བགེགས་བྱེད་ཅེས། །དེ་ལ་འང་ཁྲོ་བར་རིགས་མྱིན་ཏེ། །བཟོད་མཚུངས་དཀའ་ཐུབ་ཡོད་མྱིན་ན། །བདག་ནི་དེ་ལ་མྱི་གནས་སམ། །

今译：谓此能障福，于彼嗔非理，难行无如忍，我岂不住彼？（5—96）

藏文传世本：འདི་ནི་བསོད་ནམས་གེགས་བྱེད་ཅེས། །དེ་ལའང་ཁྲོ་བར་རིགས་མིན་ཏེ། །བཟོད་མཚུངས་དཀའ་ཐུབ་ཡོད་མིན་ན། །དེ་ལ་བདག་ནི་མི་གནས་སམ། །（6—102）

宋译本：此嗔我不作，于福障碍故，修行平等忍，彼无不获得。（4—101）

敦煌写本：གལ་ཏེ་བདག་ནི་རང་སྐྱོན་གྱིས། །འདི་ལ་བཟོད་པ་མྱི་བྱེད་ན། །བསོད་ནམས་རྒྱུ་ནི་ཉེར་གནས་པ། །འདི་ལ་བདག་བགེགས་བྱེད་པར་ཟད། །

今译：若我因己过，于此不安忍，福因虽现前，于此我唯障。（5—97）

藏文传世本：གལ་ཏེ་བདག་ནི་རང་སྐྱོན་གྱིས། །འདི་ལ་བཟོད་པར་མི་བྱེད་ན། །བསོད་ནམས་རྒྱུ་ནི་ཉེར་གནས་པ། །འདི་ལ་བདག་གེགས་བྱེད་པར་ཟད། །（6—103）

宋译本：自身诸过失，忍辱故不作，过失不作故，彼福而获得。（4—102）

敦煌写本：གང་ཞིག་གང་མྱེད་མྱི་འབྱུང་ལ། །གང་ཞིག་ཡོད་ན་ཡོད་འགྱུར་བ། །དེ་ཉིད་དེའི་རྒྱུ་ཡིན་ན། །ཅི་ལྟར་དེ་ལ་བགེགས་ཤེས་བྱ། །

今译：无彼[1]其不生，有彼便有其，彼为其之因，岂称彼为障？（5—98）

藏文传世本：གང་ཞིག་གང་མེད་མི་འབྱུང་ལ། །གང་ཞིག་ཡོད་ན་ཡོད་གྱུར་པ། །དེ་ཉིད་དེ་ཡི་རྒྱུ་ཡིན་ན། །ཇི་ལྟར་དེ་ལ་གེགས་ཞེས་བྱ། །（6—104）

宋译本：若人福无有，安忍而自生，常令安住忍，云何说障碍？（4—103）

敦煌写本：དུས་སུ་ཕྱིནད་པའི་སློངས་མོ་པས། སྦྱིན་པའི་བགེགས་བྱས་ཡོང་མ་ཡིན། །རབ་དུ་འབྱིན་པར་བྱེད་གྱུརད་པ། །རབ་འབྱུང་བགེགས་ཤེས་བྱར་མྱི་རུང་། །

今译：适时乞讨者，不成布施障，能授戒律者，岂谓比丘碍？（5—99）

藏文传世本：དུས་སུ་ཕྱིན་པའི་སློང་མོ་བས། སྦྱིན་པའི་གེགས་བྱས་ཡོད་མ་ཡིན། །རབ་ཏུ་འབྱིན་པར་བྱེད་གྱུར་པ། །རབ་བྱུང་གེགས་ཞེས་བྱར་མི་རུང་། །（6—105）

宋译本：世求利益人，不于施作障，障碍出家故，是不得出家[2]。（4—104）

[1] 指修忍辱的对象。

[2] “障碍出家故，是不得出家”之意与藏译本完全相反，根据义理应为：“是得出家故，岂成出家碍？”

敦煌写本：འཇིག་རྟེན་ན་ནྀ་སློང་བ་མོད། །གནོད་པར་བྱེད་པ་དཀོན་པ་སྟེ། །འདྀ་ལྟར་ཕན་གནོད་མ་བྱས་དང་། །འགལ་ཡང་གནོད་པ་མྱི་བྱེད་དོ། །

今译：世间多乞者，作损者稀少，若不行利害[1]，无人行反害。(5—100)

藏文传世本：འཇིག་རྟེན་ན་ནི་སློང་བ་མོད། །གནོད་པར་བྱེད་པ་དཀོན་པ་སྟེ། །འདི་ལྟར་ཕར་གནོད་མ་བྱས་ན། །འགལ་ཡང་གནོད་པ་མི་བྱེད་དོ། །(6—106)

宋译本：世间诸难得，求者而能与，我唯说善利，于过无所得。(4—105)

敦煌写本：དེ་བས་ངལ་བས་མ་བསྒྲུབས་པའི། །ཁྱིམ་དུ་གཏེར་ནྀ་འབྱུང་བ་ལྟར། །བྱང་ཆུབ་སྤྱོད་པའི་གྲོགས་གྱུརད་པས། །བདག་གིས་དགྲ་ལ་དགའ་བར་བྱ། །

今译：故如未勤求，家中现宝藏，成菩提行伴，于敌我应喜。(5—101)

藏文传世本：དེ་བས་ངལ་བས་མ་བསྒྲུབས་པའི། །ཁྱིམ་དུ་གཏེར་ནི་བྱུང་བ་ལྟར། །བྱང་ཆུབ་སྤྱོད་པའི་གྲོགས་གྱུར་པས། །བདག་གིས་དགྲ་ལ་དགའ་བར་བྱ། །(6—107)

宋译本：以彼菩提行，远离于所冤，如出舍中藏，是故云不难。(4—106)

敦煌写本：འདྀ་དང་བདག་གྀས་བསྒྲུབས་པས་ན། །དེ་ཕྱིར་བཟོད་པའྀ་འབྲས་བུ་འདྀ། །འདྀ་ལ་ཐོག་མར་བདར་འོས་ཏེ། །འདྀ་ལྟར་འདྀ་ནི་བཟོད་པའྀ་རྒྱུ། །

今译：彼与我修得，故此安忍果，首当回向彼，彼即修忍因。(5—102)

藏文传世本：འདི་དང་བདག་གིས་བསྒྲུབས་པས་ན། །དེ་ཕྱིར་བཟོད་པའི་འབྲས་བུ་ནི། །འདི་ལ་ཐོག་མར་བདར་འོས་ཏེ། །འདི་ལྟར་དེ་ནི་བཟོད་པའི་རྒྱུ། །(6—108)

宋译本：忏悔[2]于业因，彼初为先导，是故于忍果，如是而得生。(4—107)

敦煌写本：གལ་ཏེ་བཟོད་བསྒྲུབ་བསམ་མྱེད་པས། །དགྲ་འདྀ་མཆོད་བྱ་མྱིན་ཞེ་ན། །འགྲུབ་པ་ཡི་ནྀ་རྒྱུར་རུང་བ། །དམ་པའྀ་ཆོས་ཀྱང་ཅི་སྟེ་མཆོད། །

今译：谓无修忍念，彼敌不应供，当为成就因，法宝为何供？(5—103)

藏文传世本：གལ་ཏེ་བཟོད་བསྒྲུབ་བསམ་མེད་པས། །དགྲ་འདི་མཆོད་བྱ་མིན་ཞེ་ན། །སྒྲུབ་པ་ཡི་ནི་རྒྱུར་རུང་བ། །དམ་པའི་ཆོས་ཀྱང་ཅི་སྟེ་མཆོད། །(6—109)

宋译本：彼无我所心，此心乃住忍[3]，成就不思议，供养于妙法[4]。(4—108)

---

〔1〕 藏文传世本为“害彼”。

〔2〕 藏文译本无“忏悔”之意，似为“忍辱”之误读。

〔3〕 根据藏文译本，此处还缺“若谓不应供”之意。

〔4〕 根据藏文译本，此处应为反问句。

敦煌写本：གལ་ཏེ་དགྲ་འདྀ་གནོད་བྱ་བའི། །བསམ་ཡོད་མཆོད་བྱ་མྱིན་ཞེ་ན། །སྨནད་པ་བཞིན་དུ་ཕན་བརྩོན་ན། །བདག་གྀ་བཟོད་པ་འདང་ཅི་ལྟར་འགྲུབ། །

今译：谓具损害心，彼敌不应供，如若医勤益，我忍如何成？（5—104）

藏文传世本：གལ་ཏེ་དགྲ་འདི་གནོད་བྱ་བའི། །བསམ་ཡོད་མཆོད་བྱ་མིན་ཞེ་ན། །སྨན་པ་བཞིན་དུ་ཕན་བརྩོན་ན། །བདག་གི་བཟོད་པ་ཇི་ལྟར་འགྲུབ། །(6—110)

宋译本：此心为利他，乃至以寿命[1]，或以冤不供，云何别说忍？（4—109）

敦煌写本：དེ་བས་རབ་དུ་སྡང་སེམས་ལ། །བརྟེན་ནས་བཟོད་པ་སྐྱེ་བ་ནས། །དེ་ཉིད་བཟོད་པའྀ་རྒྱུ་ཡིན་བས། །དམ་པའྀ་ཆོས་བཞིན་མཆོད་པར་འོས། །

今译：由依极嗔心，能生忍辱故，彼是忍辱因，应供如正法。（5—105）

藏文传世本：དེ་བས་རབ་ཏུ་སྡང་སེམས་ལ། །བརྟེན་ནས་བཟོད་པ་སྐྱེ་བས་ན། །དེ་ཉིད་བཟོད་པའི་རྒྱུ་ཡིན་པས། །དམ་པའི་ཆོས་བཞིན་མཆོད་པར་འོས། །(6—111)

宋译本：于彼彼恶心，各各与忍辱，于如是得忍，因供养妙法。(4—110)

敦煌写本：དེ་ཕྱིར་སེམས་ཅན་ཞིང་དང་ནི། །རྒྱལ་བའི་ཞིང་ཞེས་ཐུབ་པས་གསུངས། །འདྀ་དག་མགུ་བྱས་མང་མོ་ཞིག། །འདྀ་ལྟར་ཕུན་སུམ་ཕ་རོལ་ཕྱིནད། །

今译：是故有情田，佛[2]说同佛[3]田，诸多奉彼者，圆满达彼岸。(5—106)

藏文传世本：དེ་ཕྱིར་སེམས་ཅན་ཞིང་དང་ནི། །རྒྱལ་བའི་ཞིང་ཞེས་ཐུབ་པས་གསུངས། །འདི་དག་མགུ་བྱས་མང་པོ་ཞིག །འདི་ལྟར་ཕུན་སུམ་ཕ་རོལ་ཕྱིན། །(6—112)

宋译本：佛土众生土，大牟尼说此，于彼奉事多，能感于富贵[4]。(4—111)

敦煌写本：སེམས་ཅན་རྣམས་དང་རྒྱལ་བ་ལས། །སངས་རྒྱས་ཆོས་འགྲུབ་འདྲ་བ་ལས། །རྒྱལ་ལ་གུས་བྱ་དེ་བཞིན་དུ། །སེམས་ཅན་ལ་མྱིན་ཅོའི་ཚུལ། །

今译：依众与胜者，同证佛法故，如是敬胜者，何不敬有情？（5—107）

藏文传世本：སེམས་ཅན་རྣམས་དང་རྒྱལ་བ་ལས། །སངས་རྒྱས་ཆོས་འགྲུབ་འདྲ་བ་ལ། །རྒྱལ་ལ་གུས་བྱ་དེ་བཞིན་དུ། །སེམས་ཅན་ལ་མིན་ཅི་ཡི་ཚུལ། །(6—113)

〔1〕 藏文译本无“以寿命”之意，似为“如医生”之误。

〔2〕 字面为“能仁”。

〔3〕 字面为“胜者”。

〔4〕“感于富贵”在藏文译本中为“达于圆满”。

宋译本：如来及于法，与有情平等，尊重于佛故，尊有情亦然。（4—112）

敦煌写本：བསམ་བའི་ཡོན་ཏན་རང་གིས་སྨིན། །འབྲས་བུ་ལས་ཡིན་དེས་མཚུངས་པར། །སེམས་ཅན་རྣམས་ལ་ཡང་ཡོན་ཏན་ཡོད། །དེ་ཕྱིར་དེ་དག་མཉམ་བ་ཡིན།།

今译：不唯意乐德，却因果均等，诸有情具德，是故彼二等。（5—108）

藏文传世本：བསམ་པའི་ཡོན་ཏན་རང་གིས་མིན། །འབྲས་བུ་ལས་ཡིན་དེས་མཚུངས་པར། །སེམས་ཅན་རྣམས་ལའང་ཡོན་ཏན་ཡོད། །དེའི་ཕྱིར་དེ་དག་མཉམ་པ་ཡིན།།（6—114）

宋译本：立意乃如是，于自无所作，以彼大平等，平等于有情。（4—113）

敦煌写本：བྱམས་སེམས་ལྡན་ལ་མཆོད་པ་གང། །དེ་ནི་སེམས་ཆན་ཆེ་བ་ཉིད། །སངས་རྒྱས་དད་པའི་བསོད་ནམས་གང། །དེ་ཡང་སངས་རྒྱས་ཆེ་བ་ཉིད།།

今译：供养慈心者，有情殊胜故，供佛所得福，亦由佛殊胜。（5—109）

藏文传世本：བྱམས་སེམས་ལྡན་ལ་མཆོད་པ་གང་། །དེ་ནི་སེམས་ཅན་ཆེ་བ་ཉིད། །སངས་རྒྱས་དད་པའི་བསོད་ནམས་གང་། །དེ་ཡང་སངས་རྒྱས་ཆེ་བ་ཉིད།།（6—115）

宋译本：大意于有情，慈心而供养，发心如佛福，如佛福可得。（4—114）

敦煌写本：སངས་རྒྱས་ཆོས་འགྲུབ་ཆ་ཡོད་པ། །དེས་ན་དེ་དག་མཉམ་བར་འདོད། །ཡོན་ཏན་རྒྱ་མཚོ་མཐའ་ཡས་པའི། །སངས་རྒྱས་རྣམས་དང་འགའ་མྱི་མཉམ།།

今译：皆是成佛因，故认彼二等。功德海无边，与佛无所等。（5—110）

藏文传世本：སངས་རྒྱས་ཆོས་འགྲུབ་ཆ་ཡོད་པ། །དེས་ན་དེ་དག་མཉམ་པར་འདོད། །ཡོན་ཏན་རྒྱ་མཚོ་མཐའ་ཡས་པའི། །སངས་རྒྱས་རྣམས་དང་འགའ་མི་མཉམ།།（6—116）

宋译本：是故佛法行，佛有情平等。佛无所平等，功德海无边。（4—115）

敦煌写本：ཡོན་ཏན་མཆོག་ཚོགས་གཅིག་པུ་ཡི། །ཡོན་ཏན་ཤས་ཙམ་འགའ་ཞིག་ལ། །སྣང་ན་འང་དེ་ལ་མཆོད་དོན་དུ། །ཁམས་གསུམ་ཕུལ་ཡང་ཆུངས་པར་འགྱུར།།

今译：唯佛聚胜德，若人具分毫，三界做供养，显小不相称。（5—111）

藏文传世本：ཡོན་ཏན་མཆོག་ཚོགས་གཅིག་པུ་ཡི། །ཡོན་ཏན་ཤས་ཙམ་འགའ་ཞིག་ལ། །སྣང་ནའང་དེ་ལ་མཆོད་དོན་དུ། །ཁམས་གསུམ་ཕུལ་ཡང་ཆུང་བར་འགྱུར།།（6—117）

宋译本：佛功德精纯，无功德能比，虽三界供养，见之而不能。（4—116）

敦煌写本：སངས་རྒྱས་ཆོས་མཆོག་སྐྱེ་བའི་ཤས། །སེམས་ཅན་རྣམས་ལ་འང་ཡོད་པས་ན། །འདི་ཙམ་དག་གི་ཆ་བསྟུན་ནས། །སེམས་ཅན་མཆོད་བྱ་རིགས་པར་འགྱུར།།

今译：生妙佛法因，有情具足故，仅由依此因，有情理应供。(5—112)

藏文传世本：སངས་རྒྱས་ཆོས་མཆོག་སྐྱེ་བའི་ཤས། །སེམས་ཅན་རྣམས་ལ་ཡོད་པས་ན། །འདི་ཙམ་དག་གིས་ཆ་བསྟུན་ནས། །སེམས་ཅན་མཆོད་བྱར་རིགས་པར་འགྱུར། །(6—118)

宋译本：佛法等之师，是最上有情，供养诸有情，当如此作意。(4—117)

敦煌写本：གཞན་ཡང་གཡོ་མྱེད་གཉེན་གྱུར་ཞིང། །ཕན་བ་དཔག་མྱེད་མཛད་རྣམས་ལ། །སེམས་ཅན་མགུ་བྱ་མ་གཏོགས་པར། །གཞན་གང་ཞིག་གིས་ལན་ལོན་འགྱུར། །

今译：无谄成眷属，无量利行者[1]，除令有情喜，以何报其恩？(5—113)

藏文传世本：གཞན་ཡང་གཡོ་མེད་གཉེན་གྱུར་ཅིང་། །ཕན་པ་དཔག་མེད་མཛད་རྣམས་ལ། །སེམས་ཅན་མགུ་བྱ་མ་གཏོགས་པར། །གཞན་གང་ཞིག་གིས་ལན་ལོན་འགྱུར། །(6—119)

宋译本：于自之眷属，不能[2]起利行，于他之奉事，不作得何过？[3](4—118)

敦煌写本：གང་ཕྱིར་སྐུ་གཏོང་མནར་མྱེད་འཇུག་པ་ལ། །དེ་ལ་ཕན་བཏགས་ལན་ལོན་འགྱུར་བས་ན། །དེ་བས་འདི་དག་གནོད་ཆེན་བྱེད་ན་ཡང། །ཐམས་ཅད་བཟང་དགུ་ཞིག་དུ་སྤྱད་པར་བྱ། །

今译：为彼舍身入狱[4]者[5]，于彼饶益成报恩，是故彼虽行大害，一切皆置全然善。(5—114)

藏文传世本：གང་ཕྱིར་སྐུ་གཏོང་མནར་མེད་འཇུག་པ་ལ། །དེ་ལ་ཕན་བཏགས་ལན་ལོན་འགྱུར་བས་ན། །དེ་བས་འདི་དག་གནོད་ཆེན་བྱེད་ན་ཡང་། །ཐམས་ཅད་བཟང་དགུ་ཞིག་ཏུ་སྤྱད་པར་བྱ། །(6—120)

宋译本：破坏身入无间狱，若彼作已我复作，广大心为彼一切，如是当行于善事。(4—119)

敦煌写本：རེ་ཤིག་བདག་གི་རྗེར་གྱུར་ཉིད་ཀྱང་ནི། །གང་ཕྱིར་རང་གི་སྐུ་ལ་འང་མྱི་གཟིགས་པ། །དེ་ལ་རྨོངས་པ་བདག་གིས་ཅི་ལྟར་ན། །ང་རྒྱལ་བྱ་ཞིང་བྲན་གྱི་དངོས་མྱི་བྱ། །

今译：须臾成为我主者[6]，为彼尚且不顾身，愚痴我却为何故，于彼傲慢不作仆？(5—115)

---

〔1〕指诸佛。

〔2〕根据藏文译本，应为“能”。

〔3〕根据藏文译本，此颂未能译出原文完整的意义。

〔4〕指无间地狱。

〔5〕指佛。

〔6〕指佛。

藏文传世本：རེ་ཞིག་བདག་གི་རྗེར་གྱུར་ཉིད་ཀྱང་ནི། །གང་ཕྱིར་རང་གི་སྐུ་ལའང་མི་གཟིགས་པ། །དེ་ལ་རློམས་པ་བདག་གིས་ཇི་ལྟར་ན། །ང་རྒྱལ་བྱ་ཞིང་བྲན་གྱི་དངོས་མི་བྱ། །(6—121)

宋译本：喻世人为[1]自在主，有于己事[2]不称情，云何而为彼作子[3]，我作非[4]彼奴仆性？（4—120）

敦煌写本：གང་དག་བདེ་བས་ཐུབ་རྣམས་དགྱེས་འགྱུར་ཞིང་། །གང་ལ་གནོད་ན་མྱི་དགྱེས་འབྱུང་འགྱུར་བ། །དེ་དག་དགའ་བས་ཐུབ་དབང་ཀུན་དགྱེས་ཤིང། །དེ་ལ་གནོད་བྱས་ཐུབ་ལ་གནོད་པ་བྱས། །

今译：诸彼乐即能仁喜，害彼必当生不喜，诸彼喜亦能仁悦，害彼犹如害能仁。(5—116)

藏文传世本：གང་དག་བདེ་བས་ཐུབ་རྣམས་དགྱེས་འགྱུར་ཞིང་། །གང་ལ་གནོད་ན་མི་དགྱེས་འབྱུང་འགྱུར་བ། །དེ་དག་དགའ་བས་ཐུབ་པ་ཀུན་དགྱེས་ཤིང་། །དེ་ལ་གནོད་བྱས་ཐུབ་ལ་གནོད་པ་བྱས། །(6—122)

宋译本：喻佛入苦而无苦，如得快乐复欢喜，要欢喜彼一切佛，佛喜为彼能此作。[5](4—121)

敦煌写本：ཅི་ལྟར་ལུས་ལ་ཀུན་ནས་མྱི་འབར་བ། །འདོད་པ་ཀུན་གྱིས་ཡིད་བདེར་མྱི་འགྱུར་བ། །དེ་བཞིན་སེམས་ཅན་གནོད་པ་བྱས་ན་ཡང། །ཐུགས་རྗེ་ཆེ་རྣམས་དགྱེས་པའི་ཐབས་མྱེད་དོ། །

今译：犹如全身被火烧，诸欲非能令心安，如若伤害有情众，亦无方便慈者[6]悦。(5—117)

藏文传世本：ཇི་ལྟར་ལུས་ལ་ཀུན་ནས་མེ་འབར་བ། །འདོད་པ་ཀུན་གྱིས་ཡིད་བདེར་མི་འགྱུར་བ། །དེ་བཞིན་སེམས་ཅན་གནོད་པ་བྱས་ན་ཡང་། །ཐུགས་རྗེ་ཆེ་རྣམས་དགྱེས་པའི་ཐབས་མེད་དོ། །(6—123)

宋译本：如身烦恼而普有，欲一切乏悉充足，于有情苦亦复然，我[7]无方便空悲悯[8]。(4—122)

---

〔1〕 根据藏文译本，“为”为“之”之误。
〔2〕 根据藏文译本，“己事”应为“己身”。
〔3〕 根据藏文译本，“子”应为“傲”。
〔4〕 根据藏文译本，“作非”为“非作”。
〔5〕 黄宝生指出此颂中由于未能译出原文中的代词“彼”(指众生)，因此，译文完全偏离了原文。对比藏文译本亦然。
〔6〕 “慈者”指佛。
〔7〕 藏文译本中无“我”意。
〔8〕 “空悲悯”之“悲悯”似为“慈者”之误，“空”为“悦”之误。

敦煌写本：དེ་བས་བདག་གིས་འགྲོ་བ་གནོད་བྱས་པས། །ཐུགས་རྗེ་ཆེ་ཀུན་ཅི་དགྱེས་ཤུར་ད་པ་གང་། །ཉིག་དེ་དེ་རིང་སོ་སོར་བཤགས་བགྱི་ཡིས། །ཅི་དགྱེས་གང་ལགས་དེ་ཐུབ་བཟོད་པར་གསོལ། །

今译：是故我昔害有情，诸大慈者所不喜，彼罪现今一一忏，祈请能仁恕不悦。(5—118)

藏文传世本：དེ་བས་བདག་གིས་འགྲོ་ལ་གནོད་བྱས་པས། །ཐུགས་རྗེ་ཆེ་ཀུན་མི་དགྱེས་གྱུར་པ་གང་། །ཉིག་དེ་དེ་རིང་སོ་སོར་བཤགས་བགྱི་ཡིས། །མི་དགྱེས་གང་ལགས་དེ་ཐུབ་བཟོད་པར་གསོལ། །(6—124)

宋译本：是故此苦我远离，救一切苦兴大悲，先娆恼于忍辱人，彼罪我今而忏悔。(4—123)

敦煌写本：དེ་བཞིན་གཤེགས་རྣམས་མཉེས་པར་བགྱི་སླད་དུ། །དེང་ནས་ངེས་བརྟུལ་འཇིག་རྟེནད་བྲན་དུ་མཆིས། །འགྲོ་མང་རྡོག་པས་བདག་གི་སྤྱིར་འཚོག་གམ། །འགུམས་ཀྱང་ཅི་བཟོ་འཇིག་རྟེནད་མགོན་དགྱེས་མཛོད། །

今译：令诸如来喜悦故，从今誓为世人仆，纵然众生踩我顶，致死不报悦世主！(5—119)

藏文传世本：དེ་བཞིན་གཤེགས་རྣམས་དགྱེས་པར་བགྱི་སླད་དུ། །དེང་ནས་ངེས་བརྟུལ་འཇིག་རྟེན་བྲན་དུ་མཆི། །འགྲོ་མང་རྡོག་པས་བདག་གི་སྤྱིར་འཚོག་གམ། །འགུམས་ཀྱང་མི་བཟློ་འཇིག་རྟེན་མགོན་དགྱེས་མཛོད། །(6—125)

宋译本：我今奉事于如来，同于世间诸仆从，众人足蹈我顶上，受之欢喜而同佛。(4—124)

敦煌写本：འདི་ཉིད་དེ་བཞིན་གཤེགས་པ་མཉེས་བྱེད་ཡིན། །རང་དོན་ཡང་དག་སྒྲུབ་འང་འདི་ཉིད་དོ། །འཇིག་རྟེན་སྡུག་བསྔལ་སེལ་པ་འང་འདི་ཉིད་དོ། །དེ་ལྟས་བདག་གིས་རྟག་དུ་དེ་ཉིད་བྱ། །

今译：此事能令如来喜，亦是正行自利益，亦能除净世间苦，是故我应恒行此。(5—120)

藏文传世本：འདི་ཉིད་དེ་བཞིན་གཤེགས་པ་མཉེས་བྱེད་ཡིན། །རང་དོན་ཡང་དག་སྒྲུབ་པའང་འདི་ཉིད་དོ། །འཇིག་རྟེན་སྡུག་བསྔལ་སེལ་བའང་འདི་ཉིད་དེ། །དེ་ལྟས་བདག་གིས་རྟག་ཏུ་འདི་ཉིད་བྱ། །(6—127)

宋译本：如是为奉于如来，如是为自利成就，如是为除世苦恼，如是我今乃出家[1]。(4—126)

敦煌写本：དཔེར་ན་རྒྱལ་པོའི་མི་འགའ་ཞིག །སྐྱེ་བོ་མང་ལ་གནོད་བྱེད་ཀྱང་། །སྐྱེ་བོ་མིག་རྒྱང་རིང་པོ་དག །ནུས་ཀྱང་ཕྱིར་གནོད་ཅི་བྱེད་དེ། །

今译：譬如一王人，行害于众人，其中远见者，虽能不报复，(5—121)

〔1〕 藏文译本无“出家”之意，似为“恒行”之误。

藏文传世本：དཔེར་ན་རྒྱལ་པོའི་མི་འགའ་ཞིག །སྐྱེ་བོ་མང་ལ་གནོད་བྱེད་ཀྱང་། །སྐྱེ་བོ་མིག་རྒྱང་རིང་པོ་དག །ནུས་ཀྱང་ཕྱིར་གནོད་མི་བྱེད་དེ། །（6—128）

宋译本：譬如一王人，能调伏大众，众非一能调，以长亲王故。（4—127）

敦煌写本：འདི་ལྟར་དེ་གཅིག་མ་ཡིན་གྱི། །རྒྱལ་པོའི་མཐུ་སྟོབས་དེའི་མཐུ། །དེ་བཞིན་གནོད་བྱེད་ཉམ་ཆུང་བ། །འག་[1] ཡང་ཁྱད་དུ་གསད་སྩེ་བྱ། །

今译：因彼非单一，王威为其助，如是弱小害，悉皆莫藐视！（5—122）

藏文传世本：འདི་ལྟར་དེ་གཅིག་མ་ཡིན་གྱི། །རྒྱལ་པོའི་མཐུ་སྟོབས་དེ་ཡི་མཐུ། །དེ་བཞིན་གནོད་བྱེད་ཉམ་ཆུང་བ། །འགའ་ཡང་ཁྱད་དུ་གསད་མི་བྱ། །（6—129）

宋译本：彼一而非独，盖有王之力，制断不怯劣[2]，亦无有过失。（4—128）

敦煌写本：འདི་ལྟར་དམྱལ་བའི་སྲུངས་མ་དང་། །ཐུགས་རྗེ་ལྡན་རྣམས་དེའི་དཔུང་། །དེ་ལྟས་དམངས་ཀྱིས་རྒྱལ་གཏུམ་བཞིན། །སེམས་ཅན་རྣམས་ནི་མགུ་བར་བྱ། །

今译：如是地狱卒，慈者皆彼援。如民怖暴君，令诸有情悦。（5—123）

藏文传世本：འདི་ལྟར་དམྱལ་བའི་སྲུང་མ་དང་། །ཐུགས་རྗེ་ལྡན་རྣམས་དེ་ཡི་དཔུང་། །དེ་ལྟར་དམངས་ཀྱིས་རྒྱལ་གཏུམ་བཞིན། །སེམས་ཅན་རྣམས་ནི་མགུ་བར་བྱ། །（6—130）

宋译本：悲悯心[3]住忍，力若[4]地狱卒，将护于有情，如事以恶王。[5]（4—129）

敦煌写本：རྒྱལ་པོ་ལྟ་ཞིག་ཁྲོས་ན་ཡང་། །སེམས་ཅན་སྨྲ་མགུ་བྱིས་[6] བ་ཡིས། །མྱོང་བར་འགྱུར་བ་གང་ཡིན་བ། །དམྱལ་བའི་གནོད་པ་དེས་བྱེད་དམ། །

今译：纵是国王嗔，岂能令堕狱？然行众不悦，必受地狱苦。（5—124）

藏文传世本：རྒྱལ་པོ་ལྟ་ཞིག་ཁྲོས་ན་ཡང་། །སེམས་ཅན་མི་མགུ་བྱས་པ་ཡིས། །མྱོང་བར་འགྱུར་བ་གང་ཡིན་པ། །དམྱལ་བའི་གནོད་པ་དེས་བྱེད་དམ། །（6—131）

宋译本：嗔非王所令，如彼地狱苦，烦恼于有情，彼苦而自受。（4—130）

---

〔1〕 此字缺失后置字“འ”。
〔2〕 根据藏文译本应为“不制断怯弱”。
〔3〕 “悲悯心”应为“慈者”。
〔4〕 根据藏文译本此处“力”应为“援”或“援军”之意，而无“若”意。
〔5〕 根据藏文译本此颂还缺“令诸有情悦”之意。
〔6〕 “བྱིས”为“བྱས”之笔误，在IOL Tib J 629中写作“བྱས”。

敦煌写本：རྒྱལ་པོ་ལྟ་ཞིག་མགུ་ན་ཡང། །སེམས་ཅན་མགུ་བར་བྱས་པ་ཡིས། །འཐོབ་པར་འགྱུར་བ་གང་ཡིན་བ། །སངས་རྒྱས་ཉིད་སྦྱིན་མྱི་སྲིད་དོ། །

今译：纵是国王悦，岂能令成佛？然行有情喜，必令得佛果。（5—125）

藏文传世本：རྒྱལ་པོ་ལྟ་ཞིག་མགུ་ན་ཡང་། །སེམས་ཅན་མགུ་བར་བྱས་པ་ཡིས། །འཐོབ་པར་འགྱུར་བ་གང་ཡིན་པ། །སངས་རྒྱས་ཉིད་སྦྱིན་མི་སྲིད་དོ། །（6—132）

宋译本：喜非王所与，如得于佛等，善心于有情，此心何不受。（4—131）

敦煌写本：སེམས་ཅན་མགུ་ལས་བྱུང་བ་ཡི། །མ་འོངས་སངས་རྒྱས་འགྲུབ་ལྟ་ཞོག། །ཚེ་འདི་ཉིད་ལ་དཔལ་ཆེ་དང། །གྲགས་དང་སྐྱིད་འགྱུར་ཅིས་མ་མཐོང། །

今译：行悦于有情，未来得佛果，得福名声乐，此生何不见？（5—126）

藏文传世本：སེམས་ཅན་མགུ་ལས་བྱུང་བ་ཡི། །མ་འོངས་སངས་རྒྱས་འགྲུབ་ལྟ་ཞོག །ཚེ་འདི་ཉིད་ལ་དཔལ་ཆེན་དང་། །གྲགས་དང་སྐྱིད་འགྱུར་ཅིས་མ་མཐོང་། །（6—133）

宋译本：将护于有情，后当得成佛，见感尊重称，此善何不见？（4—132）

敦煌写本：འཁོར་ཚེ་བཟོད་པས་མཛེས་སྒོམས་དང། །ནད་མྱེད་པ་དང་གྲགས་པ་དང། །ཤིན་དུ་ཡུན་རིང་འཚོ་བ་དང། །འཁོར་ལོས་སྒྱུར་བའི་བདེ་རྒྱས་འཐོབ། །

今译：轮回中修忍，端严而无病，名扬极长寿，富足如轮王。（5—127）

藏文传世本：འཁོར་ཚེ་བཟོད་པས་མཛེས་སོགས་དང་། །ནད་མེད་པ་དང་གྲགས་པ་ཡིས། །ཤིན་ཏུ་ཡུན་རིང་འཚོ་བ་དང་། །འཁོར་ལོས་སྒྱུར་བའི་བདེ་རྒྱས་ཐོབ། །（6—134）

宋译本：无病复端严，快乐而长命，富贵作轮王，斯皆从忍得。（4—133）

敦煌写本：བྱང་ཆུབ་སེམས་དཔའི་སྤྱོད་པ་ལ་འཇུག་པ་ལས། ། བཟོད་པའ་བསྟན་པ་ཞེས་བྱ་སྟེ། །ལེའུ་ལྔ་པའོ།།

译文：《入菩萨行论》之《忍辱》为第五品。

第六品　精　进

敦煌写本：དེ་ལྟར་བཟོད་པས་བརྩོན་འགྲུས་བརྩམ། །འདི་ལྟར་བརྩོན་ལ་བྱང་ཆུབ་གནས། །རླུང་མྱེད་གཡོ་བ་མྱེད་པ་བཞིན། །བསོད་ནམས་བརྩོན་འགྲུས་མྱེད་མྱི་འབྱུང་། །

今译：忍已需精进，菩提住精进，无风则无摇，无勤不生福。[1]（6—1）

〔1〕 此处藏、汉传世译本多出14颂。

藏文传世本：དེ་ལྟར་བཟོད་པས་བརྩོན་འགྲུས་བརྩམ། །འདི་ལྟར་བརྩོན་ལ་བྱང་ཆུབ་གནས། །རླུང་མེད་གཡོ་བ་མེད་པ་བཞིན། །བསོད་ནམས་བརྩོན་འགྲུས་མེད་མི་འབྱུང་།།（7—1）

宋译本：智者行忍辱，菩提住精进，懈怠远离福，如离于风行。（5—1）

敦煌写本：སྒྱིད་ལུག་སྙོམ་པའི་སྟོབས་བཅོམ་སྟེ། །བདག་ཉིད་དབང་དུ་གྱུརད་པ་དང། །བདག་དང་གཞན་དུ་མཉམ་པ་དང། །གཞན་དང་བདག་དུ་བརྗེ་བར་གྱིས།།

今译：消除懒怠力，主宰自我命[1]，自他平等观，他自[2]相换修。（6—2）

藏文传世本：སྒྱིད་ལུག་མེད་དང་དཔུང་ཚོགས་དང་། །སྒྱུར་བླང་བདག་ཉིད་དབང་བྱ་དང་། །བདག་དང་གཞན་དུ་མཉམ་པ་དང་། །བདག་དང་གཞན་དུ་བརྗེ་བར་གྱིས།།（7—16）

宋译本：见负嗔力多，知彼自精进，自他各所行，如自他平等。（5—16）

敦煌写本：བདག་གི་བྱང་ཆུབ་ག་ལ་ཞེས། །སྒྱིད་ལུག་པར་ནྀ་མྱི་བྱ་སྟེ། །འདྀ་ལྟར་དེ་བཞིན་གཤེགས་པ་ནྀ། །བདེན་བ་གསུང་བས་བདེན་འདྀ་གསུངས།།

今译：谓我难菩提，不应作怯弱，如来真言者，宣讲此真言：（6—3）

藏文传世本：བདག་གིས་བྱང་ཆུབ་ག་ལ་ཞེས། །སྒྱིད་ལུག་པར་ནི་མི་བྱ་སྟེ། །འདི་ལྟར་དེ་བཞིན་གཤེགས་པ་ནི། །བདེན་པ་གསུང་བས་བདེན་འདི་གསུངས།།（7—17）

宋译本：我何得菩提，而无分别作？以如来真实，实言正解脱。（5—17）

敦煌写本：སྦྲང་བུ་ཤ་སྦྲང་བུང་བ་དང། །དེ་བཞིན་སྲིན་བུར་གང་གྱུརད་པ། །དེས་ཀྱང་བརྩོན་བའི་སྟོབས་བསྐྱེད་ནས། །བྱང་ཆུབ་འཐོབ་དཀའ་བླ་མྱེད་འཐོབ།།

今译：苍蝇虻蚊蜂，乃至于小虫，此等若精进，能证无上觉。（6—4）

藏文传世本：སྦྲང་བུ་ཤ་སྦྲང་བུང་བ་དང་། །དེ་བཞིན་སྲིན་བུར་གང་གྱུར་པ། །དེས་ཀྱང་བརྩོན་པའི་སྟོབས་བསྐྱེད་ན། །བྱང་ཆུབ་ཐོབ་དཀའ་བླ་མེད་འཐོབ།།（7—18）

宋译本：彼蚊蚋虻蝇，及虫虾蚬等，若获精进力，亦当得菩提。（5—18）

敦煌写本：བདག་ནྀ་རྀགས་ཀྱིས་མྱིར་སྐྱེས་ལ། །ཕན་དང་གནོད་པའི་ངོ་ཤེས་པས། །བྱང་ཆུབ་སྤྱོད་པ་མ་བཏང་ན། །བདག་གིས་བྱང་ཆུབ་ཅིས་མྱི་འཐོབ།།

今译：况我生为人，能知利与害，觉行若不弃，何不得菩提？（6—5）

藏文传世本：བདག་ནི་རིགས་ཀྱིས་མིར་སྐྱེས་ལ། །ཕན་དང་གནོད་པའི་ངོ་ཤེས་པས། །བྱང་ཆུབ་སྤྱོད་པ་མ་

〔1〕 藏文传世本为："无怯积资粮，习定而自主。"

〔2〕 藏文传世本为"自他"。

བཏང་ན། །བདག་གིས་བྱང་ཆུབ་ཅིས་མི་འཐོབ། །(7—19)

宋译本：彼我何生人，能知利不利，恒知诸精进，何不得菩提？（5—19）

敦煌写本：འོན་ཏེ་ཀ་ལག་[1] ལས་སྔོགས་པ། །བཏང་དགོས་བདག་ནི་འཇིགས་ཤེ་ན། །གཅེས་དང་སྒྱི་གཅེས་མ་དབྱོད་པར། །རྨོངས་པས་བདག་ནི་འཇིགས་པར་ཟད། །

今译：若谓舍手足，故我有所怖，未辨轻与重，唯我愚昧怖。（6—6）

藏文传世本：འོན་ཏེ་རྐང་ལག་ལ་སོགས་པ། །བཏང་དགོས་བདག་ནི་འཇིགས་ཤེ་ན། །ལྕི་དང་ཡང་བ་མ་དཔྱད་པར། །རྨོངས་པས་བདག་ནི་འཇིགས་པར་ཟད། །(7—20)

宋译本：或舍于手足，于此而生怖，愚迷违师教[2]，此利彼不知。（5—20）

敦煌写本：བསྐལད་པ་བྱེ་བ་གྲངས་མྱེད་དུ། །ཡན་གྲངས་དུ་མར་གཅད་པ་དང་། །དབུག་དང་བསྲེག་དང་གཤེག་འགྱུར་གྱི། །བྱང་ཆུབ་འཐོབ་པར་མྱི་འགྱུར་རོ། །

今译：无数俱胝劫，复次受割截，刺烧并解肢，却未得菩提。（6—7）

藏文传世本：བསྐལ་པ་བྱེ་བ་གྲངས་མེད་དུ། །ཡན་གྲངས་དུ་མར་བཅད་པ་དང་། །དབུག་དང་བསྲེག་དང་གཤགས་འགྱུར་གྱི། །བྱང་ཆུབ་ཐོབ་པར་མི་འགྱུར་རོ། །(7—21)

宋译本：断坏及烧煮，无边皆拔出，无数俱胝劫，而未得菩提。（5—21）

敦煌写本：བདག་གི་བྱང་ཆུབ་སྒྲུབ་པ་ཡི། །སྡུག་བསྔལ་འདི་ནི་ཚད་ཡོད་དེ། །ཟུག་རྔུ་ཕྱུང་རྣག་གནོད་བསིལ་[3] ཕྱིར། །ལུས་ཆ་གཏོད་པའི་སྡུག་བསྔལ་བཞིན། །

今译：我于修菩提，此苦有限量，如除腹疾害，令身受创苦。（6—8）

藏文传世本：བདག་གིས་བྱང་ཆུབ་སྒྲུབ་པ་ཡི། །སྡུག་བསྔལ་འདི་ནི་ཚད་ཡོད་དེ། །ཟུག་རྔུ་ཕྱུང་བརྣག་གནོད་བསལ་ཕྱིར། །ལུས་ཆ་བཏོད་པའི་སྡུག་བསྔལ་བཞིན། །(7—22)

宋译本：历此无数苦，久久证菩提，喻若毒苦伤，毒尽苦皆出。（5—22）

敦煌写本：སྨནད་པ་ཀུན་ཀྱང་གསོ་དཔྱད་ཀྱི། །མྱི་བདེ་བ་ཡིས་ནད་མྱེད་བྱེད། །དེ་བས་སྡུག་བསྔལ་མང་པོ་དག། །གཞོམ་ཕྱིར་མྱི་བདེ་ཆུང་བཟོད་བྱ། །

今译：众医以疗法，不安治疾病，如是灭众苦，当忍小不安。（6—9）

藏文传世本：སྨན་པ་ཀུན་ཀྱང་གསོ་དཔྱད་ཀྱི། །མི་བདེ་བ་ཡིས་ནད་མེད་བྱེད། །དེ་བས་སྡུག་བསྔལ་མང་པོ་

〔1〕“ཀ་ལག”同“རྐང་ལག”，厘定后一律作“རྐང་ལག”。

〔2〕藏文译本无“违师教”之意，黄宝生指出这里可能是“轻重”之误读。

〔3〕“བསིལ”之元音“ི”为笔误。

དག །གཞོམ་ཕྱིར་མི་བདེ་ཆུང་བཟོད་བྱ། །(7—23)

宋译本：作一切医人，救疗诸病苦，是故苦消除，一切病皆少。(5—23)

敦煌写本：གསོ་དཔྱད་པལ་པ་འདི་འདྲ་བ་འདང། །སྨནད་པའི་མཆོག་གིས་མ་མཛད་དེ། །ཚོ་ག་ཤིན་ཏུ་འཇམ་པོ་ཡིས། །ནད་ཆེན་དཔག་མྱེད་གསོ་བར་མཛད། །

今译：此等凡疗法，医尊[1]殊不施，但以轻微法，治疗众大病。(6—10)

藏文传世本：གསོ་དཔྱད་ཕལ་པ་འདི་འདྲ་བ། །སྨན་པ་མཆོག་གིས་མ་མཛད་དེ། །ཚོ་ག་ཤིན་ཏུ་འཇམ་པོ་ཡིས། །ནད་ཆེན་དཔག་མེད་གསོ་བར་མཛད། །(7—24)

宋译本：是故说救疗，甜药不利病，上医疗大病，甜药皆不与。[2](5—24)

敦煌写本：ཚོད་མ་ལས་སྩོགས་སྦྱིན་བ་ལ་འང་། །འདྲེན་པ་ཐོག་མར་སྦྱིན་བར་མཛད། །དེ་ལ་གོམས་ན་ཕྱི་ནས་ནི། །རིམ་གྱིས་རང་གི་ཤ་ཡང་གཏོང་། །

今译：蔬菜等布施，导师[3]先令施[4]，熟彼而后可，渐次施己肉。(6—11)

藏文传世本：ཚོད་མ་ལ་སོགས་སྦྱིན་པ་ལའང་། །འདྲེན་པས་ཐོག་མར་སྦྱོར་བར་མཛད། །དེ་ལ་གོམས་ནས་ཕྱི་ནས་ནི། །རིམ་གྱིས་རང་གི་ཤ་ཡང་གཏོང་། །(7—25)

宋译本：前后皆如是，智者咸所行，后后而进修，身肉而舍用。(5—25)

敦煌写本：གང་ཚེ་རང་གི་ལུས་ལ་ནི། །ཚོད་སྩོགས་ལྟ་བུའི་བློ་སྐྱེས་པ། །དེ་ཚེ་ཤ་ལས་སྩོགས་གཏོང་བ། །དེ་ལ་དཀའ་བ་ཙི་ཞིག་ཡོད། །

今译：若时对己身，生起喻菜想，尔时施身肉，于彼有何难？(6—12)

藏文传世本：གང་ཚེ་རང་གི་ལུས་ལ་ནི། །ཚོད་སོགས་ལྟ་བུའི་བློ་སྐྱེས་པ། །དེ་ཚེ་ཤ་ལ་སོགས་གཏོང་བ། །དེ་ལ་དཀའ་བ་ཅི་ཞིག་ཡོད། །(7—26)

宋译本：智者观身肉，喻菜而生有，枯谢弃粪土，是舍不名难。(5—26)

敦煌写本：སྡིག་པ་སྤངས་ཕྱིར་སྡུག་བསྔལ་མྱེད། །མཁས་པའི་ཕྱིར་ན་མྱི་དགའ་མེད། །འདི་ལྟར་ལོག་པར་རྟོག་པ་དང་། །སྡིག་པས་སེམས་དང་ལུས་ལ་གནོད། །

今译：断恶故无苦，善巧故无忧，由是邪见罪，身心受苦害。(6—13)

---

〔1〕 指佛陀。
〔2〕 此颂与藏文译本相比，意思相反。黄宝生亦指出此颂译本与原意相反。
〔3〕 指佛陀。
〔4〕 藏文传世本为“加行”。

藏文传世本：སྡིག་པ་སྤང་ཕྱིར་སྡུག་བསྔལ་མེད། །མཁས་པའི་ཕྱིར་ན་མི་དགའ་མེད། །འདི་ལྟར་ལོག་པར་རྟོག་པ་དང་། །སྡིག་པས་སེམས་དང་ལུས་ལ་གནོད། །(7—27)

宋译本：若身所作苦，心谓其虚作，智者心非恶，彼无恶业苦。[1](5—27)

敦煌写本：བསོད་ནམས་ཀྱིས་ནྀ་ལུས་བདེ་ལ། །མཁས་པ་ཡིས་ནྀ་སེམས་བདེ་ན། །གཞན་དོན་འཁོར་བར་གནས་ཀྱང་ནི། །སྙིང་རྗེ་ཅན་དག་ཅི་སྟེ་སྐྱོ། །

今译：福德令身安，善巧意快乐，利他住轮回，慈者岂能悲？（6—14）

藏文传世本：བསོད་ནམས་ཀྱིས་ནི་ལུས་བདེ་ལ། །མཁས་པ་ཡིས་ནི་སེམས་བདེ་ན། །གཞན་དོན་འཁོར་བར་གནས་ཀྱང་ནི། །སྙིང་རྗེ་ཅན་དག་ཅི་སྟེ་སྐྱོ། །(7—28)

宋译本：知法意快乐，具福身快乐，无此虚轮回，得苦云何悲？（5—28）

敦煌写本：འདྀ་ནི་བྱང་ཆུབ་སེམས་སྟོབས་ཀྱིས། །སྔོན་གྱི་སྡིག་པ་ཟད་བྱེད་ཅིད། །བསོད་ནམས་རྒྱ་མཚོ་སྡུད་བྱེད་ཕྱིར། །ཉན་ཐོས་རྣམ་པས་མཆོག་དུ་བཤད། །

今译：此力菩提心，能尽过去罪，能积福资海，故胜诸声闻。（6—15）

藏文传世本：འདི་ནི་བྱང་ཆུབ་སེམས་སྟོབས་ཀྱིས། །སྔོན་གྱི་སྡིག་པ་ཟད་བྱེད་ཅིང་། །བསོད་ནམས་རྒྱ་མཚོ་སྡུད་བྱེད་ཕྱིར། །ཉན་ཐོས་རྣམས་པས་མཆོག་ཏུ་བཤད། །(7—29)

宋译本：求尽过去罪，深利他福海，此力菩提心，二乘等要急。（5—29）

敦煌写本：དེ་བས་སྐྱོ་ངལ་ཀུན་སེལད་པའི། །བྱང་ཆུབ་སེམས་ཀྱྀ་རྟ་ཞོན་ནས། །བདེ་ནས་བདེ་བར་འགྲོ་བ་ལ། །སེམས་ཤེས་སུ་ཞིག་སྐྱིད་ལུག་འགྱུར། །

今译：故尽悉厌疲，乘菩提心马，从乐趋胜乐，岂有智者怯？（6—16）

藏文传世本：དེ་བས་སྐྱོ་ངལ་ཀུན་སེལ་བའི། །བྱང་ཆུབ་སེམས་ཀྱི་རྟ་ཞོན་ནས། །བདེ་ནས་བདེ་བར་འགྲོ་བ་ལ། །སེམས་ཤེས་སུ་ཞིག་སྒྱིད་ལུག་འགྱུར། །(7—30)

宋译本：如是利不乐[2]，行行何得苦？菩提心辇舆，智者乘得乐。（5—30）

敦煌写本：སེམས་ཅན་དོན་ནི་འགྲུབ་བྱ་ན། །མོས་བརྟན་དགའ་དང་རིགས་དཔུང་བསྐྱེད། །མོས་པ་སྡུག་བསྔལ་འཇིགས་པ་དང་། །དེའི་ཕན་ཡོན་བསམ་པས་བསྐྱེད། །

〔1〕 此颂译意与藏文译本完全不同。黄宝生指出由于没有顾及原文句式结构，此颂没有译出原意。

〔2〕“利不乐”似是“趋快乐”之误。

今译：为利有情事，生信坚喜智[1]，信由怖苦恼，及思功德生。[2](6—17)

藏文传世本：སེམས་ཅན་དོན་སྒྲུབ་བྱ་ཕྱིར་དཔུང་། །མོས་བརྟན་དགའ་དང་དོར་བ་ཡིན། །མོས་པ་སྡུག་བསྔལ་འཇིགས་པ་དང་། །དེ་ཡི་ཕན་ཡོན་བསམ་པས་བསྐྱེད། །(7—31)

宋译本：为成就有情，乐施方便力，身力苦怖作，观之唯称赞。(5—31)

敦煌写本：ཉོན་མོངས་ཕྱོགས་ཀྱི་ཁྲོད་གནས་ན། ། རྣམ་པ་སྟོང་དུ་སྲན་གཟུང་སྟེ། །ཝ་ལས་སྤྱོགས་པས་སེང་གེ་བཞིན། །ཉོན་མོངས་ཚོགས་ཀྱིས་སྨི་ཚུགས་བྱ། །

今译：若设诸烦恼，千般竖忍心，如狮于狐等，诸恼不能扰。(6—18)

藏文传世本：ཉོན་མོངས་ཕྱོགས་ཀྱི་ཁྲོད་གནས་ན། །རྣམ་པ་སྟོང་དུ་སྲན་གཟུགས་ཏེ། །ཝ་ལ་སོགས་པས་སེང་གེ་བཞིན། །ཉོན་མོངས་ཚོགས་ཀྱིས་མི་ཚུགས་བྱ། །(7—60)

宋译本：喻精进师子，烦恼兽中见，烦恼兽千万，虽众不能敌。(5—63)

敦煌写本：ཉམ་ང་ཆེ་ཐང་བྱུང་གྱུརད་ཀྱང་། །སྨི་ཡིས་སྨྱིག་ནི་བསྲུང་བ་ལྟར། །དེ་བཞིན་གནས་སྐབས་ཐམས་ཅད་དུ། །རིགས་པ་ལས་ནི་གཞན་སྨི་སྤྱད། །

今译：猝遇大危难，如人护其目，如是一切时，理外余不行。[3](6—19)

藏文传世本：ཉམ་ང་ཆེ་ཐང་བྱུང་གྱུར་ཀྱང་། །མི་ཡིས་མིག་ནི་བསྲུང་བ་ལྟར། །དེ་བཞིན་གནས་སྐབས་ཐམས་ཅད་དུ། །རིགས་པ་ལས་ནི་གཞན་མི་སྤྱད། །(7—61a; 63a)

宋译本：世有大苦恼，人自悉具见[4]。(5—64a)

敦煌写本：རྩེད་མོའི་བདེ་འབྲས་འདོད་པ་ལྟར། །འདི་ཡིས་བྱ་བའི་ལས་གང་ཡིན། །ལས་དེ་ལ་ནི་ཞེན་བྱ་སྟེ། །ལས་དེས་སྨི་ངོམས་དགའ་བར་བྱ། །

今译：如求嬉戏乐，此[5]所履行业，于彼应热忱，生喜不餍足。(6—20)

藏文传世本：རྩེད་མོའི་བདེ་འབྲས་འདོད་པ་ལྟར། །འདི་ཡིས་བྱ་བའི་ལས་གང་ཡིན། །ལས་དེ་ལ་ནི་ཞེན་བྱ་སྟེ། །ལས་དེས་མི་ངོམས་དགའ་བར་བྱ། །(7—63b; c)

---

〔1〕 此处所指为修精进的四种法门，即信乐力或胜解力、坚毅力、欢喜力、舍力。“舍”，敦煌本在此处为“智”。

〔2〕 此处藏、汉传世译本多出28颂。

〔3〕 此颂中间部分藏、汉传世译本多出6个短句。其中后4句为与藏文译本第4品第44颂、汉文译本之第2品第44颂完全相同的偈颂，据布顿等几位学者的观点，是因译出原文中的部分释文所致。

〔4〕 根据两种藏文译本“具见”应为“护目”。

〔5〕 指践行利他的菩萨。

宋译本：因修此精进，得彼慢业尽，获得胜果报，自感嬉戏乐。（5—66）

敦煌写本：བདེ་བའི་དོན་དུ་ལས་བྱས་ཀྱང་། །བདེར་འགྱུར་མྱི་འགྱུར་གཏོལ་མྱེད་ཀྱི། །གང་གི་ལས་ཉིད་བདེར་གྱུརད་པ། །དེ་ལས་མྱི་བྱེད་ནམ་ཞིག་བདེ། །

今译：为乐虽作业，乐否犹未定，其行[1]定生乐，不行何时[2]乐？（6—21）

藏文传世本：བདེ་བའི་དོན་དུ་ལས་བྱས་ཀྱང་། །བདེ་འགྱུར་མི་འགྱུར་གཏོལ་མེད་ཀྱི། །གང་གི་ལས་ཉིད་བདེ་འགྱུར་བ། །དེ་ལས་མི་བྱེད་ཇི་ལྟར་བདེ། །（7—64）

宋译本：为快乐修因，彼却不获得，所修不决定，亦得不殊胜。（5—67）

敦煌写本：སྤུ་གྲི་སོར་ཆགས་སྦྲང་རྩི་ལྟའི། །འདོད་པ་རྣམས་ཀྱིས་མྱི་ངོམས་ན། །རྣམ་སྨྱིནད་བདེ་ལ་ཞི་བ་ཡི། །བསོད་ནམས་ཀྱིས་ལྟ་ཅི་སྟེ་ངོམས། །

今译：喻贪刀刃蜜，诸欲不餍足，异熟为善寂，彼福何有餍？（6—22）

藏文传世本：སྤུ་གྲིའི་སོར་ཆགས་སྦྲང་རྩི་ལྟའི། །འདོད་པ་རྣམས་ཀྱིས་མི་ངོམས་ན། །རྣམ་སྨིན་བདེ་ལ་ཞི་བ་ཡི། །བསོད་ནམས་ཀྱིས་ལྟ་ཅི་སྟེ་ངོམས། །（7—65）

宋译本：轮回欲不足，喻贪刀刃蜜，福甘露若贪，食之后转美。（5—68）

敦煌写本：དེ་ལྟས་ལས་ཚརད་ཕྱིན་བྱ་ཕྱིར། །ཉི་མ་ཕྱེ་དུས་གདུངས་པ་ཡི། །གླང་ཆེན་མཚོ་ཕྲད་མཚོར་འཇུག་ལྟར། །ལས་དེ་ལ་ནི་འཇུག་པར་བྱ། །

今译：是故业圆满，如日所晒象，遇湖疾入中，如是入彼业。（6—23）

藏文传世本：དེ་ལྟས་ལས་ཚར་ཕྱིན་བྱའི་ཕྱིར། །ཉི་མ་ཕྱེད་དུས་གདུངས་པ་ཡི། །གླང་ཆེན་མཚོ་ཕྲད་མཚོར་འཇུག་ལྟར། །ལས་དེ་ལ་ཡང་འཇུག་པར་བྱ། །（7—66）

宋译本：是故业寂静，感妙果随行，如日温月寒，昼夜而相逐[3]。（5—69）

敦煌写本：རྗེས་སུ་མྱི་བདེར་འགྱུར་བའི་ལས། །རིག་འགྱུར་དེ་མ་ཐག་དུ་གཏང་། །དེ་ནི་ཤིན་དུ་རྫོགས་ན་ཡང་། །ཕྱི་ཕྱིར་བྱེད་འདོད་སྤང་བར་བྱ། །

今译：业令生不安，见即应当舍，彼虽极圆满，应弃重操欲。（6—24）

藏文传世本：སྟོབས་ཉམས་པ་དང་རྗེས་འབྲེལ་ན། །སླར་བྱའི་དོན་དུ་དོར་བར་བྱ། །ལེགས་པར་ཟིན་ན་ཕྱི་མ་

〔1〕 指行自利利他的菩提行。

〔2〕 藏文传世本为“如何”。

〔3〕 藏文译本无“如日温月寒，昼夜而相逐”之意，似是“如日所晒象，遇湖疾入中”之误读。

དང་། །ཕྱི་མ་འདོད་པས་དེ་སྤང་བྱ། །(7—67)

宋译本：精进之有力，能破于懈怠，获得远离故，深心而爱乐。(5—70)

敦煌写本：འཐབ་སྙིང་དགྲ་དང་ལྷན་ཅིག་དུ། །གཡུལ་ངོར་རལ་ཁར་ལྷགས་པ་བཞིན། ། ཉོན་མོངས་མཚོན་ལས་གཟུར་བྱ་ཞིང། །[1]ཉོན་མོངས་དགྲ་རྣམས་འཇེབས་པར་གཏག། །

今译：犹如将遇敌，临阵交兵刃，应避烦恼器，尽灭烦恼敌。(6—25)

藏文传世本：འཐབ་སྙིང་དགྲ་དང་ལྷན་ཅིག་ཏུ། །གཡུལ་ངོར་རལ་ཁ་ལྷགས་པ་བཞིན། །ཉོན་མོངས་མཚོན་ལས་གཟུར་བྱ་ཞིང་། །ཉོན་མོངས་དགྲ་རྣམས་གཞོམ་པར་བཏེག །(7—68)

宋译本：烦恼棒坚牢，斗彼念慧剑，喻棒剑相持，同彼女人学[2]。(5—71)

敦煌写本：གཡུལ་དུ་རལ་གྱི་[3] ལྷུང་གྱུར་ན། །འཇིགས་པས་མྱུར་དུ་ལེནད་པ་ལྟར། །དེ་བཞིན་དྲན་པའི་མཚོན་ཤོར་ན། །དམྱལ་བའི་འཇིགས་དྲན་མྱུར་དུ་བླང་། །

今译：战阵若坠剑，怖畏疾速拾，如是遗念剑，怖狱急持念。(6—26)

藏文传世本：གཡུལ་དུ་རལ་གྲི་ལྷུང་གྱུར་ན། །འཇིགས་པས་མྱུར་དུ་ལེན་པ་ལྟར། །དེ་བཞིན་དྲན་པའི་མཚོན་ཤོར་ན། །དམྱལ་བའི་འཇིགས་དྲན་མྱུར་དུ་བླང་། །(7—69)

宋译本：执剑手无力，失之而怖急，念剑失亦然，地狱而在心。(5—72)

敦煌写本：ཡུངས་མར་བཀང་བའི་སྣོད་བསྐུར་ལ། །རལ་གྱི་ཐོགས་པས་དྲུང་བསྡད་དེ། །ཕོ་ན་གསད་བསྡིགས་འཇིགས་པ་ལྟར། །བརྟུལ་ཞུགས་ཅན་གྱིས་དེ་བཞིན་བསྒྲིམས། །

今译：喻持满钵油，旁居持剑者，溢即杀而怖，持戒应如是。(6—27)

藏文传世本：ཡུངས་མར་བཀང་བའི་སྣོད་བཀུར་ལ། །རལ་གྲི་ཐོགས་པས་དྲུང་བསྡད་དེ། །ཕོ་ན་གསོད་བསྡིགས་འཇིགས་པ་ལྟར། །བརྟུལ་ཞུགས་ཅན་གྱིས་དེ་བཞིན་སྒྲིམས། །(7—71)

宋译本：出家精进心，喻执持油钵，钵坠必当死，坠之故警怖。(5—74)

敦煌写本：ཉེས་པ་བྱུང་བ་རེ་རེ་ཞིང། །བདག་ལ་སྨད་ནས་ཅི་ནས་ཀྱང། །བདག་ལ་ཕྱིས་འདི་སྲི་འབྱུང་བ། །དེ་ལྟར་བྱ་ཞེས་ཡུན་རིང་བསམས། །

今译：一一之过失，于己严诃责，此过不再生，我应长思惟。(6—28)

藏文传世本：ཉེས་པ་བྱུང་བ་རེ་རེ་ཞིང་། །བདག་ལ་སྨད་ནས་ཅི་ནས་ཀྱང་། །བདག་ལ་ཕྱིས་འདི་མི་འབྱུང་བ།

[1] 底本缺失此短句，由IOL Tib J 629号补充。
[2] 藏文译本无“同彼女人学”之意，似是“避免被烦恼所击到，并战胜烦恼”之误译。
[3] “རལ་གྱི”为古藏文词汇，厘定后一律作“རལ་གྲི”。

།དེ་ལྟར་བྱ་ཞེས་ཡུན་རིང་བསམ། །(7—73)

宋译本：一一之深过，要回心思惟，此过不可守，云何我复作？（5—76）

敦煌写本：དགེ་བཤེས་འཕྲད་དང་དགེ་བའི་ལས། །འཐོབ་པར་འདོད་པའི་རྒྱུ་འདི་ཡིས། །ཅི་ལྟར་གནས་སྐབས་ཐམས་ཅད་དུ། །དྲན་པ་གོམས་པར་བྱ་སྙམ་ན། །

今译：善师与善业，欲得之缘由，于一切时处，若想修正念[1]，(6—29)

藏文传世本：ཇི་ལྟར་གནས་སྐབས་འདི་དག་ལ། །དྲན་པ་གོམས་པ་ཉིད་འགྱུར་ཞེས། །རྒྱུ་འདི་ཡིས་ནི་ཕྲད་པའམ། །རིགས་པའི་ལས་ནི་འདོད་པར་བྱ། །(7—74)

宋译本：和合之业因，断以正念剑，云何名自位[2]，此念而获得？（5—77）

敦煌写本：བག་ཡོད་གཏམ་ནི་དྲན་བྱས་ནས། །བདག་ཉིད་ཟོ་བདོག་[3]བདེ་བྱ་ཞིང་། །ཅི་ནས་ལས་བྱུང་སྔོན་རོལ་ནས། །ཤེས་བཞིན་ལ་ཡང་འཇུག་པར་བྱ། །

今译：忆念不逸言，自我变勤奋，应于做业前，亦应入正知[4]。(6—30)

藏文传世本：ཅི་ནས་ལས་བྱེད་སྔོན་རོལ་ནས། །ཐམས་ཅད་ལ་ནི་མཐུ་ཡོད་པ། །དེ་ལྟར་བག་ཡོད་གཏམ་དྲན་ཏེ། །བདག་ཉིད་ལྡང་བ་ཡང་བར་བྱ། །(7—75)

宋译本：正念心不发，纤毫不能灭，来业如往行，一切报皆得。(5—78)

敦煌写本：ཅི་ལྟར་ཁྲག་ལ་རྟེན་བཅས་ནས། །དུག་ནི་ལུས་ལ་ཁྱབ་འགྱུར་བ། །དེ་བཞིན་གླགས་ནི་རྙེད་གྱུར་ན། །ཉེས་པས་སེམས་ལ་ཁྱབ་པར་འགྱུར། །

今译：喻依血脉之，毒即散全身，如是得机遇，罪即散于心。(6—31)

藏文传世本：ཇི་ལྟར་ཁྲག་ལ་རྟེན་བཅས་ནས། །དུག་ནི་ལུས་ལ་ཁྱབ་གྱུར་པ། །དེ་བཞིན་གླགས་ནི་རྙེད་པ་ན། །ཉེས་པས་སེམས་ལ་ཁྱབ་པར་འགྱུར། །(7—70)

宋译本：世间知善人，不肯饮毒血，心过亦复然，心过而不作。(5—73)

敦煌写本：དེ་བས་པང་དུ་སྦྲུལ་འོངས་ན། །ཇི་ལྟར་རིངས་སུ་ལྡང་བ་ལྟར། །དེ་བཞིན་གཉིད་དང་སྙོམ་འོངས་

---

〔1〕 藏文传世本为："云何于此时，修行持正念，以此要得遇，或要应理行。"此颂下半句有得遇善知识与善业的意思，与敦煌本的上半颂内容接近，但由于语序颠倒，偈颂的内容也产生了一点差别。

〔2〕 藏文译本无"名自位"之意。

〔3〕 "ཟོ་བདོག"为古藏文词汇，意为"勤奋""轻快"，与传世本中之"ལྡང་བ"词意基本相同。

〔4〕 藏文传世本为："须当作业前，一切具威力，忆不放逸言，自我变勤奋。"此颂与敦煌本相比，内容基本相同，但由于语序颠倒，两者在义理上产生了一定的差别。

ན། །མྱུར་དུ་དེ་དག་བཟློག་པར་བྱ། །

今译：喻蛇入于怀，当急骤然起，如是眠懈至，当速遮止彼。（6—32）

藏文传世本：དེ་བས་པང་དུ་སྦྲུལ་འོངས་ན། །ཇི་ལྟར་རིངས་པར་ལྡང་བ་ལྟར། །དེ་བཞིན་གཉིད་དང་སྙོམ་འོངས་ན། །མྱུར་དུ་དེ་དག་བཟློག་པར་བྱ། །（7—72）

宋译本：着睡眠懈怠，喻毒蛇在怀，不去当被伤，去之宜须急。（5—75）

敦煌写本：ཅི་ལྟར་ཤིང་བལ་འགྲོ་བ་དང་། །འོང་བ་རླུང་གི་དབང་གྱུརད་པ། །དེ་བཞིན་འཚོརད་པ་སོས་པ་ཡི། །དབང་དུ་གྱུརད་པས་མྱུར་དུ་འགྲུབ། །

今译：犹如树之絮，随风而来往，如是诸财富，随趣而速成[1]。（6—33）

藏文传世本：ཇི་ལྟར་རླུང་ནི་འགྲོ་བ་དང་། །འོང་བས་ཤིང་བལ་དབང་སྒྱུར་པ། །དེ་བཞིན་སྤྲོ་བས་དབང་བསྒྱུར་ཏེ། །དེ་ལྟར་ན་ནི་འགྲུབ་པར་འགྱུར། །（7—76）

宋译本：如彼睹罗绵，随风而来往，精进人亦然，增上如是得。（5—79）

敦煌写本：ལག་པ་ལས་སྩོགས་དབྱེ་བ་རྣམ་མང་ཡང་། །ཡོངས་སུ་བསྲུང་བྱའི་ལུས་སུ་གཅིག་པ་ལྟར། །དེ་བཞིན་འགྲོ་བ་སྡུག་བསྔལ་ཐ་དད་ཀུང་། །ཐམས་ཅད་བདག་བཞིན་བདེ་བ་འདོད་ཉམས་གཅིག །

今译：手等类别虽众多，全然所护身却同，如是别异众生苦，一切如我欲求乐。（6—34）

藏文传世本：ལག་པ་ལ་སོགས་དབྱེ་བ་རྣམ་མང་ཡང་། །ཡོངས་སུ་བསྲུང་བྱའི་ལུས་སུ་གཅིག་པ་ལྟར། །དེ་བཞིན་འགྲོ་བ་ཐ་དད་བདེ་སྡུག་དག །ཐམས་ཅད་བདག་བཞིན་བདེ་བ་འདོད་མཉམ་གཅིག །（8—91）

宋译本：手作多种事，守护如一身，世坏不坏法，苦乐等亦尔。（6—91）

敦煌写本：བདག་གི་སྡུག་བསྔལ་མྱི་བཟད་པ། །གཞན་ལ་འགྲོ་བར་མྱི་འགྱུར་བ། །རང་གི་ལུས་ལ་ཆགས་པ་ཡིས། །སྡུག་བསྔལ་དེ་ཉིད་མྱི་བཟོད་པ། །

今译：我苦无有尽，于他虽不去，然汝贪己身，苦害却难忍。[2]（6—35）

藏文传世本：གལ་ཏེ་བདག་གི་སྡུག་བསྔལ་གྱིས། །གཞན་གྱི་ལུས་ལ་མི་གནོད་པ། །དེ་ལྟའང་དེ་བདག་སྡུག་བསྔལ་དེ། །བདག་ཏུ་ཞེན་པས་མི་བཟོད་ཉིད། །（8—92）

---

〔1〕藏文传世本为："如是诸善业，精进而速成。"藏文传世本第七品、宋译本第五品至此结束，然而在敦煌本中出现的此颂之后的偈颂则在藏汉传世译本中属于禅定品的内容。

〔2〕藏文传世本为："虽我所受苦，不伤他人身，然执我苦故，彼苦亦难忍。"宋译本中无与此颂对应的偈颂。

敦煌写本：དེ་བཞིན་གཞན་གྱི་སྡུག་བསྔལ་དག། །བདག་ལ་འབབ་པར་མྱི་འགྱུར་ཡང། །རང་གི་ཉམས་ལས་དཔག་བྱས་ནས། །དེའི་སྡུག་བསྔལ་དེ་མྱི་བཟོད།།

今译：如是他人苦，虽不临于我，然依经验察，彼苦难安忍[1]。(6—36)

藏文传世本：དེ་བཞིན་གཞན་གྱི་སྡུག་བསྔལ་དག །བདག་ལ་འབབ་པར་མི་འགྱུར་ཡང་། །དེ་ལྟའང་དེ་བདག་སྡུག་བསྔལ་ཏེ། །བདག་ཏུ་ཞེན་པས་བཟོད་པར་དཀའ། །(8—93)

敦煌写本：བདག་གིས་གཞན་གྱི་སྡུག་བསྔལ་བསལ། །སྡུག་བསྔལ་ཡིན་ཕྱིར་བདག་སྡུག་བཞིན། །བདག་གིས་གཞན་ལ་ཕན་བ་བྱ། །སེམས་ཅན་ཡིན་ཕྱིར་བདག་ལུས་བཞིན།།

今译：我应除彼苦，是苦如自苦，我应行彼利，有情如我身。(6—37)

藏文传世本：བདག་གིས་གཞན་གྱི་སྡུག་བསྔལ་བསལ། །སྡུག་བསྔལ་ཡིན་ཕྱིར་བདག་སྡུག་བཞིན། །བདག་གིས་གཞན་ལ་ཕན་པར་བྱ། །སེམས་ཅན་ཡིན་ཕྱིར་བདག་ལུས་བཞིན། །(8—94)

宋译本：如己之别苦，一一皆消尽，如是我受持，为于有情等。(6—92)

敦煌写本：གང་ཚེ་བདག་དང་གཞན་གཉི་ག། །བདེ་བ་འདོད་དུ་མཚུངས་པ་ལ། །བདག་དང་ཁྱད་བར་ཅི་ཡོད་ན།།གང་ཕྱིར་གཞན་སྲིན་བདག་སྲུང་བྱེད།།

今译：自与他二者，欲乐均相等，自他何差异？何护自非他？[2](6—38)

藏文传世本：གང་ཚེ་བདག་དང་གཞན་གཉི་ག །བདེ་བ་འདོད་དུ་མཚུངས་པ་ལ། །བདག་དང་ཁྱད་པར་ཅི་ཡོད་ན། །གང་ཕྱིར་བདག་གཅིག་བདེ་བར་བརྩོན། ། གང་ཚེ་བདག་དང་གཞན་གཉི་ག །སྡུག་བསྔལ་མི་འདོད་མཚུངས་པ་ལ། །བདག་དང་ཁྱད་པར་ཅི་ཡོད་ན། །གང་ཕྱིར་གཞན་མིན་བདག་སྲུང་བྱེད། །(8—95; 96)

宋译本：我若爱于他，令得平等乐，彼得快乐已，于自胜何夺？ 我若不爱他，彼得诸苦怖，彼苦怖不脱，于自当何胜？（6—93; 94）

敦煌写本：གལ་ཏེ་དེ་ལ་སྡུག་བསྔལ་བས། །བདག་ལ་མྱི་གནོད་ཕྱིར་མྱི་སྲུང། །མ་འོངས་པའི་སྡུག་བསྔལ་ཡང། །གནོད་མྱི་བྱེད་ན་དེ་ཅིས་བསྲུང་།།

今译：谓彼苦于我，不害故不护，然来苦于此，不害而可护？（6—39）

藏文传世本：གལ་ཏེ་དེ་ལ་སྡུག་བསྔལ་བས། །བདག་ལ་མི་གནོད་ཕྱིར་མི་བསྲུང་། །མ་འོངས་པ་ཡི་སྡུག་བསྔལ་ཡང་། །གནོད་མི་བྱེད་ན་དེ་ཅི་བསྲུང་། །(8—97)

---

〔1〕 藏文传世本为："然执我苦故，彼苦亦难忍。"

〔2〕 在藏文传世本中此颂成为两个偈颂，为："自与他二者，欲乐均相等，自他何差异？何故求自乐？自与他二者，不欲苦亦等，自他何差异？何护自非他？"宋译本亦同。

宋译本：苦害今若得，而由不爱护，未来苦害身，云何而可护？（6—95）

敦煌写本：བདག་གིས་དེ་ནི་སྔོང་སྙམ་བའི། །རྣམ་པར་རྟོག་དེ་ལོག་པ་སྟེ། །འདི་ལྟར་ཤི་བ་འང་གཞན་ཉིད་ལ། །སྐྱེ་བ་ཡང་ནི་གཞན་ཉིད་ཡིན། །

今译：谓我受来苦，此思乃邪见，死者他人故，生者亦复然。（6—40）

藏文传世本：བདག་གིས་དེ་ནི་སྔོང་སྙམ་པའི། །རྣམ་པར་རྟོག་དེ་ལོག་པ་སྟེ། །འདི་ལྟར་ཤི་བའང་གཞན་ཉིད་ལ། །སྐྱེ་བ་ཡང་ནི་གཞན་ཉིད་ཡིན། །（8—98）

宋译本：我若住邪见，复起于我慢，如是别得生，如是别得死。（6—96）

敦煌写本：གང་ཚེ་གང་གི་སྡུག་བསྔལ་གང་། །དེ་ནི་དེ་ཉིད་ཀྱིས་བསྲུང་ན། །རྐང་པའི་སྡུག་བསྔལ་ལག་པ་མྱིན། །ཅི་ཕྱིར་དེ་ནི་དེས་བསྲུང་བྱ། །

今译：若时彼之苦，唯彼自防护，足苦不关手，何故手护足？[1]（6—41）

藏文传世本：གང་ཚེ་གང་གི་སྡུག་བསྔལ་གང་། །དེ་ནི་དེ་ཉིད་ཀྱིས་བསྲུངས་ན། །རྐང་པའི་སྡུག་བསྔལ་ལག་པས་མིན། །ཅི་ཕྱིར་དེས་ནི་དེ་བསྲུང་བྱ། །（8—99）

宋译本：作罪不作罪，如彼手与足，手足苦不同，云何同说护？（6—97）

敦煌写本：རྒྱུད་དང་ཚོགས་ཤེས་བྱ་བ་ནི། །འཕྲེང་བ་ཆུ་རྒྱུན་ནགས་ཚོགས་བཞིན། །བྲན་དང་བློ་ལ་སྨོངས་པ་རྣམས། །འགྲོ་བ་རྣམས་ནི་གཅིག་ཏུ་སེམས། །

今译：所谓续与聚，如环水流林，愚于智念者，众生视为一。[2]（6—42）

藏文传世本：རྒྱུད་དང་ཚོགས་ཞེས་བྱ་བ་ནི། །ཕྲེང་བ་དམག་ལ་སོགས་བཞིན་བརྫུན། །（8—101a）

宋译本：种子集次第，排行若军伍，（6—99a）

敦煌写本：ཅི་ལྟར་ལག་པ་ལས་སྩོགས་པ། །ལུས་ཀྱི་ཡན་ལག་ཡིན་འདོད་ལྟར། །དེ་བཞིན་འགྲོ་བའི་ཡན་ལག་དུ། །ཅི་ཕྱིར་ལུས་ཅན་རྣམས་མྱི་འདོད། །

今译：如何于手等，许为身支分，如是众生支，有情何不许？（6—43）

藏文传世本：ཇི་ལྟར་ལག་པ་ལ་སོགས་པ། །ལུས་ཀྱི་ཡན་ལག་ཡིན་འདོད་ལྟར། །དེ་བཞིན་འགྲོ་བའི་ཡན་ལག་ཏུ། །ཅི་ཕྱིར་ལུས་ཅན་རྣམས་མི་འདོད། །（8—114）

宋译本：此身之和合，因缘如拍手，此是世间缘，有情何不知？（6—112）

---

〔1〕 此后藏、汉传世译本多出1颂。

〔2〕 藏文传世本为："所谓续与聚，假名如鬘军，本无受苦者，谁为主宰者？" 此后藏、汉传世译本多出12颂。

敦煌写本：ཅི་ལྟར་བདག་མྱེད་ལུས་འདི་ལ། །གོམས་པས་བདག་གི་བློ་འབྱུང་བ། །དེ་བཞིན་སེམས་ཆན་གཞན་ལ་ཡང་། །གོམས་པས་བདག་བློ་ཅིས་མྱི་སྐྱེ། །

今译：于此无我身，熟生我执心，如是于有情，熟则岂不生？（6—44）

藏文传世本：ཇི་ལྟར་བདག་མེད་ལུས་འདི་ལ། །གོམས་པས་བདག་གི་བློ་འབྱུང་བ། །དེ་བཞིན་སེམས་ཅན་གཞན་ལ་ཡང་། །གོམས་པས་བདག་བློ་ཅིས་མི་སྐྱེ། །(8—115)

宋译本：云何学无生？如学而自知，自身而非身，以自如他身。(6—113)

敦煌写本：དེ་ལྟ་ན་ནི་གཞན་གྱི་དོན། །བྱས་ཀྱང་ངོ་མཚརད་བློ་མྱི་འབྱུང་། །བདག་ཉིད་ཀྱིས་ནི་ཟས་ཟོས་ནས། །ལན་ལ་རེ་བ་མྱི་འབྱུང་བཞིན། །

今译：故虽行利他，不生希奇心，如人自喂食，不求获回酬。(6—45)

藏文传世本：དེ་ལྟ་ན་ནི་གཞན་གྱི་དོན། །བྱས་ཀྱང་ངོ་མཚར་སྙམ་མི་འབྱུང་། །བདག་ཉིད་ཀྱིས་ནི་ཟས་ཟོས་ནས། །ལན་ལ་རེ་བ་མི་འབྱུང་བཞིན། །(8—116)

宋译本：如是而利他，作已不疑虑，果熟而自受，当获彼无生。(6—114)

敦煌写本：དེ་བས་ཅི་ལྟར་ཆུང་ངུ་ན། །མྱི་སྙན་ལས་ཀྱང་བདག་སྲུང་བ། །དེ་བཞིན་འགྲོ་ལ་བསྲུང་སེམས་དང་། །སྙིང་རྗེའི་སེམས་ནི་གོམས་པར་བྱ། །

今译：即便微恶语，全然护自我，如是于有情，串习护慈心[1]。(6—46)

藏文传世本：དེ་བས་ཇི་ལྟར་ཆུང་ངུ་ན། །མི་སྙན་ལས་ཀྱང་བདག་བསྲུང་བ། །དེ་བཞིན་འགྲོ་ལ་བསྲུང་སེམས་དང་། །སྙིང་རྗེའི་སེམས་ནི་གོམས་པར་བྱ། །(8—117)

宋译本：是故世间学，悲心与护心，此爱心自蔽，深重如烦恼。(6—115)

敦煌写本：དེ་བས་མགོན་པོ་སྤྱན་རས་གཟིགས། །འགྲོ་ལ་ཐུགས་རྗེ་ཆེ་མངའ་བས། །འཁོརད་ཀྱི་འཇིགས་པའང་བསལ་བའི་ཕྱིར། །རང་གི་མཚནད་ཀྱང་བྱིནད་ཀྱིས་བརླབས། །

今译：依怙观世音，于众具大德，为除眷中怖，加持自名号。(6—47)

藏文传世本：དེ་བས་མགོན་པོ་སྤྱན་རས་གཟིགས། །ཐུགས་རྗེ་ཆེན་པོས་འགྲོ་བ་ཡི། །འཁོར་གྱི་འཇིགས་པ་བསལ་བའི་ཕྱིར། །རང་གི་མཚན་ཡང་བྱིན་གྱིས་བརླབས། །(8—118)

宋译本：知有情怖畏，为师而示学。(6—116a)

敦煌写本：དཀའ་ལས་ཕྱིར་ལྡོག་མྱི་བྱ་སྟེ། །འདི་ལྟར་གོམས་པའི་མཐུ་ཡིས་ནི། །གང་གི་མྱིང་ཐོས་འཇིགས་པ་ཡང་། །དེ་ཉིད་མྱེད་ན་མྱི་དགའ་འགྱུར། །

〔1〕 根据《入菩萨行论解说难语释》，“串习护慈心” 为 “串习菩提心”。

今译：虽难而不退，如是串习力，闻名令怖畏，彼无不得乐。（6—48）

藏文传世本：དཀའ་ལས་ཕྱིར་ལྡོག་མི་བྱ་སྟེ། །འདི་ལྟར་གོམས་པའི་མཐུ་ཡིས་ནི། །གང་གི་མིང་ཐོས་འཇིགས་པ་ཡང་། །དེ་ཉིད་མེད་ན་མི་དགར་འགྱུར། །（8—119）

宋译本：若能如是学，虽难而不退，沙门[1]见怖畏，彼无得护者[2]。（6—116b；117a）

敦煌写本：གང་ཞིག་བདག་དང་གཞན་རྣམས་ནི། །མྱུར་དུ་བསྐྱབ་པར་འདོད་པ་དེས། །བདག་དང་གཞན་དུ་བརྗེ་བྱ་བ། །གསང་བའི་དམ་པ་བཤད་པར་བྱ། །

今译：若是自与他，欲速而当救，自与他相换，当讲[3]殊胜密。（6—49）

藏文传世本：གང་ཞིག་བདག་དང་གཞན་རྣམས་ནི། །མྱུར་དུ་བསྐྱབ་པར་འདོད་པ་དེས། །བདག་དང་གཞན་དུ་བརྗེ་བྱ་བ། །གསང་བའི་དམ་པ་སྤྱད་པར་བྱ། །（8—120）

宋译本：若自及与他，急速而当救，以最上秘密，自他转行利。[4]（6—117b；118b）

敦煌写本：བདག་ལུས་གང་ལ་ཆགས་པ་ཡིས། །འཇིགས་གནས་ཆུ[5]ལ་འང་འཇིགས་སྐྱེ་བ། །འཇིགས་པ་སྐྱེད་པའི་ལུས་དེ་ལ། །སུ་ཞིག་དགྲ་བཞིན་སྡང་མྱི་བྱེད། །

今译：贪着自身故，小怖亦生惧，于此增[6]怖身，谁不如敌嗔？（6—50）

藏文传世本：བདག་ལུས་གང་ལ་ཆགས་པ་ཡིས། །འཇིགས་གནས་ཆུང་ལའང་འཇིགས་སྐྱེ་བ། །འཇིགས་པ་སྐྱེ་བའི་ལུས་དེ་ལ། །སུ་ཞིག་དགྲ་བཞིན་སྡང་མི་བྱེད། །（8—121）

敦煌写本：ལུས་གང་བཀྲེས་དང་སྐོམ་ལྟོགས་ནད། །གསོ་བའི་ཆོ་ག་བྱེད་འདོད་པས། །བྱ་དང་ཉ་དང་རི་དགས་དག །གསོད་པར་བྱེད་ཅིང་ལམ་སྒུགས་བྱེད། །

今译：身欲疗诸种，饥与渴等病，猎杀禽鱼兽，亦行途埋伏。（6—51）

藏文传世本：ལུས་གང་བཀྲེས་དང་སྐོམ་སོགས་ནད། །གསོ་བའི་ཆོ་ག་བྱེད་འདོད་པས། །བྱ་དང་ཉ་དང་རི་དྭགས་དག །གསོད་པར་བྱེད་ཅིང་ལམ་སྒུག་བྱེད། །（8—122）

---

〔1〕 藏文译本无“沙门”之意，似是“闻名”之误读。

〔2〕 藏文译本无“得护者”之意，似是“不得乐”之误。

〔3〕 藏文传世本为“当修”。

〔4〕 此颂中间部分多出两短句“嗔如冤怖多，无爱怖获少”（6—118a），似为下一个偈颂之误读。

〔5〕 此处“ཆུ”应为“ཆུང”。

〔6〕 藏文传世本为“生”。

宋译本：水陆与飞空，勿令人[1]住杀，由若于今时，救度于饥渴。（6—119）

敦煌写本：གང་གི་ཁེ་དང་རིམ་གྲོའི་ཕྱིར། །ཕ་དང་མ་ཡང་གསོད་བྱེད་ཅིང། །དཀོན་མཆོག་གསུམ་གྱི་དཀོར་བརྐུས་ནས། །དེས་ན་མནར་མྱེད་སྲེག་འགྱུརད་ན།།

今译：为得利与敬，乃至杀父母，盗取三宝财，由受无间烧。（6—52）

藏文传世本：གང་ཞིག་ཁེ་དང་རིམ་གྲོའི་ཕྱིར། །ཕ་དང་མ་ཡང་གསོད་བྱེད་ཅིང་། །དཀོན་མཆོག་གསུམ་གྱི་དཀོར་བརྐུས་ནས། །དེས་ནི་མནར་མེད་བསྲེག་འགྱུར་ན།།（8—123）

宋译本：若人为财利，杀父毁三宝，见世恶庄严，死得何鼻财[2]。（6—120）

敦煌写本：མཁས་པ་སུ་ཞིག་ལུས་དེ་ལ། །འདོད་ཅིང་སྲུང་དང་མཆོད་བྱེད་གྱི། །འདི་ལ་སུ་ཞིག་དགྲ་བཞིན་དུ། །ལྟ་བར་མྱི་བྱེད་རྙས་མ་བྱེད།།

今译：智者于此身，爱护而供养？何有不视仇？有谁不轻蔑？（6—53）

藏文传世本：མཁས་པ་སུ་ཞིག་ལུས་དེ་ལ། །འདོད་ཅིང་བསྲུང་དང་མཆོད་བྱེད་གྱི། །འདི་ལ་སུ་ཞིག་དགྲ་བཞིན་དུ། །བལྟ་བར་མི་བྱེད་བརྙས་མི་བྱེད།།（8—124）

宋译本：何有于智者，见爱而供养？见冤不欲睹，供养云何说？（6—121）

敦煌写本：གལ་ཏེ་བྱིན་ན་ཅི་སྤྱད་ཅེས། །བདག་དོན་སེམས་པའ་འདྲེའི་ཚུལ། །གལ་ཏེ་སྤྱད་ན་ཅི་སྦྱིན་ཞེས། །གཞན་དོན་སེམས་པ་ལྷའི་ཆོས།།

今译：若舍何所受？自利心如魔。若受何所舍？利他心神法。（6—54）

藏文传世本：གལ་ཏེ་བྱིན་ན་ཅི་སྤྱོད་ཅེས། །བདག་དོན་སེམས་པ་འདྲེ་ཡི་ཚུལ། །གལ་ཏེ་སྤྱད་ན་ཅི་སྦྱིན་ཞེས། །གཞན་དོན་སེམས་པ་ལྷ་ཡི་ཆོས།།（8—125）

宋译本：斯鬼而自利，舍之而何受？利他而不生[3]，云何舍受用？（6—122）

敦煌写本：བདག་ཕྱིར་གཞན་ལ་གནོད་བྱས་ན། །དམྱལ་ལས་སྡུགས་པར་གདུངས་པར་འགྱུར། །གཞན་ཕྱིར་བདག་ལ་གནོད་བྱས་ན། །ཕུན་སུམ་ཚོགས་པ་ཐམས་ཅད་འཐོབ།།

今译：为自而害他，受地狱等苦，为他而害己，一切圆满成。（6—55）

藏文传世本：བདག་ཕྱིར་གཞན་ལ་གནོད་བྱས་ན། །དམྱལ་ལ་སོགས་པར་གདུངས་པར་འགྱུར། །གཞན་ཕྱིར་

〔1〕 根据藏文译本此处应为肯定句。

〔2〕 黄宝生指出“财”可能是“燃料”的误读。

〔3〕 藏文译本无“不生”之意，似是对原文“神法”之误读。

བདག་ལ་གནོད་བྱས་ན། །ཕུན་སུམ་ཚོགས་པ་ཐམས་ཅད་འཐོབ། །(8—126)

宋译本：以自利害他，地狱而别生，自害而利他，诸功德具足。(6—123)

敦煌写本：བདག་ཉིད་མཐོ་བར་འདོད་པ་དེས། །ངན་འགྲོ་ངན་དང་བླུན་བར་འགྱུརད། །དེ་ཉིད་གཞན་ལ་སྒོ་བྱས་ན། །བདེ་འགྲོ་རིམ་འགྲོ་འཐོབ་པར་འགྱུརད། །

今译：欲求自高者，卑愚投恶趣，若此推及他，善趣而恭敬。(6—56)

藏文传世本：བདག་ཉིད་མཐོ་བར་འདོད་པ་དེས། །ངན་འགྲོ་ངན་དང་བླུན་པར་འགྱུར། །དེ་ཉིད་གཞན་ལ་སྒོ་བྱས་ན། །བདེ་འགྲོ་རིམ་གྲོ་འཐོབ་པར་འགྱུར། །(8—127)

宋译本：作意善逝见，如是行别处，下劣不自爱，愚痴投恶趣。(6—124)

敦煌写本：བདག་གྀ་དོན་དུ་གཞན་བཀོལ་ན། །བྲན་ལས་སྩོགས་པ་མྱོང་བར་འགྱུརད། །གཞན་གྱི་དོན་དུ་བདག་སྤྱད་ན། །རྗེ་དཔོན་ཉིད་སྩོགས་མྱོང་བར་འགྱུརད། །

今译：自利而役他，当受奴仆等，利他而使己，当受君主等。(6—57)

藏文传世本：བདག་གི་དོན་དུ་གཞན་བཀོལ་ན། །བྲན་ལ་སོགས་པ་མྱོང་བར་འགྱུར། །གཞན་གྱི་དོན་དུ་བདག་སྤྱད་ན། །རྗེ་དཔོན་ཉིད་སོགས་མྱོང་བར་འགྱུར། །(8—128)

宋译本：自利知微细，今当堕奴仆，利他微细知，当为自在主。(6—125)

敦煌写本：འཇིག་རྟེན་བདེ་བ་ཅི་སྙེད་པའ། །དེ་ཀུན་གཞན་བདེ་འདོད་ལས་གྱུརད། །འཇིག་རྟེན་སྡུག་བསྔལ་ཅི་སྙེད་པ། །དེ་ཀུན་རང་བདེ་འདོད་ལས་གྱུརད། །

今译：尽其世间乐，皆求他乐生，尽其世间苦，悉求自乐生。(6—58)

藏文传世本：འཇིག་རྟེན་བདེ་བ་ཇི་སྙེད་པ། །དེ་ཀུན་གཞན་བདེ་འདོད་ལས་བྱུང་། །འཇིག་རྟེན་སྡུག་བསྔལ་ཇི་སྙེད་པ། །དེ་ཀུན་རང་བདེ་འདོད་ལས་བྱུང་། །(8—129)

宋译本：世有诸苦者，昔自迷贪爱，世诸快乐者，于他昔利乐。(6—126)

敦煌写本：མང་དུ་བཤད་ལྟ་ཅི་ཞིག་དགོས། །བྱིས་པ་རང་གྀ་དོན་བྱེད་དང་། །ཐུབ་པ་གཞན་གྱི་དོན་མཛད་པ། །འདི་གཉིས་ཀྱི་ནི་ཁྱད་པར་ལྟོས། །

今译：何须多赘言？凡夫行自利，能仁行利他，且观此二别！(6—59)

藏文传世本：མང་དུ་བཤད་ལྟ་ཅི་ཞིག་དགོས། །བྱིས་པ་རང་གི་དོན་བྱེད་དང་། །ཐུབ་པ་གཞན་གྱི་དོན་མཛད་པ། །འདི་གཉིས་ཀྱི་ནི་ཁྱད་པར་ལྟོས། །(8—130)

宋译本：何要多种说？此中间已见，愚迷乐自为，牟尼利他作。(6—127)

敦煌写本：བདག་བདེ་གཞན་གྱི་སྡུག་བསྔལ་དག །ཡང་དག་བརྗེ་བ་མ་བྱས་ན། །སངས་རྒྱས་ཉིད་དུ་མྱི་འགྲུབ་

ཅིད། །འཁོར་བ་ན་ཡང་བདེ་བ་མྱེད། །

今译：自乐与他苦，若不真实换，不仅不成佛，轮回亦无乐。(6—60)

藏文传世本：བདག་བདེ་གཞན་གྱི་སྡུག་བསྔལ་དག །ཡང་དག་བརྗེ་བ་མ་བྱས་ན། །སངས་རྒྱས་ཉིད་དུ་མི་འགྲུབ་ཅིང་། །འཁོར་བ་ན་ཡང་བདེ་བ་མེད། །(8—131)

宋译本：不求佛菩提，轮回何得乐？自苦欲与他，回转无由得。(6—128)

敦煌写本：འཇིག་རྟེན་ཕ་རོལ་འཕར་ཞོག་གི །ཚེ་འདི་དོན་ཀྱང་མྱི་འགྲུབ་སྟེ། །ཁྲན་གཡོག་ལས་བྱེད་མྱི་བཏུབ་ལ། །རྗེ་དཔོན་འཚོ་བ་སྟེར་མྱི་བྱེད། །

今译：彼世且不论，此生事难成，佣仆不作务，君主不酬食。[1](6—61)

藏文传世本：འཇིག་རྟེན་ཕ་རོལ་ཕར་ཞོག་གི །ཁྲན་གཡོག་ལས་མི་བྱེད་པ་དང་། །རྗེ་དཔོན་ངན་པ་མི་སྟེར་བའི། །ཚེ་འདིའི་དོན་ཡང་འགྲུབ་མི་འགྱུར། །(8—132)

宋译本：观察于后世，善利不成就，于奴仆起业，主者而返受。(6—129)

敦煌写本：མཐོང་དང་མ་མཐོང་བདེ་འགྲུབ་པ་ཡི། །ཕན་ཚུན་བདེ་སྐྱིད་[2] ཡོང་བོར་ཞིང་། །གཞན་ལ་སྡུག་བསྔལ་བྱས་པའི་རྒྱུས། །རྨོངས་རྣམས་སྡུག་བསྔལ་མྱི་ཟད་ལེནད། །

今译：现见或未见，能成互[3]利乐，皆弃而害他，愚受无尽苦。(6—62)

藏文传世本：མཐོང་དང་མ་མཐོང་བདེ་འགྲུབ་པའི། །ཕུན་སུམ་བདེ་སྐྱིད་ཡོངས་བོར་ཞིང་། །གཞན་ལ་སྡུག་བསྔལ་བྱས་པའི་རྒྱུས། །རྨོངས་པས་སྡུག་བསྔལ་མི་བཟད་ལེན། །(8—133)

宋译本：互相之利乐，迷者见而离，而返互相苦，当受恶苦报。(6—130)

敦煌写本：འཇིག་རྟེན་དག་ན་འཚེ་བ་གང་ཡོད་དང་། །འཇིགས་དང་སྡུག་བསྔལ་ཅི་སྙེད་ཡོད་གྱུརད་པ། །དེ་ཀུན་བདག་ཏུ་འཛིནད་པ་ལས་གྱུརད་ན། །འདྲེ་ཆེན་དེས་པོ་བདག་ལ་ཅི་ཞིག་བྱ། །

今译：世间所有诸灾害，怖畏以及众苦恼，悉皆由是我执生，此魔于我有何用？[4](6—63)

藏文传世本：འཇིག་རྟེན་དག་ན་འཚེ་བ་གང་ཡོད་དང་། །འཇིགས་དང་སྡུག་བསྔལ་ཇི་སྙེད་ཡོད་གྱུར་པ། །དེ་ཀུན་བདག་ཏུ་འཛིན་པ་ལས་བྱུང་ན། །འདྲེ་ཆེན་དེས་ཀོ་བདག་ལ་ཅི་ཞིག་བྱ། །(8—134)

宋译本：若得世间灾，乃至惊怖苦，彼一切自作，云何而此作？(6—131)

〔1〕 此颂在语序上与藏文传世本有所不同，且“酬食”为“酬劳”。藏文传世本为：“彼世且不论，佣仆不作务，君主不酬劳，此世事难成。”

〔2〕 此处“སྐྱིད་”应为“སྐྱིད”。

〔3〕 藏文传世本为“圆满”。

〔4〕 此处藏、汉传世译本多出1颂。

敦煌写本：དེ་ལྟས་བདག་གནོད་ཞི་བ་དང། །གཞན་གྱི་སྡུག་བསྔལ་ཞི་བྱ་ཕྱིར། །བདག་ཉིད་གཞན་ལ་གཏང་བྱ་ཞིང། །གཞན་རྣམས་བདག་བཞིན་གཟུང་བར་བྱ། །

今译：是故息自害，亦为息彼苦，舍自为利他，持他如自己。（6—64）

藏文传世本：དེ་ལྟར་བདག་གནོད་ཞི་བ་དང་། །གཞན་གྱི་སྡུག་བསྔལ་ཞི་བྱའི་ཕྱིར། །བདག་ཉིད་གཞན་ལ་གཏང་བྱ་དང་། །གཞན་རྣམས་བདག་བཞིན་གཟུང་བར་བྱ། །（8—136）

宋译本：自苦若能除，能消除他苦，以彼自他受，是故而取喻。（6—133）

敦煌写本：བདག་ནི་གཞན་གྱི་དབང་གྱུརད་ཅེས། །ཡིད་ཁྱོད་ངེས་པར་ཤེས་གྱིས་ལ། །སེམས་ཅན་ཀུན་དོན་མ་གཏོགས་པར། །ད་ནི་ཁྱོད་ཀྱིས་གཞན་སྨྲི་བསམ། །

今译：谓我随他主，意汝当现知，除非有情利，从今不思余。（6—65）

藏文传世本：བདག་ནི་གཞན་གྱི་དབང་གྱུར་ཅེས། །ཡིད་ཁྱོད་ངེས་པར་ཤེས་གྱིས་ལ། །སེམས་ཅན་ཀུན་དོན་མ་གཏོགས་པར། །ད་ནི་ཁྱོད་ཀྱིས་གཞན་མི་བསམ། །（8—137）

宋译本：汝今无别思，利益诸有情，汝决定作意，因业有分别。（6—134）

敦煌写本：གཞན་དབང་མྱིག་ལས་སྩོགས་པ་ཡིས། །རང་དོན་བསྒྲུབ་པ་རིགས་མ་ཡིན། །དེ་དོན་མྱིག་ལས་སྩོགས་པ་ཡིས། །དེ་ལ་ལོག་པ་བྱ་མ་རིགས། །

今译：属他眼根等，自利不应理，眼等行利他，反他不应理。[1]（6—66）

藏文传世本：གཞན་དབང་མིག་ལ་སོགས་པ་ཡིས། །རང་དོན་སྒྲུབ་པར་རིགས་མ་ཡིན། །དེ་དོན་མིག་ལ་སོགས་པ་ཡིས། །དེ་ལ་ལོག་པར་བྱ་མི་རིགས། །（8—138）

宋译本：眼以见为能，所观不为眼，手以执为用，所持宁为手？（6—135）

敦煌写本：ཡིད་ཁྱོད་རང་དོན་བྱེད་འདོད་པས། །བསྐལད་པ་གྲངས་མྱེད་འདས་གྱུརད་ཀྱང། །ངལ་བ་ཆེན་པོ་དེ་ལྟ་བུས། །ཁྱོད་ཀྱིས་སྡུག་བསྔལ་འབའ་ཤིག་བསྒྲུབས། །

今译：汝心欲自利，纵经无数劫，付出巨艰辛，汝唯成苦恼。（6—67）

藏文传世本：ཡིད་ཁྱོད་རང་དོན་བྱེད་འདོད་པས། །བསྐལ་པ་གྲངས་མེད་འདས་གྱུར་ཀྱང་། །ངལ་བ་ཆེན་པོ་དེ་ལྟ་བུར། །ཁྱོད་ཀྱིས་སྡུག་བསྔལ་འབའ་ཞིག་བསྒྲུབས། །（8—155）

宋译本：过于无边劫，不知其出离，被苦常大困，罪心而不觉。（6—152）

敦煌写本：དེ་ལྟར་ངེས་བྱས་གཞན་དག་གི། །དོན་ལ་རབ་དུ་འཇུག་གྱིས་དང་། །ཐུབ་པའི་བཀའ་ནི་མྱི་སླུ་བས། །དེའི་ཡོན་ཏན་ཕྱིས་མཐོང་འགྱུརད། །

[1] 此处藏、汉传世译本多出16颂。

今译：如是当须知，极勤行利他，能仁言不虚，后见彼功德。(6—68)

藏文传世本：དེ་ལྟར་ངེས་པར་གཞན་དག་གི། །དོན་ལ་རབ་ཏུ་འཇུག་གྱིས་དང་། །ཐུབ་པའི་བཀའ་ནི་མི་སླུ་བས། །དེ་ཡི་ཡོན་ཏན་ཕྱིས་མཐོང་འགྱུར། །(8—156)

宋译本：如是不知觉，久久发善种，后见如来言，真实得功德。(6—153)

敦煌写本：གལ་ཏེ་ཁྱོད་ཀྱིས་སྔ་དུས་སུ། །ལས་འདི་བྱས་པར་གྱུརད་ན་ནི། །སངས་རྒྱས་ཕུན་སུམ་བདེ་སྦྱིན་དང་། །འདི་འདྲ་གནས་སྐབས་རེ་མི་འབྱུང་། །

今译：倘若先前时，你已行此事[1]，除佛圆满乐，不生如此时[2]。(6—69)

藏文传世本：གལ་ཏེ་ཁྱོད་ཀྱིས་སྔ་དུས་སུ། །ལས་འདི་བྱས་པར་གྱུར་ན་ནི། །སངས་རྒྱས་ཕུན་སུམ་བདེ་མིན་པ། །གནས་སྐབས་འདི་འདྲར་འགྱུར་མི་སྲིད། །(8—157)

宋译本：汝若见过去，不受彼恶业，菩提正快乐，此乐不得离。(6—154)

敦煌写本：དེ་བས་ཅི་ལྟར་གཞན་དག་གི། །ཁུ་བ་ཁྲག་གི་ཐིགས་པ་ལ། །ཁྱོད་ཀྱིས་ངར་འཛིན་བྱས་པ་ལྟར། །དེ་བཞན་[3]ལ་ཡང་གོམས་པར་གྱིས། །

今译：何以[4]他人之，血滴精液者，你能生我执，如是习于彼。(6—70)

藏文传世本：དེ་བས་འདི་ལྟར་གཞན་དག་གི། །ཁུ་བ་ཁྲག་གི་ཐིགས་པ་ལ། །ཁྱོད་ཀྱིས་ངར་འཛིན་བྱས་པ་ལྟར། །དེ་བཞིན་གཞན་ལའང་གོམས་པར་གྱིས། །(8—158)

宋译本：是故而取喻，彼输羯罗等，汝云何更作，我慢及不善。(6—155)

敦煌写本：གཞན་གྱི་རྟོག་ཅན་བྱས་ནས་ནི། །བདག་གི་ལུས་ལ་ཅི་སྣང་བ། །དེ་དང་དེ་ཉིད་ཕྲོག་བྱས་ནས། །ཁྱོད་ཀྱིས་གཞན་ལ་ཕན་པ་སྤྱོད། །

今译：成他人密探，观自身所有，盗种种所欲，行利他方便。(6—71)

藏文传世本：གཞན་གྱི་རྟོག་ཆེན་བྱས་ནས་ནི། །བདག་གི་ལུས་ལ་ཅི་སྣང་བ། །དེ་དང་དེ་ཉིད་ཕྲོགས་བྱས་ནས། །ཁྱོད་ཀྱིས་གཞན་ལ་ཕན་པ་སྤྱོད། །(8—159)

宋译本：诸行及己身，观之而不见，获得如是离，利他汝常行。(6—156)

敦煌写本：བདག་སྐྱིད་གཞན་ནི་མི་སྐྱིད་ལ། །བདག་མཐོ་གཞན་ནི་དམའ་བ་དང་། །བདག་ནི་ཕན་བྱེད་གཞན་

---

〔1〕 指自他互换的方便法门。

〔2〕 指正在遭受苦恼的时刻。

〔3〕 厘定后作“གཞན”

〔4〕 藏文传世本为“如此”。

བྱིན་ཞེས། །བདག་ལ་ཕྲག་དོག་ཅིས་མྱི་བྱེད།།

今译：谓自乐他苦，自高而他低，自利而非他，何不反自妒？（6—72）

藏文传世本：བདག་སྐྱིད་གཞན་ནི་མི་སྐྱིད་ལ། །བདག་མཐོ་གཞན་ནི་དམའ་བ་དང་། །བདག་ནི་ཕན་བྱེད་གཞན་མིན་ཞེས། །བདག་ལ་ཕྲག་དོག་ཅིས་མི་བྱེད།།（8—160）

宋译本：自乐而苦他，此行乃下劣，汝自之一心，于他作憎爱。（6—157）

敦煌写本：བདག་ནི་བདེ་དང་བྲལ་གྱིས་ཏེ། །གཞན་གྱི་སྡུག་བསྔལ་དག་ལ་སྦྱོར། །རེས་འགའ་འདི་ནི་ཅི་བྱེད་ཅེས། །བདག་གི་སྐྱོན་ལ་བརྟག་པར་གྱིས།།

今译：我应离安乐，当受诸[1]他苦，须臾[2]问此何？观察自过失。（6—73）

藏文传世本：བདག་ནི་བདེ་དང་བྲལ་གྱིས་ཏེ། །གཞན་གྱི་སྡུག་བསྔལ་བདག་ལ་སྦྱོར། །གང་ཚེ་འདི་ནི་ཅི་བྱེད་ཅེས། །བདག་གི་སྐྱོན་ལ་བརྟག་པར་གྱིས།།（8—161）

宋译本：中间忽思惟，何时何此作？乃自舍快乐，他苦亦不行[3]。（6—158）

敦煌写本：གཞན་གྱིས་ཉེས་པ་བྱས་པ་ཡང་། །རང་གི་གཡོན་དུ་སྒྱུར་ཅིག་ལ། །བདག་གི་ཉེས་པ་ཆུང་བྱས་ཀྱང་། །སྐྱེ་བོ་མང་ལ་རབ་དུ་ཤོགས།།

今译：他人所作恶，引咎归自过，自虽作小恶，应以当众忏。（6—74）

藏文传世本：གཞན་གྱིས་ཉེས་པ་བྱས་པ་ཡང་། །རང་གི་སྐྱོན་དུ་བསྒྱུར་ཅིག་ལ། །བདག་གི་ཉེས་པ་ཆུང་བྱས་ཀྱང་། །སྐྱེ་བོ་མང་ལ་རབ་ཏུ་ཤོགས།།（8—162）

宋译本：宁自落其头，更不造别过，乃至于小过，此大牟尼说[4]。（6—159）

敦煌写本：གཞན་གྱི་གྲགས་པར་འགྱུར་ཚུལ་དུ། །རང་གི་གྲགས་པ་བསལ་བར་གྱིས། །བདག་ནི་བྲན་གྱི་ཐ་མ་ལྟར། །དོན་རྣམས་ཀུན་ལ་བཀོལ་བར་གྱིས།།

今译：令成他赞誉，除净己赞誉[5]，我如最下仆，役使于诸事。（6—75）

藏文传世本：གཞན་གྱི་གྲགས་པ་ལྷག་བརྗོད་པས། །རང་གི་གྲགས་པ་ཟིལ་གྱིས་ནོན། །བདག་ནི་བྲན་གྱི་ཐ་མ་ལྟར། །དོན་རྣམས་ཀུན་ལ་བཀོལ་བར་གྱིས།།（8—163）

宋译本：以别胜善等，于他暗称赞，喻仆人事主，当事于有情。（6—160）

---

〔1〕 藏文传世本为“我”。

〔2〕 藏文传世本为“若时”。

〔3〕 根据藏文译本此处“不行”似为“自行”之误。

〔4〕 藏文译本无“此大牟尼说”之意，似为“应以当众忏”之误。

〔5〕 藏文传世本为：“显扬他人誉，遣除己声誉。”

敦煌写本：འདི་ནི་སྐྱོན་ཅན་རང་བཞིན་བས། །སློ་བུར་ཡོན་ཏན་ཆས་མྱི་བསྟོད། །འདིའི་ཡོན་ཏན་ཅི་ནས་ཀྱང་། །འགག[1]ཀྱང་མྱི་ཤེས་དེ་ལྟར་གྱིས། །

今译：此身性罪过，偶德切莫赞，务必于小德，莫令他人知！（6—76）

藏文传世本：འདི་ནི་སྐྱོན་ཅན་རང་བཞིན་ཏེ། །གློ་བུར་ཡོན་ཏན་ཆས་མི་བསྟོད། །འདི་ཡི་ཡོན་ཏན་ཅི་ནས་ཀྱང་། །འགས་ཀྱང་མི་ཤེས་དེ་ལྟར་གྱིས། །（8—164）

宋译本：彼住于过失，无定无功德，自如不知人，作此功德意。（6—161）

敦煌写本：མདོར་ན་བདག་གི་དོན་གྱི་ཕྱིར། །ཁྱོད་ཀྱིས་གཞན་ལ་གནོད་བྱས་གང་། །གནོད་དེ་སེམས་ཅན་དོན་གྱི་ཕྱིར། །བདག་ཉིད་ལ་ནི་འབབ་པར་གྱིས། །

今译：总凡为自利，汝于他作害，为成有情事，愿彼害临我。（6—77）

藏文传世本：མདོར་ན་བདག་གི་དོན་གྱི་ཕྱིར། །ཁྱོད་ཀྱིས་གཞན་ལ་གནོད་བྱས་གང་། །གནོད་དེ་སེམས་ཅན་དོན་གྱི་ཕྱིར། །བདག་ཉིད་ལ་ནི་འབབ་པར་གྱིས། །（8—165）

宋译本：汝若紧迅作，自为及为他，彼紧迅若此，必苦恼自退。（6—162）

敦煌写本：འདི་ནི་གཞའ་དྲག་འགྱུར་ཚུལ་དུ། །ཤེད་བསྐྱེད་པར་ནི་མྱི་བྱ་སྟེ། །བག་མ་སར་ད[2]པའི་ཚུལ་བཞིན་དུ། །ངོ་ཚ་འཇིགས་དང་བསྡམས་སྟེ་གཞག །

今译：此若壮威仪，切莫任得力，令置如新娘，羞怖不放任。[3]（6—78）

藏文传世本：འདི་ནི་གཞའ་དྲག་འགྱུར་ཚུལ་དུ། །ཤེད་བསྐྱེད་པར་ནི་མི་བྱ་སྟེ། །བག་མ་གསར་པའི་ཚུལ་བཞིན་དུ། །ངོ་ཚ་འཇིགས་དང་བསྡམས་ཏེ་བཞག །（8—166）

宋译本：此修乃第一，而未得其力，喻新住威仪，以财而惊怖。（6—163）

敦煌写本：འོན་ཏེ་དེ་ལྟར་བཏམས་ཀྱང་ནི། །སེམས་ཁྱོད་དེ་ལྟར་མྱི་བྱེད་ན། །ཁྱོད་ལ་ཉེས་པ་ཀུན་རྟེན་ད་པས། །ཁྱོད་ཉིད་མཚར་གཅད་[4]བྱ་བར་ཟད། །

今译：即便如是诲，汝心若不从，众恶依汝故，唯应汝斩尽！（6—79）

藏文传世本：འོན་ཏེ་དེ་ལྟར་གདམས་ཀྱང་ནི། །སེམས་ཁྱོད་དེ་ལྟར་མི་བྱེད་ན། །ཁྱོད་ལ་ཉེས་པ་ཀུན་བརྟེན་པས། །ཁྱོད་ཉིད་ཚར་གཅད་བྱ་བར་ཟད། །（8—168）

宋译本：以是常观察，妄心令不起，如此调伏我，息一切过失。（6—165）

---

〔1〕 此处之“འགག”应为“འགས”。

〔2〕 此处之“སརད”同“གསར”。

〔3〕 此处藏汉传世译本多出1颂。

〔4〕 “མཚར་གཅད”同“ཚར་གཅད”。

敦煌写本：ཁྱོད་ཀྱིས་ཕོ་བོ་གར་བརླག་པའི། །སྔོན་གྱི་དུས་དེ་གཞན་ཡིན་ཏེ། །ཁྱོད་ཀྱི་ཙ་ཡ་[1]ཀུན་བཅོམ་དང་། །གང་དུ་འགྲོ་བ་ཕོ་བོས་བལྟ།།

今译：汝制曾坏我，彼时已不返，吾今毁汝傲，观汝去何处。（6—80）

藏文传世本：ཁྱོད་ཀྱིས་ཕོ་བོ་གར་བརླག་པའི། །སྔོན་གྱི་དུས་དེ་གཞན་ཡིན་ཏེ། །ངས་མཐོང་ད་ཁྱོད་གང་དུ་འགྲོ། །ཁྱོད་ཀྱི་དྲེགས་པ་ཀུན་གཞོམ་བྱ།།（8—169）

宋译本：见我去何处，无明一切坏，同彼过去时，如汝之坏我。（6—166）

敦煌写本：ད་དུང་བདག་ལ་རང་གི་དོན། །ཡོད་སྙམ་སེམས་པ་དེ་འོར་[2]ཅིག །བདག་གིས་གཞན་ལ་ཁྱོད་བཙོངས་ཀྱིས། །སྐྱོ་བར་མ་སེམས་ཞོ་ཤ་ཕུལ།།

今译：谓还剩自利，我当弃此念，我售汝于他，莫悲应奉献！（6—81）

藏文传世本：ད་དུང་བདག་ལ་རང་གི་དོན། །ཡོད་སྙམ་སེམས་པ་དེ་དོར་ཅིག །བདག་གིས་གཞན་ལ་ཁྱོད་བཙོང་གིས། །སྐྱོ་བར་མ་སེམས་ཞོ་ཤ་ཕུལ།།（8—170）

宋译本：自利我今有，此远离不远，如人卖于他，苦多不自在。（6—167）

敦煌写本：གལད་ཏེ་བག་མྱེད་གྱུརད་ནས་ཁྱོད། །སེམས་ཅན་རྣམས་ལ་མ་བྱིན་ན། །ཁྱོད་ཀྱིས་ཕོ་བོ་དམྱལ་བ་ཡི། །སེམས་ཅན་རྣམས་ལ་བྱིན་དུ་ངེས།།

今译：若是放逸故，未施汝于众，则汝必施我，于地狱有情[3]。（6—82）

藏文传世本：གལ་ཏེ་བག་མེད་གྱུར་ནས་ཁྱོད། །སེམས་ཅན་རྣམས་ལ་མ་བྱིན་ན། །ཁྱོད་ཀྱིས་ཕོ་བོ་དམྱལ་བ་ཡི། །སྲུང་མ་རྣམས་ལ་བྱིན་དུ་ངེས།།（8—171）

宋译本：汝有情不与，虽名不散乱，是故如以人，付狱卒不殊。（6—168）

敦煌写本：དེ་ལྟར་ཁྱོད་ཀྱིས་རེ་ལྟ་ཞིག །ཕོ་བོ་བྱིན་བས་ཡུན་རིང་སྡུག །ད་ནི་ཁོན་རྣམས་དྲན་བྱས་སྟེ། །ཁྱོད་ཀྱི་རང་དོན་སེམས་པ་གཞོམ།།

今译：如是汝屡次，施我令久苦，今忆诸宿仇，摧汝自利心。（6—83）

藏文传世本：དེ་ལྟར་ཁྱོད་ཀྱིས་རེ་ལྟ་ཞིག །ཕོ་བོ་བྱིན་པས་ཡུན་རིངས་སྡུག །ད་ནི་ཁོན་རྣམས་དྲན་བྱས་ཏེ། །ཁྱོད་ཀྱིས་རང་དོན་སེམས་པ་གཞོམ།།（8—172）

宋译本：狱中种种事，被害亦长久，此得为自利，怨念彼不生。（6—169）

〔1〕“ཙ་ཡ”为古藏文词汇，在藏语安多方言中至今还运用，意为“傲慢”或“荣耀”，与藏文传世本中之“དྲེགས་པ”词意相同。

〔2〕“འོར”为古藏文词汇，在藏语安多方言区个别地区至今仍在使用，为“舍弃”之意，与藏文传世本中之“དོར”词意相同。

〔3〕藏文传世本为“地狱卒”。

敦煌写本：དེ་སྟེ་བདག་ནྀ་དགྭ་འདོད་ན། །རང་ལ་བདག་གིས་དགའར་མྱི་བྱ། །དེ་སྟེ་བདག་ཉིད་སྲུང་འདོད་ན། །གཞན་ལ་རྟག་དུ་བསྲུང་བར་བྱ།།

今译：故若欲自乐，莫于自生爱，如是欲自护，恒常应护他！[1]（6—84）

藏文传世本：དེ་སྟེ་བདག་ནི་དགའ་འདོད་ན། །རང་ལ་བདག་གིས་དགར་མི་བྱ། །དེ་སྟེ་བདག་ནི་བསྲུང་འདོད་ན། །གཞན་དག་རྟག་ཏུ་བསྲུང་བར་བྱ།།（8—173）

宋译本：不作于自爱，而自爱得有，若见自护持，护持不实故。（6—170）

敦煌写本：བྱང་ཆུབ་སེམས་དཔའི་སྤྱོད་པ་ལ་འཇུག་པ་ལས། ། བརྩོན་འགྲུས་བསྔནད་པ་ཞེས་བྱ་བ་སྟེ། །ལེའུ་དྲུག་པའོ། ༑

译文：《入菩萨行论》之《精进》为第六品。

第七品　禅　定

敦煌写本：ཞི་གནས་རབ་དུ་ལྡན་པ་ལྷག་མཐོང་གིས། །ཉོན་མོངས་རྣམ་པར་འཇོམས་པར་ཤེས་བྱས་ནས། །ཐོག་མར་ཞི་གནས་བཙལ་བྱ་དེ་ཡང་ནི། །འཛིགས་རྟེན་ཆགས་པ་མྱེད་པ་མངོན་དགས་འགྲུབ།།

今译：具足寂止而胜观，知已能灭诸烦恼，首先应当求寂止，妙喜成就不贪世。[2]（7—1）

藏文传世本：ཞི་གནས་རབ་ཏུ་ལྡན་པའི་ལྷག་མཐོང་གིས། །ཉོན་མོངས་རྣམ་པར་འཇོམས་པར་ཤེས་བྱས་ནས། །ཐོག་མར་ཞི་གནས་བཙལ་བྱ་དེ་ཡང་ནི། །འཇིག་རྟེན་ཆགས་པ་མེད་ལ་མངོན་དགས་འགྲུབ།།（8—4）

宋译本：依于奢摩他，尾钵奢曩等，如是而起行，破坏于烦恼，先求奢摩他，不藉世间行。（6—4；5a）

敦煌写本：མྱི་རྟག་སུ་ཞིག་མྱི་རྟག་ལ། །ཡང་དག་ཆགས་པར་བྱེད་པ་ཡོད། །དེས་ནྀ་ཚེ་རབས་སྟོང་ཕྲག་དུ། །སྡུག་པ་མཐོང་བར་ཡོང་མྱི་འགྱུརད།།

今译：若有无常人，正贪无常法，彼于成千生，永不见所爱。（7—2）

藏文传世本：མི་རྟག་སུ་ཞིག་མི་རྟག་ལ། །ཡང་དག་ཆགས་པར་བྱེད་པ་ཡོད། །དེས་ནི་ཚེ་རབས་སྟོང་ཕྲག་ཏུ། །སྡུག་པ་མཐོང་བར་ཡོང་མི་འགྱུར།།（8—5）

宋译本：无常而恒有，于爱何得要？若见于千生，不复起爱著。（6—5b；6a）

---

〔1〕 此颂之后藏文传世译本多出的14颂，宋译本多出的13颂中敦煌本禅定品中仅出现2个相对应的偈颂。

〔2〕 此颂之前藏、汉传世译本多出3颂。

敦煌写本：མ་མཐོང་ན་ནྀ་དགའ་མྱི་འགྱུརད། །ཡིད་ཀྱང་མཉམ་འཇོག་མྱི་འགྱུར་ལ། །མཐོང་ཡང་ངོམས་པར་མྱི་འགྱུར་བས། །སྔ་བཞིན་སྲེད་པས་གདུང་བར་འགྱུརད།།

今译：不见则不喜，意亦难平住，见亦不知足，如昔贪而忧。(7—3)

藏文传世本：མ་མཐོང་ན་ནི་དགའ་མི་འགྱུར། །ཡིད་ཀྱང་མཉམ་འཇོག་མི་འགྱུར་ལ། །མཐོང་ཡང་ངོམས་པར་མི་འགྱུར་བས། །སྔར་བཞིན་སྲེད་པས་གདུང་བར་འགྱུར།།(8—6)

宋译本：不乐尾钵舍〔1〕，亦不住等持，见已不止足，是患过去渴。(6—6b；7a)

敦煌写本：སེམས་ཅན་རྣམས་ལ་ཆགས་བྱས་ན། །ཡང་དག་ཉིད་ལ་ཀུན་ནས་སྒྲིབ། །སྐྱོ་བའི་སེམས་ཀྱང་འཇིག་པར་བྱེད། །ཐ་མར་མྱ་ངན་གདུང་བར་འགྱུརད།།

今译：若贪诸有情，则障真实性〔2〕，亦毁厌离心，终为忧苦逼。(7—4)

藏文传世本：སེམས་ཅན་རྣམས་ལ་ཆགས་བྱས་ན། །ཡང་དག་ཉིད་ལ་ཀུན་ནས་སྒྲིབ། །སྐྱོ་བའི་སེམས་ཀྱང་འཇིག་པར་བྱེད། །ཐ་མར་མྱ་ངན་གདུང་བར་འགྱུར།།(8—7)

宋译本：如实而不见，安得尽烦恼？意缘于爱集，被烦恼烧然。(6—7b；8a)

敦煌写本：དེ་ལ་སེམས་པ་འབའ་ཤིག་གིས། །ཚེ་འདྀ་དོན་མྱེད་འདའ་བར་འགྱུརད། ། རྟག་པ་མྱེད་པའི་མཛའ་བཤེས་ཀྱིས། །གཡུང་དྲུང་ཆོས་ཀྱང་འཇིག་པར་གྱུརད།།

今译：若唯思惟彼〔3〕，此生无义逝，无常之亲友，令毁坚固法。(7—5)

藏文传世本：དེ་ལ་སེམས་པ་འབའ་ཞིག་གིས། །ཚེ་འདི་དོན་མེད་འདའ་བར་འགྱུར། །རྟག་པ་མེད་པའི་མཛའ་བཤེས་ཀྱིས། །གཡུང་དྲུང་ཆོས་ཀྱང་འཇིག་པར་འགྱུར།།(8—8)

宋译本：思惟彼下堕，短命须臾住，善友不长久，坚固法不成。(6—8b；9a)

敦煌写本：བྱིས་དང་སྐལད་བ་མཉམ་སྤྱོད་ན། །ངེས་པར་ངན་འགྲོར་འགྲོ་འགྱུརད་ཏེ། །སྐལ་མྱི་མཉམ་པར་ཁྲིད་བྱེད་ན། །བྱིས་པ་བསྟེནད་པས་ཅི་ཞིག་བྱ།།

今译：行与凡愚同，必定堕恶趣，牵于逆缘故，为何依凡愚？(7—6)

藏文传世本：བྱིས་དང་སྐལ་བ་མཉམ་སྤྱོད་ན། །ངེས་པར་ངན་འགྲོར་འགྲོ་འགྱུར་ཏེ། །སྐལ་མི་མཉམ་པར་ཁྲིད་བྱེད་ན། །བྱིས་པ་བསྟེན་པས་ཅི་ཞིག་བྱ།།(8—9)

---

〔1〕 藏文译本无“尾钵舍”(胜观)之意，似为“不见”之误读。

〔2〕 “真实性”指真谛或胜义谛，佛家所说的诸法究竟本性。

〔3〕 “彼”指所贪欲的对象。

宋译本：行与愚迷同，决定堕恶趣，何得同愚迷？以毒分[1]牵故。（6—9b; 10a）

敦煌写本：སྐད་ཅིག་ཅིག་གིས་མཛའ་གྱུརད་ལ། ། །།ཡུད་ཙམ་གཅིག་གིས་དགྲར་ཡང་འགྱུརད། །དགྱེ་བའི་གནས་ལ་ཁྲོ་བྱེད་པས། །སོ་སོའི་སྐྱེ་བོ་མགུ་བར་དཀའ། །

今译：刹那成亲友，须臾复成敌，喜处生嗔故，凡夫取悦难。（7—7）

藏文传世本：སྐད་ཅིག་གཅིག་གིས་མཛའ་འགྱུར་ལ། །ཡུད་ཙམ་གྱིས་ནི་དགྲར་ཡང་འགྱུར། །དགའ་བའི་གནས་ལ་ཁྲོ་བྱེད་པས། །སོ་སོའི་སྐྱེ་བོ་མགུ་བར་དཀའ། །（8—10）

宋译本：而于自眷属，刹那获怨恨，凡夫性异生，喜怒而无定，多嗔承事难，远离于善利。（6—10b; 11）

敦煌写本：ཕན་བ་སྨྲས་ན་ཁྲོ་བར་བྱེད། །བདག་ཀྱང་ཕན་ལས་ཟློག་པར་བྱེད། །དེ་དག་ངག་ཙི་མ་མཉན་ན། །ཁྲོས་པས་ངན་འགྲོར་འདོང་[2]བར་འགྱུརད། །

今译：忠告则生嗔，亦令我反善，若不听彼言，嗔而趋恶道。（7—8）

藏文传世本：ཕན་པར་སྨྲས་ན་ཁྲོ་བར་བྱེད། །བདག་ཀྱང་ཕན་ལས་ཟློག་པར་བྱེད། །དེ་དག་ངག་ནི་མ་མཉན་ན། །ཁྲོ་བས་ངན་འགྲོར་འགྲོ་བར་འགྱུར། །（8—11）

宋译本：下劣心自赞，缚著增爱罪，彼不舍于嗔，当堕于恶趣。（6—12）

敦煌写本：མཐོ་ལ་ཕྲག་དོག་མཉམ་དང་འགྲན། །དམའ་ལ་ང་རྒྱལ་བསྟོད་ན་འདྲེག། །མྱི་སྙན་བརྗོད་ན་ཁོང་ཁྲོ་སྟེ། །ནམ་ཞིག་བྱིས་ལ་ཕན་སེམས་ཡོད། །

今译：妒高争相等，欺低得赞傲，生嗔逆耳言，愚怎具利心？[3]（7—9）

藏文传世本：མཐོ་ལ་ཕྲག་དོག་མཉམ་དང་འགྲན། །དམའ་ལ་ང་རྒྱལ་བསྟོད་ན་དྲེགས། །མི་སྙན་བརྗོད་ན་ཁོང་ཁྲོ་སྐྱེ། །ནམ་ཞིག་བྱིས་ལས་ཕན་པ་འཐོབ། །（8—12）

宋译本：迷愚不摄心，为此无功德。（6—13a）

敦煌写本：བྱིས་དང་འགྲོགས་ན་བྱིས་བ་ལ། །བདག་སྟོད་གཞན་ལ་སྨོད་པ་དང་། ། འཁོར་བར་དགའ་བའི་གཏམ་ལས་སོགས། །མྱི་དགེ་ཅིས་ཀྱང་ངེས་པར་འབྱུང་། །

今译：伴愚则于愚，自赞而谤他，闲言世间乐，必当生恶业。（7—10）

〔1〕 根据两种藏译本“毒分”似是“逆缘”之误。

〔2〕 “འདོང་”同“འགྲོ”，意为“趋”。

〔3〕 藏文传世本为：“依愚怎获益？”

藏文传世本：བྱིས་དང་འགྲོགས་ན་བྱིས་པ་ལ། །བདག་བསྟོད་གཞན་ལ་སྨོད་པ་དང་། །འཁོར་བར་དགའ་བའི་གཏམ་ལ་སོགས། །མི་དགེ་ཅིས་ཀྱང་ངེས་པར་འབྱུང་། །（8—13）

宋译本：自赞毁谤他，轮回乐自得，愚迷之所持，住是等不善。（6—13b；14a）

敦煌写本：དེ་ལྟར་བདག་དང་གཞན་སྟེནད་པ། །དེས་ནི་ཕུང་བར་འགྱུར་བར་ཟད། །དེས་ཀྱང་བདག་དོན་མྱི་བྱས་ལ།། བདག་ཀྱང་དེའི་དོན་མྱི་འགྱུར་བས།།

今译：如是自他[1]依，由此唯生祸，彼不行我利，我难成彼事。（7—11）

藏文传世本：དེ་ལྟར་བདག་དང་གཞན་བསྟེན་པ། །དེས་ནི་ཕུང་བར་འགྱུར་བར་ཟད། །དེས་ཀྱང་བདག་དོན་མ་བྱས་ལ། །བདག་ཀྱང་དེ་དོན་མི་འགྱུར་བས། །（8—14）

宋译本：不善不和合，彼事皆获得，一身我所乐，而意无所贪。（6—14b；15a）

敦煌写本：བྱིས་ལས་ཐག་རིང་འབྱོལ་བར་བྱ། །ཕྲད་ནས་དགའ་བས་མགུ་བྱས་སྟེ། །འདྲིས་ཆེན་ཉིད་དུ་མྱི་འགྱུར་བར།། ཐ་མལ་པ་ཙམ་ལེགས་པར་བྱ།།

今译：远离于凡愚，偶遇让喜乐，莫要太亲密，亦应淡相触。（7—12）

藏文传世本：བྱིས་ལས་ཐག་རིང་བྱོལ་བར་བྱ། །ཕྲད་ན་དགའ་བས་མགུ་བྱས་ཏེ། །འདྲིས་ཆེན་ཉིད་དུ་མི་འགྱུར་བར། །ཐ་མལ་པ་ཙམ་ལེགས་པར་བྱ། །（8—15）

宋译本：远离于愚迷，当得爱承事，不为于赞欢，住于何善事[2]？（6—15b；16a）

敦煌写本：བུང་བས་མེན་ཏོག་སྦྲང་རྩི་བཞིན། །ཆོས་ཀྱི་དོན་ཙམ་བླངས་ནས་ནི། །ཀུན་ལ་སྔོན་ཆད་མ་མཐོང་བཞིན། །འདྲིས་པ་མྱེད་པར་གནས་པར་བྱ།།

今译：如蜂采花蜜，仅只取法义，如未曾谋面，平淡而依止！（7—13）

藏文传世本：བུང་བས་མེ་ཏོག་སྦྲང་རྩི་བཞིན། །ཆོས་ཀྱི་དོན་ཙམ་བླངས་ནས་ནི། །ཀུན་ལས་སྔོན་ཆད་མ་མཐོང་བཞིན། །འདྲིས་པ་མེད་པར་གནས་པར་བྱ། །（8—16）

宋译本：略如蜂造蜜，寂静得成就，我行一切处，如未曾有者。（6—16b；17a）

〔1〕 此处“他”所指为“愚夫”。

〔2〕 藏文译本无“住于何善事”之意，似为“应平淡相触”之误。

敦煌写本：བདག་ཞི་རྙེད་མང་བཀུར་བསྟི་བྱས། །བདག་ལ་མང་པོ་དགའོ་ཞེས། །དེ་འདྲའི་སྙེམས་པ་ཆང་འགྱུར་ན། །ཤི་བའི་འོག་དུ་འཇིགས་པ་སྐྱེ། །

今译：谓我多利养，受敬众人喜，如是持傲慢，死后必生怖。（7—14）

藏文传世本：བདག་ནི་རྙེད་མང་བཀུར་སྟི་བཅས། །བདག་ལ་མང་པོ་དགའ་འོ་ཞེས། །དེ་འདྲའི་སྙེམས་པ་འཆང་གྱུར་ན། །ཤི་བའི་འོག་ཏུ་འཇིགས་པ་སྐྱེ། །（8—17）

宋译本：恒得于多人，赞欢而敬爱，（6—17b）

敦煌写本：བདེ་བས་རྣམ་པར་རྨོངས་པའི་ཡིད། །གང་དང་གང་དུ་ཆགས་གྱུརད་པ། །དེ་དང་དེ་བསྡོངས་སྟོང་གྱུརད་དུ། །སྡུག་བསྔལ་ཉིད་དུ་གྱུརད་ཅིང་ལྡང་། །

今译：于乐[1]愚痴心，无论何所贪，彼等同变千，苦恼尤生起。（7—15）

藏文传世本：དེ་བས་རྣམ་པར་རྨོངས་པའི་ཡིད། །གང་དང་གང་ལ་ཆགས་གྱུར་པ། །དེ་དང་དེ་བསྡོངས་སྟོང་འགྱུར་དུ། །སྡུག་བསྔལ་ཉིད་དུ་གྱུར་ཅིང་ལྡང་། །（8—18）

宋译本：若迷于处处，得意乐快乐，以此于世间，得生死怖畏。（6—18）

敦煌写本：དེ་བས་མཁས་པས་ཆགས་མི་བྱ། །ཆགས་པ་ལས་ནི་འཇིག་པ་སྐྱེ། །འདི་དག་རང་བཞིན་འདོར་གྱུར་བར། །བརྟན་བར་གྱིས་ཏེ་རབ་དུ་རྟོགས། །

今译：智者不应贪！贪着生怖畏。此等[2]性为去[3]，坚信而深解。[4]（7—16）

藏文传世本：དེ་བས་མཁས་པས་ཆགས་མི་བྱ། །ཆགས་པ་ལས་ནི་འཇིགས་པ་སྐྱེ། །འདི་དག་རང་བཞིན་འདོར་འགྱུར་བས། །བརྟན་པར་གྱིས་ཏེ་རབ་ཏུ་རྟོགས། །（8—19）

宋译本：是故彼智者，怖畏于生死，知千种苦恼，住之决定受。（6—19）

敦煌写本：རྙེད་པ་དག་ནི་མང་བྱུང་ཞིང་། །གྲགས་དང་སྙནད་པ་བྱུང་གྱུརད་ཀྱང་། །རྙེད་དང་གྲགས་པའི་ཚོགས་བཅས་ཏེ། །གང་དུ་འདོང་བའི་གཏོལ་མྱེད་དོ། །

今译：即得多利财，名誉与声望，然同利与名，何去不得知。（7—17）

藏文传世本：རྙེད་པ་དག་ནི་མང་བྱུང་ཞིང་། །གྲགས་དང་སྙན་པ་བྱུང་གྱུར་ཀྱང་། །རྙེད་དང་གྲགས་པའི་ཚོགས་བཅས་ཏེ། །གང་དུ་འདོང་བའི་གཏོལ་མེད་དོ། །（8—20）

---

〔1〕 传世本为“是故”。

〔2〕 指所贪着的事和物。

〔3〕 藏文传世本为“舍”。

〔4〕 此处藏、汉传世译本多出1颂。

宋译本：若于刹那顷，自修于进精，获得好名称，亦复多利养。（6—20）

敦煌写本：བདག་ལ་སྨོད་པའ་གཞན་ཡོད་ན། །བསྟོད་པས་བདག་འར་ཅི་ཞིག་ཡོད། །བདག་ལ་བསྟོད་པ་གཞན་ཡོད་ན། །སྨད་པས་ཀྱི་དགའ་ཅི་ཞིག་ཡོད།།

今译：于我有人谤，赞誉何所乐？于我有人赞，毁谤何不乐？（7—18）

藏文传世本：བདག་ལ་སྨོད་པ་གཞན་ཡོད་ན། །བསྟོད་པས་བདག་དགར་ཅི་ཞིག་ཡོད། །བདག་ལ་བསྟོད་པ་གཞན་ཡོད་ན། །སྨད་པས་མི་དགར་ཅི་ཞིག་ཡོད།།（8—21）

宋译本：以彼同利人，毁我非功德，若此加毁谤，我谓赞欢喜，虽毁谤不嗔，称赞亦不喜。（6—21；22a）

敦煌写本：སེམས་ཅན་མོས་པ་སྣ་ཚོགས་པ། །རྒྱལ་བས་ཀྱང་ནི་མྱི་མགུ་ན། །བདག་འདྲ་ངན་པས་སྨོས་ཅི་དགོས། །དེ་བས་འཇིག་རྟེན་བསམ་བ་གཏང།།

今译：有情信解繁，胜者难令餍，何况劣如我？故弃世间念。（7—19）

藏文传世本：སེམས་ཅན་མོས་པ་སྣ་ཚོགས་པ། །རྒྱལ་བས་ཀྱང་ནི་མི་མགུ་ན། །བདག་འདྲ་ངན་པས་སྨོས་ཅི་དགོས། །དེ་བས་འཇིག་རྟེན་བསམ་པ་བཏང་།།（8—22）

宋译本：谓佛及有情，种种皆如是，称赞得功德，毁谤招苦报，世间不思惟，是谓愚痴故。（6—22b；23）

敦煌写本：སེམས་ཅན་རྫེད་པ་མྱེད་ལ་སྨོད། །རྫེད་པ་ཅན་ལ་ཀྱི་སྣན་བརྗོད། །རང་བཞིན་འགྲོགས་དཀའ་དེ་དག་གིས། །དགའ་བ་ཅི་ལྟར་སྐྱེ་བར་འགྱུར།།

今译：毁谤穷行者，恶言于富者，本性难接触，彼等怎令喜？[1]（7—20）

藏文传世本：སེམས་ཅན་རྙེད་པ་མེད་ལ་སྨོད། །རྙེད་པ་ཅན་ལ་མི་སྙན་བརྗོད། །རང་བཞིན་འགྲོགས་དཀའ་དེ་དག་གིས། །དགའ་བ་ཇི་ལྟར་སྐྱེ་བར་འགྱུར།།（8—23）

宋译本：自性苦同住，彼生何所乐？（6—24a）

敦煌写本：ནགས་ན་རི་དགས་བྱ་དག་དང། །ཤིང་རྣམས་ཀྱི་སྙན་རྗོད་མྱི་བྱེད། །འགྲོགས་ན་བདེ་བ་དེ་དག་དང། །ནམ་ཞིག་ལྷན་གཅིག་བདག་གནས་འགྱུར།།

今译：林中兽与鸟，树等不恶言，于彼善触者，何时我共处？（7—21）

藏文传世本：ནགས་ན་རི་དྭགས་བྱ་རྣམས་དང་། །ཤིང་རྣམས་མི་སྙན་རྗོད་མི་བྱེད། །འགྲོགས་ན་བདེ་བ་དེ་

[1] 此处藏文译本多出1颂，其内容与宋译本第24b相对应，宋译本除此半颂外另多出1颂。

དག་དང་། །ནམ་ཞིག་ལྷན་ཅིག་བདག་གནས་འགྱུར། །(8—25)

宋译本：不毁于有情，不一心承奉，损于利物行，如烦恼坏善。(6—26)

敦煌写本：ཕུག་གམ་ལྷ་གང་སྟོང་པ་འམ། །ལྗོན་ཤིང་དྲུང་དུ་གནས་བཅས་སྟེ། །ནམ་ཞིག་རྒྱབ་དུ་ཕྱི་ལྟ་ཞིང་། །ཆགས་པ་ཕྱེད་པར་འགྱུར་ཞིག་དྭ། །

今译：岩洞空祠堂，亦或住树旁，何时不回观[1]，变得无所贪？（7—22）

藏文传世本：ཕུག་གམ་ལྷ་ཁང་སྟོང་པའམ། །ལྗོན་ཤིང་དྲུང་དུ་གནས་བཅས་ཏེ། །ནམ་ཞིག་རྒྱབ་ཏུ་མི་ལྟ་ཞིང་། །ཆགས་པ་མེད་པར་འགྱུར་ཞིག་གྱཱ། །(8—26)

宋译本：如彼天宫殿[2]，及于树根舍，随彼爱乐心，从意得为上。(6—27)

敦煌写本：ས་ཕྱོགས་བདག་གིས་བཟུང་ཕྱེད་པླ། །རང་བཞིན་གྱིས་ནི་ཡངས་རྣམས་སུ། །རབ་སྤྱོང་སྤྱོད་ཅིང་ཆགས་ཕྱེད་པར། །ནམ་ཞིག་བདག་ནི་གནས་པར་འགྱུརད། །

今译：未被他人占，天然辽阔地，修行[3]而不贪，何时我居此？（7—23）

藏文传世本：ས་ཕྱོགས་བདག་གིར་བཟུང་མེད་པ། །རང་བཞིན་གྱིས་ནི་ཡངས་རྣམས་སུ། །རང་དབང་སྤྱོད་ཅིང་ཆགས་མེད་པར། །ནམ་ཞིག་བདག་ནི་གནས་པར་འགྱུར། །(8—27)

宋译本：自性之广大，斯为无碍处，彼所未曾见，亦不能观察[4]。(6—28)

敦煌写本：ལྷུང་བཟེད་ལས་སྩོགས་ཉི་ཙེ་དང་། །ཀུན་ལ་ཕྱི་མཁོའི་གོས་འཆང་ཞིང་། །ལུས་འདི་སྦ་བ་མ་བྱས་ཀྱང་། །འཇིགས་ཕྱེད་གནས་པར་ནམ་ཞིག་འགྱུར། །

今译：持钵等少物，着众不需衣，此身不藏匿，何时无怖居？（7—24）

藏文传世本：ལྷུང་བཟེད་ལ་སོགས་ཉི་ཚེ་དང་། །ཀུན་ལ་མི་མཁོའི་གོས་འཆང་ཞིང་། །ལུས་འདི་སྦ་བ་མ་བྱས་ཀྱང་། །འཇིགས་མེད་གནས་པ་ནམ་ཞིག་འགྱུར། །(8—28)

宋译本：富贵喻坯器，虽成不坚牢，受用然自由，苦恼而速至，如盗他人衣，分之着身上，行住不自在，苦恼当求离。(6—29；30)

敦煌写本：དུར་ཁྲོད་སོང་ནས་གཞན་དག་གི། །རུས་གོང་དག་དང་བདག་གི་ལུས། །འཇིག་པའི་ཆོས་ཅན་དག་དུ་ནི། །ནམ་ཞིག་མགོ་སྙོམ་བྱེད་པར་འགྱུརད། །

---

〔1〕“不回观”指不返生贪欲于此前所舍弃的家眷、财产等。

〔2〕藏文译本无“天宫殿”之意，似为“空庙宇”之误。

〔3〕传世本为“自在行”。

〔4〕两种藏文译本均无“彼所未曾见，亦不能观察”之意。

今译：启程到坟场，他骨与自身，悉皆坏灭法，何时能类推？（7—25）

藏文传世本：དུར་ཁྲོད་སོང་ནས་གཞན་དག་གི། །རུས་གོང་དག་དང་བདག་གི་ལུས། །འཇིག་པའི་ཆོས་ཅན་དག་ཏུ་ནི། །ནམ་ཞིག་མགོ་སྙོམས་བྱེད་པར་འགྱུར། །(8—29)

宋译本：称量于自身，彼实苦恼法，我此如是身，是身必当坏。(6—31)

敦煌写本：བདག་གི་ལུས་ནི་འདྀ་ཉིད་ཀྱང་། །གང་གི་དྲི་ཡིས་ཝ་དག་ཀྱང་། །ཉེ་དུ་ཉེར་འགྲོ་མྱི་འགྱུར་བ། །དེ་ལྟ་བུར་ནྀ་འགྱུར་བར་འོང་། །

今译：我身亦使然，其味令诸狐，不敢趋近处，必来如是事。[1]（7—26）

藏文传世本：བདག་གི་ལུས་ནི་འདི་ཉིད་ཀྱང་། །གང་གི་དྲི་ཡིས་ཝ་དག་ཀྱང་། །ཉེ་དུ་ཉེར་འགྲོ་མི་འགྱུར་བ། །དེ་ལྟ་བུར་ནི་འགྱུར་བ་འོང་། །(8—30)

敦煌写本：ལུས་འདྀ་གཅིག་པུ་བྱུང་བ་ཡང་། །ལྷན་ཅིག་སྐྱེས་པའི་ཤ་རུས་དག། །ཞིག་སྟེ་སོ་སོར་གྱེས་འགྱུརད་ན། །མཛའ་བ་གཞན་ལྟ་ཅི་ཞིག་སྨོས། །

今译：于此孑然身，与生肉与骨，坏而各分离，余友何待言？（7—27）

藏文传世本：ལུས་འདི་གཅིག་པུ་བྱུང་བ་ཡང་། །ལྷན་ཅིག་སྐྱེས་པའི་ཤ་རུས་དག །ཞིག་སྟེ་སོ་སོར་འགྱེས་འགྱུར་ན། །མཛའ་བ་གཞན་དག་ཅི་ཞིག་སྨོས། །(8—31)

宋译本：观察于此身，性与身相离，性然无所坏，身当为豺食。(6—32)

敦煌写本：སྐྱེ་བོ་གཅིག་པུ་སྐྱེ་འགྱུར་ཞིང་། །འཆི་ན་འང་དེ་ཉིད་གཅིག་འཆི་སྟེ། །སྡུག་བསྔལ་སྐལ་གཞན་གྱི་ལེན་ན། །བགེགས་བྱེད་མཛའ་བས་ཅི་ཞིག་བྱ། །

今译：人者[2]独自生，死又独其死，苦份他不摊，作障[3]友何用？[4]（7—28）

藏文传世本：སྐྱེ་ན་གཅིག་པུ་སྐྱེ་འགྱུར་ཞིང་། །འཆི་ནའང་དེ་ཉིད་གཅིག་འཆི་སྟེ། །སྡུག་བསྔལ་སྐལ་གཞན་མི་ལེན་ན། །གེགས་བྱེད་མཛའ་བས་ཅི་ཞིག་བྱ། །(8—32)

宋译本：一生定一死，有情界如是，彼复见何事，诸大各分去？（6—32）

敦煌写本：བཤེས་མྱེད་འཁོནད་པའང་མྱེད་བྱས་ནས། །ལུས་འདྀ་གཅིག་པུ་དབེན་གནས་ཏེ། །ཟྀ་ན་ཤྀ་དང་འདྲར་བརྩིས་ན། །ཤྀ་ན་ཡང་མྱ་ངན་བྱེད་པ་མྱེད། །

〔1〕 宋译本中无与此颂对应的偈颂。

〔2〕 藏文传世本为“生即”。

〔3〕 指妨碍行诸善法。

〔4〕 此处藏、汉传世译本多出2颂。

今译：无亲亦无冤，此身独处静，视其早已死，即死无人悲。(7—29)

藏文传世本：བཤེས་མེད་འཁོན་པའང་མེད་བྱས་ནས། །ལུས་འདི་གཅིག་པུ་དབེན་གནས་ཏེ། །སྔ་ནས་ཤི་དང་འདྲར་བརྩིས་ནས། །ཤི་ནའང་མྱ་ངན་བྱེད་པ་མེད།།(8—35)

宋译本：如是之一身，冤家所不赞，直至如是成，不厌患世间，过去世间时，生死无悔恨。(6—36；37a)

敦煌写本：ཉེ་ན་འཁོད་པ་སུ་དག་ཀྱང་། །མྱ་ངན་གནོད་པ་བྱེད་མྱེད་པས། །འདི་ཡི་སངས་རྒྱས་རྗེས་དྲན་སྒོགས། །ལུས་ཀྱང་གཡེངས་པར་གྱུརད་པ་མྱེད།།

今译：昔为近住者，无有悲或害，由此忆念佛，无人扰令散。(7—30)

藏文传世本：ཉེ་ན་འཁོད་པ་སུ་དག་ཀྱང་། །མྱ་ངན་གནོད་པ་བྱེད་མེད་པས། །འདི་ཡིས་སངས་རྒྱས་རྗེས་དྲན་སོགས། །ལུས་ཀྱང་གཡེངས་པར་འགྱུར་བ་མེད།།(8—36)

宋译本：所行行不近，能离世间苦，念佛心口同，无有人嫌毁。(6—37b；38a)

敦煌写本：དེ་བས་ཤིན་ཏུ་མདངས་དགྭ་བའི། །ནགས་ཚལ་ཚོགས་ཆུང་བདེ་སྐྱིད་ཅིང་། །གཡེང་བ་ཐམས་ཅད་ཞི་བྱེད་པར། །བདག་ཉིད་གཅིག་པུ་གནས་པར་བྱ།།

今译：故令极悦色，逸而生乐林，灭尽诸掉举，我应独自居！(7—31)

藏文传世本：དེ་བས་ཤིན་ཏུ་མདངས་དགའ་བའི། །ནགས་ཚལ་ཚོགས་ཆུང་བདེ་སྐྱིད་ཅིང་། །གཡེང་བ་ཐམས་ཅད་ཞི་བྱེད་པར། །བདག་ཉིད་གཅིག་པུ་གནས་པར་བྱ།།(8—37)

宋译本：是故身意调，寂静无烦扰，如是我恒行，灭尽诸烦恼。(6—38b；39a)

敦煌写本：བསམ་པ་གཞན་ནི་ཀུན་བཏང་སྟེ། །བདག་ལ་སེམས་པ་གཅིག་པུ་ཡིས། །སེམས་ནི་མཉམ་པར་གཞག་ཕྱིར་དང། །དུལ་བར་བྱ་ཕྱིར་བརྩོན་ཏེ་བྱ།།

今译：舍尽余思维，专心于自事，为令心等住，调伏而精进。[1](7—32)

藏文传世本：བསམ་པ་གཞན་ནི་ཀུན་བཏང་སྟེ། །བདག་ལ་སེམས་པ་གཅིག་པུ་ཡིས། །སེམས་ནི་མཉམ་པར་གཞག་ཕྱིར་དང་། །དུལ་བར་བྱ་ཕྱིར་བརྩོན་ཏེ་བྱ།།(8—38)

敦煌写本：འཇིག་རྟེན་འདི་དང་ཕ་རོལ་དུ། །འདོད་པ་རྣམས་ནི་ཕུང་ཁྲོལ་སྐྱེད། །འདིར་ནི་བསད་དང་བཅིང་དང་གཅོད། །ཕ་རོལ་དུ་དམྱལ་སྒོགས་སྒྲུབ།།

〔1〕 宋译本中无与此颂对应的偈颂。

今译：现世及彼世，诸欲生祸害，造此杀缚砍，彼为地狱等。[1]（7—33）

藏文传世本：འཇིག་རྟེན་འདི་དང་ཕ་རོལ་ཏུའང་། །འདོད་པ་རྣམས་ནི་ཕུང་ཁྲོལ་བསྐྱེད། །འདིར་ནི་བསད་དང་བཅིང་དང་གཅོད། །ཕ་རོལ་ཏུ་ནི་དམྱལ་སོགས་སྒྲུབ། །（8—39）

宋译本：解脱于自心，复解脱一切，得此心平等，于今世后世，断彼苦恼缚，乃至地狱等。（6—39b；40）

敦煌写本：འདོད་ལྡན་ངན་པ་ཁ་ཅིག་ནི། །ཉིན་རང་ལས་ཀྱིས་ཡོང་དུབ་སྟེ། །ཁྱིམ་དུ་འོངས་ནས་ཆད་པའི་ལུས། །རོ་དང་འདྲ་བར་ཉལ་བར་བྱེད། །

今译：贪欲下劣人，日间累于劳，返家身疲惫，卧睡同死尸。（7—34）

藏文传世本：འདོད་ལྡན་ངན་པ་ཁ་ཅིག་ནི། །ཉིན་རངས་ལས་ཀྱིས་ཡོངས་དུབ་སྟེ། །ཁྱིམ་དུ་འོངས་ནས་ཆད་པའི་ལུས། །རོ་དང་འདྲ་བར་ཉལ་བར་བྱེད། །（8—73）

宋译本：如彼日将落，为作困不就，复如鹿兽群[2]，至夜空还去。（6—72）

敦煌写本：ཁ་ཅིག་བྱེས་བགོྲད་[3]ཉོན་མོངས་དང་། །རིང་དུ་སོང་བའི་སྡུག་བསྔལ་ཅན། །བུ་སྨད་འདོད་བཞིན་བུ་སྨད་རྣམས། །ཁྱུད་ཁོརད་ལོས་ཀྱང་མཐོང་མྱི་འགྱུརད། །

今译：有人离乡惑，远离而苦恼，虽欲得女人，难见如轮转。[4]（7—35）

藏文传世本：ཁ་ཅིག་བྱེས་བགྲོད་ཉོན་མོངས་དང་། །རིང་དུ་སོང་བའི་སྡུག་བསྔལ་ཅན། །བུ་སྨད་འདོད་བཞིན་བུ་སྨད་རྣམས། །ཁྱུད་ཁོར་ལོས་ཀྱང་མཐོང་མི་འགྱུར། །（8—74）

宋译本：锡杖钵随行，在路而困苦，如犊随母行[5]，无所畏[6]亦尔。（6—73）

敦煌写本：ལ་ལ་རང་གི་ལུས་བཙོངས་ཤིང་། །དབང་མྱེད་གཞན་གྱིས་བཀོལ་གྱུརད་དེ། །ཆུང་མ་དག་ཀྱང་བུ་འབྱུང་ན། །ཤིང་དྲུང་དགོན་པར་བབ་བབ་འབྱུང་། །

今译：有人售自身，他役无自在，若妻临产子，树底荒郊生。（7—36）

藏文传世本：ལ་ལ་རང་གི་ལུས་བཙོང་ཞིང་། །དབང་མེད་གཞན་གྱིས་བཀོལ་གྱུར་ཏེ། །ཆུང་མ་དག་ཀྱང་བུ་

〔1〕此处藏文传世译本多出33颂，其中能与敦煌本对应的12颂出现于后文；宋译本多出32颂，其中能与敦煌本对应的11颂出现于后文。

〔2〕藏文译本无“鹿兽群”之意，黄宝生指出此处可能是将“死人”误读为“麋兽”。

〔3〕“བགོྲད”同“བགྲོད”，厘定后一律作“བགྲོད”。

〔4〕此处藏、汉传世译本多出1颂。

〔5〕藏文译本无“犊随母行”之意，似为“转轮”和“女人”之误读。

〔6〕藏文译本无“畏”之意。

བྱུང་ན། །ཤིང་བྱུང་དགོན་པར་བབ་བབ་འབྱུང་། །(8—76)

敦煌写本：འདོད་པས་བསླུས་པའི་གླེན་པ་དག །འཚོ་འདོད་འཚོ་བར་བྱའོ་ཞེས། །སྲོག་སྟོར་དོགས་བཞིན་གཡུལ་དུ་འཇུག །ཁེ་ཕྱིར་བྲན་དུ་འགྲོ་བར་བྱེད། །

今译：愚者为欲诳：求活谋生故，虑丧而入战，为利当奴仆。(7—37)

藏文传世本：འདོད་པས་བསླུས་པའི་གླེན་པ་དག །འཚོ་འདོད་འཚོ་བར་བྱའོ་ཞེས། །སྲོག་སྟོར་དོགས་བཞིན་གཡུལ་དུ་འཇུག །ཁེ་ཕྱིར་བྲན་དུ་འགྲོ་བར་བྱེད། །(8—77)

宋译本：如女产林野，如战命难保，迷者为欲诳，侍我感奴仆。[1](6—75)

敦煌写本：འདོད་ལྡན་ལ་ལ་ལུས་ཀྱང་བཅད། །ཁ་ཅིག་གསལ་ཤིང་རྩེ་ལ་བཙུགས། །ཁ་ཅིག་མདུང་ཐུང་དག་གིས་བསྣུནད། །ཁ་ཅིག་བསྲེགས་པ་དག་ཀྱང་སྣང་། །

今译：贪欲者砍身，或竖弗戈尖，或遭短枪刺，或受火焚烧。[2](7—38)

藏文传世本：འདོད་ལྡན་ལ་ལ་ལུས་ཀྱང་བཅད། །ཁ་ཅིག་གསལ་ཤིང་རྩེ་ལ་བཙུགས། །ཁ་ཅིག་མདུང་ཐུང་དག་གིས་བསྣུན། །ཁ་ཅིག་བསྲེགས་པ་དག་ཀྱང་སྣང་། །(8—78)

宋译本：断欲者心净，于苦能审查[3]，见彼欲火烧，复若毒枪刺。(6—77)

敦煌写本：བྱིས་པ་ནོར་སྤེལ་མྱི་ནུས་པས། །དར་ལ་བབ་ན་འདི་ཅིས་བདེ། །ནོར་སྤོགས་པ་ཡིས་ཚེ་གཏུགས་ན། །རྒས་ན་འདོད་པས་ཅི་ཞིག་བྱ། །

今译：少年难生财，壮年怎安乐？积财耗尽寿，老至欲何作？(7—39)

藏文传世本：བྱིས་པ་ནོར་སྤེལ་མི་ནུས་པས། །དར་ལ་བབ་ན་འདི་ཅི་བདེ། །ནོར་སོགས་པ་ཡིས་ཚེ་གཏུགས་ན། །རྒས་ནས་འདོད་པས་ཅི་ཞིག་བྱ། །(8—72)

宋译本：少年贪受乐，不求胜善力，少年如不求，老至欲何作？(6—71)

敦煌写本：འདོད་ལྡན་རྣམས་ལ་དེ་ལྟ་བུར། །ཉེས་དམིགས་མང་ལ་མནོང་[4] ཆུང་སྟེ། །ཤིང་རྟ་འདྲེནད་པའི་ཕྱུགས་དག་གིས། །རྩྭ་ནི་ཁམ་འགའ་ཟོས་པ་བཞིན། །

今译：如是贪欲者，害多而利少，如同拖车牲，啃吃几口草[5]。(7—40)

---

〔1〕 此颂包含敦煌译本第35、36两颂的内容。

〔2〕 此处藏文传世译本多出1颂，宋译本多出与此相对应的2颂。

〔3〕 根据藏文译本，“断欲者心净，于苦能审查”两短句误译了原文的意思。

〔4〕 “མནོང”似为“མནོག”之笔误。

〔5〕 喻拖车的牲畜由于饥饿而在拖车时肯吃了路边的几口草，随之遭受到被车碾压的苦恼。

藏文传世本：འདོད་ལྡན་རྣམས་ལ་དེ་ལ་སོགས། །ཉེས་དམིགས་མང་ལ་མནོག་ཆུང་སྟེ། །ཤིང་རྟ་འདྲེན་པའི་ཕྱུགས་དག་གིས། །རྩ་ནི་ཁམ་འགའ་ཟོས་པ་བཞིན། །（8—80）

宋译本：如是贪欲味，欲者受不少，喻牛牵重车，至彼口无草。（6—79）

敦煌写本：ཕྱུགས་ཀྱིས་བསྒྲུབས་ན་འང་མི་དཀོན་བའི། །མནོག་ཆུང་གང་ཡིན་དེའི་དོན་དུ། །དལ་འབྱོར་ཕུན་སུམ་རྙེད་དཀའ་འདི། །ལས་ཀྱིས་མནར་དད་པ་རྣམས་ཀྱིས་བཅོམ། །

今译：畜亦不难办，彼等微利事，难得暇满身，毁于诸业力。（7—41）

藏文传世本：ཕྱུགས་ཀྱིས་བསྒྲུབས་ནའང་མི་དཀོན་པའི། །མནོག་ཆུང་གང་ཡིན་དེ་དོན་དུ། །དལ་འབྱོར་ཕུན་སུམ་རྙེད་དཀའ་འདི། །ལས་ཀྱིས་མནར་བ་རྣམས་ཀྱིས་བཅོམ། །（8—81）

宋译本：欲味与无草，见者人难得，见已破知非，刹那觉希有。（6—80）

敦煌写本：འདོད་པ་ངེས་པར་འཇིག་འགྱུར་ཞིང་། །དམྱལ་ལས་ལྟོགས་པར་ལྟུང་བྱེད་པ། །ཆེན་པོ་མིན་ཕྱིར་དུས་ཀུན་དུ། །ངལ་བའི་ཚེགས་འབྱུང་གང་ཡིན་བ། །

今译：诸欲必坏灭，亦让堕地狱，是故于小利，时刻生疲劳，（7—42）

藏文传世本：འདོད་པ་ངེས་པར་འཇིག་འགྱུར་ཞིང་། །དམྱལ་ལ་སོགས་པར་ལྟུང་བྱེད་པ། །ཆེན་པོ་མིན་ཕྱིར་དུས་ཀུན་དུ། །ངལ་བའི་ཚེགས་བྱུང་གང་ཡིན་པ། །（8—82）

宋译本：而身为作此，一切时疲倦，胜定业不修，必当堕地狱。（6—81）

敦煌写本：དེའི་བྱེ་བའི་ཆ་ཙམ་གྱིས། །ཚོགས་ཀྱིས་སངས་རྒྱས་ཉིད་འགྲུབ་ན། །འདོད་ལྡན་བྱང་ཙུབ་སྤྱོད་པ་བས། །སྡུག་བསྔལ་ཆེ་ལ་བྱང་ཙུབ་མེད། །

今译：彼劳千万分，即能成就佛；贪者较菩萨，苦巨无菩提。（7—43）

藏文传世本：དེ་ཡི་བྱེ་བའི་ཆ་ཙམ་གྱི། །ཚོགས་ཀྱིས་སངས་རྒྱས་ཉིད་འགྲུབ་ན། །འདོད་ལྡན་བྱང་ཆུབ་སྤྱོད་པ་བས། །སྡུག་བསྔལ་ཆེ་ལ་བྱང་ཆུབ་མེད། །（8—83）

宋译本：彼百俱胝劫，分受困不觉[1]，彼行大苦苦，不为求菩提。（6—82）

敦煌写本：དམྱལ་སྟོགས་སྡུག་བསྔལ་བསམ་བྱས་ན། །འདོད་པ་རྣམས་ལ་མཚོན་དང་ནི། །དུག་དང་མེ་དང་གཡང་ས་དང་། །དགྲ་རྣམས་ཀྱིས་ཀྱང་དཔེར་མི་ཕོད། །

今译：若思地狱苦，方知诸贪欲，非毒兵器火，险敌所能喻。（7—44）

藏文传世本：དམྱལ་སོགས་སྡུག་བསྔལ་བསམ་བྱས་ན། །འདོད་པ་རྣམས་ལ་མཚོན་དང་ནི། །དུག་དང་མེ་དང་གཡང་ས་དང་། །དགྲ་རྣམས་ཀྱིས་ཀྱང་དཔེར་མི་ཕོད། །（8—84）

〔1〕 根据藏文译本此处应为“能觉”。

宋译本：无器仗毒火，无山崖冤等，离欲者若此，说离地狱苦。（6—83）

敦煌写本：འདོད་ལྡན་ངན་པ་སྨོངས་པ་རྣམས། །ཤིང་བལ་རེག་ན་འཇམ་བ་ལ་ཡང་། །ཉལ་པོ་བྱ་བར་མྱི་ནུང་ཞེས། །དེ་ལ་ཁྲོ་བ་དག་དུ་བྱེད། །

今译：迷劣欲者言：树絮虽触软，然不能同眠，于彼生嗔恨。[1]（7—45）

藏文传世本：འདོད་ལྡན་ངན་པ་སྨོངས་པ་རྣམས། །ཤིང་བལ་རེག་ན་འཇམ་པ་ལའང་། །ཉལ་པོ་བྱ་བར་མི་ནུས་ཞེས། །དེ་ལ་ཁྲོ་བ་དག་ཏུ་བྱེད། །（8—51）

敦煌写本：གང་ལ་གཡོགས་ན་འང་ཆགས་འགྱུརད་བ། །དེ་བཤུགས་[2]ན་འང་ཅིས་མྱི་སྨྲུག ། །གལ་ཏེ་དེ་དགོས་མྱེད་ཅེ་ན། །གཡོགས་པ་ཅི་ཕྱིར་འདོད་པར་བྱེད། །

今译：若盖则生欲，不盖何不爱？若谓无需彼，为何欲盖者？（7—46）

藏文传世本：གང་ལ་གཡོགས་ཀྱང་འདི་ཆགས་པ། །དེ་མ་གཡོགས་ན་ཅིས་མི་འདོད། །དེ་ལ་དགོས་པ་མེད་ན་ནི། །གཡོགས་པ་ལ་ནི་ཅི་ཕྱིར་འབྱུད། །（8—48）

宋译本：此贪谓若盖，迷者坚乐着，无著即无事，云何而不离？（6—51）

敦煌写本：གལ་ཏེ་མྱི་གཙང་ཆགས་མྱེད་ན། །མྱི་གཙང་ཞིང་ལས་བྱུང་གྱུརད་ཅིང་། །དེ་ཡི་ས་བོན་མང་སྤངས་སྣ། །གཞན་ཁྱོད་ཅི་ཕྱིར་པང་དུ་ཁྱུད། །

今译：若非欲不净，生于不净处，甚堆[3]彼种子，汝何抱她怀？（7—47）

藏文传世本：གལ་ཏེ་མི་གཙང་ཆགས་མེད་ན། །མི་གཙང་ཞིང་ལས་བྱུང་གྱུར་ཅིང་། །དེ་ཡི་ས་བོན་དེས་བསྐྱེད་པ། །གཞན་ཁྱོད་ཅི་ཕྱིར་པང་དུ་འཁྱུད། །（8—59）

宋译本：云何欹吻他？由贪彼不净，于彼不净地，种子生增长。（6—59）

敦煌写本：མྱི་གཙང་ལས་བྱུང་མྱི་གཙང་སྲིན། །ཆུང་ངུ་འང་ཁྱོད་འདོད་མྱི་བྱེད་ལ། །མྱི་གཙང་མང་གི་རང་བཞིན་ལུས། །མྱི་གཙང་སྐྱེས་པ་འང་འདོད་པར་བྱེད། །

今译：不净所生虫，汝既不所欲，身性多不净，生不净却欲。（7—48）

藏文传世本：མི་གཙང་ལས་བྱུང་མི་གཙང་སྲིན། །ཆུང་ངུའང་ཁྱོད་འདོད་མི་བྱེད་ལ། །མི་གཙང་མང་གི་རང་བཞིན་ལུས། །མི་གཙང་སྐྱེས་པའང་འདོད་པར་བྱེད། །（8—60）

宋译本：汝受不净身，此身为虫聚，是身既非净，非净不可爱。（6—60）

〔1〕 宋译本中无与此对应的偈颂。

〔2〕 “བཤུགས” 意为 “掀开”“抛弃”，与传世本中之 “མ་གཡོགས”（不盖）词意相同。

〔3〕 藏文传世本为“生于”。

敦煌写本：ས་སྩོགས་མྱི་གཙང་གིས་གོས་སླ། |གལ་ཏེ་རེག་པར་མྱི་འདོད་ན། |གང་ལས་དེ་ནི་འབྱུང་བ་ཡི། |ལུས་ལ་ཙི་སྟེ་ཁྱོད་རེག་འདོད། |

今译：地等染不净，若是不欲触，从中生不净，汝何欲触身？（7—49）

藏文传世本：ས་སོགས་མི་གཙང་གིས་གོས་པ། |གལ་ཏེ་རེག་པར་མི་འདོད་ན། |གང་ལས་དེ་ནི་བྱུང་བ་ཡི། |ལུས་ལ་ཇི་ལྟར་ཁྱོད་རེག་འདོད། |(8—58)

宋译本：不净今无常，染爱今不正，欲出正净身，云何由染爱？[1](6—58)

敦煌写本：ཁྱོད་ནི་རང་གི་མྱི་གཙང་ལ། |སྨོད་མྱི་བྱེད་པར་མ་ཟད་ཀྱི། |མྱི་གཙང་རྐྱལ་པ་མྱི་གཙང་ལ། |བཀམ་པ་གཞན་ཡང་འདོད་པར་བྱེད། |

今译：汝于自不净，非但不唾弃，不净臭皮囊，她者亦贪欲。(7—50)

藏文传世本：ཁྱོད་ནི་རང་ཉིད་མི་གཙང་ལ། |སྨོད་མི་བྱེད་པར་མ་ཟད་ཀྱི། |མི་གཙང་རྐྱལ་པ་མི་གཙང་ལ། |བཀམ་པས་གཞན་ཡང་འདོད་པར་བྱེད། |(8—61)

宋译本：不净而不一，而汝自不嫌，无别不净器，此器孰多爱？（6—61）

敦煌写本：ག་བུར་ལས་སྩོགས་ཡིད་འོང་བླ། |འབྲས་ཆན་དག་གམ་ཚོད་མ་འང་རུང་། |ཁར་བཅུག་ཕྱིར་ཕྱུང་ཐོར་བ་ཡི། |ས་ཡང་མྱི་གཙང་བརྙོག་པར་འགྱུར། |

今译：冰片等妙药，米饭或蔬菜，入口而随弃，地亦染不净。(7—51)

藏文传世本：ག་བུར་ལ་སོགས་ཡིད་འོང་དང་། |འབྲས་ཆན་དག་གམ་ཚོད་མའང་རུང་། |ཁར་བཅུག་ཕྱིར་ཕྱུང་ཐོར་བ་ཡིས། |ས་ཡང་མི་གཙང་བཙོག་པར་འགྱུར། |(8—62)

宋译本：龙脑香米等，食饮而适悦，入口味最上，是地合清净。[2](6—62)

敦煌写本：གལ་ཏེ་མྱི་གཙང་འདི་འདྲ་བ། |མངོན་སུམ་གྱུརད་ཡང་ཐེ་ཚོམ་ན། |དུར་ཁྲོད་དག་དུ་ཐོར་བའི་ལུས། |མྱི་སྡུག་གཞན་ཡང་བལྟ་བར་གྱིས། |

今译：若此不洁净，现证却疑惑，坟场所弃身，观彼之不雅[3]。(7—52)

藏文传世本：གལ་ཏེ་མི་གཙང་འདི་འདྲ་བ། |མངོན་སུམ་གྱུར་ཀྱང་ཐེ་ཚོམ་ན། |དུར་ཁྲོད་དག་ཏུ་ཐོར་བའི་ལུས། |མི་གཙང་གཞན་ཡང་བལྟ་བར་གྱིས། |(8—63)

宋译本：若此甚分明，彼不净不离，秽恶弃尸林，是身同若此。(6—63)

---

〔1〕 根据藏文译本可知，此颂对原文多有误译。

〔2〕 根据藏文译本可知，此颂译意与原文相反。

〔3〕 藏文传世本为“不净”。

敦煌写本：གང་ཞིག་པགས་པའྀ་ཁ་ཕྱེ་ན། །འཇིགས་པ་ཆེན་པོ་སྐྱེ་འགྱུར་བར། །ཤེས་ཀྱང་ཅྀ་ལྟར་དེ་ཉིད་ལ། །ཕྱིར་ཞིང་དགའ་བ་སྐྱེ་བར་འགྱུརད།།

今译：若开其皮囊，令生大怖畏，如知为何故，于彼返生喜？（7—53）

藏文传世本：གང་ལས་པགས་པའི་ཁ་ཕྱེ་ན། །འཇིགས་པ་ཆེན་པོ་སྐྱེ་འགྱུར་བར། །ཤེས་ཀྱང་ཇི་ལྟར་དེ་ཉིད་ལ། །ཕྱིར་ཞིང་དགའ་བ་སྐྱེ་བར་འགྱུར།།（8—64）

宋译本：皮剥肉溃烂，见之得大怖，既能知彼已，复何生爱乐？（6—64）

敦煌写本：ལུས་ལ་བསྐུས་པའྀ་དྲི་དེ་ཡང་།།ག་བུར་ལས་སྩོགས་ཡིན་གཞན་མྱིན་ན། །གཞན་གྱི་དྲི་དེས་གཞན་དག་ལ། །ཅིའྀ་ཕྱིར་ན་ཆགས་པར་བྱེད།།

今译：身所涂香味，冰片[1]而非她，云何因异香，于她生贪欲？（7—54）

藏文传世本：ལུས་ལ་བསྐུས་པའི་དྲི་དེ་ཡང་། །ཙནྡན་སོགས་ཡིན་གཞན་མ་ཡིན། །གཞན་གྱི་དྲི་དེས་གཞན་དག་ལ། །ཅི་ཡི་ཕྱིར་ན་ཆགས་པར་བྱེད།།（8—65）

宋译本：白檀香复洁，身无如是妙，云何殊胜香，用心而别爱？（6—65）

敦煌写本：གལ་ཏེ་རང་བཞིན་དྲྀ་ང་བས། །འདྀ་ལ་མ་ཆགས་ལེགས་མྱིན་འདད། །འཇིག་རྟེན་དོན་མྱེད་སྲེད་པ་དག། །ཅི་སྟེ་དེ་ལ་དྲྀ་ཞིམ་སྐུད།།

今译：若为本性臭，不贪岂非善？然欲无义者，于彼何涂香？（7—55）

藏文传世本：གལ་ཏེ་རང་བཞིན་དྲི་ང་བས། །འདི་ལ་མ་ཆགས་ལེགས་མིན་ནམ། །འཇིག་རྟེན་དོན་མེད་སྲེད་པ་དག །ཇི་སྟེ་དེ་ལ་དྲི་ཞིམ་སྐུད།།（8—66）

宋译本：自性臭若贪，不乐于寂静，亦于法诸香，一切皆染污。（6—66）

敦煌写本：དེ་བས་བྱིས་བའྀ་སྤྱོད་པས་ཆོག། །བདག་གིས་མཁས་པའྀ་རྗེས་བསྟག་སྟེ། །བག་ཡོད་གཏམ་ནྀ་དྲན་བྱས་ནས། །གཉིད་དང་རྨུགས་པ་བཟློག་པར་བྱ།།

今译：凡夫行至此，我当随智者，忆念谨慎言，遮止睡与昏。（7—56）

藏文传世本：དེ་བས་བྱིས་པའི་སྤྱོད་པས་ཆོག །བདག་གིས་མཁས་པའི་རྗེས་བསྟགས་ཏེ། །བག་ཡོད་གཏམ་ནི་དྲན་བྱས་ནས། །གཉིད་དང་རྨུགས་པ་བཟློག་པར་བྱ།།（8—185）

宋译本：彼业世间行，我去而随身，静念不散乱，当断于无明。（6—182）

敦煌写本：རྒྱལ་སྲས་ཐུགས་རྗེ་ཆེ་རྣམས་ལ། ། རིགས་པའྀ་སྲན་ནྀ་གཟུགས་བྱ་སྟེ། །ཉིན་མཚན་ཁྱད་པར་མ་འབད་ན། །བདག་གི་སྡུག་བསྔལ་ནམ་མཐརད་ཕྱིནད།།

〔1〕 藏文传世本为“旃檀”。

今译：慈悲诸佛子，我应竖毅力，若不昼夜勤，何时脱苦恼？（7—57）

藏文传世本：རྒྱལ་སྲས་ཐུགས་རྗེ་ཆེ་རྣམས་ལྟར། །རིགས་པའི་སྲན་ནི་གཟུགས་བྱ་སྟེ། །ཉིན་མཚན་ཕྱིད་པར་མ་འབད་ན། །བདག་གི་སྡུག་བསྔལ་ནམ་མཐར་ཕྱིན།།（8—186）

敦煌写本：དེ་བས་བསྒྲིབ་པ་བསལ་བྱའི་ཕྱིརད། །ལོག་པའི་ལམ་ལས་སེམས་བླནད་ཏེ། །ཡང་དག་དམྱིགས་ལ་རྟག་པར་ཡང། །བདག་གིས་མཉམ་བར་བཞག་པར་བྱ།།

今译：是故除障碍，心应离邪道，恒于正缘境，我于平等住。（7—58）

藏文传世本：དེ་བས་སྒྲིབ་པ་བསལ་བའི་ཕྱིར། །ལོག་པའི་ལམ་ལས་སེམས་བླན་ཏེ། །ཡང་དག་དམིགས་ལ་རྟག་པར་ཡང་། །བདག་གིས་མཉམ་པར་གཞག་པར་བྱ།།（8—187）

宋译本：是故破烦恼，我处于禅定，邪道不牵心，自名最上住。（6—183）

敦煌写本：བྱང་ཆུབ་སེམས་དཔའི་སྤྱོད་པ་ལ་འཇུག་པ་ལས། །བསམ་གཏན་བསྟནད་པ་ཞེས་བྱ་བ་སྟེ། །ལེའུ་བདུན་པའོ། ༔

译文：《入菩萨行论》之《禅定》为第七品。

第八品　智　慧

敦煌写本：བསྒོག་པ་འདི་དག་ཐམས་ཅད་ཀྱང་། །བདག་དང་གཞན་གྱི་ཤེས་རབ་དོན། །དེ་བས་སྨྱ་ངན་འདས་པ་དང་། བདེ་བ་འདོད་པས་ཤེས་རབ་སྐྱེད།།

今译：此等诸预备，皆为自他慧，欲求解脱乐，故应生智慧。[1]（8—1）

藏文传世本：ཡན་ལག་འདི་དག་ཐམས་ཅད་ནི། །ཐུབ་པས་ཤེས་རབ་དོན་དུ་གསུངས། །དེ་ཡི་ཕྱིར་ན་སྡུག་བསྔལ་དག །ཞི་བར་འདོད་པས་ཤེས་རབ་བསྐྱེད།།（9—1）

宋译本：如来智慧仁，为一切世间，令求远离苦，是故智慧生。（7—1）

敦煌写本：དོན་དམ་པ་[2]དང་ནི་ཀུན་རྫོབ་སྟེ། །འདི་ནི་བདེན་པ་གཉིས་སུ་བཤད། །དོན་དམ་བློའི་སྤྱོད་ཡུལ་མིན། །བློ་དང་སྒྲ་ནི་ཀུན་རྫོབ་ཡིན།།

今译：胜义与世俗，言[3]此为二谛，胜义非心境，心与声[4]俗谛。（8—2）

---

〔1〕 藏文传世本为："此等皆支分，能仁为智说，欲求息诸苦，故应生智慧。"

〔2〕 此处 "པ" 为衍字。

〔3〕 藏文传世本为 "许"。

〔4〕 藏文传世本无 "声" 字。

藏文传世本：ཀུན་རྫོབ་དང་ནི་དོན་དམ་སྟེ། །འདི་ནི་བདེན་པ་གཉིས་སུ་འདོད། །དོན་དམ་བློ་ཡི་སྤྱོད་ཡུལ་མིན། །བློ་ནི་ཀུན་རྫོབ་ཡིན་པར་བརྗོད། །(9—2)

宋译本：真如及世间，今说此二法，知佛真如故，说法而智慧。(7—2)

敦煌写本：དེ་ལ་འཇིག་རྟེན་རྣམ་གཉིས་མཐོང། །རྣལ་འབྱོར་པ་དང་དེ་བཞིན་ཕལ[1]། །དེ་ལ་རྣལ་འབྱོར་འཇིག་རྟེན་གྱིས། །འཇིག་རྟེན་ཕལ་པ་སུན་ཡང་འབྱིན། །

今译：世间见二种，瑜伽与常人，瑜伽世间者，破斥庸常者。[2](8—3)

藏文传世本：དེ་ལ་འཇིག་རྟེན་རྣམ་གཉིས་མཐོང་། །རྣལ་འབྱོར་པ་དང་ཕལ་པའོ། །དེ་ལ་འཇིག་རྟེན་ཕལ་པ་ནི། །རྣལ་འབྱོར་འཇིག་རྟེན་གྱིས་གནོད་ཅིང་། །(9—3)

宋译本：彼世间凡夫，见二种相应。(7—3a)

敦煌写本：གོང་མ་གོང་མའི་ཁྱད་བར་གྱིས། །རྣལ་འབྱོརད་པ་ཡང་སུན་འབྱིནད་ཏོ། །དེ་ལྟར་རྣམ་གཉིས་མཐོང་བསྣ། །དེ་ཕྱིར་དོན་རྣམས་དཔྱད་པར་བྱ། །

今译：上上而别殊，瑜伽者亦破，如是观为二，故应察诸义。[3](8—4)

藏文传世本：རྣལ་འབྱོར་པ་ཡང་བློ་ཁྱད་ཀྱིས། །གོང་མ་གོང་མ་རྣམས་ཀྱིས་གནོད། །གཉི་ག་ཡང་ནི་འདོད་པའི་དཔེས། །འབྲས་བུའི་དོན་དུ་མ་དཔྱད་ཕྱིར། །(9—3b; 4a)

宋译本：害及胜害等，乃世相应事，彼二事见已，见之乃为智。(7—4)

敦煌写本：འཇིག་རྟེན་པ་ཡིས་དངོས་མཐོང་ལ། །ཡང་དག་ཉིད་དུ་འང་རྟོག་པར་བྱེད། །སྒྱུ་མ་བཞིན་དུ་མིན་བས་འདོར། །རྣལ་འབྱོརད་པ་དང་འཇིག་རྟེནད་རྩོད། །

今译：世间者[4]见实，观察而正执，而非如幻化，故与瑜伽争。(8—5)

藏文传世本：འཇིག་རྟེན་པ་ཡིས་དངོས་མཐོང་ཞིང་། །ཡང་དག་ཉིད་དུའང་རྟོག་བྱེད་ཀྱི། །སྒྱུ་མ་ལྟ་བུར་མིན་པས་འདིར། །རྣལ་འབྱོར་པ་དང་འཇིག་རྟེན་རྩོད། །(9—5)

宋译本：智见世间性，是喻于真如，此说无去来，智者无不见。(7—4b; 5a)

敦煌写本：གཟུགས་སྩོགས་མངོན་སུམ་བློ་ཡིས་ནི། །རབ་དུ་གྲགས་ཀྱི་ཚད་མས་མིན། །དེ་ནི་མི་གཙང་ལས་སྩོགས་ལ། །གཙང་སྩོགས་གྲགས་པ་བཞི་སྟེ་བརྫུན། །

---

〔1〕 应为“ཕལ”。

〔2〕 藏文传世本为：“世间庸常者，瑜伽者所坏。”

〔3〕 藏文传世本为：“瑜伽者慧别，上上而相破，二者共许喻，于果未观察。”

〔4〕 此处指承认事物现象为正谛实有的佛教有部和经部两个学派的论师。

今译：色等现量者，是名而非量，如是诸不净，名净是为假。(8—6)

藏文传世本：གཟུགས་སོགས་མངོན་སུམ་ཉིད་ཀྱང་ནི། །གྲགས་པས་ཡིན་གྱི་ཚད་མས་མིན། །དེ་ནི་མི་གཙང་ལ་སོགས་ལ། །གཙང་སོགས་གྲགས་པ་བཞིན་དུ་བརྫུན། །(9—6)

宋译本：色等甚分明，乃世相应事，不净而为净，智者喻有利。(7—5b; 6a)

敦煌写本：འཇིག་རྟེན་གཟུད་པར་བྱ་བའི་ཕྱིརད། །མགོན་པོ་ཡིས་ནི་དངོས་བསྟནད་ཏེ། །སྒྱུ་མ་ལྟ་བུའི་རྒྱལ་བ་ལས། །བསོད་ནམས་འབྱུང་བར་གསུངས་པ་བཞིན། །

今译：为导世间故，依怙说无常，如是由幻佛，亦说能生福[1]。[2](8—7)

藏文传世本：འཇིག་རྟེན་གཞུག་པའི་དོན་དུ་ནི། །མགོན་པོས་དངོས་བསྟན་དེ་ཉིད་དུ། །(9—7a)སྒྱུ་འདྲའི་རྒྱལ་ལས་བསོད་ནམས་ནི། །ཇི་ལྟར་དངོས་ཡོད་ལ་ཇི་བཞིན། །(9—9a)

宋译本：为知世间故，是说世间性，(7—6b)谓佛福虚幻，使我云何信？(7—8b)

敦煌写本：གལ་ཏེ་སེམས་ཅན་སྒྱུ་འདྲ་ན། །ཤི་ནས་ཅི་སྟེ་སྐྱེ་ཞེ་ན། །ཅི་སྲིད་རྐྱེན་རྣམས་ཚོགས་འགྱུརད་པའ། །དེ་སྲིད་སྒྱུ་མ་འང་འབྱུང་བར་འགྱུར། །

今译：有情若如幻，死已云何生？若时聚诸缘，尔时能生幻。(8—8)

藏文传世本：གལ་ཏེ་སེམས་ཅན་སྒྱུ་འདྲ་ན། །ཤི་ནས་ཇི་ལྟར་སྐྱེ་ཞེ་ན། །ཇི་སྲིད་རྐྱེན་རྣམས་འཚོགས་གྱུར་པ། །དེ་སྲིད་སྒྱུ་མའང་འབྱུང་བར་འགྱུར། །(9—9b; 10a)

宋译本：有情若幻境，云何复生灭？彼因集和合，乃得于幻缘，(7—9)

敦煌写本：རྒྱུན་རིང་ཙམ་གྱིས་ཅི་ལྟར་ན། །དངོས་པོ་བདེན་པར་ཡོད་པ་ཡིན། །སྒྱུ་མའི་སྐྱེས་བུ་བསད་སྟོགས་ལ། །སེམས་མེད་ཕྱིར་ན་སྡིག་པ་མེད། །

今译：云何因久住，色相[3]成实有，若杀幻化人，无罪因无心。(8—9)

藏文传世本：རྒྱུན་རིང་ཙམ་གྱིས་ཇི་ལྟར་ན། །སེམས་ཅན་བདེན་པར་ཡོད་པ་ཡིན། །སྒྱུ་མའི་སྐྱེས་བུ་བསད་སོགས་ལ། །སེམས་མེད་ཕྱིར་ན་སྡིག་མེད་དེ། །(9—10b; 11a)

宋译本：有情种子生，云何有真实？杀彼虚幻人，无心性等罪[4]。(7—10)

---

〔1〕 藏文传世本中为：“幻佛所生福，如是同实有。”

〔2〕 藏汉传世译本于此颂中间多出6句。

〔3〕 藏文传世本为“有情”。

〔4〕 根据义理此处“等罪”应为“无罪”。

敦煌写本：སྒྱུ་འདྲའི་སེམས་ལྡན་དེ་ལ་ནི། །ཕན་དང་གནོད་པ་སྲིད་པ་ཡིན། །སྔགས་ལས་སྟོགས་པ་མཐུ་མེད་ཕྱིར། །རྒྱུ་མ་ལ་ནི་སེམས་མྱི་འབྱུང་།།

今译：于彼幻有情，实有利与害，咒等无功效，由幻不生心。[1]（8—10）

藏文传世本：སྒྱུ་མའི་སེམས་དང་ལྡན་པ་ལ། །བསོད་ནམས་དང་ནི་སྡིག་པ་འབྱུང་། །སྔགས་སོགས་རྣམས་ལ་ནུས་མེད་ཕྱིར། །སྒྱུ་མའི་སེམས་ནི་འབྱུང་བ་མེད།།（9—11b；12a）

宋译本：平等[2]心虚幻，罪福得生起。真言力等持，幻境心无著。（7—11）

敦煌写本：སྣ་ཚོགས་རྐྱེན་ལས་བྱུང་བ་ཡི། །སྒྱུ་མ་དེ་ཡང་སྣ་ཚོགས་པ།། རྐྱེན་གཅིག་གིས་ཀུན་ནུས་པ་ནི། །གང་ནའང་ཡོད་པ་མ་ཡིན་ནོ།།

今译：种种缘所生，彼幻亦种种，一缘皆所能，毕竟此非有。（8—11）

藏文传世本：སྣ་ཚོགས་རྐྱེན་ལས་བྱུང་བ་ཡི། །སྒྱུ་མ་དེ་ཡང་སྣ་ཚོགས་ཉིད། །རྐྱེན་གཅིག་གིས་ནི་ཀུན་ནུས་པ། །གང་ན་ཡང་ནི་ཡོད་མ་ཡིན།།（9—12b；13a）

宋译本：以彼种种幻，种种因业生，何有于一人[3]，得于一切力？（7—12）

敦煌写本：གལ་ཏེ་དོན་དམ་མྱ་ངན་འདས། །ཀུན་རྫོབ་འཁོར་འགྱུར་དེ་ལྟ་ན། །སངས་རྒྱས་ཀྱང་ནི་འཁོར་འགྱུར་བས། །བྱང་ཆུབ་སྤྱོད་པས་ཅི་ཞིག་བྱ།།

今译：胜谛若涅槃，俗谛即轮回[4]，则佛亦轮回，菩提行何用？（8—12）

藏文传世本：གལ་ཏེ་དོན་དམ་མྱ་ངན་འདས། །འཁོར་བ་ཀུན་རྫོབ་དེ་ལྟ་ན། །སངས་རྒྱས་ཀྱང་ནི་འཁོར་འགྱུར་བས། །བྱང་ཆུབ་སྤྱོད་པས་ཅི་ཞིག་བྱ།།（9—13b；14a）

宋译本：若住于真如，或住于净戒，如是即佛行，谁云菩提行？（7—13）

敦煌写本：རྐྱེན་རྣམས་རྒྱུ་ན་མ་ཆད་ན། །འབྲས་བུ་ཟློག་པར་མྱི་འགྱུར་གྱི། །རྐྱེན་རྣམས་རྒྱུན་ན་ཆད་འགྱུརད་ན། །ཀུན་རྫོབ་ཏུ་ཡང་མྱི་འབྱུང་ངོ།།

今译：诸缘不断绝，果[5]亦不遮止，诸缘若断绝，俗谛亦难生。（8—13）

藏文传世本：རྐྱེན་རྣམས་རྒྱུན་ནི་མ་ཆད་ན། །སྒྱུ་མའང་ཟློག་པར་མི་འགྱུར་གྱི། །རྐྱེན་རྣམས་རྒྱུན་ནི་ཆད་པས་ན། །ཀུན་རྫོབ་ཏུ་ཡང་མི་འབྱུང་ངོ་།།（9—14b；15a）

---

〔1〕 藏文传世本为："于具幻心者，福罪得生起，咒等无力故，幻心则不生。"

〔2〕 黄宝生指出此处"平等"可能为"具有"一词之误读，与藏文译本相比亦似为如此。

〔3〕 根据藏文译本，此处"人"为"缘"之误。

〔4〕 藏文传世本为"轮回即俗谛"。

〔5〕 藏文传世本为"幻"。

宋译本：因缘当断尽，幻化不可得，因缘若断尽，无生而自得。（7—14）

敦煌写本：གང་ཚེ་འཁྲུལད་པ་ཡང་མེད་ན། །སྒྱུ་མ་གང་གིས་དམིགས་པར་འགྱུར། །གང་ཚེ་ཁྱོད་ལ་སྒྱུ་མ་ཡང་། །མེད་ན་དེ་ཚེ་ཅི་ཞིག་དམིགས།།

今译：若时无疑妄，幻化以何缘？若时汝无幻，尔时亦缘何？（8—14）

藏文传世本：གང་ཚེ་འཁྲུལ་པའང་ཡོད་མིན་ན། །སྒྱུ་མ་གང་གིས་དམིགས་པར་འགྱུར། །གང་ཚེ་ཁྱོད་ལ་སྒྱུ་མ་ཉིད། །མེད་ནའང་དེ་ཚེ་ཅི་ཞིག་དམིགས།།（9—15b；16a）

宋译本：若不住疑妄，幻境而不立，幻境若彼无，一切不可得。（7—15）

敦煌写本：གང་ཚེ་སེམས་ཉིད་སྒྱུ་མ་ན། །དེས་ན་གང་ཞིག་གང་གིས་དམིགས། །རལ་གྲི་སོ་ནི་རང་ལ་རང་། །ཅི་ལྟར་མི་གཅོད་དེ་བཞིན་ཡིད།།

今译：若时心即幻，是故何缘何[1]，刀不自割自，如是心亦同。[2]（8—15）

藏文传世本：གང་ཚེ་སེམས་ཉིད་སྒྱུ་མ་ན། །དེ་ཚེ་གང་ཞིག་གང་གིས་མཐོང་།།（9—17a）རལ་གྲི་སོ་ནི་རང་ལ་རང་། །ཇི་ལྟར་མི་གཅོད་དེ་བཞིན་ཡིད།།（9—18a）

宋译本：心如是若分，虚幻何由见？（7—16b）如剑刃虽利，虽利不自断。（7—17b）

敦煌写本：གལ་ཏེ་མར་མེ་བཞིན་དུ་ནི། །རང་གཞན་གསལ་བར་བྱེད་ཅེ་ན། །མར་མེ་གསལ་བར་བྱེད་མ་ཡིན། །འདི་ལྟར་མུན་གྱིས་བསྒྲིབས་པ་མེད།།

今译：若谓如灯炬，照亮自与他，[3]然灯不自明，如暗不自遮。（8—16）

藏文传世本：ཇི་ལྟར་མར་མེ་རང་གི་དངོས། །ཡང་དག་གསལ་བར་བྱེད་བཞིན་ན། །མར་མེ་གསལ་བར་བྱ་མིན་ཏེ། །གང་ཕྱིར་མུན་གྱིས་བསྒྲིབས་པ་མེད།།（9—18b；19a）

宋译本：自性由若斯，复喻如灯光，破暗然得名，而不云自照。（7—18）

敦煌写本：སྔོན་པོ་དག་ནི་ཤེལ་ལྟ་བུར། །སྔོན་པོའི་རྒྱུ་ལ་མི་ལྟོས་སྟེ། །སྔོན་པོ་ཉིད་དུ་འདུག་པ་གང་། །རང་ལ་རང་ཀྱི་སྔོན་པོར་བྱེད།།

今译：诸青莫如晶，不依青色因，非青而现青，奈何自性青。[4]（8—17）

---

〔1〕 藏文传世本为："何者见何者？"

〔2〕 此颂在藏文传世本中为两颂。

〔3〕 藏文传世本为："灯炬于自体，谓能真实照。"

〔4〕 此颂的内容与藏文传世本有所不同。

藏文传世本：ཤེལ་བཞིན་སྔོན་པོ་སྔོ་ཉིད་ལ། །གཞན་ལ་ལྟོས་པ་ཡོད་མ་ཡིན། །དེ་བཞིན་འགའ་ཞིག་གཞན་ལ་ནི། །ལྟོས་དང་ལྟོས་མེད་པ་ཡང་མཐོང་། །སྔོ་ཉིད་མིན་ལ་སྔོན་པོར་དེ། །བདག་གིས་བདག་ཉིད་བྱས་པ་མེད། །（9—19b; 20）

宋译本：又若水精珠，体本唯清澈，因青而有青，影现随众色。非青而现青，如心而自作。（7—19; 20a）

敦煌写本：རྐྱེན་དག་དང་ནི་ལྡན་པ་ཡི། །ཤེས་པ་གསལ་བར་བྱེད་ཅེ་ན། །གཟུགས་དང་མྱིག་སྨན་ལས་སྩོགས་ཀྱང་། །ཤེས་པ་ཉིད་དུ་འདུས་མྱིན་འམ། །

今译：若谓具诸缘，心识能自明，则色及眼药，岂不聚于识？[1]（8—18）

敦煌写本：མར་མྱེ་གསལ་བར་བྱེད་དོ་ཞེས། །ཤེས་པར་ཤེས་ཏེ་བརྗོད་བྱེད་ན། །བློ་ནི་གསལ་བར་བྱེད་དོ་ཞེས། །གང་གིས་ཤེས་སྟེ་དེ་སྐད་བརྗོད། །

今译：若谓灯自明，乃由识所知，然则心自明，谁知而言之？（8—19）

藏文传世本：མར་མེ་གསལ་བར་བྱེད་དོ་ཞེས། །ཤེས་པས་ཤེས་ཏེ་རྗོད་བྱེད་ན། །བློ་ནི་གསལ་བ་ཉིད་ཡིན་ཞེས། །གང་གིས་ཤེས་ནས་དེ་སྐད་བརྗོད། །（9—21）

宋译本：又如彼灯光，智者[2]知此说，智慧此开通，知者何所说？（7—20b; 21a）

敦煌写本：གསལ་ལམ་མྱི་གསལ་ཡང་རུང་སྟེ། །སུས་ཀྱང་ཅི་བཞིན་མ་མཐོང་བས། །མོ་ཤམ་གྱི་ནི་བུ་བཞིན་དུ། །བརྗོད་དུ་ཟིན་ཀྱང་དོན་མྱེད་དོ། །

今译：可明或不明，无人如是见，故同石女子，可言而无义。[3]（8—20）

藏文传世本：གང་ཚེ་འགས་ཀྱང་མཐོང་མིན་ན། །གསལ་བའམ་ནི་མི་གསལ་བ། །མོ་གཤམ་བུ་མོའི་འགྱིང་བག་བཞིན། །དེ་ནི་བརྗོད་ཀྱང་དོན་མེད་དོ། །（9—22）

宋译本：虽开而不开，如人无所睹，石女义不生，与此义不二。（7—21b; 22a）

敦煌写本：གལ་ཏེ་རང་རིག་ཡོད་མྱིན་ན། །རྣམ་ཤེས་ཅི་ལྟར་དྲན་པར་འགྱུར། །དོན་དྲན་གྱུརད་པའི་སྔོ་ཉིད་ནས། །དཔྱད་ཀྱི་དགོས་པར་དེ་དྲན་ནོ། །

〔1〕 藏汉传世译本中无与此对应的偈颂。

〔2〕 根据藏文译本，此处“智者”为“心识”之误。

〔3〕 藏文传世本为：“若时无人见，则明或不明，如同石女媚，说彼而无义。”

今译：若谓无自证，心识怎忆念？所念之思门，不辨能念彼。[1]（8—21）

藏文传世本：གལ་ཏེ་རང་རིག་ཡོད་མིན་ན། །རྣམ་ཤེས་དྲན་པར་ཇི་ལྟར་འགྱུར། །གཞན་མྱོང་བ་ན་འབྲེལ་པ་ལས། །དྲན་འགྱུར་བྱི་བའི་དུག་བཞིན་ནོ། །（9—23）

宋译本：亦同无心识，缘念无所得，非念而别生，虚妄念如毒。（7—22b；23a）

敦煌写本：དེ་ལྟར་མཐོང་དང་ཐོས་པ་ཀུན། །འདི་ལ་དགག་པར་བྱ་མྱེད་ཀྱི། །འདིར་ནི་སྡུག་བསྔལ་རྒྱུར་འགྱུར་བ། །དབེན་པ་ཉིད་དུ་རྟོག་པ་ཟློག། །

今译：如是见与闻[2]，于此不可止，此处苦恼因，执静[3]为遮止。[4]（8—22）

藏文传世本：ཇི་ལྟར་མཐོང་ཐོས་ཤེས་པ་དག །འདིར་ནི་དགག་པར་བྱ་མིན་ཏེ། །འདིར་ནི་སྡུག་བསྔལ་རྒྱུར་གྱུར་པ། །བདེན་པར་རྟོག་པ་བཟློག་བྱ་ཡིན། །（9—25）

宋译本：若见闻觉知，此有而非有，念断于苦因，此实念当念。（7—24b；25a）

敦煌写本：སྒྱུ་མ་ལྟ་བུར་ཤེས་ན་ཡང་། །གང་ཚེའི་སྒྱུ་མ་བུད་མེད་ལ། །དེ་བྱེད་ཉིད་ཀྱང་ཆགས་སྐྱེ་ན། །ཅི་ལྟར་ཉོན་མོངས་ལྡོག་པར་འགྱུར། །

今译：虽知如幻化，若时于幻女，幻师亦生欲，如何遮烦恼？[5]（8—23）

藏文传世本：སྒྱུ་མ་ལྟ་བུར་ཤེས་ན་ཡང་། །ཇི་ལྟར་ཉོན་མོངས་ལྡོག་འགྱུར་ཏེ། །གང་ཚེ་སྒྱུ་མའི་བུད་མེད་ལ། །དེ་བྱེད་ཉིད་ཀྱང་ཆགས་སྐྱེ་འགྱུར། །（9—30）

宋译本：幻境一切知，烦恼云何断？于彼幻三毒[6]，远离而不作。（7—29b；30a）

敦煌写本：དེ་བྱེད་པའི་ཉོན་མོངས་དང་། །ཤེས་བྱ་བའི་བག་ཆགས་མ་སྤངས་ཀྱི། །སྟོང་པ་ཉིད་ལ་གོམས་པས་

---

〔1〕藏文传世本为："受他（"他"指心识所感觉的外境）而联生，有念如鼠毒。"此处藏、汉传世译本亦多出1颂。

〔2〕藏文传世本为"见闻觉知等"。

〔3〕"静"为"实"（实有）的笔误。

〔4〕此处藏汉传世译本多出4颂。

〔5〕藏文传世本为："虽知如幻化，如何遮烦恼？若时于幻女，幻师亦生欲。"

〔6〕藏文译本无"三毒"之意，黄宝生指出"三"可能是"女人"一词的误读，而"毒"则可能是"欲念"一词的引申。

ནི། །དངོས་པོའི་བག་ཆགས་སྤངས་པར་འགྱུརད། །

今译：幻师未断除，烦恼与知习，若是修空性，能断实有习。[1](8—24)

藏文传世本：དེ་བྱེད་པ་ནི་ཤེས་བྱ་ལ། །ཉོན་མོངས་བག་ཆགས་མ་སྤངས་པ། །(9—31a)སྟོང་ཉིད་བག་ཆགས་གོམས་པས་ནི། །དངོས་པོའི་བག་ཆགས་སྤོང་འགྱུར་ཞིང་། །(9—32a)

宋译本：知于烦恼心，彼作而未尽，(7—30b)烦恼性非尽，与空而相杂。(7—31b)

敦煌写本：གང་ཚེ་གང་ཞིག་མྱེད་དོ་ཞེས། །བརྟག་བྱའི་དངོས་པོ་མྱི་དམྱིགས་པ། །དེ་ཚེ་ཆུང་ཟད་མྱེད་དོ་ཞེས། །རྟོག་པ་ཉིད་ཀྱང་སྤོང་བར་འགྱུརད། །

今译：若时谓无有，观境无所缘，尔时谓无余，亦断分别心。[2](8—25)

藏文传世本：གང་ཚེ་གང་ཞིག་མེད་དོ་ཞེས། །བརྟག་བྱའི་དངོས་པོ་མི་དམིགས་པ། །དེ་ཚེ་དངོས་མེད་རྟེན་བྲལ་བ། །བློ་ཡི་མདུན་ན་ཇི་ལྟར་གནས། །(9—33)

宋译本：彼性而无得，亦复不能见，彼性若无住，云何住此身？(7—32b；33a)

敦煌写本：གང་ཚེ་དངོས་དང་དངོས་མྱེད་གཉིས། །བློའི་མདུན་ན་མྱི་དམྱིགས་པ། །དེ་ཚེ་རྣམ་པ་གཞན་མྱེད་པས། །དམྱིགས་པ་མེད་པར་རབ་དུ་ཞི། །

今译：若时有空二，念前无所缘，尔时无余法，无境而极寂。(8—26)

藏文传世本：གང་ཚེ་དངོས་དང་དངོས་མེད་དག །བློ་ཡི་མདུན་ན་མི་གནས་པ། །དེ་ཚེ་རྣམ་པ་གཞན་མེད་པས། །དམིགས་པ་མེད་པར་རབ་ཏུ་ཞི། །(9—34)

宋译本：若性而无有，身住于无性，是性如去来，随现而无著。(7—33b；34a)

敦煌写本：ཡིད་བཞིན་ནོར་བུ་དཔག་བསམས་ཤིང་། །ཅི་ལྟར་རེ་བ་ཡོངས་བསྐོང་བ། །དེ་བཞིན་སེམས་ཅན་བསོད་ནམས་ཀྱི། །དབང་གིས་རྒྱལ་བའི་སྐུ་སྣང་ངོ། །

今译：摩尼如意树，能满皆希愿，是因有情福[3]，胜者亦现身。(8—27)

藏文传世本：ཡིད་བཞིན་ནོར་བུ་དཔག་བསམ་ཤིང་། །ཇི་ལྟར་རེ་བ་ཡོངས་སྐོང་བ། །དེ་བཞིན་གདུལ་བྱ་སྨོན་

〔1〕 藏文传世本为："幻师于所知，未断烦恼习，熟于空性习，能断实有习。"另，藏、汉传世译本于此颂中间部分多出两句。

〔2〕 藏文传世本为："尔时离所依，实岂住念前？"

〔3〕 藏文传世本为"如是所化愿"。

ལམ་གྱི། །དབང་གིས་རྒྱལ་བའི་སྐུར་སྣང་ངོ་། །(9—35)

宋译本：劫树与摩尼，能如意圆满，佛变化亦然，当为斯行愿。(7—34b; 35a)

敦煌写本：མཁའ་ལྡིང་གྲུབ་པས་ཅི་ལྟ་བུར། །མཆོད་སྡོང་བསྒྲུབས་ནས་འདས་གྱུརད་ན། །དེ་འདས་ཡུན་རིང་ལོན་ཡང་དེ། །དུག་ལས་སྫོགས་པ་ཞི་བར་བྱེད། །

今译：如证鹏鸟者，修塔而过世[1]，虽逝经久远，彼却能息毒。(8—28)

藏文传世本：དཔེར་ན་ནམ་མཁའ་ལྡིང་གི་ནི། །མཆོད་སྡོང་བསྒྲུབས་ནས་འདས་གྱུར་པ། །དེ་འདས་ཡུན་རིང་ལོན་ཡང་དེ། །དུག་ལ་སོགས་པ་ཞི་བྱེད་བཞིན། །(9—36)

宋译本：喻法咒林树，咒成而枯坏，毒等虽久害，彼彼皆消除。(7—35b; 36a)

敦煌写本：བྱང་ཆུབ་སྤྱོད་པས་ཚུལ་བཞིན་དུ། །རྒྱལ་བའི་མཆོད་སྡོང་བསྒྲུབས་པ་ཡང་། །བྱང་ཆུབ་སེམས་དཔའ་འདས་གྱུརད་ཀྱང་། །དོན་རྣམས་ཐམས་ཆད་མཛད་པར་འགྱུརད། །

今译：紧随菩提行，修成胜者塔，菩萨虽入灭，能成一切利。[2](8—29)

藏文传世本：བྱང་ཆུབ་སྤྱོད་པའི་རྗེས་མཐུན་པས། །རྒྱལ་བའི་མཆོད་སྡོང་སྒྲུབ་པ་ཡང་། །བྱང་ཆུབ་སེམས་དཔའ་མྱ་ངན་ལས། །འདས་ཀྱང་དོན་རྣམས་ཐམས་ཅད་མཛད། །(9—36)

宋译本：菩萨之修行，所作诸事业，菩提行最胜，佛树能成就。(7—36b; 37a)

敦煌写本：ཉོན་མོངས་པ་དང་ཤེས་བྱའི་སྒྲིབ། །མུན་པའི་གཉེན་པོ་སྟོང་པ་ཉིད། །མྱུར་དུ་ཐམས་ཆད་མཁྱེན་འདོད་ན། །དེ་ནི་ཅི་སྟེ་བསྒོམ་མི་བྱ། །

今译：烦恼与知障，二暗空性治，欲速得佛果，为何不修彼？(8—30)

藏文传世本：ཉོན་མོངས་ཤེས་བྱའི་སྒྲིབ་པ་ཡི། །མུན་པའི་གཉེན་པོ་སྟོང་པ་ཉིད། །མྱུར་དུ་ཐམས་ཅད་མཁྱེན་འདོད་པས། །དེ་ནི་ཇི་ལྟར་སྒོམ་མི་བྱེད། །(9—54)

宋译本：离暗知烦恼，因法知于空，欲速一切知，彼言审观察。(7—53b; 54a)

敦煌写本：ལམ་འདི་ཉིད་ཀྱིས་འཚང་རྒྱ་ཞེས། །བཙན་པའི་ལུང་ལས་འབྱུང་བ་ཡང་། །ཡང་དག་མན་ངག་བརྒྱུད་པས་ཤེས། །ཁྱོད་ཀྱི་གཞུང་གིས་ཅི་ལྟར་འགྲུབ། །

---

〔1〕 藏文传世本为："如人修鹏塔，塔成彼即逝。"

〔2〕 此颂与藏文传世本义理相同，但个别字词及语序与传世本不同。此外，此处藏汉传世译本多出16颂，其中的2颂能与后文中的偈颂对应。

今译：此道证觉悟，正典如是说，知其秘诀承，汝论如何证？[1]（8—31）

敦煌写本：དེ་ལ་ཡིད་ཆེས་དེ་འགྲུབ་ན། །ཐེག་ཆེན་ལ་ཡང་ཡིད་ཆེས་ཀྱིས། །གཉི་ག་འདོད་པ་བདེན་ན་ནི། །རིག་བྱེད་རྣམས་ཀྱང་བདེན་པར་འགྱུརད། །

今译：信彼若证彼，大乘更可信，二许若成真，吠陀亦成真。（8—32）

藏文传世本：རྒྱུན་གང་གིས་ནི་དེར་ཡིད་ཆེས། །དེ་ནི་ཐེག་ཆེན་ལ་ཡང་མཚུངས། །གཞན་གཉིས་འདོད་པས་བདེན་ན་ནི། །རིག་བྱེད་སོགས་ཀྱང་བདེན་པར་འགྱུར། །（9—42）

宋译本：若彼所作因，怖畏于大乘，别怖怖非实，此怖实名怖。（7—41b；42a）

敦煌写本：གལ་ཏེ་ཕན་ཚུནད་འགལ་ཞེ་ན། །འདུལ་ལས་སྤྱོགས་པ་འང་དོར་དགོས་སོ། །སེམས་ཅན་གྱི་མཐུན་དགའ་བྱའི་ཕྱིརད། །གསུངས་པ་དེ་ཅི་སྦྱི་འདོད་དམ། །

今译：若谓相互违，则应舍律藏，为喜异有情，彼言何不信？[2]（8—33）

敦煌写本：དེ་ལྟར་སྟོང་པ་ཡིད་[3]ཕྱོགས་ལ། །སྐུན་འབྱིན་པ་ནི་འཐད་མ་ཡིན། །དེ་བས་ཐེ་ཙོམ་མྱེད་པར་ནི། །སྟོང་པ་ཉིད་ལ་བསྒོམ་པར་གྱིས། །

今译：如是了空性，反驳不应理，是故无疑虑，修持于空性！（8—34）

藏文传世本：དེ་ལྟར་སྟོང་པ་ཉིད་ཕྱོགས་ལ། །སྐུན་འབྱིན་པ་ནི་འཐད་མ་ཡིན། །དེས་ན་ཐེ་ཚོམ་མི་ཟ་བར། །སྟོང་པ་ཉིད་ནི་བསྒོམ་པར་བྱ། །（9—53）

宋译本：迷空彼若此，不得谤于法，此空审观察，是故得不疑。（7—52b；53a）

敦煌写本：སྡུག་བསྔལ་སྐྱེད་དངོས་གང་ཡིན་བ། །དེ་ལས་འཇིགས་པ་སྐྱེ་གྲང་ན། །སྟོང་ཉིད་འཇིགས་པ་ཞི་བྱེད་ན། །དེ་ཡིས་འཇིགས་སྐྱེར་ཅི་ཞིག་ཡོད། །

今译：执实实生苦，对此理应怖。空性灭怖故，于彼有何怖？（8—35）

藏文传世本：དངོས་གང་སྡུག་བསྔལ་སྐྱེད་བྱེད་པ། །དེ་ལ་སྐྲག་པ་སྐྱེ་འགྱུར་ན། །སྟོང་ཉིད་སྡུག་བསྔལ་ཞི་བྱེད་པ། །དེ་ལ་འཇིགས་པ་ཇི་ལྟར་སྐྱེ། །（9—55）

宋译本：若物生于苦，是苦怖得生，彼苦因空作，彼何得生怖？（7—54b；55a）

---

〔1〕 藏、汉传世译本中无与此对应的偈颂。

〔2〕 藏、汉传世译本中无与此对应的偈颂。

〔3〕 此字应为“ཉིད”，IOL Tib J 629中写作“ཉེད”。

敦煌写本：བདག་ཅེས་བྱ་བ་འགའ་ཡོད་ན། །ཅི་ཡང་རུང་ལས་འཇིགས་གྱང་ན། །བདག་ཉིད་ཙུང་ཟད་ཡོད་མྱིན་ན། །སུ་ཞིག་ལ་ནི་འཇིགས་པར་འགྱུར།།

今译：谓我者实有，由此任生怖，我亦微无有，于谁生怖畏？（8—36）

藏文传世本：གལ་ཏེ་བདག་འགའ་ཡོད་ན་ནི། །ཅི་ཡང་རུང་ལས་འཇིགས་འགྱུར་ན། །བདག་ཉིད་འགའ་ཡང་ཡོད་མིན་པས། །འཇིགས་པར་འགྱུར་བ་སུ་ཞིག་ཡིན།།(9—56)

宋译本：若于彼物怖，斯即名我所，如是我无所，苦怖云何得？（7—55b；56a）

敦煌写本：སོ་དང་སྐྲ་སེན་བདག་མ་ཡྀ། །བདག་ནི་རུས་པ་ཁྲག་མ་ཡིན། །སྣབས་མྱིན་བད་ཀན་མ་ཡིན་ཏེ། །ཆུ་སེར་དང་ནི་རྣག་ཀྱང་མྱིན།།

今译：齿发甲非我，我非骨与血，非涕非涎分，非黄水非脓。（8—37）

藏文传世本：སོ་དང་སྐྲ་སེན་བདག་མ་ཡིན། །བདག་ནི་རུས་པ་ཁྲག་མ་ཡིན། །སྣབས་མིན་བད་ཀན་མ་ཡིན་ཏེ། །ཆུ་སེར་དང་ནི་རྣག་ཀྱང་མིན།།(9—57)

敦煌写本：བདག་ནི་ཞག་དང་རྔུལད་[1] མྱིན་ཏེ། །བདག་ནི་གློ་མཆིན་དག་ཀྱང་མྱིན། །ནང་གྲོལ་གཞན་ཡང་བདག་མྱིན་ཏེ། །བདག་ནི་ཕྱི་ས་གཅིན་མ་ཡིན།།

今译：我非脂与汗，我非肺与肝，余脏亦非我，我非尿与屎。（8—38）

藏文传世本：བདག་ནི་ཞག་དང་རྔུལ་མིན་ཏེ། །གློ་མཆིན་དག་ཀྱང་བདག་མ་ཡིན། །ནང་ཁྲོལ་གཞན་ཡང་བདག་མིན་ཏེ། །བདག་ནི་ཕྱི་ས་གཅིན་མ་ཡིན།།(9—58)

敦煌写本：ཤ་དང་པགས་པ་བདག་མྱིན་ཏེ། །དྲོད་དང་རླུང་ཡང་བདག་མ་ཡིན། །བུ་ག་བདག་མྱིན་རྣམ་ཀུན་དུ། །རྣམ་ཤེས་དྲུག་ནི་བདག་མ་ཡིན།།

今译：肉与皮非我，热及风非我，诸窍并六识，皆然全非我。（8—39）

藏文传世本：ཤ་དང་པགས་པ་བདག་མིན་ཏེ། །དྲོད་དང་རླུང་ཡང་བདག་མ་ཡིན། །བུ་ག་བདག་མིན་རྣམ་ཀུན་ཏུ། །རྣམ་ཤེས་དྲུག་ཀྱང་བདག་མ་ཡིན།།(9—58)

宋译本：牙齿发爪甲，骨肉并血髓，鼻洟唾脓涎，脂肪及肠胃，便痢汗热风，九漏并六识，如是诸法等，一切皆无我。（7—56b；57；58a）

敦煌写本：གལ་ཏེ་ཡིད་ནི་བདག་ཡིན་ན། །འགགས་ཡིད་ད་ལྟར་ཡོད་པར་འགྱུར། །འོན་ཏེ་མ་འོངས་སེམས་བདག་ཡིན། །ད་ལྟར་བདག་ནི་མེད་པར་འགྱུརད།།

---

〔1〕厘定后作“རྔུལ”。

今译：若是识为我，此刻有止识，若我为识，此刻我不存。[1]（8—40）

敦煌写本：གལ་ཏེ་བུམ་སེམས་བུམ་ཡིན་ན། །བུམ་པའི་སེམས་སུ་དེ་མི་འགྱུར། །གལ་ཏེ་བྱུང་སེམས་བདག་ཡིན་ན། །ཞིག་ནས་བདག་ནི་མེད་པར་འགྱུརད། །

今译：若瓶识为瓶，瓶识不生瓶，若过识为我，已毁我不存。（8—41）

敦煌写本：གལ་ཏེ་བདག་མིག་རང་བཞིན་ན། །བདག་གིས་སྒྲ་ནི་ཐོས་མི་འགྱུརད། །དེ་བཞིན་སྣ་ལས་སྩོགས་པ་ཡི། །བཅོ་བརྒྱད་ཁམས་ལ་འང་སྒྲིན་དུ་འགྱུརད། །

今译：我眼若实有，我难闻声音，如是于鼻等，障碍十八界。（8—42）

敦煌写本：དེ་བཞིན་བདེ་མིན་སྡུག་བསྔལ་མིནད། །འདོད་ཆགས་ཞེ་སྡང་སྩོགས་བདག་མིནད། །དེ་ལྟར་བདག་དུ་རུང་བ་གང། །དེ་ནི་འགའ་ཡང་ཡོད་མ་ཡིན། །

今译：如是非乐苦，贪嗔亦非我，是故谓我者，彼即永不存。（8—43）

敦煌写本：སེམས་འདི་ཉིད་ནི་མ་གཏོགས་པླ། །སེམས་པ་ཡོད་མིན་བུམ་པ་བཞིན། །སེམས་པ་མེད་པ་འང་བདག་མིནད་ཏེ། །སེམས་པ་མེད་ཕྱིར་བུམ་པ་བཞིན། །

今译：唯有此识外，有无皆如瓶，无识亦非我，无识则如瓶。（8—44）

敦煌写本：ལུས་ལས་སྩོགས་པ་གྱུརད་ཀྱང་ནི། །གང་ཞིག་འགྱུར་བར་མི་འདོད་པླ། །དེ་ལ་འང་ལས་འབྲས་ཡོད་ན་ནི། །མཁའ་ལ་འང་དེ་དག་ཅིས་མི་འདོད། །

今译：身等若即生，就此认不变，然彼有业果，虚空岂不同？（8—45）

敦煌写本：ས་བོན་ལ་ནི་ཡོད་པའི་ཚེ། །འབྲས་བུའི་དུས་ན་སྣང་བ་བཞིན། །དེ་བཞིན་ལུས་སྩོགས་མི་རྟག་ལ་འང། །ཅི་སྟེ་ལས་དང་འབྲས་མི་འདོད། །

今译：存于种子时，果时既能显，如是无常身，岂不认业果？（8—46）

敦煌写本：བྱིས་པའི་ལུས་ལ་གཙོང་དང་ནི། །བྱི་བའི་དུག་ནི་ཞེནད་གྱུརད་པླ། །རྒན་ལ་སྣང་བ་དེ་བཞིན་དུ། །ཅི་སྟེ་ལས་དང་འབྲས་མི་འདོད། །

今译：犹如幼童身，得痼与鼠毒，老时亦复发，何不认业果？（8—47）

---

〔1〕 从此颂至第52颂在藏、汉传世译本中无对应之偈颂。

敦煌写本：མངལ་ན་འདུག་པ་འདས་གྱུརད་ན། །ཨུ་ཚོའི་བྱིས་པ་གཞན་སྐྱེར་འགྱུར། །བྱིས་པ་འདས་ན་གཞོ་ནུ་[1]ཉིད། །དེ་འདས་དེའི་འོག་དར་ལ་འབབ། །

今译：胎期已过后，便是吃奶童，童逝即青年，彼逝为中年，（8—48）

敦煌写本：དར་ལ་བབ་ཡལ་རྒན་པོར་འགྱུར། །རྒ་བ་འདས་ན་རོ་ཡང་འབྱུང་། །ལུས་ཞིག་རྟག་ན་དེ་སྙེད་ཀྱི། །གནས་སྐབས་སྐྱི་སྲིད་ནམ་ཀ་བཞིན། །

今译：中年逝而老，老逝亦生尸，身常即如此，岂能恒如空。（8—49）

敦煌写本：དཔེར་ན་ཉིན་རེ་གཞན་ཉིད་པས། །གཞོན་ནུ་དར་ལ་བབ་གྱུརད་བ། །དེ་བཞིན་སྐད་ཅིག་གཞན་ཡིན་པས། །བྱིས་པ་གཞོན་ནུ་ཉིད་དུ་འགྱུརད། །

今译：每日彼更替，青年变中年，如是时刻替，幼童变青年。（8—50）

敦煌写本：གང་ཚེ་ཡུན་རིང་གནས་ནས་ཀྱང་། །ཅི་ལྟར་སྐྱེས་བཞིན་ཡེ་འདུག་ན། །དེ་ཚེ་དེ་ལ་ཁྱད་མེད་པས། །ནམས་ཀྱང་འཇིག་པར་འགྱུར་བ་མེད། །

今译：若是能长存，如生恒不变，彼时彼无别，永无毁灭时。（8—51）

敦煌写本：དེ་ལྟར་སེམས་ཅན་འགའ་མེད་དེ། །དངོས་པོ་འདི་དག་སྐད་ཅིག་མ། །གཡོ་བ་མེད་པའི་ཆོས་རྣམས་ལས། །གཡོ་བ་མེད་པའི་འབྱུང་ཞིང་འཇིག །

今译：有情无如是，物皆一念顷，从诸永恒法，生彼恒坏灭。（8—52）

敦煌写本：གལ་ཏེ་སེམས་ཅན་ཡོད་མྱིན་ན། །སུ་ལ་སྙིང་རྗེ་བྱ་ཞེ་ན། །དགོས་པའི་དོན་དུ་ཁས་བླངས་ནས། །བདག་ཉིད་དུ་ནི་རབ་བརྟགས་པའི། །

今译：若谓无有情，于谁生慈悲，利益而承认，即谓称“我”者。（8—53）

藏文传世本：གལ་ཏེ་སེམས་ཅན་ཡོད་མིན་ན། །སུ་ལ་སྙིང་རྗེ་བྱ་ཞེ་ན། །འབྲས་བུའི་དོན་དུ་ཁས་བླངས་པའི། །རྨོངས་པས་བརྟགས་པ་གང་ཡིན་པའོ། །（9—75）

宋译本：有情若不有，此行云何为？彼行今若为，而为有痴事。（7—73b; 74a）

敦煌写本：ཆོས་ཀྱི་ཁྱད་པར་ལ་དམིགས་ནས། །ཤེས་ལྡན་རྣམས་ཀྱི་བརྩེ་འབྱུང་སྟེ། །ཅི་ལྟར་ཁྱེད་ལ་གྲགས་པ་བཞིན། །སེམས་ཅན་རྣམས་ལ་སྨྲ་འཐད་མེད། །

〔1〕“གཞོ་ནུ”为古藏文词汇，厘定后一律作“གཞོན་ནུ”。

今译：观其诸法异，智者生慈悲，如是汝所认，于有情应理。[1](8—54)

敦煌写本：ཅི་ལྟར་ཆུ་ཤིང་སྡོང་པོ་དག། ཆ་ཤས་ཕྱེ་ན་འགའ་མྱེད་པ། །དེ་བཞིན་རྣམ་པར་དཔྱས་བཙལ་ན། ། བདག་ཀྱང་ཡང་དག་ཉིད་མ་ཡིན། །

今译：犹如芭蕉树，剥开无实有，如是以慧寻，我亦不真实。(8—55)

藏文传世本：དཔེར་ན་ཆུ་ཤིང་སྡོང་པོ་དག །ཆ་ཤས་ཕྱེ་ན་འགའ་མེད་པ། །དེ་བཞིན་རྣམ་པར་དཔྱད་པ་ཡིས། །བཙལ་ན་བདག་ཀྱང་ཡང་དག་མིན། །(9—74)

宋译本：如芭蕉作柱，无所能胜任，我心生亦然，是得善观察。(7—72b；73a)

敦煌写本：བདག་མྱེད་ན་ནི་སུ་ཞིག་འཇིགས། །སུ་བཅིངས་སུ་ཞིག་གྲོལ་བར་འགྱུརད། །འོན་ཀྱང་བདག་དུ་སེམས་ཡོད་པས། །བདག་ནི་འདི་ལྟར་དགེ་ལ་བརྩོན། །

今译：无我谁生怖，缚谁解脱谁？然有思我心，故我仍勤善。[2](8—56)

敦煌写本：ལུས་ནི་རྐང་པ་བྱིནད་པ་མྱིན། །བརླ་དང་རྐེད་པ་ལུས་མ་ཡིན། །ལུས་ནི་ལྟོ་དང་རྒྱབ་མྱིན་ཏེ། །དེ་ནི་ནང་གྲོལ་རྣམས་མ་ཡིན། །ལུས་ནི་མགོ་དང་མགྲིན་མྱིནད་ཏེ། །འདི་ལ་ལུས་གཞན་གང་ཞིག་ཡིན། །

今译：身非足与胫，腿腰亦非身，身非腹与背，彼非诸内脏，身非头与颈，除此身余何？（8—57）

藏文传世本：ལུས་ནི་རྐང་པ་བྱིན་པ་མིན། །བརླ་དང་རྐེད་པའང་ལུས་མ་ཡིན། །ལྟོ་དང་རྒྱབ་ཀྱང་ལུས་མིན་ཏེ། །བྲང་དང་དཔུང་པའང་ལུས་མ་ཡིན། ། རྩིབ་ལོགས་ལག་པའང་ལུས་མིན་ཏེ། །མཆན་ཁུང་ཕྲག་པའང་ལུས་མ་ཡིན། །ནང་ཁྲོལ་རྣམས་ཀྱང་དེ་མིན་ལ། །མགོ་དང་མགྲིན་པའང་ལུས་མིན་ན། །འདི་ལ་ལུས་ནི་གང་ཞིག་ཡིན། །(9—78；9—79)

宋译本：无足五胫膝，无腰复无腿，无臂亦无肩，无脐无胸背。

无肋兼无胁，无手亦无鼻，无项复无头，骨锁等皆尔。(7—76b；77；78a)

敦煌写本：གལ་ཏེ་ལུས་འདི་ཐམས་ཅད་ལ། །ཆ་རེ་ཞིག་གིས་གནས་གྱུརད་ན། །དེའི་ལྷག་མ་མྱི་གནས་པ། །དེ་ནི་བདག་ཉིད་གང་ན་གནས། །

今译：若身于一切，分住于诸肢，彼余不住故，自身住何处？[3](8—58)

藏文传世本：གལ་ཏེ་ལུས་འདི་ཐམས་ཅད་ལ། །ཕྱོགས་རེ་ཡིས་ནི་གནས་གྱུར་ན། །ཆ་རྣམས་ཆ་ལ་གནས་གྱུར་མོད། །དེ་རང་ཉིད་ནི་གང་ལ་གནས། །(9—80)

---

〔1〕 藏、汉传世译本中无与此对应的偈颂。

〔2〕 藏、汉传世译本中无与此对应的偈颂。

〔3〕 藏文传世本为："分复住自分，自分则住何？"

宋译本：观此一切身，不行于一处，彼行于处处，何处自安住？（7—78b; 79a）

敦煌写本：ལུས་ནི་ལག་སྨོགས་ཐམས་ཅད་ལ། །བདག་ཉིད་ཀུན་གྱིས་གནས་ན་ནི། །ལག་སྨོགས་དེ་དག་ཅི་སྙེད་པ། །དེ་སྙེད་ཀྱི་ནི་ལུས་སུ་འགྱུརད། །

今译：身于手等处，一切全然住[1]，手等有几许，亦生尔许身。（8—59）

藏文传世本：གལ་ཏེ་བདག་ཉིད་ཀུན་གྱི་ལུས། །ལག་སོགས་རྣམས་ལ་གནས་ན་ནི། །ལག་སོགས་དེ་དག་ཇི་སྙེད་པ། །དེ་སྙེད་ཀྱི་ནི་ལུས་སུ་འགྱུར། །（9—81）

宋译本：以彼身手等，一切处皆住，彼一身如是，乃至于手等。（7—79b; 80a）

敦煌写本：ལུས་ནི་ལག་ལ་སྨོགས་ནང་གནས་ན། །བཀབ་པ་ཅི་ལྟར་སྣང་བར་འགྱུར། །འོན་ཏེ་ལུས་འདི་ཕྱི་ན་གནས། །ལག་སྨོགས་སྣང་བར་མི་འགྱུར་རོ། །

今译：身若住手等，已遮如何现？若是身住外，手等不显现。[2]（8—60）

敦煌写本：ལག་ལ་སྨོགས་པ་བཀབ་སྣང་ན། །ལག་སྨོགས་ལུས་ཅན་ཉིད་མིན་འགྱུརད། །ཆ་ཤས་མེད་རྣམས་ཆ་ཅན་གྱི། །ནང་དུ་འང་འཇུག་པར་ཙུང་མ་ཡིན། །

今译：手等遮而显，手等不变身，诸此无肢分，岂能入于身。（8—61）

敦煌写本：གལ་ཏེ་ཕྱི་ནང་ལུས་མེད་ན། །ཅི་ལྟར་ལུས་ནི་ལག་སྨོགས་གནས། །ལག་ལས་སྨོགས་ལས་གཞན་མེད་ན། །དེ་ནི་ཅི་ལྟར་ཡོད་པ་ཡིན། །

今译：内外若无身，如何身住手，手等外无余，彼又住何处？（8—62）

藏文传世本：ཕྱི་དང་ནང་ན་ལུས་མེད་ན། །ཇི་ལྟར་ལག་སོགས་ལ་ལུས་ཡོད། །ལག་སོགས་རྣམས་ལས་གཞན་མེད་ན། །དེ་ནི་ཇི་ལྟར་ཡོད་པ་ཡིན། །（9—82）

宋译本：无内无外身，何独身手等？手等无分别，云何彼复有？（9—80b; 81a）

敦煌写本：དེ་བས་ལུས་མེད་གཏི་མུག་པས། །ལག་ལས་སྨོགས་པ་ལུས་བློ་འབྱུད། །དབྱིབས་སུ་བཀོད་པའི་ཁྱད་པར་གྱིས། །ཤིང་ལ་སྐྱེས་བུའི་བློ་འབྱུང་བཞིན། །

今译：无身然愚故，手等认为身，如是因形同，误认树为人。[3]（8—63）

藏文传世本：དེས་ན་ལུས་མེད་ལག་སོགས་ལ། །རྨོངས་པ་ཡིས་ནི་ལུས་བློར་འགྱུར། །དབྱིབས་སུ་བཀོད་པའི་

〔1〕 藏文传世本为："若是全然身，住于手等处。"

〔2〕 藏汉传世译本中无与此颂和下一颂对应的偈颂。

〔3〕 藏文传世本为："无身然手等，愚故认为身，如是因形同，误认偶为人。"

ཁྱད་པར་གྱིས། །ཐོ་ཡོར་ལ་ནི་མི་བློ་བཞིན།།(9—83)

宋译本：彼既无痴身，宁云意手等？住已近殊胜，观者知人喻。(7—81b; 82a)

敦煌写本：ཅི་སྲིད་རྐྱེན་ནི་ཚོགས་གྱུརད་ལྟ། །དེ་སྲིད་སྐྱེའི་ལུས་བློ་འབྱུང་། །དེ་བཞིན་ཅི་སྲིད་ལག་སྩོགས་ཚོགས། །དེ་སྲིད་འདི་ལ་ལུས་སུ་སྣང་།།

今译：诸缘集聚时，误认身为人，如是聚手等，于此视为身。[1](8—64)

藏文传世本：ཇི་སྲིད་རྐྱེན་ཚོགས་དེ་སྲིད་དུ། །ལུས་ནི་སྐྱེས་བུ་ལྟར་སྣང་བ། །དེ་བཞིན་ཇི་སྲིད་ལག་སོགས་ལ། །དེ་ཡོད་དེ་སྲིད་དེ་ལུས་སྣང་།།(9—84)

宋译本：若彼因和合，木人此可同，若了如是相，彼身同此见。(7—82b; 83a)

敦煌写本：དེ་བཞིན་སོར་མོའི་ཚོགས་རྣམས་ལས། །རྐང་པ་ཡང་ནི་གང་ཞིག་ཡོད། །དེ་ཡང་ཚིག་གི་ཚོགས་ཡིན་ལ།།ཚིག་ཀྱང་རང་གི་ཆ་ཤས་དབྱེའ།།

今译：除诸足趾外，足亦何存有[2]，彼亦骨节合，骨节亦可分，(8—65)

藏文传世本：དེ་བཞིན་སོར་མོའི་ཚོགས་ཡིན་ཕྱིར། །ལག་པའང་གང་ཞིག་ཡིན་པར་འགྱུར། །དེ་ཡང་ཚིགས་ཀྱི་ཚོགས་ཡིན་ཕྱིར། །ཚིགས་ཀྱང་རང་གི་ཆ་ཕྱེ་བས།།(9—85)

宋译本：如是舍足指，手指亦皆舍，彼初观节合，后见节自离。(7—83b; 84a)

敦煌写本：ཆ་ཤས་ཀྱང་ནི་རྡུལ་ཕྱེ་ནས། །དེ་ཡང་དེ་འདྲར་རྣམ་པར་གཞིག[3]།ཕྱོགས་ཆ་རྣམས་ཀྱང་ཆ་མེད་པས། །ནམ་མཁའ་དང་མཚུངས་དེས་རྡུལ་ཡད་མེད།།

今译：分复析为尘，尘又如是分，方尘不可分，如空亦无尘，(8—66)

藏文传世本：ཆ་ཡང་རྡུལ་དུ་ཕྱེ་བས་ཏེ། །རྡུལ་དེའང་ཕྱོགས་ཆའི་དབྱེ་བ་ཡིས། །ཕྱོགས་དབྱེའང་ཆ་ཤས་དང་བྲལ་ཕྱིར། །མཁའ་བཞིན་དེས་ན་རྡུལ་ཡང་མེད།།(9—86)

宋译本：此身破已竟，彼住分别见，分别见此身，得喻如虚空。(7—84b; 85a)

敦煌写本：རྡུལ་རྣམས་མེད་པས་བསྡུགས་པ་མེད། །དེ་ཕྱིར་གཟུགས་ཀྱི་ཕུང་པོ་མེད། །དེ་ལྟར་བརྟགས་ན་རྨི་ལམ་ལྟའི། །གཟུགས་ལ་སུ་ཞིག་ཆགས་པར་བྱེད།།

今译：无尘则无聚，由此无身蕴。[4]深察如梦境，于色谁生贪？[5](8—67)

---

〔1〕 藏文传世本为："众缘聚合时，身如士夫现，如是于手等，彼亦如身现。"

〔2〕 藏文传世本为："如是指聚故，手亦为何物？"

〔3〕 "གཞིག" 同 "དབྱེ"。

〔4〕 此两句在藏、汉传世译本中无对应之短句。

〔5〕 藏文传世本为："由是如梦色，岂有智者贪？"

藏文传世本：དེ་ལྟར་རྨི་ལམ་ལྟ་བུ་ཡི། །གཟུགས་ལ་དཔྱོད་ལྡན་སུ་ཞིག་ཆགས། །(9—87a)

宋译本：如是之梦色，智者何所乐？（7—85b）

敦煌写本：དེ་ལྟར་གང་ཚེ་ལུས་མྱེད་ན། །དེ་ཚེ་སྐྱེས་གང་བུད་མྱེད་གང་། །མཐོང་བ་འམ་རེག་པ་གང་ཡང་རུང་། །རྨི་ལམ་སྒྱུ་མའི་རང་བཞིན་འདྲ། །

今译：如是无身故，何有男女相？见或亦是触，其性如梦幻。[1]（8—68）

藏文传世本：གང་ཚེ་དེ་ལྟར་ལུས་མེད་པ། །དེ་ཚེ་སྐྱེས་གང་བུད་མེད་གང་། །(9—87b)མཐོང་བ་འམ་ནི་རེག་པ་ཡང་། །རྨི་ལམ་སྒྱུ་འདྲའི་བདག་ཉིད་ཀྱིས། །(9—99a)

宋译本：设施若无身，何有男女等？（7—86a）今见此梦触，自心之幻化。（7—97b）

敦煌写本：སེམས་དང་ལྷན་ཅིག་སྐྱེས་པའི་ཕྱིར་ད། །ཚོར་བས་མྱོང་བ་མྱེད་པར་འགྱུར་ད། །ཕྱི་ནས་དེ་ནི་སྐྱེས་གྱུར་ད་ན། །དྲན་པར་ཟད་ཀྱི་མྱོང་མ་ཡིན། །

今译：与心俱生故，受非心所感，若彼生于后，是念而非受。[2]（8—69）

藏文传世本：སེམས་དང་ལྷན་ཅིག་སྐྱེས་པའི་ཕྱིར། །ཚོར་བ་དེ་ཡིས་མཐོང་མ་ཡིན། །སྔར་དང་ཕྱི་མར་སྐྱེས་པས་ཀྱང་། །དྲན་པར་འགྱུར་གྱི་མྱོང་མ་ཡིན། །(9—99b；100a)

宋译本：既见彼触性，彼受汝亦得。先世与后世，念念而无受。（7—98）

敦煌写本：བདག་གིས་བདག་ཉིད་མྱོང་མྱིན་ལ། །གཞན་གྱིས་ཀྱང་ནི་མྱོང་མྱི་འགྱུར་ད། །ཚོར་བ་པོ་ཡང་འགའ་མྱེད་དེ། །དེ་བས་ཚོར་བ་ཡང་དག་མྱིན་ད། །

今译：自不受自身，亦非他所受，受者亦无存，是故受不真。（8—70）

藏文传世本：རང་གིས་བདག་ཉིད་མྱོང་མིན་ལ། །གཞན་དག་གིས་ཀྱང་མྱོང་མ་ཡིན། །ཚོར་པོ་འགའ་ཡང་ཡོད་མིན་ཏེ། །དེས་ན་ཚོར་བ་དེ་ཉིད་མིན། །(9—100b；101a)

宋译本：若此观自身，受亦无所得。所受既不实，彼即知无有。（7—99）

敦煌写本：དེ་ལྟར་བདག་མྱེད་ཚོགས་འདི་ལ། །སུ་ཞིག་འདི་ཡིས་གནོད་པར་འགྱུར་ད། །དེ་ལྟ་ན་ནི་སུ་ཞིག་ལ། །འཕྲད་པ་འམ་འབྲལ་བ་འདོད་པ་འབྱུང་། །

今译：若此无我聚，云何害于谁？是故对于谁，生起合离欲[3]。（8—71）

---

〔1〕 藏、汉传世译本于此颂中间多出11颂。

〔2〕 藏文传世本为："与心俱生故，受不被彼见，若是前后生，是念而非受。"

〔3〕 藏汉传世译本中无与此颂后两个短句对应的偈颂。

藏文传世本：དེ་ལྟར་བདག་མེད་ཚོགས་འདི་ལ། །འདི་ཡིས་ཅི་སྟེ་གནོད་པར་བྱ། །(9—101b)

宋译本：若此无自身，云何如是害？（7—100a）

敦煌写本：ཡིད་ནི་དབང་པོ་ལ་མྱི་གནས། །གཟུགས་སྩོགས་ལ་མིན་བར་ན་འང་མིན། །ནང་ན་འང་ཡོད་མྱིན་ཕྱི་ན་འང་མྱེད། །གཞན་ན་འང་སེམས་ནི་ཡོད་མ་ཡིན། །

今译：意不住根器[1]，不住色与中，亦不住内外[2]，别处心无有[3]。(8—72)

藏文传世本：ཡིད་ནི་དབང་རྣམས་ལ་མི་གནས། །གཟུགས་སོགས་ལ་མིན་བར་ནའང་མིན། །ནང་ནའང་སེམས་མིན་ཕྱི་མིན་ཞིང་། །གཞན་དུ་ཡང་ནི་རྙེད་མ་ཡིན། །(9—102)

宋译本：色性之自住，无根无中间，无内无外心，别处亦不得。(7—100b; 101a)

敦煌写本：ལུས་ལ་གང་མྱེད་གཞན་ན་འང་མྱེད། །འདྲེས་མྱིན་ཐ་དད་མ་ཡིན་གང་། །དེ་ནི་ཆུང་ཟད་ཡོད་མྱིན་འདེས། །སེམས་ཅན་རང་བཞིན་མྱ་ངན་འདས། །

今译：非身非别处，非合亦非异，亦无纤毫故，有情性涅槃。(8—73)

藏文传世本：གང་ཞིག་ལུས་མིན་གཞན་དུ་མིན། །འདྲེས་མིན་ལོགས་སུའང་འགར་མེད་པ། །དེ་ནི་ཅུང་ཟད་མིན་དེའི་ཕྱིར། །སེམས་ཅན་རང་བཞིན་མྱ་ངན་འདས། །(9—103)

宋译本：身若无异处，无合无分别，有情之自性，寂静彼无所。(7—101b; 102a)

敦煌写本：ཤེས་བྱ་ལས་ནི་ཤེས་སྔ་ན། །དེ་ནི་ཅི་ལ་དམྱིགས་ཏེ་སྐྱེ། །ཤེས་དང་ཤེས་བྱ་ལྷན་གཅིག་ན། །དེ་ནི་ཅི་ལ་དམྱིགས་སྟེ་སྐྱེ། །

今译：若识先于境，彼识缘何生？识境若同生，缘何而得生？（8—74）

藏文传世本：ཤེས་བྱ་ལས་སྔར་ཤེས་ཡོད་ན། །དེ་ནི་ཅི་ལ་དམིགས་ནས་སྐྱེ། །ཤེས་དང་ཤེས་བྱ་ལྷན་ཅིག་ན། །དེ་ནི་ཅི་ལ་དམིགས་ནས་སྐྱེ། །(9—104)

宋译本：智者若先知，云何而有著？智者同智故，彼生何得著？（7—102b; 103a）

敦煌写本：ཤེས་བྱ་དུས་ན་དེ་ཡོད་ན། །ཤེས་བྱས་དེ་ལ་ཅི་ཞིག་བྱ། །རང་གིས་གནས་པ་འགའ་མྱེད་དེ། །རྒྱུ་མྱེད་ནམ་ཀའི་མེན་ཏོག་བཞིན། །

---

〔1〕 藏文传世本为“诸根”。

〔2〕 藏文传世本为“心不住内外”。

〔3〕 藏文传世本为“别处亦不得”。

今译：境时若存识，境于彼何用？自性本无有，无因如空花。[1](8—75)

敦煌写本：རྒྱུ་རྣམས་སོ་སོ་འདུས་པ་ལས། །རྣམ་པར་གནས་པ་མ་ཡིན་ཞིང་། །གཞན་ནས་འོང་བ་མ་ཡིན་ལ། །གནས་པ་མེད་ལ་འགྲོ་བ་འང་མེད།།

今译：诸因分别聚，而非本实有，亦非别处来，无住亦无去。[2](8—76)

藏文传世本：སོ་སོ་བའམ་འདུས་པ་ཡི། །རྒྱུ་རྣམས་ལ་ཡང་གནས་མ་ཡིན། །གཞན་ནས་འོངས་པའང་མ་ཡིན་ལ། །གནས་པ་མ་ཡིན་འགྲོ་མ་ཡིན།།(9—141b; 142a)

宋译本：由彼无别异，不住复不去，于实彼若迷，返为世间胜。(7—140b; 141a)

敦煌写本：སྒྱུ་མ་དང་ནི་ཁྱད་མེད་ལ། །རྨོངས་པ་རྣམས་ཀྱིས་བདེན་པར་བརྟགས། །སྒྱུ་མས་སྤྲུལད་པ་གང་ཡིན་དང་། །སྒྱུ་རྣམས་ཀྱིས་ནི་གང་སྤྲུལད་པ།། དེ་ནི་གང་ནས་འོང་འགྱུར་ཞིང་། །གང་དུ་འགྲོ་བ་བརྟག་པར་གྱིས།།

今译：与幻无差异，愚痴执真实[3]，幻师所化物，依因何所化，彼从何处来，何去应观察！[4](8—77)

藏文传世本：རྨོངས་པས་བདེན་པར་གང་བྱས་འདི། །སྒྱུ་མ་ལས་ནི་ཁྱད་ཅི་ཡོད། །སྒྱུ་མས་སྤྲུལ་པ་གང་ཡིན་དང་། །རྒྱུ་རྣམས་ཀྱིས་ནི་གང་སྤྲུལ་པ། །དེ་ནི་གང་ནས་འོངས་གྱུར་ཅིང་། །གང་དུ་འགྲོ་བའང་བརྟག་པར་གྱིས། །(9—142b; 143)

宋译本：为从因所生，为从幻化作，何来彼何去？了知而若此。(7—141b; 142a)

敦煌写本：དངོས་པོ་ཡོད་པར་གྱུརད་པ་ལ། །རྒྱུ་རྣམས་ཀྱིས་ནི་ཅི་ཞིག་བྱ། །མེད་པའི་ཚེ་ན་འང་དངོས་མེད་ན། །ནམ་ཞིག་དངོས་པོ་འབྱུང་བར་འགྱུར།།

今译：若诸法实有，诸因有何用？无时若无有，何时生实有？[5](8—78)

藏文传世本：དངོས་པོ་ཡོད་པར་གྱུར་པ་ལ། །རྒྱུ་ཡིས་དགོས་པ་ཅི་ཞིག་ཡོད། །(9—145a)མེད་ཚེ་དངོས་ཡོད་སྲིད་མིན་ན། །དངོས་པོ་ཡོད་པར་ནམ་ཞིག་འགྱུར།།(9—147a)

宋译本：性若云自有，是因何所立？（7—143b）彼性无性时，是性何时得？（7—145b）

---

〔1〕 藏汉传世译本中无与此对应的偈颂。

〔2〕 藏文传世本为："分别或聚合，诸因中不住，亦非别处来，非住亦非去。" 此颂之前藏文传世本多出36颂半，汉文译本则多出37颂。

〔3〕 藏文传世本为："愚痴执此实，与幻有何别？"

〔4〕 此处藏、汉传世译本多出1颂。

〔5〕 藏、汉传世译本于此颂中间多出6个短句。

敦煌写本：དངོས་པོ་སྐྱེ་བ་མྱེད་པ་ཡིས། །དངོས་མྱེད་དེ་ནི་འབྲལད་ཀྱི་འགྱུརད། །དངོས་པོ་མྱེད་དང་མ་བྲལ་ནས། །དངོས་པོ་ཡོད་པའི་སྐབས་ཀྱི་འབྱུང་། །

今译：若诸法未生，则不离无实，若不离无实，则不生实有。（8—79）

藏文传世本：དངོས་པོ་སྐྱེས་པར་མ་གྱུར་པར། །དངོས་མེད་དེ་ནི་འབྲལ་མི་འགྱུར། །དངོས་མེད་དང་ནི་མ་བྲལ་ན། །དངོས་པོ་ཡོད་པའི་སྐབས་མི་སྲིད། །（9—147b；148a）

宋译本：无性即无生，当依彼性行。性无过去性，而由性不生。（7—146）

敦煌写本：རང་བཞིན་གཉིས་སུ་ཐལད་གྱུརད་ཕྱིར། །དངོས་པོ་དངོས་མྱེད་ཉིད་ཀྱི་འགྱུར། །དེ་བཞིན་འགག་པ་ཡོད་མྱིན་ཞིང་། །རྟག་པ་ཡང་ནི་མྱི་དམྱིགས་སོ། །

今译：自性成二故，有无不同存，如是无坏灭，恒常亦不缘。[1]（8—80）

藏文传世本：དངོས་པོའང་མེད་པར་འགྱུར་མིན་ཏེ། །རང་བཞིན་གཉིས་སུ་ཐལ་འགྱུར་ཕྱིར། །དེ་ལྟར་འགག་པ་ཡོད་མིན་ཞིང་། །དངོས་པོའང་ཡོད་མིན་དེ་ཡི་ཕྱིར། །（9—148b；149a）

宋译本：无有性无性，喻幻化和合。一切有无性，有如是不灭，（7—147）

敦煌写本：དེ་བས་སྐྱེ་བོ་འདི་དག་ཀུན། །སྐྱེ་བ་མྱེད་ཅིང་འགག་པ་མྱེད། །འགྲོ་བ་རྣམས་ནི་རྨྱི་ལམ་འདྲ། །ཆུ་ཤིང་བཞིན་དུ་སྙིང་པོ་མྱེད། །

今译：是故诸众生，无生亦无灭，众生如梦境，如芭蕉无核。[2]（8—81）

藏文传世本：འགྲོ་བ་འདི་དག་ཐམས་ཅད་ནི། །རྟག་ཏུ་མ་སྐྱེས་མ་འགགས་ཉིད། །འགྲོ་བ་རྨི་ལམ་ལྟ་བུ་སྟེ། །རྣམ་པར་དཔྱད་ན་ཆུ་ཤིང་འདྲ། །（9—149b；150a）

宋译本：此一切世间，是故不生灭。知行空不实，喻梦喻芭蕉，（7—148）

敦煌写本：མྱ་ངན་འདས་དང་མ་འདས་པ་འདྲ། །ཡང་དག་ཉིད་དུ་ཁྱད་པར་མྱེད། །དེ་ལྟར་སྟོང་པའི་དངོས་རྣམས་ལ། །ཅི་རྙེད་ཅི་ཞིག་ཕྲོགས་པར་འགྱུརད། །

今译：涅槃不涅槃，真谛[3]无二别，如是诸空法，何得何所盗[4]？（8—82）

藏文传世本：མྱ་ངན་འདས་དང་མ་འདས་པའང་། །དེ་ཉིད་དུ་ནི་ཁྱད་པར་མེད། །དེ་ལྟར་སྟོང་པའི་དངོས་རྣམས་ལ། །ཐོབ་པ་ཅི་ཡོད་ཤོར་ཅི་ཡོད། །（9—150b；151a）

宋译本：分别灭不灭，一切不可得。性空乃如是，何得而何受？（7—149）

---

〔1〕 藏文传世本为："有亦不成无，自性成二故，如是无坏灭，亦无实有法。"

〔2〕 藏文传世本为："一切诸众生，恒常无生灭，众生如梦境，探究同芭蕉。"

〔3〕 藏文传世本为"性质"。

〔4〕 藏文传世本为"何有得与失"。

敦煌写本：གང་གིས་གང་ལ་རིམ་མགྲོ་[1]འམ། །ཡོངས་སུ་རྣས་པ་འབྱུང་བར་འགྱུརད། །བདེ་དང་སྡུག་བསྔལ་ག་ལ་ཞིག། །སྤྲོ་དགའར་ཙི་ཡོད་དགའར་ཅི་ཡོད།།

今译：有谁对于谁，恭敬或欺辱，何况乐与苦，何喜何不喜？[2](8—83)

藏文传世本：གང་གིས་རིམ་གྲོ་བྱས་པའམ། །ཡོངས་སུ་བརྙས་པའང་ཅི་ཞིག་ཡོད། །བདེ་བའམ་སྡུག་བསྔལ་གང་ལས་ཡིན། །མི་དགར་ཅི་ཡོད་དགར་ཅི་ཡོད།།(9—151b；152a)

宋译本：不实恒若斯，彼彼云何得？何苦何快乐？何爱何不爱？（7—150）

敦煌写本：ངོ་བོ་ཉིད་དུ་བཙལ་བྱས་ན། །སྲེད་པ་གང་ཞིག་གང་ལ་སྲེད། །གསོནད་ཀྱི་འཇིག་རྟེན་འདི་བརྟགས་ན། །འདི་ལ་སུ་ཞིག་འཆི་བར་འགྱུར།།

今译：若于本性寻，贪者[3]何所贪？探究此世人，此处谁将死？[4](8—84)

藏文传世本：དེ་ཉིད་དུ་ནི་བཙལ་བྱས་ན། །གང་ཞིག་སྲེད་ཅིང་གང་ལ་སྲེད། །དཔྱད་ན་གསོན་པའི་འཇིག་རྟེན་འདི། །གང་ཞིག་འདིར་ནི་འཆི་འགྱུར་ཏེ།།(9—152b；153a)

宋译本：彼爱何所爱？要当知自性。世间亦可知，何名为无上？（7—151）

敦煌写本：འཁོར་བ་ན་ནི་གང་ཞིག་གི། །དགྲར་གྱུརད་གང་ཡིན་གཉེན་གང་ཡིན། །བཤེས་པ་གང་ཞིག་ཐམས་ཅད་ཀུང་། །མཁའ་འདྲར་ཡང་དག་ཡོངས་ཤེས་ཀྱིས། ||

今译：世间于何者，孰敌孰亲友？甚了彼一切，虚空而真知。[5](8—85)

藏文传世本：འབྱུང་འགྱུར་གང་ཡིན་བྱུང་གྱུར་གང་། །གཉེན་དང་བཤེས་ཀྱང་གང་ཞིག་ཡིན། །ཐམས་ཅད་ནམ་མཁའ་འདྲ་བར་ནི། །བདག་འདྲས་ཡོངས་སུ་གཟུང་བར་གྱིས།།(9—153b,154a)

宋译本：何人何所亲？何生而何得？一切喻虚空，彼此受皆失，（7—152）

敦煌写本：བདག་ཉིད་བདེ་བར་འདོད་རྣམས་ཀྱི། །འཐབ་དང་སྤྲོ་བའི་རྒྱུ་དག་གིས། །འཁྲུག་པ་དང་ནི་དགའ་བར་འགྱུརད། །སྨྲ་ངན་ཉོན་མོངས་འཚེར་བ་དང་།།

今译：欲求自乐者，因斗或欢乐，或怒或生喜，或被忧恼逼。[6](8—86)

藏文传世本：བདག་ཉིད་བདེ་བར་འདོད་རྣམས་ནི། །འཐབ་དང་སྤྲོ་བའི་རྒྱུ་དག་གིས། །རབ་ཏུ་འཁྲུག་དང་དགའ་བར་བྱེད། །སྨྲ་ངན་འབད་རྩོལ་རྩོད་པ་དང་།།(9—154b；155a)

〔1〕“རིམ་མགྲོ”同“རིམ་གྲོ”，厘定后一律作“རིམ་གྲོ”。

〔2〕藏文传世本为：“有人作恭敬，或欺何所有？乐苦由何生？何喜何不喜？”

〔3〕藏文传世本为“谁贪”。

〔4〕此颂中有几处与藏文传世本在用词和语序上不同，但义理相同。

〔5〕藏文传世本为：“孰生孰当生？孰为亲与友？一切如虚空，我等应须知！”

〔6〕藏文传世本为“极怒或生喜，悲伤勤争斗”。

宋译本：欢喜嗔相对，因喜或斗诤，嗔恼诸邪行，一切令破坏。（7—153）

敦煌写本：མགོ་གཅད་པ་དང་བརྡེག་པ་ཡིས། །ཤིན་དུ་མྱི་བདེར་འཚོ་བར་བྱེད། །དཔེར་ན་འགའ་ཞིག་ཁྲུས་བྱས་ནས། །ཡང་དང་ཡང་དུ་མྱེར་འཇུག་པ།།

今译：砍头或挨打，甚处不乐活[1]。喻人屡沐浴，又复入于火。（8—87）

藏文传世本：ཕན་ཚུན་གཅོད་དང་འབིགས་པ་དང་། །སྡིག་དག་གིས་ནི་ཚེགས་ཆེན་འཚོ། །དཔེར་ན་འགའ་ཞིག་ཡང་ཡང་ཁྲུས། །ཁྲུས་ཏེ་ཡང་ཡང་མེར་འཇུག་པ།།（9—155b；164a）

宋译本：罪恶自爱乐，是得恶趣名。（7—154a）如须臾须臾，入火而澡浴。（7—162b）

敦煌写本：དེ་བཞིན་བདེ་འགྲོར་ལྷགསྣ་ནི། །བདེ་ལ་འཇོལ་ཉགས་[2] སྤྱད་སྤྱད་ནས། །ཤི་ནས་ཡུན་རིང་སྡུག་བསྔལ་བླ། །མྱི་བཟད་ངན་སོང་ལྷུང་འགྱུར་ཡང་། །ངན་པ་རྣམས་ནི་བདག་ཉིད་ལ། །བདེ་བར་གནས་སྙམ་བསྙོམ་བར་བྱེད།།

今译：如是趋善趣，无餍享安乐，死后久劫苦，堕入无间狱，然诸愚劣者，自以住乐傲。[3]（8—88）

藏文传世本：བདེ་འགྲོར་ཡང་དང་ཡང་འོངས་ཏེ། །བདེ་བ་མང་པོ་སྤྱད་སྤྱད་ནས། །ཤི་ནས་ངན་སོང་སྡུག་བསྔལ་ནི། །ཡུན་རིང་མི་བཟད་རྣམས་སུ་ལྷུང་།།（9—156）

宋译本：死即堕恶趣，得苦而无悔，或往来天中，生生而得乐。（7—154b；155a）

敦煌写本：ནམ་ཞིག་དམྱིགས་པ་མྱེད་ཚུལ་དུ། །གུས་པར་བསོད་ནམས་ཚོགས་བསགས་ནས། །དམྱིགས་པས་ཕུང་བར་འགྱུར་རྣམས་ལ། །སྟོང་པ་ཉིད་ཅིག་སྟོན་པར་འགྱུརད།།

今译：何时无对镜，恭勤修福资，于彼执实者，开示空性理。（8—89）

藏文传世本：ནམ་ཞིག་དམིགས་པ་མེད་ཚུལ་དུ། །གུས་པས་བསོད་ནམས་ཚོགས་བསགས་ཏེ། །དམིགས་པས་ཕུང་བར་འགྱུར་རྣམས་ལ། །སྟོང་པ་ཉིད་ནི་སྟོན་པར་འགྱུར།།（9—167）

宋译本：以我何见知，而说知慧空，稽首具足知，稽首福德重？（7—165b；166a）

敦煌写本：བྱང་ཆུབ་སེམས་དཔའི་སྤྱོད་པ་ལ་འཇུག་པ་ལས། །ཤེས་རབ་བསྟནད་པ་ཞེས་བྱ་བ་སྟེ། །ལེའུ་

---

〔1〕 藏文传世本为“互砍相戳刺，造罪艰困活”。

〔2〕 “འཇོལ་ཉགས”为“不知足”之意，与传世本中之“མང་པོ”词意接近。

〔3〕 藏文传世本为“数数来善趣，频享众安乐，死后堕恶趣，长受无尽苦”，无6个短句。此后藏、汉传世译本多出9颂半。

བརྒྱད་པའོ། །

译文:《入菩萨行论》之《智慧》为第八品。

第九品　回　向

敦煌写本: བདག་གིས་བྱང་ཆུབ་སྤྱོད་པ་ལ། །འཇུག་པ་རྣམ་པར་བསམས་པ་ཡི།། དགེ་བ་གང་དེས་འགྲོ་བ་ཀུན། །བྱང་ཆུབ་སྤྱོད་ལ་འཇུག་པར་ཤོག།།

今译:思[1]此《入行论》,所生诸福善,回愿诸众生,悉入菩萨行!(9—1)

藏文传世本: བདག་གིས་བྱང་ཆུབ་སྤྱོད་པ་ལ། །འཇུག་པར་རྣམ་པར་བརྩམས་པ་ཡི། །དགེ་བ་གང་དེས་འགྲོ་བ་ཀུན། །བྱང་ཆུབ་སྤྱོད་ལ་འཇུག་པར་ཤོག །(10—1)

宋译本:菩提行若此,思惟于行福,菩提行庄严,一切人皆得。(8—1)

敦煌写本: ཕྱོགས་རྣམས་ཀུན་ན་ལུས་དང་སེམས། །སྡུག་བསྔལ་ནད་པ་ཅི་སྙེད་པ། །དེ་དག་བདག་གི་བསོད་ནམས་ཀྱིས།། བདེ་དགའ་རྒྱ་མཚོ་ཐོབ་པར་ཤོག།།

今译:四周诸方所,身心病苦者,彼皆因我福,愿得无量[2]乐!(9—2)

藏文传世本: ཕྱོགས་རྣམས་ཀུན་ན་ལུས་དང་སེམས། །སྡུག་བསྔལ་ནད་པ་ཇི་སྙེད་པ། །དེ་དག་བདག་གི་བསོད་ནམས་ཀྱིས། །བདེ་དགའ་རྒྱ་མཚོ་ཐོབ་པར་ཤོག །(10—2)

宋译本:乃至一切处,身心苦恼者,彼得此妙福,欢喜快乐海。(8—2)

敦煌写本: དེ་དག་སངས་རྒྱས་བདེ་ཐོབ་ཀྱི། །བར་དུ་བདེ་བ་ཉམས་མ་འགྱུར་ད། །འགྲོ་བ་བླ་ན་མེད་པ་ཡི། །བདེ་བ་རྒྱུན་མི་འཆད་འཐོབ་ཤོག།།

今译:彼诸至佛乐,期间不失乐!有情无上乐,得其不间断! [3](9—3)

藏文传世本: དེ་དག་འཁོར་བ་ཇི་སྲིད་དུ། །ནམ་ཡང་བདེ་ལས་ཉམས་མ་གྱུར། །འགྲོ་བས་བྱང་ཆུབ་སེམས་དཔའ་ཡི། །བདེ་བ་རྒྱུན་མི་འཆད་ཐོབ་ཤོག །(10—3)

宋译本:若有不自在,而处轮回者,使得世间乐,及得菩提[4]乐。(8—3)

敦煌写本: འཇིག་རྟེན་ཁམས་ན་དམྱལ་བ་དག། །གང་དག་ཅི་སྙེད་ཡོད་པ་རྣམས། །[5]དེ་དག་དུ་ནི་ལུས་

〔1〕 藏文传世本为"造"。

〔2〕 字面为大海,即无穷无尽。

〔3〕 藏文传世本为:"愿彼尽轮回,终不失安乐,愿彼皆获得,菩萨相续乐。"

〔4〕 此处"菩提"在藏文传世译本中为"菩萨",而在敦煌译本中则为"无上"。

〔5〕 此处另有"རལ་གྱི་ལོ་མའི་ནགས་འཚལ་ཡང་།།"一句,为抄经生笔误。

ཅན་རྣམས། །བདེ་ཅན་བདེ་དགའས་དགའ་བར་ཤོག། །

今译：一切世界中，所有诸地狱，彼中众有情，愿获极乐喜！（9—4）

藏文传世本：འཇིག་རྟེན་ཁམས་ན་དམྱལ་བ་དག །གང་དག་ཇི་སྙེད་ཡོད་པ་རྣམས། །དེ་དག་ཏུ་ནི་ལུས་ཅན་རྣམས། །བདེ་ཅན་བདེ་བས་དགའ་བར་ཤོག །(10—4)

宋译本：若有世界中，乃至于地狱，而令彼等人，悉受极快乐。(8—4)

敦煌写本：གྲང་བས་ཉམ་ཐག་དྲོ་ཐོབ་ཤོག། །བྱང་ཆུབ་སེམས་དཔའི་སྤྲིན་ཆེན་ལས། །བྱུང་བའི་ཆུ་བོ་མཚོ་ཡས་[1]ཀྱིས། །ཚ་བས་ཉམ་ཐག་བསིལ་བར་ཤོག། །

今译：寒者愿得暖！菩萨密云中，所降无尽河，热者愿得凉！（9—5）

藏文传世本：གྲང་བས་ཉམ་ཐག་དྲོ་ཐོབ་ཤོག །བྱང་ཆུབ་སེམས་དཔའི་སྤྲིན་ཆེན་ལས། །བྱུང་བའི་ཆུ་བོ་མཐའ་ཡས་ཀྱིས། །ཚ་བས་ཉམ་ཐག་བསིལ་བར་ཤོག །(10—5)

宋译本：寒苦得温暖，热苦得清凉，菩萨大云覆，复浴法水海。(8—5)

敦煌写本：རལ་གྱི་ལོ་མའི་ནགས་འཚལ་ཡང་། །དེ་ལ་དགའ་ཚལ་ལྷ་གུར་ཤོག། །ཤལ་མ་ལིའི་སྡོང་པོ་དག། །དཔག་བསམ་ཤིང་དུ་འཁྲུངས་པར་ཤོག། །

今译：地狱剑叶林，愿成妙乐园[2]，铁刺诸树林，愿成如意树。(9—6)

藏文传世本：རལ་གྲི་ལོ་མའི་ནགས་ཚལ་ཡང་། །དེ་ལ་ཙནྡན་ནགས་སྡུག་ཤོག །ཤལ་མ་རི་ཡི་སྡོང་པོ་ཡང་། །དཔག་བསམ་ཤིང་དུ་འཁྲུངས་པར་ཤོག །(10—6)

宋译本：铁树铁山峰，剑林光闪烁，一切成劫树，罪人喜安乐。(8—6)

敦煌写本：མཐིང་རིལ་ངུར་པ་དག་དང་ངང་པ་དང་། །གཞད་སྒྲོགས་སྐད་སྙན་འབྱིནད་པས་མཛེས་གྱུརད་ཅིག། །པད་མ་དྲི་བསུང་ཆེ་ལྡན་མཚོ་དག་གིས། །དམྱལ་བའི་ས་ཕྱོགས་དག་ནི་ཉམས་དགར་ཤོག། །

今译：鸥鹭天鹅鸳鸯等，饰而发出悦耳声，莲花芬芳诸池子，愿诸地狱成乐园！（9—7）

藏文传世本：འཐིང་རིལ་[3]ངུར་པ་དག་དང་ངང་པ་དང་། །བཞད་སོགས་སྐད་སྙན་འབྱིན་པས་མཛེས་གྱུར་ཅིག །པདྨ་དྲི་བསུང་ཆེ་ལྡན་མཚོ་དག་གིས། །དམྱལ་བའི་ས་ཕྱོགས་དག་ནི་ཉམས་དགར་ཤོག །(10—7)

宋译本：喻迦那摩迦罗拿，鸳鸯鹅雁声适悦，池沼清净无浊秽，微妙诸香生喜乐。(8—7)

---

〔1〕“མཚོ་ཡས”同“མཐའ་ཡས”，厘定后作“མཐའ་ཡས”。

〔2〕藏文传世本为“愿成旃檀林”。

〔3〕“མཐིང་རིལ”亦写作“འཐིང་རིལ”。

敦煌写本：སོལ་ཕུང་དེ་ཡང་རིན་ཅེན་ཕུང་པོར་འགྱུརད། །ས་བསྲེགས་ཤེལད་ཀྱི་ས་གཞི་བསྐྲརད་པར་ཤོག། །བསྡུས་འཛོམས་རི་བོ་རྣམས་ཀྱང་མཆོད་པ་ཡི། །གཞལ་མྱེད་ཁང་འགྱུརད་བདེར་གཤེགས་གང་བར་ཤོག། །

今译：炭堆亦变珠宝堆，灼土亦变琉璃地，众合山变无量殿，供养如来满中住。(9—8)

藏文传世本：སོལ་ཕུང་དེ་དག་རིན་ཆེན་ཕུང་པོར་གྱུར། །ས་བསྲེགས་ཤེལ་གྱི་ས་གཞི་བསྐྲར་བར་ཤོག །བསྡུས་འཛོམས་རི་བོ་རྣམས་ཀྱང་མཆོད་པ་ཡི། །གཞལ་མེད་ཁང་གྱུར་བདེ་གཤེགས་གང་བར་ཤོག །(10—8)

宋译本：地狱炉炭聚，而得摩尼聚，热地水精严，复宝山和合，以如是供养，善逝宫皆满。(8—8; 9a)

敦煌写本：མདག་མ་རྡོ་བསྲེགས་མཚོན་གྱི་ཆརད་པ་དག། །དེང་ནས་བཟུང་སྟེ་མེ་ཏོག་ཆརད་པར་གྱུརད། །ཕན་ཚུན་མཚོན་གྱིས་འདེབས་པ་དེ་ཡང་ནི། །དེང་ནས་རྩེ་ཕྱིར་མེ་ཏོག་འཕེལ་[1]བར་ཤོག། །

今译：炭火烧石诸兵器，从今变成花朵雨，刀兵互相砍杀者，从今慈喜投花朵。(9—9)

藏文传世本：མདག་མ་རྡོ་བསྲེགས་མཚོན་གྱི་ཆར་པ་དག །དེང་ནས་བཟུང་སྟེ་མེ་ཏོག་ཆར་པར་གྱུར། །ཕན་ཚུན་མཚོན་གྱིས་འདེབས་པ་དེ་ཡང་ནི། །དེང་ནས་རྩེ་ཕྱིར་མེ་ཏོག་འཕེན་པར་ཤོག །(10—9)

宋译本：炭火热剑雨，今后洒花雨，彼剑互相杀，今后花互散。(8—9b; 10a)

敦煌写本：ཆུ་བོ་རབ་མྱེད་མྱེ་དང་འདྲ་ནའང་བྱིང་བ་དག། །ཤ་ཀུན་ཞིགས་གྱུརད་རུས་གོག་མེ་ཏོག་ཀུན་དའི་མཆོག། །བདག་གིས་དགེ་བའི་སྟོབས་ཀྱིས་ལྷའི་ལུས་ཐོབ་ནས། །ལྷ་མོ་རྣམས་དང་ལྷན་ཅིག་དལ་གྱིས་འབབ་གནས་ཤོག། །

今译：沉溺似火无极大河众，肉皆溶尽枯骨白莲色，由我善力愿得人天身，与诸天女缓降共嬉住。(9—10)

藏文传世本：ཆུ་བོ་རབ་མེད་མེ་དོང་འདྲ་ནང་བྱིང་བ་དག །ཤ་ཀུན་ཞིག་གྱུར་རུས་གོང་མེ་ཏོག་ཀུནྡའི་མདོག །བདག་གི་དགེ་བའི་སྟོབས་ཀྱིས་ལྷ་ཡི་ལུས་ཐོབ་ནས། །ལྷ་མོ་རྣམས་དང་ལྷན་ཅིག་དལ་གྱིས་འབབ་གནས་ཤོག །(10—10)

宋译本：烂捣诸身肉，喻君那花色，骨肉与火同，弃堕奈河水，以我善力故，令得天宫般。(8—10b; 11)

敦煌写本：ཅི་ཕྱིར་འདིར་ནི་གཤིན་རྗེའི་མྱི་དང་ཁྭ་དང་བྱ་རྒོད་མྱི་བཟད་རྣམ་སྐྲག་བྱེར། །ཀུན་ནས་མུན་བསལད་བདེ་བའི་དགའ་སྐྱེད་བྱེད་པའི་མཐུ་བཟང་འདི་པོ་སུའི་སྙམ་སྟེ། །གྱེན་དུ་བལྟས་ན་ནམ་མཁའི་དཀྱིལ་ན་ཕྱག་ན་རྡོ་རྗེ་འབར་བ་བཞུགས་མཐོང་ནས། །རབ་དུ་དགའ་བའི་ཤུགས་ཀྱིས་སྡིག་བྲལ་བས། །དེ་དང་ལྷན་ཅིག་འགྲོ་བར་ཤོག། །

〔1〕“འཕེལ”似是“འཕེན”之笔误。

今译：何故此中凶猛狱卒鸦[1]鹫皆惧远[2]？思忖谁具如是除暗生乐妙善力，仰望瞻见空中持金刚手赫然住，愿以所生极喜离苦与彼同往生。(9—11)

藏文传世本：ཅི་ཕྱིར་འདིར་ནི་གཤིན་རྗེའི་མི་དང་ཁྭ་དང་བྱ་རྒོད་མི་བཟད་རྣམས་སྐྲག་བྱེད། །ཀུན་ནས་མུན་བསལ་བདེ་དགའ་བསྐྱེད་པའི་མཐུ་བཟང་འདི་ཀོ་སུ་ཡི་མཐུ་སྙམ་སྟེ། །ཕྱིན་དུ་བལྟས་ན་ནམ་མཁའི་དཀྱིལ་ན་ཕྱག་ན་རྡོ་རྗེ་འབར་བ་བཞུགས་མཐོང་ནས། །རབ་ཏུ་དགའ་བའི་ཤུགས་ཀྱིས་སྡིག་དང་བྲལ་ནས་དེ་དང་ལྷན་ཅིག་འགྲོ་བར་ཤོག །(10—11)

宋译本：彼光如千日，彼满那枳你，焰魔之狱卒，见者不惊怖，乌鹫等飞类，悉离恶食苦，爱彼普快乐，此得何善生？福喻于虚空，观此上下等，如见金刚手，速灭除灾患。(8—12; 13; 14)

敦煌写本：མེན་ཏོག་ཆརད་པ་སྤོས་ཆུ་དང་འདྲེས་བབ་བ་ཡིས། །དམྱལ་བའི་མྱེ་དག་ཆིལ་ཆིལ་གསོད་པ་མཐོང་གྱུར་ནས། །གློ་བུར་བདེ་བས་ཚིམ་བ་འདི་ཅི་བསམས་པ་དང་། །སེམས་དམྱལ་རྣམས་ཀྱིས་ཕྱག་ན་པད་མ་མཐོང་བར་ཤོག། །

今译：花香之雨从天飘然降，目睹淅沥破灭地狱火，思忖何故忽然得此乐，愿彼狱众得见观世音！(9—12)

藏文传世本：མེ་ཏོག་ཆར་པ་སྤོས་ཆུ་དང་འདྲེས་བབས་པ་ཡིས། །དམྱལ་བའི་མེ་མདག་ཆིལ་ཆིལ་གསོད་པར་མཐོང་གྱུར་ནས། །གློ་བུར་བདེ་བས་ཚིམ་པ་འདི་ཅི་བསམ་པ་དང་། །སེམས་དམྱལ་རྣམས་ཀྱིས་ཕྱག་ན་པདྨ་མཐོང་བར་ཤོག །(10—12)

宋译本：彼降花香雨，破灭地狱火，云何名快乐？云何名欢喜？处彼地狱者，得见观自在。(8—15,16a)

敦煌写本：གྲོགས་དག་འཇིགས་པ་ཐོར་ལ་རིངས་པར་ཚུར་ཤོག་ཡུ་བུའི་[3]ཐང་[4]དུ་ནི། །གང་གིས་མཐུ་ཡིས་སྡུག་བསྔལ་ཐམས་ཅད་བྲལ་ཞིང་དགྭ་བའི་ཤུགས་ཕྱིནད་ལྡ། །འགྲོ་བ་ཀུན་སྐྱོབ་བྱང་ཆུབ་སེམས་དང་འོད་དང་བརྩེ་བ་སྐྱེར་གྱུརད་ལྡ། །གཞོན་ནུ་ཟུར་ཕུད་ཅན་འབར་འཇིགས་པ་སྩེད་པར་བྱེད་པ་ཅི་ཞིག་ཕྱིན། །

今译：诸伴弃怖愿速来至我等所在处，以其威力能驱众苦且令生喜乐，救护众生奋发菩提心与光[5]及慈，五髻童子[6]威光赫奕除怖者降临。(9—13)

藏文传世本：གྲོགས་དག་འཇིགས་པ་ཐོར་ལ་རིངས་པར་ཚུར་ཤོག་འུ་བུའི་ཐད་དུ་ནི། །གང་གི་མཐུ་ཡིས་

〔1〕藏文传世本为“鹰”。

〔2〕藏文传世本为“生惧”。

〔3〕“ཡུ་བུ”同“འུ་བུ”。

〔4〕“ཐང”为“ཐད”之笔误。

〔5〕传世本中无“光”。

〔6〕指文殊菩萨。

ཐུག་བརྩལ་ཀུན་ཐལ་དཀའ་བའི་ཤུགས་ཕྱིན་ལ། །འགྲོ་བ་ཀུན་ནས་ཡོངས་སྐྱོབ་བྱང་ཆུབ་སེམས་དང་བརྩེ་བ་སྐྱེས་གྱུར་པ། །གཞོན་ནུ་ཟུར་ཕུད་ཅན་འབར་འཇིགས་པ་མེད་པར་བྱེད་པ་ཅི་ཞིག་ཕྱིན།།（10—13）

宋译本：同一切威德，俱胝髻童子，大悲菩提心，救度于一切。（8—16b; 17a）

敦煌写本：ཁྱེད་ཀྱིས་ལྷ་བརྒྱའི་ཅོན་པནད་དག་གིས་ཞབས་ཀྱི་ཕད་མ་ལ་མཆོད་ཅིད། །ཐུགས་རྗེས་བརླན་སྤྱན་དབུ་ལ་མེ་ཏོག་དུ་མའི་ཚོགས་ཀྱི་ཆརད་ཕབ་ལྷ། །ཁང་བརྩེགས་ཡིད་འོང་ལྷ་མོ་སྟོང་ཕྲག་བསྟོད་དབྱངས་སྒྲོགས་ལྡན་འདི་སྟོས་ཤེས། །འཇམ་དབྱངས་དེ་འདྲ་མཐོང་ནས་ད་ནི་སེམས་དམྱལ་ཀུ་ཅོ་འདོནད་པར་ཤོག། །

今译：众神稽首顶礼彼之足下莲花座，慈悲润眼顶上花朵缤纷降如雨，妙意楼宇成千仙女唱响赞美歌，诚邀地狱众生得见观音愿喜悦。（9—14）

藏文传世本：ཁྱོད་ཀྱིས་ལྷ་བརྒྱའི་ཅོད་པན་དག་གིས་ཞབས་ཀྱི་པདྨ་ལ་མཆོད་ཅིང་། །ཐུགས་རྗེའི་རླན་སྤྱན་དབུ་ལ་མེ་ཏོག་དུ་མའི་ཚོགས་ཀྱིས་ཆར་འབབ་པ། །ཁང་བརྩེགས་ཡིད་འོང་ལྷ་མོ་སྟོང་ཕྲག་བསྟོད་དབྱངས་སྒྲོགས་ལྡན་འདི་སྟོས་ཞེས། །འཇམ་དབྱངས་དེ་འདྲ་མཐོང་ནས་ད་ནི་སེམས་དམྱལ་ཅ་ཅོ་འདོན་པར་ཤོག །（10—14）

宋译本：以彼天供养，天冠及天花，乃至悲心花，适悦宝楼阁，天女之言说，百千种歌咏。（8—17b; 18）

敦煌写本：དེ་ལྟར་བདག་གི་དགེ་རྩས་ཀུན་དུ་བཟང་ལས་སྔགས། །བྱང་ཅུབ་སེམས་དཔའ་སྒྲིབ་པ་མྱེད་སྤྲིན་བདེ་བ་དང་། །བསིལ་ཞིང་དྲི་ཞིམ་དང་ལྡང་ཆརད་པ་འབེབས་མཐོང་ནས། །སེམས་ཅན་དམྱལ་བ་དེ་དག་མངོན་པར་དགར་གྱུརད་ཅིག། །

今译：祈愿如是我作诸善根，令普贤等无障菩萨云，普降快乐清凉溢香雨，见此地狱众生现快乐！（9—15）

藏文传世本：དེ་ལྟར་བདག་གི་དགེ་རྩས་ཀུན་དུ་བཟང་ལ་སོགས། །བྱང་ཆུབ་སེམས་དཔའ་སྒྲིབ་པ་མེད་སྤྲིན་བདེ་བ་དང་། །བསིལ་ཞིང་དྲི་ཞིམ་དང་ལྡན་ཆར་པ་འབེབས་མཐོང་ནས། །སེམས་ཅན་དམྱལ་བ་དེ་དག་མངོན་པར་དགའ་གྱུར་ཅིག །（10—15）

宋译本：赞大圣文殊，及普贤菩萨，以此善功德，同于地狱者。（8—19）

敦煌写本：དུད་འགྲོ་རྣམས་ནི་གཅིག་ལ་གཅིག། །ཟ་བའི་འཇིགས་དང་བྲལ་བར་ཤོག། །སྒྲ་ཕྱི་སྙནད་པའི་ཕྱི་བཞིན་དུ། །ཡི་དགས་རྣམས་ནི་བདེ་བར་འགྱུརད། །

今译：愿彼诸旁生，远离强食怖，愿诸饿鬼乐，如俱泸州人。（9—16）

藏文传世本：དུད་འགྲོ་རྣམས་ནི་གཅིག་ལ་གཅིག །ཟ་བའི་འཇིགས་དང་བྲལ་བར་ཤོག །སྒྲ་མི་སྙན་པའི་མི་བཞིན་དུ། །ཡི་དྭགས་རྣམས་ནི་བདེ་བར་གྱུར། །（10—16）

敦煌写本：འཕགས་པ་སྤྱན་རས་གཟིགས་དབང་གི། །ཕྱག་ནས་འབབ་པའི་འོ་རྒྱུན་གྱིས། །ཡི་དགས་རྣམས་ནི་

ཚིམ་བྱས་ཤིང་། །ཁྲུས་བྱས་རྟག་ཏུ་བསིལ་བར་ཤོག། །

今译：自在圣观音，手降白乳流，饱足诸饿鬼，浴体恒清凉。（9—17）

藏文传世本：འཕགས་པ་སྤྱན་རས་གཟིགས་དབང་གི། །ཕྱག་ནས་འབབ་པའི་འོ་རྒྱུན་གྱིས། །ཡི་དྭགས་རྣམས་ནི་ཚིམ་བྱས་ཤིང་། །ཁྲུས་བྱས་རྟག་ཏུ་བསིལ་བར་ཤོག །（10—17）

宋译本：大圣观自在，观察地狱苦，无量苦可怖，手出甘露乳，济彼诸饿鬼，与食与洗浴，令饱满清凉，离苦得快乐，如彼北洲人，色力并寿命。（8—20；21；22a）

敦煌写本：ལོང་བ་རྣམས་ཀྱིས་གཟུགས་མཐོང་ཤོག། །འོན་བས་རྟག་ཏུ[1] ཐོས་པར་ཤོག། །ལྷ་མོ་སྒྱུ་འཕྲུལ་བཞིན་དུ་ནི། །སྦྲུམ་མ་འང་གནོད་མེད་བཙ་བར་ཤོག། །

今译：愿盲者见色，聋者常闻声！犹如摩耶女，孕妇产无碍！（9—18）

藏文传世本：ལོང་བ་རྣམས་ཀྱིས་མིག་མཐོང་ཞིང་། །འོན་པས་རྟག་ཏུ་སྒྲ་ཐོས་ཤོག །ལྷ་མོ་སྒྱུ་འཕྲུལ་ཇི་བཞིན་དུ། །སྦྲུམ་མའང་གནོད་མེད་བཙའ་བར་ཤོག །（10—18）

宋译本：聋者得闻声，盲者得见色，妊娠及产生，喻摩耶无苦。（8—22b；23a）

敦煌写本：གཅེར་བུ་རྣམས་ཀྱིས་གོས་དག་དང་། བཀྲེས་པ་རྣམས་ཀྱིས་ཟས་དང་ནི། །སྐོམ་པ་རྣམས་ཀྱིས་ཆུ་དག་དང་། བཏུང་བ་ཞིམ་པོ་ཐོབ་པར་ཤོག། །

今译：愿裸者得衣，饥者得食物，渴者得净水，亦得香甜饮。（9—19）

藏文传世本：གཅེར་བུ་རྣམས་ཀྱིས་གོས་དག་དང་། །བཀྲེས་པ་རྣམས་ཀྱིས་ཟས་དང་ནི། །སྐོམ་པ་རྣམས་ཀྱིས་ཆུ་དག་དང་། །བཏུང་བ་ཞིམ་པོ་ཐོབ་པར་ཤོག །（10—19）

宋译本：虽衣虽饮食，庄严而清净，一切随求意，得利复得益。（8—23b；24a）

敦煌写本：བཀྲེན་པ་རྣམས་ཀྱིས་ནོར་ཐོབ་ཤོག། །མྱ་ངན་ཉམ་ཐག་དགའ་ཐོབ་ཤོག། །ཡིད་ཆད་རྣམས་ཀྱང་ཡིད་སོས་ཤིང་། །བརྟན་པ་ཕུན་སུམ་ཚོགས་པར་ཤོག། །

今译：愿贫者得财，悲弱者得乐，绝望者振奋，且坚毅圆满。（9—20）

藏文传世本：བཀྲེན་པ་རྣམས་ཀྱིས་ནོར་ཐོབ་ཤོག །མྱ་ངན་ཉམ་ཐག་དགའ་ཐོབ་ཤོག །ཡི་ཆད་རྣམས་ཀྱང་ཡིད་སོས་ཤིང་། །བརྟན་པ་ཕུན་སུམ་ཚོགས་པར་ཤོག །（10—20）

宋译本：怖者不受怖，不乐而得乐，烦恼得无恼，见者皆欢喜。（8—24b；25a）

敦煌写本：སེམས་ཅན་ནད་པ་ཅི་སྙེད་པ། །མྱུར་དུ་ནད་ལས་ཐརད་པར་གྱུརད། །འགྲོ་བའི་ནད་ནི་མ་ལུས་

〔1〕 从此处缺失的半叶由IOL Tib J 629号补充，补充内容由浅灰色字体表示。

པ། །རྟག་ཏུ་འབྱུང་བ་མྱེད་པར་ཤོག། །

今译：所有病有情，愿速脱于病！众生一切病，祈愿永不生！（9—21）

藏文传世本：སེམས་ཅན་ནད་པ་ཇི་སྙེད་པ། །མྱུར་དུ་ནད་ལས་ཐར་གྱུར་ཅིག །འགྲོ་བའི་ནད་ནི་མ་ལུས་པ། །རྟག་ཏུ་འབྱུང་བ་མེད་པར་ཤོག །（10—21）

宋译本：病者获安乐，解脱一切缚，（8—25b）

敦煌写本：སྐྲག་པ་རྣམས་ནི་འཇིགས་མྱེད་ཤོག། །བཅིངས་པ་རྣམས་ནི་གྲོལ་བར་གྱུར། །མཐུ་མྱེད་རྣམས་ནི་མཐུར་ལྡན་ཞིང་། །ཕན་ཚུན་སེམས་ནི་གཉེར་གྱུརད་ཅིག། །

今译：愿怖者无怖，愿缚者得脱，无力者具力，互有饶益心。（9—22）

藏文传世本：སྐྲག་པ་རྣམས་ནི་འཇིགས་མེད་ཤོག །བཅིངས་པ་རྣམས་ནི་གྲོལ་བར་འགྱུར། །མཐུ་མེད་རྣམས་ནི་མཐུ་ལྡན་ཞིང་། །སེམས་ནི་ཕན་ཚུན་མཉེན་གྱུར་ཅིག །（10—22）

宋译本：无力而得力，爱心互相施。（8—26a）

敦煌写本：འདྲོན་པ་དག་ནི་ཐམས་ཆད་ལ། །ཕྱོགས་རྣམས་ཐམས་ཆད་བདེ་བར་ཤོག། །གང་གི་དོན་དུ་འགྲོ་བྱེད་པ། །དེ་འབད་མྱི་དགོས་གྲུབ་གྱུར་ཅིག། །

今译：愿一切旅客，诸方皆获安，所求一切事，不劳而成就。（9—23）

藏文传世本：འདྲོན་པ་དག་ནི་ཐམས་ཅད་ལ། །ཕྱོགས་རྣམས་ཐམས་ཅད་བདེ་བར་ཤོག །གང་གི་དོན་དུ་འགྲོ་བྱེད་པ། །དེ་འབད་མི་དགོས་གྲུབ་གྱུར་ཅིག །（10—23）

宋译本：安乐于十方，行道一切至，恶事皆灭尽，当成就好事。（8—26b; 27a）

敦煌写本：གྲུ་དང་གྲུ་ཆེན་ཞུགས་པའི་རྣམས། །ཡིད་ལ་བསམས་པ་གྲུབ་གྱུར་ཏེ། །ཆུའི་ངོགས་སུ་བདེར་ཕྱིན་ནས། །གཉེན་དང་ལྷན་ཅིག་དགའ་བར་ཤོག། །

今译：乘于船轮者，成办意所求，安乐到水岸，与亲同欢喜。（9—24）

藏文传世本：གྲུ་དང་གྲུ་ཆེན་ཞུགས་པ་རྣམས། །ཡིད་ལ་བསམ་པ་གྲུབ་གྱུར་ཏེ། །ཆུ་ཡི་ངོགས་སུ་བདེར་ཕྱིན་ནས། །གཉེན་དང་ལྷན་ཅིག་དགའ་བར་ཤོག །（10—24）

宋译本：乘船商贾人，得满所求意，安乐到彼岸，亲等同嬉戏。（8—27b; 28a）

敦煌写本：མྱ་ངན་ལམ་གོལ་འཁྱམས་པའི་རྣམས། །འདྲོན་པ་དག་དང་ཕྲད་གྱུར་ནས། །ཆོམ་རྐུན་སྟག་སྟོགས་འཇིགས་མེད་པར།། མྱི་ངལ་བདེ་བླག་འདོང་བར་ཤོག། །

今译：愿迷荒郊者，遇见诸商旅，无有盗虎怖，无疲顺利行。（9—25）

藏文传世本：མྱ་ངན་ལམ་གོལ་འཁྱམས་པ་རྣམས། ། འདྲོན་པ་དག་དང་ཕྲད་གྱུར་ནས། །ཆོམ་རྐུན་སྟག་སོགས་འཇིགས་མེད་པར། །མི་ངལ་བདེ་བླག་འདོང་བར་ཤོག །（10—25）

宋译本：饥馑时路行，得伴无所畏，不怖贼与虎，复不怖迷醉。（8—28b；29a）

敦煌写本：དགོན་སྒོགས་ལམ་མྱེད་ཉམ་ང་བར། །བྱིས་བ་རྒན་པོ་མགོན་མྱེད་པ། །གཉིད་ལོག་སྨྱོས་ཤིང་རབ་སྨྱོས་རྣམས། །ལྷ་དག་སྲུང་བ་བྱེད་པར་ཤོག། །

今译：旷野险难地，老幼无怙者，睡眠极狂痴，愿得诸神护。（9—26）

藏文传世本：དགོན་སོགས་ལམ་མེད་ཉམ་ང་བར། །བྱིས་པ་རྒན་པོ་མགོན་མེད་པ། །གཉིད་ལོག་སྨྱོས་ཤིང་རབ་སྨྱོས་རྣམས། །ལྷ་དག་སྲུང་བར་བྱེད་པར་ཤོག །（10—26）

宋译本：旷野无病难，耄幼无主宰，贤圣悉加护。（8—29b）

敦煌写本：མྱི་དལ་ཀུན་ལས་ཐར་པ་དང་། །དད་དང་ཤེས་རབ་བརྩེར་ལྡན་ཞིང་། །ཟས་དང་སྤྱོད་པ་ཕུན་ཚོགས་ནས། །རྟག་དུ་ཚེ་རབས་དྲན་གྱུར་ཅིག། །

今译：愿脱诸无暇，具足信慧慈，食行皆圆满，恒常忆宿命。（9—27）

藏文传世本：མི་དལ་ཀུན་ལས་ཐར་པ་དང་། །དད་དང་ཤེས་རབ་བརྩེ་ལྡན་ཞིང་། །ཟས་དང་སྤྱོད་པ་ཕུན་ཚོགས་ནས། །རྟག་ཏུ་ཚེ་རབས་དྲན་གྱུར་ཅིག །（10—27）

宋译本：诸烦恼解脱，悲悯信智慧，具足相修行，恒得宿命通。（8—30）

敦煌写本：ཐམས་ཅད་ནམ་མཁའ་མཛོད་བཞིན་དུ། །ལོངས་སྤྱོད་ཟད་པ་མྱེད་པར་ཤོག། །རྩོད་པ་མྱེད་ཅིང་འཚེ་མྱེད་པར། །རང་དབང་དུ་ནི་སྤྱོད་པར་ཤོག། །

今译：犹如虚空藏，受用愿无尽！无争且无害，自由任享用！（9—28）

藏文传世本：ཐམས་ཅད་ནམ་མཁའི་མཛོད་བཞིན་དུ། །ལོངས་སྤྱོད་ཆད་པ་མེད་པར་ཤོག །རྩོད་པ་མེད་ཅིང་འཚེ་མེད་པར། །རང་དབང་དུ་ནི་སྤྱོད་པར་ཤོག །（10—28）

宋译本：而得无尽藏，乃至虚空藏，无缘无方便，无少才不喜。（8—31）

敦煌写本：སེམས་ཅན་གཟི་བརྗིད་ཆུ་ངུ་གང་། །དེ་དག་གཟི་བརྗིད་ཆེད་པོར་ཤོག། །དཀའ་ཐུབ་ཅན་གང་གཟུགས་ངན་པ། གཟུགས་བཟང་ཕུན་སུམ་ཚོགས་པར་གྱུར་ཅིག།

今译：有情小威者，愿彼得大威，苦行丑陋者，愿彼色相圆！（9—29）

藏文传世本：སེམས་ཅན་གཟི་བརྗིད་ཆུང་ངུ་གང་། །དེ་དག་གཟི་བརྗིད་ཆེན་པོར་ཤོག །དཀའ་ཐུབ་ཅན་གང་གཟུགས་ངན་པ། །གཟུགས་བཟང་ཕུན་སུམ་ཚོགས་གྱུར་ཅིག །（10—29）

宋译本：有情乏名闻，当得大名称，出家若丑陋，当得具色相。（8—32）

敦煌写本：འཇིག་རྟེན་བུད་མེད་ཅི་སྙེད་ལ། །དེ་དག་སྐྱེས་པ་ཉིད་གྱུར་ཅིག། །མ་རབས་རྣམས་ནི་མཐོ་ཐོབ་ཅིང་། ང་རྒྱལ་དག་ནི་བཅོམ་པར་ཤོག། །

今译：世间所有女，愿皆得男身！卑贱得高位，亦摧我慢意！（9—30）

藏文传世本：འཇིག་རྟེན་བུད་མེད་ཇི་སྙེད་པ། །དེ་དག་སྐྱེས་པ་ཉིད་གྱུར་ཅིག །མ་རབས་རྣམས་ནི་མཐོ་ཐོབ་ཅིང་། །ང་རྒྱལ་དག་ཀྱང་བཅོམ་པར་ཤོག །（10—30）

宋译本：若彼有三界，使彼得丈夫，亦离高下品，当破我慢意。（8—33）

敦煌写本：བདག་གྀ་བསོད་ནམས་འདི་ཡིས་ནྀ། །སེམས་ཅན་ཐམས་ཅད་མ་ལུས་པར། །སྡིག་པ་ཐམས་ཅད་སྤངས་ནས་ནྀ། །རྟག་དུ་དགེ་བ་བྱེད་པར་ཤོག།།

今译：愿我所作福，令一切众生，舍弃一切罪，恒常行善业。（9—31）

藏文传世本：བདག་གི་བསོད་ནམས་འདི་ཡིས་ནི། །སེམས་ཅན་ཐམས་ཅད་མ་ལུས་པ། །སྡིག་པ་ཐམས་ཅད་སྤངས་ནས་ནི། །རྟག་ཏུ་དགེ་བ་བྱེད་པར་ཤོག །（10—31）

宋译本：令我一切福，利诸有情等，常离一切罪，恒作善利事。（8—34）

敦煌写本：བྱང་ཆུབ་སེམས་དང་མྀ་འབྲལ་ཞིང་། །བྱང་ཆུབ་སྤྱོད་ལ་གཞོལ་བ་དང་། །སངས་རྒྱས་རྣམས་ཀྱིས་ཡོངས་བཟུང་ཞིང་། །བདུད་ཀྱི་ལས་ཀྱང་སྤངས་པར་ཤོག།།

今译：不离菩提心，勤修菩提行，愿得诸佛护！舍弃诸魔业！（9—32）

藏文传世本：བྱང་ཆུབ་སེམས་དང་མི་འབྲལ་ཞིང་། །བྱང་ཆུབ་སྤྱོད་ལ་གཞོལ་བ་དང་། །སངས་རྒྱས་རྣམས་ཀྱིས་ཡོངས་གཟུང་ཤིང་། །བདུད་ཀྱི་ལས་རྣམས་སྤང་བར་ཤོག །（10—32）

宋译本：菩提心所行，菩提行不退，远离我慢业，当得佛受记。（8—35）

敦煌写本：སེམས་ཅན་དེ་དག་ཐམས་ཅད་ནི། །ཚེ་ཡང་དཔག་མྱེད་རིང་བར་ཤོག། །རྟག་དུ་བདེ་བར་འཚོ་འགྱུར་ཞིང་། །འཆི་བའི་སྒྲ་ཡང་གྲག་མ་འགྱུར།།

今译：一切诸有情，愿得无量寿！恒常享安乐，不闻死亡声！（9—33）

藏文传世本：སེམས་ཅན་དེ་དག་ཐམས་ཅད་ནི། །ཚེ་ཡང་དཔག་མེད་རིང་བར་ཤོག །རྟག་ཏུ་བདེ་བར་འཚོ་འགྱུར་ཞིང་། །འཆི་བའི་སྒྲ་ཡང་གྲག་མ་གྱུར། །（10—33）

宋译本：一切有情等，得无量寿命，寿命得恒长，破坏无常声。（8—36）

敦煌写本：དཔག་བསམས་ཤིང་གི་བསྐྱེད་མོས་ཚལ། །སངས་རྒྱས་དང་ནི་སངས་རྒྱས་སྲས། །ཆོས་སྙན་སྒྲོགས་པས་གང་བ་ཡིས། །ཕྱོགས་རྣམས་ཐམས་ཅད་དགའ་བར་ཤོག།།

今译：如意林园中，充满佛佛子，所宣妙法音，诸方皆欢喜！（9—34）

藏文传世本：དཔག་བསམ་ཤིང་གི་སྐྱེད་མོས་ཚལ། །སངས་རྒྱས་དང་ནི་སངས་རྒྱས་སྲས། །ཆོས་སྙན་སྒྲོགས་པས་གང་བ་ཡིས། །ཕྱོགས་རྣམས་ཐམས་ཅད་གང་བར་ཤོག །（10—34）

宋译本：劫树苑适悦，一切方皆得，妙法而适意，同佛佛圆满。（8—37）

敦煌写本：ཐམས་ཅད་དུ་ཡང་ས་གཞི་དག། །གསེག་མ་ལ་སྒོགས་མྱེད་པ་དང་། །ལག་མཐིལ་མཉམ་པ་བྱེ་དུ་རྱ[1]འི་། །རང་བཞིན་འཇམ་པོར་གནས་པར་གྱུར་ད་། །

今译：大地一切处，悉无砂砾等，平坦如掌心，性绵如琉璃！（9—35）

藏文传世本：ཐམས་ཅད་དུ་ཡང་ས་གཞི་དག །གསེག་མ་ལ་སོགས་མེད་པ་དང་། །ལག་མཐིལ་མཉམ་པ་བཻཌཱུརྱའི། །རང་བཞིན་འཇམ་པོར་གནས་པར་གྱུར། །（10—35）

宋译本：彼诸高下石，如掌而平坦，柔软琉璃色，一切地皆得。（8—38）

敦煌写本：འཁོར་གྱི་དཀྱིལ་འཁོར་ཡོད་དགུར་ཡང་། །བྱང་ཆུབ་སེམས་དཔའ་མང་པོ་དག། །རང་གི་ལེགས་པས་ས་སྟེང་དག། །བརྒྱན་པར་མཛད་པ[2]བཞུགས་གྱུར་ཅིག །།

今译：周曹一切处，住满众菩萨，各以自妙德，庄严于大地！（9—36）

藏文传世本：འཁོར་གྱི་དཀྱིལ་འཁོར་ཡོད་དགུར་ཡང་། །བྱང་ཆུབ་སེམས་དཔའ་མང་པོ་དག །རང་གི་ལེགས་པས་སྟེངས་དག །བརྒྱན་པར་མཛད་པས་བཞུགས་གྱུར་ཅིག །（10—36）

宋译本：诸大菩萨众，普偏诸国土，以自住光明，庄严于大地。（8—39）

敦煌写本：ལུས་ཅན་ཀུན་གྱིས་བྱ་དང་ནི། །ཤིང་གི་འོད་གཟེར་[3]ཐམས་ཅད་དང་། །ནམ་ཀ་ལས་ཀྱང་ཆོས་ཀྱི་སྒྲ། །རྒྱུན་མྱི་འཆད་པར་ཐོས་པར་ཤོག། །

今译：飞禽及树光[4]，亦或从虚空，说法声不断，诸有情常闻！（9—37）

藏文传世本：ལུས་ཅན་ཀུན་གྱིས་བྱ་དང་ནི། །ཤིང་དང་འོད་ཟེར་ཐམས་ཅད་དང་། །ནམ་མཁའ་ལས་ཀྱང་ཆོས་ཀྱི་སྒྲ། །རྒྱུན་མི་འཆད་པར་ཐོས་པར་ཤོག །（10—37）

宋译本：诸树及飞禽，光明于虚空，说法声不住，诸有情常闻。（8—40）

敦煌写本：དེ་དག་རྟག་དུ་སངས་རྒྱས་དང་། །སངས་རྒྱས་སྲས་དང་ཕྲད་གྱུར་ཅིག ། མཆོད་པའི་སྤྲིན་ནི་མཐའ་ཡས་པས། །འགྲོ་བའི་བླ་མ་མཆོད་པར་ཤོག། །

今译：愿彼恒得遇，佛与诸佛子！无边供养云，供养众生师！（9—38）

藏文传世本：དེ་དག་རྟག་ཏུ་སངས་རྒྱས་དང་། །སངས་རྒྱས་སྲས་དང་ཕྲད་གྱུར་ཅིག །མཆོད་པའི་སྤྲིན་ནི་མཐའ་ཡས་པས། །འགྲོ་བའི་བླ་མ་མཆོད་པར་ཤོག །（10—38）

宋译本：佛及佛子等，彼彼恒得见，无边供养云，供养于世尊。（8—41）

〔1〕“བྱེ་དུ་རྱ”为音译，厘定后一律作“བཻཌཱུརྱ”。

〔2〕此处“པ”为“པར”之缩写。

〔3〕“འོད་གཟེར”同“འོད་ཟེར”，厘定后一律作“འོད་ཟེར”。

〔4〕藏、汉传世译本均为“树与光明”。

敦煌写本：ངན་སོང་སྡུག་བསྔལ་མ་མྱོང་ཞིང་། དཀའ་བ་སྤྱད་པ་མྱེད་པར་ཡང་། །ལྷའི་བས་ལྷག་པའི་ལུས་ཀྱིས་ནི། །དེ་དག་སངས་རྒྱས་མྱུར་འགྲུབ་ཀྱུར་ད།།

今译：不受恶趣苦，亦不修苦行，依于胜天身，愿彼速成佛。(9—39)

藏文传世本：ངན་སོང་སྡུག་བསྔལ་མ་མྱོང་ཞིང་། །དཀའ་བ་སྤྱད་པ་མེད་པར་ཡང་། །ལྷ་བས་ལྷག་པའི་ལུས་ཀྱིས་ནི། །དེ་དག་སངས་རྒྱས་མྱུར་འགྲུབ་ཤོག །(10—47)

宋译本：永不受罪苦，恒行无苦处。(8—50a)当受一天身，彼成佛世间，(8—51a)

敦煌写本：སེམས་ཅན་ཀུན་ཀྱིས་ལན་མང་དུ། །སངས་རྒྱས་ཐམས་ཅད་མཆོད་བྱེད་ཅིང་། །སངས་རྒྱས་བདེ་བ་བསམ་ཡས་ཀྱིས། །རྟག་དུ་བདེ་དང་ལྡན་གྱུར་ཅིག།

今译：有情以复次，供养一切佛，佛乐不思议，令彼恒具乐。(9—40)

藏文传世本：སེམས་ཅན་ཀུན་གྱིས་ལན་མང་དུ། །སངས་རྒྱས་ཐམས་ཅད་མཆོད་བྱེད་ཅིང་། །སངས་རྒྱས་བདེ་བ་བསམ་ཡས་ཀྱིས། །རྟག་ཏུ་བདེ་དང་ལྡན་གྱུར་ཅིག །(10—48)

宋译本：无边诸有情，供养一切佛，(8—50b)不思议有情，乐佛而得乐。(8—51b)

敦煌写本：བྱང་ཆུབ་སེམས་དཔའ་རྣམས་ཀྱི་ནི། །འགྲོ་དོན་ཐུགས་ལ་དགོངས་གྲུབ་ཤོག། །དེ་བཞིན་རང་སངས་རྒྱས་རྣམས་དང། །ཉན་ཐོས་རྣམས་ཀྱང་བདེར་གྱུར་ཅིག།

今译：菩萨愿如意，成办众生利，如是诸独觉，声闻皆安乐。[1](9—41)

藏文传世本：བྱང་ཆུབ་སེམས་དཔའ་རྣམས་ཀྱིས་ནི། །འགྲོ་དོན་ཐུགས་ལ་དགོངས་འགྲུབ་ཤོག ། དེ་བཞིན་རང་སངས་རྒྱས་རྣམས་དང་། །ཉན་ཐོས་རྣམས་ཀྱང་བདེ་གྱུར་ཅིག །(10—49)

宋译本：愿为于世间，菩萨得成就，彼尊若思惟，彼有情令得。辟支佛安乐，及得声闻乐，天人阿修罗，意重而恒护。(8—52；53)

敦煌写本：བདག་ཀྱང་འཇམ་དབྱངས་བཀའ་དྲིན་གྱིས། །ས་རབ་དགའ་བ་ཐོབ་བར་དུ། །རྟག་དུ་ཚེ་རབས་དྲན་པ་དང། །རབ་དུ་བྱུང་བ་ཐོབ་པར་ཤོག།

今译：我由文殊恩，至证极喜地，恒常忆宿命，愿恒得出家。(9—42)

藏文传世本：བདག་ཀྱང་འཇམ་དབྱངས་བཀའ་དྲིན་གྱིས། །ས་རབ་དགའ་བ་ཐོབ་བར་དུ། །རྟག་ཏུ་ཚེ་རབས་དྲན་པ་དང་། །རབ་ཏུ་བྱུང་བ་ཐོབ་པར་ཤོག །(10—50)

---

〔1〕 藏文传世本于此颂中间多出"མགོན་པོ་ཡིས་ནི་གང་དགོངས་པ། །སེམས་ཅན་རྣམས་ལ་དེ་འབྱོར་ཤོག །"两句，而宋译本则在中间和结尾各多出两句。

宋译本：若彼宿命通，出家此恒得，若彼欢喜地，文殊师利住。(8—54)

敦煌写本：བདག་ནི་ཁ་ཟས་ཀྱི་ནས་ཀྱང་། །ཉམས་དང་ལྡན་ཞིང་འཚོ་བར་ཤོག། །ཚེ་རབས་ཀུན་དུ་དབེན་གནས་པའ། །ཕུན་སུམ་ལྡན་པ་ཐོབ་གྱུར་ཅིག། །

今译：我依菲薄食，愿能焕然活！生生住静处，愿得此圆满！（9—43）

藏文传世本：བདག་ནི་ཁ་ཟས་ཀྱི་ནས་ཀྱང་། །ཉམས་དང་ལྡན་ཞིང་འཚོ་བར་ཤོག །ཚེ་རབས་ཀུན་དུ་དབེན་གནས་པར། །ཕུན་སུམ་ལྡན་པ་ཐོབ་པར་ཤོག །(10—51)

宋译本：我若以彼位，随力而能与，若知和合住，得生于一切。(8—55)

敦煌写本：གང་ཚེ་ལྟ་བར་འདོད་པ་འམ། །ཚུང་ཟད་དྲི་བར་འདོད་ན་ཡང་། །མགོན་པོ་འཇམ་དབྱངས་དེ་ཉིད་ནི། །བགེགས་མེད་པར་ཡཱ་མཐོང་བར་[1]ཤོག། །

今译：若时欲得见，及欲解疑问，怙主文殊尊，愿能无碍见！（9—44）

藏文传世本：གང་ཚེ་བལྟ་བར་འདོད་པའམ། །ཚུང་ཟད་དྲི་བར་འདོད་ན་ཡང་། །མགོན་པོ་འཇམ་དབྱངས་དེ་ཉིད་ནི། །གེགས་མེད་པར་ཡང་མཐོང་བར་ཤོག །(10—52)

宋译本：若有欲见者，及有欲闻者，如是彼得见，文殊师利尊。(8—56)

敦煌写本：ཕྱོགས་བཅུའི་ནམ་མཁའི་མཐའས་གཏུགས་པའི། །སེམས་ཅན་ཀུན་དོན་བསྒྲུབ་པའི་ཕྱིར། །ཅི་ལྟར་འཇམ་དཔལ་སྤྱོད་མཛད་པ། །བདག་གི་སྤྱོད་པའང་དེ་འདྲར་ཤོག། །

今译：十方虚空际，为成有情利，文殊如何行，愿我如是行。(9—45)

藏文传世本：ཕྱོགས་བཅུའི་ནམ་མཁའི་མཐས་གཏུགས་པར། །སེམས་ཅན་དོན་ཀུན་བསྒྲུབ་པའི་ཕྱིར། །ཇི་ལྟར་འཇམ་དབྱངས་སྤྱོད་མཛད་པ། །བདག་གི་སྤྱོད་པའང་དེ་འདྲར་ཤོག །(10—53)

宋译本：如日照十方，为一切有情，彼文殊修行，我得如是行。(8—57)

敦煌写本：སངས་རྒྱས་ཀུན་གྱིས་བསྔགས་པ་ཡི། །བདག་གི་སྨོན་ལམ་ཀུན་གྲུབ་ཤོག། །དེ་བཞིན་དམིགས་པ་མེད་པར་ནི། །དགེ་བ་ཐམས་ཅད་བསྔོ་བར་བྱ། །

今译：诸佛所赞美，我愿皆圆满！如是无对境，我善皆回向！[2](9—46)

敦煌写本：ལྷ་ཡང་དུས་སུ་ཆར་འབེབས་ཤིང་། །ལོ་ཏོག་ཕུན་སུམ་ཚོགས་པར་ཤོག། །རྒྱལ་པོ་ཆོས་བཞིན་བྱེད་

〔1〕 从此处开始是缀合之P.T.974，其中残损部分由IOL Tib J 629号补充，其字体为浅灰色。

〔2〕 藏汉传世译本中无与此对应的偈颂。

གྱུར་ཅིང་། ། འཇིག་རྟེན་དག་ཀྱང་དར་དར་པར་ཤོག ། །

今译：天降及时雨，五谷皆丰收，国王如法行，世间得昌盛。(9—47)

藏文传世本：ཆར་ཡང་དུས་སུ་ཆར་འབེབས་ཤིང་། །ལོ་ཏོག་ཕུན་སུམ་ཚོགས་པར་ཤོག །རྒྱལ་པོ་ཆོས་བཞིན་བྱེད་གྱུར་ཅིག །འཇིག་རྟེན་དག་ཀྱང་དར་བར་ཤོག །(10—39)

宋译本：天雨依时节，谷麦咸沣实，世间得具足，王法得依行。(8—42)

敦煌写本：སྨན་རྣམས་མཐུ་དང་ལྡན་བ་དང་། ། གསང་སྔགས་བཟླས་བརྗོད་འགྲུབ་པར་ཤོག ། ། མཁའ་འགྲོ་སྲིན་པོ་ལས་སྩོགས་པ། ། སྙིང་རྗེའི་སེམས་དང་ལྡན་གྱུརད་ཅིག། །

今译：诸药具药效，密咒复诵成，空行罗刹等，具足慈悲心！（9—48）

藏文传世本：སྨན་རྣམས་མཐུ་དང་ལྡན་པ་དང་། །གསང་སྔགས་བཟླས་བརྗོད་གྲུབ་པར་ཤོག །མཁའ་འགྲོ་སྲིན་པོ་ལ་སོགས་པ། །སྙིང་རྗེའི་སེམས་དང་ལྡན་གྱུར་ཅིག །(10—40)

宋译本：药力倍增盛，明力皆成就，罗刹拿吉你，斯等皆悲悯。(8—43)

敦煌写本：སེམས་ཅན་འགའ་ཡང་སྡུག་མ་འགྱུར། ། སྡིག་པར་མ་འགྱུར་ན་མ་འགྱུར། ། འཇིགས་དང་རྣས་པར་མི་འགྱུར་ཞིང་། ། འགའ་ཡང་ཡིད་མི་བདེར་མ་གྱུརད། །

今译：无有苦有情，无罪复无病，无怖无欺辱，无有不乐意！[1](9—49)

藏文传世本：སེམས་ཅན་འགའ་ཡང་སྡུག་མ་གྱུར། ། འཇིགས་དང་བརྙས་པར་མི་འགྱུར་ཞིང་། །འགའ་ཡང་ཡིད་མི་བདེ་མ་གྱུར། །(10—41)

宋译本：无有苦有情，无罪复无病，不轻慢下劣，烦恼无所得。(8—44)

敦煌写本：གཙུག་ལག་ཁང་རྣམས་ཀློག་པ་དང་། ། ཁ་ཏོན་གྱིས་རྒྱས་ལེགས་གནས་ཤོག། ། རྟག་དུ་དགེ་འདུན་འཐུན་བ་དང་། ། དགེ་འདུན་དོན་ཡང་འགྲུབ་པར་ཤོག།།

今译：愿诸僧伽蓝，读诵而兴盛！僧伽常和合，亦成僧伽事。(9—50)

藏文传世本：གཙུག་ལག་ཁང་རྣམས་ཀློག་པ་དང་། །ཁ་ཐོན་གྱིས་བརྒྱན་ལེགས་གནས་ཤོག །རྟག་ཏུ་དགེ་འདུན་མཐུན་པ་དང་། །དགེ་འདུན་དོན་ཡང་གྲུབ་པར་ཤོག །(10—42)

宋译本：读诵而自在，随意而行住，众集乃恒常，成就于僧事。(8—45)

敦煌写本：བསླབ་པ་འདོད་པའི་དགེ་སློང་རྣམས། ། དབེན་པ་དག་ཀྱང་ཐོབ་པར་ཤོག། ། གཡེང་བ་ཐམས་ཅད་སྤངས་ནས་ནི། ། སེམས་ནི་ལས་རུང་སྒོམ་གྱུརད་ཅིག། །

今译：欲学诸比丘，复得诸安静！舍离诸散逸，专心于修行。(9—51)

〔1〕 此颂在藏文传世本中缺“无罪复无病”一句。

藏文传世本：བསླབ་པ་འདོད་པའི་དགེ་སློང་དག །དབེན་པ་དག་ཀྱང་ཐོབ་པར་ཤོག །གཡེང་བ་ཐམས་ཅད་སྤངས་ནས་ནི། །སེམས་ནི་ལས་རུང་སྒོམ་གྱུར་ཅིག །(10—43)

宋译本：苾刍住净戒，复得一切解，观察于心业，舍离诸烦恼。(8—46)

敦煌写本：དགེ་སློང་མ་རྣམས་རྙེད་ལྡན་ཞིང་། །འཐབ་པ་གནོད་པ་སྤངས་པར་ཤོག། །དེ་བཞིན་རབ་དུ་བྱུང་བ་ཀུན། །ཚུལ་ཁྲིམས་ཉམས་པ་མྱེད་གྱུརད་ཅིག། །

今译：比丘女得利，舍离诤与害，如是诸出家，不得破禁戒。(9—52)

藏文传世本：དགེ་སློང་མ་རྣམས་རྙེད་ལྡན་ཞིང་། །འཐབ་དང་གནོད་པ་སྤང་བར་ཤོག །དེ་བཞིན་རབ་ཏུ་བྱུང་བ་ཀུན། །ཚུལ་ཁྲིམས་ཉམས་པ་མེད་གྱུར་ཅིག །(10—44)

宋译本：苾刍[1]所得利，当远离斗诤，诸出家亦然，不得破禁戒。(8—47)

敦煌写本：ཚུལ་ཁྲིམས་འཆལད་པ་ཡིད་བྱུང་ནས། །རྟག་དུ་སྡིག་པ་ཟད་བྱེད་ཤོག། །བདེ་འགྲོ་དག་ཀྱང་ཐོབ་གྱུརད་ནས། །དེར་ཡང་བརྟུལ་ཞུགས་མྱི་ཉམས་ཤོག། །

今译：犯戒者生悔，恒尽诸罪孽，得益诸善趣，不复失禁戒。(9—53)

藏文传世本：ཚུལ་ཁྲིམས་འཆལ་བས་ཡིད་བྱུང་ནས། །རྟག་ཏུ་སྡིག་པ་ཟད་བྱེད་ཤོག །བདེ་འགྲོ་དག་ཀྱང་ཐོབ་གྱུར་ནས། །དེར་ཡང་བརྟུལ་ཞུགས་མི་ཉམས་ཤོག །(10—45)

宋译本：得戒而守护，恒乐尽诸罪，若彼不破戒，得益往天趣。(8—48)

敦煌写本：ལུས་ཅན་དག་ནི་ཐམས་ཆད་ཀྱང་། །ཕྱག་ན་རིན་ཅེན་ལྟ་བུར་ནི། །འཚོར་བ་སྲིད་དུ་ཡོ་བྱད་ཀུན། །མཐའ་ཡས་རྒྱུན་མྱི་འཆད་པར་ཤོག། །

今译：一切诸有情，喻如持宝者[2]，世间所需物，无量不间断。[3](9—54)

敦煌写本：ཐམས་ཆད་སྡུག་བསྔལ་ལས་ཐརད་ཞིང་། །དཀོན་མཆོག་གསུམ་ལ་གཞོལ་བ་དང་། །ཐམས་ཅད་ཐབས་ལ་མཁས་པ་དང་། །སངས་རྒྱས་ཆོས་ཀྱིས་ཕྱུག་པར་ཤོག། །

今译：愿皆脱离苦，勤修三宝事，善巧诸法门，腹满佛法理！(9—55)

敦煌写本：བྱམས་དང་སྙིང་རྗེ་དགའ་བ་དང་། །ཉོན་མོངས་བཏང་སྙོམས་གནས་པ་དང་། །སྦྱིན་དང་ཚུལ་ཁྲིམས་བཟོད་བརྩོན་འགྲུས། །བསམ་བརྟན་ཤེས་རབ་བརྒྱནད་པར་ཤོག། །

---

〔1〕根据藏文译本此处应为“苾刍女”。

〔2〕宝生如来的异名，为佛教五佛之一。

〔3〕从此颂开始共11颂在藏汉传世译本中无对应的偈颂。

今译：慈与悲及喜，烦恼舍而住[1]，施戒忍精进，禅慧而庄严！（9—56）

敦煌写本：བདག་ཀྱང་ཡོན་ཏན་དེ་ཀུན་དང་། །ལྡན་ཞིང་བརྒྱནད་པ་བྱས་པར་ཤོག། །ཉེས་པ་ཀུན་ལས་རྣམ་གྲོལ་ཞིང་། །སེམས་ཅན་ཀུན་ལ་བྱམས་མཆོག་འགྱུརད། །
今译：愿我具彼德，庄严并强大，永脱一切罪，大慈于有情。（9—57）

敦煌写本：སེམས་ཅན་ཀུན་ཡིད་རེ་བ་ཡི། །དགེ་བ་ཐམས་ཅད་རྫོགས་བྱེད་ཤོག །།རྟག་དུ་ལུས་ཅན་ཐམས་ཅད་ཀྱི། །སྡུག་བསྔལ་ཐམས་ཅད་སེལ་པར་གྱུར། །
今译：有情皆意愿，一切善圆满！恒常能消除，有情一切苦。（9—58）

敦煌写本：འཇིག་རྟེན་ཀུན་ན་སྐྱེ་བོ་དག། །འཇིགས་པས་ཡིད་བྱུང་ཅི་སྙེད་པའ། །དེ་ཀུན་བདག་མྱིང་ཐོས་པས་ཀྱང་། །གཏན་དུ་འཇིགས་པ་མྱེད་པར་ཤོག། །
今译：世间诸士夫，因怖忧愁者，彼皆闻我名，恒常无所怖！（9—59）

敦煌写本：སྐྱེ་བོ་རབ་དུ་རྨོས་ཁྲུགས་ཤིང་། །མྱི་བདེ་བ་དག་བདག་རེག་གམ། །དྲན་ནམ་མྱིང་ཙམ་ཐོས་པ་ཡིས། །རྫོགས་པའི་བྱང་ཆུབ་ངེས་པར་ཤོག། །
今译：极痴不乐众，彼等触或忆，亦闻我之名，愿速成菩萨。（9—60）

敦煌写本：ཚེ་རབས་ཀུན་དུ་མྱི་འབྲལ་བའི། །མངོན་ཤེས་ལྔ་པོ་ཐོབ་པར་ཤོག། །སེམས་ཅན་ལ་རྣམ་ཀུན་དུ་ཡང་། །རྟག་དུ་ཕན་དང་བདེ་བྱེད་ཤོག། །
今译：生生不舍离，愿得五神通[2]！一切时处中，利乐有情众！（9—61）

敦煌写本：འཇིག་རྟེན་ཀུན་ན་སྐྱེ་བོ་དག། །སྡིག་པ་འདོད་པ་གང་དག་ཡིན། །དེ་ཀུན་རྟག་དུ་གནོད་བྱེད་པར། །ཅིག་ཅར་བཟློག་པ་བྱེད་གྱུརད་ཅིག། །
今译：世间诸士夫，谁欲烦恼苦？愿彼恒无害，立刻能遮止。（9—62）

敦煌写本：རྟག་དུ་སྔོག་ཆསྨ་ཐམས་ཅད་ཀྱིས། །ས་དང་ཆུ་དང་མེ་རླུང་དང་། །སྨན་དང་དགོནད་པའི་ཤིང་བཞིན་དུ། །རང་དགའ་འདོད་དགུར་སྤྱོད་པར་ཤོག། །

〔1〕 指大乘佛教修行者对一切众生所发的四种无量心，即慈无量、悲无量、喜无量、舍无量。

〔2〕 五神通指神境通、天眼通、天耳通、宿命通、他心通。

今译：如土水火风，亦如药与树，愿为诸生灵，成就无尽享！（9—63）

敦煌写本：སེམས་ཅན་ལ་བདག་སྲོག་བཞིན་སྡུག། བདག་ལ་འང་དེ་དག་ཆེས་སྡུག་ཤོག། འདིའི་སྡིག་བདག་ལ་སྨིན་གྱུརད་ལ། བདག་དགེ་མ་ལུས་དེ་ལ་སྨིནད།

今译：我如有情寿，彼于我甚如，彼恶报与我，我善愿报彼。（9—64）

敦煌写本：ཆོས་གོས་ཙམ་ཞིག་གྱོན་པ་ལ་འང། སྟོན་པ་བཞིན་དུ་མཆོད་བྱེད་ཤོག། བསྟནད་པ་རྙེད་དང་བཀུར་སྟི་དང། བཅས་ཏེ་ཡུན་རིང་གནས་གྱུརད་ཅིག།

今译：唯着法衣者，亦供如佛祖[1]，教法得施供，长久住世间！（9—65）

藏文传世本：བསྟན་པ་རྙེད་དང་བཀུར་སྟི་དང་། །བཅས་ཏེ་ཡུན་རིང་གནས་གྱུར་ཅིག །（10—56b）

宋译本：一切同利养，佛教而久住。（8—60b）

敦煌写本：གང་གི་དྲིན་གྱིས་དགེ་བློ་འབྱུང། འཇམ་པའི་དབྱངས་ལ་ཕྱག་འཚལ་ལོ། གང་གི་དྲིན་གྱིས་བདག་དརད་པའ། །དགེ་བའི་བཤེས་ལ་འང་བདག་ཕྱག་འཚལ།

今译：彼恩生善念，顶礼文殊者！彼恩壮我志，顶礼诸上师！（9—66）

藏文传世本：གང་གི་དྲིན་གྱིས་དགེ་བློ་འབྱུང་། །འཇམ་པའི་དབྱངས་ལ་ཕྱག་འཚལ་ལོ། །གང་གི་དྲིན་གྱིས་བདག་དར་བ། །དགེ་བའི་བཤེས་ལའང་བདག་ཕྱག་འཚལ། །（10—57）

宋译本：以善意清净，归命于文殊，我说善知识，清净此增长。（8—61）

敦煌写本：བྱང་ཆུབ་སེམས་དཔའི་སྤྱོད་པ་ལ་འཇུག་པ་ལས། བསྔོ་བ་ཞེས་བྱ་བ་སྟེ།།། །ལེའུ་དགུ་པའོ།

译文：《入菩萨行论》之《回向》为第九品。

敦煌写本：བྱང་ཆུབ་སེམས་དཔའི་སྤྱོད་པ་ལ་འཇུག་པ། །སློབས་དཔོན་ཀྱི་ཟད་པས་མཛད་པ་རྫོགས་སོ།། □□□□□□□□□□□□□□སྡོ།

译文：《入菩萨行论》由阿阇梨无尽慧所造到此完毕。□□□□□□□□□。

〔1〕 此两句在藏汉传世译本中无对应的短句。

参考文献

一、古籍类

寂天:《入菩萨行论》(བྱང་ཆུབ་སེམས་དཔའི་སྤྱོད་པ་ལ་འཇུག་པ།),青海民族出版社,2000年

寂天:《集学论》(བསླབ་པ་ཀུན་ལས་བཏུས་པ།),民族出版社,1995年

宗喀巴大师:《菩提道次第广论》(བྱང་ཆུབ་ལམ་རིམ་ཆེན་མོ།),青海民族出版社,1985年

《丹噶目录》(དཀར་ཆག་ལྡན་དཀར་མ།),德格版《丹珠尔》jo函

《旁塘目录》(དཀར་ཆག་འཕང་ཐང་མ།)(藏文,与《声明要领二卷》合刊),民族出版社,2006年

司徒·曲吉穹乃:《大藏经〈甘珠尔〉总目录》(བདེ་བར་གཤེགས་པའི་བཀའ་གངས་ཅན་པའི་བརྡས་དྲངས་པའི་ཕྱི་མོའི་ཚོགས་ཇི་སྙེད་པ་པར་དུ་བསྒྲུབས་པའི་ཚུལ་ལས་ཉེ་བར་བརྩམས་པའི་གཏམ་བཟང་པོ་བློ་ལྡན་མོས་པའི་ཀུནྡ་ཡོངས་སུ་ཁ་བྱེ་བའི་ཟླ་འོད་གཞོན་ནུའི་འཕྲི་ཤིང་བཞུགས་སོ།།),四川民族出版社,1989年

崔成仁钦编著:《丹珠尔目录》(ཀུན་མཁྱེན་ཉི་མའི་གཉེན་གྱི་བཀའ་ལུང་གི་དགོངས་དོན་རྣམ་པར་འགྲེལ་བའི་བསྟན་བཅོས་གངས་ཅན་པའི་སྐད་དུ་འགྱུར་རོ་འཚལ་གྱི་ཆོས་སྦྱིན་རྒྱུན་མི་འཆད་པའི་ངོ་མཚར་འཕྲུལ་གྱི་ཕྱི་མོ་རྫོགས་ལྡན་བསྐལ་པའི་བསོད་ནམས་ཀྱི་སྤྲིན་ཕུང་རྒྱས་པར་དཀྲིགས་པའི་ཚུལ་ལས་བརྩམས་པའི་གཏམ་ངོ་མཚར་ཆུ་གཏེར་འཕེལ་བའི་ཟླ་བ་གསར་པ་ཞེས་བྱ་བ་བཞུགས་སོ།།),西藏人民出版社出版,1985年

中国藏学研究中心藏文《大藏经》对勘局编:《中华大藏经·丹珠尔(对勘本)》第六十一、六十二卷,中国藏学出版社,2000年

大藏经刊行会编:《大正新修大藏经》第32册,(台北)新文丰出版股份有限公司,1996年修订本

西迥罗哲:《入菩萨行论广注》(བྱང་ཆུབ་ཀྱི་སྤྱོད་པ་ལ་འཇུག་པའི་དཀའ་འགྲེལ།),民族出版社,1999年

布顿·仁钦竹:《入菩萨行论注疏·菩提心明解月光》(བྱང་ཆུབ་སེམས་དཔའི་སྤྱོད་པ་ལ་འཇུག་པའི་འགྲེལ་པ་བྱང་ཆུབ་ཀྱི་སེམས་གསལ་བར་བྱེད་པ་ཟླ་བའི་འོད་ཟེར།),中国藏学出版社,2010年

洛追白:《入菩萨行论释义》(བྱང་ཆུབ་སེམས་དཔའི་སྤྱོད་པ་ལ་འཇུག་པའི་རྣམ་པར་བཤད་པ་གཞུང་དོན་སྣང་བ།),中国藏学出版社,2012年

贾色·妥美桑布:《入菩萨行论注释·嘉言海》(བྱང་ཆུབ་སེམས་དཔའི་སྤྱོད་པ་ལ་འཇུག་པའི་འགྲེལ་བ་ལེགས་པར་བཤད་པའི་རྒྱ་མཚོ།),拉萨木刻本

《萨迦索南泽摩文集》(第三集)(ས་སྐྱ་བསོད་ནམས་རྩེ་མོའི་གསུང་རབ་གླེགས་བམ་གསུམ་པ།),藏文木刻版,第220—335页

嘉曹·达玛仁钦:《入菩萨行论广释·佛子津梁》(བྱང་ཆུབ་སེམས་དཔའི་སྤྱོད་པ་ལ་འཇུག་པའི་རྣམ་བཤད་རྒྱལ་སྲས་འཇུག་ངོགས།),色拉寺、大昭寺古籍整理研究室刊行

巴卧·祖列陈哇:《入菩萨行论广释·大乘深广法海无边藏》(བྱང་ཆུབ་སེམས་དཔའི་སྤྱོད་པ་ལ་འཇུག་པའི་རྣམ་པར་བཤད་པ་ཐེག་ཆེན་ཆོས་ཀྱི་རྒྱ་མཚོ་ཟབ་རྒྱས་མཐའ་ཡས་པའི་སྙིང་པོ་ཞེས་བྱ་བ་བཞུགས་སོ།།),收入《藏族十明文化传世经典丛书:噶举系列(第8卷)》,青海民族出版社,2002年

百慈藏文古籍整理研究室编:《入菩萨行论之典故集锦》(བྱང་ཆུབ་སེམས་དཔའི་སྤྱོད་པ་ལ་འཇུག་པའི་སྒྲུང་འགྲེལ།),西藏人民出版社,2008年

帕木竹巴·多杰加布编:《帕木竹巴大师所著入菩萨行论》(བྱང་ཆུབ་སེམས་དཔའི་སྤྱོད་པ་ལ་འཇུག་པ།),西藏人民出版社,2008年

荣增·益西坚参:《菩提道次师承传》(ལམ་རིམ་བླ་མ་བརྒྱུད་པའི་རྣམ་ཐར།),西藏人民出版社,2011年

色拉寺、大昭寺佛教古籍搜集整理室编:《修心教言汇集》(བློ་སྦྱོང་བརྒྱ་རྩ།),西藏人民出版社,2011年

根桑巴登注释:《入行论详解》(བྱང་ཆུབ་སེམས་དཔའི་སྤྱོད་པ་ལ་འཇུག་པ་རྩ་བ་དང་འགྲེལ་པ་བཞུགས།),四川民族出版社,2010年

局迷旁:《慧宝》(སྤྱོད་འཇུག་ཤེར་འགྲེལ་ཀེ་ཏ་ཀ་བཞུགས་སོ།།),四川民族出版社,2006年

中国藏语系高级佛学院编:《藏文文选八——入菩提行论本注》(སྤྱོད་འཇུག་རྩ་འགྲེལ།),民族出版社,1988年

韦色朗:《韦协》(དབའ་བཞེད།),西藏人民出版社,2010年

弟吾·璆赛:《底吾史记》(ལྡེའུ་ཆོས་འབྱུང་།),西藏人民出版社,1987年

弟吴:《弟吴宗教源流》(ཆོས་འབྱུང་ཆེན་མོ་བསྟན་པའི་རྒྱལ་མཚན།),西藏藏文古籍出版社,2010年

娘·尼玛韦色:《娘氏宗教源流》(ཆོས་འབྱུང་མེ་ཏོག་སྙིང་པོ་སྦྲང་རྩིའི་བཅུད།),西藏藏文古籍出版社,2010年

《布顿佛教史》(བདེ་བར་གཤེགས་པའི་བསྟན་པའི་གསལ་བྱེད་ཆོས་ཀྱི་འབྱུང་གནས་གསུང་རབ་རིན་པོ་ཆེའི་མཛོད།),中国藏学出版社,1998年

蔡巴·贡噶多杰著,东噶·洛桑赤列整理并注释:《红史》(དེབ་ཐེར་དམར་པོ།),

民族出版社,1981年

觉囊·达热那它:《印度佛教源流》(དམ་པའི་ཆོས་རིན་པོ་ཆེ་འཕགས་པའི་ཡུལ་དུ་ཇི་ལྟར་དར་བའི་ཚུལ་གསལ་བར་སྟོན་པ་དགོས་འདོད་ཀུན་འབྱུང་།),藏文木刻本

巴卧·祖拉陈哇:《智者喜宴》(ཆོས་འབྱུང་མཁས་པའི་དགའ་སྟོན།)(上、下),民族出版社,1986年

郭诺·迅鲁伯:《青史》(དེབ་ཐེར་སྔོན་པོ།),四川民族出版社,2006年

班禅·洛桑曲吉坚参:《大菩萨寂天传·白莲环之芬芳》(木刻版),藏于西北民族大学图书馆。

多吉杰博整理:《五部遗教》(བཀའ་ཐང་སྡེ་ལྔ།),民族出版社,1986年

松巴堪钦:《松巴佛教史》(ཆོས་འབྱུང་དཔག་བསམ་ལྗོན་བཟང་།),甘肃民族出版社,1992年

图官·洛桑却吉尼玛:《宗教源流史》(ཐུའུ་བཀྭན་གྲུབ་མཐའ་ཤེལ་གྱི་མེ་ལོང་།),甘肃民族出版社,1984年

二、现代论著类

释如石编著:《入菩萨行论·导论·译注·集要》,东方文化艺术研究所,1996年

寂天造论,杰操广解,隆莲汉译:《入菩萨行论广解》,上海古籍出版社,2006年

黄宝生译注:《梵汉对勘入菩提行论》,中国社会科学出版社,2011年

[美]佩玛·丘卓著,雷叔云译:《生命不再等待》,陕西师范大学出版社,2010年

《康嘎楚称格桑选集》(ཁང་དཀར་ཚུལ་ཁྲིམས་སྐལ་བཟང་གི་གསུང་རྩོམ་ཕྱོགས་བསྒྲིགས།),中国藏学出版社,1999年

东噶·洛桑赤列:《藏文目录学》(བོད་ཀྱི་དཀར་ཆག་རིག་པ།),民族出版社,2004年

康嘎楚称格桑:《印度密教思想史》(རྒྱ་གར་གྱི་ནང་པའི་གསང་སྔགས་ཀྱི་ལྟ་གྲུབ་ཆོས་འབྱུང་དེབ་ཐེར་ལྷང་གྲུ།),西藏佛教文化协会,1994年

东噶·洛桑赤列:《教派广释》(གྲུབ་མཐའི་སྐོར་གླེང་བ།),民族出版社,2004年

巴桑旺堆:《吐蕃碑文与摩崖石刻考证》(སྤུ་རྒྱལ་བོད་ཀྱི་རྡོ་བརྐོས་ཡི་གེ་ཕྱོགས་བསྒྲིགས་ཀྱི་མ་ཡིག་དག་བཤེར་དང་དེའི་ཚིག་འགྲེལ་དྭངས་སངས་གངས་ཆུ།),西藏人民出版社,2011年

嘉洛、索南多杰编写:《藏文翻译理论》,甘肃民族出版社,2001年

黄明信:《汉藏大藏经目录异同研究——〈至元法宝堪同总录〉及其藏

译本笺证》,中国藏学出版社,2003年

黄维忠:《8—9世纪藏文祈愿文研究——以敦煌藏文祈愿文为中心》,民族出版社,2007年

敖特根:《敦煌莫高窟北区出土蒙古文文献研究》,民族出版社,2010年

荣新江:《海外敦煌吐鲁番文献知见录》,江西人民出版社,1996年

王森:《西藏佛教发展史略》,中国社会科学出版社,1987年

姚卫群:《印度宗教哲学概论》,北京大学出版社,2006年

［英］彼得·哈维著,李建欣、周广荣译:《佛教伦理学导论》(上、下),上海古籍出版社,2012年

［日］山口瑞凤等编:《斯坦因搜集藏语文献解题目录》,东京:东洋文库,1977—1988年

王尧、陈践编:《法藏敦煌古藏文文献解题目录》,民族出版社,1999年

瓦累布散编:《印度事务部图书馆藏敦煌藏文写本手卷目录》,牛津大学出版社,1962年

扎西主编:《藏族文献研究》(ཡིག་རྙིང་ཞིབ་འཇུག),民族出版社,2003年

金雅声、束锡红、才让主编:《敦煌古藏文文献论文集》(上、下),上海古籍出版社,2007年

敦煌研究院编:《敦煌吐蕃文化学术研讨会论文集》,甘肃民族出版社,2009年

张涌泉:《敦煌写本断代研究》,《中国典籍与文化》2010年第4期

张涌泉:《敦煌文献的写本特征》,《敦煌学辑刊》2010年第1期

才让:《敦煌藏文佛教文献价值初探》,《中国藏学》2009年第2期

恰日·嘎藏陀美:《藏传佛教伦理中的进步思想——论“六度”的实践价值》载于《安多研究》(第四辑)(藏文),民族出版社,2009年

嘎藏陀美:《法藏敦煌藏文写卷P.T.150号噶瓦贝则译师研究》,《西藏研究》2008年第1期

阿华·阿旺华旦:《藏文佛学典籍的整理和研究略述》,《中国藏学》2008年第3期

赵青山:《吐蕃统治敦煌时期的写经制度》,《西藏研究》2009年第3期

徐东明:《论龙树〈中论〉的中观思想及对藏传佛教的影响》,《西藏民族学院学报》(哲社版)2008年第2期

房继荣:《英藏敦煌古藏文文献述要》,《西北民族研究》2006年第2期

[日]上山大峻著，顾虹、刘永增译：《从敦煌出土写本看敦煌佛教研究》，《敦煌研究》2001年第4期

[日]藤枝晃著，徐庆全、李树清译，荣新江校：《敦煌写本概述》，《敦煌研究》1996年第2期

[日]原田觉著，李德龙译：《吐蕃译经史》，《国外藏学研究译文集》（第十一辑），西藏人民出版社，1994年

褚俊杰：《论藏译佛典的特点及其学术价值》，《中国藏学》1994年第2期

黄征：《敦煌写本整理应遵循的原则》，《敦煌研究》1993年第2期

黄明信等：《北京图书馆藏文古旧图书著录暂行条例说明》，《中国藏学》1988年第1期

[法]石泰安著，耿升译：《敦煌藏文写本综述》，《国外藏学研究译文集》（第三辑），西藏人民出版社，1987年

[法]麦克唐纳夫人著，汪萍译：《松赞干布时代的西藏宗教：作为历史的神话》，《国外藏学研究译文集》（第三辑），西藏人民出版社，1987年

[西德]艾依玛著，熊文彬译：《西藏“甘珠尔”（佛语部）历史释》，《国外藏学研究译文集》（第五辑），西藏人民出版社，1989年

[法]今枝由郎著，耿升译：《丽江版的藏文甘珠尔》，《国外藏学研究译文集》（第五辑），西藏人民出版社，1989年

黄文焕：《吐蕃经卷里的数码研究》，《敦煌学辑刊》1986年第1期

巴桑旺堆：《关于古藏文写本的研究方法的再探索》，《中国藏学》2009年第3期

三、辞书类

东噶·洛桑赤列编：《东噶藏学大辞典》（藏文），中国藏学出版社，2002年

张怡荪主编：《藏汉大词典》，民族出版社，1993年

王沂暖主编：《佛学词典》，青海民族出版社，1993年

《藏汉对照丹珠尔佛学分类词典》，民族出版社，1992年

慈怡法师主编：《佛光大辞典》，北京图书馆出版，2004年

[日]中村元著，林光明编译：《广说佛教语大辞典》，（台北）嘉丰出版社，2009年

四、外文类

Akika SAITO, *A Study of Aksayamati's Bodhisattvacaryavatara as found in the Tibetan Manuscripts from Tun-huang*, Miye University, 1993.

Nicole Martinez Melis, *The Bodhicaryavatara A Buddhist treatise translated into Western Languages*, in A. Branchadell et al. (eds.), Less Translated Languages, Amsterdam-Philadelphia: John Benjamins, 2005.

图书在版编目（CIP）数据

敦煌藏文写本《入菩萨行论》研究 / 索南著. —上海：上海古籍出版社，2022.11
（西北民族文献与文化研究丛书）
ISBN 978-7-5732-0483-7

Ⅰ. ①敦… Ⅱ. ①索… Ⅲ. ①大乘－佛经－研究 Ⅳ. ①B942.1

中国版本图书馆 CIP 数据核字（2022）第 200543 号

西北民族文献与文化研究丛书
敦煌藏文写本《入菩萨行论》研究
索 南 著
上海古籍出版社出版发行
（上海市闵行区号景路 159 弄 1-5 号 A 座 5F 邮政编码 201101）
（1）网址：www. guji. com. cn
（2）E-mail：guji1 @ guji. com. cn
（3）易文网网址：www. ewen. co
上海商务联西印刷有限公司印刷
开本 710 × 1000 1/16 印张 22 插页 2 字数 361,000
2022 年 11 月第 1 版 2022 年 11 月第 1 次印刷
印数：1—1,100
ISBN 978-7-5732-0483-7
B · 1282 定价：98.00 元
如有质量问题，请与承印公司联系